KB242083

속삭이는 사회1

속삭이는 사회1

• • • • •

이 도서의 국립중앙도서관 출판시도서목록(CIP)은 서지정보유통지원시스템
홈페이지(http://seoji.nl.go.kr)와 국가자료공동목록시스템
(http://www.nl.go.kr/kolisnet)에서 이용하실 수 있습니다.
(CIP제어번호 : CIP2013015723)

속삭이는 사회 1

스탈린 시대 보통 사람들의 삶, 내면, 기억

올랜도 파이지스 | 김남섭 옮김

교양인
GYOYANGIN

어머니 에바 파이지스에게,
그리고 우리가 잃어버린 가족의 영전에 바친다.

북유럽 쪽 소련 영토
바이가치
무르만스크
칸달락샤
북극권
인타
세스트로레츠크
라흐타올가노
레닌그라드
크라스노예셀로
브가
콜피노
백해
솔로베츠키 섬
켐
마이구바
아르한겔스크
백해 운하
카렐리야
핀란드
페트로자보츠크
코틀라스
비셰라 강
체르딘
포트포로지예
크라스노비셰르스크
발트 해
오부호보
오파리노
뱌트카
솔리캄스크
레닌그라드
볼로그다
체레무호바
쿠딤카르
포즈바
루가
우스튜즈나
페스토보
키로프
크라스노캄스크
노브고로드
리빈스크
코스트로마
고리키
페름(몰로토프)
프스코프
야로슬라블
로스토프
이바노보
바르다
리가
트베리

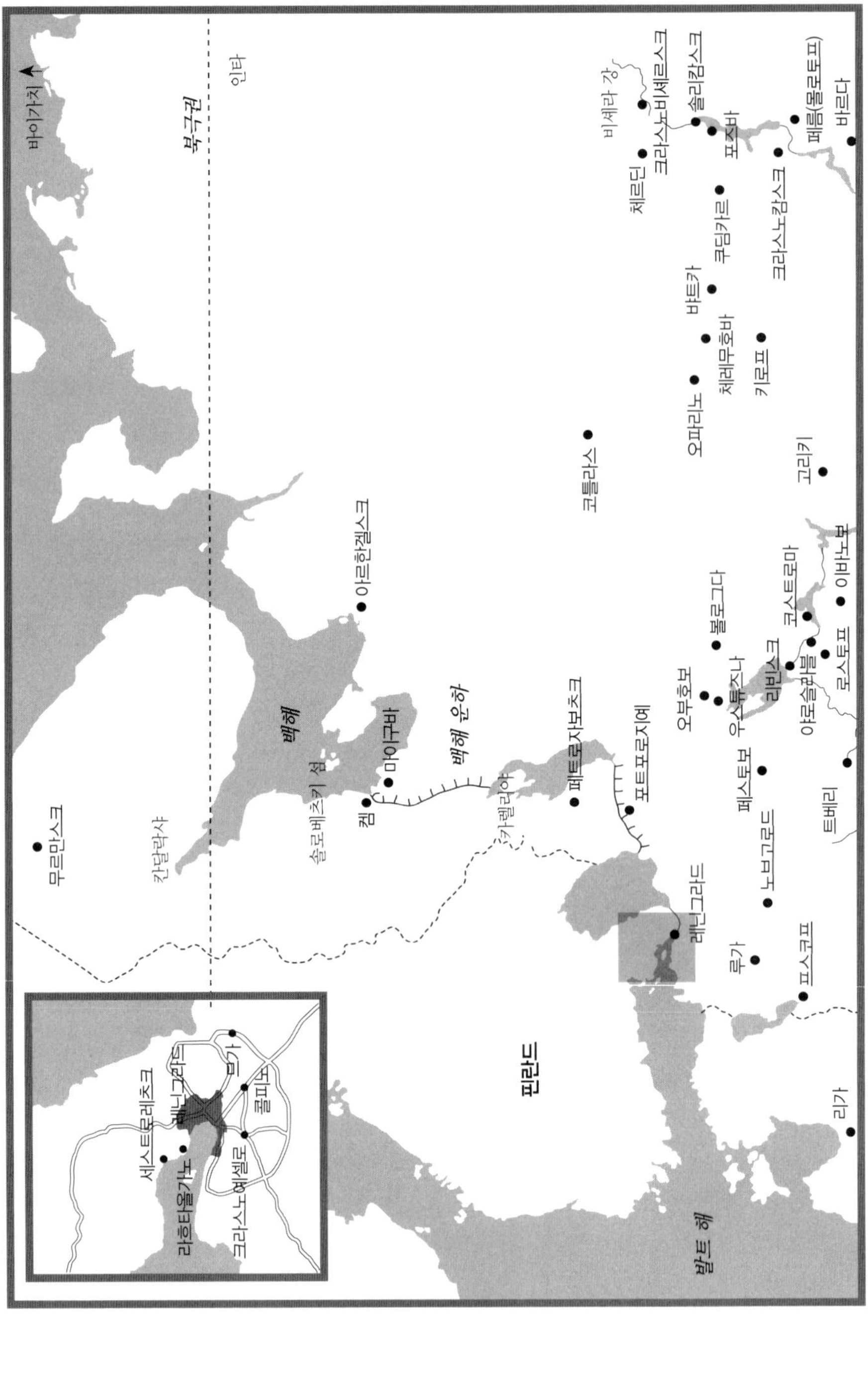

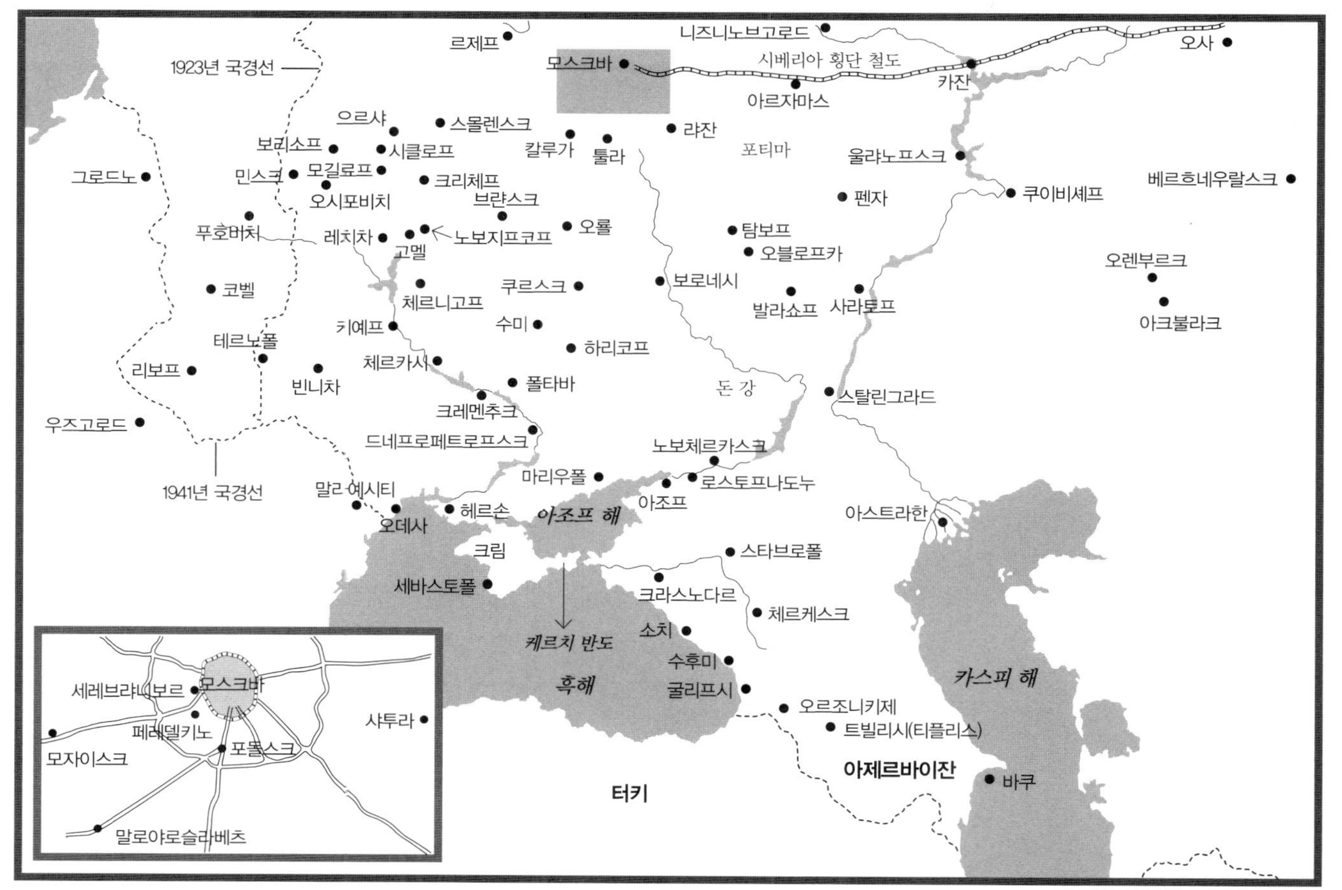

남유럽 쪽 소련 영토
르제프
1923년 국경선
니즈니노브고로드
시베리아 횡단 철도
오사
모스크바
아르자마스
카잔
으르샤
스몰렌스크
랴잔
포티마
울랴노프스크
베르흐네우랄스크
보리소프
시클로프
칼루가
툴라
쿠이비셰프
민스크
모길료프
크리체프
펜자
그로드노
오시포비치
브랸스크
탐보프
오렌부르크
푸호버치
레치차
노보지프코프
오룔
오블로프카
아크불라크
고멜
보로네시
코벨
체르니고프
쿠르스크
수미
발라쇼프
사라토프
키예프
하리코프
테르노폴
빈니차
체르카시
돈 강
리보프
폴타바
스탈린그라드
크레멘추크
우즈고로드
드네프로페트로프스크
노보체르카스크
1941년 국경선
말로 예시티
마리우폴
로스토프나도누
아스트라한
헤르손
아조프
오데사
아조프 해
크림
스타브로폴
세바스토폴
케르치 반도
크라스노다르
체르케스크
흑해
소치
수후미
굴리프시
카스피 해
오르조니키제
트빌리시(티플리스)
터키
아제르바이잔
바쿠
모스크바
세레브랴브누보르
페레델키노
포돌스크
샤투라
모자이스크
말로야로슬라베츠

서부 시베리아와 중부 시베리아

동부 시베리아

북극권
달스트로이
콜리마
야쿠츠크
마가단
바이칼-아무르 철도
아무르
시베리아 횡단 철도
페트로파블로프스크캄차츠키
사할린
하바로프스크
만주
비킨
태평양
블라디보스토크
수찬

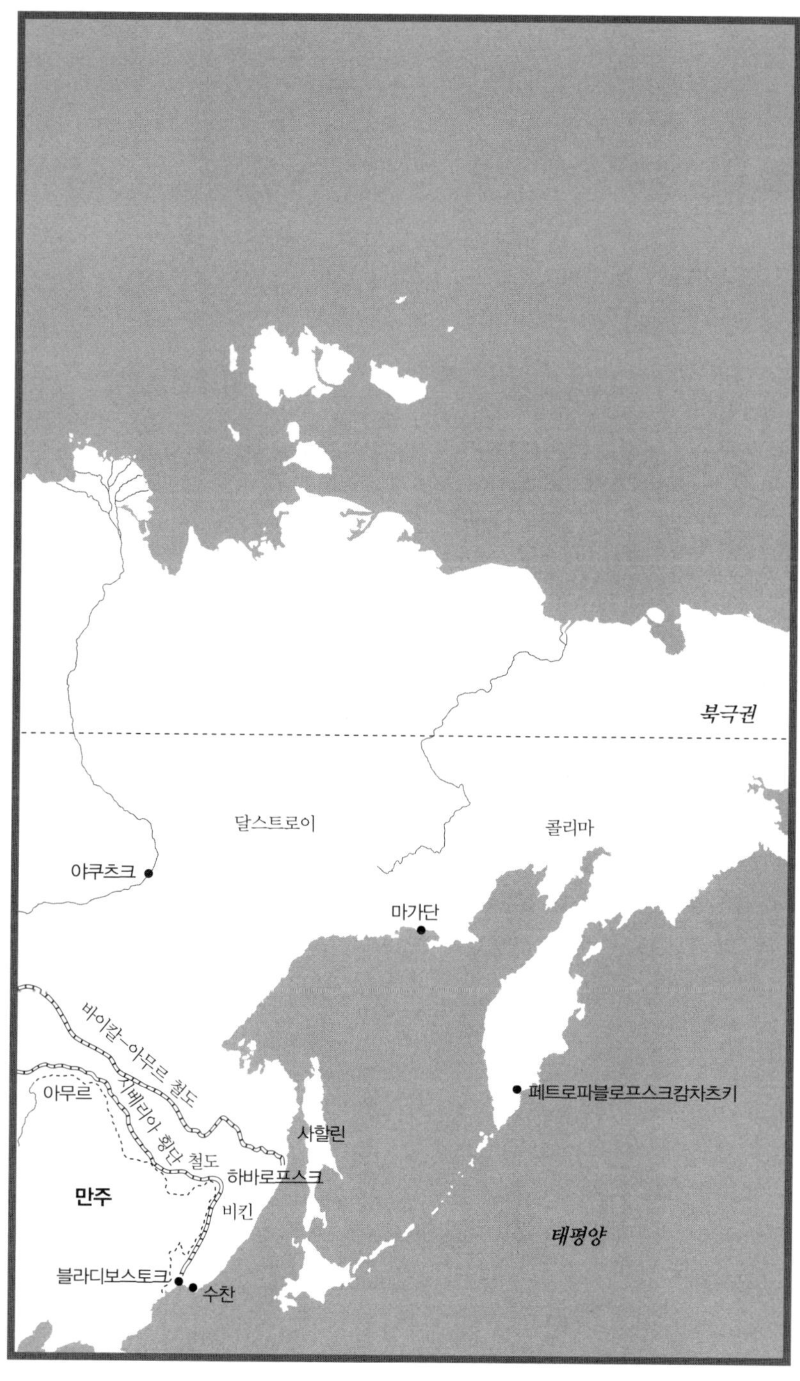

스탈린 시대의 소련

굴라크 노동수용소
노동수용소 행정 구역의 대략적인 경계(1941년)
완벽하게 고립된 수용소들이 있던 지역
순전히 강제 노동만을 위한 지역. 비밀경찰이 관리했음.
북극해
노르웨이
오슬로
스웨덴
덴마크
노바야제믈랴
무르만스크
칸달락샤
바렌츠 해
카라 해
스톡홀름
핀란드
탈린
헬싱키
솔로베츠키
독일
라트비아
에스토니아
크론시타트
리투아니아
리가
레닌그라드
아르한겔스크
바르샤바
카우니스
노브고로드
보르쿠타
어카르
폴란드
볼로그다
체코슬로바키아
민스크
스몰렌스크
모스크바
벨로루시아SSR
우랄산맥
러시아소비에트연방사회주의공화
(RSFSR)
키예프
랴잔
뱌틀라크
페름
루마니아
우크라이나SRR
오룔
툴라
쿠르스크
카잔
세부를라크
오데사
렌코프스키 교정노동수용소
스베르들롭스크
토볼스크
나림
하리코프
(예카테린부르크)
드네프로페트로프스크
쿠이비셰프
우파
시블라크
크림
(RSFSR)
노보체르카스크
사라토프
첼랴빈스크
톰스크
시베리아 횡단 철도
로스토프나도누
스탈린그라드
마그니토고르스크
케메로보
흑해
오렌부르크
카를라크
노보시비르스크
아스트라한
스타브로폴
카자흐소비에트사회주의공화국
(1936년까지, RSFSR의
카자흐자치소비에트사회주의공화국)
카라간다
터키
트빌리시
카스피 해
제스카즈칸
예레반
아랄 해
나히체반
(아제르바이잔)
바쿠
발하시 호
나고르니카라바흐
우즈베크
SSR
알마아타
※ SSR : 소비에트사회주의공화국
① 그루지야SSR
② 아르메니아SSR
③ 아제르바이잔SSR
1936년까지 그루지야(지금의 조지아),
아르메니아, 아제르바이잔은
자카프카지예사회주의연방소비에트
공화국을 구성했다.
투르크멘SSR
타시켄트
키르기스SSR
이란
타지크SSR
타지크SSR
(1925년까지, 우즈베크SSR의 일
아프가니스탄
키르기스SSR
(1936년까지, RSFSR의 일부)

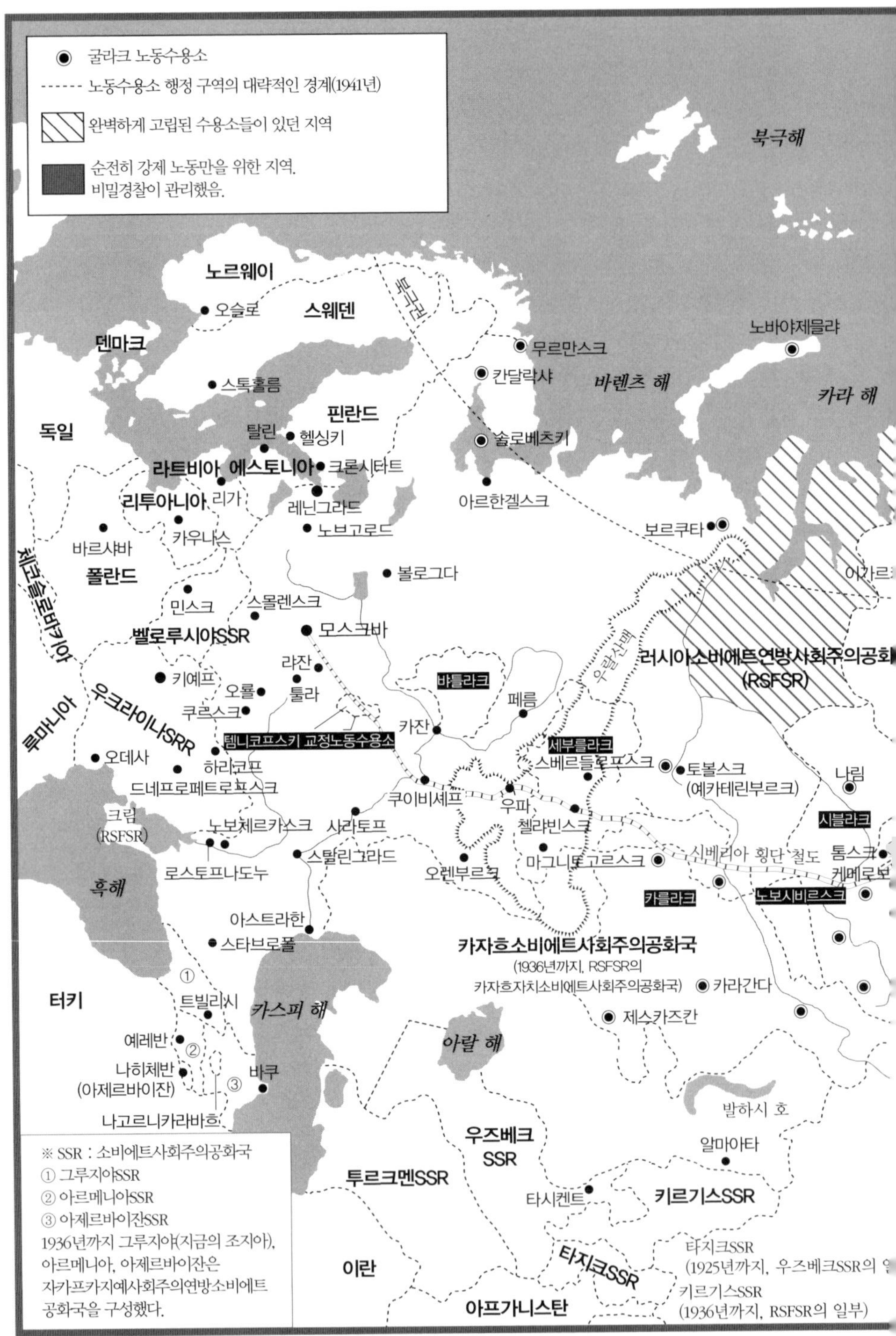

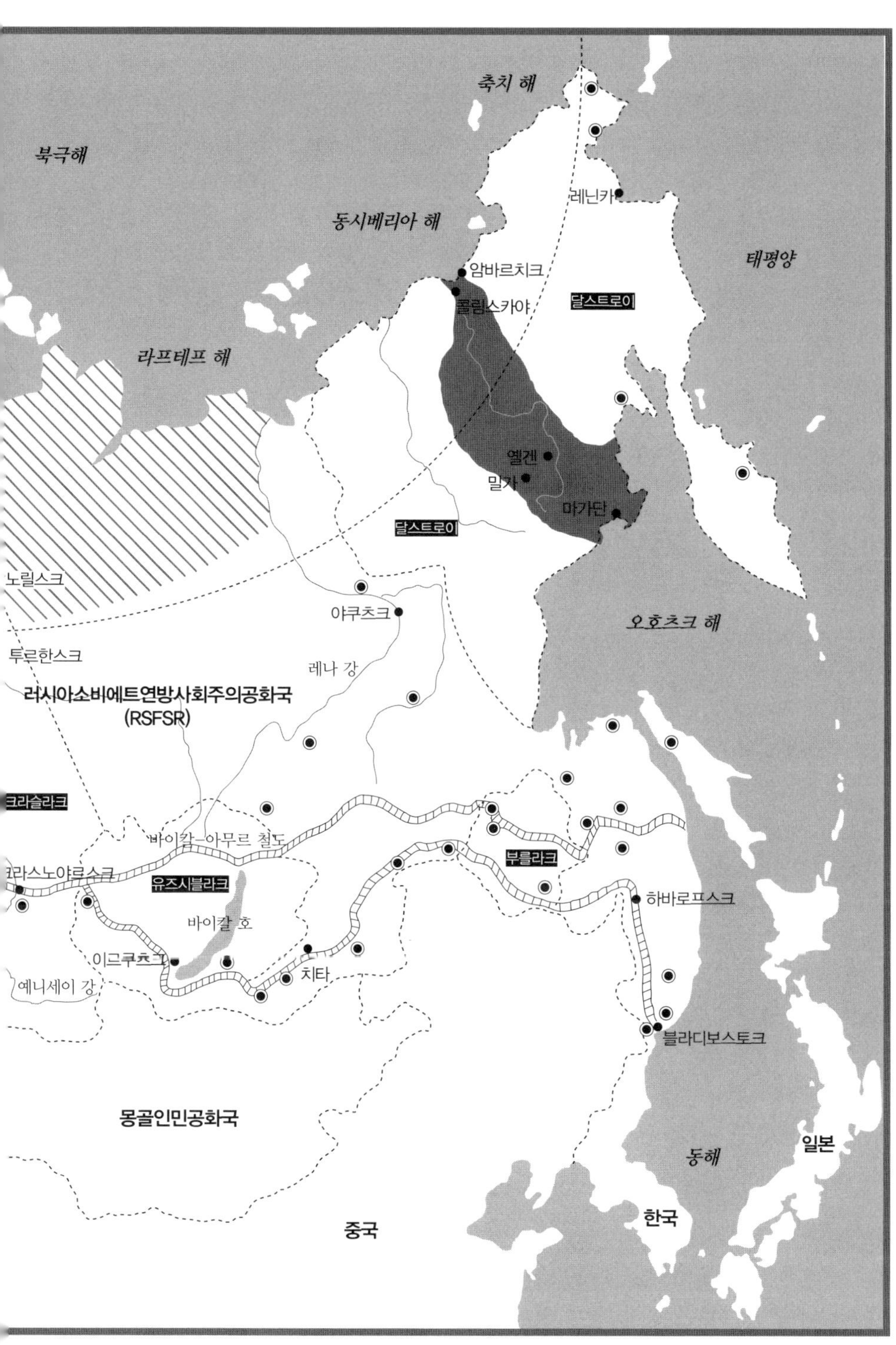

북극해
축치 해
동시베리아 해
라프테프 해
레닌카
태평양
암바르치크
콜림스카야
달스트로이
노릴스크
달스트로이
옐겐
밀가
마가단
투르한스크
야쿠츠크
오호츠크 해
레나 강
러시아소비에트연방사회주의공화국
(RSFSR)
크라슬라크
바이칼―아무르 철도
크라스노야르스크
부를라크
유즈시블라크
하바로프스크
바이칼 호
이르쿠츠크
예니세이 강
치타
블라디보스토크
몽골인민공화국
동해
일본
중국
한국

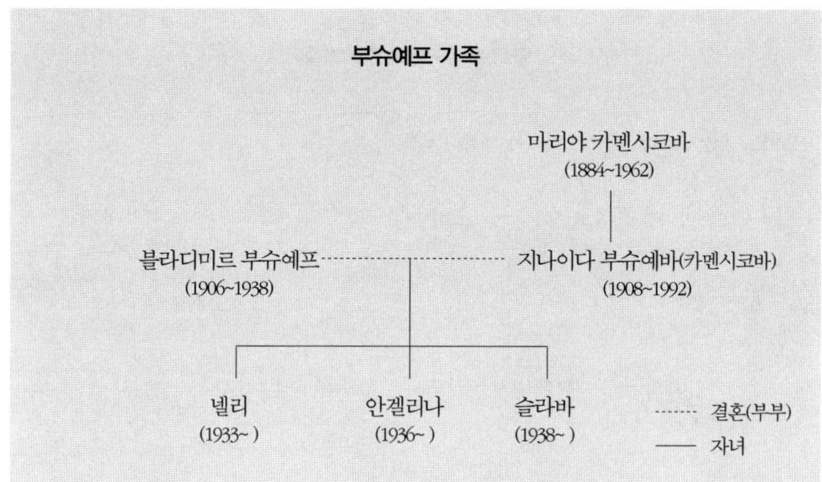
부슈예프 가족

마리야 카멘시코바
(1884~1962)

블라디미르 부슈예프
(1906~1938)
지나이다 부슈예바(카멘시코바)
(1908~1992)

넬리
(1933~)
안겔리나
(1936~)
슬라바
(1938~)

결혼(부부)
자녀

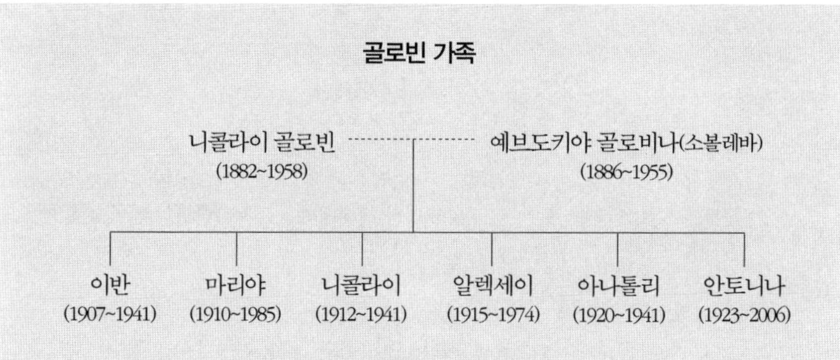
골로빈 가족

니콜라이 골로빈
(1882~1958)
예브도키야 골로비나(소볼레바)
(1886~1955)

이반
(1907~1941)
마리야
(1910~1985)
니콜라이
(1912~1941)
알렉세이
(1915~1974)
아나톨리
(1920~1941)
안토니나
(1923~2006)

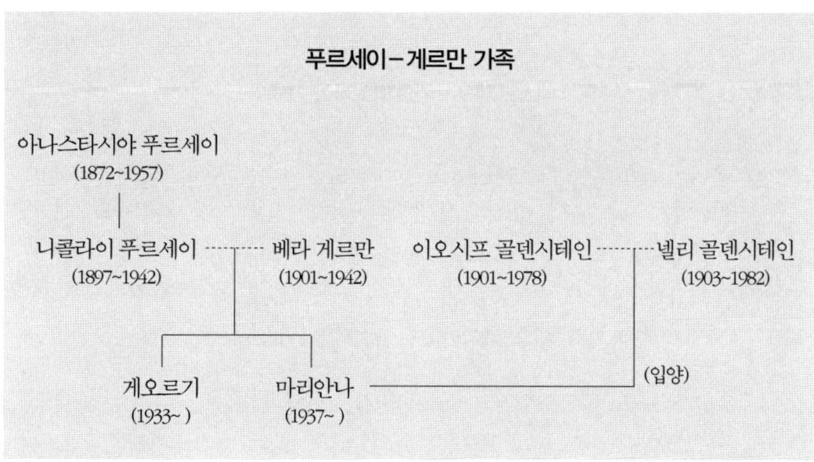
푸르세이 – 게르만 가족

아나스타시야 푸르세이
(1872~1957)

니콜라이 푸르세이
(1897~1942)
베라 게르만
(1901~1942)
이오시프 골덴시테인
(1901~1978)
넬리 골덴시테인
(1903~1982)

게오르기
(1933~)
마리안나
(1937~)
(입양)

골로브냐-바비츠키 가족

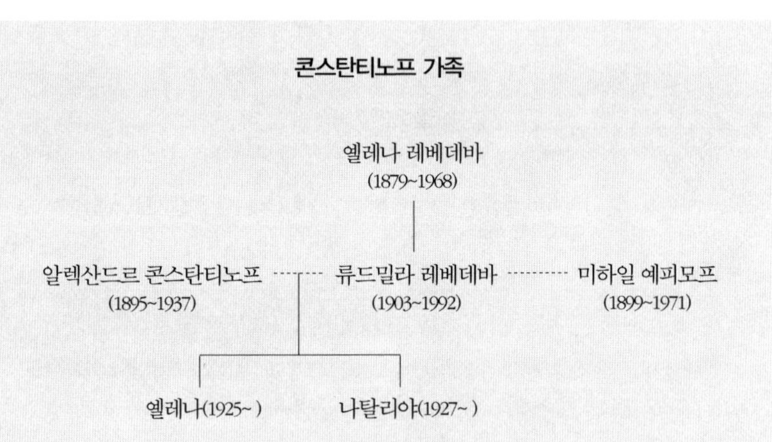

콘스탄티노프 가족

니조프체프-카르피츠카야 가족

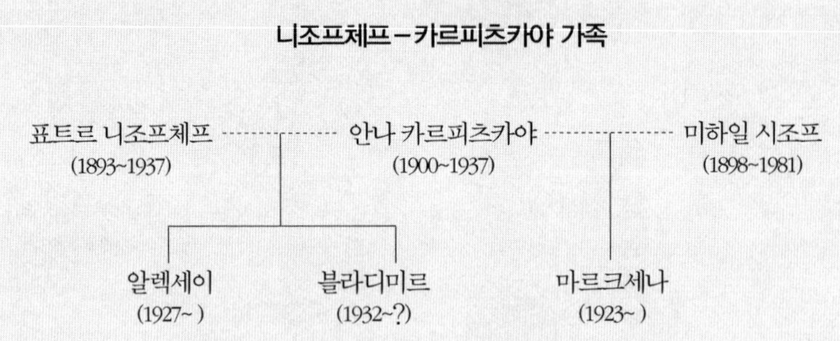

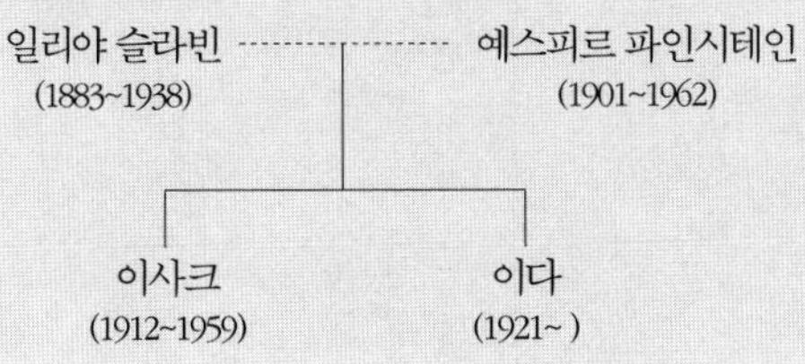

슬라빈 가족
일리야 슬라빈
(1883~1938)
예스피르 파인시테인
(1901~1962)
이사크
(1912~1959)
이다
(1921~)

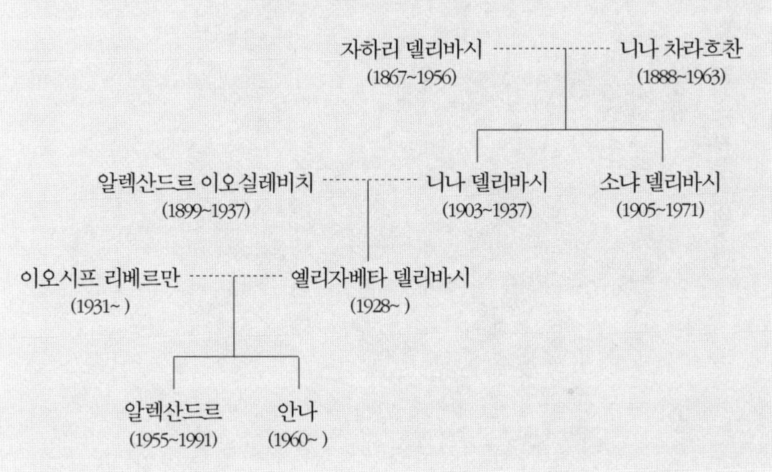

델리바시 – 리베르만 가족
자하리 델리바시
(1867~1956)
니나 차라흐찬
(1888~1963)
알렉산드르 이오실레비치
(1899~1937)
니나 델리바시
(1903~1937)
소냐 델리바시
(1905~1971)
이오시프 리베르만
(1931~)
옐리자베타 델리바시
(1928~)
알렉산드르
(1955~1991)
안나
(1960~)

시모노프 가족과 라스킨 가족

1. 본문에 일련 번호로 표시된 저자의 주석은 후주로 실었다. 본문 하단 각주는 저자의 주석과 옮긴이의 주석이 있는데, 옮긴이 주석에는 '역주'라고 표시하였다.
2. 외국 고유명사는 '외래어표기법'(1986년 문교부 고시)을 기준으로 삼았다.

　어머니와 어린 남동생 두 명과 함께 머나먼 시베리아의 알타이 지역으로 추방당했을 때 안토니나 골로비나는 겨우 여덟 살이었다. 아버지는 러시아 북부의 고향 마을에서 집단화가 추진될 때 '쿨라크'*, 즉 '부유한' 농민으로 체포되어 노동수용소 3년형을 선고받았고, 가족은 재산과 농기구, 가축을 집단농장에 빼앗겼다. 안토니나의 어머니에게는 긴 여행에 필요한 옷가지를 챙기라고 고작 한 시간이 주어졌다. 그 뒤 골로빈 가족이 대대로 살아온 집은 파괴되었고 나머지 가족은 뿔뿔이 흩어졌다. 안토니나의 오빠들과 언니, 할아버지와 할머니, 삼촌, 숙모, 사촌들은 체포를 피해 사방으로 도주했으나, 대부분 경찰에게 체포되어 시베리아로 추방당하거나 굴라크* 노동수용소로 보내졌다. 그리고 그들 가운데 많은 이들은 다시는 얼굴을 보지 못했다.

　안토니나는 '특별 정착촌', 즉 강변을 따라 설치된 다섯 동의 목재

쿨라크(kulak) 복수형은 kulaki. 제정 러시아 말기와 소련 시대에 상대적으로 부유한 농민을 가리켜 불렀던 말. 소련 초기에, 특히 1920년대 말부터 개시된 농업 집단화 과정에서 '계급의 적'으로 낙인찍혀 당국의 집중적인 탄압을 받았다.(역주)

바라크(막사)에 1천 명에 이르는 '쿨라크'들과 그 가족들이 거주하던 벌목 수용소에서 3년을 보냈다. 바라크 두 동이 첫해 겨울에 폭설이 내려 주저앉는 바람에 일부 유형자들은 얼어붙은 땅에 토굴을 파고 살아야 했다. 마을이 눈으로 막혀 고립되면서 식량이 보급되지 않아 사람들은 집에서 가져온 양식으로 버텨야 했다. 너무나 많은 사람들이 굶주림, 추위, 티푸스로 죽어 나가 전부 매장할 수가 없었다. 시신은 얼어붙은 채 무더기로 쌓였고, 봄이 오자 강에 버려졌다.

안토니나와 가족은 1934년 12월에 유형지에서 돌아와 아버지와 재회했으며 페스토보에 있는 방 한 칸짜리 집으로 이사했다. 페스토보는 전(前) '쿨라크'들과 그 가족들이 무리 지어 살던 작은 도시였다. 안토니나가 겪은 충격적인 경험은 의식에 깊은 상처를 남겼는데, 그 중에서 가장 깊은 상처는 '쿨라크' 출신이라는 오명이었다. 사회 계급이 전부인 사회에서 안토니나에게는 '계급의 적'이라는 낙인이 찍혔다. '계급의 적'은 고등교육기관과 많은 직업에서 배제되었고 스탈린의 통치 기간 동안 전 소련을 휩쓸었던 억압의 물결에서 항상 박해받고 체포되기 쉬운 존재였다. 사회적 열등의식 때문에 안토니나의 마음속에는 "우리는 쿨라크이기 때문에 정권이 우리에게 무슨 짓

굴라크(Gulag) 러시아어 Glavnoe upravlenie ispravitel'no-trudovykh lagerei i kolonii(교정노동수용소·집단거주지 관리본부)의 약어. 일반적으로 소련의 강제노동수용소를 가리키는 말이다. 굴라크에는 우리가 보통 철조망, 망루, 집단 숙소로 상상하는 통제가 극심한 교정노동수용소(ITL, corrective labor camp)뿐만 아니라, 나중에 노동 정착촌(trudoposelenie, labor settlement)으로 발전하는 특별 정착촌(spetsposelenie, special settlement)이나 노동 집단거주지(trudovaia koloniia, labor colony)처럼 상대적으로 통제가 느슨한 마을도 포함된다. 그밖에도 정신병원, 일급 과학자나 엔지니어들을 수용하여 그들의 지식을 활용하는 특별 수용소인 특수 연구소 등이 들어간다. 러시아혁명 직후인 1918년에 처음 설치된 뒤 1930년대 이후 스탈린 치하에서 크게 확대되어 1940년대 말~1950년대 초에 최대 규모에 이르렀다. 1953년 스탈린이 죽은 이후 본격적으로 해체되었다.(역주)

이든 할 수 있으며, 우리는 아무 권리도 없고 잠자코 고통을 당할 수밖에 없다."는 두려움이 자랐다. 그것은 '일종의 공포'였다고 안토니나는 묘사한다. 안토니나는 너무 겁이 나서 학교에서 자신을 괴롭히는 아이들에 맞서 스스로를 지킬 수 없었다. 한번은 선생님에게 벌을 받았는데, 선생님은 반 친구들이 모두 보는 앞에서 "너 같은 부류는 '인민의 적, 비열한 쿨라크'여서 추방당해 마땅해. 너네들 전부 바로 이 자리에서 박멸되면 좋겠다!"라고 고함을 쳤다. 안토니나는 부당함에 치를 떨었고 소리를 질러 항의하고 싶었다. 하지만 그녀는 훨씬 더 큰 두려움 때문에 침묵하고 말았다.[1]

이 두려움은 일생 동안 안토니나를 따라다녔다. 그녀에게 두려움을 극복할 수 있는 유일한 방법은 소비에트 사회에 적극적으로 참여하는 것이었다. 안토니나는 머리가 좋고 개성이 강한 젊은 여성이었다. 출신의 낙인을 극복하기로 결심한 안토니나는 언젠가 사회적으로 동등한 자로 인정받겠다고 마음먹고 학교에서 열심히 공부했다. 차별을 받았지만 안토니나는 공부를 잘했고 점차 자신감을 얻었다. 콤소몰*, 즉 공산주의청년동맹에도 가입했는데, 콤소몰 지도자들은 그녀의 솔선수범과 열정을 높이 평가해서 '쿨라크' 출신 배경을 모르는 척해주었다. 열여덟 살 때 안토니나는 자신의 운명을 결정짓는 과감한 결단을 내렸다. 의과대학에 진학하기 위해 당국에 출신 배경을 숨기고—큰 위험을 무릅쓴 전략이었다.—서류를 조작한 것이다. 안토니나는 40년 동안이나 몸담았던 레닌그라드의 생리학대학에서 친

콤소몰(Komsomol) Kommunisticheskii soyuz molodyozhi의 약어. 1918년에 조직된 소련의 공산주의 청년 정치 조직. 공산당의 지도 아래 청년들에게 공산주의 교육을 실시하고 공산당과 국가의 기관에 적극 참여시키는 것을 목적으로 한 공산당원 양성 단체이다. 대상은 주로 15~28세의 남녀이며, 가입할 때 출신, 학업, 노동과 일상의 규율성에 대한 엄격한 심사를 받았다.(역주)

구나 동료 누구에게도 가족에 관해 입도 벙긋하지 않았다. 훗날 스스로 주장했듯이, 안토니나는 공산주의 이데올로기를 믿어서가 아니라 자신과 가족이 의심받지 않도록 하기 위해 공산당원이 되었다(1991년 공산당이 해체될 때까지 당원 신분을 유지했다). 아마도 입당하면 경력에 도움이 되고 전문가로 인정받을 수 있으리라고 생각했을 것이다.

안토니나는 각각 20년 넘게 함께 살았던 두 남편에게도 자신의 과거를 숨겼다. 첫 남편인 게오르기 즈나멘스키는 안토니나와 평생 친구로 지냈으나 가족의 과거에 대해서는 서로 거의 말을 하지 않았다. 1987년 게오르기의 친척 한 명이 안토니나의 집을 방문했다가 게오르기가 볼셰비키에게 처형된 제정 러시아 해군장교의 아들이라는 사실을 발설하고 말았다. 그렇게 오랜 시간 동안 이런 사실을 모른 채 안토니나는 자신처럼 노동수용소와 '특별 정착촌'에서 어린 시절을 보낸 남자와 결혼해 살았던 것이다.

안토니나의 두 번째 남편인 에스토니아 출신의 보리스 이오간손도 '인민의 적' 가족 출신이었다. 보리스의 아버지와 할아버지 모두 1937년에 체포되었으나, 안토니나는 그 사실을 알지 못했다. 1990년대 초에 미하일 고르바초프가 글라스노스트* 정책을 도입하고 언론에서 스탈린 체제의 억압을 공개적으로 비판하는 것을 보고 용기를 내 마침내 입을 열기까지, 안토니나 자신도 자신의 과거를 보리스에게 말하지 않았다. 안토니나와 게오르기는 이 기회에 40년 이상 서로 숨겨 왔던 비밀스런 가족사를 밝혔다. 그러나 그들은 학교 선생인 딸 올가에게는 가족사를 말하지 않았다. 개혁에 대한 공산주의자

글라스노스트(glasnost) '개방'이라는 뜻의 러시아어. 고르바초프가 1985년에 실시한 개방 정책.(역주)

들의 반발을 두려워한 데다, 딸이 이 사실을 모르는 편이 스탈린주의
자들이 다시 힘을 얻을 경우에 스스로를 보호하는 데 더 나을 것이
라고 생각했기 때문이었다. 1990년대 중반에야 안토니나는 아주 서
서히 두려움을 극복하고 자신이 '쿨라크' 출신이라는 것을 딸에게 털
어놓을 수 있었다.

《속삭이는 사회》는 골로빈 가족과 같은 수많은 가족들의 숨겨진
역사를 드러낸다. 이 역사들이 모여서 스탈린 폭정 아래 살았던 평
범한 소련 시민들의 내면 세계를 분명하게 보여줄 것이다. 이러한 작
업은 이 책에서 처음 시도하는 것이다. 많은 책들이 공포정치의 외
양—체포와 재판, 굴라크에서 이루어진 노예화와 학살—을 묘사하
지만, 공포정치가 개인과 가족 생활에 끼친 영향을 깊이 탐구하기는
《속삭이는 사회》가 처음이다. 소련 사람들은 스탈린 통치 시기에 어
떻게 사적 생활을 영위했는가? 그들은 실제로 무엇을 생각하고 느
꼈는가? 도시민 대다수가 거주한 공동 아파트, 한 가족 전부나 때로
는 한 가족 이상이 함께 살아 옆방의 모든 대화를 엿들을 수 있었던
비좁은 그곳에서는 어떤 종류의 사적 생활이 가능했는가? 국가가 법
률, 감시, 이데올로기 통제를 통해 사적 생활의 거의 모든 면을 건드
릴 때 사적 생활은 무엇을 의미하는가?
　무수히 많은 사람들이 가족과 친척들이 받은 억압 때문에 안토니
나처럼 늘 공포를 느끼는 상태에서 살아갔다. 그들은 어떻게 그와
같은 불안에 대처했는가? 그들은 소비에트 체제로부터 부당한 대우
와 소외를 당했다는 당연한 의식과 체제에 자리를 잡아야 한다는 필
요성 사이에서 어떻게 균형을 맞출 수 있었는가? 그들은 '망가진 이
력'*의 낙인을 극복하고 동등한 사회 구성원으로서 인정받기 위해 어

떻게 적응해야 했는가? 안토니나는 삶을 되돌아보면서, 소비에트 체제의 효율적인 작동이라는 목표에 기여하는 전문가로서 의사라는 자기 신분에 확실히 자부심을 느끼기는 했지만 진실로 공산당과 그 이데올로기를 믿은 적은 결코 없었다고 말한다. 아마도 그녀는 공적 생활에서는 소비에트 규범을 따르면서도 사적 생활에서는 자기 가족이 전통적으로 지켜 온 농민-기독교적 가치의 힘을 계속 느끼는 이중생활을 했을 것이다. 많은 소련 인민들이 그런 이중성 속에서 생활했다. 그러나 과거와 완전히 절연하고 이데올로기적으로나 감정적으로나 소비에트 체제에 적극적으로 참여한—귀족 가문이나 부르주아 가문 출신 사람들은 말할 것도 없고—'쿨라크'의 아이들도 있었다.

가족의 도덕적 영역은 《속삭이는 사회》의 주요 무대다. 이 책은 가족들이 소비에트 체제의 여러 압력에 어떻게 대응했는지를 탐구한다. 그들은 어떻게 자신들의 전통과 믿음을 보존했는가? 또 자신들이 지닌 가치가 학교나 콤소몰 같은 기관이 젊은 세대에게 주입한 소비에트 체제의 공적 목표와 도덕과 상충했을 때 어떻게 그 전통과 믿음을 자녀들에게 전달했는가? 공포정치 체제에서의 삶은 친밀한 관계에 어떻게 영향을 끼쳤는가? 남편이나 아내, 아버지나 어머니가 돌연 '인민의 적'으로 체포되었을 때 사람들은 무슨 생각을 했는가? 충성스러운 소비에트 시민으로서 그들은 사랑하는 사람들을 신뢰하는 일과 자신들이 두려워하는 정부를 믿는 일 사이에서 일어나는 내적 갈등을 어떻게 해결했는가? 도덕의 진공 상태인 스탈린 체제에서

망가진 이력(spoilt biography) 소련인들은 콤소몰과 공산당, 학교 같은 공공단체에 들어가거나 기업에 입사할 때 질문서를 의무적으로 작성해야 했으며, 질문서의 주된 내용은 가족관계를 비롯한 지원자의 계급 배경, 주요 교육과 경력, 정치 의식의 발전 과정 등을 묘사하는 것, 즉 자신의 이력을 쓰는 것이었다. '망가진 이력'이란 반소비에트 활동으로 체포당한 경험이 있거나 출신 성분이 나쁘다거나 당국이 보기에 '오점'이 있는 이력을 말한다.(역주)

인간의 감정과 정서는 어떻게 힘을 보존할 수 있었는가? 수많은 삶을 지탱한 생존 전략, 침묵, 거짓말, 우정과 배신, 도덕적 타협과 적응은 어떤 것이었는가?

소수의 가족만이 스탈린 공포정치의 영향을 받지 않았다. 보수적 평가에 따르면 스탈린이 당 지도권을 장악한 1928년부터, 독재자가 죽고 그가 25년에 걸쳐 발전시켰던 체제 자체는 아니더라도 그의 공포 통치가 마침내 종언을 고했던 1953년 사이에 약 2500만 명이 소비에트 정권에 의해 억압당했다. 이 2500만 명—처형부대에 총살당한 사람, 굴라크 죄수, '특별 정착촌'으로 쫓겨난 '쿨라크', 다양한 종류의 노예 노동자와 추방된 소수민족들—은 1941년에 약 2억 명에 달하던 소련 인구의 8분의 1을 차지한다. 평균을 내면 소련의 1.5 가족당 1명을 나타낸다. 이것은 기근 희생자나 전사자를 제외한 수치다.[2] 죽거나 노예화된 수백만 명에 더해 수천만 명에 이르는 희생자의 친척들이 있었으며, 그들의 삶은 심각한 피해를 입었고 지금도 여전히 영향을 끼치고 있는 엄청난 사회적 결과를 낳았다. 굴라크에 의해 수 년 동안 헤어져 지낸 가족들은 쉽게 재결합할 수 없었고 관계가 끊어졌다. 사람들이 되돌아갈 수 있는 '정상적인 삶'이란 더는 어디에도 없었다.

조용하고 순응적인 주민은 스탈린 통치가 낳은 지속적인 결과다. 골로빈 집안 같은 사람들은 자신들의 과거를 말하지 않는 법을 배웠고, 심지어 일부는 안토니나처럼 아주 가까운 친구나 친척에게까지 과거를 숨겼다. 아이들은 입을 다물어야 했다. 누구에게도 가족 이야기를 해서는 안 되고, 집 밖에서 본 어떤 것에 대해서도 함부로 판단하거나 비판하지 말라고 배웠다. "우리 같은 아이들이 배워야 할 듣기와 말하기 규칙 같은 게 있었어요."라고 1930년대에 어린 시절을 보낸 중간 간부급 볼셰비키의 딸은 말했다.

> 어른들이 속삭이는 것을 엿듣거나 몰래 말하는 것을 들었을 때, 우리는 그 내용을 어느 누구에게도 발설해서는 안 된다는 사실을 알았습니다. 심지어 어른들의 대화를 우리가 들었다는 사실을 어른들이 아는 것만으로도 곤경에 빠질 수 있었습니다. 때때로 어른들은 무슨 말을 하고는 우리에게 "벽에도 귀가 달려 있지", "입조심해" 같은 말을 하곤 했습니다. 우리는 그런 표현이, 어른들이 방금 말한 것이 우리 들으라고 한 것이 아님을 의미한다는 사실을 알았습니다.[3]

1936년에 아버지가 체포된 한 여성은 다음과 같이 기억한다.

> 우리는 입을 다물라는 가르침을 받았다. "너는 네 혀 때문에 곤욕을 치를 거야." 사람들은 우리 같은 아이들에게 항상 이렇게 말했다. 우리는 말하기를 두려워하면서 삶을 견뎌 나갔다. 엄마는 두 명 중 한 명은 정보원이라고 말하곤 했다. 우리는 이웃과, 특히 경찰이 무서웠다. …… 지금도 나는 경찰을 보면 두려움으로 떨기 시작한다.[4]

방정맞은 입 때문에 체포될지도 모르는 사회에서 가족들은 남과 어울리지 않음으로써 살아남았다. 그들은 위험한 이웃들의 눈과 귀를 피해, 때로는 자녀들에게도 소련의 공적 규범과 충돌하는 정보와 견해, 종교적 믿음, 가족의 가치관과 전통, 사적 생활 양식을 숨기면서, 이중 생활을 유지하는 법을 배웠다. 그들은 속삭이는 법을 배웠다.

'속삭이는 사람(whisperer)'에 해당하는 러시아어에는 두 단어가 있다. 하나는 '누가 엿들을까 두려워 소곤거리는 사람(shepchushchii)'

이고, 다른 하나는 '사람들 몰래 당국에 고자질하거나 귓속말을 하는 사람(sheptun)'이다. 이 구분은 소련 사회 전체가 이런저런 부류의 속삭이는 사람들로 구성되었던 스탈린 시대의 관용 어법에 기원이 있다.

　《속삭이는 사회》는 스탈린에 관한 책이 아니며(스탈린의 존재가 모든 지면에서 느껴지기는 하지만), 스탈린 체제의 정치를 직접적으로 다룬 책도 아니다. 《속삭이는 사회》는 스탈린 체제가 사람들의 정신과 감정에 침투하여 그들의 모든 가치관과 관계에 영향을 끼친 방식을 탐구하는 책이다. 이 책은 대숙청의 기원이 어디 있는지 수수께끼를 풀거나 굴라크의 흥망을 기록하려고 시도하지 않는다. 이 책은 경찰국가가 소련 사회에 어떻게 뿌리를 내리고 수많은 평범한 사람들을 공포정치 체제의 조용한 방관자이자 협력자로 끌어들일 수 있었는지를 설명하고자 한다. 스탈린 체제의 진정한 힘과 지속적인 유산은 국가 구조나 지도자 숭배에 있었던 것이 아니라, 러시아 출신의 역사가 미하일 게프테르(Mikhail Gefter)가 언젠가 말했듯이 "우리 모두에게 침투한 스탈린 체제"[5]에 있었다.

　역사가들이 스탈린 치하 러시아의 내면 세계로 들어가는 데는 오랜 시간이 걸렸다. 최근까지 역사가들의 연구는 주로 공적 영역, 정치와 이데올로기, '소련 대중'의 집단 경험에 관한 것이었다. 개인—여하튼 개인이 등장했다면—은 주로 당국에 편지 쓰는 사람으로서(즉 사적 인간이나 가족 구성원이라기보다는 공적 행위자로서) 나타났다. 평범한 사람들의 사적 영역은 대체로 시야에서 멀어졌다. 이것은 명백히 자료의 한계 때문이다. 구소련과 공산당 문서고의 개인 소장 자료(lichnye fondy)는 대부분 정계, 과학계, 문화계의 유명 인사들의 자료였다. 이 소장 자료의 문서들은 소유자들이 국가에 기증하기 전에 신중하게 선별했으며, 주로 해당 인물들의 공적 생활과 관련이 있다. 이 책을 준비하면서 연구 초기 단계에 살펴본 수천 편의 개인 소장 자료 가운데 일부에서만 가족이나 개인 생활을 확인할 수 있었다.*

소련에서 발간되거나 1991년 이전 소련 문서고에서 이용 가능했던 회고록들도, 특히 1985년 이후 글라스노스트 시기에 출간된 것 중에 일부 예외가 있기는 하지만, 집필자들의 사적 경험은 일반적으로 알려주지 않는다.[6] 소련을 탈출한 망명 지식인들과 스탈린 억압 속에서 생존한 자들이 서방에서 출간한 회고록들 역시 비슷하게 문제가 많다. 비록 이 회고록들은 평범한 시민으로서 스탈린 공포정치 시대를 견뎌내는 것이 '어떠했는지'를 알려준, '침묵을 강요당한 사람들'의 '진짜 목소리'로 널리 환영받았지만 말이다.[7] 1980년대 초 냉전이 한창일 때 서방에서 스탈린 체제의 이미지를 형성한 것은 체제의 폭력과 억압을 이겨낸 일부 지식인들의 생존 이야기였다. 특히 예브게니야 긴즈부르크*와 나데즈다 만델시탐*은 자신들의 회고록에서 소비에트 정권의 폭정에 맞서는 내면적 저항의 힘은 인간 정신의 자유주의 사상에 그 원천이 있다는 주장에 직접적인 증거를 제시했다.[8]

---

* 과학, 문학, 예술 문서고들(예를 들어 SPbF ARAN, RGALI, IRL RAN)은 때때로 좀 더 많은 것을 분명히 드러낸다. 비록 이들 중 많은 문서고가 가장 사적인 자료들이 들어 있는 비공개 분과를 갖고 있지만 말이다. 1991년 이후 일부 구소련 문서고들은 평범한 가족들이 기증한 개인 소장 자료들을 받았다. 예를 들어 TsMAMLS는 모스크바 시민들이 소유했던 광범한 사적 문서들을 보유하고 있다.

긴즈부르크(Yevgeniya Ginzburg, 1904~1977) 1937년부터 1955년까지 굴라크에서 18년 동안 복역한 러시아 여성 작가. 수용소 경험을 기록한 회고록 《소용돌이 속으로의 여행》을 1967년 서방에서 처음 출간하면서 큰 반향을 일으켰다. 1975~1977년 동안에는 수용소 석방 이후의 자신의 삶을 그린 후속작 《소용돌이 안에서》를 집필했다. 두 번째 책은 작가가 죽은 지 2년 뒤인 1979년에 서방에서 처음 발간되었다.(역주)

1991년 '민주주의'의 승리로 완수되고 상징화된 이 도덕적 이상은 소비에트 체제가 붕괴한 뒤 엄청나게 쏟아져 나온 회고록들에 큰 영향을 끼쳤으며,[9] 또한 1991년 이후에 전보다 더 스탈린 독재에 맞선 인민들의 저항을 강조하는 경향이 있는 역사가들에게도 충격을 주었다.[10] 이 회고록들은 숙청에서 살아남은 많은 사람들, 특히 자유와 개인주의의 이상에 강력하게 헌신한 지식인들에 관해서는 진실을 말한다. 하지만 스탈린 체제의 많은 희생자들을 포함해, 반체제 인사의 내적 자유나 감정을 공유하는 것이 아니라 반대로 체제의 기본 가치를 조용히 받아들이고 내면화하며 체제의 공적 규범에 순응하고 아마도 체제가 범죄를 저지를 때 협력했을 무수히 많은 평범한 사람들에 관해서는 아무것도 말해주지 않는다.

문서고에서 나온 일기들은 처음에는 좀 더 희망이 있어 보였다. 일기는 갖가지 종류였지만(문필가의 일기, 작업 일지, 문학 연감, 스크랩북, 일자별로 기록된 연대기 등등), 스탈린 시대에 작성된 일기 중 상대적으로 소수의 글만이 글쓴이의 감정과 생각을 믿을 만하게—거슬리는 해석적 틀의 개입 없이—무언가를 드러내줄 뿐이다. 1930년대와 1940년대에는 일기를 쓰는 위험을 무릅쓴 사람이 많지 않았다. 어떤 사람이 체포되었을 때—거의 누구나 언제라도 체포될 수 있었다.—압수당할 첫 번째 물건은 '반(反)소비에트'적으로 해석될 수 있는 생각이나 감정을 드러냈다면 유죄의 증거가 될 수도 있을 일기였다.(작가 미하일 프리시빈Mikhail Prishvin은 체포되어 압수당할 경우를 대비해 돋보기로나 겨우 읽을 수 있을 정도의 아주 작은 글씨로 일기를 휘갈

만델시탐(Nadezhda Mandelstam, 1899~1980) 러시아의 작가이자 교육자. 1938년에 노동수용소에서 사망한 러시아 시인 오시프 만델시탐(Osip Mandelstam)의 아내이다. 회고록 《희망을 버리지 않다》와 《희망을 버리다》를 1970년과 1974년에 서방에서 각각 출간했다.(역주)

겨 썼다.) 전반적으로 소련 시대에 출간된 일기는 자신이 하는 말에 매우 신중한 지식인들이 쓴 것이었다.[11] 1991년 이후 좀 더 많은 일기들—소비에트 사회의 중간층과 하층 출신 사람들이 쓴 일부 일기를 포함해—이 구소련 문서고들에서 발굴되거나 모스크바의 인민 문서고(People's Archive, TsDNA)처럼 사람들의 자발적 의사로 세상의 빛을 보게 되었다.[12] 그러나 전반적으로 스탈린 시기에 쓰여진 일기는 여전히 양이 적다(더 많은 일기를 옛 국가보안위원회KGB 문서고에서 찾을 수 있겠지만). 분량이 얼마 안 되기 때문에 그 일기들로부터 평범한 사람들의 내면 세계에 대해 명료한 결론을 끌어내는 데는 무리가 있다.

사적 생활을 다루는 역사가가 해결해야 할 또 다른 문제는 이 가운데 많은 일기들이 구사한 '소비에트식으로 말하기'와 그 일기들에 담긴 순응주의적 생각들이다. 사람들이 이런 식으로 일기를 써야 했던 동기(공포나 믿음 또는 유행)를 알지 못하고서는 일기를 해석하기가 어렵다.[13]

최근 몇몇 역사가들은 '소비에트 주체성(Soviet subjectivity)'에 주목하면서, 문헌과 사적 텍스트(특히 일기)를 이용해 체제의 이데올로기가 개인의 내면 생활을 지배한 정도를 강조해 왔다.[14] 일부 역사가에 따르면, 개인이 소비에트 정치의 공적 담론에 규정된 조건을 넘어 생각하거나 느끼는 것은 실제로 불가능했으며, 어떤 다른 생각이나 감정도 '자아의 위기'로 느껴졌고 마음속에서 몰아내야 했다.[15] 개인의 '소비에트 주체성'은 소련의 공적 담론에 비추어 끊임없이 자신의 부족한 점을 반성하고 그것을 개선하는 방식으로 형성되었다. 소비에트적 가치와 사상의 내면화는《속삭이는 사회》에 등장하는 많은 주체들에게 사실 특징적인 것이었다. 비록 이 역사가들의 주장대로 자신을 개선하겠다는 열정으로 스탈린 체제와 자신을 동일시한 주체는 그다지 많지 않았지만 말이다. 이 책에 반영된 소비에트 사고방식(Soviet mentality)은 대부분의 경우 옛 가치와 믿음이 금지당하거나 억압당해 자리를 내준 의식의 영역을 차지했다. 사람들은 '소비에트식으로 되려는' 불타는 욕망이 아니라 수치심과 공포 때문에 소비에트 사고방식을 받아들였다. 안토니나가 '쿨라크'의 자녀라는 열등감(그녀는 이 열등감을 '일종의 공포'로 경험했다)을 극복할 수 있도록 학교에서 잘해서 사회에서 동등한 사람이 되기로 결심하게 만든 것은 바로 수치심과 공포감이었다. 소비에트 체제에 적극적으로 참여하는 것은 스탈린 정권의 희생자를 비롯한 대부분의 사람들에게 생존 수단이었고, 만일 겉으로 드러낸다면 자신들의 삶을 불가능하게 만들 수 있을 의심과 공포를 억누르는 데 필수적인 방법이었다. 사회주의 건설이라는 소비에트 프로젝트를 믿고 협력하는 것은 자신들의 고통을 스스로 합리화하는 한 가지 방법이었는데, 아마도 이 고상한 목적이 없었다면 고통은 그들을 절망의 구렁텅이로 몰아갔을 것이다. 또 다른 '쿨라크' 자녀로서 오랜 세월 '인민의 적'으로 유형 생활을 했지만 그럼에도 불구하고 일생 동안 확신에 찬 스탈린주의자로 남았던 한 남자의 말을 빌리면, "스탈린의 정의를 믿는 일은 …… 우리 스스로 우리가 받는 처벌을 더욱 쉽게 받아들이도록 해주었고, 또한 우리의 두려움을 날려버렸다."[16]

이와 같은 사고방식은 종종 스탈린 시대의 일기와 편지—대개 그 내용은 공포의 인정을 허용하지 않는 소비에트식 글쓰기와 예의의 규범에 따라 작성되었다.—보다는 구술사에 더 잘 나타난다.[17] 스탈린 체제를 연구하는 역사가들은 점점 더 구술사 기법에 눈을 돌려왔다.[18] 기억의 간계에 좌우되는 다른 학문 분야와 마찬가지로 구술사에도 방법론적 어려움이 있다. 소련 역사의 기억에 신화와 이데올로기가 덧씌워져 있는 데다 '속삭이도록' 배워 온 나라인 러시아에서 이 문제는 특히 심각하다. 수백만 명이 무심코 정보원에게 말을 했다가 체포당한 사회에서 살았던 나이 든 사람들의 다수가 마이크(국가 보안위원회와 관련된 기계)를 들이대는 연구자들을 극도로 경계한다. 공포나 수치심 또는 금욕적 태도 때문에 이 생존자들은 고통스러운 기억을 억압해 왔다. 많은 사람들이 어떤 것에 관한, 특히 소비에트 체제에서 자신의 개인적 출세를 결정하는 순간에 내린 도덕적 선택에 관한 곤란한 질문을 회피하는 데 너무나 익숙하기 때문에 자신의 삶을 찬찬히 되돌아볼 수 없게 되었다. 다른 이들은 자신들의 과거에 대해 그 동기와 믿음을 억지로 설명하는 것으로 당시 자신들의 처신을 종종 정당화하면서, 자신의 행동이 부끄럽기는 하나 잘못된 것은 아니라고 강변한다. 이러한 도전에도 불구하고, 그리고 많은 점에서 바로 이 때문에, 구술사는 적절하게 다루기만 한다면 사적 생활을 연구하는 역사가들에게 엄청나게 유용하다. 그것은 인터뷰의 증언을 엄격하게 교차 검토하고, 가능한 곳에서는 가족 문서고와 공공 문서고에 있는 문서 기록들에 비추어 그 증언이 옳은지 그른지 확인하는 것을 의미한다.

《속삭이는 사회》는 스탈린 공포정치의 생존자들이 최근까지도 러시아 전역의 개인 주택 내 비밀 서랍과 매트리스 밑에 숨겨놓은 수백 개의 가족 문서고(편지, 일기, 개인 문서, 회고록, 사진, 수제 공예품)를 기초로 한다. 개별 가족의 경우, 이 사적 문서들의 맥락을 설명하고 대체로 입 밖에 낸 적이 없는 가족의 역사에 그 문서들을 배치할 수 있는 가장 나이 많은 친척들을 대상으로 해서 광범위한 인터뷰를 진행했다. 가족과 개인의 내면 세계에 초점을 맞추는 이 책의 연구와 관련된 구술사 프로젝트는, 주로 사회학적이거나, 대숙청의 외적인 세부 사항과 굴라크 체험에 초점을 맞춘 이전의 소련 시기 구술사들과 뚜렷한 차이가 있다.[19] 이 자료들은 스탈린 시기의 사적 생활에 관한 가장 방대한 문서 수집물 중 하나인 특별 문서고에 수집되어 있다.*

이 책에 등장하는 가족들은 소련 사회의 폭넓은 단면을 대표한다. 이 가족들은 다양한 사회적 배경을 지녔으며 러시아 전역에 걸친 도시, 소도시, 혹은 작은 마을 출신이다. 여기에는 억압을 경험한 가족들과, 내무인민위원부(엔카베데NKVD. 1934년 오게페우OGPU로부터 비밀경찰 기능을 넘겨받았다) 요원이나 굴라크 행정 직원으로서 억압 체제에 관여한 구성원이 있는 가족들도 포함되어 있다. 통계적으로 매우 소수이기는 하지만 스탈린 공포정치의 영향을 받지 않은 가족들도 있다.

이 자료들을 토대로 삼아 《속삭이는 사회》는 혁명 초기, 대개는 1917년부터 1925년 사이에 태어난 세대, 따라서 그 삶이 소비에트 체제의 궤적을 좇아간 세대의 이야기를 기록한다. 책 후반부에서는 그들의 후손도 언급한다. 다세대적 접근은 체제의 유산을 이해하는 데 중요하다. 한 세기의 4분의 3 시기 동안 소비에트 체제는 가족의 도덕 영역에 영향을 끼쳤다. 어떤 전체주의 체제도 자국민의 사적 삶에 그와 같이 깊은 충격을 가하지 않았다. 심지어 공산주의 중국도

---

* 문서 대부분은 소련 억압 체제의 희생자들을 대변하고 기리기 위해 1980년대 말에 조직된 인권과 역사 단체인 '메모리알협회'의 도움을 받아 필자가 수집했다. 상트페테르부르크 메모리알협회(MSP), 모스크바메모리알협회(MM), 페름메모리알협회(MP)의 문서고에 보관 중인 이 문서들은 대부분 인터뷰의 원음, 원문과 함께 온라인상에서도 이용할 수 있다 (http://www.orlandofiges.com). 자료 일부는 영어로 번역되어 있다. 이 책과 관련된 연구 프로젝트에 관해 좀 더 상세한 내용을 알고 싶다면 본서 2권의 〈후기와 감사의 말〉을 보라.

그렇다(스탈린 체제와 종종 비교되곤 하는 나치 독재 체제는 겨우 12년 지속됐을 뿐이다). 장기 지속* 속에서 스탈린 현상을 이해하려는 시도도 이 책의 두드러진 특징이다. 이 주제에 대한 이전 역사 연구들은 주로 1930년대에 초점을 맞추어 왔다. 마치 1937~1938년의 대숙청을 설명하는 것이 스탈린 체제의 본질을 파악하는 데 필요한 모든 것인 양 말이다. 대숙청은 스탈린 통치 시기에서 단연 가장 잔혹한 사건이었다.(1917년부터 1955년 사이에 있었던 정치적 처형의 85퍼센트가 이 시기에 일어났다.) 그러나 이 사건은 이어지는 억압 물결(1918~1921, 1928~1931, 1934~1935, 1937~1938, 1943~1946, 1948~1953) 중 하나에 불과했으며, 각 물결은 수많은 목숨을 앗아갔다. 굴라크 노동수용소와 '특별 정착촌'의 거주민 수는 1938년이 아니라 1953년에 절정에 달했다. 스탈린이 사망한 후에도 수십 년 동안 수많은 이들이 이 장기적 공포 통치에 계속 영향을 받았다.

이 책에 공적 서사로 짜여 들어간 가족사가 너무 많기 때문에, 독자들이 개별 가족의 이야기를 따로 따라가기는 어려울 것이다. 오히려 가족사는 공통 역사—모든 가족의 삶에 흔적을 남긴 스탈린 체제—의 변형으로 읽어야 한다. 그러나 골로빈 가를 비롯해 몇몇 가족의 경우에는 그 가족의 일화가 공적 서사 전체를 관통한다. 이 가족들은 각각 가계도를 실었다. 《속삭이는 사회》의 핵심에는 결혼을 통해 서로 연결된 라스킨 가와 시모노프 가가 있는데, 스탈린 공포정치 시기에 이 가족들의 대비되는 운명은 비극적으로 서로 뒤엉켰다.

장기 지속(longue durée) 프랑스 역사학자 페르낭 브로델(1902~1985)이 제시한 개념. 특정한 사건이나 일시적 국면을 초월하는 역사의 지주(支柱) 혹은 하부 구조를 구성하는 시간을 가리킨다.(역주)

콘스탄틴 시모노프*는《속삭이는 사회》의 중심 인물이자 아마도 (보는 관점에 따라) 이 책의 비극적인 주인공일 것이다. 소비에트 체제에서 억압당한 귀족 집안에서 태어난 시모노프는 1930년대에 '프롤레타리아 작가'로 스스로를 개조했다. 그는 지금은 대체로 잊혔으나, 스탈린 상을 여섯 차례, 레닌 상을 한 차례 받고 사회주의 노동 영웅 칭호를 받은 소련 주류 문단의 거장이었다. 그는 재능 있는 서정 시인이었고 전쟁을 다룬 그의 소설들은 엄청난 인기를 모았다. 그의 희곡이 빈약하고 선전물에 불과했을지 모르지만 그는 일급 언론인으로서 제2차 세계대전 동안 러시아에서 가장 뛰어난 종군 기자로 꼽혔다. 말년에는 자신의 잘못과 스탈린 체제와 맺은 도덕적 타협을 정직하게 되돌아본 최고의 회고록 작가이기도 했다. 1939년에 시모노프는 유대인 거주 허용 지역*에서 모스크바로 이주한 어느 유대인 가족의 세 딸 중 막내딸인 예브게니야 라스키나와 결혼했으나, 곧 아내와 어린 아들을 버리고 아름다운 여배우 발렌티나 세로바 (Valentina Serova, 1917~1975)를 쫓아갔다. 이 로맨스는 시모노프가 쓴 유명한 시 〈나를 기다려줘요〉(1941)에 영감을 불어넣었고 이 시는 여자 친구나 아내에게 돌아가기 위해 분투하는 병사들이 즐겨 암송하는 작품이 되었다. 시모노프는 1945년부터 1953년 사이에 작가동맹*의 주요 인물이었다. 이 시기는 소련 문단의 지도자들이 스탈린 이데올로그들의 부름을 받아, 지나치게 자유주의적이라고 지목된 동

시모노프(Konstantin Simonov, 1915~1979) 소련의 시인이자 소설가. 상트페테르부르크에서 태어났으며, 고리키 문학대학을 졸업했다. 희곡 〈러시아 사람들〉, 〈러시아 문제〉 등으로 이름을 떨쳤으며, 중편소설 《낮과 밤》, 《산 자와 죽은 자》 같은 전쟁 소설을 썼다.(역주)

유대인 거주 허용 지역(Pale of Settlement) 러시아어로는 Cherta osedlosti. 제정 러시아 시대에 유대인의 상주가 허용된 지역을 일컫는 말이다. 이 영토 바깥에서는 유대인들의 상주가 전반적으로 금지되었다. 유럽 러시아의 약 20퍼센트를 차지했으며 지금의 리투아니아, 벨라루스, 폴란드, 몰도바, 우크라이나 대부분과 서부 러시아 일부를 포함한다.(역주)

료 작가들을 박해하는 데 동참하고 예술계와 과학계의 반유대 운동에 목소리를 더한 때였다. 라스킨 가족은 이 공식적인 반유대주의의 희생자였으나, 이 무렵 시모노프는 스탈린 체제에 너무 깊숙이 연루되어 있어서 그들을 도와줄 수 없었다. 여하튼 그가 할 수 있는 일은 아무것도 없었을 것이다.

시모노프는 복잡한 인물이었다. 그는 부모로부터 공익에 봉사하는 것을 중시하는 귀족적 가치, 특히 군사적 의무와 복종의 정신을 물려받았고, 이 가치들은 시모노프의 마음속에서 그로 하여금 스탈린 체제의 지휘 체계에서 자리를 차지할 수 있게 해준 공적 행동주의와 애국적 희생이라는 소비에트 미덕으로 동화되었다. 시모노프는 존경할 만한 인간적 자질을 많이 갖춘 사람이었다. 만일 '좋은 스탈린주의자'라는 것이 있을 수 있다면, 바로 이 부류에 속할 것이다. 시모노프는 정직하고 진실했다. 또 단정하고 규율에 대해 엄격했으나 마음이 따뜻한 매력적인 사람이기도 했다. 자신이 받은 교육의 영향으로 또 기질적으로도 적극적인 활동가였던 시모노프는 젊을 때 소비에트 체제에 몰두하여 체제의 도덕적 압력과 요구에서 자유로워지는 방법을 알지 못했다. 이런 의미에서 시모노프는 자기 세대—삶이 스탈린 체제의 그늘을 벗어나지 못했던 사람들—의 모든 도덕적 갈등과 딜레마를 체현했다. 그의 사상과 행동을 이해하는 것은 아마도 그의 시대를 이해하는 것이 될 터이다.

소련작가동맹(Soiuz pisatelei SSSR) 1932년 소련공산당 중앙위원회가 기존 문학 단체들을 해산하고 단일 조직으로 결성한 소련의 작가 단체. 1934년 7월 제1차 대회를 열고 초대 의장으로 막심 고리키를 임명했다. 그 후 1954년에 제2차 대회를 열고 스탈린 사후의 상황을 반영해 풍자와 현실 비판을 강조했다. 1986년까지 여덟 차례의 대회가 열렸다. 그동안 1958년 보리스 파스테르나크의 제명, 1968년 이후의 '솔제니친 문제' 등 창작의 자유에 관한 사건이 종종 일어났다.(역주)

1장

1917년 혁명의 아이들

1917~1928

우리는 젊은이들을 공산주의 세대로 만들어야 한다. 부드러운 밀랍처럼 영향을 받아 변하기 쉬운 존재인 아이들은 훌륭한 공산주의자로 주조되어야 한다. …… 우리는 아이들을 가족의 유해한 영향력으로부터 구해내야 한다. …… 우리는 아이들을 국유화해야 한다. 삶이 시작되는 초기부터 아이들은 공산주의 학교의 유익한 영향 아래 있어야 한다. …… 어머니가 소비에트 국가에 자녀를 의무적으로 바치도록 하는 것, 그것이 우리의 과제다.

가족의 소멸을 향해

엘리자베타 드라프키나는 1917년 10월 볼셰비키 본부가 있던 스몰니 학교에서 아버지를 보았을 때 미처 알아보지 못했다. 그녀가 아버지를 마지막으로 본 것은 아버지가 지하 혁명 활동으로 사라지기 직전이었던 겨우 다섯 살 때였다. 12년이 흐른 지금 엘리자베타는 아버지가 어떻게 생겼는지 잊어버렸다. 그녀는 세르게이 구세프(Sergei Gusev)라는 당에서 부르는 가명으로만 아버지를 알았다. 스몰니 학교에서 비서로 근무하는 동안 엘리자베타는 수십 건의 법령에 적힌 구세프라는 이름에 익숙해졌다. 구세프는 수도에서 법과 질서를 책임진 기관이었던 페트로그라드 소비에트 군사혁명위원회 의장으로서 법령에 서명했다. 엘리자베타는 스몰니의 끝없는 아치형 복도를 바삐 걸어가면서 이 옛 여자 귀족 학교의 바라크 모양 교실에 자리 잡은 새 소비에트 정부의 임시 사무실들에 그 법령들을 배포했다. 그녀가 지나갈 때마다 복도에서 쉬고 있던 병사와 적위대(赤衛隊)들이 짓궂게 놀리면서 휘파람을 불어대곤 했다.

엘리자베타가 법령에 서명을 한 사람이 바로 오랫동안 보지 못했던 자신의 아버지라는 사실을 다른 비서들에게 말했을 때, 누구 하나 놀라는 기색이 없었다. 엘리자베타에게 아버지를 만나야 한다고 말하는 사람도 전혀 없었다. 이 집단에서는 모든 볼셰비키들이 개인적 이해를 공동의 대의에 종속시킬 것이라 기대하고 있었고, 당이 인간 해방을 위한 결전을 벌이는 때 사적 생활을 생각하는 것은 '속물적'이라고 여겨졌다.[1]

결국 배고픔이 옐리자베타를 아버지에게로 떠밀었다. 어느 날, 옐리지베타가 담배 연기 자욱한 지하 식당에서 막 점심식사를 마쳤을 때 코안경을 걸친 작지만 강건하고 잘생긴 군복 차림의 한 남자가 당 활동가와 적위대 병사들과 함께 식당에 들어섰다. 그는 중앙의 긴 식탁에 앉았고, 병사 두 명이 야채 수프와 오트밀 죽을 열의 넘치는 프롤레타리아들에게 갖다 주었다. 옐리자베타는 여전히 배가 고팠다. 그녀는 구석의 작은 식탁에서 아버지가 한 손으로는 수프를 떠먹으면서 다른 한 손으로는 펜을 쥐고 수행원들이 앞에 놓아둔 서류에 서명하는 모습을 지켜보았다.

갑자기 나는 누군가 그를 '구세프 동지'라고 부르는 것을 들었다.

그래서 이 사람이 아버지가 틀림없다는 것을 깨달았다. 생각할 겨를도 없이 나는 벌떡 일어나 붐비는 식탁들을 빙 돌아 아버지 쪽으로 다가갔다.

"구세프 동지, 당신이 필요합니다."라고 말했다. 그는 내 쪽으로 얼굴을 돌렸다. 매우 피곤해 보였다. 눈은 잠이 부족해서 빨갛게 충혈되어 있었다.

"말해보시오, 동지!"

"구세프 동지, 전 당신 딸입니다. 한 끼 사먹을 수 있게 3루블만 주세요."

아마도 그는 너무 피곤한 상태였기 때문에 들은 말이라곤 3루블만 달라는 요청뿐이었던 것 같다.

"물론이죠, 동지." 구세프는 호주머니에 손을 넣어 녹색의 3루블 지폐를 꺼냈다. 나는 돈을 받았고, 고맙다고 인사했으며 점심을 한 그릇 더 사먹었다.[2]

레닌은 이 이야기를 좋아했다. 레닌은 옐리자베타 드라프키나와 가까워졌던 1923년에, 즉 죽기 1년 전에 옐리자베타를 종종 불러 이 이야기를 다시 듣곤 했다. 이 일화는 혁명적 대의를 위해 개인의 희생과 이타적 헌신을 강조하는 볼셰비키의 이상을 잘 보여주는 것으로서 당의 여러 집단에서 전설이 되었다. 스탈린이 말한 대로, "진정한 볼셰비키는 당에 전념해야 하기 때문에 가족을 가져서도 안 되고 가질 수도 없었다."[3]

드라프킨 일가는 이 같은 혁명 원리의 좋은 사례였다. 옐리자베타의 아버지(본명은 야코프 드라프킨이었다)는 1895년 학생일 때 레닌의 사회민주주의 그룹에 가담했다. 어머니 페오도시야는 당의 지하 세계에서는 ('나타샤'라는 이름으로 알려진) 중요한 요원이었다. 어머니는 상트페테르부르크의 혁명가들에게 공급할 탄약을 사기 위해 헬싱포르스(오늘날 헬싱키)로 자주 여행을 갔고, 그때마다 감시의 눈을 피하려고 딸을 데려갔다(다이너마이트와 탄약통은 옐리자베타의 장난감 가방에 넣어 몰래 반입했다). 1905년 혁명이 실패한 뒤 옐리자베타의 부모는 차르 경찰의 눈을 피해 몸을 숨겨야 했다. 다섯 살 먹은 소녀는 할아버지와 함께 지내러 로스토프로 떠났고, 모든 혁명가들이 새로 출범한 임시정부에 의해 석방되는 1917년 2월혁명 때까지 그곳에 머물렀다.* 옐리자베타는 페트로그라드(상트페테르부르크는 당시 이 이름으로 불렸다)에서 어머니와 재회했다. 옐리자베타는 볼셰비키 당에 들어가 적위대에서 기관총 사수가 되었다. 그녀는 10월 25일 볼셰비키가 권력을 장악하기 위해 겨울궁전을 습격할 때 참가했으며 볼셰비키의 수석 당 조직가 야코프 스베르들로프**의 비서가 되었다. 그리하여 엘리자베타는 아버지가 있는 스몰니로 가게 되었다.[4]

권력을 장악한 볼셰비키는 일반 당원들에게 "노동 계급에 봉사하기 위해 개인적 행복을 희생하고 가족과 관계를 끊었던" 제정 러시아 시절 혁명가들의 예를 따르라고 촉구했다.*** 볼셰비키는 모든 구시대의 계율을 당과 당의 대의에 봉사한다는 단 한 가지 원리로 대체한 새로운 도덕률을 세우면서 '이타적 혁명가'를 숭배했다. 볼셰비키의 유토피아적 상상 속에서 혁명적 활동가는 미래의 공산주의 사회에 살게 될 새로운 인간—오직 공동선만을 위해 사는 '집단적 인간'—의 원형이었다. 많은 사회주의자들은 이러한 인간 유형의 창출을 혁명의 근본 목표라고 보았다. "정치 생활의 새로운 구조는 우리에게 영혼의 새로운 구조를 요구한다."고 1917년 봄에 막심 고리키(Maksim Gorky, 1868~1936)는 썼다.[5]

---

* 자유주의자들과 온건 사회주의자들이 구성한 임시정부는 제1차 세계대전의 종식과 민주적 제헌의회 선거 때까지 나라를 다스렸다. 하지만 노동자, 농민, 병사들이 자체적으로 지역 혁명위원회, 특히 소비에트를 결성해서 급진적 사회 혁명을 수행하자, 임시정부의 정치적 권위는 무너졌다. 레닌이 이끄는 볼셰비키는 1917년 10월 소비에트의 이름으로 권력을 잡았다. 봉기 직전 35만 명을 헤아리던 볼셰비키는 사회민주노동당의 혁명적 정파를 대표했고 당의 온건파인 멘셰비키는 임시정부를 지지했다. 1918년 3월 볼셰비키는 러시아공산당으로 이름을 바꾸었다.

**스베르들로프(Yakov Sverdlov, 1885~1919) 1917년 11월부터 1919년 3월까지 전(全)러시아 중앙집행위원회 의장을 지낸 공산당 지도자이자 정부 관리.(역주)

*** 1905년 '인민의 대의'에 헌신하기 위해 부인과 세 명의 자녀를 버린 알렉산드르 파데예프(Aleksandr Fadeyev, 훗날 작가 알렉산드르 파데예프의 아버지)와, 자신의 일기에 적었듯이 "가족에 묶이지 않는 것이 진정한 혁명가의 의무이기" 때문에 남편과 어린 두 딸을 버리고 떠났던 류바 라트첸코(Liuba Radchenko)처럼 수많은 사례가 있었다(RGAE, f. 9455, op. 3, d. 14, l. 56).

볼셰비키의 수석 당 조직가인 야코프 스베르들로프의 비서들(스몰니 학교, 1917년 10월). 비서 중 한 명이었던 옐리자베타 드라프키나(오른쪽에서 두 번째)의 가족은 대의를 위해 사적 관계를 희생한 '이타적 혁명가'의 모범 사례로 꼽혔다.

'집단적 인간'의 창출을 완벽하게 달성하기 위해 볼셰비키가 염두에 두었던 것 중 하나는 '사적 생활'이라는 딱딱한 껍데기를 폭파시키는 것이었다. 레닌의 부인이자 혁명가였던 나데즈다 크루프스카야(Nadezhda Krupskaya, 1869~1939)는 "사적 생활과 공적 생활을 구분하는 것은 조만간 공산주의에 대한 배신을 낳을 것이다."[6]라고 주장했다. 볼셰비키에 따르면, 정치는 모든 것에 영향을 끼치기 때문에 정치와 동떨어진 영역으로서 '사적 생활'이 존재한다는 발상은 말이 되지 않는다. 이른바 '사적 생활'에는 정치적이지 않은 것이 아무것도 없다. 그러므로 개인적 영역은 공공의 감시와 통제를 받아야 한다. 볼셰비키는 국가의 통제 밖에 있는 사적 공간을, 적발하고 근절해야 할 반혁명분자들의 위험한 온상으로 보았다.

옐리자베타는 아버지와 만난 뒤로도 좀처럼 그를 보지 못했다. 두 사람 다 혁명 활동에 몰두했다. 1917년 이후 옐리자베타는 스베르들로프의 사무실에서 계속 일했다. 내전(1918~1920) 시기에는 처음

에는 의료 보조원으로, 나중에는 기관총 사수로서 백군, 즉 반혁명
군, 그리고 시베리아와 발트 지역, 러시아 남부에서 백군을 지지했
던 서방 열강과 맞서 싸웠다. 동부 전선에서 콜차크 제독(Aleksandr
Kolchak, 1874~1920)의 백군에 맞서 벌인 군사 작전 시기에는, 당시
레프 트로츠키(Lev Trotsky, 1879~1940)가 이끄는 소비에트군 중앙사
령부인 혁명군사평의회에서 고위직을 맡고 있던 아버지의 지휘 아래
에서도 싸웠다. 엘리자베타는 아버지가 병사들에게 연설하는 것을
자주 들었으나, 나중에 표현했듯이, 볼셰비키가 "개인적 일에 관심을
두어야" 한다고는 생각하지 않았기 때문에 아버지에게 절대 접근하
지 않았다. 그들은 내전 기간에 딱 두 번 만났는데, 한번은 1919년 3
월 스베르들로프의 장례식에서였고, 또 한번은 그해 말 크렘린의 공
식 회의석상에서였다. 둘 다 모스크바의 당 활동에 적극적으로 참여
했던 1920년대에 부녀는 더 자주 만났고 심지어 한동안 같이 살기도
했지만 결코 가까워지지 못했다. 그들은 너무 오랫동안 떨어져 지냈
기 때문에 가족 관계를 맺을 수가 없었다. "아버지는 자신에 대해 결
코 말하지 않았고, 나는 아버지가 (1933년에) 돌아가신 후 사람들이
아버지 이야기를 했을 때에야 비로소 아버지를 알게 되었다는 것을
이제 깨닫는다."[7]

내전은 단순히 백군에 맞선 군사적 투쟁만이 아니었다. 내전은 구
사회의 사적 이해에 맞선 혁명 전쟁이기도 했다. 백군과 싸우기 위해
볼셰비키는 스탈린의 5개년 계획의 모델이 될 최초의 계획경제(전시
공산주의*)를 개발했다. 그들은 사적 상거래와 소유를 근절했고(심지
어 화폐를 보편적 배급으로 대체하려는 계획도 있었다), 도시와 군대를 먹
이기 위해 농민의 곡물을 압수했다. 수많은 사람들을 노동군으로 징
집하여, 땔감용 나무를 베고 도로를 건설하고 철로를 수리하기 위해

‘경제 전선’에 투입했다. 집단 노동과, 공장 부속 기숙사와 바라크 생활이라는 실험적 형태를 강요했고, 성직자와 신도를 박해하고 교회 수백 곳을 폐쇄하면서 종교와 전쟁을 벌였다. 그리고 프롤레타리아 독재를 상대로 한 모든 반체제 활동과 저항을 침묵시켰다. 내전의 ‘내부 전선’에서 볼셰비키는, 개인주의적 가치관 때문에 백군과 ‘다른 반혁명분자’들의 잠재적 지지자가 될 수밖에 없는 ‘부르주아’―전직 차르 장교, 지주, 상인, ‘쿨라크’ 농민, 소상인, 구지식인―에 맞서 숙청 활동(‘적색 테러’)을 전개했다. 볼셰비키는 이 격렬한 사회 정화 활동이 공산주의 유토피아로 가는 지름길을 제공할 것이라고 믿었다.

1921년 봄까지 전시 공산주의 정책은 소련 경제를 황폐화시켰고 많은 농민을 기근의 벼랑으로 몰고 갔다. 소비에트 러시아 농민의 4분의 1이 굶주림에 시달렸다. 나라 전역에서 농민들은, 레닌의 말에 따르면 “백군 모두를 합친 것보다 훨씬 더 위험한” 연이은 반란으로 볼셰비키 정권과 곡물 징발에 맞서 궐기했다. 농민들이 농촌을 장악하고 도시로 향하는 곡물 공급을 차단하자 많은 농촌 지역에서 소비에트 권력은 사실상 존재하지 않게 되었다. 배고픈 노동자들은 파업에 돌입했다. 1917년 10월에 볼셰비키가 인근 페트로그라드에서 권력을 장악하는 것을 도왔던 크론시타트 해군 기지의 수병들도 이제 등을 돌리고 반란을 일으켰다. 반란에 등장한 아나키즘 성향의 봉기

전시 공산주의(War Communism) 소비에트 연방이 내전과 간섭 전쟁에 맞서기 위해 정치·경제·문화에 걸쳐 1918년부터 1921년까지 실시한 비상 정책을 가리킨다. 소비에트 연방은 적군(赤軍)에게 필요한 무기와 식량 공급을 원활하게 하기 위해 전 기업의 국유화, 곡물의 국가 독점과 식량 징발, 외국 무역 독점을 실시했다. 그러나 1920년에 들어서면서 전쟁이 막바지에 이르자 식량 징발에 대한 농민의 불만이 높아지면서 생산성이 떨어졌고, 많은 농민 반란과 노동자 저항이 발생했다. 이에 위협을 느낀 볼셰비키 당국이 1921년 3월 21일에 열린 제10차 당 대회에서 식량 징발 정책을 식량세 징수 정책으로 변경하는 신경제정책(NEP)을 실시했고, 이에 따라 전시 공산주의는 종언을 고했다.(역주)

깃발은 자유로운 소비에트 선거, '노동하는 모든 사람들을 위한 언론, 출판, 집회의 자유', '농민들이 스스로 결정하는 대로 토지를 경작할 자유'를 요구했다. 볼셰비키가 혁명적 상황에 직면한 것이 분명했다. "우리는 가까스로 버티고 있다."고 레닌은 3월 초에 인정했다. 크론시타트 수병들을 "혁명의 자부심이자 기쁨"이라고 불렀던 트로츠키가 해군 기지 공격을 주도했다. 농민 봉기 또한 마찬가지로 군사력과 무자비한 폭력을 동원하여 진압했다. 반란을 진압하는 동안 10만 명으로 추산되는 사람들이 투옥되거나 추방되고 1만 5천 명이 총살당했다. 그러나 레닌은 인민 반란의 물결을 저지하고 농민들이 도시에 식량 공급을 재개하도록 하려면 증오의 대상이 된 전시 공산주의 정책을 버리고 자유 상거래를 부활시켜야 한다는 점도 깨달았다. 백군을 물리친 볼셰비키가 농민들에게 굴복한 것이다.[8]

레닌이 1921년 3월 제10차 당 대회에서 도입한 신경제정책*은 식량 징발을 상대적으로 느슨한 현물세로 대체하고 소규모 사적 상거래와 제조업의 복귀를 합법화했다. 신경제정책은 중공업 발전보다는 농업과 소비재 생산을 우선시했다. 레닌이 생각한 대로 신경제정책은 혁명을 구하고 나라를 다시 일으켜 세우기 위해 소규모 자작농들에게 일시적이지만 필요한 양보—사적 가족 생산 원리와 결합한—를 한 것이었다. 레닌은 신경제정책이 "적어도 10년, 아마도 그 이상" 지속될 것이라고 말했다. 시장의 부활로 소비에트 경제는 다시 활력을

신경제정책(New Economic Policy) 소련 당국이 전시 공산주의를 대신해 1921년 3월부터 1928년 5개년 계획 개시 때까지 채택했던 경제 정책. 수확물의 자유 판매와 소규모 사기업, 자유 상거래 등 자본주의적 시장 제도를 어느 정도 인정했다. 신경제정책으로 소련 경제는 빠르게 회복되었으나, 다른 한편으로 부농(kulak)과 네프만(NEPman)이라고 불리던 상인들이 번성해 소련 당국은 1920년대 말 강력한 공업화와 폭력적 농업 집단화를 실시하면서 신경제정책 자체를 종결시켰다.(역주)

찾았다. 사적 상거래는 혁명과 내전 기간에 일상화된 만성적 물자 부족 사태에 재빨리 대응했다. 1921년에 소비에트 주민들은 해진 옷을 걸치고 떨어진 신을 신은 채 깨진 그릇으로 요리하고 금이 간 컵으로 물을 마시면서 살고 있었다. 모든 사람들이 무언가 새것이 필요했다. 상인들은 노점과 가판대를 설치했고, 벼룩시장이 번창했으며, 농민 상인들은 도시에 식료품을 공급했다. 새로운 법률로 허가받은 카페, 상점, 레스토랑, 나이트클럽, 매춘업소, 병원과 의원, 신용 기관과 저축 기관, 심지어 소규모 제조업체가 우후죽순처럼 생겨났다. 내전 기간에 묘지처럼 음산한 도시였던 모스크바와 페트로그라드는 1917년 이전처럼 시끄러운 상인, 분주한 마부와 거리를 비추는 밝은 가게들로 갑자기 활기가 넘쳤다.

많은 볼셰비키에게 시장으로의 복귀는 혁명에 대한 배신 같았다. 신경제정책의 도입을 두고 평당원들은 깊은 의심을 품었으며(나중에 신경제정책의 주요한 옹호자가 된 레닌의 총아 니콜라이 부하린*조차 1921~1923년 사이에 서서히 호감을 보였을 뿐이었다), 레닌은 당 대회에서 신경제정책을 관철하기 위해 설득과 권위의 힘을 총동원해야 했다. 특히 도시 노동자들 사이에서 신경제정책은 농민들을 위해 노동자들의 계급적 이해를 희생하는 정책이라는 인식이 널리 퍼져 있었다. 즉 신경제정책은 높은 식량 가격으로 노동자들에게 손해를 입히면서 농민들을 부유하게 만든다는 것이었다. 그들이 보기에는 사적 상거래의 활성화가 부자와 빈민의 격차를 확대하고 필연적으로 자본주의의 부활을 불러올 것 같았다. 그들은 신경제정책을 '새로운 프

부하린(Nikolai Bukharin, 1888~1938) 소련의 혁명가, 정치가. 소련공산당 내에서 탁월한 마르크스주의 이론가이자 저술가로서 레닌이 당내 차세대 지도자로 인정할 정도였다. 1920년대 말 스탈린의 경제 정책에 반대하다 1938년에 반혁명분자로 몰려 처형되었다.(역주)

롤레타리아 착취(New Exploitation of the Proletariat, NEP라는 두문자어를 비꼬는 말이었다)'라고 불렀다. 이들의 분노는 많은 부분 1920년대에 번성한 사적 상인들인 '네프만'*을 겨냥했다. 정부의 선전과 시사만화로 인해 인민들의 상상 속에는 아내와 정부를 다이아몬드와 모피로 휘감고, 엄청나게 큰 수입차를 몰며, 오페라 극장에서 코를 고는 네프만의 이미지가 새겨졌다. 네프만들은 레스토랑에서 노래를 부르고 사치스러운 호텔 바에 앉아 새로 개장한 경마장과 카지노에서 거액의 달러를 날렸다고 큰 소리로 떠벌이는 자들이었다. 1920년대의 대량 실업과 도시 빈곤에 비추어 볼 때 새로 등장한 부유층의 전설적인 지출은 혁명이 불평등을 종식시켜야 한다고 생각하는 사람들 사이에서 격한 분노를 불러일으켰다.

'내부 전선'에서 신경제정책은 공산주의가 제거하기로 약속했으나 아직은 필요했던 '부르주아 문화'의 흔적을 일시적으로 살려 두었다. 신경제정책은 구 중간 계급과, 소비에트 경제에 필요한 지식을 갖추고 있던 전문직 지식 계급에 대한 전쟁을 멈추게 했다. 1924년과 1928년 사이에 반종교 전쟁도 잠시 완화되었다. 교회는 이제 폐쇄되지 않았고 성직자도 이전만큼(또 이후만큼도) 박해받지 않았다. 비록 교회에 대한 선전전은 계속 강화되었지만 사람들은 이제껏 그래 왔던 것처럼 신앙을 지키는 것이 허용되었다. 끝으로, 신경제정책은 많은 볼셰비키가 진정으로 우려해 마지않던 사적 생활의 오랜 가정 관습과 가족 전통을 위해 숨쉴 공간을 터주었다. 볼셰비키는 러시아의 '프티부르주아'—신경제정책으로 크게 늘어난 수많은 소상인과 소생

네프만(NEPman) 복수형은 NEPmen. 소련의 전시 공산주의가 실패한 후, 1921년 3월부터 1928년 10월 계획경제 체제로 넘어가기 이전까지 신경제정책 시기에 대두한 새로운 자본주의적 상인 또는 자본가를 가리킨다.(역주)

산자들—가 지니고 있는 습관과 사고방식이 혁명 운동을 억제하거나 심지어 훼손할 것이라고 염려했다. 스탈린은 1924년에 "무수히 많은 노동자들의 마음을 가두고 있는, 구사회로부터 우리가 물려받은 태도와 습관은 사회주의의 가장 위험한 적"[9]이라고 선언했다.

볼셰비키는 공산주의 유토피아 건설을 관습과 습관에 맞선 끊임없이 지속되는 전투로 보았다. 내전이 끝나자, 그들은 '내부 전선'에서 좀 더 긴 새로운 투쟁을 준비했다. 그것은 구사회로부터 물려받은 개인주의적('부르주아적') 행태와 일탈적 습관(매춘, 알코올 중독, 폭력 행위, 종교)을 근절함으로써 공산주의적 인간을 해방하기 위한 혁명 전쟁이었다. 인간의 본성을 바꾸고자 하는 이 전투가 수십 년이 걸릴 것이라는 전망을 두고서는 볼셰비키 사이에 논란이 거의 없었다. 전투를 언제 시작할 것인가를 두고 이견이 있을 뿐이었다. 마르크스는 의식의 변화는 물적 기반의 변화에 달려 있다고 가르쳤고, 레닌은 신경제정책을 도입할 때 공산주의 사회의 물적 조건이 창출될 때까지는—이 과정은 하나의 역사 시기 전체를 필요로 할 것이다.—사적 생활에서 공산주의적 도덕 체계를 설계하려고 해봤자 소용이 없다고 단언했다. 그러나 대부분의 볼셰비키는 신경제정책이 자신들에게 사적 영역에서 후퇴할 것을 요구한다는 것을 인정하지 않았다. 반대로 일상생활의 매 순간 모든 전쟁터에서—옛 사고방식이 지속됨으로써 당의 근본 이데올로기 목표에 큰 위협을 가하는 가족과 가정, 그리고 개인의 내면 세계에서—적극적인 관여가 필수적이었다. 그들은 갈수록 더 그렇게 생각했다. 볼셰비키들은 '프티부르주아' 대중의 개인주의적 본능이 신경제정책 문화에서 점점 강해지는 것을 지켜보면서 한층 더 노력했다. 아나톨리 루나차르스키*가 1927년에 썼듯이, "이른바 사적 생활 영역은 바로 혁명의 최종 목표가 도달하는 곳이기 때문에 우리를 비껴갈 수 없다."[10]

가족은 볼셰비키가 투쟁을 벌이는 첫 번째 무대였다. 1920년대에 그들은 '부르주아 가족'이 사회적으로 유해하다는 것을 신조로 삼았다. 부르주아 가족은 내부 지향적이고 보수적이며, 종교, 매춘, 무지, 편견의 성채였다. 또 자기중심주의와 물적 소유욕을 조장하고 여성과 어린이를 억압했다. 볼셰비키는 소비에트 러시아가 완벽한 사회주의 체제로 발전하면 가족이 사라질 것이라고 기대했다. 이 사회주의 체제에서는 국가가 공공 시설과 아파트 단지에 탁아소와 세탁소, 식당을 제공하면서 모든 기본적인 가정 기능을 책임질 것이었다. 가사 노동에서 해방된 여성들은 남성과 동등하게 자유로이 노동에 종사할 것이다. 가부장적 결혼은 그에 따른 성 윤리와 함께 사멸해서, 급진주의자들의 믿음에 따르면, '자유로운 사랑의 결합'으로 대체될 것이다.

볼셰비키는 가족이 아이들의 사회화에 가장 큰 걸림돌이라고 생각했다. "아이를 사랑함으로써 가족은 아이가 자기 자신을 우주의 중심으로 보도록 격려하면서 이기적 존재로 변모시킨다."고 소련의 교육 사상가인 즐라타 릴리나(Zlata Lilina)는 썼다.[11] 볼셰비키 이론가들은 '이기적 사랑'을 좀 더 폭넓은 '사회적 가족'의 '합리적 사랑'으로 대체해야 한다는 데 동의했다. 《공산주의 ABC》*는 미래의 사회에서는 부모가 아이들을 언급할 때 더는 '나의'라는 말을 쓰지 않고 지역 사회의 모든 아이들을 함께 돌볼 것이라 예상했다. 볼셰비키 사이

루나차르스키(Anatoly Lunacharsky, 1875~1933) 러시아의 작가, 볼셰비키 혁명가, 정치가. 1890년대 말부터 혁명 운동에 참여했으며, 논문 〈실증 미학의 기초〉로 마르크스주의적 미학론을 시도했다. 혁명 후에는 교육인민위원으로서 폭넓은 문예 활동을 전개하면서 1920년대에 소련 문학의 발전을 위해 힘을 쏟았다. 1933년에 에스파냐 주재 소련 대사를 지냈다.(역주)

에서는 이러한 변화가 일어나는 데 시간이 얼마나 걸릴 것인지를 두고 서로 의견이 엇갈렸다. 급진주의자들은 당이 당장 직접 행동에 나서 가족에 타격을 가해야 한다고 주장했으나, 대부분은 소비에트 러시아 같은 농민 국가에서는 가족이 한동안 생산과 소비의 기본 단위로 남아 있다가 나라가 도시 중심의 사회주의 사회로 이행하면서 점차 약화될 것이라는 부하린과 신경제정책 이론가들의 주장을 받아들였다.

한편 볼셰비키는 가족 해체에 속도를 붙이기 위해 주거 공간의 변화 같은 다양한 전략을 채택했다. 과밀 도시들의 주택 부족 문제를 해결하려고 볼셰비키는 부유한 가족들에게 아파트를 도시 빈민과 나눠 쓰도록—'압축(uplotnenie)' 정책—강제했다. 1920년대 공동 아파트(콤무날카kommunalka)의 가장 공통된 유형은 원 소유주가 '안쪽'에 있는 큰 방들을 차지하고 뒷방들은 다른 가족들에게 주는 것이었다. 당시에는 기존 소유주들이 '위생 기준'(1인당 할당되는 주거 면적을 말하며, 1926년에 13.5제곱미터 즉 4평에서 1931년에는 9제곱미터 즉 약 2.7평으로 줄었다)을 충족하면 자신들이 여전히 직접 동거인을 선택할 수 있었다. 많은 가족들이 낯선 사람이 입주해 주거 면적을 차지하는 것을 막으려고 하인이나 지인들을 집 안으로 불러들였다. 이 정책은 새 정권이 선전한 것처럼 특권과 벌이는 전쟁('대저택과 전쟁을!')일 뿐만 아니라, 좀 더 집단적인 생활방식을 설계하기 위한 성전의 일부로서 강한 이데올로기적 호소력을 발휘했다. 공동 아파트를 나눠 쓰게 강제함으로써 볼셰비키는 사람들의 근본 사고와 행태

《공산주의 ABC》 1920년에 니콜라이 부하린과 예브게니 프레오브라젠스키(Yevgeny Preobrazhensky)가 집필한 공산주의 입문서. 스탈린 시대 이전 소련에서 가장 널리 읽힌 정치 저술이었다.(역주)

를 공동체적으로 만들 수 있다고 믿었다. 사적 공간과 소유는 사라질 것이며, 개별('부르주아') 가족은 공산주의적 단체와 조직으로 대체될 것이고, 개인의 삶은 공동체에 깊이 몰두하게 될 것이다. 1920년대 중반부터 새로운 형태의 주택이 이러한 변화를 염두에 두고 설계되었다. 현대건축가연맹의 구성주의자*들처럼 가장 급진적인 소련 건축가들은 '콤무나 집(dom kommuny)'을 건설함으로써 사적 영역의 완전한 말살을 제안했다. 콤무나 집에서는 심지어 의복과 속옷까지 포함하여 모든 재산을 거주자들이 공유할 것이고, 요리와 육아 같은 가사는 교대로 팀별로 할당될 것이며, 모든 사람이 성별로 나뉘어 성 접촉을 위한 특별실이 있는 커다란 공동 숙사에서 잠을 잘 것이다. 이러한 유형의 집은 유토피아적 상상력과 예브게니 자먀틴*의 《우리》(1927) 같은 미래파* 소설에 불쑥 등장했지만, 실제로는 거의 지어지지 않았다. 구성주의자 모이세이 긴즈부르크(Moisei Ginzburg, 1892~1946)가 설계한 모스크바의 나르콤핀(Narkomfin, 재무인민위원부) 공동 주택처럼, 실현된 프로젝트는 대부분 완벽한 공동체 형태를

구성주의(constructivsm) 러시아 혁명을 전후하여 모스크바를 중심으로 일어나 서유럽으로 발전해 나간 전위적인 추상 예술 운동. 러시아 구성주의는 특정한 예술 스타일이라기보다 소재를 가지고 작업하는 방법과 사회적·정치적 변혁을 촉진하고 참여를 강조하는 구체적인 내용이 특징이다.(역주)

자먀틴(Yevgeny Zamyatin, 1884~1937) 러시아의 소설가. 상트페테르부르크대학을 졸업하고 혁명 운동에 참가했다. 작품으로 소설 《시골 이야기》(1913), 《세계의 끝에서》(1914), 《섬사람들》(1918), 《우리》(1927) 등이 있다. 특히 반유토피아 소설 《우리》에서는 합리주의가 결국 도달하게 되는 전체주의 사회를 예견했다. 스탈린 체제가 강화되면서 저술 활동이 어려워졌고, 1929년 《우리》를 체코슬로바키아에서 러시아어 판으로 출판했다는 이유로 반혁명분자로 몰려 1932년에 파리로 망명했다.(역주)

미래주의(futurism) 20세기 초 이탈리아에서 발생한 전위 예술 운동. 이탈리아어로 '푸투리스모'라고 한다. 전통을 부정하고 기계 문명이 가져온 도시의 약동감과 속도감을 새로운 미(美)로써 표현하려고 했다. 미래주의는 곧 러시아로도 파급되어 당시 러시아 예술가들 사이에서 벌어지고 있던 아방가르드 운동에 큰 영향을 끼쳤다.(역주)

구현하지는 못했으며, 사적인 거주 공간과 세탁소, 목욕탕, 식당, 부엌, 탁아소, 학교를 위한 공동화된 단지를 포함했다. 그러나 개인을 가정 생활의 사적('부르주아') 형태로부터 멀어지게 하여 좀 더 집단적인 생활로 나아가게 하는 식으로 건축을 이끌려는 목표는 그대로 남았다.[12]

볼셰비키는 가정 생활에는 더 직접적으로 개입했다. 새로 제정된 결혼과 가족에 관한 법률(1919)은 전통적인 가족의 붕괴를 촉진하는 데 분명한 목표를 둔 법적 틀을 세웠다. 결혼과 이혼을 국가에 간단히 등록을 하는 것으로 단순화한 법률은 두 절차에서 교회의 영향력을 제거했다. 또한 법률혼과 마찬가지로 사실혼(동거)에도 동일한 법적 권리를 부여했다. 법률은 이혼을 부자의 사치품에서 누구나 할 수 있는 일로 바꾸었다. 그 결과, 기독교적-가부장적 질서가 무너지고 혁명기의 혼란으로 가족과 공동체의 유대와 성 윤리가 느슨해지면서 우발적인 결혼이 급증하고, 세계에서 가장 높은 이혼율—1926년에 프랑스나 독일보다 3배 더 높았고 영국보다는 26배 더 높았다.—을 기록했다.[13]

소비에트 권력 초기에 가족 붕괴는 혁명적 활동가들에겐 너무나 흔한 일이어서 활동가라면 으레 경험하는 직업상 위험으로 여겨질 정도였다. 어떤 동지라도 그 자리에서 오지의 전선으로 파견될 수 있는 내전 시기에는 우발적 관계가 볼셰비키 집단에서 사실상 일반적인 모습이었다. 이러한 느슨한 태도는 당 활동가들과 콤소몰(공산주의청년동맹)에 속한 그들의 젊은 모방자들이 낭만적 사랑이나 가족보다 프롤레타리아에게 헌신하도록 배움에 따라 1920년대 내내 보편적인 현상이 되었다. 난잡한 성 관계는 소련의 보통 젊은이들보다는 당의 젊은이들 사이에서 더욱 두드러졌다. 많은 볼셰비키는 성적 방종

을 부르주아적 도덕 관습으로부터 일종의 해방이자 '소비에트 근대
성'의 표시로 여겼다. 심지어 일부 볼셰비키는, 연인들을 공동체에서
분리하고 당에 대한 충성에서 벗어나게 만드는 짝짓기 관계 맺기에
대항하는 한 가지 방법으로 난교를 옹호하기까지 했다.[14]

　볼셰비키가 나쁜 남편, 나쁜 아버지가 되는 것은 늘상 있는 일이
었다. 당의 요구가 그를 가족에게시 빼앗았기 때문이었다. "우리 공
산주의자들은 자신의 가족을 모른다."라고 모스크바의 한 볼셰비키
는 말했다. "일찍 집을 나서서 늦게 돌아온다. 아내는 가끔 보고 아
이들은 거의 전혀 보지 못한다." 1920년대 내내 이 문제를 논의한 당
대회들에서는, 볼셰비키가 당원이 아닌 남편들보다 훨씬 더 쉽게 아
내와 가족을 버리는 경향이 있는데, 이 현상은 성적 정절보다는 당에
대한 충성을 우위에 두는 행태와 깊은 관계가 있다는 점이 인정되었
다. 그러나 실제로 좀 더 폭넓은 지식인 집단에서 대부분의 여성들이
공적 영역에 진출함에 따라, 아내와 어머니의 부재도 이에 못지않게
당내에서 첨예한 문제로 떠올랐다.[15]

　트로츠키는 볼셰비키가 "새로운 환경의 영향에 가장 많이 노출되
어" 있기 때문에 다른 사람들보다도 가정 붕괴의 영향을 더 많이 받
는다고 주장했다. 근대적 생활 방식의 개척자로서 "공산주의 전위는
좀 더 일찍, 좀 더 맹렬하게" 국민 전체에게 "필연적으로 닥쳐올 일
을 통과할 뿐이다."라고 트로츠키는 1923년에 썼다.[16] 많은 당 가정
에서, 비록 자녀들과의 친밀한 관계를 희생할지라도 새로운 가족 유
형―공적 활동을 위해 부모 모두를 해방시키는 가족―을 개척한다
는 의식이 확실히 존재했다.

　안나 카르피츠카야와 남편 표트르 니조프체프는 레닌그라드(페트

로그라드는 레닌이 죽은 뒤 레닌그라드로 이름이 바뀌었다)의 고위 당 활동가였다. 그들은 스몰니 학교 인근의 개인 아파트에서 안나가 1923년에 첫 결혼에서 낳은 딸 마르크세나*를 비롯하여 세 명의 자녀와 함께 살았다. 마르크세나의 부모는 아이가 아침에 일어나기도 전에 일터로 떠나 한밤중에 돌아오곤 했다. 마르크세나는 부모를 거의 보지 못했다. "나는 어머니의 관심이 부족하다고 느꼈고, 일하지 않는 어머니를 둔 아이들이 항상 부러웠다."고 마르크세나는 회상했다. 부모가 없는 동안 아이들은 하녀 두 명, 즉 둘 다 최근에 농촌에서 올라온 농민 출신 가정부와 요리사가 돌봐주었다. 하지만 마르크세나가 기억하기로는 그녀는 네 살 때부터 장녀로서 "가족에 대한 완전한 권위와 책임"을 지니고 있었다. 요리 담당 하녀는 마르크세나에게 저녁 메뉴를 묻고, 또 당 관리들을 위한 전용 특별 상점에서 식료품을 살 돈을 달라고 했다. 마르크세나는, 하녀들이 가정의 규칙을 위반하거나 "내 생각에 옳지 않은 짓을 하면" 어머니에게 보고했지만 더 자주 "그들이 내가 싫어하는 일을 하면 직접 야단을 치곤했다."라고 회상한다. 마르크세나는 책임감을 느꼈고─그녀는 어머니가 자신에게 책임을 떠맡긴 것이 그럴 만하다고 생각했다.─이를 당연한 것으로 받아들였다. "어머니는 집에서 일어나는 일에는 관심이 없다는 것을 분명히 했고, 나는 결코 그런 상황에 의문을 품지 않았다."

새로운 사회의 가치를 반영하도록 길러진 마르크세나는 1917년의

---

* 마르크세나(Marksena)라는 이름은 1917년 후 소련에서 혁명의 역사를 반영하는 많은 이름들 중 하나로 마르크스와 엥겔스의 이름을 딴 것이었다. 다른 흔한 '소련식' 이름은 다음과 같다. 블라덴(Vladen, 블라디미르 레닌), 엔겔리나(Engelina), 니넬(Ninel, 레닌을 거꾸로 읽은 이름), 마를렌(Marlen, 마르크스와 레닌), 멜로르(Melor, 마르크스, 엥겔스, 레닌, 10월혁명).

아이였다. 마르크세나는 부모에게 '작은 동지'로 대접받았다. 그녀는 장난감도 없었고 아이답게 마음껏 놀 수 있는 자기만의 공간도 없었다. "부모님은 나를 동등하게 대우했고 어른을 대하듯 나에게 말했다."라고 마르크세나는 기억을 떠올렸다. "나는 어릴 때부터 독립적이고 모든 것을 스스로 하도록 배웠다." 겨우 일곱 살 때, 초등학교에 처음 등교하는 날 어머니는 학교까지 같이 걸어가면서 그날 오후에 혼자 집으로 돌아올 수 있도록 가는 길—거의 3킬로미터나 되는 복잡한 길—을 기억하라고 말했다. "그날부터 나는 항상 학교에 걸어 다녔다. 누군가 함께 가야 한다는 생각이 떠오른 적은 한 번도 없었다." 마르크세나는 걸어서 한 시간이나 걸리는 시내 중심부에 있는 가게에서 교과서와 학용품을 전부 샀다. 여덟 살 때부터 마르크세나는 부모가 당 관리용으로 가지고 있던 출입증을 이용해서 혼자 극장에 갔다. 이 출입증으로 그녀는 1층 앞쪽 특석 옆에 마련된 칸막이 좌석에 앉을 수 있었다. "나에게 무엇을 하라고 말하는 사람이 아무도 없었다. 나는 혼자 알아서 컸다."

부모는 마르크세나의 삶에서 멀리 있는 존재였다. 휴가 때에도 부모는 아이들을 레닌그라드에 남겨 두고 크림 반도의 당 관리용 휴양지로 자기들만 떠나곤 했다. 하지만 부모는 아이들에게도 이데올로기적 엄격성을 강요했고, 마르크세나는 그것이 곤혹스러운 문제가 생기는 주된 원인이었다고 기억한다. 어머니는 블라디미르 오브루체프(Vladimir Obruchev, 1863~1956)의 과학 모험 소설 《산니코프 섬》(1926)이나 그리고리 벨리흐(Grigorii Belykh, 1906~1938)와 알렉세이 판텔레예프(Aleksei Panteleyev, 1908~1987)의 《시키드 공화국》(1927) 같이 당이 좋아하는 교훈적인 어린이책 대신에 푸시킨과 톨스토이를 읽는다고 딸을 나무라곤 했다. 마르크세나는 어머니가 집으로 가져온 이 두 책을 의무적으로 읽고는 찬장에 두고 잊어버렸다. 어머니는 마르크세나가 학교에서 집으로 친구를 데려오지 못하게 했다. 어머니의 말로는 학교 친구들이 자기 가족들에 비해 당 지도자들이 얼마나 편하게 사는지—조촐하고 스파르타식으로 생활하는데도—를 보지 않는 것이 낫기 때문이었다. 부모는 마르크세나에게 칭찬이나 추어올려주는 말을 좀처럼 하지 않았고, 뽀뽀를 하거나 안아주는 일도 거의 없었다. 마르크세나에게 애정을 쏟은 사람은 할머니뿐이었다. 할머니는 마르크세나가 아플 때 돌보아주었다. "나는 할머니 집에 가는 것을 좋아했다."라고 마르크세나는 기억한다. "할머니는 나에게 신경을 많이 써주셨다. 할머니는 바느질하는 법, 구슬 목걸이 꿰는 법을 가르쳐주셨다. 할머니는 내가 갖고 놀 수 있는 장난감도 갖고 계셨고, 나를 위해 작은 목재 장난감 부엌을 사서 방 한구석에 놓아주셨다. 나는 그곳에서 노는 걸 좋아했다."[17]

1917년 이후 당 가족에서 태어난 많은 아이들이 부모의 애정 부재를 묘사했다. 이런 점에서 소련 엘리트들의 양육 관습은 19세기 러시아 귀족들과 별반 다르지 않았다. 러시아 귀족들도 양육에 거의 관심을 두지 않았으며, 어릴 때부터 자녀들을 유모, 하녀 등이 돌보도록 방치했다.[18]

안겔리나 예프세예바는 1922년에 볼셰비키 가정에서 태어났다. 부모는 내전에서 적군(赤軍)을 위해 싸우던 중 만났다. 1920년에 페트로그라드로 돌아온 아버지는 크론시타트 반란을 진압하는 데 참여한 사단의 지휘관이 되었다. 1925년에 그는 군의(軍醫)학교에 입학했고 그곳에서 야간 수업을 들었다. 어머니는 상업인민위원부 관리였다. 안겔리나가 태어난 직후 어머니 역시 밤마다 수업을 들으면서 대외무역대학을 다니기 시작했다. 안겔리나는 주로 가정부의 보살핌을 받으면서 어린 시절을 보냈다.

어머니는 나를 사랑했고 참을성이 있었으며 친절했으나 따뜻하지는 않았다. 어머니는 어린아이인 나의 응석을 받아주거나 같이 놀아주지 않았다. 어머니는 내가 어른처럼 행동하기를 기대했고 실제로 어른치럼 나를 대했다. …… 아버지는 완전히 자기 일에 몰두했다. 나는 내가 아버지를 방해한다고 느꼈다. 나는 부모님에게 성가신 존재임이 틀림없었다. 집에 있기가 싫었다. 나는 안마당과 거리에서 성장했으며 행실이 나쁜 아이였다. 한번은 여덟 살 때 아버지가 모스크바 출장에서 돌아오는 길에 어항을 사오셨다. 아버지가 밖에 나가 놀지 못하게 했기 때문에 나는 어항을 뒤엎어서 물고기를 모조리 바닥에 쏟고 말았다. 아버지는 호스로 나를 때렸고, 나는 큰 소리로 대들었다. "당신은 아버지가 아니야, 당신은 계부고 계모야!"[19]

마리야 부트케비치는 1923년에 소련군의 주요 출판사인 '군사 백과사전'에서 일하는 당 직원의 집에서 태어났다. 아버지는 가족과 떨어져 따로 아파트를 얻어 살았다. 당의 내전사 연구원인 아내와 별거했기 때문이 아니라 혼자 사는 것이 일하는 데 더 편했기 때문이었다. 아버지를 자주 만나지 못한 마리야는 다섯 살인가 여섯 살 때 아버지가 있는지 의심하기 시작했다. "나는 아버지가 무엇인지 이해하지 못했다. 나는 다른 여자아이들이 '아빠'라고 부르는 사람이 있는 것을 알았으나 내 아버지를 본 적이 거의 없었다. 아버지는 어느 날 갑자기 외국 여행을 다녀와서 우리 앞에 나타나곤 했다. 떠들썩한 환영회가 벌어지고 모든 사람에게 선물이 돌아간 뒤 아버지는 다시 사라지곤 했다."[20]

엘레나 본네르*의 부모는 레닌그라드의 당 활동가였다. 그들은 아침 일찍부터 밤늦게까지 일했고, 아이들을 거의 보지 못했다. 아이들은 할머니가 돌보았다. 엘레나는 어머니의 사랑을 갈망했다. 그녀는 "울보인 척했고" 어머니를 집에 붙들어두려고 자주 아픈 척했다. 엘레나는, 바깥일을 하지 않고 자기 어머니와 비교해서 "항상 매우 유쾌한" 것 같은 어머니를 둔 다른 아이들이 부러웠다. 심지어 부모는 집에 있을 때조차도 당 업무에 지나치게 몰두해서 아이들에게 좀처럼 눈길을 주지 않았다. 엘레나가 아홉 살인가 열 살 때 "부모는 그들 말로는 '당 건설 문제'에 관한 소책자를 쓰느라 매일 밤을 보냈다." "오랫동안 나는 당이 집을 짓고 있다고 생각했다."[21]

본네르 가족은 레닌그라드의 옛 아스토리야 호텔에 있는 당 활동가들을 위한 특별 숙소에서 살았다. 드문드문 가구가 놓인 방에서 모든 것이 그들의 업무에 맞춰져 있었다. 스탈린이 충성을 바치는 관리들에게 고급 아파트와 사치스러운 소비재로 보상을 주기 시작한 1930년 전까지 대부분의 당원들은 단순하고 간결한 미니멀리즘 스타일로 비슷하게 살았다. 고위 관리들도 매우 검소하게 생활했다. 1923년부터 1930년까지 보건인민위원을 지낸 니콜라이 세마시코*의 가족은 모스크바의 나르콤핀 공동 주택에 있던 가구가 거의 없는 작은 아파트에서 살았다. "그들은 어떤 종류의 비트(byt, 부르주아적 안락)나 장식에도 관심이 없었다."고 이웃은 회고한다.[22]

1920년대 볼셰비키 이상주의자들은 이러한 스파르타식 생활방식을 숭배했다. 그들은 소비에트 체제 초기에 자신들의 가치와 원리의

본네르(Elena Bonner, 1923~2011) 소련의 인권 운동가. 노벨평화상을 받은 핵물리학자 안드레이 사하로프(Andrei Sakharov)의 아내.(역주)

세마시코(Nikolai Semashko, 1874~1949) 소련의 정치가. 1923년부터가 아니라 1918년부터 1930년까지 보건인민위원을 지냈다. 소련 초기 보건 제도를 조직하는 데 기여했다.(역주)

원천이었던 혁명적 지하 생활로부터 강력한 금욕주의 요소를 물려받았다. 물적 소유의 거부는 러시아 사회주의 지식인들의 문화와 이데올로기에서 중심이었다. 이들은 '프티부르주아적' 가정 생활의 모든 표식—벽난로 선반의 장식용 도자기, 노래하는 카나리아, 모든 식물, 푹신한 가구, 가족 초상화 등 가정에서 흔히 볼 수 있는 물건들—을 깨끗이 쓸어버리고 더 높은 정신적인 존재가 되는 길로 나아가고자 했다. '속물적 비트'에 맞선 전투는 더 공산주의적인 삶의 방식을 확립하려는 혁명적 욕구의 핵심을 차지했다. 시인 마야코프스키*는 1921년에 이렇게 썼다.

벽으로부터 마르크스가 쳐다보고 또 쳐다본다.

그리고 갑자기

입을 크게 벌리고

울부짖기 시작한다 :

혁명은 속물적 실타래 속에 뒤엉켜 있다고.

브란겔*보다 더 끔찍한 것은 속물적 비트라고.

카나리아가 공산주의를 때려눕히지 않게

카나리아의 머리를 떼어내는 것이 더 낫다고.[23]

볼셰비키 미학에서 집을 장식하는 데 공을 들이는 것은 속물스런 행동이었다. 이상적인 '주거 면적'(소련 관리들은 집을 그렇게 불렀다)

마야코프스키(Vladimir Mayakovsky, 1893~1930) 소련의 시인. 시 분야에서 사회주의 리얼리즘의 창시자로서 10월혁명을 열렬히 환영했으며, '예술좌익전선(LEF)'을 결성했다. 1930년 혁명이 왜곡된 현실에 절망하여 자살했다.(역주)
* 브란겔(Pyotr Wrangel, 1878~1928)은 내전 때 러시아 남부에서 활동한 백군 지휘관이었다.

은 최소한의 장식과 가구만으로 꾸몄다. 침대로도 쓸 수 있는 소파처럼 공간 효율을 높인 가구를 갖춘 주거 면적은 순전히 기능적이었다. 볼셰비키의 상상 속에서 간소한 생활방식은 사람들이 소유물 숭배의 노예가 된 부르주아 사회로부터 일종의 해방을 의미했다. 표도르 글라트코프(Fyodor Gladkov, 1883~1958)가 쓴 영향력 있는 소설 《시멘트》에서 둘 다 당 활동가인 남편과 아내는 내전으로 파괴된 시멘트 공장의 재건을 돕기 위해 개인적인 행복을 마다하고 집과 딸을 버리고 떠난다. 남편 글레프가 자신들의 집에서 예전에 누렸던 가정적 안락을 그리워하기 시작하자 아내는 곧바로 더 고상한 목적을 상기시킨다. "당신은 예쁜 꽃들이 창턱에서 피어나고 침대에 베개가 쌓여 있기를 원하나요? 아뇨, 글레프, 나는 겨울에 난방이 안 되는 방에서 자고 공동 부엌에서 식사를 해요. 있잖아요, 나는 자유로운 소비에트 시민이에요."[24]

볼셰비키 사이에서는 개인의 용모에 대해서도 유사하게 금욕적인 태도가 있었다. 유행하는 옷, 공들인 머리 모양, 보석, 향수, 화장품은 모두 저속한 '비트'의 영역에 들었다. 당 전위의 '신인간'은 장식이 전혀 없는 수수하고 소박한 옷—유사 프롤레타리아 의상이나 유사 군복—을 입었다. 신경제정책 시기에 볼셰비키 지도자들은 갑자기 눈앞에 펼쳐진 '부르주아' 문화의 안락과 유혹에 평당원들이 타락할까 우려했다. 이 시기에 스파르타적 태도는 이데올로기적 순수성의 상징으로 권장되었다. 1922년에 공산주의 윤리에 관한 당의 주요 대변인이었던 아론 솔츠(Aron Sol'ts, 1872~1945)는 신경제정책이 "당원들이 완전히 자유롭게 자신의 취향을 따르고 심지어 이른바 부르주아 사회의 우아함을 흉내 낼 수 있는, 일종의 개인 생활이 존재한다"고 믿도록 그들을 유혹할지 모른다고 경고했다. 솔츠는 볼셰비키에게 미적 태도를 바꿈으로써 자기 내부에서 이 부르주아 본능을 몰아내라고 요구했다. "사람이 반지, 팔찌, 금니를 하는 것은 추한 일이며", 그가 보기에 이러한 행실은 당 내부로부터 "미적 분노를 불러일으킬 수밖에 없"는 것[25]이었다.

발렌티나 티호노바는 1922년 모스크바에서 태어났다. 발렌티나는 1917년 10월에 겨울궁전 습격을 이끌었던 볼셰비키 지도지 블리디미르 안토노프-오프세옌코*의 가정에서 성장했다. 그녀의 어머니는 블라디미르가 소련 대사로 있던 프라하에서 이 유명한 볼셰비키를 만났고 1927년 그와 결혼하기 위해 출판사 편집자였던 발렌티나의 친아버지를 떠났다. 발렌티나는 1920년대에 가족이 살았던 모스크바의 작은 아파트를 "가장 평범한 가구와 철제 침대가 비치된" 집으로 기억한다. 가치 있는 물건은 어머니 물건인 공작석 상자뿐이었다. 아파트에는 치장이나 장식이 전혀 없었고 부모는 그런 것에 조금도 관심이 없었다. 어머니는 대사 부인이 되었을 때에도 보석을 걸치지 않았다. 안토노프-오프세옌코의 집도 역시 금욕주의가 지배했다. 모스크바의 고위 당 관리를 위한 거대한 아파트 단지였던 '제2차 소브나르콤 주택'에 있는 그들의 아파트는 작은 방 4개로 구성되었다. 발렌티나의 골방 같은 방에 가구라곤 접이식 침대와 책상, 작은 책장뿐이었다. 이 금욕적 분위기를 회상하면서 발렌티나는 그것을 가족의 지식인적 규범(intelligentnost')과 소비에트 이데올로기의 의식적(意識的) 요소로 묘사한다. "우리는 소련 인민(sovki)이었다."라고 그녀는 회상한다. "우리는 자기 자신의 욕구 충족을 위해서가 아니라, 우리 사

안토노프-오프세옌코(Vladimir Antonov-Ovseyenko, 1883~1938) 볼셰비키 지도자이자 소련의 외교관. 10월혁명 때 겨울궁전 습격을 주도하여 임시정부 각료들을 체포한 것으로 유명하다. 1937년 러시아소비에트연방사회주의공화국 법무인민위원으로 임명되었으나, 1938년 2월 체포되어 처형되었다.(역주)

레오니트 옐리야쇼프는 검소하고 금욕적인 삶을 지향하는 볼셰비키로서 자녀들에게도 스파르타적 생활 방식을 강조했다. 사진은 1932년에 찍은 것이다.

회가 미래에 누릴 행복에 대한 우리의 믿음을 위해 살았다. 우리가 사는 방식에는 도덕적 순수성이 존재했다."[26]

류드밀라 옐리야쇼바는 라트비아 볼셰비키의 가정에서 성장했다. 아버지 레오니트는 1917년 10대 때 리가의 집에서 도망쳐 볼셰비키에 가담했다. 그는 엄격하고 가혹했던 부유한 유대인 부모를 부끄러워했고 그들에게 분노했다. 레오니트가 노동 운동에 끌린 이유는 운동의 스파르타식 생활방식 때문이었다. 그는 1920년에 아내에게 보낸 편지에서 인정했듯이, 이 생활방식을 '부르주아 계급의 포기'로 받아들였다. 류드밀라에 따르면, 아버지 레오니트는 "우리는 낡은 세계를 버리고/ 우리 발에서 그 먼지를 털어낸다!"라는 〈인터내셔널가〉의 가사에 개인적 의미를 부여했다. "아버지는 계급만이 아니라 가족과 안락한 아파트, 다차*, 좋은 요리, 멋진 옷, 테니스 게임 등 익

다차(dacha) 러시아인들의 별장을 가리킨다. 일부 유력 인사들의 호화로운 주택도 있지만, 일반적으로 도시 근교에 위치한, 텃밭이 딸린 조그만 목조 가옥이다.(역주)

숙한 생활양식도 포기할 필요가 있었다.” 그는 두 딸 류드밀라(1921
년생)와 마르크세나(1923년생)가 자신들을 노동 계급보다 더 높은 곳
에 두게 만드는 부나 안락함을 부끄러워하도록 길렀다. 레오니트는
딸들에게 그들보다 가난한 아이들이 부족하게 먹을 때 풍족한 식사
를 하는 것에 죄의식을 느껴야 한다고 말하곤 했다. 식사 시간에 그
는 이렇게 말하곤 했다. “모두가 빵과 달걀을 먹을 때 생선이나 소시
지를 먹는 것은 부끄러운 일이다. 다른 사람들보다 나은 게 뭐가 있
어서?” 그는 ‘당 상한제’—1920년대에 당원들이 받을 수 있는 최대한
의 봉급을 정해놓은 급여 상한제—를 철저히 따르고 가족들이 그 한
도 내에서 생활하도록 가르쳤다. 여자아이들은 낡은 신발이 말 그대
로 완전히 해질 때까지 새 신발을 살 수 없었다. 그들은 중요한 국경
일에만 과자를 먹을 수 있었다. “우리는 매우 검소하게 살았다.”고
류드밀라는 기억한다.

우리집의 가구는 죄다 정부에서 구입한 싸구려였다. 우리는 간소하
게 먹었고 옷은 소박했다. 나는 아버지가 조끼와 장화 차림의 군복 말
고 다른 옷을 입은 모습을 본 적이 없었다. 어머니는 극장에 갈 때 입는
‘특별 의상’과 한두 벌 정도 다른 드레스가 있었지만, 그게 전부였다.
…… 극장에 가는 일—그리고 많은 책—은 우리의 유일한 사치였다.

많은 1917년의 아이들처럼 류드밀라와 여동생은 금욕이 도덕적 순
수성과 모든 사람이 미래에 누릴 행복을 위한 혁명적 투쟁과 동의어
라고 믿도록 길러졌다. 1936년에 류드밀라는 일기 표지에 다음과 같
이 썼다. “고통은 무의미한 것을 파괴하고 강한 것을 더욱 단단하게
만든다.”[27]

어떤 가족들에게는 당 활동가의 금욕주의가 지나친 압박을 가했다. 보이틴스키 가족이 바로 그런 경우였다. 이오시프 보이틴스키는 1884년에 상트페테르부르크에서 러시아화한 자유주의적 유대인 가정에 태어났다. 아버지는 수학 교수였고, 막내 니콜라이는 엔지니어였으며, 둘째 블라디미르와 장남 이오시프는 상트페테르부르크대학 법학부 졸업생이었다. 10월혁명으로 가족은 해체되었다. 이오시프의 부모는 핀란드로 도피했다. 과거 멘셰비키이자 1917년 임시정부의 주요 인사였던 블라디미르는 베를린으로 망명해서 볼셰비키에게 핏대를 올리는 비판자가 되었다. 가족 가운데 이오시프와 누이 나데즈다만 페트로그라드에 남았다. 블라디미르처럼 이오시프도 전직 멘셰비키였으나 볼셰비키에 가담하고 내전에서 활약함으로써 불리한 경력을 벌충하고자 했다. 그는 충성을 입증하기 위해 베를린에 있는 형제에게 "정치적 원칙을 다시 고려해서 우리의 공동 사업을 위해 소비에트 러시아로 돌아올" 것을 간청하는 편지를 쓰기까지—의심할 여지 없이 상관이 편지를 읽을 것을 노리고—했다. 형제의 반혁명 활동으로 처벌을 당할까 겁을 먹은 이오시프는 당의 대의에 완전히 헌신했다. "이전 생활에서 지은 죄 때문에 그들은 나를 견습 당원으로 받아들였을 뿐이지만, 나는 당 직무를 많이 맡고 있다. 훌륭한 공산주의자처럼 나는 언제라도 지옥으로 갈 준비가 되어 있다."라고 그는 니콜라이에게 썼다.[28]

실제로 이오시프는 예카테리노슬라프(지금의 우크라이나 도시 드니프로페트로우시크)로 파견되었고, 그곳에서 지역 노동조합 조직의 법률 부서에서 일했다. 이오시프는 습기 차고 가구가 거의 없는 지하방에서 아내 알렉산드라와 함께 살았다. "더 나은 집을 찾을 수가 없어요."라고 알렉산드라는 1922년에 시누이인 나데즈다에게 편지를 썼

이오시프 보이틴스키와 아내 알렉산드라(예카테리노슬라프, 1924년). 이오시프는 당을 위해 헌신하면서 가정에는 거의 신경을 쓰지 않았는데, 이런 태도는 1920년대 볼셰비키들에게 흔한 일이었다.

다. "어디나 다 너무 비싸서 네프만들만이 집세를 감당할 수 있어요. 살림도 침구, 옷, 바늘, 실 같은 가장 기본적인 물품이 부족합니다. 그야말로 모든 것이 부족해요." 이오시프는 지나치게 일에 몰두한 나머지 그런 '세세한 집안 문제'에는 신경을 쓸 수가 없었다. 그의 아내에 따르면 그는 "업무 말고는 모든 면에서 서툴고 어수선"했다. 부부는 '당 상한제'로 봉급이 적은 데다 그마저 대부분을 핀란드에 있는 어머니에게 보냈기 때문에 돈이 없었다. 알렉산드라는 닥치는 대로 일을 해서 소득을 보충하고자 최선을 다했다. 그러나 그녀는 일을 해야 하는 데 화가 났고 자신이 품었던 '가족의 꿈'을 당이 망치고 있다고 비난했다. 1922년에 알렉산드라는 아이를 지웠다. 시누이에게 보낸 편지에서 설명했듯이, 알렉산드라는 아이를 낳고 싶었으나 "건강이 악화되어 몸이 망가졌고", 이오시프가 "당 업무로 압박을 받고" 있을 때 "자신의 부담을 늘리는" 것을 원하지 않았기 때문에 어쩔 수 없었다. 부부의 결혼 생활은 시련을 겪었다. 돈 문제로 계속 부부 싸움이 일어났다. 이오시프는 다른 여자와 바람이 났고 1924년에 아들까지 낳아 그들에게도 돈을 썼다. 알렉산드라와는 결별 직전까지 관계가 나빠졌다. 이오시프는 종종 당 업무 때문에 모스크바나 쿠반으로 떠나버리곤 했다. 모스크바에서 그는 노동법을 가르쳤고, 쿠반에서는 노동조합을 위해 일했다. "이오시프를 거의 보지 못해요."라고 알렉산드라는 1925년 나데즈다에게 썼다. "결국 일이 이런 식으로 되어버린 것이 고통스럽지만, 그런 것이 요즈음 우리 삶의 방식입니다. 개인 생활을 위한 여지는 전혀 없고 로맨스는 그저 과거의 잔재로 묻어야 하죠."[29]

"아이들을 국유화해야 한다."

볼셰비키는 교육을 새로운 사회를 창조하는 열쇠로 보았다. 그들은 학교와, 아동과 청년을 위한 공산주의 연맹(피오네르단*과 콤소몰)을 통해 다음 세대에게 새로운 집단적 생활방식을 주입하고자 했다. 어떤 소련 교육 이론가는 1918년에 이렇게 선언했다.

우리는 젊은이들을 공산주의 세대로 만들어야 한다. 부드러운 밀랍처럼 영향을 받아 변하기 쉬운 존재인 아이들은 훌륭한 공산주의자로 주조되어야 한다. …… 우리는 아이들을 가족의 유해한 영향력으

피오네르단(Pioneers) 1922년부터 1991년까지 10~15세 사이의 아이들이 가입한 공산주의 단체. 피오네르는 '개척자'라는 의미다.(역주)

로부터 구해내야 한다. …… 우리는 아이들을 국유화해야 한다. 삶이 시작되는 초기부터 아이들은 공산주의 학교의 유익한 영향 아래 있어야 한다. …… 어머니가 소비에트 국가에 자녀를 의무적으로 바치도록 하는 것, 그것이 우리의 과제다.[30]

소비에트 학교의 기본 사명은 사적 생활의 낡은 사고방식이 사회적 본능의 함양을 방해하는 '프티부르주아' 가족으로부터 아이들을 떼어내 그들에게 공산주의의 공적 가치를 심는 것이었다. "젊은이들은 '우리'라는 면에서 생각하도록 가르침을 받아야 하고 모든 사적 이해는 버려야 한다."라고 1918년에 교육인민위원인 아나톨리 루나차르스키는 썼다.[31]

공산주의 가치를 전파하는 것이 소비에트 학교 교과 과정의 지도 원리였다. 이런 의미에서 한 소련 교육 사상가가 인정했듯이, 소비에트 학교에서 마르크스주의가 하는 역할은 차르 학교에서 종교가 하던 역할과 유사했다. 좀 더 실험적인 학교에서는 이론보다 실습을 통한 배움을 많이 강조했다. 초등 교육에서 중등 교육에 이르기까지 모든 소련 학생들에게 적용할 전국적 틀을 제시하기로 되어 있는 '단일노동학교'*들에서도 보통 일련의 작업장(교실이 아니라)을 중심으로

단일노동학교(Edinaya trudovaya shkola) 1918년 10월 1일 볼셰비키 정부는 제정 시대 이래 존재해 온 온갖 종류의 학교들을 전부 교육인민위원부 산하에 두면서 '단일노동학교'라고 이름 붙였다. 이 실험적인 단일노동학교의 교과 과정은 두 단계로 이루어졌다. 첫째 단계는 8세부터 13세까지 이루어지는 5년 과정이고, 두 번째 단계는 14세부터 17세까지 4년 동안 지속되는 과정이었다. 졸업생들은 그 후 이 교육을 바탕으로 더욱 전문적인 교육을 받을 것이었다. 단일노동학교는 일련의 작업장들로 이루어졌는데 보통 옛 수도원이나 농가에 있었다. 학생들은 인쇄소나 사진관, 제재소, 실험실 등에서 일하는 법을 배웠다. 들판에서 농부들과 일하거나 공장에서 노동자들과 함께 작업하는 것도 공부의 한 방식이었다.(역주)

프로그램이 구성되었다. 이 작업장들에서 아이들은 주요 학과, 특히 과학과 경제에 대한 입문 과정으로서 기술과 공예를 배웠다.[32]

정치적 사상 교육은 활동가를 양성하는 방향으로 초점이 맞춰져 있었다. 선전은 이상적인 아이의 모습을 선동과 선전(agitprop)을 행하는 어른스러운 정치 웅변가의 이미지로 그렸다. 공산주의는 책으로는 배울 수 없다고 교육 사상가들은 주장했다. 공산주의는 학교 생활 전반을 통해 주입되어야 하며, 학교 생활은 소련의 국경일 기념, 공식 행진 참여, 신문 읽기, 학내 토론과 재판의 조직 같은 교과 과정 외 활동을 통해 좀 더 폭넓은 정치 세계와 다시 연결되어야 했다. 이 발상은 아이들이 충성스럽고 적극적인 공산주의자로 성장하도록 소비에트 체제의 관행, 의식, 의례를 가르치자는 것이었다.

아이들은 어릴 때부터 '레닌 아저씨'를 숭배하도록 배웠다. 아이들은 유치원에서 소련 지도자의 초상을 손가락으로 가리킬 수 있을 때부터 '10월 어린이단'*으로 불렸다. 레닌이 죽은 뒤, 어린 세대가 레닌이 누구인지도 모른 채 자라게 될 것이라는 우려가 생겼다. 이에 학교에 '레닌 코너'를 설치하라는 지시가 내려왔다. 레닌 코너는 신과 같은 소련 국가 창건자에 관한 선전물을 전시하는 정치적 성소였다. 레닌과 다른 혁명 영웅들에 관한 전설은 정치 교육의 중요한 수단이었다. 대부분 아이들은 소비에트 국가의 이데올로기를 이해하지 못했으나—그들은 혁명을 '선'과 '악'의 단순한 투쟁으로 생각했다.—혁명가들의 영웅적 행동에 공감할 수 있었다.

소비에트 국가의 축소판으로서 혁신 학교들이 조직되었다. 작업

10월 어린이단 러시아어로 oktyabryata(옥탸브랴타). 대원은 oktyabryonok(옥탸브료노크)라고 불린다. 1923년부터 1990년까지 존재한, 7~9세의 아이들로 이루어진 소년단을 가리킨다. 10세가 되면 피오네르단에 가입했다.(역주)

1924년 레닌 사망 후 각 학교에 설치된 '레닌 코너'. 혁명에 직접 참여하지 못한 어린 세대에게 소비에트 국가의 창건자에 관해 알려주는 정치적 성소이자 선전 장소였다.

계획과 성과가 도표와 원 그래프로 벽에 내걸렸고, 교실은 군 연대처럼 조직되었다. 학교의 일상적인 운영은 아이들을 소비에트 정치의 어른 세계에 소개하는 각종 회의와 위원회로 이루어진 관료 조직의 규제를 받았다. 아이들에게 자체 치안대를 조직하라고 권하고, 교칙을 어긴 학생들을 밀고하라고 요청하며, 심지어 교실 재판을 여는 학교도 있었다. 집단 복종 정신을 심어주기 위해 일부 학교는 행진, 노래, 소비에트 지도부에 대한 충성 서약이 포함된 정치화된 교련 제도를 도입했다. 이다 슬라비나는 "국경일마다 학급 전체가 행진했습니다."라고 레닌그라드에서 보낸 학창 시절을 떠올렸다. "우리는 학교

대표로 행진하는 것이 자랑스러웠습니다. 창문에서 사람들이 지켜보고 있는 건물을 지날 때면 우리는 조금 발걸음을 늦추면서 한목소리로 외치곤 했어요. '집에만 있는 사람들, 창문에서 구경하는 사람들, 창피한 줄 아세요!'"[33]

알렉세이 라트첸코는 1920년에 유명한 혁명가 집안에서 태어났다. 큰아버지인 스테판은 레닌 이전부터 마르크스주의 지하 운동의 고참 활동가였고 아버지 이반*은 볼셰비키당의 창립 멤버로서 1917년 이후 소련 이탄 산업(필수 에너지원으로 간주된)을 개발하는 책임을 맡았다. 가족은 모스크바 동쪽의 작은 도시 샤투라에 위치한 발전소 인근의 크고 안락한 집에서 살았다. 발전소는 이탄을 연료로 삼아 전기를 생산해 수도로 공급했다. 알렉세이의 어머니 알리샤는 탈린의 독일-스웨덴계 프티부르주아 가정 출신이었는데, 그녀의 개인적 취향과 점잖은 품행에 대한 열망, 가정의 행복에 몰두하는 태도에서 중간계급 가정 교육의 흔적을 엿볼 수 있었다. 그러나 이데올로기적으로 어머니는 낡은 부르주아 문화를 몰아내고 새로운 유형의 인간을 창출하는 공산주의 이상에 헌신했다. 소련 교육 이론의 선구자이자 교육 활동에서 크루프스카야와 가까운 사이였던 알리샤는 아들의 학교 교육을 공산주의 교육의 실험실로 여겼다. 알리샤의 이론은 주로 러시아 체육의 창설자이며 그녀가 1903~1904년에 상트페테르부르크에서 강의를 들었던 표트르 레스가프트*의 사상과 막심 고리키의 저술에서 비롯했다. 알리샤는 아들의 이름을 지으면서 고리키(본명이

이반 라트첸코(Ivan Radchenko, 1874~1942) 1898년 상트페테르부르크 노동해방투쟁동맹에 가담했으며, 1902년 러시아사회민주노동당 당원이 되었다. 1917년 10월혁명 이후에는 주로 경제 분야 관료로 일했다.(역주)
레스가프트(Pyotr Lesgaft, 1837~1909) 러시아의 교사이자 사회개혁가. 근대적 신체 교육 체제의 창설자다.(역주)

알렉세이 페시코프였다)에게 경의를 표하기도 했다. 알리샤는 알렉세이에게 언어를 가르쳤고 피아노와 바이올린을 배우도록 했다. 또 육체 노동을 존중하는 마음을 기르려고 집안 허드렛일을 시켰으며, 사회적 양심을 발달시키려고 가난한 사람들의 집을 방문하도록 주선했다. 1917년 10월부터 샤투라의 단일노동학교 수장을 맡은 알리샤는 교과 수업과 농장의 농업 노동을 결합하여 아이들이 공산주의적으로 생활한다는 것이 어떤 것인지를 처음부터 이해할 수 있도록 학교를 콤무나(commune)로 조직했다.[34]

알렉세이는 아버지와 다른 혁명가들을 존경하라고 배웠다. 척추질환 때문에 걷기가 힘들었던 병약한 소년 알렉세이는 책 속에 펼쳐진 공상 세계에서 살았다. 그는 레닌을 우상으로 삼았고 "그처럼 되어야 한다."는 아버지의 격려를 마음 깊이 새겼다. 1923년 12월 레닌의 치명적인 병세를 들은 알렉세이는 일기에 다음과 같이 고백했다. "만일 그의 목숨을 구하는 데 도움이 된다면, 집에서 도망쳐서 레닌에게 내 피를 모두 주겠다." 지도자가 사망한 뒤 알렉세이는 자기 방에 레닌 코너를 마련하여 소련 지도자를 그린 그림과 자신이 암기하던 연설문으로 벽을 도배했다. 알리샤는 알렉세이의 정치적 발달에 관해 일지를 작성했다. 어머니는 알렉세이의 일기 내용, 학교 공부와 아들이 그린 그림의 사례로 일지를 채웠으며, 아들의 교육에 관해 논평을 덧붙였다. 알리샤가 묘사했듯이, 일지는 "가정과 학교에서 공산주의 교육 문제에 관한 지침서" 역할을 할 수 있을 '과학적 기록'이었다. 알리샤는 아들에게 샤투라의 다른 아이들, 주로 발전소에서 일하는 농민 출신 노동자 가족의 아이들과 어울려 놀라고 권했다. 그리고 아들이 자신의 큰 집에서 친구들과 함께 할 게임과 활동을 준비하는 데 앞장섬으로써 자신이 상대적으로 특권을 덜 가진 친구

혁명가 이반 라트첸코와 아들 알렉세이(1927년). 알렉세이의 부모는 아들을 새로운 '소비에트 인간'으로 만들기 위해 교우 관계와 학업, 예체능 활동 등 모든 것을 일종의 정치 교육으로 세심하게 계획했다.

들의 지도자라는 것을 느끼게 해주려 했다. "아버지를 본받으렴."이라고 알리샤는 아들의 일기 가장자리에 적었다. "아버지가 노동 계급의 지도자이듯, 네 친구들의 지도자가 되는 법을 배워라." 어머니의 격려를 받은 알렉세이는 학교 친구 몇 명과 '세계어린이협회 러시아위원회 중앙국'이라는 '비밀' 조직을 만들었다. 그들은 자신들만의 기장과, 알리샤가 아이들을 위해 지은 혁명가(《시작》), 집에서 직접 만들어 국경일에 샤투라를 행진할 때 들었던 붉은 깃발을 갖고 있었다.[35]

1917년의 아이들은 혁명가 놀이를 권장받았다. 소련의 교육 사상가들은 프리드리히 프뢰벨(Friedrich Fröbel, 1782~1852)과 마리아 몬테소리(Maria Montessori, 1870~1952) 같은 유럽 교육자들이 장려한 '놀이를 통한 학습'의 영향을 받았다. 그들은 구조화된 놀이를 교육적 경험으로 보았는데, 이 경험을 통해 아이들은 집단성, 사회적 행동주의, 책임이라는 소비에트 가치를 흡수할 것이었다. 벽신문, 레 닌 코너, 각종 회의와 위원회 등을 통해 학교는 아이들에게 자신들이 잠재적 혁명가이며, 당 지도부의 요청을 받으면 반란을 일으킬 태세 가—필요하다면 자신의 부모에 맞서서—되어 있어야 한다는 생각을 주입하는 것을 목표로 삼았다. 1920년대에 레닌그라드의 지식인 가 정에서 성장한 라이사 베르크는 학교 친구들의 동지애와 전투 태세 를 이렇게 회고한다.

> 우리 반 학생들은 진한 우정과 신뢰, 연대 의식으로 똘똘 뭉쳐 있 었다. 그렇지만 우리 자신과, 우리 모두가 예외 없이 사랑한 멋진 선 생님들 사이에는 끊임없는 전투, 진짜 계급 전쟁이 있었다. 계획적인 전략이나 음모는 필요 없었고 우리는 불문율에 따라 생활했다. 오직 동지들에 대한 충성심만이 중요했다. 우리는 부모에게 아무것도 말할 수 없었다. 그들이 우리를 선생님들에게 팔아먹을지도 모르는 일이기 때문이었다.[36]

1920년대에 가장 인기 있던 안마당 게임은 ‘적군과 백군’ 놀이였 다. 이 소련판 ‘카우보이와 인디언’ 놀이에서 아이들은 특히 게임을 위해 산 장난감 권총(pugach)을 들고 내전 당시 사건들을 연기하곤 했다. 적군과 백군 놀이는 사내아이들이 누구나 레닌이 되고 싶어 하 는 바람에 종종 실제 싸움으로 번지기도 했다. 그들 중 한 명은 다음 과 같이 회상했다.

> 우리는 서로 지도자 역할을 맡겠다고 싸우곤 했다. 모두가 적군, 볼셰비키가 되기를 원했고, 누구도 백군이나 멘셰비키가 되고 싶어

하지 않았다. 오직 어른들만이 이 다툼을 끝낼 수 있었는데, 어른들은 일단 이름 없이 싸우다가 마지막에 이기는 사람이 볼셰비키가 되면 어떻겠느냐고 제안했다.

또 다른 게임은 '수색과 징발'이었는데, 이 놀이에서는 한 그룹(보통 사내아이들)이 적군 징발대 역할을 맡고, 다른 그룹(여자아이들)이 '부르주아 투기꾼'이나 곡물을 숨기는 '쿨라크' 농민을 연기하곤 했다.[37]
'적군과 백군', '수색과 징발' 같은 게임은 아이들에게 세계를 '선'과 '악'으로 나누는 소비에트식 이분법을 받아들이도록 부추겼다. 1920년대에 소비에트 학교에서 이루어진 연구들을 보면, 아이들은 전반적으로 최근 역사의 기본 사실들에 관해서는 무지했지만(많은 학생들이 차르가 무엇인지 알지 못했다), 정부의 선전, 책, 영화 등에 그려진 구체제 지지자들의 어둡고 위협적인 이미지에 영향을 받고 있었다. 이 이미지는 많은 아이들에게 '숨은 적'들이 계속 존재한다고 믿도록 부추겼는데, 그러한 믿음은 구체제의 흔적이라면 그것이 무엇이든 비합리적인 공포심, 히스테리, 적대감을 낳을 가능성이 많았다. 한 어린 여학생은 선생님에게 "부르주아가 아이들을 잡아먹나요?"라고 물었다. 또 다른 여학생은 반 친구가 풀 먹인 소맷부리에 왕관이 새겨진 오래된 셔츠를 입은 것을 보고 수업 중에 갑자기 소리 쳤다. "보세요, 애는 차르 지지자예요!"[38]

1917년의 아이들 중 많은 아이들이 피오네르단에서 처음으로 정치를 경험했다. 1922년에 설립된 피오네르 조직은 스카우트 운동을 본받았다. 스카우트 운동은 공산주의 러시아에서 독립성을 유지한 마지막 공공 기관 중의 하나였으나, 1922년 소련 정부에 의해 불법화

되었다. 실제 활동을 통해 젊은 회원들의 공적 책임 의식을 함양하고
자 했던 스카우트 정신은 1920년대에도 많은 피오네르 조직에서 계
속 지배적이었다(일부 엘리트 학교들과 마찬가지로). 1925년경 10세부터
15세 사이의 아이들 중 약 5분의 1이 피오네르단에 등록했고, 이 비
율은 그후 더 높아졌다. 스카우트단과 마찬가지로 피오네르단도 자
체 도덕률과 의례가 있었다. 모든 피오네르들이 암기해야 하는 신서
도 있었다(많은 사람들이 70여 년이 지난 뒤에도 그 선서를 기억하고 있었
다). "소련의 젊은 피오네르인 나는 동지들 앞에서 레닌의 계율에 충
실하고 우리 공산당의 대의와 공산주의 대의를 확고하게 지지할 것
을 엄숙하게 맹세합니다." 피오네르단은 자주 행진을 하고, 노래를
불렀으며, 체조와 스포츠 활동을 했다. 그들에게는 적군(赤軍)에서
빌린 공명하기 쉬운 구호가 있었다("피오네르들, 대비하라!" 응답 : "항
상 대비하고 있다!"). 피오네르단은 조별로 구성되었고, 자체 플래카드
와 깃발, 노래, 제복(흰색 셔츠와 붉은색 스카프)이 있었다. 특히 제복
은 굉장한 자부심의 원천이었는데, 많은 아이들이 피오네르단에 끌
린 주된 이유였던 것 같다. "나는 운동의 의무를 이해하지 못했다.
다른 아이들과 마찬가지로 붉은 스카프를 두르고 싶었을 뿐이다."
라고 한 피오네르는 기억을 더듬었다. 1928년 페름에서 피오네르단
에 가입한 베라 미누소바는 다음과 같이 떠올렸다. "나는 제복, 특히
스카프를 좋아해서 매일 다림질을 했고 학교에 차려입고 갔다. 내가
가진 유일하게 멋지고 깔끔한 옷이었다. 나는 제복을 입으면 자랑스
러웠고 어른이 된 기분이었다." 1920년대 모스크바의 학생이었던 발
레리 프리트는 피오네르의 붉은 스카프가 너무 자랑스러워서 피오네
르단에 가입한 후 며칠 동안 밤마다 품에 안고 잤다.[39]

피오네르단을 통해 소련 아이들은 강력한 사회적 소속감을 경험

피오네르의 붉은 스카프를 맨 베라 미누소바. 소비에트 사회에서 10~15세의 아이들은 피오네르단을 통해 처음으로 정치를 경험했다.

했다. 모든 아이들이 피오네르가 되고 싶어 했다. 피오네르가 되는 것은 매혹적이고 가슴 뛰는 일이었으며, 붉은 스카프는 사회적 승인과 동등함을 나타내는 중요한 표식이었다. 사회적 배경 때문에 피오네르단에서 배제된 아이들은 심한 수치심과 열등감을 느꼈다. 마리야 드로즈도바는 '쿨라크' 집안 출신이라는 이유로 피오네르단에서 추방당했다. 마리야는 재입단하고 싶은 열망이 너무나 강렬했던 나머지 오랫동안 셔츠 속에 몰래 스카프를 둘렀다. 폴란드 귀족의 딸인 소피야 오젬블로프스카야는 교회에 다니는 것을 들켜서 피오네르단에서 쫓겨났다. 소피야는 당혹스러웠던 그때 일을 이렇게 기억한다.

갑자기 그들은 학교 복도에 있는 벽신문에다 공고문—'속보'—을 붙였다. "즉시 나와서 줄을 설 것!" 아이들이 모두 교실에서 달려 나와 운동장에 줄을 섰다. 나는 맨 앞에 서서 창피를 당했다. 아이들이 소리쳤다. "재가 교회에 다닌 것 때문에 우리 조가 어떤 불명예를 뒤집어썼는지 봐!" "그애는 스카프를 두를 자격이 없어!" "스카프를 두를 권리가 없단 말이야!" 아이들은 나에게 오물을 던졌다. 그런 다음 나에게서 스카프를 떼어내려고 했다. 나는 울기 시작했다. 그리고 소리쳤다. "스카프는 안 줄 거야! 주지 않을 거라고!" 나는 무릎을 꿇고 스카프를 가져가지 말라고 애걸했다. 그러나 그들은 상관하지 않고 스카프를 가져가버렸다. 그날부터 나는 피오네르가 아니었다.[40]

피오네르 조직의 목적은 소련 아이들에게 공산주의 가치와 규율을 심어주는 것이었다. 그들은 콤소몰과 당에서 사용하는 것과 똑같은 '작업 계획'과 '검열' 체제를 따랐다. 심리학자이자 교육 이론가로서 개인의 사회적 조건반사에 관해 당의 입장을 대변하던 잘킨트*에 따르면, 피오네르 운동의 목적은 "부르주아 이데올로기의 계급적 독소로부터 완전히 자유로운 혁명가-공산주의 투사"를 훈련하는 것이었다. 크루프스카야는 피오네르단이 아이들에게 가장 크게 영향을 주는 가족을 대체할 것이라고 믿었다. 피오네르단은 열심히 일하고 복종하며, 순수하게 생각하고 행동하라고 배웠다. "피오네르단에서 나는 멋지고 단정하며 모든 과제를 제시간에 끝내고 모든 일을 제대로 하는 법을 배웠다."고 미누소바는 회상한다. "이것들이 내 삶의 원칙이 되었다."[41]

피오네르는 활동가였다. 피오네르단에는 사회적 행동주의와 지도자 의식을 주입하려는 광범위한 단체 활동—시위 조직, 벽신문 편집,

---

잘킨트(Aron Zalkind, 1888~1936) 소련의 의사, 심리학자. 1920년대 소련에서 교육 운동을 창시하는 데 큰 역할을 했다. 저서로 《소련 사회의 성 문제》(1926), 《아동학의 기본 문제들》(1930) 등이 있다.(역주)

자발적 노동(subbotniki)*, 연극과 콘서트—이 넘쳐났다. 1914년 모스크바 주의 농민 가정에서 태어난 바실리 로마시킨은 1920년대의 학창 시절과 피오네르단 활동을 되돌아보면서 공적 활동에 역점을 두었던 것을 기억한다.

'소비에트 인간'이 된다는 것은 무슨 뜻이었을까요? 그것은 우리가 학교와 피오네르단에서 배웠듯이, 소비에트 모국을 사랑하고 열심히 일하고 모범이 되는 것을 의미했죠. 나는 이 말들을 마음에 새겼습니다. 3학년 때(1924년) 나는 이미 학교 위원회 위원장이었습니다. 그 후 학교 법정 원장, 학교 재판의 검사, 학교 노동조합 부의장이 되었지요. 나는 적극적인 피오네르였습니다. 피오네르단 활동을 하면서 가족보다 학교와 나라를 더 사랑하는 법을 배웠습니다. 나는 우리 학교의 교장 선생님을 마치 어머니라도 되는 것처럼 사랑했죠.[42]

모든 피오네르들이 로마시킨처럼 적극적이지는 않았다. 많은 아이들에게 피오네르단 활동은 정말로 일종의 놀이에 불과했다. 저명한 소련 법률가의 딸인 이다 슬라비나는 자신이 자란 레닌그라드의 아파트 단지에서 직접 단체를 조직했다.

나는 어린이 잡지인 〈무르질카(Murzilka)〉를 좋아했는데, 잡지 표지에는 다음과 같은 구호가 적혀 있었습니다. "엄마! 아빠! 우리는 당신들의 권력을 뒤엎을 거예요!" 잡지는 아이들에게 장난감을 공유하

---

* 토요노동운동(Subbotnik)은 내전 시기에 도입되었다. 학생, 노동자를 비롯한 시민들은 '자원자'로서 거리의 쓰레기 치우기 같은 육체노동 임무를 강제로 수행해야 했다. 그것은 곧 소비에트 생활 방식의 상시적 모습이 되었다. 주민들이 무료 노동으로 동원될 때에는 노동이 며칠이 아니라 몇 주간 계속되었다.

고 피오네르단과 유사한 단체를 스스로 조직할 것을 요구했습니다. 나는 우리 층에 있는 아이들의 지도자였죠. 나는 잡지를 큰 소리로 읽었고 단체 회원들에게 기사의 의미를 설명해주었어요. 건물 관리소는 우리 모임을 위해 지하층의 방을 이용하도록 허락해주었습니다. 우리는 혁명 영웅들의 그림으로 벽을 도배했고 장난감을 그곳에 보관했어요.[43]

다른 피오네르들은 정치 활동에 좀 더 진지했다. 선배의 격려를 받은 그들은 어른 공산주의자들의 행동을 모방하고 관료와 경찰 역을 수행하곤 했다. 조숙한 열성 회원들은 서류 가방을 '집행부 회의'에 가져와서는 공식 회의록을 작성하면서 당 구호를 말하고 반혁명적 견해를 지니고 있다고 의심되는 교사들을 비난했다. 심지어 거리에서 정보원으로 활동하면서 경찰이 '첩자'와 '적'을 잡아들이는 것을 돕는 피오네르도 있었다.[44]

열다섯 살이 되면 아이들은 피오네르단에서 콤소몰로 올라갔다. 모든 아이들이 진급하는 것은 아니었다. 1925년에 콤소몰은 회원이 100만 명이었는데 콤소몰 연령 청소년(15세부터 23세까지)의 약 4퍼센트였다. 비율은 피오네르 소속 아이들의 비율의 5분의 1이었다.[45] 콤소몰에 가입하는 것은 당원이 되는 출셋길로 들어서는 것이었다. 아예 콤소몰 회원에게만 개방되거나, 더 자격을 갖춘 후보보다 콤소몰 회원을 선택하는 직장과 대학이 수두룩했다. 니나 비시냐코바에게 콤소몰 가입은 '엄청난 사건'이었다.

오늘까지(그녀는 이 글을 1990년에 썼다) 나는 규약집에 있던 모든 단어를 기억할 수 있다. 그것은 내 마음속에 너무나 많은 감정을 끓어

오르게 했다. 이제 갑자기 책임 있는 어른이 되었다고 생각한 것이 떠오른다. …… 나는 가입하기 전보다 훨씬 많은 일을 할 수 있을 것 같았다. 소비에트 엘리트의 일원이 되는 것, 중요한 무언가를 성취하는 것은 항상 꿈이었고 이제 그 꿈이 실현되는 중이었다.[46]

1915년 모스크바의 법률가 집안에서 태어난 시인 예브게니 돌마토프스키(Yevgeny Dolmatovsky, 1915~1994)는 1930년에 피오네르단에서 콤소몰로 진급했다. 입단 허가 회의에 늦게 도착한 예브게니는 콤소몰 서기에게 질책을 받았다. 서기는 그가 "명백히 콤소몰에 가입할 만큼 성숙하지 않았으며", "오직 출세를 바라고 가입하려 한다."고 말했다. 아버지에게 이 사건을 이야기했을 때 예브게니는 사태를 너무 가볍게 본다고 야단맞았다. "그들은 너를 지켜보고 있고 너는 그들에게 너 자신을 바칠 준비가 되어 있음을 증명해야 한다."고 아버지는 경고했다. 이튿날 아침 예브게니는 한 여자에게서 "소비에트 권력을 위해 목숨을 바칠 준비가 되어" 있는지를 묻는 질문을 받았다.[47]

콤소몰에 소속되려면 공산당의 명령, 규칙, 윤리를 받아들여야 했다. 콤소몰 회원들은 혁명에 대한 충성을 가족에 대한 충성보다 위에 두어야 했다. 그들은 이제 어린아이가 아니라 당원처럼 공적 영역에서 살아갈 것으로 기대되는 젊은 공산주의자들이었다. 콤소몰은 부패와 남용을 고발할 준비가 되어 있는 첩자와 정보원뿐 아니라 당 업무를 할 자원자들을 공급하는, 젊은 활동가와 열성분자들로 이루어진 당의 예비군으로서 기능했다. 그와 같은 임무는 행동과 에너지가 넘쳐나던 시기인 혁명과 내전의 이상으로 형성된 것이었지만, 1920년대와 1930년대 소련 젊은이들에게 폭넓은 호소력을 발휘했다.

많은 젊은이들이 공산주의자라서가 아니라 행동주의자였기 때문에 콤소몰에 가입했다. 그들은 무언가를 하기를 원했고 사회적 에너지를 배출할 수 있는 다른 통로는 없었다.[48] 회원들은 부모와 교사들 사이에서 '계급의 적'을 가려내 폭로할 책임이 있었고, 마치 그 일을 위해 훈련이라도 하는 것처럼 학교와 대학에서 '반혁명분자'의 모의 재판에 참여했다.

구사회의 가치 속에서 자라기에는 너무 늦게(1905년부터 1915년 사이에) 태어났고, 내전의 혈투에 참여하기에는 너무 어렸던 이 젊은 활동가들은 혁명의 '영웅적 시기'에 대해 상당히 낭만적인 관점을 지녔다. "우리는 혁명가들, 우리의 형과 아버지들과 연결되기를 열망했습니다."라고 로마시킨은 회고한다. "우리는 그들의 투쟁에 공감했어요. 우리는 그들처럼 군복 차림을 했고 말할 때 일종의 군대 용어를 썼는데, 적군(赤軍)에서 싸웠던 나이 든 마을 남자들의 말투를 본뜬 것이었습니다." 활동가들은 볼셰비키의 스파르타식 문화를 글자 그대로 받아들였다. 제1차 세계대전, 혁명, 내전의 황량한 경제적 풍경에서 성장한 그들은 내핍 생활이 낯설지 않았다. 그렇다손 치더라도, 그들은 혁명 투쟁의 가치를 훼손하는 모든 개인적('부르주아적') 부와 쾌락을 금욕적으로 거부하는 데 특히 전투적인 모습을 보였다. 일부는 '개인주의를 철폐하기' 위해 콤무나를 결성해 가진 돈 전부와 소유물을 공동으로 관리했다. 도덕적인 면에서도 그들은 과거의 인습을 떨쳐내고자 분투하는 절대주의자였다.[49]

1920년대 콤소몰 이상주의자들은 스탈린 체제에서 주요한 역할을 할 특별 집단이었다. 오데사 지방의 콤소몰 활동가로서 친구들과 함께 모임을 결성한 미하일 바이탈스키는 회고록에서 자신들을 이끌었던 정신을 묘사했다. "모든 사람이 순수했고 공산주의를 지키는 데 필요하다면 목숨을 내놓을 준비가 되어 있었다.” “자신을 과시하거나 불평만 하는 사람들은 썩은 지식인이라고 불렀다. ‘썩은 지식인’은 가장 모욕적인 낙인이었다. ‘자기만 아는 사람’만이 그보다 더 나쁜 놈이었다.” 이 집단들에서는 당의 대의에 총력을 다해 헌신했다. 예를 들어 체카(Cheka, 1917년에서 1922년까지 존재했던 정치경찰) 요원이 혁명의 요구에 따라 아버지의 철물점을 몰수했다고 보고했을 때 충격을 받는 이는 아무도 없었다. 개인적인 행복을 꿈꾸는 것은 부끄러운 짓이므로 더는 생각해서도 안 되는 일이었다. 혁명은 미래의 더 나은 생활을 위해 오늘의 쾌락을 희생할 것을 요구했다. 바이탈스키는 이렇게 썼다.

> 미래에 돌린 희망, 임박한 세계 혁명에 개인적으로 참여하고 있다는 느낌, 그것을 위해 모든 책임을 기꺼이 공유하겠다는 열의로 충만한 우리는 모든 문제에서, 심지어 지극히 평범한 문제에서도 사기가 오르고 기운이 샘솟는다고 느꼈다. 뭔가 멋진 것을 이루기 위해 우리를 어딘가로 데려다줄 기차를 기다리면서 멀리서 그 기적소리를 들으려 즐거이 애쓰는 것과 같았다.[50]

젊은 남성과 여성의 친밀한 관계는 혁명을 위한 집단적 열정을 방해하는 것으로 여겨졌다. 결혼은 ‘부르주아’ 인습으로 매도되었다. “개인적 관계를 생각하는 것은 용납할 수 없다.”고 1926년 레닌그라드에 있는 ‘붉은 푸틸로프 공장’에서 일하던 한 콤소몰 활동가는 단언했다. “그런 사상은 오래 전에 지나가버린 시대—10월혁명 전—에서나 볼 수 있던 것이다.”[51] 바이탈스키는 지역 콤소몰 세포 서기였던 유대인 여성 예바와 오랫동안 교제했다. 그러나 예바가 업무에 열정적으로 헌신했기 때문에 로맨스의 기회가 거의 없었다. 고작해야 그녀가 콤소몰 회의를 마치고 집으로 걸어갈 때 손을 잡고 깜짝 키스를 하는 것 정도를 바랄 수 있을 뿐이었다. 마침내 그들은 결혼했고 예바는 아들을 낳았다. 그들은 레닌을 기려 아들의 이름을 비(Vi, 레닌의 처음 두 이름의 머리글자*)라고 지었다. 1927년 바이탈스키는 트로츠키가 당에서 축출된 뒤 곧바로 '트로츠키 반혁명분자'로 추방되었다. 예바에게는 당에 대한 충성이 최우선이었다. 남편이 반혁명 활동의 죄를 지었다고 추측한 예바는 남편과 절연하겠다고 선언하고 그를 집에서 쫓아냈다. 바이탈스키는 1929년에 체포되었다.

1970년대의 시각에서 이 사건들을 되돌아보면서 바이탈스키는, 예바는 좋은 사람이었지만 그녀의 선량함이 당에 대한 의무감에 밀려났던 거라고 생각했다. 당의 신조가 세상의 '선'과 '악'을 대하는 예바의 반응을 미리 규정했던 것이다. 예바는 자신의 개성과 이성의 힘을 당의 집단적이고 '접근할 수 없는 권위' 아래 두었다. 볼셰비키 중에는 '수만 명의 예바'가 있었고 당의 판단에 대한 그들의 무조건적 승인은 혁명이 스탈린 독재로 퇴각했을 때에도 그대로 지속되었다.

이 사람들은 타락하지 않았다. 반대로 그들은 거의 변하지 않았다. 그들의 내면 세계는 그대로 남아 있었고 외부 세계에서 일어나는 변화를 보지 못하도록 막았다. 혁명 초기에 획득한 기준과 정의(定義)에 대한 …… 변함없는 헌신으로 표현된 그들의 보수주의(나는 그것을 '혁명적 보수주의'라고 부르겠다)가 바로 그들의 불행이었다. 그런 사람들에게는 심지어 혁명을 위해 스스로 첩자라고 고백해야 한다고 설

---

* 레닌의 본명은 블라디미르 일리치 울리야노프(Vladimir Ilich Ulianov)다. Vi는 Vladimir 와 Ilich의 맨 처음 글자를 딴 것이다.(역주)

득하는 것도 가능했다. 많은 이들이 확신에 차 있었고 그들은 그렇게 해야 하는 혁명적 필요가 있다고 믿으면서 죽었다.[52]

사생활이 사라진 세계

1924년에 스탈린은 "우리 공산주의자들은 특별한 종류의 사람들이다."라고 말했다. "우리는 더 좋은 재료로 만들어졌다. …… 이 군대에 속하는 것보다 더 높은 영예는 없다." 볼셰비키는 스스로를 자신들과 사회의 나머지 사람들을 구분해주는 미덕과 책임의 담지자로 여겼다. 아론 솔츠는 《당 윤리》(1925)라는 영향력 있는 저서에서 볼셰비키를 차르 시대의 귀족에 비유했다. "오늘날 지배 계급을 구성하는 것은 바로 우리다. …… 우리나라에 관습이 확립되는 것은 우리가 어떻게 생활하고 옷을 입으며 이 관계 혹은 저 관계를 어떻게 평가하는가, 우리가 어떻게 행동하는가에 달려 있다." 지배하는 프롤레타리아 계급으로서 볼셰비키는 다른 사회 계급 출신들과 밀접하게 어울리는 것을 용납할 수 없었다. 예를 들어 볼셰비키가 프롤레타리아 외부의 계급에서 아내를 얻는 것은 '나쁜 취향'이라고 솔츠는 주장했으며, 그런 결혼은 "백작이 가정부와 결혼하는 일이 지난 세기에 비난받았던" 것과 똑같은 식으로 비난받을 것이었다.[53]

귀족 정신이 차르 러시아의 공적 생활을 지배했듯이, 당의 정신이 소비에트 러시아의 공적 생활의 모든 측면을 재빨리 지배하게 되었다. 레닌 자신은 볼셰비키를 귀족층에 비유했으며, 실제로 1917년 이후 입당은 계급 상승을 이루는 것과 같았다. 입당은 관료직으로 발탁되고 엘리트 신분과 특권을 얻으며 당-국가에 개인적으로 참여하는 길이었다. 내전이 끝나 갈 무렵, 소비에트 러시아에서 삶의 거의 모든 측면이 국가의 통제 아래 들어가면서 정부 관료층이 크게 확대되었고, 볼셰비키는 정부의 모든 주요 직위에서 자신들의 위상을 확고히 했다. 1921년까지 소련의 관료층은 차르 국가보다 10배 더 커졌다. 국가 관리가 240만 명에 이르렀는데, 이 숫자는 러시아 산업 노동자 수를 두 배 이상 능가하는 것이었다. 그들은 체제의 주요 사회적 기반을 이루었다.

엘리트적 태도가 볼셰비키 가족 내에 매우 빠르게 뿌리를 내렸고 자식들에게로 대물림되었다. 1925년에 여러 학교에서 잘 통제된 가운데 실시된 게임들을 이용한 연구에 따르면, 소비에트 학생들 대다수는 당원이 사회의 다른 구성원들보다 신분이 더 높은 것을 당연하게 여겼다. 두 소년 사이에서 일어난 분쟁을 아이들 스스로 결정하도록 내버려두었더니, 아이들은 보통 부모가 볼셰비키라는 이유로 우위를 주장한 소년에게 유리한 결정을 내렸다. 연구는 소비에트 학교가 한때 노동 계급 내부에서 지배적이었던 공정과 평등이라는 오래된 의식을 새로운 위계적 체계로 대체하면서 아이들의 가치관에서 중요한 변화를 꾀했음을 암시했다. 당원들의 자녀는 특권 의식이 발달했다. 통제된 게임에서 한 그룹이 기차놀이를 하고 있었다. 소년들은 기차가 출발하기를 원했고 한 어린 소녀가 탑승할 때까지 기다리지 않을 생각이었지만 그 소녀는 말했다. "기차는 기다릴 거야. 남편이 게페우(GPU, 국가정치보안부. 1922년에 체카를 해체하고 개편해 만든 조직)에서 일하고 나도 그렇거든." 그런 뒤 소녀는 기차에 올라탔고 무료 승차권을 달라고 요구했다.[54]

스스로 엘리트라고 선포한 이들의 가장 중요한 자질은 '공산주의 도덕'이었다. 볼셰비키당은 정치적 전위뿐만 아니라 도덕적 전위도

자임했고, 당의 메시아적 지도자 의식은 당원들에게 엘리트에 속할 자격이 있는지 입증할 것을 요구했다. 선택받은 사람으로서 모든 당원들은 자신의 개인적 행동과 신념이 당의 이해에 부합한다는 것을 증명해야 했다. 그는 자신이 진정한 공산주의 신봉자라는 것을 보여주지 않으면 안 되었다. 또 일반 대중보다 더 높은 도덕적, 정치적 의식을 지니고 있으며, 정직하고 열심히 일하며 대의를 위해 사심 없이 헌신하고 있음을 입증해야 했다. 이것은 전통적 의미의 도덕 체계가 아니었다. 볼셰비키는 추상적 도덕이나 기독교 도덕을 '부르주아 억압'의 한 형태로 보고 거부했다. 차라리, 볼셰비키의 도덕 체계는 모든 도덕 문제가 혁명의 필요에 종속되어 있는 체계였다. 1924년에 당의 한 이론가는 이렇게 썼다. "도덕이란 계급투쟁에서 프롤레타리아를 도와주는 것이다. 그것을 방해하는 것은 모두 부도덕이다."[55]

신념은 모든 '의식 있는' 볼셰비키가 갖추어야 하는 결정적인 도덕적 자질이었다. 그것은 진정한 공산주의자와 개인적 목적으로 당에 가입한 '출세주의자'를 구분해주었다. 그리고 신념은 거리낄 게 없는 양심과 동의어였다. 당의 숙청과 전시재판(展示裁判)은 신념의 진실을 드러내기 위해 피고의 영혼을 심문하는 것으로 생각되었다(그러므로 숨겨진 자아를 드러내는 것으로 간주되는 고백이 중요해졌다). 게다가 신념은 사적 문제라기보다는 공적 문제였다. 아마도 그것은 서구 기독교에서 행해지는 고백의 사적인 성격과는 판이한 러시아 정교의 공적 고백 및 참회의 전통과 관련이 있었을 것이다. 어떤 경우든지 간에, 공산주의 도덕은 양심을 내적 자아와의 사적인 대화로 보는 서구의 인식이 비집고 들어갈 여지를 조금도 남겨두지 않았다. 이런 의미에서 '양심'에 해당하는 러시아 단어(소베스티sovest')는 1917년 이후 공식적으로 거의 사용되지 않았다. 그 단어는 소즈나텔노스티(soznatel’nost’)라는 단어로 대체되었는데, 이는 세계에 대한 좀 더 높은 도덕적 판단과 이해에 도달할 수 있는 의식이나 능력이라는 뜻이다. 볼셰비키 담론에서 소즈나텔노스티는 좀 더 높은 도덕적-혁명적 논리, 즉 마르크스-레닌주의 이데올로기의 성취를 의미했다.[56]

물론 모든 볼셰비키가 당의 이데올로기에 관해 상세한 지식을 갖춰야 하는 것은 아니었다. 평범한 볼셰비키는 마치 기성 종교의 신도들이 교회를 다닐 때 믿음을 실행하듯이, 의례—맹세와 노래, 의식, 숭배, 행동 규범—를 일상적으로 실천하는 것으로 충분했다. 그러나 당의 교리는 당의 모든 추종자들이 신조로 받아들여야 했다. 당의 집단적 판단은 정의(正義)로 인정되어야 했다. 지도부에 의해 죄를 저질렀다고 비난받은 당원은 회개하고 당 앞에 무릎을 꿇고서 자신에게 내려진 평결을 기꺼이 받아들여야 했다. 자신을 방어하는 것은 당의 의지에 이의를 제기하는 또 다른 죄를 더하는 것이었다. 이런 태도는 왜 그렇게 많은 볼셰비키가 고발당한 범죄에 대해 결백한데도 숙청에서 자신의 운명에 굴복했는지를 설명해준다. 그들의 태도는 볼셰비키 지도자 유리 퍄타코프*가 1927년에 트로츠키주의자로 당에서 축출된 후 얼마 안 되어 그의 친구가 보고한 대화에서 잘 드러난다. 재입당하기 위해 퍄타코프는 아주 오래된 자신의 정치적 신념 중 많은 것들을 철회했으나, 그의 친구가 비난했듯이 이 행위가 그를 겁쟁이로 만들지는 않았다. 퍄타코프는 자신의 행동을 이렇게 설명했다.

퍄타코프(Georgy ‘Iurii’ Pyatakov, 1890~1937) 볼셰비키 혁명 지도자. 좌익반대파 구성원. 1927년 트로츠키-지노비예프파 일원으로 출당된 뒤 1928년에 복권되었다. 그러나 1937년 1월 다시 체포되어 처형당했다.(역주)

(오히려) 진정한 볼셰비키는 오랫동안 믿었던 생각을 마음속에서 기꺼이 쫓아낼 것이네. 진정한 볼셰비키는 자신의 견해와 자신의 신념에서 벗어나기 위해 필요한 노력을 기울일 수 있을 정도로까지 자신의 인격을 집단성, 즉 '당'에 담근다네. …… 그는 당이 요구한다면 검은 것을 하얗다고 믿고 하얀 것을 검다고 믿을 준비가 되어 있지.[57]

하지만 퍄타코프는 견해를 너무 급진적으로 바꾸었기 때문에 다른 '배교자'들과 마찬가지로 스탈린에게 결코 전적으로 신뢰받지 못했다. 스탈린은 1936년에 그를 체포하라고 명령했다.

숙청은 스탈린이 권좌에 오르기 한참 전에 시작되었다. 숙청은 당의 대오가 급속히 확대되면서 당 지도자들이 당내에 출세주의자와 '자기만 아는 사람들'이 넘쳐날 것을 우려했던 내전 시기에 기원이 있었다. 초기 숙청의 표적은 '갱생한 부르주아 분자', '쿨라크' 등 특정 사회 집단 전체였다. 노동 계급 출신의 볼셰비키는 숙청 회의에서 특별한 고발이 없는 한 정밀 조사를 면제받았다. 그러나 1920년대에는 숙청의 시행에서 점진적인 변화가 일어났으며 개별 볼셰비키의 사적 행동과 신념이 점차 강조되었다.

숙청에서 일어난 변화에 따라 당원들의 사적 생활에 대한 점검과 통제가 점점 더 정교해졌다. 입당 신청자는 당의 이데올로기에 대한 믿음을 증명해야 했다. 언제 당의 대의를 수용하게 되었는지가 크게 강조되었고, 내전에서 적군(赤軍)과 더불어 싸운 사람들만이 자신들의 헌신을 입증한 것으로 여겨졌다. 당원들은 일생에 걸쳐 정기적으로 간략한 자서전을 쓰거나 질문서(anketa)를 작성해야 했다. 질문서에는 사회적 배경, 교육과 경력, 정치 의식의 발전 과정을 상세히 적었다. 이 서류들은 본질적으로 당원들이 선택된 사람이 될 가치가 있음을 재확인하는 일종의 공적 고백이었다. 핵심은 자신들의 정치 의식이 전부 혁명과 당의 후견 덕분에 형성되었음을 보여주는 것이었다.[58]

레닌그라드 광산학교에서 일어난 비극적인 사건은 당이 당원의 사적 생활을 감독해야 한다는 주장을 뒷받침해주었다. 1926년 한 학생이 학교 기숙사에서 자살했다. 그 학생이 자살로 내몰린 것은 사실혼 관계에 있던 남자 친구의 잔인한 행동 때문이라는 것이 밝혀졌다. 콘스탄틴 코렌코프는 재판에 회부되지는 않았지만, "동지의 자살에 대한 도덕적 책임"을 근거로 콤소몰에서 쫓겨났다. 지역 당 조직의 통제위원회―일종의 지역 당 법정―는 이 결정이 너무 가혹하다고 생각하여 처벌을 무효로 돌리고 '엄한 견책과 경고'로 대체했다. 몇 주 뒤 코렌코프와 남동생은 광산학교 경리실을 강탈하면서 경리를 찔러 죽이고 그의 아내에게 상해를 입혔다. 이 사건을 당 윤리와 법을 책임진 기관인 중앙통제위원회*의 선임위원 소피야 스미도비치*가 분석했는데, 그녀는 '코렌코프주의'를 동지들의 윤리와 행동에 대한 무관심이 주요 증상인 '질병'으로 묘사했다.

내 동지의 사적 생활은 내가 알 바 아니다. 학생들의 집단체는 코렌코프가 문자 그대로 피를 흘리고 있는 아픈 부인을 어떻게 감금하는지를 지켜본다. 자, 그건 그의 사생활이야. 그는 그녀에게 저주를

중앙통제위원회(Central Control Commission) 1920~1934년 사이에 소련공산당 내에 존재했던 당 기관으로 당 행정과 규율을 감독하는 책임을 졌다. 1934년에 해산되면서 당 중앙위원회 산하의 당 통제위원회로 대체되었다.(역주)
스미도비치(Sof'ia Smidovich, 1872~1934) 소련의 당 관리. 루나차르스키와 결혼했으나 그가 죽은 후 모스크바의 볼셰비키 지도자 표트르 스미도비치와 결혼했다. 확고한 페미니스트로서 소련공산당 중앙위원회 산하 여성부인 제노트델(Zhenotdel)에서 알렉산드라 콜론타이, 이네사 아르망과 함께 활동했다.(역주)

퍼붓고 수치심을 일으키는 말을 늘어놓는다. 어느 누구도 개입하지 않는다. 더 있다. 코렌코프의 방에서 총소리가 울려 퍼지는데도 그의 방 한 층 아래에 있는 학생은 무슨 일이 벌어지고 있는지 알아볼 필요가 있다고 생각조차 하지 않는다. 그는 그것이 사적 문제라고 여긴다.

스미도비치는 상호 감시와 사적 생활에 대한 개입을 통해 구성원들 사이에 도덕적 기준을 강제하는 것이 집단체의 과제라고 주장했다. 스미도비치는 오직 이것만이 진정한 집단주의와 '공산주의 양심'을 기르는 길이라고 단언했다.[59]

스미도비치가 상정한 상호 감시와 고발 체제는 전적으로 1917년 혁명의 발명품은 아니었다. 고발은 몇백 년 동안 러시아 통치 방식의 일부였다. 권력을 남용한 관리를 처벌해 달라고 차르에게 청원하는 것은 (법정이나 다른 공공 기관이 없는 상황에서) '사악한 종복'으로부터 인민을 보호하는 '공정한 차르'라는 신화를 강화하면서 차르 체제에서 필수적인 역할을 했다. 러시아어 사전에서 '고발(donos)'이라는 단어는 이기적이고 사악한 행동이라기보다는 시민적 미덕('불법 행위의 폭로')으로 정의되었고, 이 정의는 1920년대와 1930년대에도 내내 유지되었다.[60]

그러나 소비에트 체제에서 고발 문화는 새로운 의미와 강도를 띠었다. 소비에트 시민들은 이웃, 동료, 친구와 심지어 친척에 대해서도 보고하도록 격려받았다. 경계는 모든 볼셰비키의 첫 번째 의무였다. "레닌은 우리에게 모든 당원은 체카 요원이 되어야 한다, 즉 감시하고 보고서를 써야 한다고 가르쳤다."고 중앙통제위원회 선임위원으로 승진한 세르게이 구세프는 주장했다.[61] 당원들은 동지의 사적인 견해나 행실이 당의 단결을 위협한다고 믿는다면 그 문제를 상부에 알리라는 지시를 받았다. 공장과 바라크에서는 당원 후보 명단을 당 세포 사무실 밖에 게시했다. 그런 뒤 집단체 구성원들에게 후보들의 개인적 약점(예를 들어 폭음이나 거친 행동)을 지적하는 고발장을 쓰도록 요청했다. 당 회의에서 그 내용을 논의할 것이었다. 사적인 대화를 보고하는 것은 점차 이러한 고발 관행의 일반적인 모습이 되었다. 일부 당 지도자들이 이런 행동의 도덕성에 의심을 표명하긴 했지만 말이다. 예컨대 1925년 제14차 당 대회에서는 사적인 대화를 보고하는 일이 그 대화가 '당의 단결'을 위협하는 것으로 간주되는 경우가 아니라면 일반적으로 눈살이 찌푸려지는 일이라는 결의가 이루어졌다.[62]

고발 요청은 1920년대에 발달한 숙청 문화에서 핵심이었다. 당과 국가의 여러 조직에서는 숙청 회의가 정기적으로 열렸는데, 회의에서 당원과 관료들은 서면과 구두 고발 형태로 제출된 일반인들의 비판에 답해야 했다. 이 회의들은 젊은 시절에 옐레나 본네르가 코민테른 숙소에서 참관했을 때 발견했듯이 지나치게 인신공격적인 방향으로 흐를 수 있었다.

그들은 아내들과 때때로 자녀들에 관해 물었다. 일부 사람들이 아내를 때리고 보드카를 많이 마시는 것으로 밝혀졌다. 바타냐(본네르의 할머니)가 거기 있었다면 점잖은 사람이라면 그런 질문은 하지 않을 거라고 말했을 것이다. 때때로 숙청당한 사람은 이제 아내를 때리지 않을 것이며 술도 마시지 않겠다고 말했다. 그들 중 많은 사람들이 자신들이 한 일을 두고 "다시는 그렇게 하지 않을 것"이며 "모든 것을 알아들었다"고 말했다. 당시 숙청 회의는 교무실에 불려 가는 것과 비슷했다. 선생님이 앉아 있다, 당신은 서 있다, 선생님이 당신을 나무란다, 다른 선생님들은 심술궂게 미소 짓는다, 그리고 당신은 재빨리 "알겠습니다.", "그러지 않겠습니다.", "물론 제가 나빴습니다."라고 말한다. 그러나 당신은 진짜로 그럴 마음이 없으며 단지 그곳을 빠져나와 휴식 시간에 다른 아이들과 어울리고 싶을 뿐이다. 하지만 이 사람들은 당신이 선생님 앞에서 느꼈던 것보다 더 초조했다. 그들 중 일부는 실제로 울고 있었다. 그들을 지켜보는 것은 불쾌한 일이었다. 각자의 숙청에 걸린 시간은 길었다. 어느 날 저녁에는 세 사람을 숙청했고, 때로는 단지 한 사람을 숙청했을 뿐이었다.[63]

볼셰비키의 사적 생활에서 어떤 것도 당 지도부의 시선과 견책에서 갈수록 더 벗어날 수 없게 되었다. 모든 구성원에게 집단체에서 자신의 내적 자아를 드러내기를 기대하는 이 공적 문화는 중국의 문화혁명 전까지는 볼셰비키에게만 있는 특이한 것이었다. 당의 규칙과 이데올로기를 고수하는 한 사적 생활이 허용된 나치즘이나 파시즘 운동에서도 찾아볼 수 없는 부분이었다. 사적 생활과 공적 생활의 구분을 볼셰비키는 확고하게 거부했다. "한 동지가 '내가 지금 하는 일은 사회가 아니라 나의 사적 생활과 관련 있다'고 말할 때 우리는 그것은 틀렸다고 말한다."라고 1924년에 한 볼셰비키는 썼다.[64] 당원의 사적 생활은 모든 것이 사회적이고 정치적인 문제였다. 당원이 한 일은 전부 당의 이해에 직접적인 영향을 주었다. 바로 이것이 '당의 단결'이 의미하는 바였다. 즉 개인과 당의 공적 생활이 완전히 융합한다는 것이다.

솔츠는 자신의 책《당 윤리》에서 당을 모든 볼셰비키가 동지들의 사적 동기와 행동을 면밀히 검토하고 비판하는 자기 단속적 집단체로 인식했다. 솔츠는 이런 식으로 개별 볼셰비키가 당의 눈을 통해 자기 자신을 알게 될 것이라고 상상했다. 그러나 실제로 이 상호 감시는 정반대 결과를 낳았다. 그것은 사람들로 하여금 자신의 진정한 자아를 비밀스런 사적 영역에 숨기면서 겉으로는 소비에트 이상에 순응하는 것처럼 스스로를 내보이도록 부추겼다. 이와 같은 위장이, 충성심을 **드러낼 것**을 요구하고 이의를 **드러내면** 처벌하는 소비에트 체제에 널리 퍼졌다. 비밀과 기만이 거의 모든 소련 사람들의 필수적인 생존 전략이 된 1930년대의 대숙청 시기에 완전히 새로운 유형의 개인과 사회가 생겨났다. 그러나 이러한 이중 생활은 1920년대의 주민 대다수, 특히 대중이 지켜보는 가운데 생활하는 당 가족과 사회적 배경이나 믿음 때문에 억압에 취약한 사람들에게는 이미 엄연한 현실이었다. 사람들은 자기 집에 숨어 다른 원칙에 따라 생활하면서 한편으로 가면을 쓰고 충성스러운 소비에트 시민의 역할을 수행하는 법을 배웠다.

이러한 사회에서 말을 하는 것은 위험을 감수하는 일이었다. 가족 간의 대화가 집 밖으로 흘러나가면 체포와 투옥을 부를 수 있었다. 위험의 근원은 주로 아이들이었다. 아이들은 원래 말하기를 좋아하는 데다 너무 어려서 자기들이 엿들은 대화의 정치적 의미를 이해할 수 없었다. 특히 놀이터에는 정보원들이 들끓었다. "우리는 입을 다물고 누구에게도 우리 가족에 관해 이야기하지 말라고 배웠다."라고 사라토프의 중간급 볼셰비키 관리의 딸은 회고한다.

우리 같은 아이들이 배워야 할 듣기와 말하기 규칙 같은 게 있었지요. 어른들이 속삭이는 것을 엿듣거나 몰래 말하는 것을 들었을 때, 우리는 그 내용을 어느 누구에게도 발설해서는 안 된다는 사실을 알았습니다. 심지어 어른들의 대화를 우리가 들었다는 사실을 어른들이 아는 것만으로도 곤경에 빠질 수 있었습니다. 때때로 어른들은 무슨 말을 하고는 우리에게 "벽에도 귀가 달려 있지", "입조심해" 같은 말을 하곤 했습니다. …… 그러나 우리는 보통 이 규칙을 본능적으로 알았습니다. 어느 누구도 말한 내용이 정치적으로 위험할 수도 있다고 설명해주지 않았지만 여하튼 우리는 그것을 알고 있었습니다.[65]

니나 야코블레바는 소비에트 체제에 침묵으로 저항하는 분위기에서 성장했다. 코스트로마의 귀족 가문 출신이었던 어머니는 내전 때 볼셰비키를 피해 도주한 이력이 있었다. 아버지는 사회주의자혁명가당*의 일원이었으며, 1921년 탐보프 주에서 볼셰비키에 반대하여 일어난 대규모 농민 반란에 참여한 후 투옥된 적이 있었다. (그는 감옥을 탈출하여 레닌그라드로 도망쳤으나 1926년에 다시 체포되어 5년형을 선고받고 수즈달 특별 격리 수용소에 수감되었다.) 1920년대에 성장한 니나는 학교에서 친구들에게 아버지 이야기를 해서는 안 된다는 것을 본능적으로 알았다. "어머니는 정치에 관해 노골적으로 침묵했다."고 니나는 회고한다. "어머니는 정치 문제에 관심이 없다고 했다." 이 침묵으로부터 니나는 입을 다무는 법을 배웠다. "어느 누구도 무엇을 말할 수 있는지 특정한 규칙을 정하지는 않았으나, 전반적으로 우리 가족들 사이에는 아버지 이야기를 해서는 안 된다는 것을 분명히 해주는 분위기가 있었다." 또 니나는 직계가족이 아닌 모든 사람을 불신하는 법도 배웠다. "저는 어느 누구도 사랑하지 않아요. 엄마, 아빠, 류바 아주머니만 사랑해요."라고 니나는 1926년에 아버지

---

* 사회주의자혁명가당(SR)은 1917년 러시아에서 가장 큰 정당이었다. 그들은 농민들의 지지를 끌어내면서 제헌의회에서 다수파가 되었으나, 1918년 1월 볼셰비키는 이 제헌의회를 해산했다.

에게 썼다. "저는 우리 가족만 사랑해요. 다른 사람은 아무도 사랑하지 않아요."[66]

갈리나 아다신스카야는 1921년에 적극적인 반대파의 가정에서 태어났다. 아버지는 사회주의자혁명가당 당원이었고, 어머니와 할머니는 멘셰비키였다(세 사람 모두 1929년에 체포되었다). 과거 사회주의자혁명가당 당원과 멘셰비키가 정부에서 일하는 것이 여전히 가능했던 1920년대에 갈리나의 부모는 이중 생활을 했다. 아버지는 신경제정책에서 장려한 협동조합 행정 기관에서 일했고 어머니는 상업인민위원부에서 일했으나, 개인적으로는 둘 다 과거의 정치적 견해를 버리지 않았다. 갈리나는 부모의 비밀스런 정치 영역을 알지 못하도록 보호받고 배제되었다. 갈리나는 '소비에트 어린이'가 되도록 양육되었다(그녀는 피오네르단과 콤소몰에 가입했다). "정치는 부모님이 일하거나 글을 쓸 때 하는 어떤 것이었다. 그러나 집에서 부모님은 그런 것에 대해 전혀 말을 하지 않았다. …… 부모님은 정치를 더러운 일로 생각했다."[67]

니나와 갈리나가 자란 가정은 극단적인 사례일 수 있으나, 그들이 본능적으로 배운 침묵의 규칙은 많은 가족들이 지키는 것이었다. 폴란드 귀족의 딸로서 교회에 간 일 때문에 피오네르단에서 쫓겨났던 소피야 오젬블로프스카야는 민스크 인근 마을에 있는 목조 가옥의 앞부분 절반에서 가족과 함께 살았다. "집에서 우리는 정치나 그와 같은 것에 대해 절대 이야기하지 않았다."고 그녀는 기억한다. "아버지는 항상 말했다. '벽에도 귀가 달려 있지.' 한번은 아버지가 벽에 유리잔을 대고 귀를 기울이고는 이웃의 대화를 어떻게 들을 수 있는지 우리에게 보여주기까지 했다. 그것을 보고 우리는 이해했다. 그때부터 우리도 이웃들을 무서워했다."[68]

테튜예프 가족(체르딘, 1927년). 혁명 이전의 성직자로서 소비에트 체제의 억압을 받은 알렉산드르의 딸 류보피(사진 중앙의 어린 소녀, 4세)는 1920년대에 가족을 지배한 침묵의 규칙을 또렷이 기억한다. 곳곳에 감시의 눈이 있었기에 아이들은 "속삭이는 집안에서 자랐다."

류보피(류바) 테튜예바는 1923년 우랄 지방의 소도시인 체르딘에서 태어났다. 정교 성직자였던 아버지 알렉산드르 테튜예프는 1922년에 체포되어 거의 1년 동안 감옥 생활을 했다. 석방 후 그는 정보원이 되어 교구민들에 대해 보고서를 쓰라는 오게페우(OGPU, 합동국가정치부. 1923년 11월에 게페우를 개편해 만든 조직으로서 정치경찰 역할을 했다)의 압력을 받았으나 거부했다. 체르딘 소비에트는 테튜예프 가족에게서 시민권을 빼앗고, 1929년 배급제가 도입되었을 때는 배급표를 박탈했다.* 알렉산드르의 교회는, 정교 전례의 간소화를 도모하고 소비에트 체제의 지지를 받은 교회 개혁가들인 '혁신주의자들'(오브노블렌치*)이 접수했다. 그 직후 알렉산드르는 (오브노블렌치

---

* 테튜예프 가족은 리센치(lishentsy, 문자 그대로 '시민권을 박탈당한 사람들'을 의미한다)였는데, 이들은 시민권과 선거권을 박탈당한 사람들, 주로 과거의 지식인, 프티부르주아, 성직자 출신들로 이루어진 부류다. 1920년대 동안 많은 리센치 가족들이 학교와 국영주택을 이용할 수 없거나 배급표를 박탈당하는 등 볼셰비키에 의해 점점 강도 높은 차별을 받았다.

에 합류하기를 거부함으로써) '신자들 사이에 불화'의 씨앗을 뿌린다고 그를 비난한 오브노블렌치의 고발에 따라 두 번째로 체포되었다. 체르딘 박물관에서 도서관 목록 작업을 하던 류보피의 어머니는 해고당했고, 두 오빠 중 큰오빠도 학교와 콤소몰에서 쫓겨났다. 학교 교사인 류보피 언니의 소득이 전부였다. 류보피는 다음과 같이 회고한다.

(1920년대에) 부모님은 뭔가 중요한 것을 말할 때는 언제나 집 밖으로 나가 소곤거리곤 했다. 때때로 부모님은 안마당에서 할머니와 이야기하곤 했다. 아이들 앞에서는 그런 대화를 절대 하지 않았다. 절대로 말이다. …… 부모님은 소비에트 정권에 관해 논쟁을 한다거나—비판할 것이 많았는데도—비판적으로 말한 적이 한 번도 없었다. 우리가 들을 수 있었던 어떤 경우에도 말이다. 어머니가 우리에게 유일하게 한 말은 이런 말이었다. "말을 많이 하지 마라, 재잘거리지 마라. 적게 들을수록 좋다." 우리는 속삭이는 사람들의 집에서 자랐다.[69]

러시아인 할머니, 소련인 손녀

많은 가족들이 1920년대에 세대 간 분열이 심화되는 것을 경험했다. 연장자가 지배하는 가정의 사적 영역에서는 구사회의 관습과 습관이 여전히 우세했지만, 젊은이들은 학교와 피오네르단과 콤소몰에서 점점 더 선전의 영향력에 노출되었다. 이런 상황에서 구세대는 도

오브노블렌치(obnovlentsy) '살아 있는 교회'라고도 한다. 1917년 10월혁명과 내전 이후 러시아 정교 내에서 혁신을 꾀하던 그룹 중 하나다. 1922년에 조직되어 지도자 알렉산드르 베덴스키(Aleksandr Vvedensky)가 사망한 1946년까지 존속했다. 변화된 정치적 조건에 맞게 교회를 개혁하려 했으며, 소비에트 정부에 충성을 맹세했다.(역주)

덕적 딜레마에 빠졌다. 그들은 한편으로 가족의 전통과 믿음을 자녀들에게 전해주고 싶었고, 다른 한편으로 자녀들을 소비에트 시민으로 길러야 했다.

조부모는 대부분의 가족에서 전통적인 가치의 주요 전달자였다. 특히 할머니가 가족 내에서 특별한 역할을 했다. 부모가 둘 다 일할 경우에는 할머니가 아이 양육과 가정 경영에서 주된 책임을 졌고, 어머니가 시간제로 일하는 경우에는 중요한 보조 역할을 맡았다. 시인 블라디미르 코르닐로프(Vladimir Kornilov, 1928~2002)의 말을 빌리면, "우리 시대에 어머니는 없었던 것 같구나./ 오직 할머니만 있었을 뿐이네."[70] 손자 손녀들은 할머니의 영향력을 다양한 방식으로 느꼈다. 할머니는 가정을 꾸려 나가면서 아이의 태도와 습관에 직접 영향을 끼쳤다. 할머니는 아이들에게 '옛 시절'(1917년 이전)에 관한 이야기를 들려주었고, 그 이야기는 곧 소련 역사에 대한 준거점이나 평형추로 작용하면서 아이들이 학교에서 받은 선전에 의문을 품게 했다. 할머니는 아이들에게 학교에서는 거의 읽지 않는 혁명 전 러시아 문학을 읽어주거나 극장, 미술관, 연주회장에 데려감으로써 19세기의 문화적 가치를 존속시켰다.[71]

옐레나 본네르는 할머니 손에서 자랐다. "엄마가 아니라 할머니가 내 생활의 중심이었다."라고 그녀는 나중에 썼다. 당 활동가인 어머니와 아버지는 종종 옐레나의 집에서 없는 존재였다. 할머니와의 관계에서 옐레나는 간절히 바랐으나 부모로부터는 받지 못했던 사랑과 애정을 발견했다. 할머니는 어머니와 아버지가 옐레나에게 미치는 소비에트 영향력에 맞서 균형을 잡아주는 도덕적 평형추를 제공했다. 아이로서 옐레나는 할머니—"조용하고 도도한 태도"를 지닌 뚱뚱하지만 "놀랄 정도로 아름다운" 여자—가 부모가 사는 소비에트 세계와는 다른 세계에 살고 있음을 깨달았다.

바타냐(할머니의 이름)의 친구와 지인들은 바타냐와 손주들을 빼고 모두가 당원인 우리 건물에 거의 오지 않았다. 그러나 나는 종종 바타냐와 함께 그들을 방문했다. 나는 그들이 다르게 사는 것을 보았다. 그들은 접시도 달랐고, 가구도 달랐다. (우리 집에서는 바타냐만이 보통 가구와 멋진 물건을 몇 가지 갖고 있는 유일한 사람이었다.) 그들은 모든 것에 대해 다르게 말했다. 나는 그들이 다른 종류의 사람들이라고 느꼈다(이러한 인상은 전적으로 아빠와 엄마한테서 왔다). 내가 말할 수 없었던 것은 그들이 더 나쁜지 아니면 더 좋은지 여부였다.

바타냐가 지닌 보수적인 도덕적 관점은 유대계 러시아인 부르주아의 세계에 뿌리를 두고 있었다. 그녀는 열심히 일했으며, 엄격하면서도 다정했고, 전적으로 가족에게 헌신하는 사람이었다. 1920년대에 바타냐는 레닌그라드 세관 사무실의 회계원, 즉 '전문가(spets)'—크게 비웃음을 당하는 존재였지만 사회에 여전히 필요했던 '부르주아' 숙련가와 기술자 계급—로 일했다. 바타냐는 '당 상한제'를 적용받던 엘레나의 부모보다 많이 벌었다. 바타냐는 엘레나의 부모가 가정에 강요하던 '소비에트 체제'와 끊임없이 벌어지는 갈등의 원천이던, 돈과 가사에 대해 옛날식의 검소한 태도를 지녔다. 그녀는 책을 이것저것 많이 읽었으나 "동시대의 문학은 고집스레 읽지 않으려 했고" '원칙적으로' 영화관에 가지 않았다. 현대 세계에 대한 바타냐의 경멸을 보여주는 행동이었다. 바타냐는 "새로운 질서를 경멸할 뿐"이었고, 당 지도자들을 얕보듯 말했으며, 딸이 지나친 볼셰비키 독재를 하고 있다고 나무랐다. 그녀는 진짜 화가 나면 다음과 같은

바타냐 본네르와 손주들(모스크바, 1929년). 할머니 손에서 자란 옐레나 본네르(왼쪽에서 두 번째)처럼, 1920년대 볼셰비키 가정에서는 조부모가 아이를 양육하곤 했다. 할머니들은 아이들에게 볼셰비키의 가치와 전혀 다른 혁명 전 전통과 문화를 전해주었다.

말로 입을 떼곤 했다. "너네들의 혁명 전에는 …… 했다는 것을 일깨워주고 싶구나." 소비에트 정부가 정교 전례력에서 가장 화려한 참회의 사흘* 축일을 금지한 후, 모든 옛 관습에 호의적이었던 바타냐는 손녀에게 말했다. "글쎄다, 이렇게 된 건 네 엄마, 아빠 덕분일 게다." 당연히 옐레나는 가족 내에서 일어나는 가치의 충돌에 혼란스러워했다. 인터뷰에서 "우리의 교육 문제를 두고 엄청난 갈등이 있었습니다."라고 옐레나는 옛일을 떠올렸다.

할머니는 나를 위해 '어린이 황금 도서관'에서 온갖 시시껄렁한 책을 빌려오곤 했습니다. 엄마는 할머니에게 감히 어떤 말도 하지 못했지만, 못마땅한 듯 입을 비쭉거리곤 했지요. 엄마는 다른 책들, 예를

참회의 사흘(Shrovetide) 재의 수요일 전의 일 · 월 · 화요일의 3일간을 가리킨다.(역주)

들어 파벨 코르차긴*을 집으로 가져왔습니다. 엄마는 원고 상태의 책
도 가져왔는데, 나는 그것도 읽었습니다. 나는 내가 어떤 유형의 책을
더 좋아하는지 몰랐습니다.

옐레나는 할머니를 사랑했고 "세상 누구보다도 더" 존경했다. 하
지만 당연히 그녀는 부모와 부모의 세계에 동질감을 느끼고 싶었다.
"나는 항상 아빠와 엄마의 친구들을 나와 같은 부류의 사람으로, 바
타냐를 이방인으로 인식했다. 본질적으로 나는 이미 당에 속해 있었
다."[72]

아나톨리 골로브냐(Anatoly Golovnia, 1900~1982)는 1920년대와
1930년대에 프세볼로트 푸도프킨(Vsevolod Pudovkin, 1893~1953)의
영화 대부분을 찍은 촬영기사였다. 그의 모스크바 집에서 어머니 리
디야 이바노브나는 지배적인 영향력을 행사했다. 오데사 출신의 그
리스인 상인 가정에서 태어난 아나톨리의 어머니는 스몰니 학교에서
교육을 받았고, 그곳에서 러시아 귀족의 세련된 태도와 습관을 익혔
다. 리디야는 '러시아식 빅토리아' 매너로 엄격한 규율에 따라 골로
브냐 집안을 돌보면서, 식구들에게 이 관습을 전해주었다. 리디야는,
첼랴빈스크의 빈농 가족 출신으로서 모스크바에 온 아름다운 영화
배우인 아나톨리의 아내 류바의 '상스러운' 매너를 경멸했다. 리디야
는 비싼 옷과 가구를 좋아하는 류바의 취향이 '새로운 소비에트 부
르주아' 즉 관료층으로 지위가 올라간 농민과 노동자 계급의 물적
욕망을 반영한다고 생각했다. 류바가 물건을 마구 사들이고 집으로

---

* 소비에트 권력의 확립과 콤소몰 활동가인 파벨 코르차긴의 영웅적 삶을 그린 니콜라
이 오스트로프스키(Nikolai Ostrovsky)의 《강철은 어떻게 단련되었는가》(1932~1934)는
1930년대와 1940년대의 많은 소련 아이들에게 영감을 불어넣었다.

돌아온 후 벌어진 열띤 논쟁에서 리디야는 류바가 '혁명의 추한 면'을 대표한다고 말했다. 리디야 자신은 취향이 단순했다. 리디야는 분갑과 안경을 넣고 다니는 깊은 호주머니가 있는, 똑같은 모양의 검은색 긴 드레스를 항상 입었다. 내전 말기에 러시아 동남부와 우크라이나 전역을 휩쓴 기근에서 살아남은 리디야는, 아들의 벌이가 며느리 류바의 자매와 손녀 옥사나를 포함한 식구들을 먹여 살리기에 넉넉했는데도 기아를 두려워하며 살았다. 리디야는 작은 공책에 매끼 식사 계획을 세웠는데, 거기에는 사야 할 생필품의 양이 정확하게 적혀 있었다. 그녀는 트베르스카야 거리의 고급스런 '필리포프스키 빵집'과 '옐리세예프' 같은 제일 좋아하는 상점이 있었는데, 이 상점들에서 "시원한 토마토 주스 한 잔을 마시는 사치를 부리곤 했다." 옥사나는 어린 시절을 되돌아보며 1985년에 이렇게 썼다.

할머니는 매우 품위 있고 단정한 분이었다. 그녀는 일종의 도덕주의자, 혹은 '가르치는 사람' 같았다. 할머니는 항상 '바른 일'을 하고자 했다. 나는 할머니가 확신에 찬 볼셰비키였던 아버지에게 종종 어떤 식으로 말하곤 했는지를 기억한다. "네가 나처럼 했다면, 너는 너의 공산주의를 오래 전에 건설했을 거야." 할머니는 자신이 하는 말을 겁내지 않았고 생각하는 바나 행한 바를 아무것도 숨기지 않았다. 할머니는 겉치레나 기만, 두려움 없이 자기 생각을 명확하고 큰 소리로 말해야 한다고 믿었다. 할머니는 종종 나에게 말했다. "소곤대지 마라, 그건 무례한 짓이야!"** 지금 나는 할머니가 손녀에게 도덕적 모

** 1924년 로마에서 태어나 그곳에서 자란 옐레나 볼콘스카야는 어머니가 같은 문구를 쓴 것을 기억한다. 1893년에 태어난 옐레나의 어머니는 1906~1911년에 러시아 총리를 역임한 표트르 스톨리핀(Pyotr Stolypin, 1862~1911)의 딸로서 스몰니 학교 졸업생이었다.(2006년 7월 토스카나 지방의 체토나에서 옐레나 볼콘스카야와 한 인터뷰)

범을 제시하기 위해—올바르게 행동하는 법을 보여주려고—이런 식
으로 행동했음을 깨닫는다. 고맙습니다, 할머니![73]

할머니는 종교적 믿음의 주요 실행자이자 수호자이기도 했다. 때
때로 부모에게 알리거나 동의도 받지 않고 아이들을 세례를 받게 하
거나 교회에 데려가 종교적 관습과 믿음을 전해주는 이는 거의 언제
나 할머니였다. 부모의 경우, 자신들은 종교적 믿음을 간직하고 있더
라도 아이들이 학교에서 신앙심을 드러냈다가 가족에게 재앙이 닥칠
수도 있다는 두려움 때문에 믿음을 아이들에게 전달하는 데 덜 적극
적이었을 것이다. "할머니는 아버지와 어머니가 격렬하게 반대했는
데도 나에게 세례를 받게 했습니다."라고 레닌그라드 근처 콜피노의
공장 노동자 가정에서 태어난 블라디미르 포민은 말했다. "세례는
어느 시골 교회에서 비밀리에 받았습니다. 부모님은 자식이 세례받
은 사실이 알려지면 공장에서 쫓겨날까 두려워했습니다."[74]

할머니의 종교적 믿음 때문에 아이가 학교의 이데올로기 체계와
충돌하는 경우도 있었다. 1918년 트빌리시의 부유한 엔지니어 가정
에서 태어난 예브게니야 예반굴로바는 어린 시절의 많은 시간을 리
빈스크의 조부모와 함께 보냈다. 소련광산협회 광산주임이던 아버지
파벨이 자주 시베리아로 출장을 떠났고 모스크바에서 공부하던 어
머니 니나는 아이를 돌볼 수 없었기 때문이다. 신앙심이 두터운 상인
의 아내였으며 구식이었던 할머니는 예브게니야의 양육에 큰 영향을
끼쳤다. 할머니는 예브게니야가 등교한 첫날 블라우스 밑에 걸도록
작은 십자가를 주었다. 학교에서 몇몇 남자아이들이 십자가를 발견
하고는 놀렸다. "예브게니야는 신을 믿는대요!" 남자아이들은 손가
락질을 하고 소리를 쳤다. 예브게니야는 이 사건으로 큰 상처를 받고

내성적인 아이가 되었다. 그녀는 피오네르단에 가입하라는 권유를 받았을 때 거부했는데, 그것은 또래 아이들 사이에서는 보기 힘든 행동이었다. 나중에 예브게니야는 콤소몰에 가입하는 것도 거부했다.[75]

보리스 가브릴로프는 1921년에 태어났다. 아버지는 레닌그라드 근교 산업 지역의 공장 경영자이자 고위 당원이고, 어머니는 교사였다. 보리스는 부유한 상아(象牙) 상인의 미망인이었던 외할머니 손에서 자랐는데, 외할머니의 종교적 믿음은 그에게 지속적으로 영향을 끼쳤다.

할머니는 방이 따로 있었는데―우리는 방이 다섯 개였습니다.―그 방은 벽이 온통 종교적인 그림들로 뒤덮였고 봉헌 등으로 둘러싸인 큰 성화상(icon)들이 있었습니다. 그 방은 집에서 아버지가 성화와 성상을 허락한 유일한 방이었어요. 할머니는 교회에 다녔는데, 아버지에게 알리지도 않고 나를 데리고 갔습니다. 나는 시간이 오래 걸리기는 했지만 부활절 미사를 좋아했습니다. …… 교회는 할머니의 유일한 즐거움이었고―할머니는 극장이나 영화관에 가지 않았습니다.―할머니가 읽는 것은 모두 종교 서적이었습니다. 그 책들로 나는 읽기를 배웠습니다. 어머니도 신앙이 있었지만 교회에 나가지는 않았어요. 어머니는 시간이 없었고, 무엇보다 아버지가 허락하지 않았을 것입니다. 나는 학교에서 무신론자가 되라는 가르침을 받았습니다. 그러나 나는 교회의 아름다움에 더 이끌렸어요. 할머니가 (1934년에) 돌아가시고 부모님이 이혼을 한 뒤 어머니는 나에게 교회에 계속 다니라고 격려해주셨습니다. 때때로 나는 성찬식을 했고 고해도 했어요. 나는 자신이 특별히 종교적이라고 여기지는 않았지만 항상 십자가를 걸고 다녔습니다. 물론 학교에서나 (1941년에) 군대에 입대했을 때는 내 종

교에 대해 한마디도 하지 않았습니다. 그런 것은 숨겨야 했습니다.[76]

집과 학교의 분열은 많은 가족들 안에서 분란을 일으켰다. 아이들은 부모가 말하는 것과 교사들에게 배우는 것 사이의 모순 때문에 종종 혼란스러웠다. "집에서 듣는 것과 학교에서 듣는 것이 완전히 딴판이다. 어느 것이 가장 좋은 것인지 모르겠다."라고 1926년에 한 학생이 썼다. 종교는 특히 헷갈리는 문제였다. 한 여학생은 "두 힘 사이에서 찢기는" 느낌이 든다고 말했다. 학교에서는 "신은 없다."고 배웠지만 "집에서는 할머니께서 신이 존재한다고 말씀하신다." 종교 문제는 특히 교사들이 아이들에게 연장자들의 믿음과 권위에 도전하도록 부추기는 농촌에서 젊은이들과 노인들을 갈라놓았다. "차를 마시면서 나는 신의 존재를 두고 어머니와 논쟁을 벌였다."라고 한 농촌 남학생이 1926년에 썼다. "어머니는 소비에트 정권이 종교와 싸우고 성직자들을 탄압하는 것은 잘못된 일이라고 말했다. 그러나 나는 '아뇨, 엄마, 엄마가 틀렸어요. 소비에트 정권이 옳아요. 성직자는 거짓말쟁이예요.'라고 어머니에게 확신을 품고 말했다."

아이들은 일단 피오네르단에 가입하면 더욱 확신을 지니게 되었다. 아이들은 스스로를 후진적인 과거의 인습을 일소하는 데 전념하는 운동의 구성원으로 의식했다. "사순절의 어느 날 학교에서 집으로 돌아왔을 때 할머니께서 나에게 차와 함께 먹으라고 그냥 감자만 주셨다."라고 한 피오네르가 썼다. "나는 불평했고 할머니는 말씀하셨다. '화내지 마라, 사순절 금식 기간이 아직 지나지 않았단다.' 하지만 나는 이렇게 대답했다. '할머니는 그러시겠죠, 나이가 드셨으니까요. 하지만 우리는 피오네르단이고, 이런 의례를 인정할 필요가 없어요.'" 이러한 단정적인 태도는 전투적 무신론이 '진보적' 정치 의식

의 표시이자 거의 회원 자격의 전제조건으로 여겨진 콤소몰에서 훨씬 더 두드러졌다.[77]

부모는 자녀들에게 신에 관해 어떻게 말해야 할지 매우 신중하게 선택해야 했으며, 종종 자신들은 종교적 성향을 지니고 있다 하더라도 자녀들은 종교적으로 훈육하지 않겠다는 결정을 의식적으로 내리곤 했다. 부모는 자녀들이 성공하려면 소비에트 문화에 적응할 필요가 있다는 점을 인식했다. 이러한 타협은 아이의 꿈을 실현하는 길이 국가의 승인에 달려 있다는 것을 이해하는 전문직 종사자들의 가정에서 특히 공통적으로 나타났다. 건축가의 아들이었던 한 엔지니어는 자신의 부모가 혁명 전에 신을 믿고 조부모가 가르친 원칙에 따르도록 배우며 자랐다고 회상한다. 그러나 그 자신은 다른 원칙을 존중하도록 길러졌다. 그는 그 자신의 표현에 따르면 "예의 바르게", "그리고 자신에게 주어진 모든 사회적 요구에 부응하도록" 배우며 자랐다. 모스크바에 살았던 부부 사서인 표트르 사치코프와 마리야 사치코바의 가정에서도 비슷한 상황이 조성되었다. 비록 그들은 신앙심이 깊었고 항상 교회에 다녔지만, 세 딸은 신을 믿도록 교육하지 않았다. 딸들 중 한 명은 이렇게 회고했다.

우리 부모는 이런 식으로 생각했다. '일단 종교가 금지된 마당에 아이들에게 종교에 관해 말하지 않을 것이다.' 우리는 부모님이 성장한 사회와는 딴판인 사회에서 살아야 할 것이기 때문이었다. 부모님은 우리가 피오네르단이나 콤소몰에 가입해야 할 경우 이중 생활을 하도록 만들고 싶지 않았던 것이다.[78]

많은 가족들이 이중 생활을 했다. 그들은 5월 1일과 11월 7일(혁명기념일) 같은 소련 국경일을 축하했고 정권의 무신론 이데올로기를 따랐지만, 집에서는 여전히 숨어서 종교적 신념을 지켰다. 예카테리나 올리츠카야는 사회주의자혁명가당 소속이었다. 1920년대에 그녀는 랴잔으로 추방되었고, 전직 철도 노동자의 미망인인 한 노파와 종이 공장에서 일하는 콤소몰 회원인 노파의 딸과 같이 살게 되었다. 노파는 신앙이 매우 독실했으나 딸의 고집으로 성화상을 집 뒷방의 커튼 뒤에 숨겨놓은 비밀 찬장 안에 간직했다. 딸은 집에 성화상이 있다는 사실을 콤소몰에서 알면 공장에서 해고될 거라고 걱정했다. "일요일과 큰 축일 때마다 그들은 저녁에 커튼을 치고 봉헌한 등에 불을 밝히곤 했다."라고 올리츠카야는 썼다. "그들은 보통 문을 걸어 잠갔는지 확인하곤 했다."

안토니나 코스티코바는 비슷한 비밀을 간직한 가정에서 성장했다. 아버지는 1922년부터 1928년까지 사라토프 주의 마을 소비에트 농민 의장이었으나 개인적으로 정교 신앙을 유지했다. "부모님은 매우 종교적이었다."라고 안토니나는 회고했다. "부모님은 기도문을 빠짐없이 알았다. 아버지는 특히 독실했으나, 집에서 밤이 아니면 종교에 관해 거의 이야기하지 않았다. 아버지는 자신이 기도하는 모습을 우리(세 자녀)가 절대 보지 못하도록 했다. 아버지는 학교에서 신에 관해 가르쳐주는 것을 배워야 한다고 우리에게 말했다." 순박한 농민이었던 안토니나의 어머니는 탁자 서랍 안 칸막이에 성화를 숨겨놓았는데, 안토니나는 1970년대에 어머니가 사망했을 때에야 그것을 발견했다.[79]

심지어 당 가족들 사이에서도 종교적 의례를 비밀리에 거행하는 일이 있었다. 실제로 1925년에 당에서 축출된 당원의 거의 절반이 종교 행사 때문에 숙청되었음을 밝히는 중앙통제위원회의 보고로 판단

레닌그라드의 푸르세이 가족이 고용한 농촌 출신 유모. 도시의 볼셰비키 가정에서는 바쁜 부모를 대신해 아이를 돌볼 유모를 고용하는 경우가 많았다. 특히 1928년 이후에는 많은 농민이 농업 집단화를 피해 도시로 유입되면서 농촌 출신 유모가 무한정 공급되었다.

해보면, 이런 일은 다반사였다. 그리스도가 공산주의 이상과 나란히 존재하고, 레닌의 초상화가 거실의 '붉은' 코너 또는 '신성한' 코너에서 가족의 성화상들과 함께 전시되어 있는 당 가정이 많았다.[80]

소련 가속 내에서 전통석인 러시아석 가지의 노 나른 선날사인 유모는 자연스럽게 할머니의 동맹자가 되었다. 많은 도시 가족들이 유모를 고용했는데 부모가 모두 일하는 경우가 많았기 때문이었다. 특히 1928년 이후 수많은 농민이 집단화를 피해 도시로 흘러들면서 농촌 출신 유모들이 거의 무한정으로 공급되었다. 그리고 그들은 농민들의 관습과 믿음도 함께 가져왔다.

사실상 모든 볼셰비키가 아이들을 돌봐줄 유모를 고용했다. 대부분의 여성 당원들이 일하러 나가는 상황에서, 적어도 국가가 보편적인 보육을 제공할 때까지는 실질적으로 필요한 일이었다. 많은 당 가족의 가정에서 유모는 가정의 지배적인 소비에트적 태도의 반대편에 놓인 도덕적 평형추 역할을 했다. 역설적이게도 제일 지위가 높은 볼셰비키가 대체로 반동적 견해를 지닌 가장 비싼 유모를 고용하는 경향이 있었다. 예를 들어 본네르 가족은 발트 독일인으로서 자녀들에게 '좋은 매너'를 가르친, 상트페테르부르크의 셰레메테프 백작 집에서 일한 적이 있는 유모(할머니 바타냐의 오랜 지주 친구들의 지인)와 심지어 한때 제국 황실에서 일하기도 했던 유모를 포함해 여러 명의 유모를 두었다.[81]

유모들은 가족 생활에 깊은 영향을 끼칠 수 있었다. 예를 들어 당 활동가들인 안나 카르피츠카야와 표트르 니조프체프의 레닌그라드 가정에는 농민 출신 유모 마샤가 있었는데, 독실한 고의식파*인 마샤는 집에서 종교 의례를 지켰다. 마샤는 자신의 식판과 나이프, 포크를 두고 따로 식사했고, 매일 아침과 저녁에 자기 방에서 기도했으며, 아이들을 정교한 종교 의식에 참여시켰다. 또 마샤는 약초 요법을 이용해 다양한 질환에 걸린 아이들을 치료하면서, 러시아 북부 농촌의 고향 마을에서 그랬듯이 치료사 역할도 했다. 마샤는 친절하고 아이들을 잘 돌봐주었기 때문에 고용주들의 호의를 샀고 그 덕분에 소비에트 당국이 종교 활동가들을 추적할 때 보호를 받았다. 그녀의 존재는 이 집안을 지배하고 있던 보기 드문 자유주의적 분위기에 일조했다. "우리는 가족 안에 고의식파가 있는 것이 이상하다고 생각

---

* 러시아 정교 의례는 1650년대의 교회 개혁으로 그리스 정교 전례에 더욱 가깝게 바뀌었다. 고의식파(Old Believer)는 러시아 정교 의례를 고수한 추종자들을 가리킨다.

하지 않았다."고 안나의 딸 마르크세나는 회상했다. "우리 집에는 당시 다른 당 가정에서 보이는 전투적 무신론의 흔적이 전혀 없었다. 우리는 자신은 무신론자라 하더라도 모든 종교와 믿음을 관대하게 보도록 배웠다."[82]

인나 가이스테르는 소비에트 공적 가치의 반대편에 있던 유모의 가치관에 큰 영향을 받은 또 다른 볼셰비키 자녀였다. 아버지 아론 가이스테르*는 고스플란(국가계획위원회)*의 고위급 경제학자였다. 어머니 라힐 카플란은 중공업인민위원부에서 일한 경제학자였다. 부모는 둘 다 차르 시대에 유대인들이 강제로 거주해야 했던 러시아 제국 남서부 구석에 있는 유대인 거주 허용 지역의 노동자 가족 출신이었다. 부부는 벨라루스의 소도시인 고멜에서 만나 1920년 모스크바의 공동 아파트로 이주했다. 아론은 적색교수대학에서 공부했고 라힐은 섬유노동자조합에서 일했다. 많은 소련 유대인들이 그랬듯 가이스테르 가족은 산업화 프로그램이 소련에서 모든 후진성과 불평등과 착취를 끝내줄 것이라고 믿고 거기에 희망을 걸었다. 1925년 첫째인 인나가 태어난 지 두 달 후 그들은 유모 나타샤를 고용했다. 나타샤 오프친니코바는 모스크바 남쪽 랴잔 주의 농민 가족 출신이었다. 그녀의 집은 작은 가족 농장이었는데 내전기에 볼셰비키가 집행한 곡물 징발로 황폐화되었다. 1921년의 기근* 때 나타샤는 수도로

가이스테르(Aron Gaister, 1899~1937) 소련의 관리, 경제학자, 농업 전문가. 고스플란 부의장, 농업인민위원부 부인민위원을 역임했다. 1937년 6월에 체포되어 그해 10월에 총살당했다.(역주)

고스플란(Gosplan) 고스플란은 러시아어 Gosudarstvennyi planovyi komitet의 약어다. 1921년에 설치되어 경제 계획을 책임졌고, 5개년 계획을 입안하는 임무를 맡았다.(역주)

1921년의 기근 포볼지예(Povolzhye) 기근이라고도 알려져 있다. 1921년 초봄에 시작해 1922년까지 지속되었는데, 볼가–우랄 지역에 가장 극심한 피해를 입혔다. 사망자는 5백만 명으로 추산된다.(역주)

1920년대 소련 정부의 고위 관리였던 아론 가이스테르가 고용한 유모 나타샤 오프친니코바. 아론의 딸 인나는 유모를 통해 종교와 가난한 사람들의 삶을 처음으로 알게 되었다.

피신했다. 그녀는 자기 가족에 관해 거의 말을 하지 않았다. 그러나 인나는 겨우 여덟이나 아홉 살밖에 안 되었을 때 이미 유모가 성장한 세계는 자기 부모가 사는 세계와 완전히 딴판이라는 것을 깨달았다. 인나는 나타샤가 교회에서 어떻게 기도하는지 눈치챘다. 그녀는 유모가 자기 방에서 우는 소리를 들었다. 유모는 랴잔에서 온 친척들—그들도 수도로 올라와 비좁은 바라크에서 불법 이주자로 살아가고 있었다.—을 방문하면서 인나를 데려갔고, 그때 인나는 그들이 얼마나 가난한지를 보았다. 인나는 같이 즐겁게 놀았던 나타샤의 조카딸이 신발이 없는 것을 알고는 자기 신발을 가져다주었고, 그 후 부모가 물었을 때 신발을 잃어버렸다고 거짓말했다. 너무 어려서 정치적 질문을 할 수는 없었지만, 인나는 나타샤와 나타샤 가족과 무언의 동맹을 맺었다.[83]

이 유모들이 도시로 이주하기 전에 생활했던 농민 세계는 대체로 가부장적인 가족의 전통이 지배했다. 1926년에 농민은 소련 인구의 약 82퍼센트를 차지했다. 1억 2천만 명(총 인구 1억 4700만 명 중에서)이 소련 전역의 613,000개 촌락과 벽촌 마을에 흩어져 살았다.[84] 농민들이 가족 농장에서 고수한 개별 가족 노동은 소비에트 러시아에서 개인주의의 마지막 주요 보루이자, 볼셰비키가 보기엔 공산주의 유토피아를 가로막는 큰 사회적 장애물이었다.

일부 지역, 특히 러시아 중부에서는 도시적 방식이 농촌으로 침투했고, 글을 읽고 쓸 줄 아는 농민의 아들들은 가족 농장의 꼭대기에 있던 아버지를 밀어내거나 대가족과 절연하고 자신의 가정을 이루었다. 그러나 그밖의 곳에서는 가부장적 농민 가족의 전통이 여전히 지배적이었다.

안토니나 골로비나는 1923년 농민 가정에서 여섯 자녀 중 막내로 태어났다. 모스크바에서 북동부로 800킬로미터 떨어진 오부호보 마을은 숲 한가운데 목조 가옥들이 모여 이룬 아주 오래된 부락이었다. 마을 중앙에는 연못이 있었고 18세기에 지은 큰 목조 교회도 있었다. 골로빈 가족은 항상 오부호보에서 살아왔다(1929년에 마을의 59가구 중 20가구가 골로빈 집안이었다).[85] 안토니나의 아버지 니콜라이는 1882년에 이 마을에서 태어났고 제1차 세계대전 때 군대에 복무한 3년을 빼고 일생을 이곳에서 살았다. 오부호보는 가족과 친족 관계가 결정적인 역할을 하는 긴밀하게 짜인 지역 사회였다. 농민들은 스스로를 단일한 '가족'이라고 생각했고 아이들에게 다른 어른들을 가족 호칭('이모', '삼촌' 등)으로 부르라고 가르쳤다. 농민들을 서로 싸우는 별개의 계급, 즉 '쿨라크'('농촌 부르주아')와 빈농(이른바 '농촌 프롤레타리아')으로 나누려는 볼셰비키의 시도는 내전 동안 소비에트 러시아의 많은 지역에서 그랬듯이, 오부호보에서도 참담한 실패로 돌아갔다.

마을에서 가장 큰 씨족 출신으로 부지런히 일하고 근실하며 성공적인 농민이었던 니콜라이는 오부호보에서 꽤 존경받는 인물이었다. "니콜라이는 조용한 사람이었으나—그는 말없이 하루를 보냈다.—정직하게 일하고 많은 일을 했으며, 농민들은 그 점을 높이 평가했다."라고 어떤 마을 사람은 회상했다. 제1차 세계대전에서 돌아온 후 니콜라이는 오부호보 농민 공동체의 지도자가 되었다. 주요 농민들의 회의가 지배한 농민 공동체(러시아어로 오프시나obshchina 또는 미르mir라고 불렀다)는 농노제 시절에 만들어진 아주 오래된 제도였으며 사실상 마을과 농촌 사회의 모든 측면을 규제했다. 1861년 농노 해방 때 공동체 자치권이 크게 확대되어 공동체가 영주들의 행정, 치안, 사법 기능의 대부분을 넘겨받으면서 농촌 행정의 기본 단위가 되었다. 공동체는 러시아 대부분 지역에서 공동으로 소유하지만 개별적으로 경작하는 농민들의 땅을 통제하고, 개방적인 지조 경작(지조나 경지 사이에 울타리가 없었다)에 필수적인 공동 재배와 방목을 관리했다. 그리고 식구 수에 따라 농가들에 농경지를 주기적으로 재분배했다. 평등주의 원리에 바탕을 둔 이 특이한 관행은, 가족이 일꾼들과 함께 토지를 노는 땅 없이 전부 경작할 수 있도록 보장함으로써 공동체 전체가 국가에 세금을 차질 없이 납부할 수 있도록 도와주는 관습이었다. 1917년에 공동체는 농민들이 토지 혁명을 조직하는 핵심이 되었다. 옛 농촌 질서가 붕괴하고 그 지도자들과 지주, 성직자들 대다수가 농촌에서 도망간 후 농민들은 러시아 전역에서 토지에 대한 통제권을 장악하여—도시의 중앙 정부나 혁명 정당들로부터 지시를 기다리지 않고—농민 공동체와, 농민들이 1917년에 자체 업무를 관리하기 위해 설립한 다양한 마을 회의(소비에트)와 위원회를 통해 토지를 다시 분배했다.[86]

혁명 전에 니콜라이는 마을 성직자에게서 농지를 임대했다. 인구 과잉과 비효율적 영농의 결과로 토지가 부족했던 러시아의 대다수 농민들과 마찬가지로, 니콜라이는 임대한 농지로 가족을 먹여 살렸다. 1917년에 공동체는 교회 토지에 대한 통제권을 장악해 공유지와 함께 농민들에게 나누어주었다. 니콜라이는 가족 중 '먹는 사람들'의 수(즉 가구 크기)에 맞추어 정한 기준에 따라 4헥타르의 농지와 목초지를 받았다. 니콜라이는 1917년 이전에 경작했던 땅보다 거의 두 배나 많은 토지를 소유했으며, 그 땅은 이제 임대한 것이 아니었다. 그러나 4헥타르로는 오부호보나 러시아 북부의 어느 곳에서도 먹고 살기에 충분하지 않았다. 러시아 북부의 경우 토양 자체가 척박한 데다 삼림 지대였기 때문에 토지가 이질적인 작은 부지들로 나뉘었다. 이러한 부지들을 (모든 농민이 이 조그만 부지 중에서 똑같은 몫을 받도록 보장하기 위해) 공동체에서 다시 좁은 지조로 분할했는데, 각 지조는 넓이가 폭 몇 피트(1피트는 30.48센티미터)에 불과해서 근대적인 쟁기를 쓰기에는 적당하지 않았다. 골로빈 가의 경작지는 각기 다른 18곳의 장소에 있는 약 80개의 개별 지조들—볼로그다 지역 농민들에게는 별난 것이 아닌 숫자—로 이루어졌다. 농민들은 소득을 보충하려고 상거래와 공예에 종사했다. 상거래와 공예는 북부 마을의 경제에서 거의 농업만큼이나 중요한 필수적인 역할을 항상 해 왔으며, 정부가 농촌 상거래를 권장하고 심지어 협동조합을 통해 보조금까지 지불하는 신경제정책 아래에서 더욱 번성했다. 니콜라이는 농장 뒷마당에 가죽 작업장을 두었다. 안토니나는 당시를 이렇게 회상했다.

우리는 끼니 걱정은 없었지만 먹고살기 위해서는 열심히 일하고 절약해야 했다. 여섯 아이 전부, 심지어 가장 어린아이조차 농사일을 도왔고 아버지는 자기 작업장에서 신발을 비롯한 가죽 제품을 만들면서 오랜 시간 일했다. 아버지는 시장에서 암소 한 마리를 사왔을 때 그놈으로부터 나오는 것을 단 하나도 버리지 않겠다고 다짐했다. 아버지는 암소를 도살한 뒤 고기는 팔았고 생가죽으로 옷을 해 입었으며(우리 지역의 모든 농민들이 이 공예 기술을 알았다), 무두질한 가죽으로는 장화를 만들어 시장에 팔았다.[87]

이 노동관은 "어린아이인 우리를 교육할 때 주된 철학"이었다고 안토니나는 떠올렸다. 아이들이 어릴 때부터 농장 일을 하는 것은 근면한 농민 가족의 전형적인 모습이었다. 이 농민들은 안토니나가 기억하듯이 자신들의 노동을 자랑스러워했다.

아버지는 늘 우리가 하는 모든 일을—마치 장인이 하기라도 하는 것처럼—잘해야 한다고 말씀하셨다. 바로 이것이 아버지가 '골로빈식'—무언가를 최고로 찬양할 때 쓰는 말—이라고 부르는 것이었다. …… 학교에 다닐 때 아버지는 우리에게 모두 열심히 공부해서 좋은 전문 기술을 배우라고 말했다. 아버지 눈에 좋은 전문 기술은 의학, 교직, 농학(農學), 공학 기술이었다. 아버지는 자식들이 자신이 힘든 삶이라고 여기는 제화 기술을 배우기를 원치 않았다. 아버지는 자신의 공예에서 예술가였고, 우리 같은 아이들과 우리 집에 온 사람은 누구나 아버지가 만든 작품의 아름다움에 영감을 받았는데도 그랬다.[88]

니콜라이는 오부호보 중심부에 있는 연자방아 근처에 흰색으로 칠한 긴 단층 건물을 지었다. 마을 전체에서 유일한 벽돌 건물인 이 집은 침실뿐만 아니라 식당도 있었는데, 침실에는 볼로그다에서 산 공장 가구와 철제 침대 두 개가 띄엄띄엄 비치되어 있었다. 침대 하나는 니콜라이와 아내 예브도키야가 썼고 다른 하나는 두 딸을 위한 침대(사내아이들은 식당 마루에서 잤다)였다. 집으로 들어가는 유일한 통로인 부엌 외부에는 외양간과 돼지우리, 마구간, 헛간 두 개가 딸린 가축들을 위한 공간이 있었다. 또 마당에는 목욕탕, 변소, 연장 창고, 작업장도 있었으며, 마당 너머에는 사과나무들이 빽빽이 들어선 정원이 있었다.

니콜라이는 엄격한 아버지였다. "아이들 모두 아버지를 무서워했다."고 안토니나는 기억했다. "그러나 그것은 존경에 바탕을 둔 두려움이었다. 어머니께서 늘 말씀하셨듯이, '신은 하늘에 계시고 아버지는 집에 계신다.' 우리는 아버지가 말씀하시는 것은 무엇이든 법으로 여겼다. 심지어 사내아이 네 명도 그랬다." 이런 유형의 가부장적 가정에서는 어른과 아이들 사이에 다정함이나 친밀함은 찾아보기 어려웠다. "우리는 절대로 부모에게 키스를 하거나 포옹을 하지 않았다."고 안토니나는 말했다. "우리는 그런 식으로 부모를 사랑하지 않았다. 우리는 부모를 존경하고 공경하도록 배웠다. 우리는 항상 부모에게 복종했다." 그러나 그것이 사랑이 없다는 뜻은 아니었다. 니콜라이는 막내딸을 무척 사랑했다. 딸은 지금도 겨우 네 살에 불과했던 어린 시절의 감미로운 순간을 기억하고 있다. 기억 속에서 아버지는 축일에 가장 좋은 면 셔츠를 입고 막내딸을 억센 팔로 안은 채 마을 교회에 데리고 갔다.

갑자기 아버지는 내 손을 잡아 입술에 가져갔다. 아버지는 눈을 감은 채 진심을 담아 내 손에 입을 맞추었다. 이제 나는 아버지에게 내가 얼마나 중요한 존재였는지, 아버지가 얼마만큼이나 자신의 사랑을 표현하고 싶었는지 이해한다. 갈색 자수 레이스가 달린 새 셔츠를 입은 아버지는 너무나 깔끔했고, 너무나 달콤한 냄새가 났다.[89]

옛 엘리트들의 적응과 변신

구사회의 엘리트에게 가족의 전통과 가치를 다음 세대에 전하는 일은 특히 복잡한 문제였다. 새로운 사회에서 성공하기를 바란다면 자신들의 종전 방식을 고수해서는 안 되었고 혁명 이후 새롭게 조성된 소비에트 생활 환경에 적응해야 했다. 낡은 것과 새로운 것 사이에서 균형을 맞추기 위해 가족들은 다양한 전략을 택할 수 있었다. 예를 들어, 사적 세계로 후퇴하여('내부 망명') 이중 생활을 할 수 있었다. 그들은 사적 세계에서 자신들의 믿음을, 아마도 소비에트식으로 자란 자녀들에게는 숨기면서 비밀리에 고수했다.

프레오브라젠스키 가족은 대체로 소비에트 생활 환경에 적응하면서도 과거 생활방식을 일부 비밀리에 유지한 구 엘리트 가족의 좋은 사례다. 1917년 전에 표트르 프레오브라젠스키는 상트페테르부르크의 프랴시카 정신병원에서 사제로 일했다. 그는 라스푸틴(Grigory Rasputin, 1869~1916)이 궁정에 도착하기 전에 황후 알렉산드라에게서 황태자의 혈우병을 치료해 달라고 도움을 요청받은 '심령주의자' 가운데 한 사람이었다. 표트르의 아내는 스몰니 학교 졸업생으로서 황태후 마리야 표도로브나*의 절친한 친구였다. 1917년 이후 표트르와 첫째 아들은 병원에서 잡역부로 일했다. 알렉산드르 네프스키 수

표도로브나(Mariia Fyodorovna, 1847~1928) 제정 러시아의 마지막 차르인 니콜라이 2세의 어머니. 선제 알렉산드르 3세의 부인이었다.(역주)

도원에서 성가대 지휘자로 일하던 둘째 아들은 적군(赤軍)에 입대하여 내전에서 전사했다. 표트르의 첫딸은 페트로그라드 소비에트에서 서기가 되었으며, 둘째 딸 마리야는 피아니스트의 경력을 포기하고 루가 지역에 있는 집단농장의 검사관이 되었다. 가수인 마리야의 남편은 프랴시카 병원 위생원이 되었다. 1920년대 내내 가족은 병원 뒤편의 한 사무실에서 함께 살았다. 그들은 절망적인 빈곤을 절대 불평하지 않았고 조용히 살면서 새 정권이 그들에게 맡긴 과제를 순순히 받아들였다. 단 한 가지만 예외로 하고. 그들은 매일 저녁 비밀 보관소에서 성화상들을 가져왔고, 봉헌 등을 켰으며 기도를 했다. 가족은 교회에 다녔고 부활절을 축하했으며, 심지어 1929년에 '부르주아 생활 방식의 잔재'로서 크리스마스 트리가 금지된 후에도 항상 트리를 장식했다. 마리야와 남편은 딸 타티야나가 목걸이에 황금 십자가를 걸도록 해주고, 그것을 잘 숨기라고 일렀다. "나는 신을 믿는 동시에 학교와 소비에트 생활로부터 배우도록 교육을 받으면서 컸다."고 타티야나는 회상했다. 프레오브라젠스키 가족은 두 세계 사이의 틈에서 살아갔다. 표트르는 기독교 의식에 따라 친지들을 매장하는 쪽을 여전히 선호하는 사람들—소련 주민의 침묵하는 대다수—을 위해 비공식적인 성직자로서 비밀리에 계속 일했다.* "우리는 수지타산을 맞출 만큼 충분히 벌지 못했고, 그래서 할아버지는 수수료를 약간 받고 성사를 거행하면서 레닌그라드의 묘지들을 돌아다녔다."[90]

옛 전문직 엘리트들에게는 가족의 전통적인 생활 방식을 유지하면서 소비에트 사회에 적응하는 또 다른 방법이 있었다. 의사, 법률가,

---

* 정부는 무료 국가 화장을 제공함으로써 사람들에게 세속적인 소비에트 의식으로 고인을 화장하라고 권장했지만, 1920년대 초의 한 시체 공시소 관리에 따르면 "러시아인들은 여전히 정교 매장 전통과 결별하기에는 너무 종교적이거나 미신적이었다."(GARF, f. 4390, op. 12, d. 40, l. 24)

교사, 과학자, 엔지니어, 경제학자들은 자신들의 숙련 기술을 새 정권의 처분에 맡김으로써 기왕에 누려 왔던 특권의 일부를 유지하기를 바랄 수 있었다. 그들은 새 정권이 이들 '부르주아 전문가'들의 전문 지식을 절대적으로 필요로 했던 시기, 적어도 1920년대에는 아주 잘살기도 했다.

파벨 비텐부르크는 소련 지질학계의 중요 인물이었고, 콜리마와 바이가치에 있는 북극 굴라크들, 즉 강제노동수용소 발전에 중요한 역할을 했다. 그는 1884년에 시베리아 블라디보스토크의 발트 독일인 가정에서 아홉 자녀 중 여덟째로 태어났다. 파벨의 아버지는 리가 출신이었으나 1862~1864년에 차르 통치에 맞서 일어났던 폴란드 봉기에 참가한 후 시베리아로 유형당했다. 석방 후 그는 블라디보스토크 전신국에서 일했다. 파벨은 블라디보스토크, 오데사, 리가에서 공부한 뒤 독일의 튀빙겐으로 갔다가 1908년에 젊고 진지한 이학박사로서 상트페테르부르크로 이주했다. 그는 철도 기사의 딸이자 먼 친척으로 당시 상트페테르부르크에서 의학을 공부하던 지나 라주미히나와 결혼했다. 부부는 상트페테르부르크 근처 핀란드 만의 올기노에 위치한 엘리트 다차 휴양지의 크고 안락한 목조 가옥을 구입했다. 1912년 베로니카, 1915년 발렌티나, 1922년 예브게니야까지 딸 셋이 태어났다. 가족은 아주 친밀했다. 아버지로서 파벨은 "주의 깊고 참을성 있으며 다정했고", 올기노에서 그들은 "음악과 그림으로 가득 차 있고, 가족 독서가 밤마다 진행되는 행복한 삶"을 살았다고 예브게니야는 회상한다. 여름에는 오랫동안 산책했고, 어렸을 때 지나를 돌보았던 안누시카가 멋지게 차린 식사를 느긋하게 즐겼다. 비텐부르크 가족에게는 예술가와 작가들이 종종 합류했으며, 유명한 아동문학 작가인 코르네이 추코프스키(Kornei Chukovsky, 1882~1969)는

즐거운 한때를 보내는 비텐부르크 가족(올기노, 1925년). 지질학자인 파벨 비텐부르크는 구체제의 '부르주아 엘리트' 출신이었으나, 소비에트 체제가 필요로 하는 전문 지식을 지니고 있었기에 1920년대에 계속 풍족한 삶을 누렸다.

그들의 집에서 여름을 몇 차례나 지냈다. 이 체호프*식 생활은 1920년대 내내 계속되었다.

비텐부르크 가족은 대체로 19세기 인텔리겐차의 특징적 모습이었던 강력한 공익 정신으로 충만했다. 1917년 이후 지나는 의료인으로서 받은 훈련을 활용하여 이웃한 라흐타 시에 병원을 설립했고, 그곳에서 무료로 환자들을 돌보았다. 1917년 라흐타 소비에트 의장으로 선출된 파벨은 가난한 노동자들의 자녀에게 기술을 가르칠 학교를 조직했다. "아버지는 언제나 일했습니다."라고 예브게니야는 기억한다. "아버지는 무언가 쓰지 않으면 북극 위원회를 위해 탐험을 계

체호프(Anton Chekhov, 1860~1904) 러시아의 소설가, 극작가. 체호프는 작가로서 한창 명성을 쌓던 1892년에 모스크바 교외에 저택을 구입해 부모, 누이동생과 함께 살면서 전원 생활을 누렸다. 그는 이곳에서 의사로서 이웃 농부들의 건강을 돌보거나 마을에 학교를 세우기도 했다. 1899년에는 건강 악화로 크림 반도의 얄타 근교로 거처를 옮겼고, 이곳에서 톨스토이나 고리키 같은 작가들의 방문을 받았다.(역주)

획하거나 지질 박물관을 위해 서류를 작성하고 계셨습니다. 아버지는 항상 무엇인가를 하고 있었으며 거의 쉬지 못했습니다.” 파벨은 나중에 소련이 세계를 이끈 분야가 되었지만 당시에는 아직 태동기에 있던 북극 탐험과 지질학의 대의에 헌신했다. 북극 탐험가들은 소련의 책과 영화에서 영웅으로 그려졌고, 1920년대에 정부는 과학 예산의 상당 부분을 북극 지대에서 채광 작업의 가능성을 지질학적으로 조사하는 데 쏟아부었다. 파벨은 정치에 관심이 없었으나 소비에트 정부가 보이는 관심과 그들이 조직적이고 통제가 잘 된 환경에서 학문을 추구할 기회를 준 것은 반겼다. “지난 십 년간은 북극 탐험의 영웅적 시기였다.”고 1927년 콜리마의 금광 지역을 조사하기 위해 올기노를 떠나기 직전 파벨은 썼다. “미래는 훨씬 더 큰 성취를 약속한다.”[91]

이런 식으로 소비에트 생활 환경에 적응한 또 다른 엘리트 부부는 이 책의 중심 인물인 작가 콘스탄틴 시모노프의 부모였다. 시모노프는 또 다른 1917년의 아이였다. 어머니 알렉산드라는, 비록 그녀의 아버지 레오니트가 많은 귀족들처럼 1870년대에 상업 활동을 시작했지만, 오랜 세월 제정 체제에서 우월한 지위를 차지한 관료와 지주들로 이루어진 유서 깊은 오볼렌스키 가문의 후손이었다. 1890년에 태어나 스몰니 학교를 졸업한 알렉산드라는 ‘구질서’의 여성이었다. 그녀가 지닌 귀족적인 태도는 종종 소비에트 방식과 충돌하곤 했다. 가족들은 알렉산드라를 ‘알린카’라고 불렀는데, 그녀는 키가 크고 풍채가 당당했으며 ‘올바른 품행’을 중시하는 구식 관념을 지닌 사람이었다. 아들인 시모노프는 일생 동안 (심지어 스탈린 시대 지배층에서 최고로 출세했을 때조차도) 신사다운 매너로 유명했는데, 바로 어머니에게서 ‘올바른 품행’의 규범을 물려받은 덕분이었다. 알린카는 사람들이 특히 여성에게 예의 바르고 친구에게 신의를 지키며 한결같은 원칙에 따라 살기를 기대했다. 그녀는 '가르치는 사람'이었고 "다른 사람들에게 이러저러하게 행동해야 한다고 말할 때 결코 지치는 법이 없었습니다."라고 손자는 회상한다.[92]

1914년 알렉산드라는 나이가 거의 두 배나 많은 참모본부 대령 미하일 시모노프와 결혼했으며 이듬해 콘스탄틴*을 낳았다. 군사 방어 시설 전문가였던 미하일은 제1차 세계대전 때 폴란드에서 싸웠고 진급하여 제5군 소장이자 제4군단 참모장이 되었다. 1917년에 미하일은 홀연히 사라졌고, 다음 4년 동안 알렉산드라는 남편에게서 아무런 소식을 듣지 못했다. 아마도 그가 어떤 비밀 임무를 수행하느라 폴란드에 머무는 바람에 소비에트 러시아의 가족과 접촉할 수 없어서 그랬던 것 같다. 어쩌면 그는 폴란드 군에 가담했거나 아니면 폴란드가 러시아 내전에서 동맹을 맺은 백군에 입대했을 수도 있다. 여하튼 그는, 반혁명분자는 아니더라도 차르의 장군이라는 자신의 신분 때문에 볼셰비키에게 체포당할 것이 뻔한 러시아로 돌아가기를 주저했다. 알렉산드라가 남편의 활동에 관해 얼마나 많이 알았는지는 분명하지 않다. 무엇을 알았든 알렉산드라는 의심할 여지 없이 아들을 보호하기 위해 친아버지 일을 아들에게 숨겼다. 1921년에 미하일은 폴란드에서 알렉산드라에게 편지를 보냈다. 폴란드 시민이 된 미하일은 아내에게 아들과 함께 바르샤바에서 살자고 간청했다. 알렉산드라는 어떻게 해야 할지 마음을 정할 수가 없었다. 그녀는 진지하게 혼인 서약을 했고 미하일은 중병을 앓고 있었다. 그러나 알렉산

---

* 부모는 콘스탄틴에게 키릴(Kirill)이라는 이름으로 세례를 주었고 그를 일생 동안 이 이름으로 불렀다. 하지만 그는 문학 활동을 시작했던 1930년대에, r를 발음하는 것이 어색하다는 것을 알고 이름을 콘스탄틴으로 바꾸었다. 명확함을 위해 필자는 책 전체에서 그를 콘스탄틴이라고 부를 것이다.

드라는 러시아를 떠나기에는 애국심이 너무 강했다. "어머니는 국외로 도피한 친구와 친척들이 있었지만, 애석하게도 혁명 후 러시아인들이 망명한 것을 전혀 이해하지 못했다."고 말년에 콘스탄틴은 회상했다. "어머니는 러시아를 떠나는 것이 어떻게 가능한지 그저 이해할 수 없었을 뿐이다."[93]

알렉산드라는 새 소비에트 정부의 사무실에서 타이피스트, 회계원, 번역가로 일했던 귀족과 부르주아 가족 출신의 젊은 여성들로 이루어진 군대에 입대했다. 1918년 가을에 그녀는 페트로그라드의 자기 아파트에서 쫓겨났다. 이때는 구시대의 엘리트들을 겨냥한 볼셰비키의 '적색 테러'가 절정에 이르렀던 시기였다. 오볼렌스키 집안 같은 몰락한 귀족과 '부르주아' 등 '이전 사람들'은 자신의 집에서 쫓겨나고 모든 재산을 빼앗겼다. 또한 그들은 작업반에 동원되어 노동을 하거나 백군에 맞선 내전에서 '인질'로 체카에 체포되고 투옥되었다. 몇 달간 소비에트 정부에 올린 청원이 실패한 후 알렉산드라와 어린 콘스탄틴은 페트로그라드를 떠나 수도에서 동남쪽으로 200킬로미터 떨어진 랴잔으로 향했다. 그들은 랴잔에서 알렉산드라의 언니 류드밀라와 함께 살았다. 류드밀라는 랴잔 수비대에 기지를 둔 연대 소속으로 제1차 세계대전에서 전사한 포병 대위의 미망인이었다. 그들 주위에는 자신들처럼 내전 시기에 식량을 찾아 굶주린 도시에서 탈출했던 수많은 도시민들로 가득했다.[94]

랴잔은 1920년대 초에 약 4만 명의 주민이 거주하는 소도시였다. 도시의 주요 기관으로 내전에서 적군 지휘관들을 훈련하기 위해 볼셰비키가 설립한 군사학교가 있었다. 군사학교 직원인 알렉산드르 이바니셰프는 차르 군대의 대령으로서 제1차 세계대전에서 두 번 부상당했고(세 차례 독가스 공격의 희생자가 되기도 했다), 트로츠키에게

스탈린 시대 소련 주류 문단의 대표 작가였던 콘스탄틴 시모노프(맨 왼쪽)와 어머니 알렉산드라(오른쪽에서 두 번째), 계부 이바니셰프(맨 오른쪽)가 1927년 랴잔에서 찍은 사진. 1915년에 태어난 시모노프는 혁명의 가치와 문화 속에서 자란 '1917년의 아이'였다.

지휘관으로 발탁되어 적군에 징집되었다. 알렉산드라는 1921년에 이바니셰프와 결혼했다. 엘리트인 오볼렌스키 가문의 딸에게 그것은 말할 나위 없이 눈을 낮춘 결혼이었다. 이바니셰프는 비천한 철도 노동자의 아들이었다. 그러나 알렉산드라는 힘든 시기를 맞았고, 남편의 군인 정신에서 귀족 계급의 원칙, 특히 공익에 봉사하는 정신이라는 이상을 발견했으며, 이로부터 불확실한 상황에서 약간의 위안을 얻었던 것 같다.[95]

이바니셰프는 천성이 친절하고 온화했지만, 완벽한 '군인'—정확하고 성실하며, 질서정연하고 엄격히 규율 잡힌—이었다. 그는 랴잔의 가정을 일종의 병영처럼 경영했다고 콘스탄틴 시모노프는 회상한다.

우리 가족은 장교 바라크에서 살았다. 우리는 군 관계자들에게 둘러싸였고 군사적 생활방식이 매 순간 우리를 지배했다. 아침과 저녁 열병식이 집 앞 광장에서 열렸다. 어머니는 다른 장교 부인들과 함께 다양한 군대 위원회에 참여했다. 손님이 집에 오면 항상 군대 이야기를 했다. 저녁마다 계부는 군사 훈련 계획을 작성했다. 때때로 나는 그를 도와주었다. 가족 내 규율은 엄격했고 순전히 군사적이었다. 모든 것이 시간에 따라 계획되었고 아주 사소한 부분까지 명령이 분 단위로 주어졌다. 지각할 수 없었다. 과제를 거부할 수도 없었다. 입을 다무는 법을 배워야 했다. 지극히 작은 거짓말도 절대 용납되지 않았다. 어머니와 아버지는 봉직 윤리에 따라 집에서 하는 노동을 엄격하게 나누었다. 여섯 살인가 일곱 살 때부터 나는 점점 더 많은 책임을 지게 되었다. 먼지를 털고 마루를 닦았으며 접시 닦는 것을 도왔다. 또 감자를 깨끗이 손질했고 등유를 관리했으며 빵과 우유를 가져왔다.[96]

이러한 훈육은 어린 시모노프에게 결정적인 영향을 끼쳤다. 어릴 때 흡수한 군사적 가치관(그 자신이 정의한 대로, "복종과 성실, 모든 장애를 극복하고자 하는 준비 태세, 위엄 있게 '예'나 '아니오'를 말하며, 열심히 사랑하고 또 증오해야 하는, 피할 수 없는 책무")은 그가 1930년대와 1940년대에 준군사적인 소비에트 정치 명령 체제를 받아들이는 데 밑바탕이 되었다.

열세 살 때 나는 알았네,
말은 단호하게 해야 한다는 것을.
예는 예이고, 아니오는 아니오지.

논쟁은 아무 소용없네.

나는 의무의 의미를 알았지.

나는 희생이 무엇인지 알았지.

나는 용기가 무엇을 이룰 수 있는지 알았지.

비겁함에 베풀 자비는 없다네!

— 〈아버지〉(1956)에서[97]

시모노프는 계부를 존경했고("군복 외에 다른 옷을 입은 모습을 본 적이 없는 사람"), 어릴 때부터 그를 진짜 아버지로 여겼다. 시모노프가 계부에게서 흡수한 의무와 복종이라는 군사적 원칙은 그가 어머니와 어머니의 귀족적 배경으로부터 물려받았던 공익 정신과 결합했다. 이 원칙은 시모노프가 아이 때 읽은 책들로 한층 강화되었는데, 그 책들에는 소련의 군대 숭배가 주입되어 있었다. 그는 모든 학생들이 읽던 '소비에트 고전'인 드미트리 푸르마노프(Dmitry Furmanov, 1891~1926)의 《차파예프》(1925) 같은 내전의 전설에 고무되었다. 시모노프의 소년 시절 영웅은 하나같이 군인들이었다. 그의 교과서는 그가 되고 싶었던 군인에 관한 낙서로 가득 찼다.[98]

그만큼 일찍 시모노프는 명령의 위계에서 자리를 잡을 필요가 있음을 의식했다. 그는 자신을 단지 병사로서가 아니라 부하들을 책임지는 장교로 생각하도록 교육받으며 자랐다. 그와 동시에, 그가 지닌 지나치게 발달한 공적 의무감과 복종 의식은 상관에 대한 복종도 요구했다. 시모노프 자신이 쓰곤 했듯이 그가 생각하는 '선량'의 개념은 '정직'과 '성실(poriadochnost')'—나중에 그가 스탈린 체제를 지지하는 데 근간을 이루는 개념—과 동의어였다. 그가 자라면서 맺은, 그의 인격 형성에 영향을 끼친 관계는 모두 권위 있는 인물들과

소년 시모노프가 그린 영웅적인 군인들(1923년). 시모노프는 군인 출신인 계부에게서 충성과 복종의 명령 체계를 중시하는 군사적 가치관을 물려받았는데, 그것은 바로 소비에트 체제가 요구하는 것이기도 했다.

연관되었다. 어린아이일 때도 시모노프는 어른들 속에서 대부분의 시간을 보냈고 어른들의 인정을 받는 데 매우 뛰어났다. 학교에서 가까운 친구가 없었기에 시모노프는 우정이 주는 교훈이나 동료들과 나누는 의리를 진정으로 배우지 못했다. 비록 동지애가 1930년대와 1940년대에 그의 시를 지배하는 주제(그가 열망하는 한 영역)이긴 했지만, 우정이나 의리는 상관들을 기쁘게 하려는 경향과 갈수록 더 충돌했을 것이다.

시모노프는 많이 읽고 열심히 공부했다. 그는 많은 클럽에 가입했고 연극에 참여했으며 피오네르로서 활동했다. 낙서는 별도로 하고서라도, 그의 교과서를 보면 마치 관료처럼 지도와 그래프를 그리고 목록과 차트를 만들고 과제를 조직하면서 오랜 시간을 보낸 진지한 소년의 모습이 드러난다.[99]

생애 마지막 해에 쓴 회고록에서 시모노프는 부모가 소비에트 체제를 받아들였다고 주장했다. 그가 기억하는 한, 부모가 정부에 반감을 표명하거나, 1917년 이후 망명하지 않은 것을 후회하는 대화를 나눈 적은 결코 없었다. 시모노프의 묘사에 따르면, 부모는 지식인으로서 소비에트 러시아를 위해 이곳에 남아 일하는 것이 자신들의 의무이고, 그들 자신의 가치관은 '소비에트적'이지 않지만 아들을 '소비에트' 아이로 키우는 것이 자신들의 책무라는 견해를 지녔다.

그러나 이것은 절반의 진실에 불과하다. 정치적 충성이라는 외피 안에서 어머니 알렉산드라는 소비에트 체제에 대한 비판적 견해를 숨겼고, 이것은 결국 가족에게 재앙을 가져왔다. 알렉산드라의 남동생 니콜라이는 1917년 이후 파리로 도피할 수밖에 없었다.(안 그랬다면 하리코프 주의 전직 지사였던 니콜라이는 볼셰비키에게 체포되었을 것이다.) 알렉산드라는 그를 다시는 보지 못했다. 나머지 가족—알렉산드라, 어머니, 세 자매—은 처음에는 페트로그라드에서, 후에는 랴잔에서 두려움과 가난 속에서 살았다. 내전 이후 알렉산드라의 자매들인 소냐(소피야)와 다리야는 페트로그라드로 돌아왔다. 그리고 1923년에 어머니가 죽자 류드밀라도 페트로그라드로 돌아왔다. 랴잔에 홀로 남은 알렉산드라는 소비에트 환경에 적응하고자 애썼다.("나는 다른 세계에서 태어났단다."고 알렉산드라는 1944년에 아들에게 썼다. "태어난 뒤 25년 동안 나는 안락한 삶을 살았어. …… 그 후 내 인생은 갑자기 망가졌다. …… 나는 빨래하고 요리하고 가게에 가고 하루 종일 일했다.") 귀족의 가치관을 전하는 것에 더해 알렉산드라는 종교적 관행도 계속 존속시키려고 했다. 그녀는 열두 살 때까지 아들을 교회에 데리고 다녔다(나중에 이모들에게 보낸 편지에서 그는 정교 축일이 되면 종교적 용어로 인사하곤 했다). 하지만 그녀는 귀족적 배경이 위험하며 출세하기를 원한다면 그것을 숨길 필요가 있다고 아들에게 가르치기도

했다.[100] 신경제정책 덕분에 상대적으로 자유로운 분위기가 조성되었을 때도 혁명이 분출시킨 계급 전쟁은 일시적으로 중단되었을 뿐이었다. 평화로운 수면 아래에서는 시모노프 일가 같은 가족들을 위협하는 구 엘리트들에 대한 숙청 압력이 다시 커지고 있었다.

1927년 시모노프는 계부의 친척 집에 머무르기 위해 어머니 손에 이끌려 크레멘추크 인근의 농촌으로 갔다. '제냐 아주머니'가 남편과 함께 살고 있었는데, 남편 예브게니 레베데프는 오래 전에 다리를 다쳐 차르 군대에서 전역한 장군이었다. 그는 부상 때문에 다리가 마비되었고 젊은 아내에게 의존할 수밖에 없었다. 장군은 성격이 좋고 낙천적인 자유주의적 인물이었으며, 소비에트 정부에 대해 투덜대거나 불평하지 않았다. 시모노프는 장군과 함께 있는 것이 즐거웠는데, 그가 재미있고 이야기도 잘했기 때문이었다. 하루는 숲으로 산책을 갔다가 아주머니 집으로 돌아왔을 때, 낯선 사람이 문을 열었다. 장군을 체포하기 전에 반혁명 활동의 유죄 증거를 찾기 위해 집을 수색하러 온 몇 명의 오게페우 요원 중 한 명이었다. 시모노프는 회고록에 이 사건을 기록했다.

내가 들어갔을 때, 오게페우 요원들은 노인이 쉬고 있던 매트리스를 들어 올려 아래를 살피고 있었다. …… "앉아서 기다려라, 얘야."라고 그는 의자를 가리키며 말했다. 그는 엄밀히 말해 무례하기보다는 거만했고, 나는 앉아서 그의 말을 들어야 한다는 것을 알았다. …… 수색은 제복을 입은 두 사람이 진행했다. 하지만 수색영장을 제시하지 않아 늙은 장군은 몹시 화가 났고 그들의 불법적인 행동에 항의하겠다고 위협하면서 욕을 퍼붓고 있었다. 제냐 아주머니는 상대적으로 침착한 것 같았고, 무엇보다도 남편이 심장마비를 일으킬지 모른다고 걱정하면서 그를 진정시키느라 애썼는데, 이 노력은 효과가 있었다. 요원들은 모든 책을 차례로 급히 넘겨 보면서 확인했고 선반에 쌓여 있던 오일클로스*와 자수품까지 모조리 들추어 보면서 수색했다. 벽에 기대어 침대에 반쯤 누운 노인은 계속 욕을 했다. …… 마침내 수색이 끝났고, 사람들은 아무것도 찾지 못한 채 떠났다. 그들은 몸이 마비된 노인을 상대하고 있었기 때문에 행동을 삼갔다. 욕이나 질책을 하지도 않았다. …… 내 생각에 이 사건은 무언가 위협적이거나 비극적이거나 혹은 근심을 일으키는 일 같지 않았다. 그것은 거의 정상적인 일로 보였다.

이 일화에서 흥미로운 부분은 시모노프가 사건을 인식한 방식이다. 그는 국가가 자기 가족에게 가한 불법적인 탄압 행위를 목격했으나 겁을 먹지는 않았다. 혹은 나중에 그렇다고 주장했다. 어찌된 일인지 그는 그것을 일상적인('정상적인') 행위로까지 보았다. 시모노프는 1930년대에 계부와 이모 세 명을 비롯하여 다른 친척들이 체포될 때도, 그것을 '필요한' 행동—친척들이 결백하기 때문에 아마도 오류이긴 하겠으나, 잠재적 반혁명분자를 근절할 국가의 필요라는 좀 더 광범한 맥락에서 이해할 수 있는 행동—으로 합리화하면서 이와 비슷한 반응을 드러낸다.[101]

1928년에 시모노프는 볼가 강변의 큰 공업 도시인 사라토프로 부모와 함께 이사했고, 그곳에서 계부는 군사학교 강사가 되었다. 가족은 바라크에서 살았는데, 붙어 있는 방 두 개에 거주하면서 다른 몇몇 가족들과 공동 부엌을 함께 사용했다. 시모노프는 중등학교

오일클로스(oilcloth) 식탁보나 선반 씌우개 따위를 일컫는다.(역주)

에 다니기 시작했으나, 1929년 열네 살 때, 부모가 그를 위해 계획한 학문 교육을 완수하지 않고 대신 일반 교육과 기술 훈련이 결합된 공장기능수련학교(FZU, 공장학교)*를 다니기로 결심하면서 중등학교를 그만두었다. 다른 구지식인들의 자녀들과 마찬가지로 시모노프는 확실히 소비에트 사회에서 자신의 발목을 잡는 사회적 출신 배경을 끊어내기 위해 혼자 힘으로 '프롤레타리아' 정체성을 만들기를 갈망했다. 1920년대 후반에 공장학교와 고등기술학교들은 구지식인 가정 출신 아이들로 붐볐다. 대학(이제 노동 계급 출신 응시자를 선호했다) 입학을 거부당한 뒤 '프롤레타리아' 자격을 얻으려고 공장이나 기술학교를 선택한 아이들이었다. 프롤레타리아 자격이 있으면 더 나은 직업과 교육의 기회를 얻을 수 있을 터였다. 어머니를 '사무노동자'로 등록한 시모노프처럼 구 엘리트 가정 출신의 많은 아이들은 기술학교와 대학 입학 허가를 받으려고 사회적 출신 배경을 숨기거나 자신들의 이력을 선택적으로 활용했다. 대부분은 제1차 5개년 계획(1928~1932)의 산업혁명 와중에 엔지니어나 기능공이 되어, 사회 계급의 큰 딜레마로부터 자신들을 해방해줄 새로운 전문직 정체성을 발전시켰다. 오직 문제가 된 것은 소련 산업의 대의에 대한 그들의 헌신이었기 때문이다. 시모노프가 부모가 자신을 위해 선택한 학문 교육을 거부한 것은 의미심장한 일이었다. 그 순간 시모노프는 자신이 태어났던 옛 문명에 등을 돌리고 '소비에트' 정체성을 택한 것이다.

공장학교에서 시모노프는 선반공이 되는 기술을 배웠다. 밤마다

공장기능수련학교(Factory Apprentice School) 러시아어로 shkola fabrichno–zavodskogo uchenichestva이며 약어는 FZU다. 1920년부터 1940년까지 소련에 있었던 전문 기술 습득 학교다. 대기업에 부속되어 숙련 기능공을 양성하는 것을 목적으로 하며 수학 기간은 3~4년이었다. 초등 교육을 받은 14~18세의 젊은이들이 입학하여 전문 기술 교육과 함께 일반 교육도 받았다. 20년간 FZU는 약 250만 명의 숙련 기능공을 배출했다.(역주)

그는 사라토프의 군수 공장에서 견습공으로 일했다. 시모노프는 나중에 스스로 인정했듯이 "제조업 쪽 일에 재능이 조금도 없었고", "허영심에서" 꾸준히 공부했을 뿐이었다. 레닌그라드의 소냐 이모에게 보낸 편지에서 10대 소년은 소비에트 대의를 위한 사회적 행동주의와 열정을 드러냈다.

1929년

소냐 이모에게

이모의 멋진 편지에 오랫동안 답신을 보내지 못한 것을 용서해주세요. 요즘처럼 바빠본 적이 없었습니다. 저는 네 개 클럽의 회원이랍니다. 그중 클럽 두 곳의 운영위원회에 참석하고 있고 한 클럽(젊은 자연 연구자들의 모임)에서는 의장을 맡았어요. 게다가 (사회주의) 경쟁 위원회, 독서 그룹, 학교 편집부, (독가스 공격에 대비한) 화학단 회원이기도 해요. 또 집단 원조 강사, (공장기능수련학교 학생들의 정치 활동과 견해에 대해 학교 운영진에게 보고하는) 관리위원회 위원, 모프르(MOPR, 국제혁명가원조기구) 일원이기도 합니다. 또 지금은 관리 분과위원회를 통해 종교 반대 선전을 조직하고 학급 위원회를 운영하고 있죠. 최근에는 학교에서 체스 클럽을 조직하는 책임을 맡기도 했어요. 이제 다 설명을 드린 것 같아요.[102]

이 광적인 활동 이면에 무엇이 있었는지 말하기는 어렵다. 공익 정신으로 길러진 10대의 에너지, 이러한 헌신을 통해 출신 배경을 숨기고 사회에서 자신의 지위를 확보할 수 있으리라는 계산, 혹은 공산주의 이상에 대한 열정적 신념……. 그러나 이것은 시모노프가 스탈린 체제에 관여하는 출발점에 불과했다.

유대인인가, 소비에트 시민인가

상인 계급도, 특히 신경제정책 도입 이후, 새로운 체제에 적응하는 길을 찾았다. 사무일 라스킨과 아내, 세 딸은 오르샤 시를 떠나 모스크바에 정착했다. 가족은 당시 신경제정책 체제에서 사적 상거래로 번성했던 수하레프카 시장 인근의 지하 방으로 이사했다. 사무일 라스킨은 청어를 비롯한 염장 생선을 파는 소상인이었다. 많은 유대인들과 마찬가지로, 그는 사적 상인들에게 열린 새로운 기회를 이용하려고 모스크바에 왔다. 그는 딸들을 위해 여러 가지 꿈이 있었다. 그 꿈을 실현하기 위해 그는 유대인에게 1917년 이전에는 금지되었던 전문 직종에 딸들이 진입할 수 있도록 소비에트 학교와 대학들에서 혜택을 받기를 바랐다.

1879년생인 사무일은 유대인 거주 허용 지역의 오르샤에 거주하는 상인 대씨족 출신이었다. 오르샤는 상·하수도 시설이 없는 단층 목조 가옥들로 이루어진 시장 도시였다. 염장 생선 도매상이던 아버지 모이세이는 시클로프로 이어지는 분주한 도로의 정교 교회와 가톨릭 교회 사이에 위치한 다 무너져 가는 목조 가옥에서 살았다. 오르샤는 러시아인, 폴란드인, 벨라루스인, 라트비아인, 리투아니아인들이 유대인들과 함께 살던 다문화 도시였다(1905년에 소규모 포그롬* 이 한 차례 있었다). 라스킨 가는 이디시어와 러시아어를 썼다. 그들은 유대교 의례를 지켰고 유대교 회당에 나갔으며 아이들을 유대인 학교에 보냈으나, 동시에 러시아 사회에서 아이들이 교육을 받고 출세를 하는 것에도 높은 가치를 두었다. 모이세이는 아이가 여섯이었다.

포그롬(pogrom) 제정 러시아 시대에 유대인들을 겨냥하여 벌어진 광범위한 폭력 사태.(역주)

소련 유대인 1세대였던 라스킨 가족(모스크바, 1930년). 왼쪽부터 차례로 어머니 베르타, 둘째 소냐, 막내 예브게니야(제냐), 큰딸 파냐. 상인이었던 아버지 사무일은 이때 보로네시에서 유형 중이었다.

위의 세 명(시마, 사울, 사무일)은 모두 집에서 배웠지만, 아래 세 명(파냐, 야코프, 제냐)은 유대인이 러시아 대학에 들어가고 전문직에 종사하는 것을 금지한 차르의 규제를 어떻게든 빠져나가 대학에 입학하여* 의사 자격을 얻었다. 그 일은 당시로서는 특히 두 여성, 파냐와 제냐에게 비범한 성취였다.[103]

사무일은 아버지를 좇아 상업에 뛰어들었다. 1907년에 그는 이웃한 시클로프 시에 사는 유대인 상인의 딸 베르타와 결혼했다. 부부는 시클로프에서 1917년 혁명이 일어날 때까지 세 딸, 파냐(1909년생), 소냐(1911년), 예브게니야(1914년)와 함께 살았다. 친절하고 온화하며, 실제적이고 현명한 사람이었던 사무일은 특히 문학과 국제 정치에 관심이 많았다. 그는 혁명을 유대인의 해방으로 받아들였다. 그

---

* 파냐와 야코프는 1917년 이전에 제국에서 유대인들을 받아준 몇 안 되는 대학 중 한 곳인 에스토니아의 유레프(타르투)대학에 다녔다.

는 언제나 사랑하는 세 딸을 잘 가르칠 수 있기를 꿈꾸었다. 신경제 정책이 선포되자 사무일은 자신의 꿈이 마침내 실현될 것이라고 생각했다. 신경제정책은 그가 모스크바에서 생계를 꾸릴 수 있게 해주었다.

신경제정책은 모스크바를 거대한 시장으로 변모시켰다. 도시 인구는 1921년 이후 5년 사이에 두 배로 불어났다. 사적 상거래가 불법화되었던 내전의 고난이 끝난 후 시장이 공급할 수 있는 것이라면 무엇이든 엄청난 수요가 존재했다. 수하레프카 같은 길거리 시장에 인파가 몰려들었다. 길거리 시장에서 상인들은 고철 조각에서 옷, 냄비와 팬, 공예품에 이르기까지 온갖 것들을 취급했다. 사무일은 볼로트나야 광장에 청어 가판대를 열었다. 이 광장은 크렘린에서 별로 멀지 않은 모스크바 강 남쪽에 있었으며 도시의 붐비는 레스토랑과 카페에 음식을 조달하는 식료품 시장 역할을 했다. 청어 거래에 관해서 사무일보다 더 많이 아는 사람은 아무도 없었다. 그는 염장 생선 깡통을 열어 원산지―볼가 강, 아랄 해, 아스트라한 근처, 혹은 니즈니 노브고로드―가 어딘지 단번에 말할 수 있었다.

삶은 처음에는 고달팠다. 메샨스카야 1가에 있는 라스킨 가족의 지하 방은 황량했다. 그들은 마루에 매트리스를 깔고 잤고 아이와 어른의 잠자리를 구별하기 위해 천장에 커튼을 매달았다. 위층에 사는 다른 거주자들과 변기와 부엌을 같이 썼다. 그러나 1923년까지 사무일의 청어 사업은 번창했고 라스킨 가족은 스레텐스카야 거리에 위치한, 한때 대저택이었던 가옥의 2층에 만들어진 아파트를 빌려 이사했다. 넓은 방 세 개와 큰 욕탕, 개별 변기와 부엌이 딸린 안락한 아파트였는데 당시에는 모스크바에서 쉽게 찾아볼 수 없는 고급 아파트였다. 사무일은 사업이 잘돼서 오르샤에 있는 부모에게 매달 돈을 보내고 마찬가지로 모스크바에 가족과 함께 온 조카 마르크를 도와줄 수도 있었다. 라스킨 가족은 볼쇼이 극장을 정기적으로 찾았고 사무일은 극장에서 항상 특등석 표를 샀다.[104]

그러나 1923~1924년에 재화 부족 사태와 물가 급등이 네프만과 그들이 일군 새로운 부에 대한 프롤레타리아의 분노를 촉발했고, 대중의 불만을 가라앉히기 위해 시 소비에트들은 30만 개의 자영업체를 폐쇄했다.[105] 라스킨 가족은 반동의 희생자였다. 사무일의 사업은 살아남았으나, 그는 모스크바 소비에트에 특별세를 납부해야 했고, 많은 소상인들과 마찬가지로 리셴치(lishentsy)—선거권을 비롯한 여타 시민권을 박탈당한 사람들—라는 하위 계급으로 전락했다. 사무일은 이 징벌을 묵묵히 감내했다. 몇 년간 그는 골함석 가판대에 부과된 과도한 '사업 임대료'—신경제정책에 대한 노동 계급의 분노를 가라앉히려고 사적 상인들에게 모스크바 소비에트가 부과한 많은 특별세 중 하나—를 납부했다. 1925년에 사무일은 어업 분야에서 러시아인들의 전문 기술에 크게 의존하던 이란으로 이주하지 않겠냐는 초청을 거절했다. 그는 세 딸이 소련에서 성장하여 그가 마침내 자신들을 찾아왔다고 믿는 많은 기회—나중에 밝혀졌듯이, 잘못된 믿음이었다.—를 활용하기를 바랐다.

큰딸 파냐는 세 딸 중에 가장 현실적이었다. 1926년에 파냐는 우등으로 학교 시험을 통과했으나 리셰네츠(lishenets, 리셴치의 단수형)인 아버지의 신분 때문에 의대에 진학하지 못했고, 그래서 대신 공장에서 일하면서 야간학교에서 경제학을 공부했다. 진지한 성격인 둘째 딸 소냐는 미모가 빼어났으며 논리정연하고 똑똑했다. 하지만 어릴 때 소아마비를 앓아 몸의 일부를 못 썼다. 언니와 마찬가지로 고등교육을 받을 수 없었던 소냐는 1928년 강철대학에 등록하기 전에 모스크바의 소콜니키 공업학교 야간반에서 통계학을 공부했다. 엔지니어가 된 사촌 마르크를 비롯한 많은 유대인처럼 소냐는 인구의 대다수가 농민인 후진적인 러시아, 라스킨 가를 도시로 떠나게 만든 포그롬의 러시아를 근대화하겠다고 약속한 제1차 5개년 계획의 산업 프로그램을 환영했다. 막내인 예브게니야(제냐)는 좀 더 예술적 기질을 타고났고 온 가족이 열정을 공유하던 문학을 공부했다. 라스킨 가족은 "항상 문학에 대해 열띤 토론을 벌였다."고 파냐는 회상했다. 1927년 소냐가 리셰네츠의 자녀라는 이유로 콤소몰 가입을 거부당하자 세 딸은 사촌 마르크와, 인근에 사는 부모 친구의 자녀들과 함께 문학 동아리를 만들었다. 그들은 정치를 토론하고 문학 작품에 등장하는 인물들의 '전시재판'을 열곤 했다. 한번은 구약성서에 대한 재판을 열었다. 그들은 성경 한 권을 발견했고 한 달 동안 함께 공부했다.[106] 문학 작품, 이데올로기, 종교 관습에 대한 공개재판은 1920년대와 1930년대에 인기 있는 선동과 선전 행사였다.

라스킨 가족은 소련 유대인 1세대의 특징을 잘 보여준다. 그들은 모든 민족적 편견과 불평등을 근절하겠다고 약속한 혁명의 국제주의와, 유대인들에게 학교와 대학, 과학과 예술, 전문직과 일반직에 접근할 수 있는 유례없는 기회를 제공한, 혁명이 표방한 근대 도시의 해방적 시각에 공감했다. 예전 유대인 거주 허용 지역의 농촌 유대인 주민들이 망명하거나 사망함에 따라 1917년 세대에 속하는 러시아 유대인들은 도시민이 되었다.(제2차 세계대전이 시작될 무렵 소련 유대인의 86퍼센트가 도시 지역에 살았고, 그중 절반이 소련에서 제일 큰 11개 도시에 거주했다.) 모스크바의 유대인 인구는 1914년 15,000명에서 1937년에는 25만 명(모스크바에서 두 번째로 큰 인종 집단)으로 늘어났다.[107]

유대인들은 소련에서 번창했다. 그들은 당, 관료, 군 지도부, 경찰의 엘리트 계급에서 큰 비중을 차지했다. 이 시기를 다룬 회고록들로 판단해보건대, 비록 사무일 라스킨처럼 많은 유대인들이 그들의 사회 계급과 사적 상거래 문제 때문에 시민권을 박탈당했지만, 상대적으로 반유대주의나 차별은 거의 없는 편이었다. 많은 유대교 회당이 문을 닫은 것은 사실이지만 이것은 1920년대와 1930년대에 볼셰비키가 펼친 전반적인 종교 반대 운동의 결과였다. 가족은 계속 유대 종교 생활의 진정한 중심 역할을 맡았다. 대부분 가정에서 전통적인 기도와 의례를 책임지는 나이 든 세대와, 소련 국경일을 준수하고 소비에트의 신념을 받아들인 젊은 세대가 공존했다. 정부가 적극적으로 후원한 이디시 세속 문화가 번창했고, 이디시어 학교, 이디시 영화관과 극장들이 있었다. 특히 솔로몬 미호옐스*가 감독하던 모스크바 유대극장은 많은 볼셰비키와 좌파 유대 지식인들의 구심점이 되었다. 대도시의 대다수 유대 가족에서 전통적인 유대인 문화에 대한 애착은, 더 넓은 국제 세계의 문화로 진입하는 수단으로서 러시아-소비에트 문학과 예술에 대한 지적 헌신과 나란히 존재했다.[108]

사무일과 베르타는 이 복잡한 다중 정체성(유대-러시아-소련)을 유지했다. 둘 다 종교적이지는 않았다. 베르타가 소련 국경일에 유대 음식을 항상 차리긴 했지만, 그들은 유대교 회당에도 나가지 않았고 유대 의례와 축일도 지키지 않았다. 사무일과 베르타는 이디시어를 알았지만 집에서는 러시아어를 썼다. 딸들은 부모가 이디시어를 말하면 알아듣기는 했으나 제대로 말하지는 못했고, 과거의 '별난 잔

미호옐스(Solomon Mikhoels, 1890~1948) 소련의 유대인 배우이자 모스크바 유대극장의 예술 감독. 제2차 세계대전 기간에 유대인 반파시즘 위원회(JAFC) 위원장을 지냈다. 1948년에 스탈린의 명령으로 살해당했다.(역주)

재'라고 여긴 언어를 배우려고 하지도 않았다. 딸들에게 정체성 문제는 단순했다. "우리는 스스로 유대인이라고 생각하고 싶지 않았어요."라고 파냐는 회상했다. "우리는 러시아에 살고 그 문화에 흠뻑 젖어 있었지만 러시아인도 되고 싶지 않았습니다. 우리는 스스로를 소비에트 시민이라고 생각했어요." 가족은 교육, 산업, 문화를 개인적 해방과 평등으로 가는 길로 보았다. 사무일은 소비에트 정치에 적극적으로 관심을 가졌고 트로츠키 같은 저명한 유대인 볼셰비키의 업적에서 엄청난 자부심을 느꼈다. 그는 교육받은 사람은 아니었지만 집을 책과 신문으로 가득 채웠고, 정치적 사건들, 특히 그가 정통한 외국의 사건들을 놓고 토론하기 좋아했다. 그는 일요일마다 유명한 '라스킨네 저녁 식사'에 참석하러 방문한 친구, 친척들과 '부엌 의회'를 열었다. 베르타의 유대 요리는 모스크바에서 독보적이라는 평판을 얻었다.[109]

일부 유대 가족들에서 '소비에트'적으로 되고 싶은 욕구는 유대 문화나 종교에 느끼는 동질감을 모조리 억압하는 것으로 나타났다. 예를 들어, 가이스테르의 집에서는 색다른 유대 접시나 이디시어 어구 혹은 차르 시절의 포그롬에 대한 가족 전설로만 유대 관습의 흔적이 아주 조금 남아 있을 뿐이어서 인나는 심지어 10대 때도 자신을 유대인으로 전혀 의식하지 못했다. 고멜 지역 유대인 가정에서 1923년에 태어난 레베카 코간은 레닌그라드에서 보낸 어린 시절을 '완전히 소비에트식'이었다고 기억한다. 고멜은 인나의 부모가 만난 곳이기도 하다. 레베카의 부모는 주요한 유대 관습들을 지키고 때때로 특히 레베카가 알아듣는 것을 원치 않을 때 이디시어로 말했으나, 다른 때에는 그녀의 말에 따르면 "근대적 방식으로, 유대 방식을 여전히 고집하는 조부모나 종교의 영향 없이" 딸을 양육했다.[110]

이다 슬라비나의 어린 시절도 크게 다르지 않았다. 이다는 벨라루스의 유대인 해방에 중요한 역할을 한 저명한 법률가 일리야 슬라빈의 모스크바 집에서 1921년에 태어났다. 일리야는 1883년에 모길료프 인근의 작은 도시에서 가난한 유대인 노동자 대가족의 장남으로 태어났다. 열두 살 때부터 일리야는 지역 약국에서 일하고 공부했다. 그는 약제사 자격을 따서 유대인 거주 허용 지역 밖에 합법적으로 거주할 수 있는 권리를 얻었다.* 1905년 그는 하리코프대학 법학부의 학외생(external student)으로 등록했다. 열두 살 이후로 정식 교육을 받지 않았는데도 일리야는 1학년 시험에서 1등을 했고, 그 덕분에 정부 할당량으로 허용된 3퍼센트의 유대인 학생으로 공식 등록할 수 있었다. 대학을 졸업한 후 일리야는 기독교로 개종할 경우 교수로 남을 수 있다는 제안을 받았다. 그러나 그는 제안을 거절하고 유대인 거주 허용 지역으로 돌아와 모길료프에서 법률가 조수로 일했다. 독일군이 서부 영토를 점령한 제1차 세계대전 시기에 일리야는 페트로그라드로 이사했고 도시동맹* 본부에서 일하면서 유대인 거주 허용 지역의 유대인들이 러시아에 재정착하는 것을 도와주었다. 1917년 이후 일리야는 판사로 선출되어 모길료프, 고멜, 비테프스크에서 일했다. 그는 1921년 모스크바로 이사했고 소련 법률 기관에서 계속 승진했다. 잘생기고 똑똑하며 친절하고 마음이 온화한 일리야는 드높은 이상을 품고 있었는데, 그는 이 이상을 자신의 유대인 특성을 부

---

* 유대인들은 제1길드의 상인이나 재능이 뛰어난 공예인, 대학생 혹은 약제사일 경우 유대인 거주 허용 지역 밖에서 살 수 있었다.

도시동맹 '전러시아 도시동맹(Vserossiiskii soyuz gorodov)'을 가리킨다. 제1차 세계대전에 참전한 차르 정부를 지원할 목적으로 자유주의적 지주들과 부르주아들이 설립한 단체였다. 1914년 8월 모스크바에서 개최한 시장들의 협의회에서 조직되었으며, 보통 '도시동맹'이라고 일컬어졌다.(역주)

인할 정도까지 소비에트 실험에 쏟아 부었다.

1903년부터 일리야는 적극적인 시온주의자로서 팔레스타인에 사회주의 사회를 건설하는 것을 목표로 하는 '시온의 프롤레타리아들'이라는 정당의 유명한 당원이 되었다. 일리야의 시온주의는 '시온의 프롤레타리아들'이 주로 기반을 둔 유대인 거주 허용 지역에서 보낸 그의 삶이 낳은 산물이었다. 그러나 그는 일단 페트로그라드에서 유럽화되고 동화주의적인 유대인들과 접촉한 뒤로는 시온주의를 벗어나 사회민주주의로 접근하기 시작했다. 국제적 대의로서 혁명을 받아들인 일리야는 유대 민족의 이해를 계급투쟁 아래에 둘 필요가 있음을 인정했다. 비테프스크 법원장으로서 그는 1919년에 포그롬을 일으킨 노동 계급 가해자들을, 포그롬이 유대인 공장 경영자들에 대한 계급적 증오의 표현이라는 근거로 변호하기까지 했다.[111] 1920년 일리야는 시온주의 운동을 떠났고, 1921년에 볼셰비키에 가담하기 전에 분트*(유대인 마르크스주의)에 잠깐 몸담았다. 일리야는 볼셰비키에 합류할 때 작성한 이력에서 자신의 '정치적 과오'(시온주의와 유대 민족주의)를 인정했고, 그때부터 자신의 집에서 유대 문화를 추방했다. 그는 아내인 예스피르에게 러시아어로 읽고 쓰도록 가르쳤으며, 이디시어로 말하는 것을 금지했고, 두 자녀인 이사크(1912년 출생)와 이다를 유대 전통과 전혀 관련 없는 소련 사람으로 키웠다. 이다는 다음과 같이 기억한다.

아버지는 올바르게 되려고, 이상적인 볼셰비키의 삶을 살려고 열심

분트(Bund) 정식 명칭은 '리투아니아·폴란드·러시아의 전 유대인 노동조합'이다. 1897년 빌뉴스에서 러시아 제국의 모든 유대인 노동자를 사회주의 정당으로 조직하기 위해 설립되었다.(역주)

소비에트 혁명의 이상을 국제적 대의로 받아들이면서 체제에 헌신한 법률가 일리야 슬라빈과 그의 가족 (1927년). 사진에서 일리야는 딸 이다를 다정하게 안고 있고, 그 곁에 아내 예스피르가 있다.

히 노력했습니다. 우리는 집에서 어떤 유대 관습도 지키지 않았고 결코 이디시어로 말하지 않았습니다. 우리 같은 아이들은 이디시어를 알지도 못했지요. 아버지는 일단 볼셰비키가 되자 유대인 강제 거주 지역(ghetto)과 유대인 거주 허용 지역을 생각나게 하는 모든 것을 집에서 치우려고 했습니다. 국제주의자로서 아버지는 민족적 평등과 소련을 믿었고 집을 소비에트다운 것으로 가득 채웠습니다. 아버지가 소중히 여긴 물건은 자신의 책상 위에 놓아둔 대리석으로 만든 소형 레닌 영묘였어요.[112]

하지만 새로운 도시 유대인들의 전망은 신경제정책이 추가로 공격을 당하면서 점점 어두워졌다. 1928년에 모스크바 소비에트는 소상인들에게 다시 특별사업세를 부과했다. 사무일 라스킨은 특히 곤란한 시기에 세금을 부과받았다. 신경제정책으로 주택에 대한 사적 소유권과 협동적 소유권이 다시 회복되었는데, 그해 초에 사무일은 주보프 광장에 건물을 세우는 사업에 돈을 쏟아 부었다. 투기적인 건축업자들이 이 모스크바 고급 지구의 큰 아파트 단지에 2층짜리 주택을 건설하고 있었고, 사무일은 투자의 대가로 2층에 방 세 칸짜리 아파트를 소유하기로 되어 있었다. 사무일에게는 사적 소유에 대한 꿈이 있었다. 그는 세 딸이 공부하는 동안에 딸들을 부양하기를 원했고, 그래서 세금을 완납하기를 거부했다. 사무일은 체포되었고 잠시 모스크바에서 투옥된 뒤, 니즈니노브고로드로 추방되었다.[113] 체포는 전국적으로 진행된 사적 상거래에 대한 공격의 일부였다. 이 공격은 1927년에 개시되어 궁극적으로 신경제정책의 붕괴를 가져왔다. 이 반(反)신경제정책 운동은 당 지도부에서 스탈린의 부상과, 1921년 레닌이 도입한 혼합경제 정책을 계속 지지한 트로츠키와 부하린이라는 두 주요 경쟁자의 패배와 긴밀하게 얽혀 있었다.

볼셰비키는 신경제정책에 항상 양가적인 태도를 취했지만, 개인 상점이 매긴 가격을 감당할 수 없었던 많은 프롤레타리아 지지자들은 신경제정책에 단호하게 반대했다. 신경제정책에 대한 프롤레타리아의 불신은 시장의 심각한 시세 변동으로 더욱 강화되었다. 농촌의 재화 부족으로 농민들이 도시에 식료품을 공급하지 않고 보류할 때마다 가격이 급등했던 것이다. 최초의 대규모 시장 붕괴는 소비에트들이 주로 가격 등귀에 대한 노동 계급의 불만을 가라앉히기 위해 네프만에게 처음으로 공격을 개시했던 1923~1924년에 발생했다. 1920년대 중반에 시장은 안정되었으나 흉작과 소비재 부족 사태가 동시에 일어난 1927~1928년에 두 번째 큰 시장 붕괴가 찾아왔다. 공산품 가격이 오르자 농민들은 국영 창고와 협동조합에 인도하는 곡물의 양을 줄였다. 고정된 조달 가격이 너무 낮아서 농민들은 가정에서 필요한 물건을 살 수 없었다. 대신 농민들은 자신들이 재배한 곡물을 직접 먹고, 가축에게 사료로 줬으며, 또 곳간에 보관하거나 국가에 방출하기보다는 사적 시장에 내다 팔았다.

신경제정책 지지자들은 위기에 대응하는 올바른 방법을 두고 의견이 갈렸다. 부하린은 국가 지출 확대가 산업 투자율을 둔화시킬 것이라는 점은 인정했지만, 시장 메커니즘과 레닌이 신경제정책의 기반이라고 했던 농민들과의 동맹을 유지하기 위해 조달 가격을 인상하고 싶어 했다. 트로츠키와 카메네프(Lev Kamenev, 1883~1936)와 지노비예프(Grigori Zinoviev, 1883~1936)(통합반대파)는 농민에게 더 양보하는 것이 사회주의 산업화라는 소련의 목표를 연기할 뿐이라고 우려하면서 신중한 태도를 보였다. 그들은 국가가 소비재 생산을 늘리는 데 필요한 식량과 자본을 확보하기 위해 농민의 곡물을 일시적으로 징발하고 그런 다음에 농민층에게 시장 메커니즘을 회복시켜야 한다고 주장했다. 스탈린은 부하린 편에 섰으나—1927년 12월 제15차 당 대회에서 트로츠키와 지노비예프가 패배할 때까지만 그랬다.—그 후 부하린과 신경제정책에 등을 돌렸다. 스탈린은 곡물 위기를 '쿨라크들의 파업' 때문이라고 비난하면서 소련을 산업화할 5개년 계획을 뒷받침하기 위해 내전 시기의 징발 정책으로 되돌아가자고 요구했다. 그는 자신이 보기에 나라가 사회주의 산업화로 나아가는 것을 막는 자본주의 경제의 마지막 잔재(소규모 상거래와 농민 경작)를 뿌리 뽑을 것을 격렬한 말로 다그쳤다.

스탈린의 격렬한 수사—혁명과 내전의 계급 전쟁으로 복귀하자는 요청—는 당의 기반인 프롤레타리아에게 폭넓은 호소력을 발휘했다. 프롤레타리아 사이에서는 부르주아가 네프만, '부르주아 전문가', '쿨라크'를 통해 다른 형태로 복귀하고 있다는 느낌이 강해지고 있었다. 많은 사람들은 신경제정책이 사회 정의라는 볼셰비키의 이상에서 후퇴한 것이라고 느꼈고 자본주의 경제의 부활을 가져올까 두려위했다. "우리 젊은 공산주의자들은 모두 화폐가 단번에 일소된다는 믿음 속에 성장했다."고 한 볼셰비키는 회고했다. "만일 (내전 기간 동안 폐지되었던) 화폐가 다시 나타난다면, 부자도 다시 나타나지 않겠는가? 우리는 자본주의로 돌아가는 파멸의 길 위에 있지는 않은가? 우리는 이 질문을 근심 어린 마음으로 스스로에게 던졌다." 내전 방식으로 복귀하자는 스탈린의 요청은 1917~1921년의 혁명적 싸움에 참가하기에는 너무 어렸으나 내전 이야기에 바탕을 둔 '투쟁 숭배' 속에 교육받은 젊은 공산주의자들—1900년대와 1910년대에 태어난 사람들—에게 특별히 매력적으로 다가왔다. 한 볼셰비키(1909년에 출생)는 회고록에서 동시대인들의 전투적 세계관 때문에 자신들은 '부르주아 전문가', 네프만, '쿨라크'와 여타 '부르주아 앞잡이'들에 맞서 '계급 전쟁을 재개'할 필요성을 강조한 스탈린의 주장을 받아들였다고 역설했다. 어느 스탈린주의자가 설명하듯이, 젊은 공산주의자들은 낙담했다.

내 세대의 콤소몰들—열 살 이전에 10월혁명을 경험한 사람들—은 우리의 운명에 분노했다. 콤소몰에서, 공장에서 우리는 할 일이 아무것도 남아 있지 않다는 사실에 한탄했다. 혁명은 끝났고, 가혹했지만 낭만적이었던 내전 시절은 다시는 오지 않을 것이며, 구세대는 투쟁과 흥분이 결여된 지루하고 단조로운 삶만 우리에게 남겨주었다.

알렉세이 라트첸코는 1927년 일기에 다음과 같이 썼다.

진보적인 청년들은 오늘날 어떤 진정한 관심이나 활동의 초점도 없다. 이 시기는 내전기가 아니라 신경제정책기인 것이다. 신경제정책은 혁명의 필수적 단계지만 지루한 단계다. 사람들은 개인적 문제나 가족 문제 따위로 마음이 어지럽다. …… 우리를 흔들어 깨우고 분위기를 일신할 뭔가가 필요하다(일부 사람들은 전쟁을 꿈꾸기까지 한다).[114]

스탈린은 내전을 '영웅적 시기'로, 소련을 국내외 자본주의 적들과 끊임없이 투쟁하는 국가로 보는 낭만적 인식을 이용했다. 그는 1927년에 '전쟁 공포'를 조성하여, 소련에 맞선 영국의 '첩자'들과 '침략 계획'에 관한 가짜 이야기로 언론을 도배했고, 이 공포를 이용하여 잠재적 '적'들('군주주의자'들과 '이전 사람들')을 무수히 체포할 것을 요청했다. 그는 또 5개년 계획과 군사력 증강을 위한 자신의 주장을 뒷받침하기 위해서도 전쟁 위협을 이용했다. 스탈린은 신경제정책이 산업 장비를 마련하는 수단으로는 너무 느리고, 전쟁이 일어날 경우 곡물을 조달하는 수단으로도 충분히 탄탄하지 않다고 역설했다. 5개년 계획에 대한 스탈린의 개념은 전적으로 적과 벌이는 부단한 투쟁에 근거를 두었다. 1928~1929년에 당의 통제권을 장악하기 위해 부하린과 치른 정치적 전투에서 스탈린은 부하린이 계급투쟁이 시간이 흐를수록 약화될 것이고 '자본주의 요소들'이 사회주의 체제와 융화할 것이라는 위험한 견해에 동의하고 있다고 비난했다(사실 부하린은 경제 영역에서 투쟁이 계속될 것이라고 주장했다). 이러한 견해는 당으로 하여금 자본주의 적들에 맞서는 방어 체제를 느슨하게 하도록 만들고, 그 결과 적들이 소비에트 체제에 침투하여 내부에서부터 체제를 전복할 수 있을 것이라고 스탈린은 주장했다. 대숙청에서 억압의 물결이 확대되는 것을 합리화한 주장의 전조로서 스탈린은 그와는 반대로 나라가 사회주의로 나아감에 따라 부르주아의 저항은 반드시 강화되며, 그래서 "착취자들의 반대를 뿌리 뽑고 분쇄할" 활동을 재개하는 것이 끊임없이 요구된다고 단언했다.[115] 바로 이것이 스탈린의 세력을 규합하고 부하린에 대한 그의 승리를 보장한 이론적 논거였다. 공포정치는 5개년 계획의 결과가 아니라 5개년 계획이 자극한 것이었다.

사적 상인들에 대한 공격은 재개된 혁명 전쟁의 전초전이었다. 수천 명의 네프만이 투옥되거나 집에서 쫓겨났다. 1928년 말까지 1926년에 등록된 40만 개의 자영업체 중 절반 이상이 세금 때문에 사라지거나 경찰에 의해 폐쇄되었다. 1929년 말까지 10개 사업체 중 1개만이 남았다. 리셴치에 대한 새로운 규제로 네프만 가족들의 삶이 훨씬 힘들어졌다. 리셴치에게는 배급표(1928년에 도입)가 지급되지 않았고 그래서 그들은 가격이 극적으로 치솟은, 남아 있는 소수의 개인 상점들에서 식품을 살 수밖에 없었다. 이전보다 훨씬 자주 그들의 가족들은 국영 주택에서 쫓겨났고 자녀들은 학교와 대학에서 공부하는 것이 금지되었다.[116]

사무일 라스킨은 이 계급 전쟁이 절정에 올랐을 때 니즈니노브고로드의 유형지에서 모스크바로 돌아왔다. 1929년 봄에 라스킨 가족은 주보프 광장의 새 집으로 이사했다. 사무일과 베르타가 방 한 칸을, 소냐가 다른 방 한 칸을, 파냐와 제냐는 거실을 같이 썼다. 그러나 자신의 집을 소유하고 싶은 사무일의 꿈은 신경제정책의 전복에 뒤이은 사적 소유 폐지로 곧 산산조각 났다. 모스크바 소비에트는 라스킨의 집을 국유화해 공동 아파트로 바꾸어 노부부(둘 다 경찰 정보원으로 잘 알려져 있었다)를 입주시켰다. 가장 큰 방 두 개는 이들에게 주고, 라스킨 가족에게는 임대 방 하나만 남겨 같이 사용하게 했다. 1929년 11월에 사무일의 청어 사업이 국가에 수용되었다. 사무일은 두 번째로 체포되었고 부티르카 형무소*에서 몇 주 수감된 뒤 보로네시로 추방되었다. 그는 1930년에 보로네시에서 돌아와 생선 거래 분야의 소비에트 종업원으로 새로운 인생을 시작했다.[117]

사무일은 모든 것을 잃었다. 그러나 그는 소비에트 체제에 대해 한 번도 불평하는 일 없이 모든 것을 참아냈듯이 자신의 영락한 상황을 견뎌냈다. 1950년대에 제냐의 친구였던 나데즈다 만델시탐은 스탈린 시절을 담은 회고록에서 사무일의 이러한 성격을 묘사했다.

제냐의 아버지는 세 딸을 키우면서 염장 청어를 취급한, 몸집이 작은, 사실 상상할 수 있는 한 가장 작은 상인이었다. 혁명은 그를 더없이 행복하게 만들었다. 혁명은 유대인들에게 평등한 권리를 선포했고, 그는 총명한 세 딸을 잘 가르치려는 꿈을 실현할 수 있었다. 신경제정책이 개시되었을 때 그는 그것을 액면 그대로 받아들였고, 딸들을 먹여 살리기 위해 염장 청어 사업을 시작했다. 그러나 사업은 세금을 납부할 수 없게 되자 몰수당했을 뿐이다. 의심할 여지 없이 그도 가족을 구할 방법을 찾으려고 신중하게 계산했다. 그는 나림 같은 장소로 쫓겨났다. 하지만 그는 쫓겨났을 때도, 징역살이를 하면서도—그는 '새로운 방식', 즉 경우에 따라 '귀중품 몰수'가 동반되는, 원시적 구타보다 더 세련된 종류의 고문이 도입되던 바로 그때 감옥에 갔다.—망가지지 않았다. 첫 번째 유형지에서 그는 부인과 세 딸에게 너무나 비통하고 다감한 편지를 보내왔고 그들은 편지를 가족 외의 어느 누구에게도 보여주지 않기로 결정했다. 그의 전 생애는 추방

부티르카 형무소 제정 러시아 때 모스크바에 세워진 감옥. 17세기에 설치되었다고 하나 현재 건물은 1879년에 건설되었다. 죄수들을 다른 데로 이송하기 전에 일시적으로 구류한 임시 감옥이었다. 10월혁명 후에도 정치범 구치소와, 굴라크 형을 선고받은 일반인들을 노동수용소로 보내기 전에 구금한 임시 감옥으로 사용되었다.(역주)

과 석방을 반복하면서 소모되었고 나중에 딸들과 사위들이 추방당하고 수용소에 갔을 때 똑같은 일이 시작되었다. 이 일의 중심에 있었고 오랜 시절 결코 변하지 않은 아버지가 없었더라면, 이 가족의 운명은 전형적인 소비에트 인생담을 보여줬을 것이다. 욥기*를 신성하게 한 신비한 영성과 선의 자질을 간직한 그는 유대인의 숭고성을 보여주는 전형이었다.[118]

욥기 구약성서의 욥기를 가리킨다. 기독교 경전인 동시에 유대교 경전이기도 하다.(역주)

2장

농촌 공동체의 전복

1928~1932

여러분은 징징거리지 말고, 썩어빠진 자유주의를 몽땅 버리고, 당원으로서 가장 엄격한 책임감을 갖고 책무를 맡아야 합니다. 부르주아 인도주의는 창문 밖으로 던져버리고 스탈린 동지에게 어울리는 볼셰비키처럼 행동하십시오. 쿨라크 앞잡이들이 고개를 드는 곳마다 그들을 때려눕히십시오. 이것은 전쟁입니다. 저들이 이기거나, 우리가 이기거나 둘 중 하나입니다. 자본주의 농업의 마지막 썩어빠진 잔재는 어떤 대가를 치르더라도 깡그리 없애버려야 합니다.

'자본가 농민' 쿨라크를 박멸하라

1930년 8월 2일, 오부호보 마을 사람들은 한여름의 끝을 알리는 오랜 종교 축일인 '일린의 날'을 기념했다. 이날 러시아 농민들은 잔치를 벌이고 풍작을 기원했다. 교회에서 미사를 본 후 마을 사람들은 오부호보에서 가장 큰 집안인 골로빈네 집에 모였고, 아이들이 밖에 나가 노는 동안 집에서 직접 만든 파이와 맥주를 대접받았다. 저녁이 가까워 오면서 마을 춤(gulian'e)이 시작되었다. 발랄라이카 연주자와 아코디언 연주자들로 이루어진 밴드가 앞장을 섰고 그 뒤를 두 줄로 나누어 선 10대 남녀들이 축제용 의상을 입고 노래를 부르면서 집을 출발하여 마을 거리를 춤추며 내려갔다.[1]

그러나 그해 축일은 격렬한 논쟁으로 빛이 바랬다. 마을 사람들은 소비에트 정부의 명령대로 집단농장(콜호스)을 조직해야 하는지를 둘러싸고 완전히 양분되었다. 농민 대부분은 몇 세대에 걸쳐 일군 가족 농장을 포기하고 자신들의 재산, 말, 암소, 농기구를 콜호스에서 공유하고 싶지 않았다. 집단농장에서는 모든 토지와 가축과 농기구가 집단화될 것이었다. 또 농민들의 개별 경작지가 트랙터로 농사 짓기에 알맞은 큰 경지로 묶여 정리될 예정이었다. 농민들은 가금류를 키우고 채소를 약간 재배할 수 있는 아주 작은 텃밭만 가진 임금 노동자가 될 것이었다. 오부호보 마을 사람들은 가족 노동과 소유권의 원칙을 강력하게 고수했으며, 북부의 다른 마을들에서 집단화가 진행되고 있다는 소문을 듣고 겁을 먹었다. 군인들이 농민들을 강제로 콜호스에 가입시키고 있으며 대량 체포와 추방이 자행되고 있다, 집이 불타고 사람들이 살해당하고 있다, 농민들이 마을에서 도망치고 집단화를 피하기 위해 자기 가축을 도살한다는 따위의 흉흉한 이야기들이 나돌았다. "우리 농장에서 우리는 우리 자신을 위해 일할 수 있으나, 콜호스에서는 다시 농노가 될 것이다."라고 니콜라이 골로빈은 7월에 공동체 회의에서 경고했다.[2] 오부호보의 나이 든 농민들 중 많은 이들은 1861년 농노제가 폐지되기 전에 태어난 사람들이었다.

1917년에 니콜라이는 농민들의 토지 혁명을 이끌었다. 그는 교회 토지(이 지역에는 지주들의 사유지가 전혀 없었다) 몰수를 조직했고, 공동체와 소비에트를 통해 경작지 지조를 가구 크기에 따라 가족 농장에 배분하면서 마을 토지의 재분배를 감독했다. 니콜라이는 마을 사람들에게서 꽤 존경을 받았으며, 사람들은 종종 그에게 농사에 대해 자문을 구하러 왔다. 혁명의 결과로 공동체 토지에서 마을 사람들이 직접 경작하는 소규모 가족 농장은 그 수가 늘어난 상태였다. 마을 사람들은 니콜라이의 지혜와 성실, 근면, 절제, 온화한 겸손을 높이 평가했고, 그가 소비에트 정부의 정책을 이해하고 쉬운 용어로 설명할 수 있었기 때문에 그의 의견을 신뢰했다. 그의 집 밖에 있는 오래된 연자방아는 마을 사람들이 여름밤에 모이는 비공식적인 집회 장소였으며, 니콜라이는 지역에서 일어난 사건들에 관해 견해를 밝히곤 했다.[3]

골로빈 가는 농민 전통의 수호자였다. 그들의 가족 농장은 모든

1920년대 말 소련 전역을 휩쓴 농촌 집단화 물결에 희생된 니콜라이 골로빈과 아들 알렉세이, 아내 예브도키야(1940년대 사진). 1917년 오부호보에서 농민들의 토지 혁명을 이끌었던 니콜라이는 1930년 8월에 프롤레타리아의 적인 부농, 즉 '쿨라크'로 분류되어 솔로베츠키 수용소에 수감되었다.

자녀들이 아버지의 지휘 아래 일하고 거의 신 같은 권위를 지닌 존재("신은 하늘에 계시고 아버지는 집에 계신다.")로서 아버지에게 복종하도록 길러지는 가부장적 체계에 따라 조직되었다. 다른 농민들과 마찬가지로 골로빈 가는 토지와 관련해 가족 노동의 권리를 믿었다. 가족 노동의 권리는 1917~1918년에 진행된 토지 혁명의 지침이었다. 니콜라이는 내전 때 북부에서 적군(赤軍)을 조직하는 것을 도왔는데, 당시 그는 소비에트 체제가 농민이 지닌 이 권리를 옹호할 것이라는 조건하에 체제를 지지했다.(1920년대 내내 그는 자기 집 큰 방의 성화상들 옆에 육군인민위원인 클리멘트 보로실로프Kliment Voroshilov의 초상화를 놔두었다.) 그러나 이 가족 노동의 권리는 차츰 볼셰비키에게 공격당했다.

오부호보에서는 전투적인 젊은 콤소몰 활동가들이 집단화 운동을 주도했다. 콤소몰은 마을 학교에서 회의를 몇 차례 열었고, 회의에서는 선동가들이 오부호보에서 가장 부유한 농민들을 비난하는—특히 골로빈 가를 비난하는—과격한 연설을 했다. 과거에는 그런 선전을 들어본 적이 없던 마을 사람들은 콤소몰 지도자들이 늘어놓는 장광설에 깊은 인상을 받았다. 이 회의들에서 마을 사람들은 자신들이 상호 적대적인 세 계급, 즉 프롤레타리아의 동맹자인 빈농이나 중립적인 중농, 프롤레타리아의 적인 부농, 즉 '쿨라크'* 중 하나에 속한다는 말을 들었다. 오부호보의 모든 농민들이 각각 이런 상이한 계급으로 분류되었고 그 명단이 마을 학교 밖 게시판에 내걸렸다. 이 구분은 전적으로 콤소몰이 만든 것이었다. 마을 사람들은 이전에는 사회 계급이라는 측면에서 스스로를 인식한 적이 없었다. 그들은 항상 자신들을 단일한 '농민 가족'의 일원으로 생각했으며, 가장 가난한 농민들은 골로빈 가족과 같은 가장 성공한 농민들에게 보통 예의가 발랐고 심지어 경의를 표하기까지 했다. 그러나 마을 학교에서 열린 회의에서 빈농들은 술의 힘으로 말문이 터지기라도 하면 '쿨라크 골로빈 가'를 고발하는 데 목소리를 보태곤 했다.[4]

---

* '주먹'을 뜻하는 단어에서 파생된 '쿨라크'라는 용어는 원래 착취자들(고리대금업자, 임대한 토지를 다시 임대하는 자, 술수에 능한 자 등)을 경작 농민들과 구분하기 위해 농민들이 사용했다. 그들이 보기에 기업가적 농민은 노동자를 고용하더라도 '쿨라크'일 수가 없었다. 이와는 대조적으로 볼셰비키는 마르크스주의 의미로 용어를 잘못 사용해 부유한 농민이라면 누구든지 쿨라크로 묘사했다. 그들은 농민들의 농장 경영에서 고용 노동의 이용(러시아의 대부분 지역에서는 극히 드문 일)이 '자본주의'의 한 형태(농장에서 노동력 부족을 보충하는 방식과 대조되는 것으로서)라는 잘못된 가정 아래 '쿨라크'와 '자본가'를 동일시했다. 내전 시기에 볼셰비키는 곡물을 쌓아 놓고 있다고 비난받은 '쿨라크'들에 맞서 토지 없는 농민들(주로 도시형 사람들)을 빈농위원회(kombed)로 조직함으로써 농촌에서 계급 전쟁을 부추기고 곡물을 징발하려고 노력했다. 집단화 시기에 '쿨라크'라는 용어는 집단농장에 들어가는 것을 반대하는 농민을—부농이든 빈농이든 상관없이—가리키는 말이 되었다.

오부호보 콤소몰의 주축은 군복 같은 옷차림으로 총을 들고 마을을 돌아다니는 십여 명의 10대였다. 그들은 마을 사람들에게 위협적이었다. 무리의 지도자 콜랴 쿠지민은 가난한 술주정뱅이 농민의 아들로 열여덟 살이었다. 쿠지민 가족은 지붕이 다 쓰러져 가는 형편없는 집에서 살았는데, 그 집은 오부호보에서 가장 가난한 사람들이 사는 마을의 끄트머리에 있었다. 어릴 때 콜랴는 가족이 시킨 심부름으로 다른 농장에 식량이나 물건을 빌리러 다녔다. 콜랴는 "쿠지민네 집에서는 새해가 되기 전에 늘 동이 나버리는 성냥, 소금, 등유, 밀가루를 이웃의 정으로 나눠 달라고 요청"하면서 자기 집에 종종 나타나곤 했다고 니콜라이 골로빈의 딸 안토니나는 회고한다. 니콜라이는 이 소년을 동정하여 농장 안마당에 있는 가죽 작업장에서 일하도록 일거리를 주었다. 콜랴 쿠지민은 콤소몰에 가입하여 골로빈 가에 등을 돌린 1927년까지 몇 년 동안 그곳에서 일했다.[5]

많은 마을, 특히 오부호보 같은 오지 마을에서 볼셰비키는 당 세포가 없는 상황에서 선동 활동을 진행하기 위해 콤소몰을 활용했다. 1920년대 중반에 농촌 당원 한 명당 네 명의 농촌 콤소몰 회원이 있었다. 오부호보에 가장 가까운 당 사무실은 7킬로미터 떨어진 지구의 중심 도시 우스튜즈나에 있었다. 오부호보의 마을 소비에트는 골로빈 가가 지배하고 있었기 때문에 콤소몰에 가입한 마을의 활동적인 젊은이들이 콜호스 운동을 이끄는 책임을 맡았다. 당 지도부가 대규모 집단화를 요청하기 시작했던 1928년 가을부터 쿠지민과 그의 동료들은 극빈농들에게 '쿨라크'들과 교회의 '반혁명적' 영향력에 맞선 전투에서 자기들 편에 서라고 격려하고, 우스튜즈나 시에 익명의 고발 편지를 보내면서 마을을 돌아다녔다. 1929년 봄에 니콜라이 골로빈은 오부호보 소비에트에서 쫓겨났고 '가죽 가공 기업의 자본주의적 소유자'로서 시민권을 박탈당했다. 11월에는 니콜라이의 '쿨라크' 농장에 800루블의 무거운 세금을 부과한 우스튜즈나 시에서 온 관리들과 마을 콤소몰이 함께 니콜라이의 집을 수색했다. '쿨라크'들을 '파산시키고' 그들의 재산을 몰수하기 위한 전국적 정책의 일부였던 이 세금은 볼로그다에서만 거의 4천 가구에 이르는 농가를 몰락시켰다.[6]

세금을 납부하기 위해 니콜라이는 젖소 두 마리와 신발 만드는 기계, 철제 침대, 한 트렁크분의 옷을 팔 수밖에 없었다. 그해 겨울에는 형제 넷 중 두 명과 함께 모자란 돈을 벌기 위해 레닌그라드의 건축 현장에서 일하기까지 했다. 세 형제는 이제 농업 집단화가 불가피해 보이는 오부호보를 떠날 생각을 하고 있었고 도시 생활이 어떤 것인지 알고 싶어 했다. 그들은 기숙사 나무 의자 위에서 잤고 카페테리아에서 식사했으며 수백 루블을 집에 보낼 수 있을 만큼 저축했으나, 이런 식으로 생활한 지 몇 달 뒤에 마을로 돌아가기로 결정했다. "가게에서 빵, 감자, 양배추 등 모든 것을 사야 한다면 이건 사람답게 산다고 할 수 없다."고 니콜라이는 가족에게 보낸 편지에서 썼다.[7]

1930년 봄 니콜라이의 귀향은 그와 콤소몰의 관계를 극한으로 몰고 갔다. 어느 날 밤 그는 이웃 마을에서 온 형 이반 골로빈과 자기 집에서 저녁을 들고 있었다. 그들은 부엌 창가의 식탁에 앉아 있었는데, 등유 램프에 비친 그들의 그림자가 어둠을 틈타 바깥에 모여 있던 콜랴 쿠지민과 추종자들의 눈에 명확히 들어왔다. 술에 취해 있었던 그들은 '쿨라크'들에게 '나오라'고 고함쳤고 그런 다음 창문을 향해 총을 쐈다. 머리에 총탄을 맞은 이반은 자신이 흘린 피 웅덩이에 쓰러져 죽었다.

몇 주 뒤 콜랴 쿠지민은 이번에는 우스튜즈나 시에서 온 당 관리

두 명과 함께 니콜라이의 집에 다시 나타났다. 그날 밤 니콜라이의 집에서는 모임이 있었고 큰 방은 친구와 친척들로 붐볐다. 쿠지민은 그들이 불법 집회를 열고 있다고 비난했다. "쿨라크들, 진실을 밝히고, 소비에트 권력에 대한 음모를 중단하라!" 그는 문을 세게 두드리면서 고함을 쳤다. 총을 갖고 있던 그는 공중으로 발포했다. 현관에서 침입자들과 맞선 니콜라이는 그들이 집 안으로 들어오는 것을 막았다. 쿠지민은 니콜라이를 죽이겠다고 위협했고(그는 "나는 당신 형을 죽였듯이 당신도 쏴 죽일 것이며, 어느 누구도 나를 처벌하지 못할 것이다."라고 말했다고 한다), 그 결과 말다툼을 벌이다 니콜라이가 쿠지민을 밀어 쓰러뜨렸다. 쿠지민과 그의 동지들은 떠났다. 며칠 뒤 쿠지민은 니콜라이를 고발하는 편지를 우스튜즈나 정치경찰(오게페우) 수장에게 썼다.

이 쿨라크 착취자는 십여 명의 다른 쿨라크 분자들과 함께 우리 마을에서 반소비에트 선전을 퍼뜨리고 있습니다. 그들은 소비에트 정부가 사람들에게서 금품을 털고 있다고 말하고 있습니다. 그들의 목표는 사람들이 집단화에 등을 돌리게 만들어 집단화를 방해하는 것입니다.

특히 이 고발은 니콜라이가 "소련 정부를 저주할" 때마다 "항상 취해 있었다"고 덧붙인 볼셰비키 두 명의 지지를 받고 있었기 때문에, 쿠지민은 자신의 이전 후원자가 체포되기에 충분하다는 것을 분명 알고 있었을 것이다.[8]

아니나 다를까, 1930년 8월 2일 '일린의 날' 축일이 끝나 갈 무렵 손님들이 골로빈네 집을 떠나려고 준비하던 때, 관리 두 명이 니콜라이를 체포하러 왔다. 우스튜즈나에 투옥된 니콜라이는 오게페우 3인

법정에 의해 '폭력 의도'로 유죄 판결을 받아 (쿠지민을 때려 땅에 쓰러뜨린 혐의로) 3년 징역형을 선고받고 백해의 한 섬에 위치한 솔로베츠키 감옥에 갇혔다. 안토니나가 마지막으로 아버지를 본 것은 우스튜즈나 감옥 창살을 통해서였다. 그녀는 어머니, 형제자매와 함께 지구 중심지로 걸어가 솔로베츠키 수용소로 이감되기 전 아버지의 모습을 멀리서나마 잠깐 보았다. 다음 3년 동안 아버지는 안토니나의 꿈에 계속 나타났다.[9]

니콜라이가 체포되고 몇 주 뒤 오부호보의 농민들은 마을 회의에 동원되었다. 회의에서 그들은 콜호스 설립을 위해 가족 농장을 폐쇄하고 모든 토지와 농기구, 가축을 넘겨준다는 결의안을 통과시켰다.

집단화는 소련 역사에서 거대한 전환점이었다. 집단화는 오랫동안 발전해 왔던 생활방식을 파괴했다. 이 생활방식은 가족 농장, 오래전부터 존재해 왔던 농민 공동체, 독립적인 마을과 교회, 농촌 시장에 기반을 두고 있었다. 볼셰비키는 이 모든 것을 사회주의 산업화를 가로막는 장애물로 보았다. 수많은 사람들이 살던 집에서 뿌리 뽑혀 소련 전역으로 흩어졌다. 집단농장 도망자들, 콜호스 곡물을 과도하게 징발함으로써 발생한 기근 희생자들, 부모를 잃은 아이들, '쿨라크'들과 그들의 가족이 바로 그들이었다. 이 유랑하는 주민들은 도시와 산업 건설 현장, 굴라크(수용소 관리본부)의 노동수용소와 '특별 정착촌'을 채우면서 스탈린 산업혁명의 주요 노동력이 되었다. 이런 방식으로 강제적 발전의 모범을 보인 제1차 5개년 계획(1928∼1932년)은 스탈린 체제를 공고화한 새로운 유형의 사회 혁명('위로부터의 혁명')을 개시했다. 계획경제가 주택, 학교, 직업, 식품 등 거의 모든 것을 통제하면서 전 인구가 국가에 종속되었다. 그 결과, 예로부터 내려온 유대 관계와 충성이 깨지고 도덕이 폐기되었으며 새로운('소비에트') 가치와 정체성이 부과되었다.

농민 가족 농장의 근절은 이 '위로부터의 혁명'의 출발점이었다. 볼셰비키는 농민을 근본적으로 불신했다. 1917년 당시 농촌에서 영향력이 없던 볼셰비키는 농민의 토지 혁명을 용인할 수밖에 없었고 그 혁명을 구체제를 약화시키는 데 이용했다. 하지만 그들은 자신들의 장기 목표가 농민들의 소규모 자작농 체제를 제거하고 그것을 기계화된 대규모 집단농장으로 대체하여 농민들을 '농촌 프롤레타리아'로 변모시키는 데 있음을 항상 분명히 했다. 마르크스주의 이데올로기는 볼셰비키에게 농민들을 궁극적으로 공산주의 사회의 발전과 양립할 수 없는 구사회의 '프티부르주아적' 잔재로 간주하라고 가르쳤다. 농민들은 옛 러시아의 가부장적 관습과 전통에 지나치게 매여 있었고, 자유 상거래와 사적 소유의 원리와 습관에 지나치게 물들어 있었으며, 지나치게 '가족 중심주의'에 빠져 있어 충분히 사회주의화될 수 없었다.

볼셰비키는 농민들이 주된 식량의 공급을 통제하는 한 혁명을 잠재적으로 위협하는 세력이라고 믿었다. 내전 때 드러났듯이, 농민들은 곡물을 시장에 내놓지 않음으로써 소비에트 체제를 붕괴 직전까지 몰고 갈 수 있었다. 1927~1928년의 곡물 위기는 스탈린 집단 내에서 '쿨라크 파업'에 대한 우려를 다시 불러일으켰다. 스탈린은 대응책으로 식료품 징발을 재개하고 그 정책을 정당화하기 위해 '쿨라크 위협'에 맞서는 '내전' 분위기를 조성했다. 1928년 1월에 스탈린은 핵심 곡물 생산 지역인 시베리아를 시찰했고 지역 활동가들에게 곡물을 몰래 감추고 있다고 의심되는 '쿨라크'들에게 자비를 보이지 말라고 촉구했다. 스탈린이 내세운 구호는 지역 기관에 지시한 일련의 비상조치로 뒷받침되었다. 그것은 곡물을 징발대에 내놓지 않으려하는 농민은 누구든 형법을 적용하여 체포하고 재산을 몰수하라는지시였다(법률의 조악한 해석은 정부 내에서 약간의 저항을 불러왔다). 정권이 '쿨라크 파업'을 분쇄하려 하고 과밀한 감옥을 노동수용소 네트워크(곧 굴라크로 알려지는)로 변모시키면서, 수십만 명의 '악의적인 쿨라크'(니콜라이 골로빈 같은 보통 농민)들이 체포되어 노동수용소로보내졌고, 그들의 재산은 파괴되거나 몰수되었다.[10]

곡물 확보를 위한 전투가 격화됨에 따라 스탈린과 지지자들은 식량 생산에 대한 국가의 통제를 강화하고 '쿨라크의 위협'을 단번에제거하기 위해 대규모 집단화 정책을 시행하는 쪽으로 나아갔다. "우리는, 국고 보조와 신용 대출을 중단하겠다고 위협함으로써 집단농장들이 시장에 내다 팔 수 있는 곡물 전량을 국가와 협동조합 조직에 넘겨줄 절차를 고안해야 한다."라고 스탈린은 1928년에 말했다.[11] 스탈린은 기계화된 대규모 집단농장의 잠재력을 점점 더 낙관적으로 언급했다. 이미 만들어진 소수의 그런 집단농장들이 대다수농민 가족 농장들이 생산한 소량의 농업 잉여보다 훨씬 더 많은 시장성 있는 잉여를 갖고 있음을 통계 수치가 보여주었다.

집단농장에 대한 이와 같은 열정은 비교적 새로운 것이었다. 이전에 당은 집단화를 그렇게 많이 강조하지 않았다. 신경제정책 하에서국가가 재정적, 농학적 지원을 통해 집단농장의 조직을 권장했지만, 당내 여러 집단들에서는 집단화가 점진적이고 자발적으로 이루어져야 한다는 전반적 합의가 있었다. 신경제정책 시기에 농민들은 집단적 원리에 동조할 조짐을 전혀 보이지 않았고 콜호스 부문의 성장은매우 미미했다. 국가가 세금 정책을 통해—집단농장에 융자를 제공하고 '쿨라크' 농장에 무거운 수수료를 부과한 정책—좀 더 큰 압력을 가한 1927년 이후 콜호스 부문은 좀 더 빨리 성장했다. 그러나 대다수 농민들은 대규모 콤무나(kommuna, 모든 토지와 재산을 공동으로 관리)가 아니라 작고 비공식적이며 소자작농 같은 모습의 집단농장 토스(TOZ, 모든 토지를 공동으로 경작하지만 가축과 농기구는 사적 재산으로 농민들이 보유했다)에 관심을 보였다. 5개년 계획에서는 당이 정책을 이제 막 변화시키려 한다는 암시를 거의 찾을 수 없었다. 5개년 계획은 집단농장들의 파종 면적을 적절히 늘릴 것을 계획했고, 자발성 원리를 포기한다는 언급도 전혀 없었다.

1929년 스탈린은 갑작스럽게 정책 변화를 강압적으로 추진했다. 이러한 전면적인 변화는 부하린에게 치명타였다. 부하린은, 원안(1929년 봄에 채택했지만 1928년까지 소급할 수 있는)에 따르면 사회주의 산업화에 대해 낙관적이기는 하나 합리적인 목표를 상정한 5개년 계획의 틀 안에서 신경제정책의 시장 메커니즘을 보존하려고 필사적으로 노력하던 중이었다. 스탈린은 훨씬 높은 산업 성장률을 밀고 나갔으며 1929년 가을까지 5개년 계획의 목표 수치는 극적으로 증가했다. 1932년까지 투자는 이제 세 배로 늘어나리라 예상되었고 석탄 생산은 두 배, 선철 생산(계획 원안에서는 250퍼센트 증가로 책정되어 있었다)은 네 배 증가가 목표로 설정되었다. 평당원들 사이에 널리 공유된 광적인 낙관론의 물결 속에서 소비에트 언론은 "5개년 계획을 4년 안에!"라는 구호를 내걸었다.[12] 바로 이 유토피아적 성장 목표 때문에 당은 스탈린의 대규모 집단화 정책을 받아들일 수밖에 없었다. 이 집단화 정책이야말로 급속도로 확대되고 있는 산업 노동력이 먹을 (그리고 자본재 수입을 위해 국외에 판매할) 식량을 싸고 확실하게 공급할 수 있는 거의 유일한 길로 보였던 것이다.

모든 정책의 핵심에는 농민을 상대로 한 당의 전쟁이 도사리고 있었다. 농업 집단화는 마을과 교회, 개별 가족 농장, 사적 상거래와 소유권 등 러시아를 과거에 뿌리박게 하는 모든 것들에 대한 농민층의 애착을 직접 공격하는 것이었다. 1929년 11월 7일, 스탈린은 〈프라우다〉에 '대급변의 해'라는 논설을 싣고, 5개년 계획을 소련에서 '자본주의 요소들'에 맞서는 마지막 위대한 혁명 투쟁의 출발점으로 선포했다. 그 혁명 투쟁은 사회주의 산업에 의해 건설되는 공산주의 사회의 탄생을 이끌 것이었다. 스탈린이 쓴 '대급변'이란 말은 그가 고리키에게 설명했듯이 "구사회의 총체적 파괴와 새로운 사회의 열정적 건설"을 뜻했다.[13]

1929년 여름부터 수천 명의 당 활동가들이 집단농장 설립을 선동하기 위해 농촌 지역에 파견되었다. 오부호보의 마을 주민들처럼 대부분의 농민들은 몇백 년 동안 지켜온 생활방식을 포기하면서까지 맹목적으로 미지의 세계로 뛰어들기가 두려웠다. 농민들을 설득하기 위해 보여줄 만한 좋은 집단농장 사례는 정말 거의 없었다. 1929년에 시베리아에서 일하던 독일인 농업 전문가는 집단농장을 "빈사 상태에 빠진 사람"으로 묘사했다. 극소수의 집단농장만이 트랙터나 근대식 농기구를 갖추고 있었다. 농업에 관해 거의 알지 못하고 "집단화 과정 전체의 평판을 떨어뜨리는" "조악한 실수"를 저지르는 사람들이 집단농장을 잘못 운영했다. 오게페우에 따르면, 농민들은 콜호스에 들어가면 "모든 것—토지, 암소, 말, 농기구, 집, 가족—을 잃으리라"고 생각했다. 어떤 나이 많은 농민은 이렇게 말했다. "강연자들이 꼬리를 물고 나타나 우리가 소유물을 잊어야 하고 모든 것을 공유해야 한다고 말한다. 그렇다면 애초에 우리 핏속에 그것들에 대한 욕망이 왜 존재하는가?"[14]

농민들을 설득할 수 없었던 활동가들은 강압적인 조치를 동원하기 시작했다. 스탈린이 '계급으로서 쿨라크 청산'을 요구한 1929년 12월부터 농민들을 집단농장으로 몰아넣는 운동은 전쟁의 형태를 띠었다. 지역 민병대, 특별 군대, 오게페우 부대, 도시 노동자와 학생 자원자로 보강된 당과 콤소몰이 완전 무장을 하고 동원되었으며, 콜호스를 조직하지 못하면 지구 중심지로 돌아오지 말라는 엄격한 지시를 받고 마을로 파견되었다. 그들은 "목표에 미치지 못하는 것보다 목표를 초과하는 것이 더 낫다."라는 말을 들었다. "지나친 행위를 했다고 비난받지는 않으리라는 점을 기억하시오. 그러나 만일 목표에 미치지 못한다면, 조심하시오!" 볼셰비키 지도자 멘델 하타예비치는 볼가 지역에서 열린 80명의 당 조직가 회의에서 이렇게 연설했다.

여러분은 징징거리지 말고, 썩어빠진 자유주의를 몽땅 버리고, 당원으로서 가장 엄격한 책임감을 갖고 책무를 맡아야 합니다. 부르주아 인도주의는 창문 밖으로 던져버리고 스탈린 동지에게 어울리는 볼셰비키처럼 행동하십시오. 쿨라크 앞잡이들이 고개를 드는 곳마다 그들을 때려눕히십시오. 이것은 전쟁입니다. 저들이 이기거나, 우리가 이기거나 둘 중 하나입니다. 자본주의 농업의 마지막 썩어빠진 잔재는 어떤 대가를 치르더라도 깡그리 없애버려야 합니다.[15]

1930년의 겨우 첫 두 달 동안 소련 농민들의 절반(10만 여 마을의 약 6천만 명)이 집단농장으로 내몰렸다. 활동가들은 콜호스 가입을 결정하는 투표가 진행되는 마을 회의에서 온갖 수단을 동원해 농민들을 위협했다. 예를 들어, 시베리아의 한 마을에서 농민들이 집단농장에 가입하자는 제안을 선뜻 받아들이지 못했다. 투표 시간이 다가오자 활동가들은 무장 군인들을 불러들였고 제안에 반대하는 사람들에게 발언할 것을 요구했다. 누구도 감히 반대하지 못했고, 그 결과 제안이 "만장일치로 통과"되었다고 선언되었다. 또 다른 마을에서는 농민들이 콜호스 가입에 반대하는 투표를 하자 활동가들이 집단농장에 가입하는 것은 정부의 명령이라고 설명하면서 누가 소비에트 권력에 반대했는지 알려 달라고 요구했다. 반대 의사를 밝히는 사람이 아무도 없자, 활동가들은 마을이 집단화를 "만장일치로 찬성"했다고 기록했다. 다른 마을에서는 투표 결과가 주민 전체를 구속할 텐데도 단지 (활동가들이 엄선한) 소수 주민들만 회의에 참석하는 것이 허용되었다. 예를 들어 코미 지역 체레무호바 마을에서는 437세대 가운데 오직 52세대만 마을 회의에 대표자가 참석했다. 18세대는 집단화에 찬성했고 16세대는 반대했는데, 그런데도 이것을 근거로 마을 전체가 콜호스에 등록되었다.[16]

집단화에 반대 목소리를 낸 농민들은 집단농장 가입에 동의할 때까지 구타와 고문, 위협과 괴롭힘을 당했다. 많은 이들이 '쿨라크'로 분류되어 집에서 쫓겨나고 마을에서 추방되었다. 농민들을 집단농장으로 몰아넣으면서 뒤이어 교회에 대한 격렬한 공격이 진행되었다. 볼셰비키가 교회를 농촌 마을에서 낡은 생활 방식의 중심이자 집단화에 대한 잠재적 저항의 원천으로 간주했기 때문이었다. 수천 명의 성직자들이 체포되고 교회가 약탈당하고 파괴되었으며, 이 때문에 수많은 신자들이 집에서 몰래 신앙을 유지하지 않으면 안 되었다. 강제 집단화에 반대한 농촌 공산주의자들과 소비에트 관리들은 당에서 쫓겨나고 체포되었다.

스탈린에 따르면, '쿨라크'들에 맞선 전쟁은 집단화 운동과 분리될 수 없었다. 그가 보았듯이, 일부 볼셰비키가 제안한 대로 '쿨라크'들을 중립화하려고 노력해봤자, 즉 그들을 농장 노동자로 콜호스에 끌어들이려고 시도해봤자 얻을 것이 아무것도 없었다. "머리가 잘릴 때 머리카락 때문에 울지는 않는다."라고 스탈린은 주장했다.[17] 스탈린의 생각으로는 '쿨라크' 박해에는 두 가지 목적이 있었다. 집단화에 대한 잠재적 저항을 제거하는 것, 그리고 '쿨라크'와 똑같은 운명으로 고통당하지 않으려면 집단농장에 가입하라고 마을 사람들을 독려하는 일종의 본보기를 제공하는 것이 그 목적이었다.

'쿨라크'에 관한 온갖 이야기가 있었지만 실제로 그런 부류는 존재하지 않았다. 이 용어는 너무나 널리 마구잡이로 적용되었기에 사실상 어떤 농민도 '쿨라크'로 몰려 모든 것을 몰수당할 수 있었다. 게다가 이런 모호함은 '쿨라크'들에 맞선 전쟁을 통해 조성하고자 했던 공포 분위기를 더욱 강화했을 뿐이다. 레닌주의 이데올로기에 따르면, '쿨라크'는 고용 노동을 사용하는 자본주의 농부였으나, 이 정의는 1929년 이후 실제로 '쿨라크'로 몰려 억압당한 상당수의 사람들에게는 해당하지 않았다. 신경제정책은 농민들에게 자신들의 노동으로 부자가 되는 것을 허용했고, 골로빈 집안 같은 일부 농민들은 열심히 일해서 자기 가족 농장에서 재산을 적당히 불릴 수 있었다.* 그러나 신경제정책은 고용 노동 사용을 계속 단호하게 통제했고, 농민들에게 부과하는 세금이 늘어난 1927년 이후 골로빈 가족같이 가장 부유한 농민들은 어쨌든 사유재산을 상당 부분 잃었다. 자본주의 농민들로 이루어진 '쿨라크 계급'이라는 개념은 환상에 불과했다. 이른바 '쿨라크'로 불린 농민들 대다수는 골로빈 가족같이 열심히 일하는 농민—마을에서 가장 건전하고 검소하며 진취적인 농민—이었으며,

---

* 골로빈 가는 헛간 두 개, 기계 몇 대, 말 세 마리, 암소 일곱 마리, 양과 돼지 수십 마리, 손수레 두 대, 농촌에서 부의 상징이었던 철제 침대와 사모바르(러시아의 전통적인 차 주전자)를 포함한 세간들이 있었다.

그들이 일군 적당한 재산은 종종 대가족을 둔 결과이기도 했다. '쿨라크'들의 근면성은 대부분 농민들이 인정하는 바였다. 1931년에 한 콜호스 노동자가 말했듯이, 반(反)쿨라크 운동은 단지 "농촌에서 가장 훌륭하고 열심히 일하는 일꾼들"을 집단농장 밖으로 밀어내는 것을 의미할 뿐이었다.[18]

'쿨라크' 말살은 소련 경제에 대재앙이었다. 그것은 집단농장으로부터 나라에서 가장 부지런한 농민들의 노동 윤리와 전문 기술을 박탈하는 것이었고, 궁극적으로 소련 농업 부문을 손쓸 수조차 없는 사양길로 들어서게 만들었다. 그러나 '쿨라크'들에 맞선 스탈린의 전쟁은 경제적 고려와는 거의 관련이 없었고, 농촌 집단화에 대한 잠재적 저항을 제거하는 것과 밀접한 관련이 있었다. '쿨라크'들은 농민 개인주의자였고, 옛 농촌 생활 방식의 가장 강력한 지도자이자 지지자였다. 그들은 사라져야 했다.

'쿨라크 청산'은 전국적으로 동일한 양상으로 진행되었다. 1930년 1월, 정치국 위원회는 노동수용소로 보낼 6만 명의 '사악한 쿨라크' 할당량과 북부 지역, 시베리아, 우랄, 카자흐스탄으로 추방할 15만 세대의 '쿨라크' 가구 할당량을 작성했다. 이 수치는 모든 재산을 박탈하고 노동수용소나 '특별 정착촌'으로 보낼 100만 '쿨라크' 가구(약 600만 명)를 위한 종합 계획의 일부였다.* 할당량 집행은 오게페우에 배정되었고(오게페우는 '쿨라크'로 청산해야 할 목표치를 전체 농가의 3~5퍼센트로 늘렸다), 그런 다음 지역 오게페우와 당 조직들로 전달되었다.(지역 오게페우와 당 조직들은 많은 지역에서 일부러 할당량을 초과 달성했는데, 상급자들이 기대하는 경계심을 잘 보여주는 길이라고 믿었기 때문이다.)[19] 모든 마을에는 지구 당국이 정한 자체 할당량이 있었다. 콤소몰과 당 활동가들은 각 마을마다 체포하고 추방해야 할 '쿨라크' 명단을 작성했다. 그들은 '쿨라크'들이 쫓겨날 때 몰수해야 할 재산 목록도 만들었다.

놀랍게도 농민들은 '쿨라크' 박해에 거의 저항하지 않았다. 이것은 마을 연대라는 러시아의 강력한 역사적 전통에 비추어 보았을 때 특히 이례적인 일이라 할 만했다(예를 들어 일찍이 내전기에 진행된 쿨라크들에 맞선 운동은 농민층을 분열시키는 데 실패했다). 마을 사람들이 자기들 중에는 '쿨라크'가 없고 모든 농민이 비슷하게 가난하다고 주장하면서 할당량에 저항한 지역과, 자신들의 '쿨라크'들을 내놓기를 거부하거나 심지어 활동가들이 체포하러 왔을 때 그들을 보호하려 한 지역도 분명 있었다. 그러나 농민 대다수는 이웃 사람들의 갑작스러운 실종에 대해 공포에 사로잡혀 소극적인 체념으로 반응했다. 일부 마을에서는 농민들이 직접 '쿨라크'들을 뽑았다. 그들은 그저 마을 회의를 열어 누가 '쿨라크'로 없어져야 하는지를 결정했을 뿐이다(외따로 사는 농부, 과부, 노인들이 특히 대상이 되기 쉬웠다). 다른 곳에서는 '쿨라크'들을 제비뽑기로 뽑았다.[20]

드미트리 스트렐레츠키는 1917년에 시베리아 쿠르간 지역의 농민 대가족에서 태어났다. 그는 부모가 마을에서 '쿨라크'로서 어떻게 추방 대상으로 선택되었는지를 기억했다.

---

* 이 책의 저자 파이지스는 1930년 1월에 정치국이 100만 '쿨라크' 농가(약 600만 명)를 추방할 계획을 세웠다고 주장하나, 이는 '탈쿨라크화' 운동을 지시한 1930년 1월 30일자 정치국의 법령을 잘못 읽은 데서 비롯한 것으로 보인다. 정치국의 법령은 실제로는 100만 농가가 아니라 100만 명의 '쿨라크'와 그 가족 구성원들을 이주시킬 것을 계획했다. 물론 실제로 추방된 사람들의 수는 100만 명을 크게 상회하여, '탈쿨라크화' 운동이 최고조에 올랐던 1930~1931년에 총 170만~180만 명의 '쿨라크'와 그 가족들이 고향을 떠나 시베리아를 비롯한 소련의 오지로 추방되었다. 그 후에도 '쿨라크' 추방은 간헐적으로 계속되어 대체로 1933년 5월까지 계속되었지만, 추방의 규모는 이보다 훨씬 적었다. 추방된 '쿨라크' 농가의 규모와 관련된 학술적 논의를 위해서는, 김남섭, "1930년대 초 탈쿨라크화 운동과 쿨라크의 자녀들", 〈역사학 연구〉, 제44집, 2011년 11월, 309~314쪽을 보라.(역주)

우크라이나 흐리시네의 우다치네 마을에서 유형을 떠나는 '쿨라크'들(1930년대 초). 1929년~1930년 겨울부터 본격화된 '쿨라크 청산' 운동으로 1930년대 초까지 수많은 농민들이 '쿨라크' 계급으로 낙인찍혀 대대로 살아온 삶의 터전에서 쫓겨났다.

조사도 측정도 전혀 없었다. 그들은 그냥 우리에게 와서 말했다. "당신들은 떠나야 하오." 우리를 추방한 마을 소비에트 의장인 세르코가 설명했다. "추방할 가족 17가구를 찾으라는 명령을 (지구 당 위원회로부터) 받았소. 곧 빈농위원회를 구성해서 밤새 해당 가족들을 선별했소. 추방 조건에 들 만큼 부유한 사람은 마을에 아무도 없고, 노인들도 그리 많지 않아서 그냥 17가족을 뽑았소. 그래서 당신들이 뽑힌 거요." 그는 우리에게 이렇게 말했다. "이 일을 감정적으로 받아들이지 마시오. 우리가 달리 어떤 선택을 할 수 있었겠소?"[21]

'쿨라크'로 억압당한 사람들의 수가 얼마나 되는지 정확한 통계 자료를 내놓기란 매우 어렵다. '반(反)쿨라크 운동'이 절정에 올랐을 때(1929~1930년 겨울, 1931년 첫 몇 달, 1932년 가을), 시골길에는 추방자 대열이 꼬리를 물었다. 추방자들은 소유물 중 마지막으로 남은 물건인 얼마 안 되는 옷가지와 이불 보따리를 들거나 수레로 끌었다. 우크라이나 수미 지역의 한 목격자는 "양 방향으로 육안으로 볼 수 있는 한 최대한 멀리까지 대열이 이어진" 모습을 보았다. 행렬이 철로상의 집결지를 향해 가는 동안 "새 마을들에서 사람들이 계속 합류했다." 집결지에서 그들은 가축차에 실려 '특별 정착촌'으로 수송되었다. 철도가 엄청난 수의 추방자를 감당할 수 없었기 때문에 많은 '쿨라크'들은 원시적인 임시 수용소에서 이송을 기다리면서 몇 달 동안 갇혀 지냈다. 끔찍한 환경에서 아이와 노인들이 파리처럼 죽어갔다. 1932년경 140만 명의 '쿨라크'들이 대부분 우랄과 시베리아에 위치한 '특별 정착촌'에서 살았으며, 훨씬 더 많은 수가 굴라크 공장과 건설 현장에 딸린 노동수용소에 거주하거나 그냥 도망을 다니며 살고 있었다. 전부 합쳐 적어도 1천만 명의 '쿨라크'들이 1929년부터 1932년 사이에 집과 마을에서 쫓겨났다.[22]

이와 같은 숫자의 이면에는 무수한 인간들의 비극이 있었다.

1930년 1월에 드미트리 스트렐레츠키 가족은 50년 동안 살던 쿠르간 지역 바라바에 있는 농장에서 추방되었다. 할아버지의 집은 허물어졌다. 농기구, 수레, 말, 암소는 콜호스로 옮겨졌고, 좀 더 작은 물건들—옷, 침구, 냄비, 팬 같은—은 마을 사람들이 나누어 가졌다. 가족이 지니고 있던 성화상들은 모두 산산이 부서지고 불태워졌다. 드미트리의 조부모와 그들의 아들 넷 중 세 명과 그 가족들(총 14명)은 추방 명령이 지구 시에서 내려올 때까지 외양간에서 지내면서 다른 마을 사람들과 접촉이 금지되었다. 6주 뒤, 그들은 모두 우랄 지방의 벌목 수용소로 보내졌다(조부모는 그곳에서 1년이 못 되어 죽었다). 드미트리의 아버지 니콜라이는 계속 바라바에서 가족과 함께 머물렀다. 내전에 참여한 적군 용사였던 니콜라이는 마을에서 최초의 집단농장(TOZ)을 조직했고, 콜호스는 그의 농업 기술이 절대적으로 필요했다. 집을 계속 소유할 수 있었던 니콜라이는 그곳에서 부인인 안나와 여섯 자녀와 함께 살았다. 하지만 그 뒤 1931년 초봄의 어느 날, 그들도 바라바를 휩쓴 두 번째 추방 물결 속에서 '쿨라크'로 '뽑혔다'는 연락을 받았다. 그들에게는 자질구레한 세간을 챙길 여유가 겨우 한 시간 주어졌다. 그런 다음 경비병에게 호송되어 마을을 벗어나 자기 발로 광활한 초원 지대로 떠났고 다시는 돌아오지 못할 것이라는 말을 들었다. "우리는 모든 것을 잃었다."고 드미트리는 회상했다.

한 시간 동안 무엇을 챙길 수 있었겠는가? 아버지는 지팡이(그중한 개는 꼭지가 은으로 되어 있었다)를 가져가고 싶어 했으나 경비병은 허락하지 않았다. 그들은 어머니의 금목걸이와 금반지도 가져가버렸다. 백주 대낮의 날강도 짓이었다. 모든 것—집, 헛간, 소, 침구, 옷, 도자기—을 남겨 두고 떠났다. 우리가 가진 것이라곤 옷가지 나부랭이 조금과 우리 몸뚱이, 즉 부모, 아이, 형제자매 같은, 우리 가족이라는 진짜 살아 있는 재산뿐이었다.[23]

발렌티나 크로포티나는 1930년 벨라루스의 빈농 가정에서 태어났다. 그들은 1932년에 '쿨라크'로 탄압받았다. 발렌티나가 기억하는 가장 어릴 적 일은 부모가 마을 공산주의자들의 지시로 불태워진 집에서 도주한 일이다. 그들은 가족들이 자고 있던 한밤중에 불을 질렀다. 부모는 중화상을 입은 채 화염에 휩싸인 집에서 두 딸을 간신히 구해 빠져나왔다. 아버지는 그날 밤 체포되어 투옥되었고, 이후 시베리아 아무르 지역으로 추방당해 그곳의 여러 노동수용소에

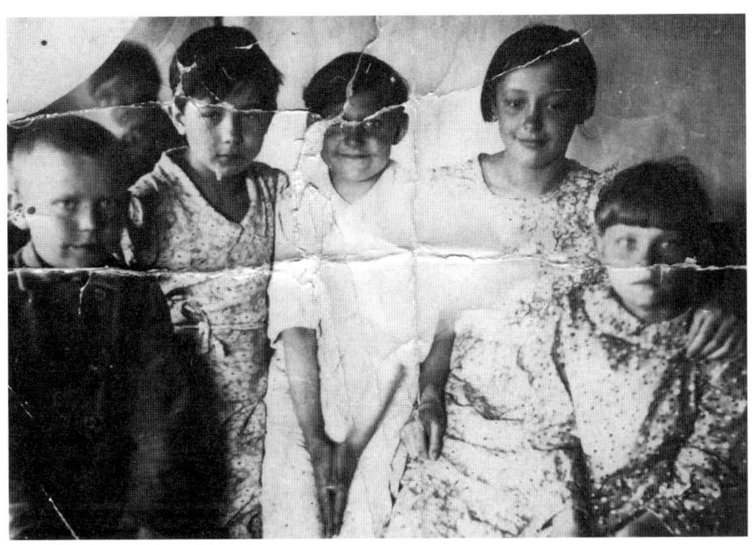

발렌티나 크로포티나(왼쪽 두 번째)의 가족은 벨라루스의 빈농이었으나 1932년 '쿨라크' 계급으로 분류되어 고난을 겪었다. 사진은 발렌티나와 자매(오른쪽에서 두 번째), 사촌 세 명(1939년). 당국에서 할당한 '사악한 쿨라크'의 수를 채우기 위해 종종 마을에서 가장 힘없는 사람들이 희생되었다.

서 6년을 보냈다. 집과 헛간은 불타 무너졌고 암소와 돼지는 몰수되어 집단농장으로 넘어갔다. 정원의 과일나무는 베여 쓰러졌고 작물은 망가졌다. 남은 것은 완두콩 한 자루뿐이었다. 문맹 농민인 발렌티나의 어머니 예피미야는 콜호스 가입이 금지되었다. 어머니는 어린 두 딸과 함께 무너진 집에 내버려졌다. 어머니는 무너진 집의 잔해로 마을 귀퉁이에 판잣집을 지었다. 어머니는 온갖 청소일을 하면서 생계를 꾸렸다. 발렌티나 자매는 학교에 가지 못했다. '쿨라크의 딸'이어서 몇 년 동안 학교 다니는 것이 금지되었다. 그들은 거리에서 자랐고 어머니의 청소일을 따라다녔다. "어린 시절의 기억은 모두 슬프다."라고 발렌티나는 떠올렸다. "절대로 가시지 않았던 굶주림의 기억이 뼛속 깊이 사무쳐 있다."[24]

클라브디야 루블료바는 1913년 시베리아 크라스노야르스크 이르베이 지역의 농민 가정에서 열한 명의 자녀 중 셋째로 태어났다. 어머니는 1924년에 아기를 낳다가 죽었고, 아버지 일리야는 자식들을 혼자 힘으로 키워야 했다. 사업 감각이 있던 일리야는 농사를 짓다가 신경제정책을 이용하여 시장 원예 농업으로 일을 확장했다. 그는 어린아이들도 쉽게 돌볼 수 있는 양귀비와 오이를 재배했다. 이 때문에 '쿨라크'로 낙인찍혀 체포, 투옥되었으며 그 뒤 노동수용소로 보내졌다. 아이들은 당시 열일곱 살에 불과했던 클라브디야가 돌봐야 했다. 아이들은 아버지가 모은 재산을 모조리 빼앗겼다. 아버지가 지었던 집은 마을 소비에트가 접수했고 말, 암소, 양, 농기구는 콜호스로 이관되었다. 몇 주 동안 아이들은 관리들이 와서 모두 고아원으로 데려갈 때까지 목욕탕에서 살았다. 클라브디야는 어른이 된 언니 라이사가 살던 크라스노야르스크 인근의 칸스크로 막내와 함께 도망쳤다. 떠나기 전에 그들은 마을 사람들에게 마지막 소유물을 팔았다. "우리는 팔 것이 별로 없었다. 우리는 그냥 아이들이었다."고 클라브디야는 그때 일을 떠올렸다. "가까스로 집에서 건져낸, 모피로 안을 댄 담요와 낡은 양가죽, 깃털 매트리스, 거울이 있었다. 그게 우리가 팔 수 있었던 전부였다."[25]

농민층을 상대로 이 야만적인 전쟁을 수행한 사람들의 동기는 무엇이었는가? 집단화주의자들 대다수는 징집된 병사와 노동자들—위에서 내려온 명령을 수행하기를 갈망한 사람들(그중 일부는 자기 욕심을 채우고 싶어 했다)—이었다. 그들은 '쿨라크 기생충'과 '흡혈귀'를 위험한 '인민의 적'으로 묘사한 지휘관들과 선전을 통해 '쿨라크'들을 향한 증오를 주입받았다. "우리는 쿨라크들을 인간이 아니라 박멸해야 할 해충, 이로 보도록 훈련받았다.”고 쿠반의 콤소몰 부대 지도자였던 젊은 활동가는 증언한다. 1980년대에 또 다른 집단화주의자는 “콜호스가 없었다면 쿨라크들이 우리 목을 잡고 산 채로 껍질을 벗겼을 것이다!”라고 썼다.[26]

다른 사람들은 공산주의 열정에 휩싸였다. 5개년 계획의 선전이 불러일으킨 낭만적인 혁명적 열의에 고무된 그들은 볼셰비키와 함께 순전히 인간의 의지만으로 기적을 만들어낼 수 있다고 믿었다. 당시 학생이었던 한 사람이 회상하듯이, “우리는 공산주의 사회를 건설하고 있으며, 그것은 5개년 계획으로 달성되리라고 확신했고, 어떤 희생이든 치를 태세가 되어 있었다.”[27] ‘투쟁 숭배’와 내전의 모험담 속에서 자라난 젊은 세대에 불어닥친 메시아적 희망의 감정적인 힘과 그것이 낳은 광신적 태도는 오늘날에는 과소평가하기 쉽다. 이 젊은이들은 〈인터내셔널가〉 가사를 빌리면 ‘새롭고 더 나은 삶’을 위해 싸우는 것이 자신들의 소명이라고 기꺼이 믿었다. ’2만 5천 대원들’—집단화 운동 수행을 돕기 위해 농촌으로 보낸 도시의 열렬한 지지자 부대—가운데 한 명의 말을 빌리면, “끊임없는 투쟁, 투쟁, 더 많은 투쟁을! 바로 이렇게 생각하도록 배웠다. 즉 사회 생활의 규범인 투쟁 없이는 아무것도 성취할 수 없다는 것이었다.”[28]

이 군사적 세계관에 따르면, 새로운 사회의 창조는 구 사회 세력과 치르는 격렬한 투쟁을 포함하고 또 필요로 할 것이다.(‘운동’, ‘전투’, 사회적·경제적·국제적·국내적 ‘전선’에서의 ‘공세’를 끊임없이 말하는 5개년 계획의 선전으로 강화된 논리.) 이런 식으로 공산주의 이상주의자들은 ‘반쿨라크’ 폭력을 자신들의 유토피아적 믿음과 결합했다. 일부는 야만적인 폭력에 질색했다. 다른 일부는 폭력에서 자신이 수행한 역할에 넌더리가 날 지경이었다. 하지만 그들은 모두 자신들이 무엇을 하고 있는지를 알았다.(그들은 자신들이 알지 못했다거나 단지 "명령을 따르고 있었을" 뿐이었다고 변명할 수가 없었다.) 그들은 모두 목적이 수단을 정당화한다고 믿었다.

우크라이나 농민들에게 가해진 최악의 잔혹 행위 중 일부에 직접 가담한 젊은 공산주의자 레프 코펠레프*는 자신의 행동을 스스로 어떻게 합리화했는지 설명한다. 코펠레프는 1932년에 '쿨라크'들에게서 곡물을 징발하는 콤소몰 부대를 위해 자발적으로 활동했다. 그들은 마지막 빵 한 조각에 이르기까지 모든 것을 빼앗았다. 1970년대에 지난 일을 되돌아보면서 코펠레프는 아이들의 비명과 남성 농민들—겁에 질리고, 애원하고, 증오에 차 있고, 멍하니 무표정한 얼굴로 있고, 절망으로 낙담하고, 반쯤 미친 듯이 자행되는 충격적 만행에 분노로 이글거리는—의 모습을 회상했다.

이 모든 일을 보고 듣는 것이 몹시 괴로웠다. 그리고 훨씬 더 나쁜 것은 그 일에 가담했다는 사실이었다. …… 나는 확신에 차서 내 자신에게 설명했다. 자신을 나약하게 만드는 동정심에 굴복해서는 안 된다. 우리는 역사의 필연성을 실현하는 중이다. 우리는 혁명의 의무를 수행하는 중이다. 우리는 사회주의 조국을 위해 곡물을 확보하는 중이다. 5개년 계획을 위해서 말이다.[29]

대부분의 마을들은 '쿨라크' 탄압을 묵인했지만, 집단화에는 광범하게 저항했다. 1929～1930년에 경찰은 44,779건의 '심각한 소요'

코펠레프(Lev Kopelev, 1912~1997) 소련의 작가, 반체제 인사. 1945년 독일 민간인들에 대한 소련군의 잔혹 행위를 비판하여 굴라크 10년형을 선고받았다. 1954년에 석방되고 1956년에 복권되었다. 1968년부터 인권 운동과 반체제 운동에 적극 참여했다. 1980년 서독에 연구차 머물던 도중 소련 시민권을 박탈당했고 이후 부퍼탈대학 교수를 지냈다.(역주)

를 기록했다. 공산주의자들과 농촌 활동가 수백 명이 살해되고 수천 명이 공격받았다. 농민 시위와 폭동, 기관 습격, 방화와 콜호스 재산 공격, 교회 폐쇄에 대한 항의가 잇달았다. 농민들이 나라 전역에서 볼셰비키로 하여금 징발을 폐기하고 신경제정책을 도입하게 만들었던 때인 내전 말기의 상황으로 되돌아가는 것 같았다. 단지 이번에는 소비에트 체제가 농민들의 저항을 분쇄할 만큼 강하다는 점이 차이였다.(사실 1929~1930년의 농민 봉기 중 많은 봉기가 '쿨라크 반란자'들을 쓸어버리고 진압할 목적으로 경찰이 도발한 것이었다.) 농민들은 자신들이 무력하다는 것을 깨닫고 집단화를 무력화하기 위해 전통적인 '약자의 무기'를 들었다. 그들은 집단농장이 징발하는 것을 막으려고 가축을 도살했다. 소련에서 소의 수는 1929~1930년에 30퍼센트가, 1928~1933년에는 절반이 감소했다.[30]

농촌의 황폐화에 직면한 스탈린은 집단화 운동을 일시적으로 중단할 것을 요청했다. 1930년 3월 2일 〈프라우다〉에 실린 '성공에 현혹되어'라는 제목의 논설에서 스탈린은 지역 관리들이 농민들에 맞서 무력을 사용하고 법령으로 콜호스를 세우기 위해 과도하게 열정을 발휘하고 있다고 비난했다. 수백만 농민들은 이를 집단농장을 떠나도 좋다는 허락으로 보았고, 집단농장에서 도망침으로써 반대 의사를 나타냈다. 1930년 3월부터 6월 사이에 집단농장에 가입한 농가의 비율은 58퍼센트에서 24퍼센트로 감소했다(중부 흑토 지대의 경우 83퍼센트에서 18퍼센트로 급감했다). 그러나 집단농장을 떠나는 일은 쉬운 문제가 아닌 것으로 드러났다. 농민들이 사유재산과 농기구, 가축을 되찾는 일은 거의 불가능했다. 6개월 동안 불안정한 일종의 휴전 상태가 계속되었다. 그런 뒤 1930년 9월에 스탈린은 집단화의 두 번째 물결을 개시했다. 공언한 목표는 1931년 말까지 적어도 농가의 80퍼센트를 집단화하고—첫 번째 물결 때의 50퍼센트에서 크게 증가—모든 '쿨라크'들을 절멸하는 것이었다. 정치국은 오게페우에게 북부 지역, 시베리아, 우랄, 카자흐스탄의 오지에 각각 '쿨라크' 가족을 3백 가족까지 수용할 '특별 정착촌'을 1천 곳 마련하라고 지시했다. 200만 명이 1930~1931년에 이 오지들로 추방되었다.[31]

1930년 9월 바로 이 두 번째 물결이 시작될 즈음에 오부호보에 콜호스가 세워졌다. 콜호스 이름인 '새로운 삶(Novyi byt)'이 1522년부터 '오부호보'로 존재해 온 이 마을의 새 이름이 되었다. 마을이 집단화되었다는 표시로 마을 입구에 적기(赤旗)가 게양되었다. 한 무리의 여성 농민들이 울면서 지켜보는 가운데, 마을 중앙에 있는 오래된 목조 교회를 무너뜨려 땔감으로 사용하고 교회 종을 떼어내 녹였다.

농민들은 토지를 잃었고, 그들의 토지는 큰 집단 경지로 재정비되었다. 콜호스는 사역용 말들을 데려가버렸고 모든 암소를 낙농장 헛간에 가두었다. 그러나 약속한 새 기계가 도착하지 않자 우유를 짜기 위해 암소들을 소유주에게 돌려줬으며, 모든 가구에 우유세가 부과되었다. 콤소몰 지도자인 콜랴 쿠지민이 콜호스 의장이 되었다. 그는 인근 마을에서 신부를 맞이했고, 추방당한 '쿨라크' 바실리 골로빈에게서 몰수한 가장 큰 집으로 이사했다. 쿠지민은 아마도 마을 전체에서 가장 경험이 부족한 농부였지만 콜호스의 일상적인 경영을 책임졌다. 그는 종종 술에 취해 난폭하게 행동했다. 첫 겨울은 대재앙이었다. 콜호스는 국가가 할당한 많은 양의 곡물과 우유를 인계했으나, 말의 절반이 죽었고, 콜호스 노동자 각각에게는 하루 50그램의 빵만 지급되었다.

일부 마을 사람들은 저항을 계속했다. 콜랴 쿠지민이 무장 병력을 이끌고 그들의 재산을 빼앗으러 왔을 때 험악한 광경이 벌어졌다. 많은 농민들은 콜호스에 억지로 가입하는 것보다 도망치는 쪽을 택했다. 골로빈 집안은 뿔뿔이 흩어져버렸다. 1929년에 오부호보에 살던 120명의 골로빈 집안 사람들 중에서 1931년 중반까지 단지 71명만이 남았다.(20명은 여러 도시로 도주했고, 13명은 '쿨라크'로 분류되어 추방당했으며, 16명은 집단농장에서 배제된 채 따로 동떨어진 집으로 이사했다.)

니콜라이의 직계 가족은 완전히 해체되었다. 형제 두 명은 추방되었다. 어머니는 가장 가까운 도시로 도피했다. 니콜라이의 장남은 체포된 뒤 백해 운하(Belmorkanal)에서 굴라크 노동자로 일하게 되었다. 다른 두 자녀, 마리야와 이반은 체포를 피해 도망쳤다. 아내 예브도키야와 가장 어린 자녀 세 명은 집단농장에 가입하려 했으나 '쿨라크 분자'여서 금지되었고 마을 사람들로부터 격리되었다. 가장 오랜 친구인 푸지닌 가족만이 그들에게 말을 걸곤 했다. "분위기가 끔찍했다."고 안토니나는 기억한다. "엄마는 종종 울었다. 우리는 밖에 나가 놀기를 그만두었다. 이웃사람들은 더는 우리를 찾아오지 않았다. 우리는 하룻밤 새 어른이 되었다."

예브도키야와 아이들은 가족의 집에서 머물면서 암소 한 마리와 아주 작은 땅 뙈기를 소유할 수 있도록 허용되었다. 그들은 얼마간 친척들의 은밀한 도움을 받았기 때문에 이 암소와 땅으로 몇 달 동안 그럭저럭 생존할 수 있었다. 그러나 쿠지민이 암소를 빼앗자 더는 견딜 수 없게 되었다(우유는 주 식량원이었다). 1931년 1월 쿠지민은 "쿨라크 골로빈 가의 마지막 숨통을 끊는" 정책을 선포했고 마을 소비에트는 예브도키야에게 엄청난 세금(곡물 1천 킬로그램)을 부과했다. "쿠지민과 그 패거리는 포기하지 않으려 했다."고 안토니나는 회고했다. "그들은 계속 돌아와 우리가 가진 모든 것을 빼앗고도 더 요구했다. 모든 곡물이 없어졌을 때 그들은 가족의 마지막 재산인 농기구와 수레, 가구, 냄비, 팬을 몰수하고 우리에게는 단지 철제 침대 한 개와 약간의 낡은 침구와 옷가지만을 남겨주었다.”

그런 뒤 추방 명령이 내려왔다. 쌀쌀한 봄날이었던 5월 4일, 예브도키야와 아이들은 집에서 쫓겨나 시베리아로 유형당했다. 긴 여행을 위해 물건을 챙길 여유로 고작 한 시간이 주어졌다. 푸지닌 가족이 보관하겠다고 철제 침대를 가져갔다. 침대는 골로빈 가족의 마지막 소유물이었다. 그 침대는 모든 아이들이 태어난 곳이었고, 가족이 수백 년간 살아왔던 오부호보에서 그들의 뿌리를 확인해주는 마지막 흔적이었다. 안토니나는 자신들이 떠난 때를 기억한다.

엄마는 침착했다. 엄마는 우리에게 가장 따뜻한 옷을 입혔다. 우리는 전부 네 명이었다. 알렉세이는 그때 열다섯 살이었고, 톨랴는 열 살, 나는 여덟 살이었다. …… 엄마는 나를 모직 숄로 감쌌으나 추방을 감독하러 온 콜랴 쿠지민이 숄도 몰수되었다고 말하면서 치우라고 명령했다. 엄마는 추운 날씨와 우리가 겪어야 할 긴 여정을 말하며 애원했지만 그는 귀를 기울이려고도 하지 않았다. 톨랴가 나에게 귀 덮개가 달린 낡은 모자 가운데 하나를 주었다. 그 모자는 찢어져서 톨랴가 버린 것이었는데 내가 대신 머리에 썼다. 나는 (전통적으로 농민 여자아이들이 두르는) 숄 대신에 사내아이의 모자를 쓴 것이 부끄러웠다. 엄마는 가족 성화상 앞에서 인사를 하고 성호를 그었고, 우리를 문 밖으로 데리고 나갔다. …… 나는 우리를 쳐다보는 사람들이 아무 말 없이 마치 회색빛 벽처럼 수레 쪽으로 다가온 것을 기억한다. 어느 누구도 움직이지 않았고 아무 말도 하지 않았다. …… 누구도 우리를 안아주거나 작별 인사를 해주지 않았다. 그들은 우리와 함께 수레로 걸어가는 병사들을 두려워했다. 쿨라크들에게 동정심을 보이는 것은 금지되었고 그래서 그들은 그 자리에 가만히 서서 조용히 뚫어지게 우리를 바라볼 뿐이었다. …… 엄마는 모여든 사람들에게 작별의 말을 건넸다. "아주머니들, 제가 여러분의 마음을 다치게 했다면 부디 용서해주세요." 엄마는 절을 하고 가슴에 성호를 그으면서 말했다. 그런 후 엄마는 돌아서서 인사를 하고 다시 성호를 그었다. 엄마는 모두에게 잘 계시라고 말하기 위해 네 번 돌아서서 인사를 했다. 마침내 엄마가 수레에 앉자, 수레가 움직이기 시작했다. 나는 그곳에 서 있던 사람들의 얼굴을 기억한다. 그들은 우리 친구이자 이웃들이었다. 나와 함께 자란 사람들이었다. 그러나 어느 누구도 우리에게 가까이 오지 않았다. 어느 누구도 작별 인사를 하지 않았다. 그들은 그곳에 말없이 서 있었다. 마치 대열 속의 병사들처럼 말이다. 그들은 두려웠던 것이다.[32]

땅에서 뿌리 뽑힌 사람들

1931년 6월 벨라루스의 고향 마을로 돌아가면서, 거의 사반세기 전에 미국으로 이주했던 모리스 힌더스*는 자신이 본 집단화의 결과 즉 "이전에는 볼 수 없던, 폐허로 변해 가는 마을 모습"에 대해 언급했다. "집, 뜰, 울타리는 수리가 절실히 필요했다." 삼위일체 대축일*이 다가오고 있었다.

힌더스(Maurice Hindus, 1891~1969) 러시아계 미국인. 소련과 중부 유럽을 전문적으로 다룬 통신원이자 작가였다. 저서로 《붉은 빵》(1931), 《대공세》(1933), 《크렘린의 위기》(1953), 《지붕 없는 집》(1961) 등이 있다.(역주)

그러나 어디에서도 창문이나 덧문 혹은 짚을 새로 얹은 지붕에 페인트칠을 한 흔적이 없었다. 이렇게 방치된 것은 순전히 우연인가? 나는 그렇게 믿을 수 없었다. 콜호스가 널리 퍼뜨린 불확실성 탓에 사람들은 분명히 자기 집을 손보는 것을 망설이고 있었다.[33]

힌더스는 사실상 집단화된 마을이라면 어디서든 똑같은 광경을 보았을 것이다. 땅과 가축을 빼앗긴 농민들은 자부심과 자립의 원천이었던 가족 농장에 대한 애착을 잃었다. 일단 콜호스 노동자로 전락하자 그들에겐 집을 간수할 수단은커녕 그럴 만한 동기도 사라졌다.

농민들은 콜호스 작업반에서 일하면서 소량의 식품 배급(농민들이 개인 텃밭에서 채소를 재배하고 돼지와 닭을 길러 부족한 식량을 보충하리라는 기대가 있었다)과 1년에 한두 번 지급되는 현금(평균 신발 한 켤레 값 정도) 형태로 보수를 받았다. 콜호스 생산물은 가격을 매우 낮게 유지하는 강제 '계약' 시스템을 통해 대부분 국가가 구입했다. 그래서 콜호스 경영자들은 농민을 쥐어짜서 운영 비용으로 쓸 기금을 마련해야 했다. 농민들은 집단화를 '제2의 농노제'라고 말했다. 그들은 선조들이 지주에게 노예처럼 부려지고 착취당했듯이, 토지에 묶이고 국가에 착취당했다.

경제적으로 집단농장은 참담하게 실패했다. 농민들이 도살한 말을 대체할 트랙터를 보유한 집단농장은 거의 없었다(초기에는 농민들이 집단농장 토지의 상당 부분을 직접 일구었다). 집단농장은 경영이 부실했다. 경영자들은 쿠지민처럼 농업 기술이 아니라 당에 충성을 바

삼위일체 대축일(Trinity Sunday) 성신강림 대축일(부활절 다음 일곱 번째 일요일) 다음 일요일로, 삼위일체의 신비 또는 교의를 공경하며 경축하는 날이다. 보통 5월 말에서 6월 중순 사이에 있다.(역주)

친 덕분에 선택된 사람들이었다. 집단화 이전에 가장 열심히 일하는 농민이었던 이른바 '쿨라크'들의 창의성과 에너지를 대체할 만한 것은 아무것도 없었다. 새로 탄생한 콜호스 노동자들은 자신들의 작업에 진정한 관심이 없었다. 그들은 자신들의 개인 텃밭에 주의를 집중하고 콜호스 재산을 도둑질했다. 많은 콜호스 농민들은 가족 재산의 상실을 받아들이기가 매우 힘들다는 것을 알게 되었다. 그들은 자기 소유였던 말과 암소를 알아보았고, 그 말을 이용해 토지를 경작하거나 그 암소에게서 우유를 짜려고 했다.[34]

올가 자프레가예바는 1918년 시베리아 톰스크 지역의 작은 마을인 크리보셰이노에서 농민의 여섯 자녀 중 넷째로 태어났다. 1931년 크리보셰이노가 집단화되었을 때 콜호스는 가족 재산(암소 세 마리, 말 세 마리, 농기구, 수레, 건초로 가득 찬 헛간 두 개)을 징발했고 올가의 가족에게는 단지 닭과 염소만 남겨주었다. "우리는 콜호스에서 어떤 보상도 받지 못했습니다."라고 겨우 열세 살 때 학교를 떠나 밭으로 일하러 갔던 올가는 회고한다. "우리는 우리 밭에서 기른 것, 우리 닭과 염소에게서 나는 것으로 살아야 했어요." 콜호스에는 트랙터가 없어서 농민들은 콜호스 사무실 근처 특별 마구간에 넣어놓은 자신들의 말로 밭을 갈았다. 비록 올가의 어머니는 많은 마을 사람들처럼 자기네 말들이 마구간에서 제대로 보살핌을 받지 못하는 것을 걱정해서 종종 그놈들을 손질하고 먹이려고 집으로 데려왔지만 말이다. 농민들과 그들이 기른 가축의 관계를 끊으려고 이 지역의 콜호스 의장들은 사람들을 살던 마을에서 다른 곳으로 보내는 정책을 개시했다. 아버지는 크리보셰이노 콜호스에 남았으나 올가와 어머니, 다른 아이들은 8킬로미터 떨어진 소콜로프카 마을 근처의 다른 콜호스로 옮겨 가야 했고 그곳에서 방을 하나 빌려 살았다. "우리는 그곳에서 2년 동안 일했습니다."라고 올가는 회고했다. "우리는 단 하루 작업을 쉬었는데, 그날이 아버지가 쉬는 날과 같은 경우가 드물었기 때문에 한두 번만 아버지를 만났습니다." 1935년, 가족은 아버지가 건설 현장 마구간에서 일했던 톰스크에서 재결합했다. 어머니는 육류 공장에 일자리를 얻었고, 가족은 다른 십여 가족들과 기숙사에서 함께 생활했는데, 이 가족들은 모두 토지를 떠난 전직 농민이었다.[35]

1930년에는 풍년이 들었으나, 1931년과 1932년은 참담할 정도로 흉작이었다. 그러나 1932~1933년에 국가는 풍년이었던 1929년과 1930년 때보다 두 배 이상 조달했다. 당은 1930년의 풍작과, 정치적 성공을 보여주기를 열망하는 지역 관리들이 내놓은 1931년과 1932년의 부풀린 수치를 근거로 과도한 곡물 할당을 부과했다. 1932년의 실제 수확은 공식 수치보다 적어도 3분의 1이 적었다(사실 1921년의 기근 이래 가장 형편없는 수확이었다). 그로 인한 필연적인 결과는 1932년 봄에 시작하여 이듬해에 절정에 오른 광범한 기근이었다. 당시 7천만 명의 주민(소련 인구의 거의 절반)이 기근 지역에 살았다. 사망자 가운데 너무나 많은 사람들이 등록되지 않았기 때문에 정확한 사망자 수를 계산하기는 불가능하지만, 가장 믿을 만한 인구학적 추산에 따르면 460만에서 850만 명 사이의 사람들이 1930년부터 1933년 사이에 기아나 질병으로 사망했다고 한다. 최악의 지역은 집단화에 농민들의 저항이 특히 강했고 곡물 할당량이 지나치게 높았던 우크라이나와 카자흐스탄에 있었다. 이러한 관련성 때문에 일부 역사가들은, 로버트 컨퀘스트(Robert Conquest)의 말을 빌리면, 기근이 "고의로 초래되었고" "공산주의 이데올로기에 의해 유발된 남성, 여성, 아이들의 대학살"이었다고 주장하기도 했다. 이 주장이 전면적으로 올바르지는 않다. 체제가 기근에 대해 비난을 받아야 하는 것은 의심할 여지가 없었다. 그러나 체제의 정책은 컨퀘스트와 다른 학자들이 암시한 것과는 달리, 제노사이드(genocide, 특정 민족이나 인종을 겨냥한 계획적인 집단 학살)는커녕 '공포-기근' 캠페인*에 해당하는 것도 아니었다.[36] 체제는 기근의 규모에 깜짝 놀랐으나 희생자들에게 제공할 식량 비축분이 없었다. 체제는 최악의 피해를 본 지역에서 계속 곡물을 징발했고 1932년 가을에 이르러서야 조달량을 줄였는데, 하지만 감축 분량이 너무 적었을뿐더러 때늦은 조치이기도 했다. 일단 기근이 맹위를 떨치자 체제는 사람들이 황폐화된 지역을 떠나 북부 도시로 빠져나가는 것을 막아 기근의 규모를 은폐하려고 했다.[37]

그런데도 수많은 이들이 살던 지역을 벗어났다. 콜호스에 가입한 농민 30명당 10명이 농업을 완전히 떠나 공장으로 가서 임금 노동자가 되었다. 1932년 첫 몇 달 동안 기근 지역을 필사적으로 벗어나려는 농민 수백만 명이 기차역으로 몰려들었다.[38] 도시는 물밀 듯이 밀려드는 사람들을 감당할 수 없었다. 질병이 확산되었다. 주택, 식량, 연료 부족이 심각해졌고 사람들은 더 나은 생활 조건을 찾아 도시에서 도시로 이동했다. 산업의 성채들이 기근에 찌든 반항적인 농민들에게 장악당할 것을 우려한 정치국은 도시 이주를 제한하기 위해 국내 여권 제도를 도입했다. 새 법은 성인들은 도시에서 일자리를 얻는 데 필요한 거주 허가(propiska)를 받으려면 국내 여권을 경찰서에

<hr>

공포-기근 캠페인(terror-famine campaign) 1932~1932년에 우크라이나를 강타한 기근으로 수백만 명이 아사하는 참상이 벌어졌다. 학자들은 이 대재앙의 원인을 둘러싸고 여러 가지 의견을 내놓았다. 일부 학자들은 소련 정부가 급속한 공업화를 완수하기 위해 공업 설비를 수입하는 데 필요한 외화를 마련하려고 농촌에서 곡물을 과도하게 조달하는 바람에 농촌에 식량 부족 사태가 발생했다고 생각한다. 이와 달리 어떤 학자들은 소련 정부가 당시 대두하던 우크라이나 민족주의를 분쇄하기 위해 기근을 고의로 유발했다고 주장하며, 그런 의미에서 기근의 성격을 '공포-기근' 캠페인이라고 규정했다.(역주)

등록해야 한다고 명시했다. 여권 제도는 1932년 11월에 7대 대도시에 도입되었고, 이듬해에 다른 도시로 확대되었다. 경찰은 여권 제도를 인구 이동을 통제하는 데 이용했을 뿐만 아니라, 체제에 저항하는 진원지가 될 수 있는 "사회적 위험분자들"('쿨라크', 상인, 불만을 품은 농민들)을 도시에서 솎아내는 데도 이용했다. 나중에 밝혀졌듯이, 이 법은 단지 수많은 농민들을 계속 도시에서 도시로 이동하게 만들면서 여권 제도에 따라 체포될 때까지 불법적으로 공장과 건설 현장에서 일하게 했을 뿐이었다.[39]

　가족은 젊은 농민들이 집을 떠나 도시로 향하면서 해체되었다. 무수한 아이들이 이 시기에 버려졌다. 많은 농민들이 집단농장에서 도주할 때 아이들을 두고 떠났다. '쿨라크'들은 많은 아이들이 죽었다고 알려진 '특별 정착촌'을 비롯해 다른 유형지로 먼 길을 떠날 때 아이들을 데려가기보다는 다른 가족에게 맡기는 쪽을 택했다. 한 시베리아 '쿨라크'는 말했다. "그들은 나를 추방하지만, 나는 내 아이들을 데려가지 않을 것이다. 나는 아이들을 죽이고 싶지 않다." 기근 희생자들 사이에서 아이를 버리는 일은 흔했다. 어머니들은 아이들을 문 앞 계단에 놔두거나 소비에트 사무실에 두고 가거나 가장 가까운 도시에 버렸다. 아이들은 버려진 음식을 찾아 쓰레기를 샅샅이 뒤지면서 정처 없이 거리를 떠돌았다. 아이들은 구걸, 좀도둑질, 매춘 따위로 생계를 유지했고, 많은 아이들이 기차역과 술집, 혼잡한 상점가에서 이런 일들을 장악하고 있는 아이들 무리에 합류했다. 이 아이들 중 일부는 경찰에 검거되어 '수용 시설'을 거쳐 고아원과 어린이 수용소로 보내졌다. 경찰 통계에 따르면 1934~1935년 사이에 무려 842,144명의 집 없는 아이들이 수용 시설로 인계되었다. 1934년 말에 러시아, 우크라이나, 벨라루스에서만 329,663명의 아이들이 고아원에 등록되었는데 그보다 더 많은 아이들이 경찰이 관리하는 특별 고아원과 노동수용소('노동교육 집단 거주지')에 머물고 있었다. 형사 책임을 지는 나이를 12세로 낮추는 법률이 통과된 1935년 4월부터 굴라크 체제 내의 아이들 수가 꾸준히 늘기 시작해, 다음 5년 동안 형사 범죄 혐의로 법정과 재판소에서 유죄 선고를 받은 12세에서 16세 사이 아이들이 10만 명을 넘었다.[40]

예브도키야 골로비나와 어린 세 자녀들은 오부호보를 떠난 후 56킬로미터 떨어진 페스토보의 가장 가까운 기차역으로 이송되었고, 그곳의 임시 수용소에 갇혔다. 사흘 뒤 그들은 가축칸에 실려 시베리아 케메로보까지 6주 동안 이동했다. 가축칸은 남녀노소를 불문하고 많은 가족들로 가득 찼다. 차량마다 변기로 쓸 물통이 한 개씩 있었고, 변기는 하루 한 번 문이 열리고 경비병들이 한 사람당 빵을 한 조각씩 나눠줄 때 겨우 비울 수 있었다. 골로빈 가족은 케메로보에서 배치 수용소로 보내졌다. 허허벌판에 세워져 높은 철조망 울타리로 둘러싸인 배치 수용소에서는 수백 가족들이 경비병의 감시를 받았는데, 이들은 잠자리용으로 쓴 자기 짐 말고는 가진 게 아무것도 없었다. 한 달 뒤 그들은 멀리 떨어진 시베리아 알타이 지역의 '쿨라크'들을 위한 '특별 정착촌'인 샬티르로 이송되었다.

'특별 정착촌'은 원시적이고 격리된 수용소였다. 정착촌 대부분은 유형자들이 도착해서 직접 지은 몇 개의 바라크가 전부였으며, 수백 명의 사람들이 나무판자 위에서 잠을 잤다. 비록 많은 '특별 정착촌'에서 '쿨라크'들은 땅에 토굴을 파고 살거나 버려진 교회와 건물, 가축우리, 헛간에 터전을 잡지 않으면 안 되었지만 말이다. 과밀 상태는 끔찍했다. 볼로그다 인근의 프릴루츠키 수도원 마당에는 7천 명의 유형자들이 살았는데, 부엌이 한 개뿐이었고 제대로 된 변기나 세면 시설은 전혀 없었다. 볼로그다 자체에는 2천 명이 교회에 살고 있었다. 한 목격자는 코틀라스에 사는 유형자 2만 5천 명의 생활 환경을 이렇게 묘사했다.

각각 250명의 사람들이 살기로 되어 있는 바라크의 경우, 여기저기 뚫린 작은 창문을 통해 아래 침상에만 빛이 들어올 뿐 전반적으로 어둡다. 거주자들은 바깥에 지핀 모닥불로 음식을 준비한다. 임시 변소는 단지 울타리로 구역을 구분해놓은 데 불과하다. 아래에 강이 있으나 여전히 얼어 있다. 지역 주민들은 우물을 쓰지 못하게 했고("당신들은 우리를 감염시킬 것이다, 당신들의 아이들은 죽어 가고 있다."), 물을 병에 넣어 팔고 있다.

'특별 정착촌'은 기술적으로는 투옥의 형태가 아니었으나(대규모 추방은 법정의 관할을 벗어난 행정적 지시에 따라 수행되었다), 1931년 봄부터는 유형자들의 노예 노동력 착취를 책임진 오게페우 기관들이 관리했다. '특별 정착촌' 유형자들은 한 달에 한 번 경찰에 보고해야 했다. 굴라크 체제 수장인 마트베이 베르만*은 정착촌의 여건이 노동수용소보다 열악하다고 말했다. 남자들은 벌목 수용소와 광산에서 등골이 휠 만큼 힘든 작업을 했고 여자와 아이들은 좀 더 가벼운 작업에 종사했다. 그들은 매우 적은 양의 음식(한 달 동안 몇 덩어리의 빵)을 받았다. 병에 걸리기라도 하면 1931~1932년 겨울 사이에 수십

베르만(Matvei Berman, 1898~1939) 소련의 정보장교, 굴라크 노동수용소 수장(1932~1937년). 1939년 '테러 가담' 혐의로 총살당했다.(역주)

시베리아 서부에 있었던 '특별 정착촌'의 유형자들(1933년). 유형자들은 허술한 목조 바라크에 살면서 등골이 휠 만큼 힘든 노동을 하며 매우 적은 식량으로 버텨야 했다.

만 명이 그랬듯이 그냥 죽도록 내버려졌다.[41]

샬티르는 강둑을 따라 지은 다섯 동의 2층짜리 목조 바라크들로 이루어져 있었다. 주민(약 천 명의 농민)은 소련 전역에서 온 사람들이었는데 그중 러시아인, 볼가 독일인, 시베리아인이 가장 큰 집단이었다. 남자들은 근처의 벌목 수용소에서 나무를 베다가 일요일마다 돌아왔다. 예브도키야의 아들 알렉세이 골로빈은 열다섯 살밖에 안 되었는데도 나무 베는 일을 했다. 9월 1일, 더 어린 아들 톨랴와 딸 안토니나는 학교—바라크 한 곳에 설치된 정착촌의 모든 아이들을 위한 단 하나의 학급—에 갔다. 여자아이들은 땋은 머리를 강제로 잘라야 했다(땋은 머리는 결혼하기 전에 농촌 여성들의 전통적인 머리 모양이었다). 이것은 마치 자신들이 태어날 때부터 접했던 농민 문화를 포기하는 것을 상징하는 듯했다. 학년이 시작되었음을 알리려고 정착촌 지휘관은 아이들에게 "쿨라크의 아이들인 우리들에게도 공부해서 훌륭한 소비에트 시민이 될 수 있도록 허용할 만큼 자상하고 친절한" 소비에트 권력에 감사해야 한다는 요지의 연설을 했다. '소비에트 인간'의 틀에 맞지 않는 인간들을 '개조하는 일(페레코프카 perekovka)'은, 샬티르 같은 오지의 격리된 정착촌에서조차 드러난 초기 굴라크 체제의 중요한 이데올로기적 주안점이었다.

샬티르의 첫 겨울은 몹시 추웠다. 눈이 너무 심하게 와서 바라크 두 동이 무너졌고, 이 때문에 당시 열 살이던 톨랴를 비롯한 많은 사내아이들은 토굴에서 살지 않으면 안 되었다. 일을 제대로 할 수 있는 남자가 아무도 없었고—남자들은 벌목 수용소에서 겨울을 보냈다.—그래서 학생들이 아침에 눈을 치우는 데 동원되었다. 몇 주 동안 정착촌은 눈으로 오도 가도 못하게 되었다. 식량 공급이 전혀 되지 않았고 사람들은 집에서 가져온 얼마 안 되는 물품으로 근근이 버텼다. 수백 명의 사람들이 티푸스로 쓰러졌다. 그들은 바라크 한 동에 격리되었으며 의약품이 전혀 없었기 때문에 알아서 살도록 내버려졌다. 예브도키야도 티푸스에 걸렸다. 안토니나는 회고록에서 다음과 같이 썼다.

우리는 매일 엄마를 보러 갔다. 우리는 창문 옆에 서서 엄마가 널빤지 위에 누워 있는 것을 볼 수 있었다. 엄마는 머리가 박박 깎여 있었고 눈은 크게 뜬 채 이리저리 헤매고 있었다. 기억을 잃어버린 엄마는 우리를 알아보지 못했다. 톨랴가 창문을 똑똑 두드렸다. 눈물로 범벅이 된 채 톨랴는 울면서 소리쳤다. "엄마, 엄마, 아프지 마세요, 일어나세요."

예브도키야는 살아남았다. 그러나 그해 겨울 너무나 많은 티푸스

환자들이 죽어서 지휘관은 그들 모두를 묻을 시간이 없다고 결정했다. 시신은 봄에 얼음이 녹을 때까지 눈 속에서 얼어붙었고, 봄이 되자 강물에 던져졌다.

두 번째 겨울은 첫 번째 겨울보다 훨씬 더 나빴다. 유형자들은 식량을 전혀 받지 못했는데, 이것은 정착촌 주민의 4분의 3을 감축하려는 고의적인 정책의 일환이었던 것으로 보인다. 유형자들은 나무껍질과 감자 줄기의 썩은 뿌리를 갈아서 케이크를 만들어 먹었다. 사람들의 배가 부풀어 올랐고 많은 이들이 죽었다. 모든 사람들이 봄까지 이질에 시달렸다. 골로빈 가족은 우연한 행운으로 목숨을 구했다. 하루는 지휘관이 바라크를 검사하다가 예브도키야가 복음서를 읽고 있는 것을 눈치챘다. 그는 12킬로미터 떨어진 굴라크 광산 정착촌인 첸트랄니 루드니크에 가서 우편물을 모아 배달할 수 있는, 읽고 쓸 줄 아는 사람이 필요했다. 지휘관은 예브도키야를 골랐다. 예브도키야는 우편물을 가지러 갈 때 근처 숲에서 아이들이 모은 산딸기 한 동이를 가져가서 첸트랄니 루드니크의 시장에서 팔고 그 돈으로 식량과 의복을 살 수 있었다. "지휘관은 물론 모든 것을 알고 있었으나 우편물을 수집할 사람이 달리 아무도 없었기 때문에 눈감아주었다."라고 안토니나는 회상한다. 한번은 감자 한 꾸러미가 우편으로 도착했다. 예브도키야는 씨감자를 심는 작업반을 책임지게 되었다. 안토니나는 그 사건의 기쁨을 잘 기억하고 있었다.

마치 휴일 같았다! 우리 모두 감자를 캘 꿈에 정말 행복했다. 어른들과 아이들, 모두 너무나 열심히 일했다. 우리는 진짜 농민들이었고, 우리 선조들은 수백 년 동안 토지를 경작했으며, 이제 우리는 다시 토지를 경작하도록 허락받았다. 엄마는 작업반 지도자였고, 시베리아에서 온 스네기레프는 우리 집단체 의장이었다. 우리는 쿨라크이기 때문에 콜호스를 구성하는 것이 허용되지 않았다. 엄마는 비료가 없으면 감자가 자라지 못할까 봐 걱정했다. 우리 중 누구도 감자를 재배한 경험이 없었다. 그러나 가을에 우리는 엄청난 양을 수확했고 그해 겨울에는 아무도 굶주려 죽지 않았다. 감자가 우리 목숨을 구했다.[42]

드미트리 스트렐레츠키와 그의 가족은 눈밭을 며칠 걸어 첫 유형지인 쿠르간의 버려진 큰 지하 저장실에 도착했다. 그곳에는 드미트리의 많은 먼 친척들을 비롯해 수백 가구의 '쿨라크' 가족들이 식량이나 물도 없이 알아서 살라고 그냥 방치되어 있었다. 식량을 가져다준 쿠르간의 친척과 다른 사람들의 도움이 없었더라면 그들은 굶어 죽었을 것이다. 그들은 할 수 있는 한 짐 위에서나 맨바닥에서 자면서 일 주일 동안 지하 저장실에 갇혀 있었고, 그런 다음 가축차에 실려 페름 북부 우솔레로 기차를 타고 먼 길을 갔다. 그들은 우솔레부터는 무장 경비병의 인솔에 따라 150킬로미터 떨어진 공장 도시 포즈바까지 강행군했다. 포즈바에서 그들은 한 작업장에 입주해 매일 시멘트 바닥에서 잤다. "아버지는 몹시 괴로워했다."고 드미트리는 회고한다. "아버지는 하룻밤 새 폭삭 늙어버렸다. 아버지는 자기 삶이 끝장났다고 말했다. …… 모든 사람들이 똑같이 느꼈다. 그러나 사람들은 시키는 대로 할 수밖에 없는 상황에서도 존엄을 유지하려고 애썼다. 그들은 당국의 노예처럼 되려 하지 않았다."

드미트리의 아버지는 체르모스 인근에 나무를 쓰러뜨려 '특별 정착촌'을 건설하는 현장으로 보내졌다. 나머지 가족은 다른 세 가족과 함께 어느 소목장(小木匠)의 작업장 위에 있는 방에 구겨 넣어졌다. 6개월 뒤 그들은 '특별 정착촌'의 아버지와 재회했다. 정착촌에는 바라크 10개 동이 있었고 각 동에는 500명이 널빤지 침상에서 잘 수 있는 공간이 있었다. 높은 철조망으로 둘러싸인 정착촌은 큰 소나무 숲 한가운데에 있었는데, 남자들은 나무를 베러 갔다가 일 주일에 한 번 돌아왔다. 정착촌 주민들은 하루에 고작 200그램의 빵밖에 배급받지 못해 사망률이 매우 높았다. 그러나 스트렐레츠키 가족은 부업을 통해 용케 살아남았다. 아이들은 버섯을 따서 체르모스에 내다 팔았고 어머니는 밤에 콜호스 밭에 감자를 훔치러 나갔다. 아버지는 인근 도살장 노동자들과 거래해서 목조 가옥 짓는 일을 도와주고 그 대가로 소 피(고기나 뼈와는 달리 없어져도 당국이 깨닫지 못할)를 얻었다. 하루 배급량이 빵 50그램으로 삭감된 1933년 기근의 해에는 '특별 정착촌' 주민 절반이 굶주림과 질병으로 사망했지만, 스트렐레츠키 가족은 소 피를 마시고 겨우 살아남았다.[43]

스트렐레츠키 가족은 함께 지낼 수 있었다는 점에서 운이 좋았다. 많은 사람들에게 유형은 곧 이산을 뜻했다. 클라브디야 루블료바는 1930년에 아버지가 체포된 후 일곱 형제자매와 연락이 두절되었다. 그들은 여러 고아원으로 흩어졌고 클라브디야는 다시는 형제자매의 소식을 듣지 못했다. 클라브디야와 여동생 나탈리야는 시베리아의 크라스노야르스크 인근 칸스크에 있는 장성한 언니 라이사와 같이 살러 갔다. 클라브디야는 한 의사의 집에서 유모로 일했으나 그때 여권 제도가 이 시베리아의 소도시에 들어왔고, '쿨라크'의 딸로서 클라브디야는 몸을 피하지 않으면 안 되었다. 나탈리야를 라이사에게 맡겨두고 클라브디야는 이르쿠츠크 인근 체렘호보의 삼림 작업 선임 검사관이던 친척 아저씨에게 가서 함께 머물렀다. 클라브디야는 그곳에서 아저씨 이름으로 소비에트에 등록했다. 1933년 11월에 아저

클라브디야 루블료바의 가족은 아버지가 1930년에 '쿨라크'로 체포된 뒤 뿔뿔이 흩어졌다. 왼쪽 사진은 클라브디야의 남자 형제인 레오니트와 알렉산드르(1930년), 오른쪽 사진은 클라브디야와 어린 여동생 나탈리야, 언니인 라이사와 형부(칸스크, 1930년).

씨는 클라브디야의 아버지 일리야로부터 편지 한 통을 받았다. 감옥에서 풀려난 일리야는 2천 킬로미터 떨어진 타시티프 지역 어딘가에 있는 '특별 정착촌'에 살고 있었다. 클라브디야는 기차로 여행을 한 다음 타시티프로 가는 자동차를 얻어 탔다. 1934년 1월에 클라브디야가 도착했을 때 타시티프는 눈 속에 파묻혀 있었다. 클라브디야는 오랫동안 일거리를 찾을 수 없었다. 등록 서류에 아버지 이름이 없는 상태에서는 어느 누구도 그녀를 고용하지 않으려 했지만 '쿨라크'의 딸인 클라브디야는 너무 두려워 정체를 드러낼 수 없었다. 마침내 타시티프 소비에트 의장이 클라브디야를 유모로 채용하고 의복 공장에서 임시직으로 일하게 해주었다. 하루는 클라브디야가 의장의 처제와 이야기를 하면서 사진 두 장을 보여주었는데, 한 장은 남자 형제인 레오니트와 알렉산드르의 사진이었고, 다른 한 장은 자매 두 명과 함께 찍은 그녀의 사진이었다.

그녀(의장의 처제)는 즉시 말했다. "렌카(레오니트), 그를 알아요!" 나는 그녀가 오빠를 알고 있다는 데 놀랐다. "오빠가 어디 있죠? 어디 있어요?" 나는 감정을 억누르려 애쓰면서 물었다. …… 당시 나는 아버지가 유형 중이라는 사실이 밝혀질까 봐 내뱉는 말 한마디 한마디가 두려웠다.

클라브디야는 오빠를 타시티프에서 찾았다. 그리고 오빠를 통해 아버지가 하카신의 키로프 광산에 부속된 '특별 정착촌'에 살고 있다는 것을 알았다. 아버지는 두 번째 부인과 새 인생을 시작한 상태였다.

나는 아버지를 만나러 갔다. 저녁에 도착했을 때 그들은 광산에서 막 돌아오고 있었다. 그들은 자기들의 암소를 몰고 왔다. 그들은 나를 만나는 것을 꺼려한다거나 보고 놀라지도 않았다. 아버지는 마치 어제 보았던 것처럼 내게 인사했다. 나는 그들이 사는 바라크 밖에서 몇 분 동안 그들과 함께 앉아 있었다. 그런 다음 나는 그 자리를 떠났다.[44]

이것이 클라브디야가 아버지를 본 마지막 순간이었다. 아버지는 다시 체포되었고 그 후 1938년 8월에 총살당했다.

많은 '쿨라크' 가족들은 '특별 정착촌'을 탈주하여 도망자로 살아가는 쪽을 결연히 택했다. 오게페우 자료에 따르면, 1930년 여름 즈음에 '특별 정착촌'에서 탈주는 '대중적 현상'이 되어 수만 명의 '쿨라크'들이 도망쳤다. 탈주는 기근이 일어난 동안에 절정에 이르렀다. 1932~1933년에 오게페우는 무려 422,866명의 '쿨라크'들이 '특별 정착촌'을 탈출했고, 겨우 92,189명이 잡혔다고 보고했다.[45]

오젬블로프스키 가족은 폴란드계 소귀족 출신이었다. 1917년 이후 그들은 벨라루스에 있는 자기 땅을 잃었으나 원래 살던 민스크 주의 푸호비치 지역 오레시코비치에 그대로 남아 그곳에서 소농 수준의 농사를 계속 지었다. 알렉산드르 오젬블로프스키와 아내 세라피마는 2남 2녀를 두었다. 장남은 1917년에, 막내는 오레시코비치에서 콜호스가 조직된 해인 1928년에 태어났다. 알렉산드르는 가족을 먹여 살리기 위해 암소 한 마리만 놔두고 가축과 농기구를 전부 콜호스에 넘겼으나 콜호스에 가입하는 것은 거부했다. 그는 이 지역의 많은 폴란드인들이 그랬듯이 미국이나 프랑스로 이민을 가고 싶었지만 세라피마가 반대했다. "누가 우리를 건드리겠어요? 우리가 뭘 잘못했나요? 재산을 다 갖다 바쳤잖아요!" 알렉산드르는 1930년 봄에 체포되었다. 며칠 후 사람들이 가족을 찾아왔다. "물건을 챙기시오. 당신과 아이들은 추방될 거요."라고 오게페우 병사가 말했다. 세라피마는 담요에 옷가지 몇 장을 말아 넣고 금붙이를 약간 숨길 수 있었을 뿐이었다. 그런 뒤 세라피마는 아이들과 함께 수레에 실려 교회로 이송되었는데, 교회에는 이미 수백 '쿨라크' 가족들이 감금되어 있었다. 며칠 후 끌려갔던 남자들이 합류했고, 그들은 모두 북부 코미 지역 오지에 있는 정착촌으로 3천 킬로미터나 되는 길을 가기 위해 화차에 실렸다. 코미 정착촌의 빈 헛간에서 그들은 "알아서 집을 지어라."라는 말을 들었다. "우리에게는 아무것도 없었다. 침대로 쓸 널빤지도, 칼도 숟가락도 없었다."라고 딸 소피야는 회고한다. "우리는

특별 정착촌을 탈출해 도망자로 살아가는 쿨라크 가족도 많았다. 오젬블로프스키 가족도 그랬다. 왼쪽 사진은 1914년 알렉산드르 오젬블로프스키와 아내 세라피마가 결혼식 날 찍은 사진이고, 1937년에 찍은 오른쪽 사진에는 세라피마와 사샤, 안톤(사진 오른쪽)의 모습이 보인다.

숲에서 주운 나뭇가지로 매트리스를 만들었다."

유형자들은 자기 마을에서 살 때 그랬듯이, 가족마다 한 채씩 나무 오두막을 지어 촌락을 세우기 시작했다. 오젬블로프스키 가족은 집을 떠날 때 가져왔던 금으로 암소 한 마리를 샀다. 가족 생활이 다시 시작되었다. 그러나 그 후 기근이 닥쳤고, 삶은 견딜 수 없는 지경이 되었다. 오젬블로프스키 가족은 탈출 계획을 세웠다. 하지만 막내아들이 병에 걸려서 여자늘만 도수하기로 결정했다. 알렉산드르가 다시 체포될 위험을 무릅쓰고 혼자 아들들을 돌보기로 했다. 세라피마와, 당시 아홉 살이었던 소피야와 다섯 살의 옐레나 두 딸은 밤에 걷고 낮에는 숲에서 잤다. 그들은 주로 산딸기를 따먹으면서 견뎠다. 세라피마는 금니가 몇 개 있었는데, 농민 수레를 얻어 타고 관리에게 뇌물을 주기 위해 금니를 뽑곤 했다. 마침내 그들은 벨라루스로 되돌아갈 수 있었다. 그들은 푸호비치의 세라피마 부모 집에 일주일 동안 숨어 지냈는데, 부모는 딸을 숨겼다고 체포될까 두려운 나머지 딸에게 경찰에 자진 출두하라고 권고했다. 세라피마가 푸호비치 경찰서에 갔을 때 탈주 이야기를 들은 경찰이 너무 딱하다며 다시 도망가라고 일러준 다음, 추격하기 전에 24시간의 여유를 주겠다고 제안했다. 세라피마는 옐레나를 부모에게 맡긴 채 소피야만 데리고 인근 오시포비치 시로 갔고 그곳에서 어느 노부부로부터 방을 한 칸 빌렸다. 세라피마는 소피야를 학교에 보냈다. 그 후 세라피마는 남편과 두 아들을 찾으려고 코미 지역으로 되돌아갔다. "엄마는 한마디 말도 남기지 않았다. 잘 있으라는 말도 어떻게 살아남을 수 있을지 한마디 충고도 없었다."고 소피야는 회고한다.

다음해에 소피야는 노부부와 함께 살았는데, 그들은 매우 잔인했다. "그들은 나에게 욕을 했고 '인민의 적'의 딸이라고 불렀으며 시키는 대로 하지 않으면 거리로 내쫓겠다고 위협했다. 나는 하루 종일 울었다. 돈도 없었고 갈 데도 없었다." 소피야는 너무나 비참한 생활에 못 이겨 외조부모한테로 도망쳤다. 외조부모는 푸호비치의 집에서 퇴거당해 낡은 목욕탕에서 살고 있었으나 소피야를 옐레나와 함께 거두어주었다.

한편 세라피마가 코미 정착촌에 도착했을 때 남편 알렉산드르는 이미 그곳에 없었다. 남편은 아내가 탈주한 다음 날 체포되어 3년 형을 받고 인근 코틀라스 노동수용소에 갇혔다. 장남 안톤은 경찰에 정보원으로 채용되었다(안톤은 정착민들의 대화를 엿듣고 보고하라는 훈련을 받았으며, 보고를 할 때마다 보상으로 빵을 받았다). 동생인 사샤는 여전히 매우 병약해서 학교 교사가 돌보고 있었다. 세라피마는 도착한 지 며칠 만에 다시 체포되어 코틀라스로 끌려갔다. 그러나 세라피마는 일터에서 돌아오던 길에 호송대에서 도망쳐 깊은 숲 속으로 몸을 숨겨 다시 탈출할 수 있었다. 세라피마는 다시 3천 킬로미터 떨어진 푸호비치로 되돌아가 두 딸과 재회했다. 그들은 친척들이 사준 오시포비치의 작은 집에 입주했고 작은 뜰에서 염소와 돼지를 치면서 살았다. 1937년에 사샤와 안톤(안톤은 벨라루스에서도 계속 경찰에 고용되어 일했다)이 그들에게 합류했다. 2년 뒤 코틀라스 수용소에서 석방된 알렉산드르가 돌아옴으로써 가족은 모두 재회했다. 소피야는 아버지가 돌아온 순간을 기억한다.

엄마는 뛰어가 아빠에게 안겼다. 아빠가 물었다. "여보, 우리 아이들은 어디 있소?" 엄마가 대답했다. "걱정 말아요. 네 명 모두 살아 있고 잘 지내고 있어요." 아빠는 스르르 무너지면서 무릎을 꿇었다. 그러고는 엄마가 우리 목숨을 구한 데 감사하면서 엄마의 손과 발에 키스하기 시작했다.[46]

오코로코프 가족의 이야기는 훨씬 더 기구하다. 1931년 5월 알렉세이 오코로코프는 시베리아 남서부 쿠즈네츠크 지역의 일린카 마을에서 '쿨라크'로 추방되었다. 북부로 유형당한 그는 호송대에서 탈출해 한 달 동안 걸어서 900킬로미터 떨어진 고향 마을로 되돌아왔다. 고향에 도착했을 때 그는 아내 예브도키야와 두 딸, 당시 일곱 살이던 마리야와 아홉 살이던 타마라가 자신의 부모와 함께 북서부로 800킬로미터 떨어진 나림 인근의 '특별 정착촌'으로 유형당했음을 알았다. 알렉세이는 위조 서류를 만들어 밤낮으로 이동해 정착촌에 도착했고, 며칠 후 알렉세이의 주도로 가족은 아이들과 조부모를 포함한 한 무리의 '쿨라크' 탈주자 집단을 이끌고 그곳을 떠났다.

알렉세이 일행은—어머니는 마리야를 둘러업고, 아버지는 타마라를 안았다.—'쿨라크' 탈주자들을 찾아 타이가를 수색하던 순찰병들을 피해 밤에만 걸었다. 그들은 열흘 동안 걸었는데, 이런 지형에서는 방향을 잡기가 어려웠기 때문에 헤매다가 처음 장소로 다시 돌아오기도 했다. 결국 식량과 물이 떨어졌고 노인들은 기진맥진해 쓰러졌다. 열하루째 밤에 그들은 순찰병들에게 포위되었고, 순찰병의 총격에 알렉세이가 복부에 총탄을 맞고 부상당했다. 병사들은 그들을 다른 탈주자들과 함께 큰 수레에 싣고 인근 마을로 데려가 목욕탕에 가두었다. 탈주자들은 나림으로 송환되었으나 알렉세이의 부모를 비롯한 노인들은 그대로 남아 다시는 가족을 보지 못했다.

오코로코프 가족은 다시 한 번 어찌어찌 탈출할 수 있었다. 나림으로 가는 호송대가 출발을 준비하는 동안 예브도키야는 마을 농민에게 뇌물을 주고 순찰병을 취하게 만들었고 이 틈을 타 남편, 딸들과 함께 도주했다. 그들은 (도로 멀리서 경비병과 개들이 다가오는 것을 볼 수 있었을 때인) 낮에는 숨고 밤에 길을 재촉하면서(이때는 곰과 늑대가 큰 위험이었다) 톰스크로 향했다. 빵이나 먹을 것 하나 없이 며칠 밤을 걸은 끝에 그들은 천연두의 습격을 받아 모든 아이들이 죽은 케르자키 부족의 한 마을을 만났다. 족장은 빵 약간, 꿀 한 병, 보트와 부족에서 일할 수 있을 만큼 자란 타마라를 맞바꿀 것을 제안했다. 그는 알렉세이가 동의하지 않을 경우 경찰에 알리겠다고 위협했다. 알렉세이는 어쩔 수 없이 동의했다. 예브도키야는 거의 이성을 잃었으나, 그는 아내의 애원을 뿌리쳤다. "우리는 힘을 회복하기 위해 일 주일 동안 케르자키족과 함께 지냈다."고 마리야는 회고한다.

엄마는 울음을 그치지 않았고 언니는 무언가 잘못되었다는 것을 깨닫기 시작했다. 출발하는 날 아빠는 언니를 한쪽 방에 데려가더니 그곳에 가둬버렸다. 그리고 아빠는 슬픔으로 반쯤 넋이 나간 엄마를 끌고 나와 양식이 실려 있는 보트에 태웠다. 그런 뒤 우리는 노를 저었다.

몇 킬로미터를 간 다음 알렉세이는 배를 정박시키고 아내와 딸을 덤불에 숨긴 뒤 타마라를 구하러 케르자키 마을로 다시 걸어갔다. 나흘 후 그는 타마라를 등에 업고 돌아왔다.

그러나 고난은 아직 끝나지 않았다. 북쪽으로 가다가 순찰병에게 따라잡힌 것이다. 그들은 또 다른 수용소로 이송되었는데, 톰스크에서 8킬로미터 떨어진 곳에 있는 높은 철조망 울타리로 둘러싸인 바라크였다. 그들은 이곳에서 6개월을 보냈다. 알렉세이는 말과 수레로 채소를 톰스크로 실어 날랐고, 예브도키야와 아이들은 콜호스에서 다른 죄수들과 함께 작업에 투입되었다. 톰스크에서 알렉세이는 어떤 시 관리를 알게 되었는데, 그 관리는 이 가족을 동정하여 양심에 따라 그들이 탈출하는 것을 도와주기로 했다. 어느 날 알렉세이는 딸들을 감자 자루로 덮어 수레로 톰스크로 데려간 다음 시 관리의 집에 숨겼다. 기차가 일하던 밭을 지나갈 때 뛰어 올라탄 예브도키야가 그들에게 합류했다. 관리가 그들을 위해 사준 새 옷으로 갈아 입은 오고로고프 가족은 기자도 쿠즈네즈크(이 즈음에 스탈린스크로 이름이 바뀌었다)로 돌아왔다. 알렉세이는 탄광에서 일했고 예브도키야는 식당에서 일했다. 가족의 삶이 다시 시작되었다. "아버지는 우리를 위해 즉시 창문 한 개와 진흙 오븐이 딸린 나무 집을 짓기 시작했다. 우리는 어느 누구에게도 해를 입히지 않고 또 어느 누구의 도움도 없이 우리의 작은 구석에서 살았다."

그로부터 몇 달 뒤 여권 제도가 스탈린스크에 도입되었다. 알렉세이는 여권 등록을 바라고 고향 마을인 일린카로 돌아가기로 결심했다. 그러나 고향에 도착하자마자 체포되어 노동수용소에 수감되었다. 스탈린스크에서 기다리던 예브도키야는 마침내 남편의 편지를 받았다. 편지 때문에 경찰에 행방이 알려질 수 있었기 때문에 예브도키야는 딸들과 함께 아직 여권 제도가 도입되지 않은 인근 타시타골 시로 피신했다. 알렉세이가 가까스로 수용소를 탈출해 가족들과 곧 합류했다. 알렉세이는 판잣집을 지었고, 그들은 그곳에서 살았다. 예브도키야는 임시직을 전전했다. 예브도키야는 임신 사실을 알고는 주먹으로 배를 세게 때려 스스로 뱃속의 아이를 지웠다. 거의 죽을 뻔한 그녀는 몇 달 동안 침대에 누워 있었다. 정부가 낙태를 불법으로 선언했기 때문에 의사에게 진료를 받을 수 없었다. 예브도키야는 약초를 먹고 스스로 치료했다.

1934년에 여권 제도가 타시타골에 도달했다. 알렉세이는 다시 체포되어 형벌 노동자로 스탈린스크 금속 공장에 보내졌다. 예브도키야와 딸들도 체포되었다. 순전히 우연의 일치로 그들 역시 금속 공장에 보내져 알렉세이와 합류했다. 수많은 가족들이 그랬듯이 그들도 공장 벽 바깥 강둑을 따라 지은 토굴에서 같이 살았다. '지붕'은 진흙으로 메운 나뭇가지와 솔잎을 얹었다. '벽'은 비만 오면 샜다. 알렉세이는 원시적인 가구도 몇 개 만들었다. 그는 나무로 컵과 숟가락을 만들었다. 다시 한 번 오코로코프 가족은 가족의 삶을 이어 맞추기 시작했다. 기적적으로 그들은 살아남았고 용케 헤어지지 않고 함께 있을 수 있었으나, 지난 3년의 정신적 외상은 특히 딸들에게 흔적을 남겼다. 마리야와 타마라는 둘 다 악몽에 시달렸다. 그들은 겁에 질렸고 움츠러들었다. "3년간 이어진 도피 생활 후 언니와 나는 말을 안 하는 데 익숙해졌다."고 마리야는 회상한다. "우리는 말하기보다는 속삭이는 법을 배웠다."[47]

노동수용소 제국, 굴라크 체제

5개년 계획은 근대적인 산업 사회 창조를 약속했다. "우리는 낡은 러시아적 후진성을 뒤에 남겨두고 산업화로 가는 길, 사회주의로 가는 길로 전속력으로 나아가고 있다."라고 스탈린은 1929년에 말했다. "우리는 금속과 자동차와 트랙터의 국민이 되어 가고 있다. 우리는 소비에트 인간을 자동차에 태우고 농민을 트랙터에 태워서, 자신들의 문명을 그토록 자랑스럽게 뽐내는 서구 자본가들이 우리를 따라잡으려고 노력하게 만들자."[48]

제1차 5개년 계획의 거대한 건설 프로젝트에서 이 진보의 상징들을 찾아볼 수 있었다. 즉 우랄의 황량한 비탈면에 완전히 무에서부터 건설된 거대한 강철과 철강 공장 단지인 마그니토고르스크 같은 산업 도시, 새로운 지역을 개발할 수 있게 해주고 번창하는 도시들에 기본 생필품을 공급한 모스크바-볼가 운하와 백해 운하 같은 운하와 철도, 1932년경에 터빈이 작동한 세계에서 가장 큰 수력 발전소인 드네프로스트로이 같은 엄청난 댐이 그것들이었다. 강제 집단화 정책과 5개년 계획의 지나치게 야심찬 목표들에 대해 여전히 상당한 저항이 (당 안팎에) 남아 있던 때, 이 '성공'들은 스탈린 체제에 중요한 선전 가치가 있었다. 이 성공들을 강조함으로써 체제는 '사회주의 진보'에 대한 믿음, 즉 소비에트 유토피아의 도래가 임박했다는 믿음을 촉진할 수 있었다. 나아가 이 유토피아에 대한 믿음을 통해 체제는 사람들에게 요구한 희생을 이데올로기적으로 정당화했다. 백해 운하의 오게페우 경비병이 된, 농민의 아들 아나톨리 메수노프는 1980년대에 쓴 회고록에서 이 선전들이 수많은 '보통 스탈린주의자'들에게 끼친 영향을 묘사한다.

> 나는 5개년 계획을 의심했다. 나는 우리가 왜 그렇게 많은 죄수들을 운하를 완공하기 위해 죽음으로 몰아넣어야 했는지 이해하지 못했다. 왜 그렇게 빨리 일해야 하는가? 때때로 그런 의문이 나를 괴롭혔다. 그러나 나는 우리가 뭔가 위대한 것, 비단 운하뿐 아니라 자발적 수단으로는 건설할 수 없는 새로운 사회를 건설하고 있다는 확신으로 그것을 정당화했다. 누가 그 운하를 건설하려고 자원했겠는가? 지금 나는 이런 식으로 사회주의를 건설하는 일이 매우 가혹하고 잔인하기까지 했다고 알고 있지만, 그럼에도 그렇게 하는 것이 정당했다고 여전히 믿는다.[49]

스탈린의 산업혁명은 서구의 산업화와는 자못 달랐다. 메수노프가 주장하듯이, 스탈린이 5개년 계획에서 요구한 성장률은 특히 나라의 광물과 연료 자원 대부분을 극북과 시베리아의 추운 오지에서 강제 노동으로 조달하지 않고서는 달성할 수 없었을 것이다. 1929년에 '쿨라크'들의 대규모 체포와 추방으로 시작된 노예 노동 공급은 굴라크 체제의 경제적 토대였다. 처음에는 체제의 적들을 수감하는 감옥이었지만, 굴라크 체제는 곧 경제적 식민 형태―어느 누구도 거주하고 싶어 하지 않는 오지의 땅에 정착해서 산업 자원을 개발하는 저렴하고 신속한 방식―로 발달했고, 이 이론적 설명은 굴라크 관리들 사이에서 공개적으로 인정되었다.[50] 역사가들은 굴라크의 기원을 두고 견해가 갈린다. 일부는 굴라크를 스탈린이 정치 권력을 공고화하는 과정에서 발생한 부산물로 보며, 다른 일부는 '부르주아'와 '쿨라크' 같은 유령 '계급'들이나 국가에 위험하다고 본 민족이나 종족 집단을 격리하고 처벌하는 수단으로서 굴라크의 역할을 강조한다.[51] 이 요인들은 모두 나름의 역할을 했으나, 체제가 감옥들의 수지타산을 맞출 방법을 찾기 시작한 순간부터 경제적 동기야말로 그 핵심 요인이 되었다.

1920년대에 노동수용소는 기본적으로 죄수들이 자신들의 삶을 유지하기 위해 일하는 감옥이었다. 가장 중요한 것은 1923년 백해상의 옛 솔로베츠키 수도원에 오게페우가 설치한 솔로베츠키 특수 목적 수용소(Solovetskii lager' osobogo naznacheniia) 즉 슬론(SLON)이었는데, 이 수용소는 노예 노동을 이용한다는 점에서 굴라크의 원형이 되었다. 수도원은 차르 시대에 정치적 반체제 인사를 구금하는 데 이용되었는데 볼셰비키는 이곳을 '투기꾼'과 상습범뿐만 아니라 모든 적대자—불법화된 야당 당원, 지식인, 전 백군—를 가두는 일반 감옥으로 썼다. 팔레스타인 출신의 유대인 사업가였던 나프탈리 프렌켈*도 이곳에 수감되었는데, 그는 소비에트 러시아로 밀수를 하다가 1923년 경찰에 체포되었다. 감옥의 비효율성에 충격을 받은 프렌켈은 수용소 운영 방법을 구상한 편지를 죄수들의 '투서함'에 집어넣었다. 어떻게 하여 편지는 급속히 부상하던 오게페우 수장 겐리흐 야고다*에게 도달했다. 프렌켈은 모스크바로 소환되어 스탈린에게 감옥

프렌켈(Naftaly Frenkel, 1883~1960) 소련의 비밀경찰. 1923년 체포되어 솔로베츠키 수용소에서 10년형을 선고받고 복역하던 중 수감자들의 식량 배급을 생산성과 연계하는 굴라크 체제를 고안한 것으로 악명 높다. 그 후 죄수 신분에서 솔로베츠키 수용소 지휘관이 되었고, 1937년에는 바이칼-아무르 본선 철도 수용소 소장이 되었다. 비밀경찰 레닌 훈장을 세 번 수상했으며 사회주의 노동영웅 칭호를 수여받았다.(역주)

노동 이용 방안을 설명했는데, 스탈린은 경제 과업에 죄수들을 활용한다는 구상이 마음에 들었다. 프렌켈은 1927년 석방되어 슬론을 이윤을 창출하는 기업으로 전환하는 책임을 맡았다. 슬론이 핀란드 국경 카렐리야에서 나무를 베고 도로를 건설하는 계약을 맺고 또 공장들을 접수함에 따라 수감자가 1927년 1만 명에서 1931년에는 71,000명으로 급증했다. 신입 수감자는 대부분 1930년 12월에 솔로베츠키 수용소에 온 니콜라이 골로빈 같은 '쿨라크' 농민이었다. 죄수들은 육체적 능력에 따라 조직되었고 일을 하는 만큼 배급량이 정해졌다. 강한 자는 살아남았고 약한 자는 죽었다.[52]

1928년에 '쿨라크', 성직자, 상인, '부르주아 전문가'와 엔지니어, '파괴자', '방해자', 여타 스탈린의 강제적 산업화의 '적'들을 상대로 한 대량 검거 사태로 소련 감옥 시스템에 과부하가 걸릴 조짐을 보였고, 정치국은 늘어나는 수감자들의 이용 방안을 연구하는 위원회를 설립했다. 사법인민위원 얀손(N. M. Ianson)이 이끄는 위원회에는 오게페우 수장인 야고다뿐만 아니라 내무인민위원인 톨마초프(Vladimir Tolmachyov, 1886~1937)도 들어 있었다. 세 사람은 수감자 통제를 둘러싸고 대립했으나, 스탈린은 새로운 노동수용소 네트워크를 통해 극북과 시베리아를 식민화하고 그곳의 산업 자원을 개발하는 데 수감자들을 이용할 것을 제안한 야고다를 확실히 더 좋아했다. 이 오지에서는 거의 고갈되지 않는 목재 공급이 가능했고, 파벨 비텐부르크 같은 지질학자들은 죄수 노동으로 저렴한 비용을 들여 채굴할 수 있는 금, 주석, 니켈, 석탄, 가스, 석유 등 풍부한 자원을

야고다(Genrikh Iagoda, 1891~1938) 오게페우 수장(1924~1931)과 내무인민위원부(엔카베데)의 인민위원(1934~1936)을 역임했다. 1936년 엔카베데 수장 자리를 니콜라이 예조프에게 물려준 뒤 이듬해 체포되어 1938년 3월에 처형되었다.(역주)

조사해 기록했다.

1929년 4월에 위원회는 각 수용소마다 5만 명의 죄수를 수감하고 오게페우가 통제하는 새로운 '실험적' 수용소 체제를 만들 것을 제안했다. 위원회는 많은 인원을 수용소에 집중 수감함으로써 노예 노동력을 관리하는 비용을 한 해에 1인당 250루블에서 100루블로 줄일 수 있다고 강조했다. 두 달 뒤 정치국은 오게페우에 "오지의 식민화와 죄수들의 노동력으로 해당 지역의 천연자원을 개발"하는 '교정-노동 수용소' 네트워크를 설립할 것을 지시하는 결의안('감옥 노동의 사용에 관해서')을 통과시켰다. 이 시점부터 정치경찰은 산업화의 주요 추동력으로 떠올랐다. 정치경찰은 급속히 확장되는 형벌 노동수용소 제국을 통제했는데, 이 제국의 주민은 1928년 2만 명의 죄수에서, 오게페우가 엔카베데(내무인민위원부)와 통합된 1934년경에는 100만 명으로 늘어났다. 새 당국은 정치경찰을 통제하고 굴라크를 통해 모든 노동수용소를 감독했다.[53]

초기에 가장 큰 형벌 노동수용소는 1932년에 10만 죄수를 수감한 벨발트라크(Belbaltlag)였으며, 발트 해와 백해를 연결하는 227킬로미터의 수로인 백해 운하를 건설하는 데 이용되었다. 운하는 18세기에 처음 구상되었으나 구체제의 기술력으로 건설하기에는 역부족인 것으로 판명되었고, 그래서 이제 운하 건설 구상은 소비에트 체제의 우월성을 증명하는 5개년 계획의 선전 임무에서 핵심이 되었다. 계획 입안자들이 기계나 제대로 된 토지 측량 없이 운하를 건설하려 했음을 감안하면 운하 건설은 기막히게 야심적인 프로젝트였다. 프로젝트 비판자들은 (운하를 무료 노동으로 건설하기로 상정했는데도) 백해에서는 해상 운송이 상대적으로 적게 이루어지기 때문에 엄청난 건설 비용을 정당화할 수 없다고 주장했다. 그러나 스탈린은 오게페우가 감옥 노동력을 충분히 제공하는 한 저렴하게, 그리고 기록적인 시간 안에―당의 의지와 힘의 상징―운하를 건설할 수 있다고 고집했다.

프렌켈이 건설 책임을 맡았다. 솔로베츠키 수용소에서 많은 죄수들이 운하로 이송되어 동원되었고, 프렌켈이 슬론에서 사용한 방식 역시 다시 쓰였다. 시간과 돈을 절약하려고 운하 깊이를 6.7미터에서 고작 3.7미터로 줄였는데, 이 때문에 운하는 얕은 바지(barge)선이나 여객선 외에는 지나다닐 수 없는 무용지물이 되었다.(1932~1933년 프로젝트 막바지에 급하게 건설한 남쪽 일부에서는 운하 깊이가 겨우 1.8미터에 불과했다.) 죄수들은 다이너마이트와 기계류 대신에 손으로 조잡하게 만든 도끼, 톱, 망치 같은 원시적 공구를 손에 들었다. 운하를 따라 수용소를 직접 지은 과정은 말할 것도 없고, 땅을 파고 무거운 돌을 끌고 손수레로 흙을 운반하고 목제 기중기와 비계를 설치하는 일까지, 죄수들은 모든 작업을 손으로 했다. 얼어붙을 듯한 추위 속에서 기진맥진할 정도로 일하느라, 1931~1932년 첫 겨울에만 정확한 숫자는 알려져 있지 않으나 약 25,000명의 죄수가 사망했다. 생존자들 사이에서는 죽은 사람들의 수가 훨씬 많다는 소문이 나돌았다. 백해 운하 건설에서 감독관으로 일한 솔로베츠키 노동수용소 죄수 드미트리 비트코프스키는 그 광경을 다음과 같이 회고했다.

하루 작업이 끝날 무렵에 현장에는 시신들이 버려져 있었다. 죽은 자들의 얼굴은 눈으로 덮였다. 뒤집힌 수레 아래 웅크린 채 손을 소매 안에 넣고 얼어 죽은 사람도 있었다. 어떤 사람은 머리를 무릎 사이에 박은 채 얼어 있었다. 두 명은 서로 등을 기댄 채 얼어붙었다. 그들은 젊은 농민들이었고, 더할 나위 없이 훌륭한 일꾼이었다. 동시에 수천, 수만 명이 운하로 보내졌는데, 당국은 누구도 자신의 아버지와 같은 하위 수용소에 배치되지 않도록 일을 조직하고자 했다. 당국은 가족을 해체하려고 했다. 그들에게는 도착 즉시 여름철에도 완수할 수 없을 정도로 많은 자갈과 바위를 처리해야 하는 작업량을 할당했다. 어느 누구도 그들에게 아무것도 가르칠 수 없었고 경고할 수도 없었다. 그들의 마을에서 그랬듯이 그들은 우직하게 작업에 온 힘을 쏟았고 매우 빠르게 쇠약해졌으며 그러고 나서 둘씩 서로 껴안은 채 얼어 죽었다. 사람들은 밤에 썰매를 끌고 나가서 시신을 모았다. 썰매 운전자들은 시신을 쿵 하는 둔탁한 소리와 함께 썰매에 던져넣었다. 여름에는 제때 치우지 못한 시신의 뼈가 자갈과 함께 콘크리트 혼합물에 섞였다. 이런 식으로 그들은 벨모르스크 시 마지막 갑문의 콘크리트에 섞여 영원히 보존될 것이었다.[54]

인명 손실과는 별도로 백해 운하는 많은 가족들에게 이루 말할 수 없는 고통을 안겼다.

노브고로드 주 발다이 지역 두브로보 마을에서 자란 이그나티 막시모프와 마리야 막시모바는 어린 시절부터 연인 사이였다. 그들은 마리야가 열여섯 살이 되던 1924년에 결혼했고 이그나티가 목수 일을 하려고 레닌그라드로 이사한 1927년까지 이그나티의 가족 농장에서 일했다. 딸 나데즈다가 태어난 지 다섯 달 뒤인 1929년 10월에 이그나티는 체포되었고(그는 1919년에 볼셰비키에 반대하는 농민 봉기에 가담했다), 처음에는 솔로베츠키 수용소로, 다음에는 백해 운하 북쪽 구역으로 보내졌다. 한편 마리야는 레닌그라드의 집에서 쫓겨났다. 마리야는 딸을 데리고 두브로보로 돌아왔으나 부모와 막시모프의 집은 파괴되었고 가족들은 유형을 당한 뒤였다. 두브로보에는 가족이 아무도 남아 있지 않았다. 이웃 노인이 마리아에게 체포당하지

1929년 10월에 체포된 이그나티 막시모프는 1932년에야 가족과 재회했다. 1934년에 아르한겔스크에서 찍은 사진에서 이그나티와 아내 마리야, 딸 나데즈다를 볼 수 있다. 가족 뒤에 이그나티의 형제 안톤이 서 있다.

않으려면 마을을 떠나는 것이 좋을 것이라고 충고했다. 마리야는 아기를 안고 주 경계선을 넘어 인접한 트베리 주로 걸어가(이렇게 하면 노브고로드 경찰 손에서 벗어날 수 있을 것이라 희망하면서), 처음 당도한 첫 마을의 첫 집 문을 두드렸다. 노부부가 문을 열었다. 마리야는 무릎을 꿇고 멀리 도망갈 수 있도록 아이를 받아 달라고 사정했다. 누구도 어린아이가 딸린 여자에게 일거리를 주지 않을 것이었다. 부부는 친절한 사람들이었다. 그들은 2년 동안 나데즈다를 돌보아주었고, 그동안 마리야는 레닌그라드-무르만스크를 오가는 기차에서 요리사로 일했다. 그때는 몰랐지만, 철도는 이그나티가 일하던 백해 운하의 북쪽 구역을 따라 이어졌다. 남편 소식을 전혀 모르던 마리야는 1932년에야 운하가 백해로 들어가는 벨모르스크 지역 어딘가의 노동수용소에 남편이 있다는 말을 지인에게 들었다. 마리야는 작은 종이쪽지에 글을 적어서 기차가 벨모르스크 건설 현장을 지나갈 때 식당칸 창문 너머로 던졌다. 마침내 기적이 일어났다. 마리야는 무르만스크로 가는 철로에서 북쪽으로 55킬로미터 떨어진 켐 근처의 수용소에 있던 이그나티에게서 편지를 받았던 것이다. 이그나티는 1932년 말에 풀려나 아르한겔스크로 유형당했고, 거기서 아내와 딸과 재결합했다.[55]

굴라크는 백해 운하 같은 건설 프로젝트를 위한 노동력의 공급원 이상이었다. 굴라크는 그 자체로 산업화의 한 형태였다. 굴라크 체제의 첫 번째 산업 단지는 비실라크에 세워진 펄프-종이 통합 생산 공장이었는데, 그 공장은 우랄 지방의 비셰라 강에 있는 오게페우 노동수용소 단지였다. 이 단지는 1926년에 솔로베츠키 수용소가 관리하는 거대한 벌목 수용소 네트워크로 시작되었지만, 라트비아인 볼셰비키 예두아르트 베르진*이 건설 작업을 책임진 1929년 여름에야 비로소 산업 활동을 시작했다. 비셰라 강물이 매우 깨끗했기 때문에 정치국은 비셰라를 양질의 종이를 생산하는 장소로 선택했다. 1930년대 초에 《대소련백과사전》 같은 고급 출판물들을 비셰라 공장에서 생산한 종이에 인쇄하기 시작했다. 1930년에 비실라크의 수용소에

베르진(Eduard Berzin, 1894~1938) 라트비아 출신의 군인, 비밀경찰. 1931년에 콜리마의 강제노동수용소 네트워크를 설립한 극북 건설 트러스트인 달스트로이(Dalstroi)를 조직한 것으로 알려져 있다.(역주)

는 수감자가 2만 명이었다(작가 바를람 샬라모프*도 수감되어 있었다). 12,000명은 벌목 수용소에서 일했고 2,000명은 (벽돌과 섬유소를 만드는) 작은 공장들에서 일했다. 나머지 노동력은 민간 소도시로까지 발달한 크라스노비셰르스크와 고로드 스베타(Gorod Sveta, '빛의 도시'라는 뜻)의 바라크 정착촌뿐만 아니라, 펄프–종이 공장을 건설하는 데 이용되었다.[56] 베르진은 굴라크 정착촌을 문화 기관이 죄수들을 재교육하여 '소비에트 노동자'로 탈바꿈시키는 '산업 발전의 실험적 형태'로 인식했다. 고로드 스베타는 영화와 라디오 클럽, 도서관, 식당, 보건소, 분수가 있는 정원, 야생 생물 보호 구역, 노천극장, 토론장, 기둥이 줄지어 늘어선 건물 안의 '주 수용소 클럽'을 자랑했다. 샬라모프는 '주 수용소 클럽' 건물을 보고 파르테논 신전을 떠올렸다. "줄지어 늘어선 기둥들은 파르테논 신전보다 더 굉장했다."[57]

비실라크는 초기의 굴라크 체제를 대표하는 곳이었다. 당시는 소비에트 거푸집 안에서 인간을 '개조'하기 위해 감옥 노동을 사용한다는 구상이 단순히 선전에 그치는 것이 아니라 많은 볼셰비키에게 하나의 신념이었다. 하지만 그럼에도 불구하고 종이 공장을 둔 비실라크 수용소는 기본적으로 경제적 이득을 꾀하는 기업이었다. 베르진의 운영 원리는 철저하게 투자에서 발생할 예측 수익에 기반을 두었고, 그의 투자에는 죄수들에게 생산 계획을 완수할 것을 고무하는 도덕적, 물적 동기 부여도 포함되어 있었다. 1931년 11월, 베르진은 승진하여 달스트로이(Dalstroi, 극북 건설 트러스트)의 초대 소장이 되었다. 달스트로이는 시베리아 북동 지역—크기가 태평양과 북극

샬라모프(Varlam Shalamov, 1907~1982) 러시아의 작가, 언론인, 굴라크 생존자. 1937년부터 1951년까지 노동수용소에서 생활했다. 석방된 후 1954년부터 1973년까지 《콜리마 이야기》라는 노동수용소 생활을 담은 자전적 단편들을 집필했다.(역주)

해 사이에 있는 서유럽만 하다.—의 거대한 노동수용소 복합 단지 (악명 높은 콜리마 수용소들을 포함한)로서, 그곳의 얼어붙은 땅 밑에는 세계에서 가장 풍부한 금이 있었다. 베르진은 달스트로이 수용소들을 비실라크와 똑같은 경제 원리로 운영했다. 그의 임무는 죄수들에게 가능한 한 많은 금을 채굴하게끔 하는 것이었다.(1930년대 중반에 달스트로이 수용소들의 금 생산량은 1928년 소련의 총 금 생산량을 초과했다.)[58] 베르진의 시대(1931~1937)에 달스트로이의 수용소 여건은, 샬라모프가 《콜리마 이야기》에서 썼듯이, 많은 죄수들이 베르진 시절을 향수를 느끼며 되돌아볼 정도로 이후 시기보다 훨씬 나았다.

베르진은 이 혹독한 고립 지역을 식민화하는 문제와 그와 연관된 죄수들의 영혼을 개조하는 문제를 해결하고자 했는데, 성공하지 못한 것도 아니었다. 10년형을 받은 한 남자는 2~3년 안에 석방될 만한 노동 평점을 쌓을 수 있었다. 베르진 치하에서는 음식도 아주 좋았고, 작업도 하루에 겨울에는 4~6시간, 여름에는 10시간만 하면 되었다. 그래서 그들은 가족들을 돕고 형기가 끝날 때는 부자가 되어 본토로 돌아갈 수 있었다. …… 그 시절까지 거슬러 올라가는 묘지는 그 수가 너무 적어서 콜리마 초기 주민들은 나중에 도착한 사람들이 보기에는 불사조인 것 같았다.[59]

비실라크는 1934년에 해체되었으나, 그 즈음에 크라스노비셰르스크의 펄프-종이 공장은 많은 농민들을 산업으로 끌어들이면서 북부 우랄 지방의 산업 중심이자 주요 경제적 유력 기업이 되었다.

산업이 번영하면서 엔지니어와 다른 전문 기술자들이 필요해졌다. 이반 우글리츠키호는 1920년 우랄 체르딘 지역의 표도르초보에서 농

우글리츠키흐 가족(체르딘, 1938년). '쿨라크'의 아들이었던 이반 우글리츠키흐(사진에서 키 큰 소년)는 전문 기술을 습득해 '프롤레타리아' 정체성을 얻고 출세하려는 야심을 품었다.

민의 아들로 태어났다. '쿨라크'로서 표도르초보 콜호스에 가입을 금지당한 이반의 아버지는 체르딘으로 도주해, 크라스노비셰르셰크의 펄프-종이 공장으로 목재를 실어 나르던 강 바지선에서 일했다. 크라스노비셰르스크 노동수용소에는 그의 형제와 삼촌이 구금되어 있었다. 이반은 출세하고 싶다는 강한 욕망을 품고 성장했다. 아버지는 항상 아들에게 전문 기술을 배우라고 말했다. "우리가 사는 곳에는 아무것도, 어떤 산업도 없었다."라고 이반은 회고한다. "내 꿈은 페름에 가는 것이었으나 그곳은 너무 멀었고, 나는 교통비를 감당할 수가 없었다. …… 중요한 것은 전문 기술을 익히는 것이었다. 전문 기술 없이는 미래가 없었다." 열네 살이 넘은 그가 공부할 수 있는 유일한 곳은 펄프-종이 공장에 부속된 공장기능수련학교(FZU)였다. 이반이 회고하듯이 교사들은 모두 비실라크의 죄수 출신이었다.

그들은 종이 생산과 전기 작업 분야에서 우리를 훈련시키기 위해 수용소에서 온 엔지니어와 전문 기술자들이었다. 나는 전기공으로 훈련받고 종이 공장에서 일했다. 당시 나 같은 숙련 노동자는 수요가 엄청났기 때문에 어느 도시, 어느 공장에서도 일자리를 얻을 수 있었다. 심지어 페름으로 가서 강 배 선착장에서 일하기도 했다. 나는 나의 성공이 자랑스러웠다. 부모님도 나를 자랑스러워했다.[60]

수많은 농민의 아들들이 도시로 와서 스스로 새로운 정체성을 만들었다. 1928년부터 1932년 사이에 도시 인구는 매주 5만 명의 비율로 엄청나게 늘어났다. 도시 인구가 너무 빨리 증가하는 바람에 국가는 소비재 수요 확대에 제대로 대처하기가 어려웠다. 소비재 문제는 5개년 계획에서 우선순위가 뒤로 밀린 상태였다. 그리하여 1928년 이후 식료품과 연료, 다양한 생활용품에 배급제가 도입되었다. 사적 상거래를 억압하면서 거리는 우중충해졌으며 레스토랑과 카페가 사라졌고 상점 진열창이 비었다. 사람들은 옷차림이 추레해졌다. 1930년 여름 4년간의 외국 근무를 마치고 모스크바로 돌아온 외교관 알렉산더 바민(Alexandrer Barmine, 1899~1987)은 수도의 경제적 고통을 보고 놀란 마음을 이렇게 기록했다.

1922~1928년의 개선 이후 모스크바는 끔찍하게 변했다. 사람들의 얼굴과 집 전면에 궁핍과 극심한 피로와 냉담함이 생생하게 드러났다. 상점은 거의 보이지 않았고 아직 남아 있는 몇 안 되는 진열창은 황량한 분위기가 감돌았다. 성급함보다는 절망감에 젖은 점원이 '없음'이라고 쓴 스티커를 붙인 진열창에는 마분지 상자와 식료품 깡통만 나뒹굴었다. 사람들이 입은 옷은 해졌고 옷감의 질은 이루 말할

수 없었다. 파리에서 사 입은 정장 때문에 나는 당혹스러웠다. 모든 것이 부족했다. 특히 비누, 장화, 채소, 고기, 버터, 지방을 함유한 모든 식품이 그랬다.[61]

주택 사정은 절망적이었다. 1928년 도시민들은 평균 주거 면적이 5.8제곱미터(약 1.8평)였지만, 가장 가난한 노동자들의 대다수는 자기 공간이라고 할 만한 주거 면적이 불과 2제곱미터(약 0.6평)밖에 되지 않았다. 한 미국인은 많은 모스크바 노동자들의 생활 환경을 다음과 같이 묘사했다.

쿠즈네초프는 대략 길이 245미터, 너비 4.6미터 되는 목제 구조물에서 약 550명의 남녀와 함께 살았다. 방에는 짚이나 마른 낙엽으로 채운 매트리스로 덮인 약 500개의 좁은 침대가 들어차 있었다. 그곳에는 베개도 담요도 없었다. …… 일부 주민은 침대가 없어 마루나 나무 상자 위에서 잤다. 일부는 침대를 교대로 썼는데 한 조가 낮에 쓰면 밤에 다른 조가 썼다. 사생활을 보장하는 장막이나 벽이라고는 찾아볼 수 없었다. …… 각자 가진 것이라곤 몸에 걸친 게 전부였기 때문에 벽장이나 옷장도 없었다.[62]

농민 출신인 많은 노동자들은 사적 공간은 꿈도 꾸지 못했다. 마을에서 살던 시절 가족들은 전통적으로 공동 그릇으로 함께 식사했고 난로 옆의 긴 의자 위에서 같이 잤다. 그러나 도시로 이주했을 때 많은 사람들이 다른 가족과 주거 공간을 공유한다는 데 충격을 받은 것이 틀림없다.

나데즈다 푸호바는 1912년 프스코프 주의 농촌 대가족에서 태어났다. 1929년에 나데즈다는 콜호스에서 도망쳐 레닌그라드의 대규모 산업 교외 지역인 콜피노로 갔고 이조라 기계 제작 공장에 일자리를 얻었다. 나데즈다는 공장에서 멀지 않은 목조 가옥 1층에 있는 방의 모퉁이를 임대했다. 프라이머스 휴대용 석유 난로로 난방을 하고 부엌 겸 화장실과 마당에서 들어올 수 있는 옆문이 달린, 넓고 외풍이 있는 방이었다. 나데즈다는 이 집에서 남편이 되는 알렉산드르를 만났다. 그는 야로슬라블 주 리빈스크 지역 출신으로서 농민 가정의 장남이었고, 자동차 정비 공장 견습 정비사로 콜피노에 왔다. 알렉산드르의 먼 친척이었던 집 주인은 그에게 2층 방의 한 모퉁이를 임대해주었다. 결혼 후 알렉산드르는 나데즈다와 함께 살기 위해 아래층으로 내려왔다. 부부는 다른 가족으로부터 사생활을 보호하려고 침대 주위에 급히 커튼을 설치했다. 전부 열여섯 명이 방을 같이 썼는데, 그중에는 밤에 고객을 데려오는 매춘부와 새벽 4시에 일하러 나가는 소방관도 있었다. "우리는 잠을 설쳤습니다."라고 나데즈다는 회고했다. "우리 옆 침대에서 자는 소방관은 밤에 일어나서 시간을 보느라 성냥을 그어대곤 했습니다. 그리고 사람들이 올가(매춘부)와 함께 계속 들락날락거렸습니다. 올가는 자기를 일러바치면 죽여버리겠다고 말했지요. 사람들은 신경이 아주 날카로웠습니다." 겨울 동안에는 야로슬라블에서 온 알렉산드르의 친척들이 그들과 함께 머물곤 했다. 그들은 공장에서 일하려고 왔거나 콜호스 소득을 보충하기 위해 직접 만든 펠트 장화를 팔러 왔다. 나데즈다는 회상했다. "전부 왔습니다. 숙모, 삼촌, 누이들, 형제들과 그 아내들까지."

저는 그들이 사는 방식에 충격을 받았습니다. 너무나 더럽고 원시적이었습니다. 프스코프에서 부모님 집은 언제나 굉장히 깨끗했는데 그곳의 생활방식과는 달랐어요. 알렉산드르의 친척들은 마룻바닥에서 잤습니다. 여자들은 담요를 덮고, 남자들은 체온을 유지하기 위해 그냥 상의를 입은 채 잤지요. 그들은 말처럼 냄새가 지독해서 방에 냄새가 배곤 했어요.[63]

골로빈 가족도 도시로 이주하는 경로를 따랐다. 1933년 2월, 니콜라이는 마침내 솔로베츠키 노동수용소에서 풀려났다. 샬티르에 있는 예브도키야와 아이들과 합치면 다시 체포될지도 모른다는 경고를 받은 그는 볼로그다 인근의 작은 도시인 페스토보로 향했고, 그곳에서 겨우 건설 현장 목수로 일자리를 찾았다. 1930년대 초 많은 지방 도시처럼 페스토보는 '쿨라크' 도망자들이 넘쳐났다. 그들 사이에 예브도키야의 형제인 이반 소볼레프가 있었는데, 성직자였던 그는 볼셰비키가 마을 교회를 폐쇄한 뒤 이름을 바꾸고 벌목 산업에서 회계원으로 일하는 중이었다. 니콜라이는 건설 현장에서 작업반 지도자가 되었고, 삼림 노동자가 버린 아주 작은 나무 오두막으로 이사했다.

차츰 가족이 다시 모였다. 아들 니콜라이가 백해 운하에서 페스토보로 와서—1933년 8월 운하를 완공하는 데 열심히 일한 보상으로 풀려난 12,000명의 죄수에 들어—아버지의 작업반에 합류했다. 골로빈 가족이 체포될 때 오부호보에서 도주한 다른 아들 이반도 몇 년 동안 시베리아를 돌아다닌 끝에 페스토보에 왔다. 이반도 아버지의 작업반에 합류했다. 마찬가지로 오부호보에서 도망쳤던 딸 마리야가 다음으로 1934년에 도착했다. 마리야는 '쿨라크'의 딸로 도망을 다닌 지난 3년 동안 너무 겁이 나 이름을 바꾸고 볼셰비키 노동자와 결혼했는데, 남편은 아내의 진짜 정체를 알고서는 폭력을 휘두르고 관계를 끊어버렸다. 마침내 1934년 12월 우스튜즈나의 엔카베데에 몇 달간 거듭 청원서를 보낸 끝에 니콜라이는 '특별 정착촌'에서 무사히 돌아온 아내 예브도키야와 다른 세 자녀인 안토니나, 톨랴, 알렉세이와 재결합했다. 니콜라이가 사는 벌목꾼 오두막은 매우 작았으나 샬티르의 바라크에서 3년을 보낸 안토니나에게는 마치 낙원 같았다.

작은 방이 딱 한 개 있었다. 안에는 철제 침대—우리가 집에서 쫓겨날 때 이웃 사람 푸지닌이 우리를 위해 맡아 둔 바로 그 침대—가 있었다. 우리 부모님이 잤고 우리들이 태어난 침대였다. 그것은 틀림없이 우리 침대였는데, 침대 다리에 붙어 있는 동그란 동판이 똑같았고, 매트리스도 똑같았다. 그것은 우리의 옛 삶에서 남겨진 단 한 가지 물건이었다.[64]

아버지를 고발한 소년 영웅

1932년 9월 3일, 서부 시베리아 게라시모프카 마을 근처 숲에서 사내아이 두 명이 죽은 채 발견되었다. 언론은 그들이 피오네르단의 열성 단원으로서 둘 중 나이가 많은 열다섯 살 파블리크가 아버지 트로핌 모로조프를 '쿨라크'라고 경찰에 고발했기 때문에 친척들에게 칼에 찔려 죽었다고 보도했다. 나머지 모로조프 가족들이 복수한 것이었다. 이 사건의 진실을 거짓과 정치적 음모가 뒤얽힌 거미줄에서 풀어내기란 쉽지 않다. 수사 시작 단계부터 언론은 살인을 정치 범죄로 규정해 이야기를 만들었으며, 파블리크에게는 모범적 피오네르 역이 주어졌고 그를 죽인 사람들은 '쿨라크 반혁명분자'들로 등장했다.

게라시모프카는 우랄 지방의 스베르들로프스크에서 동북쪽으로

350킬로미터 떨어진 타브다 인근 숲속 오지 마을이었다. 마을은 노동수용소와 '특별 정착촌'들로 둘러싸여 있었다. 밤이 되면 마을 사람들은 경비견이 짖는 소리를 들을 수 있었다. 게라시모프카는 빈궁한 마을이었다. 가난한 농민들은 암소 한 마리를, 부유한 농민은 두 마리를 갖고 있었다. 마을에서 겨우 아홉 집만이 사모바르*를 갖고 있었다. 1931년에야 설립된 초등학교에는 교사가 한 명뿐이었고 책은 13권 있었다. 서부 시베리아의 많은 농민들처럼 게라시모프카 마을 사람들은 대단히 독립적이었다. 19세기에 토지와 자유를 찾아 중부 러시아에서 동쪽으로 이주해 온 사람들로서 그들은 집단농장에 가입해 토지와 자유를 포기할 생각이 전혀 없었다. 1931년 8월에 마을 농가 가운데 콜호스에 참여한 집은 하나도 없었다. 소련 언론이 이곳을 '쿨라크의 온상'으로 묘사한다고 해서 놀랄 일은 아니었다.[65]

트로핌 모로조프는 내전에서 적군(赤軍)을 위해 싸우다가 두 번이나 부상을 당한 이력이 있는, 평균적인 재산을 소유한 건전하고 열심히 일하는 농민이었다. 마을의 이웃 사람들에게 존경을 받았던 모로조프는 '특별 정착촌'의 '쿨라크' 유형자들에게 위조 서류를 팔고 있다고 오게페우의 주목을 받던 1931년 가을에 마을 소비에트 의장으로서 세 번째 임기를 채우고 있었다. 그의 아들 파블리크는 정보원이었을 것이다. 언론의 선전과는 달리 파블리크는 사실 피오네르가 아니었으나(게라시모프카에는 피오네르 조직이 없었다), 확실히 피오네르가 되기를 원했으며, 학교가 개교한 후 선전 활동에 적극적이었고, 덕분에 경찰과 가까워졌다. 게라시모프카에서 파블리크는 이웃 사람들이 뭔가 잘못된 일을 하면 밀고하는 것으로 유명했다(몇 년 뒤 마을

사모바르(samovar) 러시아에서 물을 끓이는 데 사용하는 전통 주전자.(역주)

'쿨라크 반혁명분자'인 아버지를 고발한 파블리크 모로조프의 공식 초상. 국가에 대한 충성이 사적 관계보다 중요하다는 것을 보여준 사례로서 모로조프는 소련 학생들에게 숭배의 대상이 되었다.

사람들은 그를 '역겨운 아이'라고 불렀다).

파블리크는 아버지에게 불만이 많았다. 아버지는 다른 여자와 살려고 가정을 버렸다. 장남으로서 파블리크는 남편이 집을 나간 데 마음 상한 어머니 타티야나를 돌보아야 했다. 문맹 농민이었던 타티야나가 질투심에 불타 아들에게 아버지를 신고하라고 부추겼을지 모른다. 1931년 11월 마을 학교에서 열린 트로핌의 재판을 보도한 언론에 따르면, 파블리크는 아버지의 범죄를 고발했고 트로핌이 "난 네 아비다, 네 아비라고!" 하며 소리치자 재판관에게 말했다. "예, 그 사람은 제 아버지였지만 이제는 아버지라고 여기지 않습니다. 저는 아들이 아니라 피오네르로서 행동하고 있습니다." 트로핌은 극북의 노동수용소형을 선고받았고 그 후 총살당했다.[66]

파블리크는 재판정에 출두한 데 용기를 얻어 곡물을 숨기거나 콜호스를 비판한 마을 사람들을 밀고하기 시작했다. 그는 당시 아홉 살이던 동생 표도르의 도움을 받았다. 마을 사람들은 두 아이의 행동에 분노했다. 할아버지인 세르게이 모로조프는 손자들이 집에 오지 못하게 했고 다른 가족들도 그들이 경찰에 밀고하는 것을 막으려 했다. 그러나 가족이 아이들의 살해에 연루되었다는 증거는 없었다. 살인은 아마도 마구와 총을 두고 입씨름이 오간 끝에 파블리크의 사촌 다닐라를 포함한 10대들이 저지른 것 같았다.[67]

살인 사건이 일단 지역 언론에 보도되자 수사는 즉각 정치화되었다. 다닐라는 협박을 당해 할아버지 세르게이를 살인자로 고발했다. 다른 두 가족 구성원이 다닐라의 고발을 뒷받침했다. 두 아들이 살해당한 데 대해 어느 누구에게라도 책임을 지울 태세가 되어 있는 타티야나와, 당원으로 승격됨으로써 사건에서 자신이 수행한 역할을 보상받은 열렬한 스탈린주의자이자 경찰 조수인 파블리크의 사촌 이반 포투프치크가 그들이었다. 결국 1932년 11월 모로조프 가의 '쿨라크 도당' 다섯 명이 재판에 회부되었다. 파블리크의 삼촌과 대부는 살인 모의 혐의로 기소되었고, 할아버지와 사촌 다닐라는 모의를 실행한 것으로 몰렸으며, 할머니는 아이들을 숲으로 유인했다고 추정되었다. 그들의 유죄는 이 전시재판의 시작부터 입증된 것으로 여겨졌다. (검사는 살인자들의 정치적 동기를 보여주기 위해 농촌에서 계급투쟁이 격화된다는 스탈린의 연설을 인용했다.) 이해할 수 없는 이유로 파블리크의 삼촌을 제외하고 다섯 명 중 네 명이 '최고형'—총살대 처형—을 선고받았다.[68]

이 단계에 이르기까지 중앙 언론은 자체 결론을 내렸다. 이 결론에서 게라시모프카는 후진적 농민 러시아의 상징이었고, 모로조프 가족은 집단화로 쓸어버려야 하는 가부장적 '쿨라크' 가족의 전형이었다. 1933년 가을에 고리키가 이 젊은 순교자의 기념비를 세우자고 요청한 후 파블리크 모로조프는 선전적 숭배의 영웅이 되었다. 고리키는 이 순교자가 "피를 나눈 친척도 영혼의 적일 수 있고, 그러한 사람은 용서해서는 안 된다는 것을 이해했다."[69]고 말했다. 숭배는 모든 곳에서 행해졌다. 이야기, 영화, 시, 연극, 전기, 노래가 모두 파블리크를 완벽한 피오네르, 집에서 활동하는 충성스러운 당의 자경단원으로 그렸다. 그가 아버지를 희생함으로써 과시했던 사심 없는 용기는 모든 소련 학생들의 본보기로 장려되었다. 숭배는 한 세대 전체 아이들의 도덕적 규범과 사고방식에 엄청난 충격을 주었다. 아이들은 파블리크에게서 국가에 대한 충성이 가족 간의 사랑과 다른 개인적 인연보다 더 높은 미덕이라는 것을 배웠다. 숭배를 통해 친구와 친척들을 밀고하는 일은 부끄러운 짓이 아니라 공공심이 투철한 것이라는 사상이 수많은 아이들의 마음속에 뿌려졌다. 이것은 소비에트 시민들에게 실제로 기대한 것이었다.[70]

　모로조프 이야기가 던지는 이러한 교훈에 누가 가장 크게 영향을 받았는가? 비록 오늘날 공포정치의 맥락에서 이해되는 이 이상한 문제와 관련해 기억을 신뢰할 수는 없지만, 인터뷰들을 통해 보건대 부모가 확실하게 도덕적 원칙을 세워준 안정된 가정에서는 영향을 받은 아이가 거의 없었다. 그러나 연장자들의 영향력이 너무 약해서 소비에트 체제의 사상을 반박할 수 없었던 불안정하거나 억압적인 가정에서 성장한 많은 사람들에게는 파블리크가 긍정적 본보기였던 것 같다. 숭배의 선전가들은 이 점에서 전형적이었다. 예를 들어, 파블리크 이야기를 처음으로 언론에 보도해 소련 대중의 주목을 받게 한 스베르들로프스크의 기자 파벨 솔로메인은 어릴 때 야만적인 계부에게서 도망쳐 여러 고아원을 전전했다. 고리키는 할아버지 집―남자들은 술독에 빠지고 여자들은 신에게서 위안을 찾던 잔인하고 후진적인 곳—에서 쫓겨나 볼가의 산업 도시들에서 아홉 살 때부터 혼자 힘으로 살았다. 이와 같이 불행한 환경에서 자란 많은 사람들에게 파블리크는 가족의 생활 방식이 만든 '어둠'으로부터 자신을 해방시켰기 때문에 영웅이었다. 자신의 정치 의식을 발전시키고 공적 영역에서 능동적으로 행동함으로써 그는 당과 인민들과 함께 '밝고 빛나는 미래'로 행진하는 피오네르단에서 더 수준 높은 '가족'의 형태를 발견했다. 파블리크 이야기는 특히 고아들에게 강력한 호소력을 발휘했다. 가족의 영향을 받지 않은 고아들은 아버지를 고발한 소년이 무엇을 잘못했는지 이해할 수 없었다. 국가에 의해 양육된 그들은 빈곤으로부터 자신들을 구해준 국가에 감사하고 충성해야 한다고 세뇌당했다. 세계에서 가장 위대한 나라인 소련에 태어날 만큼 운이 좋지 못한 고아들을 기다리는 것은 오로지 빈곤뿐이라고 그들은 배웠다.

미하일 니콜라예프는 부모가 체포되던 1932년에 세 살이었다. 고아원에서 그의 이름을 새로 지어주었다. 그는 진짜 이름은 물론이고 부모 이름도 몰랐으며, 부모가 누군지, 왜 체포되었고 체포된 뒤 그들에게 무슨 일이 일어났는지 전혀 알지 못했다. 미하일 같은 아이들에게서 본래의 정체성을 삭제함으로써 '소비에트 시민'으로 개조하려는 고아원의 정책이었다. 소년 미하일은 어릴 때부터 고아들에게 주입된 파블리크 모로조프 이야기에 깊은 영향을 받았다. 그는 파블리크를 '진정한 영웅'이라고 생각했고 '첩자를 적발함으로써' 그의 업적을 따라가는 꿈을 꾸었다. 어린 시절을 되돌아보면서 미하일은 보통 가정에서 성장했더라면 소년 시절 영웅을 달리 생각했을 것이라고 추측했다.

우리 고아들은 정상적인 가정에서 자라는 아이들과 비교했을 때 삶을 빈약하게 이해했다. 우리는 가족 행사와 부엌 식탁 주위에서 벌어지는 대화―한 인간의 삶에 대한 이해와 세계와 맺는 관계를 형성하는 정보, 모두 비공식적이지만 내가 보기에 가장 중요한 정보였다.―를 박탈당했다. 우리에게 '세계로 난 창'은 교실과 피오네르단, 붉은 코너*의 라디오, (신문) 〈피오네르의 진실(Pionerskaia Pravda)〉이었다. 이런 것들로부터 나오는 정보는 모두 동일했고, 정보를 해석하는 길은 단 하나였다.[71]

특히 젊은이들 사이에서 파블리크 이야기가 누린 인기는 많은 가족들을 분열시킨 깊은 문화적, 세대적 골―가부장적 촌락의 구세계와 소비에트 체제의 새로운 도시 세계―을 더욱 깊게 만들었다. 농촌 주민들은 점점 젊어지고 글을 아는 인구도 늘어갔다. 1926년의 인구 조사에 따르면, 농촌 인구의 39퍼센트가 15세 이하였고(절반 이상은 20세 이하), 20대 초반의 농민 아들들은 아버지들보다 2배 이상의 인구가 글을 읽고 쓸 수 있었다(같은 나이의 농민 여성들은 어머니보다 5배 더 많은 인구가 글을 읽고 쓸 수 있었다). 소비에트 학교에서 교육받은 젊은 농민들은 부모들의 태도와 믿음을 더는 공유하지 않았다. 그들 중 많은 이들이 피오네르단과 콤소몰을 통해 부모의 통제에서 떨어져 나올 확신을 발견했다. 그들은 교회에 가거나 십자가를 목에

붉은 코너(Red Corner) 러시아어로 '크라스니 우골(krasnyi ugol)'이라고 한다. 러시아에서 전통적으로 정교를 믿는 거의 모든 가정에 존재하는, 성화와 성상을 놓는 구석 공간을 가리킨다. 이곳에 가족의 성화와 기타 종교적 소품들을 간수했다. 소련 시대에 이 붉은 코너는 학교와 공장 같은 모든 공공 기관에 선전 목적으로 설치되었고, 기관의 성격에 따라 그곳에 성화 대신 마르크스, 레닌, 스탈린의 초상화, 우수 학생이나 모범적인 돌격 노동자(udarnik) 사진을 비롯해 그와 관련된 물건들을 전시했다.(역주)

걸고 종교적 의례를 지키는 일을 거부하면서 종종 이런 문제들에서 새로운 권위로서 소비에트 권력을 인용했고, 이 때문에 부모와 논쟁을 피할 수 없었다. 그들은 점차 정보와 가치를 찾아 도시 쪽으로 기울었고, 1920년대와 1930년대에 도시의 민중 문화가 오지 마을로 확산되었으며, 점점 더 많은 농촌 젊은이들이 농촌보다 도시를 더 좋아하게 되었다. 그 결과 농촌 아이들은 도시의 삶이 농촌보다 더 훌륭하고 세련된 생활방식인 양 여기며 도시를 동경하게 되었다. 1920년대 중반 보로네시 주에서 가장 농업적인 지구 중 한 곳의 콤소몰을 조사한 결과, 회원의 85퍼센트가 농민 가정 출신이지만 고작 3퍼센트만이 농업을 원한다고 말했다. 대부분의 농촌 아이들은 농촌을 떠나 도시로 가서 상점이나 사무직 일을 하거나, 대학에서 공부해 산업 전문직으로 일하거나 군에 입대하고 싶어 했다.[72]

메드베데프 가족은 젊은 세대와 나이 든 세대의 이러한 분열로 산산조각 났다. 안드레이 메드베데프는 모스크바에서 동남쪽으로 570킬로미터 떨어진, 탐보프와 발라쇼프 사이의 철로상에 있는 오블로프카 마을에서 1880년에 태어났다. 대장장이인 그는 겨울에는 부농들의 금속 지붕을 수리해서 생계를 유지했으나 여름에는 모두 17명의 메드베데프들이 살던 아버지 표도르의 가족 농장에서 형제 다섯 명과 함께 일했다. 표도르는 독실한 정교도로서 긴 백발을 어깨 위로 늘어뜨린 농민 가부장이었으며, 옛날 방식으로 가족을 지배했다. "우리는 옛 관습을 지키면서 생활했다."고 그의 손자는 회고한다. "모두 같은 사발로 식사를 했고 할아버지는 숟가락으로 사발 옆을 똑똑 두드려서 우리 모두에게 시작하라는 신호를 주셨다. 어느 누구도 할아버지가 말씀하지 않으면 한마디도 하지 않았다."

1923년 안드레이는 자기 나이의 절반밖에 안 되는 젊은 여성 알료나와 결혼했다. 그녀는 1917년에 먹을 것이 없는 페트로그라드에서 탐보프 농촌으로 친척들과 함께 몸을 피해 온 사람이었다. 알료나는 가난한 노동자 가족 출신이었다. 철도 짐꾼이었던 알료나의 아버지는 아내가 죽었을 때 아이 일곱 명과 함께 남겨졌다. 탐보프에서 그들은 농장에서 일을 해서 생계를 겨우 이어 나갔다. 안드레이는 젊은 아내를 아버지 표도르의 집으로 데려왔고 1924년에 딸 니나가 태어났다. 알료나는 처음부터 가부장적 관습에 순종하기 힘들다는 것을 알았다. 알료나는 고작 3년밖에 학교를 다니지 않았지만 마을 소비에트 서기가 되었다. 알료나는 학교를 조직해서 마을 어린이들과 많은 어른들에게 읽는 법을 가르쳤다. 안드레이는 책에 흥미가 없었기에—메드베데프 집에는 책이 한 권도 없었다.—알료나는 장이 서는 지역 도시에서 책과 잡지를 집으로 가져와서 아이들에게 읽기를 가르쳤다. 1928년에 알료나의 학교는 종교와 농촌의 가부장적 문화에 맞선 운동인 콤소몰의 문맹 청산 운동(likbez)에서 '청산소(淸算所, likpunkt)'가 되었다. 알료나는 당의 여성부인 제노트델* 활동가가 되었고, 이 때문에 지구 시에서 열리는 회의에 참석하곤 했다. 알료나의 독립성에 소름이 끼친 표도르는 며느리를 집에서 내쫓겠다고 위협했고, 그 자신도 마을 소비에트 지도자로서 아내의 활동을 지지한 아들과 종종 말다툼을 벌였다. 비록 아들은 질투심이 많아 아내 혼자 도시에 가는 것을 싫어했지만 말이다.

1929년 9월 오블로프카에 콜호스가 구성되었다. 67가구 가운데 29가구만이 콜호스 가입에 동의했으나 이 숫자만으로도 콜호스를 강제하는 데 충분하다고 여겨졌다. 그러나 표도르는 가입을 거부했다.

제노트델(Zhenotdel) 러시아어로 소련공산당 중앙위원회 여성부를 가리키는 말. 1919년에 설치되어 1930년에 당이 전반적으로 개편되면서 해체되었다.(역주)

암소가 송아지를 낳았는데, 표도르는 그놈을 포기하고 싶지 않았다.
아버지와 아들은 격론을 벌였다. "어머니가 개입하지 않았더라면 두
사람은 서로 죽였을 거예요."라고 니나는 회고했다. "아버지와 할아
버지는 서로 욕을 하고 각자의 길을 가기로 맹세했습니다." 가족 농
장은 쪼개졌다. 안드레이는 자기 몫의 재산과 함께 콜호스로 간 반
면 여든한 살의 표도르는 계속 혼자 힘으로 농사를 지었다. 4개월 후
노인은 '쿨라크'로 체포되었다. 마을 소비에트의 보고를 토대로 해서
오블로프카에서 지목된 열두 명의 '쿨라크' 명단에 오른 것이다. 표
도르의 집은 산산이 부서지고 그는 시베리아로 유형당했다.

　그러나 가족 드라마는 여기서 끝나지 않았다. 콜호스 의장으로
서 안드레이는 자신의 미래를 농촌과 결부시켰으나, 아내인 알료나
는 병으로 눈이 멀어 특별한 간호가 필요했던 딸 니나를 위해 치료
할 곳을 찾을 희망으로 도시에 이끌렸다. 1930년 4월 알료나는 안드
레이를 떠나 니나와 함께 레닌그라드의 친정으로 돌아갔고, 그곳에
서 친척의 친구가 소유한 방의 작은 구석을 빌렸다. "우리는 고작 4
제곱미터(1.2평)밖에 없었는데, 내가 자는 침대 곁 탁자와 작은 의자
두 개와 함께 엄마가 자는 좁은 침대를 놓으면 꽉 차는 크기였어요."
라고 니나는 회고했다. 가족은 2년 동안 떨어져 지냈지만 1932년 10
월에 안드레이도 레닌그라드로 왔다. 가족 간의 유대가 집단농장에
대한 헌신보다 더 강하다는 것이 밝혀졌다. 메드베데프 가족은 도시
중심부의 좀 더 큰 집으로 이사했고, 알료나는 니나의 학교에서 가
르쳤으며, 안드레이는 오게페우 작업 부서에서 지붕 이는 직공으로
일했다.[73)

　많은 가족들이 메드베데프 가족처럼 집단화와 도시화라는 쌍둥이

압력에 시달렸다. 집단화는 러시아 농민층이 겪은 일련의 사회적 대격변—수많은 목숨을 앗아간 대전쟁(Great War, 제1차 세계대전), 혁명, 내전, 기근—중 마지막 사건에 불과했으나, 소비에트 생활방식을 수용할 것인가 여부를 둘러싸고 아버지와 아들을 대립시키면서 가족을 분열시켰기 때문에 어떤 의미로는 정신적으로 가장 큰 상처를 남겼다. 실제로 얼마나 많은 아들이 아버지를 고발했는지는 말하기 어렵다. 1930년대에 농촌이 온통 파블리크 모로조프 같은 인간들로 가득 차 있었다는 인상을 주는 소련 언론의 보도 내용처럼 실제로 그렇게 많은 모로조프들이 있지는 않았을 것이다. 하지만 그런 사람들이 있었던 것은 확실하다. 언론 보도에 따르면, 소로킨이라는 피오네르는 아버지가 콜호스 곡물을 훔치는 것을 보고 경찰에 신고했다. 또 세료자 파데예프라는 어린 학생은 교장에게 아버지가 감자를 숨겨 둔 장소를 알렸다. 프로냐 콜리빈이라는 열세 살 소년은 콜호스 밭에서 곡물을 훔쳤다고 어머니를 고발했다.(그는 보상으로 크림 반도의 유명한 피오네르 휴양지인 아르테크로 여행을 떠난 반면, 어머니는 노동 수용소로 보내졌다.)[74]

피오네르단은 아이들에게 부모를 밀고함으로써 파블리크 모로조프를 본받을 것을 권장했다. 피오네르 부대들은 일반적으로 콜호스 경작지를 감시하고 곡물을 훔치는 농민들을 보고하는 데 이용되었다. 〈피오네르의 진실〉은 젊은 고발자들의 이름을 싣고 그들의 업적을 열거했다. 1930년대 파블리크 모로조프 숭배가 절정에 올랐을 때 진정한 피오네르는 친척들을 고발함으로써 자신의 가치를 입증하리라는 기대를 받았다. 한 지방 잡지는 자기 가족을 밀고하지 못하는 피오네르는 의심을 받아야 하며, 경계심이 부족한 것으로 밝혀지면 그 자신도 고발당해야 한다고 경고했다. 이러한 분위기에서 부모들이 아이들 앞에서 말하기를 두려워한 것은 놀랄 일이 아니다. 한 의사는 이렇게 회고했다.

나는 내 아이에게 스탈린을 비난하는 말을 한마디도 하지 않았다. 파블리크 모로조프 이야기 이후 아들 앞에서도 경솔한 말이 무심코 튀어나올까 두려웠다. 왜냐하면 아들이 학교에서 그 말을 무심코 입에 올리면 학교 이사회가 그것을 보고할 것이고, 아이에게 "너 어디서 그 말을 들었니?"라고 물어볼 것이기 때문이었다. 그러면 아이는 "아빠가 그렇게 말했고, 아빠는 언제나 옳아요."라고 대답할 것이고, 나는 나도 모르는 새 심각한 곤경에 놓일 것이었다.[75]

이런 문제로 심각한 곤경에 처한 사람이 바로 알렉산드르 마리얀의 아버지였다. 알렉산드르는 남서부 우크라이나 티라스폴 인근 말라예시티의 고향 마을의 콤소몰 지도자였다. 그는 열일곱 살이던 1932년에 경찰에 편지를 보내 아버지 티모페이를 고발했다. 알렉산드르는 1931년 6월 8일자 일기에서 "소련 최후의, 그러나 가장 큰 착취자 계급"으로 묘사한 '쿨라크'들에 맞선 전쟁을 환영하면서 광신적인 집단화 지지자가 되었다. 아버지 티모페이는 동의하지 않았다. 집단화에 비판적이었던 아버지는 아들에게 자기 의견을 말했는데, 아들은 아버지를 재빨리 고발하고 말았다. 티모페이는 체포되어 노동수용소로 보내졌다. 1933년 10월 일기에 알렉산드르는 아버지의 '반혁명적' 견해 때문에 그의 지도권을 박탈해야 한다고 주장한 콤소몰의 한 동지와 벌인 언쟁을 기록했다. 알렉산드르는 다음과 같이 적었다.

나는 내가 요구해서 아버지가 체포된 것이라고 동지에게 설명해야
했다. 아버지가 반소비에트적 입장에 빠진 것은 그가 (제1차 세계대전
에서) 오스트리아에서 전쟁 포로로 지냈던 경험 때문이었다. …… 아
버지는 오스트리아에서 보았던 부르주아 소규모 자작농이야말로 농
업에서 부의 열쇠라고 확신하면서 오스트리아 체제에 애정을 품고 귀
국했다. …… 아버지는 집단화 초기에 있었던 실수를 일시적인 문제
가 아니라 그야말로 대혼란이라고 생각했다. 아버지가 변증법을 알기
만 했다면, 정치적으로 깨어 있기만 했다면, 자신의 견해가 틀렸다는
것을 깨달아 철회했을 것이다.[76)]

이데올로기적으로 광신적인 이러한 고발은 아마도 매우 드물었을
것이다. 좀 더 일반적으로 젊은이들은 가족을 고발하기보다는 관계
를 끊는 것으로 대응했는데, 그럴 경우에도 친척들이 ‘적’으로 정체
가 드러난 뒤에야 비로소 그랬다. 학교와 피오네르단에 세뇌당한 젊
은이들은 여하튼 이미 체포된 가족들과 거리를 두지 않음으로써 자
기의 앞길을 망칠 까닭이 없다고 생각했을 것이다. 이와 같은 행동
에 영향을 끼친 복잡한 압력과 고려 사항들이 종종 있었다. 사람들은
체포된 친척들을 부인함으로써 소비에트 정권에 대한 충성심과 적에
대한 경계심을 입증하지 못한다면 피오네르단과 콤소몰에서 추방당
할 것이라고 위협당하거나 대학에 갈 수 없게 되거나 전문직에 종사
하지 못할 수도 있었다. 이러한 사실은 다음과 같이 일정한 틀에 따
라 상투적으로 쓴 고지문들이 소련 언론에 수천 건이나 게재된 사실
을 설명해준다.

나, 니콜라이 이바노프는 전직 성직자인 아버지가 오랫동안 신이

존재한다고 말함으로써 사람들을 기만했기 때문에 그를 부인한다. 이 것이 내가 아버지와 모든 관계를 끊는 이유다.[77]

이러한 절연 중 일부는 자식들이 소비에트 사회에서 출세하려면 자신들과 단절할 필요가 있다는 점을 인정한 부모들이 부추겼을 것이다. 예를 들어 1932년 크레멘추크 부근의 전통적인 유대인 가정 출신의 열여섯 살 난 소년은 자기 가족의 후진적 방식을 부인하는 글을 이디시어 지역 신문에 썼다.

나는 이제 이 가족의 일부임을 거부한다. 나는 내 진짜 아버지는 삶에서 중요한 것들을 가르쳐준 콤소몰이라고 느낀다. 내 진짜 어머니는 우리의 모국이다. 소비에트사회주의공화국연방과 소련의 인민들이 지금 나의 가족이다.

나중에 인터뷰 대상이 된 여동생에 따르면 그 소년은 아버지가 고집을 부려 그런 글을 썼다고 한다. 여동생은 이렇게 회고했다.

열네 살 때, 아버지는 나와 오빠를 방으로 불러 이러한 생활 방식은 현대에는 적절하지 않다고 설명하셨어요. 아버지는 유대 종교 전통을 지키는 것과 같은, 당신의 실수를 되풀이하기를 원치 않으셨습니다. 아버지는 우리에게 학교 벽신문 편집자에게 가서 우리는 지금 새로운 삶을 살고 있고 아버지의 종교적 과거와 어떤 공통점을 지니는 것도 원치 않는다고 딱 잘라 말해야 한다고 말씀하셨어요. 아버지는 우리에게 이렇게 하도록 시켰습니다. 아버지는 그렇게 하는 것이 당신에게는 아무것도 아니지만, 이러한 행동이 우리에게 더 밝은 미

래를 열어줄 것이라고 생각하셨어요.[78]

다른 요인, 특히 야심도 젊은이들이 친척들을 부인하는 동기가 되었다. 이러한 공개적인 부인 편지 중 많은 것들이 집을 떠나 대학에 들어가거나 도시에서 새로운 경력을 쌓기 직전에 씌어졌다. 이 편지들은 새로운 정체성에 대한 선언이자, 소비에트 꿈과 목표에 헌신하겠다는 선언이었다. 1930년대 초는 엄청난 기회와 사회적 이동의 시기였다. 노동자의 아들과 딸들은 전문가가 되기를 열망했다. 농민의 아이들은 도시로 가는 꿈을 꾸었다. 개인적 성공에 대한 숭배를 5개년 계획의 중심에 놓은 선전이 이 모든 야망을 의도적으로 부추겼다. 영화, 책, 노래들은 모두 소련에 영광을 가져다줄 프롤레타리아 출신 '보통 영웅들'—엔지니어, 과학자, 모범 노동자, 비행사, 탐험가, 발레리나, 남녀 운동선수—의 업적을 그렸다. 젊은이들은 열심히 일하고 훌륭한 소비에트 시민임을 행동으로 입증한다면 그들의 성과를 흉내 낼 수 있다고 격려받았다.

이와 같은 야망은 종종 '쿨라크'와 여타 소비에트 체제의 '적'들의 자녀들이 가장 소중하게 여기곤 했다. 그것은 '쿨라크' 아버지와 아들 사이에 벌어지는 갈등의 중심에 놓인 역설적 상황이었다. 출신의 오명을 안고 성장한 그들은 사회의 동등한 구성원으로 인정받기를 원했고, 그 바람은 과거와 단절함으로써만 이룰 수 있는 것이었다. 일부는 '쿨라크' 친척들을 부인했고, 다른 일부는 자신들의 이력에서 그들을 삭제하거나 그들이 '죽거나' '도주했다'고 주장했다. 이와 같은 부인 행동은 종종 생존을 위해 필수적이었다. 그러나 그들에 대한 기억은 이 젊은이들이 누군가를 실제로 고발했기 때문이 아니라 부모들이 굴라크로 사라지는 동안 자신들은 상대적으로 '정상적인' 삶을 누리고 성공을 추구했기 때문에 여전히 양심의 가책이나 수치심을 불러일으킬 수 있었다. 그들은 소비에트 체제가 자신들의 가족을 파괴했다는 것을 알고 있으면서도 체제와 화해하고 그곳에서 자신의 자리를 찾았다.

시인 알렉산드르 트바르도프스키(Aleksandr Tvardovsky, 1910~1971)보다 강력하게 이 죄책감을 표현한 사람은 아무도 없다. 알렉산드르는 1910년 스몰렌스크 주 자고레 마을에서 태어났다. 대장장이였던 아버지 트리폰은 부인과 일곱 자녀와 함께 안락하지만 수수한 생활을 누렸다. 알렉산드르는 청소년 공산주의자였다. 그는 1924년에 콤소몰에 가입했고 마을에서 활동가가 되었다. 알렉산드르는 종종 아버지와 정치를 둘러싸고 말다툼을 벌였고, 가족의 농민적 생활 방식에 적응할 수 없어 두 번이나 집에서 도망쳤다. 1927년에 그는 러시아프롤레타리아작가동맹(RAPP)에 가입했고 스몰렌스크로 이사했으며 첫 번째 시 〈아버지이자 부자에게(Ottsu-bogateiu)〉를 콤소몰 신문 〈청년 동지〉에 발표했다.

> 당신 집에는 부족함이 없고,
> 당신은 부자라네.─나는 이것을 알고 있지,
> 다섯 벽으로 둘러싸인 모든 농가 중에서
> 가장 좋은 것은 당신 집이라네.[79]

1930년 봄, 당국은 트리폰 가족에게 무거운 세금을 물렸다. 체포를 우려한 트리폰은 일거리를 찾아 돈바스로 도피했고, 아버지를 찾아 떠남으로써 어머니의 짐을 덜 수 있으리라 생각한 두 아들 이반(당시 17세)과 콘스탄틴(22세)이 가을에 그 뒤를 이었다. 이반은 그해 겨울 돌아왔지만, ‘쿨라크’의 아들이라는 이유로 마을 학교에 다니는 것이 금지되었다. 1931년 3월, 알렉산드르를 제외하고 트바르도프스키 가족은 자고레에서 추방당했다. 콘스탄틴(스몰렌스크에서 투옥)과 아버지 트리폰(돈바스에서 돌아왔을 때 체포)은 호송대가 우랄로 가는 길에 합류했다. 가족은 트리폰이 우랄 지방 니즈니타길 시의 공장에서 대장장이 일을 하게 되는 1932년 가을까지 노동수용소와 ‘특별 정착촌’을 드나들고, 도망을 다니며, 여권 제도에 허점이 있는 모든 곳에서 공장과 광산의 임시직을 전전하면서 다음 2년을 보냈다.

그동안 알렉산드르는 스몰렌스크 교육대학에서 공부하면서 젊은 시인으로 이름을 떨쳤다. 첫 번째 장시 〈사회주의로 가는 길〉(1931)에서 그는 집단농장 생활을 매우 선명하게 그렸다. 알렉산드르는 학생 모임들에서 반‘쿨라크’ 운동에 찬성 발언을 했다. 그러나 1931년 봄 가족들의 운명을 편하게 해주고 싶은 희망으로 지역 당 서기인 I. P. 루먄체프를 만나러 간 것으로 보아 알렉산드르는 가족이 취급당하는 방식이 걱정스러웠던 것이 분명하다. 루먄체프가 “인생에서 가족과 혁명 가운데 선택을 해야 하는 순간이 있다.”고 말했다고 알렉산드르는 1954년에 회고했다. 이 만남 이후 알렉산드르는 ‘동요자’로 지목되었다. 그는 당국에 의해 충성심을 시험당했다. 문학 모임에서 알렉산드르는 ‘쿨라크’의 아들로 몰려 공격당했다. 그는 (나중에 체포당하는) 지역 작가 아드리안 마케도노프(Adrian Makedonov, 1909~1994)의 용감하고 맹렬한 변호 덕에 겨우 추방을 모면했다.[80]

알렉산드르 트바르도프스키는 출세를 위해 가족과 거리를 두었다. 1931년 봄 부모는 우랄의 랼랴에 있는 ‘특별 정착촌’에서 아들에게 편지를 썼다. 부모는 아들이 돈으로 도와줄 것이라는 기대는 하지 않았다. 부모는 그가 돈이 없다는 것을 알고 있었다고 1988년에 동생 이반은 회고했다. "부모님은 그저 형이 어머니, 아버지, 형제자매와 계속 접촉하고 싶어 할지 모른다고 희망했을 뿐이다." 이반은 이런 이야기를 했다.

알렉산드르는 두 번 답장을 했다. 첫 번째 편지에서 그는 무언가를 하기로 약속했다. 그러나 두 번째 편지가 곧 도착했다. 편지에는 내가 잊을 수 없는 다음 구절이 있었다. "사랑하는 가족들에게! 나는 야만인도 짐승도 아닙니다. 나는 당신들이 스스로 기운을 북돋고 묵묵히 참아내고 일하기를 요청합니다. 계급으로서 쿨라크 청산은 사람들의 청산을 의미하는 것은 아니며, 아이들의 청산은 더더욱 아닙니다. ……." 그 뒤 다음 구절이 있었다. "나는 당신들에게 편지를 쓸 수 없습니다. …… 나에게 편지를 쓰지 마세요."

어머니는 아들의 편지에 이렇게 반응했다.

(어머니는) 머리를 숙이고는 나무 의자에 앉았다. 그러고는 정신없이 자기 생각을 큰 소리로 말했다. 비록 어머니의 말은 우리를 위해서가 아니라, 아들의 사랑과 헌신을 믿고 안심하고 싶은 자신을 위해서 하는 말이었지만 말이다.

"나는 그렇게 하는 것이 그애에게 힘들다는 것을 …… 알고, 느끼고, 믿는단다." 어머니는 말했다. "확실히 내 아들은 달리 수가 없지. 인생은 회전목마 같은 거야. 네가 무엇을 할 수 있겠니?"[81]

두 달 뒤인 1931년 8월에 트리폰은 나머지 가족들을 그대로 둔 채 막내아들 파블리크만 데리고 랼랴에서 도주했다. 한 달 뒤 그들은 스몰렌스크에 도착했고 소비에트회관에서 알렉산드르를 찾았다. 아들이 회관 편집 사무실에서 일한다고 알고 있던 트리폰은 경비원에게 아들을 불러 달라고 부탁했다.

그애가 랼랴에 있던 우리에게 쓴 편지 내용을 알고 있었지만, 나는 생각했다. 그래도 그애는 내 아들이다! 그애는 적어도 파블루시카(파블리크)를 돌볼 수 있을 것이다. 이 아이가 형에게 해를 끼친 적이 있었던가? 알렉산드르가 나왔다. 아들과 만나는 데 이렇게 겁이 날 수 있다니, 결코 있을 수 없는 일이다! 나는 거의 공포에 질려 아들을 바라보았다. 그애는 완전히 다 자랐고, 호리호리했으며 잘생겼다! 역시 그 아버지의 그 아들이다! 그애는 그곳에 서서 우리를 물끄러미 쳐다보았다. 그러고는 말했다. "안녕하세요, 아버지."가 아니라 "어떻게 여기에 오셨어요?"라고.

"슈라(알렉산드르), 아들아!"라고 나는 말했다. "우리는 그곳에서 죽어 가고 있단다! 굶주림 때문에, 질병 때문에, 자의적으로 행해지는 처벌 때문에 말이다!"

"그래서 도망쳤어요?"라고 갑자기 그애가 물었다. 마치 그애 목소리가 아닌 것 같았다. 낯설게 보였고 나를 꼼짝 못하게 만들었다.

나는 말없이 있었다. 내가 무슨 말을 할 수 있었겠는가? 그럴 수밖에 없지. 단지 파블루시카에게 미안할 뿐이었다. 그애는 형의 사랑을 기대하고 왔을 뿐인데, 상황이 완전히 다른 것으로 드러났다!

"전 아버지를 오셨던 곳으로 공짜로 돌려보내 드리는 것으로 도와 드릴 수 있을 뿐이에요!" 이것이 알렉산드르가 내뱉은 정확한 말이었다.

나는 더 부탁하고 간청해봤자 소용없다는 것을 깨달았다. 나는 그

시인 알렉산드르 트바르도프스키 (1940년). 소년 시절부터 공산주의자였던 알렉산드르는 출세를 위해 '쿨라크'로 낙인찍힌 아버지와 인연을 끊었다.

저 나에게 빚을 진 스톨포보의 친구에게 갔다 올 동안만 기다려 달라고 부탁했다. 내가 돌아오면 그애는 나에게 하고 싶은 대로 할 수 있을 것이었다. 그애는 눈에 띄게 흔들리고 있었다. "좋아요, 가세요."라고 그애는 말했다.

트리폰은 스톨포보에 있는 친구를 보러 갔다. 그들은 파블리크가 자고 있는 동안 함께 술을 마셨다. 그런 뒤 한밤중에 경찰이 트리폰을 체포하러 왔다. 알렉산드르가 아버지를 배신했던 것이다.[82]

알렉산드르가 가족을 다시 보거나 소식을 들은 것은 4년이 지나고 난 뒤였다. 이반은 그 동안에 형 알렉산드르가 자신의 죄책감을 미발표 시에다 쏟아부었다고 믿는다.

형제여, 너는 무엇인가?

형제여, 잘 있는가?

형제여, 어디에 있는가?

어떤 벨로모르카날*에 있는가?

― 〈형제들〉(1933년)

1935년, 이반은 알렉산드르를 방문하러 스몰렌스크에 갔다. '특별 정착촌'에서 도망친 이반은 3년 동안 모스크바와 다른 산업 도시들에서 임시직을 전전하면서 도주 생활을 했지만, 고향이 너무 그리웠고 형에게 가족한테 일어난 일을 알려줄 때가 왔다고 생각했다. 형제는 두 번 잠깐 만났다. 알렉산드르는 동생에게 스몰렌스크를 떠나라고 경고했다. "이곳에 너를 위한 건 아무것도 없어."라고 그는 동생에게 말했다. "너는 불쾌한 일 말고 아무것도 찾지 못할 거다. 반대로, 나는 사람들이 나를 잘 아는 이곳에서 사는 것이 중요해."[83]

그때 이반은 형에 대한 반감으로 가득 찼다. 그러나 훗날 그는 형이 받은 압박감과, 형이 사람들이 자신을 알고 존경하며 자신의 성공이 얼마간 보호막이 되는 곳에 머물러야 했던 필요성을 이해하게 되었다. 형의 선택을 되돌아보면서 이반은 연민을 품고 다음과 같이 썼다.

나는 나의 방문이 형에게 죄책감과 양심의 가책을 불러일으켰다고 감히 말한다. 형은 유형 중인 우리에게 보냈던 편지도, 소비에트회관에서 아버지와 만났던 일도 잊을 수 없었을 것이다. 나는 형이 안됐다고 느꼈다. 나는 좋든 싫든 형이 성실한 콤소몰 회원이고 1920년대부

터 쭉 그랬다는 사실을 인정해야 했다. 지금 나는 형이 부모와 형제자매들을 날려버린 혁명적 폭력을, 비록 불공정하고 잘못된 것이기는 하지만, 자신을 진정한 콤소몰 회원으로 증명할 수 있는지를 보기 위한 일종의 시험으로 여겼다고 생각한다. 아마도 그것을 증명해 보여주어야 할 대상은 없었을 것이다. 아마도 형은 자신에게 그것을 증명해야 했을 것이다. 의심할 여지 없이 형은 그것을 이런 식으로 합리화했다. "모든 쿨라크는 누군가의 아버지이고, 그의 자녀들은 누군가의 형제자매다. 내 가족이라고 다를 바 있겠는가? 용감하고 강해져라, 추상적인 인도주의와 계급 이해 밖의 다른 감정에 굴복하지 말라." 다음이 형의 논리였다. "내가 집단화를 지지한다면, 그것은 내가 계급으로서 쿨라크 청산을 지지한다는 것을 의미하며, 나에게는 내 아버지를 예외로 해 달라고 요구할 도덕적 권리가 없다." 형이 마음속으로 자기 가족을 위해 슬퍼했을 수도 있지만, 그의 가족은 많은 쿨라크 가족 중 하나에 불과했다.[84]

프롤레타리아로 거듭나기

1928~1932년의 '대급변'은 가족과 공동체를 결속해주는 오랜 유대와 충성심을 파괴했다. 그것은 사람들이 국가와 맺은 관계에 따라 규정되는 새로운 종류의 사회를 낳았다. 이 체제에서는 사회 계급이 전부였다. 국가는 '프롤레타리아'들을 승진시켰고 '부르주아'를 억압했다. 그러나 계급은 고정돼 있거나 엄밀한 범주가 아니었다. 수많은 이들이 집을 떠나 직업을 바꾸거나 나라 전역을 돌아다닐 때 사회 계급을 바꾸거나 새로 만들어내는 것은 비교적 쉬운 일이었다.

사람들은 자신들의 상승을 도와줄 계급 정체성을 스스로 만드는 법을 배웠다. 그들은 불순한 사회적 출신을 은폐하거나 위장하고 자신을 '프롤레타리아'처럼 만들기 위해 자신의 이력을 치장하는 데 능숙해졌다.

'자아에 대한 작업'이라는 관념은 볼셰비키 사이에서 아주 흔히 볼 수 있는 것이었다. 그것은 자기 자신에게서 구사회에서 물려받은 '프티부르주아적', 개인주의적 충동을 제거함으로써 좀 더 높은 차원의 인간(새로운 소비에트 인간)을 창조한다는 볼셰비키 사상에서 중심을 차지하는 것이었다. 1929년에 어느 당 지도자는 이렇게 썼다. "우리는 모두 과거로부터 결점을 물려받은 과거의 사람들이고, 우리 모두에 대해 많은 작업이 이루어져야만 한다. 우리는 모두 우리 자신을 바꾸는 작업을 해야 한다."[85] 이와 동시에 당 지도부는 계급 정체성을 바꾸고 조작할 수 있는 사람들의 능력을 몹시 우려했다.[86] 몰락한 농민들과 여타 '프티부르주아 유형'('쿨라크', 상인, 성직자 등)이 도시로 대량 유입되면서 '프롤레타리아'—상상 속에 존재하는, 독재의 사회적 기반—가 '희석'될 것이고, 불순한 사회적 출신을 용케 숨긴 '이기적 인간들'과 모험꾼들에게 당이 압도당할 것이라는 두려움이 널리 퍼졌다.

언론에는 그처럼 사칭하는 사람들 이야기가 많았다. 가장 유명한 사람은 1935년에 숙련 엔지니어이자 수상 경력이 있는 건축가인 척 신원을 사칭한 혐의로 백해 운하에서 10년 동안 형벌 노동 수행을 선고받은 블라디미르 그로모프였다. 그로모프는 고임금 직업과 모스크바의 고급 아파트를 얻기 위해 서류를 위조했다. 심지어 그는 공급인민위원 아나스타스 미코얀(Anastas Mikoian, 1895~1978)을 설득하여 1백만 루블을 용케 미리 받기까지 했다.[87] 사칭자들에 대한 우려는 당 지도부의 깊은 불안을 무심결에 드러냈다. 그 불안은 '숨은 적들'의 진짜 정체를 폭로한다는 이론적 근거를 기반으로 격렬한 고발의 수사가 사용되는 숙청 문화에 영향을 주었다. 1930년대 내내 당 지도부는 동료, 이웃, 심지어 친구와 친척들조차 겉으로 보이는 모습이 진짜가 아닐지도 모른다는 인민들의 믿음—개인적 관계를 오염시켜 1937~1938년의 대숙청을 부채질하는 데 큰 역할을 한 믿음—을 부추겼다. "저 인민의 적들이 어떤 모습인지 보라."고 옐레나 본네르의 남동생은 아버지가 체포될 때 말했다. "그들 중 일부는 아버지인 척하기까지 한다."[88]

집단화와 마찬가지로 5개년 계획은 모든 잠재적 반대자와 반체제 인사들을 제거하기 위해 '계급의 적'들과 여타 '이질적 분자'들의 대규모 사회적 숙청과 함께 포문을 열었다. 여권 제도 도입과 함께 경찰은 도시에서 '사회적으로 불순한 자'들—'쿨라크', 성직자, 상인, 범죄자, '기생충', 매춘부, 집시와 그밖의 인종 집단(핀족, 고려인, 볼가 독일인 등)—을 배제하는 운동을 개시하라는 지시를 받았다.[89] 사회적 배제에 대한 두려움은 수많은 사람들로 하여금 자신의 출신을 은폐하도록 몰아세웠다. 이데올로기는 이론적으로 자기 변신을 허용했지만, 그 과정이 길고 불확실할 수 있었기 때문이다. 은폐가 사회에서 받아들여질 수 있는 좀 더 믿을 만하고 확실히 더 빠른 길인 것처럼 여겨졌다. 1930년대 초 대혼란기에는 그저 다른 도시로 이주하거나 새 서류를 획득함으로써 자신의 정체를 바꾸기가 상대적으로 쉬웠다. 위조 서류는 뇌물을 주고 쉽게 구할 수도 있었고, 도시 시장 어디에서나 찾을 수 있는 위조범들로부터 살 수도 있었다. 그러나 깨끗한 과거를 위해 돈을 들일 필요조차 없는 경우도 있었다. 많은 사람들은 그냥 자신의 옛 서류를 던져버린 뒤 배경을 조작하고 때때로 이름과 출생지를 바꾸기까지 하면서 다른 소비에트에 새로운 서류를 신청했다.[90) 지방에서 관리들과 경찰은 비효율적이고 부패한 자들로 악명이 높았다.

여성들에게 결혼은 사회적 출신을 숨길 수 있는 또 다른 길이었다. 안나 두보바는 1916년 스몰렌스크 주의 농촌 대가족에서 태어났다. 아버지는 1929년에 '쿨라크'로 체포되었고 그 후 모스크바 남쪽에 인접한 포돌스크의 건축 현장으로 끌려갔다. 가족들도 아버지와 함께 포돌스크로 이사했다. 어머니는 토끼 농장에서 일자리를 얻었고, 안나는 빵 공장에 부속된 공장학교(FZU)에 등록했다. 그들이 다시 한 번 '정상적인' 사람들이 되어 가고 있다고 생각한 순간, 콤소몰 회원인 안나의 자매의 친구가 그들이 '쿨라크' 출신을 은폐하고 있다고 고발했다. 두보프 가족은 추방되었다. 그들은 모든 소유물과 거주 권리를 상실했다. 부모는 모스크바 동쪽 200킬로미터 지점의 르제프로 동생들과 함께 떠났고, 그곳에서 아버지 친척이 소유한 '헛간 같은 곳'에서 살았다. 안나는 모스크바로 도피했는데, 모스크바 시민과 결혼한 언니가 부부가 거주하는 아주 작은 방에서 동생에게 바닥에서 잘 수 있도록 공간을 내주었다. 거주 허가증 없이 불법으로 살았으나 안나는 야망을 추구했다. 안나는 공장학교를 졸업한 후 제과제빵 직공이 되었고, '볼셰비키 케이크 공장'에서 케이크 장식을 전문적으로 담당했다. 앞날에 빛이 비치기 시작했다. 그러나 만일 '쿨라크' 출신과 불법 신분이 탄로난다면 모든 것을 잃어버릴 위험이 상존했다. 1990년대에 한 인터뷰에서 안나는 말했다.

　이 시절 내내 저는 경찰을 볼 때마다 두려웠어요. 왜냐하면 그 경찰이 제게 올바르지 않은 어떤 구석이 있다고 말할 것 같았기 때문입니

다. 그래서 저는 바로 결혼했고 배경을 숨길 수 있었어요. …… 남편
은 베드노타(bednota, 빈농층) 출신이었습니다. 그는 콤소몰 회원이
자 모스크바에서 멀지 않은 마을 소비에트 서기였습니다. 콤소몰 회
원으로서 쿨라크의 신원을 확인하고 재산을 박탈하는 것이 그의 일
이었죠. …… 제 결혼은 일종의 속임수였습니다. 저는 살 곳이 없었는
데, 일단 결혼을 하니 작지만 방이 생겼습니다. 잠자리에 들 때 혼자
생각하곤 했습니다. 맙소사, 내가 바로 내 침대에 있구나.

안나의 남편은 친절한 사람이었으나 술을 많이 마셨다. "저는 계
속 꿈꾸었습니다. '주여, 제가 점잖은 사람과 결혼할 수 있다면.' 저
는 그와 살고 있었습니다만 점잖은 남편을 꿈꾸었습니다. 이미 딸을
낳았는데도 말입니다."[91]

이처럼 이중적인 삶을 살 수밖에 없었던 사람들은 내내 탄로의 위
험에 시달렸다. "나는 끊임없는 공포 속에서 살았다."라고 일생 동
안 귀족 출신임을 숨긴 모범적인 공산주의자인 전직 비밀경찰 대령
은 회고했다. "나는 '만일 내가 진짜 누구인지 갑자기 적발된다면?'
이라고 내내 생각했다. 그러면 내가 일했던 모든 것, 나 자신과 가족
을 위해 쌓아올린 모든 것, 나의 삶과 경력은 한순간에 무너질 것이
다." 그러나 공포는 동일한 사람에게 소비에트 체제에 대한 은밀한
증오와 소비에트 대의에 헌신함으로써 자신의 오명을 극복하고자
하는 의지, 두 가지를 모두 일으킬 수 있는 많은 모순되는 충동과 감
정—수동성, 움츠러들고 싶은 욕망, 수치심, 열등감—가운데 하나에
불과했다. 사람들은 이 이중성을 안고서 어찌할 바를 몰랐다. 내적
자아는 공적 인격 뒤로 사라져버렸다. 어떤 사람이 회고하듯이, "나
는 나 자신이 사칭해 왔던 바로 그 사람이라고 느끼기 시작했다."[92]

젊은 콘스탄틴 시노모프도 이와 유사한 경험을 했다. 귀족 출신이라는 사실을 숨긴 그는 선반공이 되기 위해 다닌 사라토프의 공장학교에 '프롤레타리아'로 등록했다. 시모노프는 고등교육기관이나 대학에서 공부하기—부모의 사회적 출신 배경인 구세계의 봉직 계급에게 전형적인 교육 과정—를 원했던 계부의 희망과 달리 공장학교에 입학했다. 10대의 시모노프는 새로운 산업 사회의 전망에 흥분했다. 그는 프롤레타리아를 새로운 지배 계급으로 보았고 그들에게 합류하기를 원했다. "5개년 계획이 개시될 때였다."라고 시모노프는 회고한다. "나는 5개년 계획의 낭만적 정신에 완전히 휩쓸렸다. 나는 중등학교 공부보다 훨씬 더 흥미로웠던 (5개년) 계획과 그 수정안들을 논의하는 모임에 가입했다. 계부는 너무나 언짢아서 공장학교에 입학한 첫해에 나에게 거의 말도 걸지 않았다."[93]

공장학교 분위기는 전투적으로 프롤레타리아적이었다. 학생들 절반은 노동자 가족 출신이었고, 나머지 절반은 고아원에서 왔다. 공주의 아들이었던 시모노프는 위험스럽게도 그 자리에 어울리지 않았으나, 그는 그들 사이에 끼려는 노력으로 10대 초기 시절 옷차림이던 반바지와 샌들을 버리고, 노동자 상의를 입고 앞챙이 있는 모자를 쓰면서 그들처럼 보이려고 최선을 다했다. 시모노프가 프롤레타리아에게 이끌린 핵심에는 노동자의 독립성이라는 개념이 자리 잡고 있었다. "내 생각으로는 온전한 성인의 삶이란 바로 일을 해서 돈을 집으로 가져오기 시작하는 날에 시작될 뿐이었다. 나는 가능한 한 빨리 내 발로 서고 싶었고 생활비를 벌고 싶었다."[94] 물론 산업 노동자 집단에 참여함으로써 시모노프는 귀족적 배경이 발목을 붙잡을 것이 확실한 가족으로부터도 독립할 것이었다.

사라토프의 공장학교 학업을 뒷받침하기 위해 시모노프는 밤마다

'우니베르살 공장'에서 견습공으로 일했다. 그는 거대한 군수 공장에서 생산하는 돌격용 소총의 탄약통을 조립했다. 1931년 봄 즈음에 그는 한 달에 15루블을 벌었는데, 그리 대단한 액수는 아니었으나 계부 알렉산드르가 체포되어 열다섯 살인 시모노프가 가족 내에서 유일하게 밥벌이를 하게 된 4월 이후로 가계에 크게 도움이 되었다.

체포는 질서 정연하게 이루어졌다. 밤 10시에 창문을 두드리는 소리가 났다. 알렉산드르가 몸이 안 좋았기 때문에 가족은 이미 잠자리에 든 뒤였다. 알렉산드르는 옷을 입을 때까지 가족의 바라크 아파트로 경찰을 들이지 않으려 했다. 시모노프가 깨어보니 계부가 돋보기를 쓰고 수색영장을 읽고 있었다.

수색은 오랫동안 진행되었다. 그들은 두 방에 있는 모든 것을 꼼꼼히 살펴보면서 수색을 엄밀하게 수행했다. 심지어 내 공장학교 금속 기술 필기 공책과 7교시 공책도 들여다보았고, 어머니의 엄청난 편지 묶음—어머니는 글 쓰는 것을 좋아해서 편지를 많이 썼고 친척과 친구들에게서 편지를 받는 것도 좋아했다.—을 급히 훑어보기도 했다. …… 사람들이 수색을 마치고 서류와 편지를 묶은 다음 몰수품 목록을 만드는 것처럼 보였을 때—내가 틀릴 수도 있다.—나는 그것이 끝이라고 생각했다. 하지만 그 뒤 한 명이 호주머니에서 서류를 꺼내 아버지에게 건네주었다. 체포영장이었다. 그때 나는 체포가 수색 결과와는 상관없이 처음부터 계획된 것이라고 생각하지 못했다. 나중에 그런 것이었구나 하고 깨닫기는 했지만 말이다. 어머니를 쳐다보기가 힘들었다. 어머니는 강인한 사람이었지만 몸이 아픈 것이 확실했다. 밤새 앉아 있었던 어머니는 고열로 온몸을 떨었다. 아버지는 침착했다. 서류를 읽어보고—이번에도 조끼 호주머니에서 꺼낸 돋보기로 찬찬히 들여다보면서—그것이 진짜 체포 명령서라는 것을 확실하게 확인한 뒤 어머니에게 짧게 키스하고 오해가 풀리면 돌아올 것이라고 말했다. 한마디 말도 없이 아버지는 내 손을 굳게 잡고 흔들고는 자신을 체포한 사람들과 함께 떠났다.[95]

알렉산드르처럼 시모노프도 오해가 있었던 것이라고 믿었다. 그는 계부가 가르쳤던 곳인 군사학교의 몇몇 장교들을 비롯해 많은 전문가들이 사라토프에서 체포되었음을 알았던 것이 틀림없다. 그러나 체포 사태에서 친척을 잃어버린 대부분의 사람들처럼 시모노프는 계부가 실수로 체포되었다고 추정했다. "나는 다른 사람들은 뭔가 죄를 지은 것이 틀림없고 또 적이라고 생각했지만 그들을 아버지와 연결하지는 않았다."[96] 이 구분은 그가 소련의 사법 체제를 계속 신뢰하는 데 도움이 되었다. 이러한 신뢰는 알렉산드르가 체포될 때만이 아니라 시모노프가 4년 전 목격했던, 계부의 친척인 예브게니 레베데프가 크레멘추크에서 체포될 때에도 오게페우 장교들이 보여준 질서 정연한 행동으로 한층 굳건해졌다.

어머니의 명령에 따라 시모노프는 공장학교 교사들에게 계부의 체포 사실을 알렸다. 보고하지 않는 것은 비겁한 일이라고 어머니는 말했다. 시모노프는 학교에서 쫓겨나지는 않았으나 계부가 풀려날 때까지 콤소몰 지원을 미루라고 권고받았다. 모자는 바라크에 있는 작은 아파트에서 쫓겨났다. 그들의 모든 소유물—의자 몇 개가 딸린 식탁, 책장 두 개, 옷장, 침대, 시모노프가 잤던 해먹이 든 제1차 세계대전 당시 장교용 트렁크—이 거리로 내팽개쳐졌다. 비가 억수같이 퍼붓고 있었다. 아들이 살 곳을 찾아 사라토프 근교를 돌아다니는 동안 이웃 사람들은 열에 시달리던 어머니를 집 안에 받아들여주었

기계공 콘스탄틴 시모노프(1933년). 그는 불리한 출신 배경을 극복하기 위해 스스로 '프롤레타리아 정체성'을 획득하고자 노력했다.

다. 방을 빌린 시모노프는 트럭 운전사에게 짐을 옮기는 것을 도와달라고 부탁했다. 일생 동안 그는 이날—가족을 책임지게 된 날—을 어른이 된 순간으로 기억할 것이었다.

나는 그 일을 분노 없이, 심지어 어느 정도 만족감을 느끼며 기억한다. 왜냐하면 내가 어떤 사태에도 대처할 수 있음을 증명했기 때문이다. 나는 마음에 상처를 입었으나 그 상처는 주로 어머니와 관련된 것이었다. …… 어머니는 우리의 퇴거에 책임이 있는 사람들을 용서할 수 없었다. 의심할 여지 없이 내가 지금도 여전히 그들의 이름을 기억하는 것은 고작 아이에 불과할 때 어머니의 상처를 느꼈기 때문이다.[97]

계부의 체포에 대한 시모노프의 반응은 소비에트 체제를 비난하거나 의심하는 것이 아니라 가족을 돌보기 위해 더 열심히 일하는 것이었다. 아마도 그는 계부의 체포를 겪으며 자신의 프롤레타리아 정체성을 더욱 공고히 함으로써 스스로 보호해야 한다는 확신을 더욱 굳히게 되었을 것이다. 그해 여름 내내 시모노프는 낮에는 공부하고 밤에는 공장에서 일했다. 그는 견습 노동자 2학년으로 진급했고, 임금도 두 배로 받아서 어머니를 부양하고 매주 소포 두 꾸러미를 감옥에 있는 계부한테 보낼 수 있었다. 어머니는 중등학교에서 프랑스어와 독일어를 가르쳐서 돈을 약간 벌었다. 가을에 계부가 감옥에서 석방되었다. "아버지는 어머니를 안고 키스했다. 아버지는 심지어 나에게도 키스를 했는데, 그것은 이례적인 일이었다."고 시모노프는 기억했다. "아버지에게서 뭔가가 변했다. 처음에는 알아차리지 못했다. 그러나 그 후 나는 이해했다. 아버지의 얼굴은 보통 때처럼 햇볕에 그을은 모습이 아니라 파리하고 창백했다."[98]

알렉산드르는 감옥에서 당한 고문은 입에 올리지 않았다. 다만 '가혹한 압력'을 받고도 자백을 거부했기 때문에 모든 혐의가 철회되었다는 사실만을 말하곤 했다. 시모노프가 회고하는 것처럼, 이 사건에서 그 자신이 얻은 교훈은 꿋꿋하게 버티며 물러서지 말아야 한다는 것이었다.

오늘(1978년) 나는 자신에게 묻는다. 그해 사라토프에서 일어났던 사건들은 인생을 바라보는 태도에, 열대여섯 살 먹은 소년으로서 나의 심리에 어떤 흔적이라도 남겼는가? 그렇기도 하고 아니기도 하다! 아버지에게 상황은 달라진 것이 없었다. 아버지는 여느 때와 다름없는 그대로의 모습—명확함과 성실함의 모범—으로 남아 있었고 그를 아는 사람들은 모두 그가 무고하다는 것을 확신했다. 그리고 그 끔찍했던 몇 달 동안 우리가 만나야 했던 모든 사람들이 우리에게 친절한 태도를 보여주었으며 그것은 바로 우리가 기대했던 바이기도 했다. 그러나 아버지는 매우 강하고 튼튼한 사람이었기 때문에, 바람직한 방식으로 마무리된 심문 이야기는 내게 불편한 느낌을 남겼다. 그것은 약한 사람은 아버지처럼 견뎌낼 수 없었을 것이므로 이러한 상황에서 다른 모습으로 나왔으리라는 느낌이었다. 이 걱정스러운 생각은 내 머리를 떠나지 않았다. …… 그러나 다른 무엇보다도 나는 위기가 닥치면 나 또한 감당할 수 있음을 입증했기 때문에 자신이 다 컸다는 것을 아마도 무의식적으로 깨달았을 것이다.[99]

부르주아나 귀족 가문의 아이들 못지않게 '쿨라크'의 아이들도 사회적 출신을 숨겨야 한다는 압력을 느꼈다. 그들은 소비에트 학교와 대학에 들어가거나, 피오네르단과 콤소몰에 가입하거나, 적군에 입대하는 것이 금지되었고 선택할 수 없는 직업도 많았다. 배제당할지도 모른다는 공포는 자신을 가족에게서 떼어냄으로써 '소비에트 시민'임을 입증하려는 필사적인 충동으로 나타났다. 1935년에 모스크바로 온 독일인 공산주의자의 아들이었던 스무 살의 볼프강 레온하르트는 1942년에 카자흐스탄 카라간다 지역으로 추방당했다. 그는 사범대학에서 공부했는데, 대부분의 학생들은 1930년대 초에 반(半) 사막 지대인 카라간다로 유형당한 '쿨라크' 자녀들이었다. 그들은 어린아이일 때 끔찍할 정도로 고생했으나 그 후 학교에 다니는 것이 허용되었다. 그들은 이제 막 교사로서 첫발을 내딛으려 하고 있었다. 레온하르트가 언급하듯이, 이것은 그들의 정치적 정체성을 완전히 바꾸어놓았다.

동료 학생들 대다수는 주말마다 집에 가곤 했다. 다시 말해서, 그들은 카라간다 안팎에 있는 (특별) 정착촌 중 한 곳에 가곤 했다. 그들은 돌아오면 종종 분노에 찬 목소리로 부모 이야기를 했다. "그들은 여전히 아무것도 이해하지 못하고 있어!"라고 이따금 그들이 말하는 것을 들었다. "나는 정말로 자주 왜 집단화가 옳은지를 설명하려고 애썼어. 하지만 노인들은 절대로 이해하지 못할 거야!"

작은 아이일 때 이곳으로 유형당한 쿨라크의 아들과 딸들은 시간이 흐르면서 실제로 스탈린주의자가 되었던 것이다.[100]

많은 '쿨라크' 아이들은 결국 열렬한 스탈린주의자가 되었다(심지어 국가의 억압 기관에 들어감으로써 혼자 힘으로 출세하기도 했다). 일부 아이들에게 변화는 '자아에 대한 작업'이라는 길고 의식적인 과정을 포함했는데, 그 과정은 치러야 할 심리적 대가가 없지 않았다. 스테판 포들루브니는 좋은 사례다. 스테판은 1914년 서부 우크라이나 빈니차 지역의 농가에서 태어났는데, 아버지가 '쿨라크'로 낙인 찍혀 아르한겔스크로 유형당한 후 1929년에 어머니와 함께 모스크바로 도주했다. 스테판은 〈프라우다〉 인쇄 공장의 공장학교에서 견습공이 되었다. 그는 콤소몰에 가입했고, 돌격 노동자* 작업반을 이끌었으며, 벽신문(일종의 아기트프로프agitprop, 즉 선동과 선전)을 편집했다. 또 공장 이사회 일원이 되었고 언제부턴가 경찰 정보원으로 고용되

돌격 노동자(shock worker) 러시아어로는 우다르니크(udarnik)라고 한다. 돌격 노동 운동(udarnichesvo)에 참가한 노동 생산성이 높은 열성적인 노동자를 가리키는 말이다. 돌격 노동 운동은 '사회주의 경쟁' 운동의 첫 형태로 일반적으로 노동 생산성 증가나 생산 비용 감축 등을 목표로 했다. 1920년대 중반에 모스크바와 레닌그라드 등의 일부 공장에서 시작되었다고 알려져 있으며, 1929년 소련 당국이 제1차 5개년 계획 실시와 함께 이 운동을 고무함으로써 크게 확대되었다. 1935년 스타하노프 운동이 개시되면서 돌격 노동 운동은 상대적으로 주목을 덜 받게 되었지만, 스탈린 사후에도 소련의 공업과 농업에서 생산성 향상을 위한 주요한 운동으로 지속되었다.(역주)

었던 것 같기도 하다. 이 시기 내내 그는 '쿨라크' 출신임을 주의 깊게 숨겼다. 그는 농민 선조들의 '불건전한 심리'를 일소하려는 자신의 투쟁을 기록한 일기를 썼고 스스로 소비에트 시민으로 거듭났다. 스테판은 올바른 책을 읽으려 했고 항상 올바른 태도를 취하려 했으며 말쑥하게 차려 입고 춤추는 법을 배움으로써 교양을 쌓으려 했다. 그리고 활동과 경계라는 소련의 공적 미덕을 계발하려고 애썼다. 그는 해마다 연말에 자신의 '문화적 진보'를 다룬 '대차대조표'를 작성했다(마치 국가 계획 기관들이 5개년 계획에서 해마다 경제적 진보의 대차대조표를 작성한 것처럼). 그에게 '쿨라크' 배경은 끊임없는 자기 혐오와 자기 불신의 원천이었다. 스테판은 자신의 결점을 '쿨라크' 배경에서 나온 문제로 보았으며, 자신이 과연 진정으로 충분히 동등한 사회 구성원이 될 수 있는지 궁금해했다.

1932년 9월 13일. 나는 이미 몇 번이나 내 생산 작업에 관해 생각했다. 왜 나는 그 작업을 쉽게 감당하지 못하는가? 그리고 대개 그 작업은 나에게 왜 그렇게 힘이 드는가? 내가 절대 털어버릴 수 없을 것 같은 생각, 그 생각은 자작나무에서 수액을 짜내듯 내게서 피를 짜낸다. 그 생각은 내 심리의 문제다. 정말로 나는 다른 사람들과 다르게 될 수 있을까? 이 질문을 던지면 머리칼이 쭈뼛 서고, 몸서리가 쳐진다. 바로 지금, 나는 이쪽에도 저쪽에도 속하지 않으나 쉽게 어느 쪽으로든 미끄러질 수 있는 중간에 있다.

포들루브니는 출신이 탄로날까, 작업장(적들로 가득 찬 '뱀 구덩이')에서 고발당해 해고되거나 체포될까 항상 두려워했다. 결국 그는 오게페우에 '쿨라크' 출신임이 적발되었으나 오게페우는 그가 "계속 그들을 위해 일을 잘한다면” 문제 삼지 않겠다고 말했다. 포들루브니는 동료 노동자들을 밀고하기 시작했던 것 같다. 일기에서 그는 덫에 걸린 것처럼 느꼈다고 고백했다. 그는 다른 사람들 눈에 비치는 자신의 공적 페르소나에 구역질이 났고 분명하게 ‘그 자신이 되기’를 열망했다.

1932년 12월 8일. 나의 일상적인 비밀주의, 내 마음속의 비밀. 그것들은 내가 독립적인 인격을 지닌 사람이 될 수 없게 한다. 나는 자유로운 생각을 조금이라도 공개적으로나 선명하게 밝힐 수 없다. 대신에 나는 오로지 (다른) 모든 사람들이 말하는 것만 말해야 한다. 나는 가장 무난한 길을 따라 울퉁불퉁한 표면을 걸어야 한다. 이건 아주 좋지 않다. 부지불식간에 나는 아첨꾼, 교활한 개의 기질―나약하고, 겁 많고, 항상 포기하는―을 습득하고 있다.

한 동료 학생이 ‘쿨라크’의 아들임이 탄로 난 후에도 처벌받지 않았다는 소식을 들었을 때, 포들루브니는 이 소식을 ‘역사적 순간’으로 환영했다. 그 일은 포들루브니가 더는 자신의 사회적 출신에 오명을 느낄 필요가 없음을 암시했다. 그는 환희와 소련 정부에 감사하는 마음으로 이 개인적 해방을 받아들였다.

1935년 3월 2일. 나도 소비에트 공동 가족의 시민이 될 수 있다는 생각이 들었고, 이 때문에 나는 이런 생각이 들게 해준 사람들을 애정을 갖고 대하지 않을 수 없다. 나는 더는 내가 언제 어디에 있든 늘 두려워한 적들 중 한 명이 아니다. 나는 더는 내 환경을 두려워하지 않는다. 나는 다른 모든 사람들과 마찬가지로 자유롭게 다양한 것에 관심을 쏟을 수 있다. 나는 주인에게 머리를 조아리는 고용인이 아니라 자기 나라에 관심이 많은 주인이다.

6개월 후 포들루브니는 모스크바 제2의과대학 학생이 되었다. 그는 항상 상급 학교에서 공부하기를 꿈꾸었으나 '쿨라크' 출신 성분이 장애가 될 것임을 알았다. 〈프라우다〉 공장의 콤소몰이 그의 의대 지원을 지지했다는 사실은 그에게 자신의 새로운 소비에트 정체성을 최종적으로 확인해주는 것이었다.[101]

많은 '쿨라크' 아이들에게 소비에트인으로 인정받고 가치 있는 사회 구성원이 되려는 욕구는 정치나 개인적 정체성이 아니라 추진력과 근면성과 더 관련이 있었다.

안토니나 골로비나는 활력과 진취성으로 가득 차 있었고 아버지 니콜라이에게서 물려받은 개성이 강한 총명한 소녀였다. 샬티르에서 안토니나는 학교 활동대 지도자였다. 안토니나는 다른 아이들에게 읽는 법을 가르쳐주었다. 1934년 아버지가 있는 페스토보로 돌아오는 길에 열한 살 소녀는 "열심히 공부하고 나 자신을 증명해 보이겠다"는 굳은 결심을 했다.[102] 새 학교에서 안토니나는 더 나이 많은 사내아이들로부터 '쿨라크의 딸'이라고 비웃음과 학대를 당했고(페스토보의 학교에는 많은 '쿨라크' 아이들이 있었다), 선생들에게도 시달림을 받았다. 하루는 아이들이 버릇없이 굴었다고 야단 맞고 있을 때, 안토니나는 특별 질책을 받으러 상급 교사 한 명에 의해 반 전체 앞으로 불려나갔다. 교사는 안토니나와 "그녀의 부류"가 "인민의 적, 비열한 쿨라크!"라면서 "너 같은 부류는 추방당해 마땅해. 너네들 전부 바로 이 자리에서 박멸되면 좋겠다!"라고 고함을 질렀다. 회고록(2001)에서 안토니나는 이 사건을 자신의 생애에서 결정적 순간

으로 회상했다. 안토니나는 부당함과 깊은 분노를 느꼈고 항의의 뜻
으로 교사에게 맞고함을 치고 싶었다. 그러나 안토니나는 '쿨라크'
출신에 대한 훨씬 더 깊은 두려움 때문에 침묵할 수밖에 없었다.

갑자기 나는 직감적으로 우리(쿨라크들)가 나머지 다른 사람들과
다르다는 것, 우리는 범죄자이며 많은 것들이 우리에게는 허용되지
않는다는 것을 느꼈다. 근본적으로, 지금 내가 이해하듯이, 나는 열등
감이 있었는데, 이것은 우리는 쿨라크이기 때문에 정권이 우리에게 무
슨 짓이든 할 수 있으며, 우리는 아무 권리도 없고 잠자코 고통을 당
할 수밖에 없다는 일종의 공포가 되어 나를 지배했다.

그 사건 이후 아버지가 '쿨라크'로 체포된 같은 반 친구 마리야가
안토니나에게 속삭였다. "있잖아, 우리를 이런 식으로 불렀다고 저
늙은 마녀에게 불평하는 편지를 쓰자!" 안토니나는 두려웠고 그래서
마리야가 안토니나 몫까지 대변해서 편지를 썼다. 마리야는 부모가
쿨라크인 것은 어린아이인 자기들 책임이 아니며 열심히 공부함으로
써 스스로를 입증할 기회를 달라고 간청했다. 두 소녀는 새해 나무*
를 그려 편지를 장식했다. 안토니나는 세탁물 꾸러미에 편지를 숨겼
고(안토니나의 어머니는 학교에서 청소와 세탁 일을 했다), 그것을 교장
실 문 앞에 갖다 놓았다. 교장은 두 소녀에게 공감했다. 교장은 두
소녀를 교장실로 불러 "마음속으로는 너희들의 말에 동의하지만 너
희들은 누구에게도 한마디도 해서는 안 된다."고 말했다. 교장이 그

---

* 크리스마스 트리는 소련에서 1929년에 금지되었으나 1935년에 '새해 나무'로 복귀했다.
새해 휴일은 전통적인 크리스마스의 속성(가족 모임, 선물 교환, 산타클로스 모습을 한 서
리 아저씨Uncle Frost)을 대부분 갖고 있었다.

페스토보 학교의 B반 우수 학생들(1936년). 앞줄 맨 왼쪽에 '쿨라크의 딸' 안토니나 골로비나(당시 13세)가 앉아 있다. 안토니나만 피오네르 복장을 하고 있지 않다. 그녀는 뛰어난 학생이었지만 '쿨라크'의 자식이라는 이유로 따돌림과 차별 대우를 받았다.

들에게 그토록 가혹했던 교사에게 따로 이야기한 것은 분명하다. 왜냐하면 그 교사가 이후 그들을 부드럽게 대했기 때문이다. 심지어 그 교사는 두 소녀에게 '쿨라크'(마리야가 그 역할을 맡았다)의 집에서 한 농민 유모(안토니나)가 겪는 고통을 그린 학교 연극에서 배역을 주기까지 했다. 안토니나는 회고록에서 다음과 같이 썼다.

내 마지막 독백이 끝날 때 나는 다음과 같이 말해야 했다. "당신은 내게서 생명을 빨아먹었고, 지금 나는 그 사실을 압니다. 나는 당신과 함께 있고 싶지 않아요. 당신을 떠나 학교로 가겠어요!" 이 말과 함께 나는 무대에서 내려왔다. 우레와 같은 박수갈채가 쏟아졌다. 나는 내 분노가 진짜로 보일 정도로 역할에 깊이 몰입했던 것이다.[103]

안토니나는 열심히 공부했다. 안토니나는 학교를 좋아했고 공부를 잘해서 학교 강당에 게시된 우수 학생(오틀리치니크otlichnik) 명단에 몇 번이고 이름을 올렸다. 그것은 소련 국경일에 열리는 학교 퍼레이드에서 행진 대열에 뽑혔음을 의미했다. 안토니나는 정치적이어서가 아니라(그녀는 깃발을 드는 것은 품위를 깎는 행동이라고 생각했다) 학교를 대표하는 것이 자랑스러웠기 때문에 이 시범을 좋아했다. 안토니나는 피오네르단에 가입하기를 열렬히 바랐고, '쿨라크' 출신 때문에 제외되었을 때 너무나 상심했다. 그녀는 집에서 만든 피오네르단 스카프를 걸치고 혹시 게임에 끼워줄지도 모른다는 필사적인 희망을 품고 피오네르단이 모인 클럽하우스에 갔다.[104] 차츰 그녀는 자신이 들어갈 자리를 마련했다. 1939년 안토니나는 '쿨라크' 출신인데도 콤소몰 가입이 허용되었다(아마도 콤소몰 위원회는 안토니나의 진취성과 활력을 높이 평가해서 그녀의 과거에 눈을 감았을 것이다). 이 성공에 용기를 얻은 그녀는 1939년 여름에 고향 마을—그때쯤에는 '새로운 삶' 콜호스로 알려진—로 신분을 감추고 가볼 배짱이 생겼다. 안토니나는 옛날 집이 콜호스 사무실로 변한 것을 알았다.[105]

자신감이 쌓이고 야심이 커지면서 안토니나는 과거를 용인받으려는 노력을 그만두고 아예 새 정체성을 만들기로 결심했다. 안토니나는 질문서를 채워야 할 때마다 출신을 속이기 시작했다. "나는 내가 무엇을 하고 있는지 알았다."고 안토니나는 회고한다. "나는 자신을 위해 새 이력을 만들기로 결심했다." 10대 막바지부터 안토니나는 비밀스런 삶을 살았다. 안토니나는 친구 누구에게도 자신의 가족에 관해 이야기하지 않았다. 1940년에 진지하게 만나기 시작한 첫 남자 친구에게도 말하지 않았다. 남자 친구가 자신의 과거를 알면 떠날지도 모른다고 두려워했기 때문이다. 다음 50년 동안 안토니나는 가족에게도 자신의 정체성을 숨겼다. 그들에게도 그녀 자신에게도 위험이 닥칠까 봐 두려웠기 때문이다. 되돌아보면서 안토니나는 이렇게 기억한다.

나는 잘못을 저질러서 정체가 드러나지 않도록 항상 정신을 바짝 차리고 있어야 했다. 나는 말할 때 생각해야 했다. 내가 뭔가를 잊었나? 사람들의 의심을 살지 모를 어떤 것을 말하지는 않았나? 항상 그랬다. …… 나는 두려워서 계속 아무 말도 하지 않곤 했다. 이 두려움은 일생 동안 계속되었다. 결코 없어지지 않았다. …… 엄마는 항상 말했다. "늑대들과 함께 살 때는 늑대처럼 사는 법을 배워야 한단다!"[106]

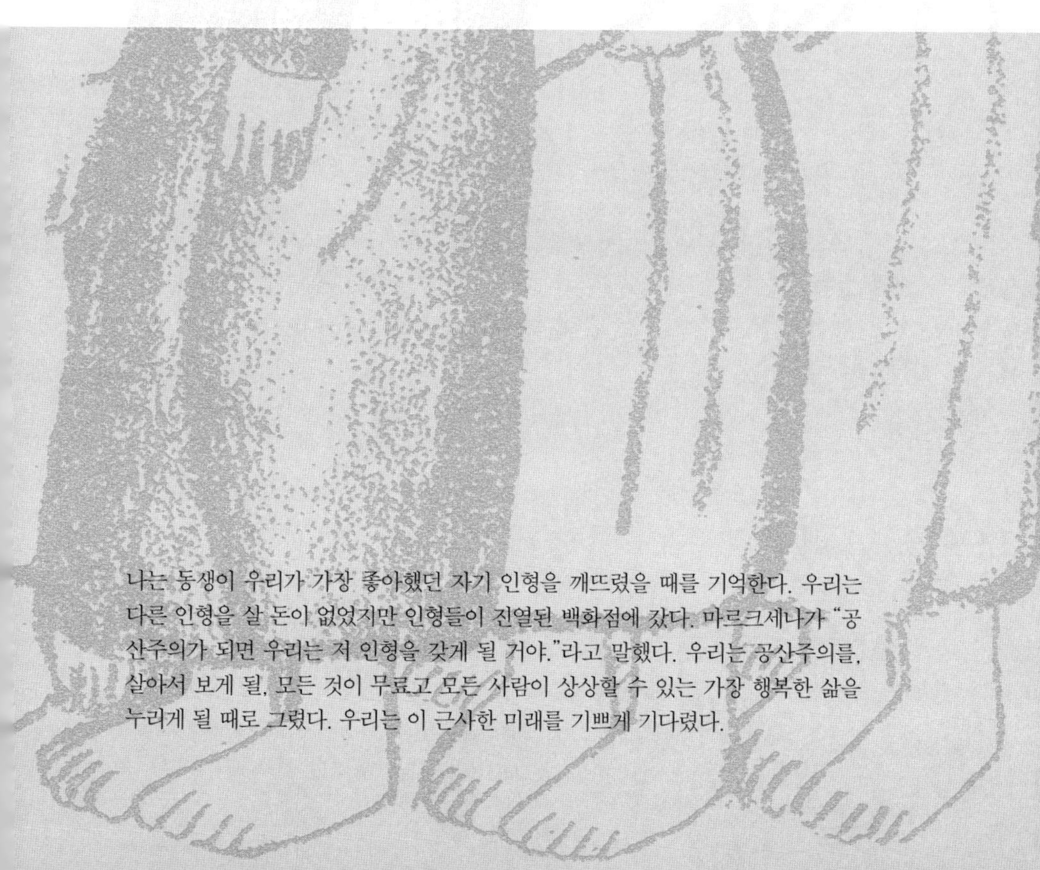

3장

사회주의 유토피아의 뒷면

1932~1936

나는 동생이 우리가 가장 좋아했던 자기 인형을 깨뜨렸을 때를 기억한다. 우리는 다른 인형을 살 돈이 없었지만 인형들이 진열된 백화점에 갔다. 마르크세냐가 "공산주의가 되면 우리는 저 인형을 갖게 될 거야."라고 말했다. 우리는 공산주의를, 살아서 보게 될, 모든 것이 무료고 모든 사람이 상상할 수 있는 가장 행복한 삶을 누리게 될 때로 그렸다. 우리는 이 근사한 미래를 기쁘게 기다렸다.

'소비에트 부르주아'의 출현

1932년 파냐 라스키나는 미하일 보신스키와 결혼했다. 그는 당 활동가이자, 모스크바의 주요 건설회사 중 하나인 베스닌 형제* 건축 작업장의 건설 공사 관리실장이었다. 파냐는 주보프 광장에 있던 라스킨 본가를 떠나 임대한 방에서 몇 달을 지낸 후 남편과 함께 부유층이 사는 아르바트 지역의 방 세 칸짜리 아파트로 이사했다. 총 면적이 58제곱미터(17.5평)밖에 되지 않는 아주 작은 아파트였으나, 대다수 모스크바 시민의 생활 여건과 비교해서 부엌과 욕실, 변기, 심지어 개인 전화기까지 갖춘 현대적이고 화려한 집이었다.[1]

모스크바는 1930년대 초에 맹렬한 속도로 성장했다. 1928년부터 1933년까지 수도의 인구는 주로 농민들이 제조업에 대규모로 유입된 데 힘입어 200만 명에서 340만 명으로 증가했다. 농민들이 밀려들면서 주택 부족 사태가 심각해졌다. 1933년 이후 도시의 성장은 여권 제도와 '이질적 분자'들의 대규모 추방으로 통제되었다.[2] 모스크바에 사는 것은 많은 사람들의 꿈이었다. 도시는 소련에서 권력과 부

베스닌 형제 레오니트 베스닌(Leonid Vesnin), 빅토르(Viktor Vesnin), 알렉산드르(Aleksandr Vesnin) 삼형제를 가리킨다. 1920년대에서 1930년대 초 소련에서 구성주의 건축의 선구자들이었다.(역주)

파냐 라스키나와 미하일 보신스키(1932년
결혼 사진, 모스크바).

와 진보의 중심이었다. 선전은 모스크바를 사회주의 체제에서 맞이
할 더 나은 삶의 살아 있는 증거로 그렸다.

　스탈린은 수도를 '사회주의적으로 건설'하는 데 개인적으로 관심
이 있었다. 1935년 그는 야심찬 '모스크바 재건 종합 계획'에 서명했
다. 모스크바 소비에트의 감독 아래 계획을 책임지는 건축가들 중에
는 레오니트, 빅토르, 알렉산드르 베스닌 삼형제가 있었다. 이 계획
은 고속도로와 순환도로, 공원 용지, 하수 시설, 통신망, 산업 세계
에서 가장 선진적인 지하철을 갖춘, 거주자 5백만 명의 도시를 예상
했다. 모든 것이 기념비적인 규모로 계획되었다. 좁은 거리와 교회가
있는 중세적인 도시 중심부를 좀 더 넓은 거리와 광장이 들어설 공
간을 확보하기 위해 대체로 깨끗이 정리했다. 수도 중심부를 관통하
는 거대한 퍼레이드 길이 건설되었다. 트베르스카야 거리(고리키 거
리로 이름이 바뀌었다)는 낡은 건물들을 무너뜨려(18세기에 지어져 모스

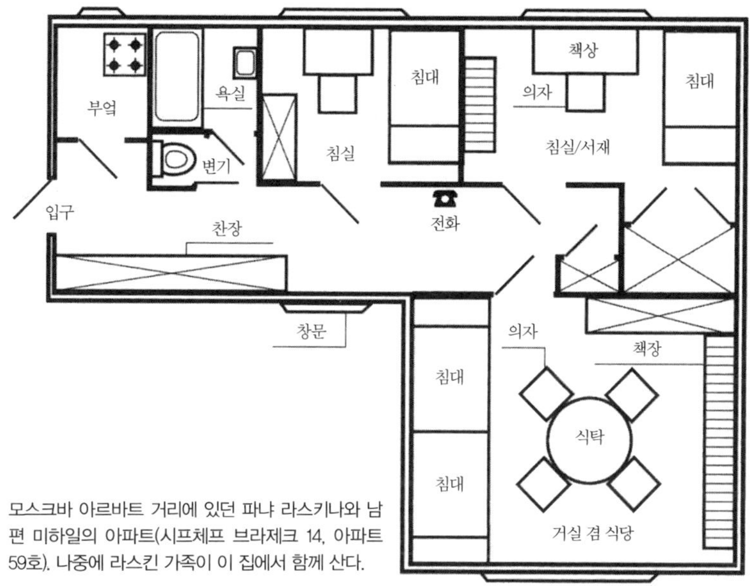

모스크바 아르바트 거리에 있던 파냐 라스키나와 남편 미하일의 아파트(시프체프 브라제크 14, 아파트 59호). 나중에 라스킨 가족이 이 집에서 함께 산다.

크바 소비에트의 사무실로 쓰이던 건물을 비롯해 많은 건축학적 기념물들이 재조립되어 주 도로에서 뒤로 물러나 설치되었다) 폭 40미터로 넓혔다. 붉은광장에서는 5월 1일과 혁명기념일에 밀집 대오의 행진이 혁명의 신성한 제단인 레닌 영묘를 지날 수 있도록 매점들을 깨끗이 치웠다. 심지어 행진 참가자들이 흐트러지지 않고 한 줄로 영묘를 지나칠 수 있도록 성 바실리 대성당을 폭파하는 계획도 있었다. 스탈린의 모스크바는 제국 수도, 즉 소련의 상트페테르부르크로 다시 만들어졌다. 소련의 다른 어떤 도시보다도 크고 높고 선진적인 모스크바는 미래 사회주의 사회의 상징이 되었다.(부하린은 종합 계획이 모스크바를 "인류의 행복을 위해 싸우는 투사들이 세계 방방곡곡에서 모여들 새로운 메카"로 바꿀 것이기 때문에 "거의 마법적"이라고 말했다.)[3]

베스닌 삼형제는 수도를 변신시키는 데 주도적 역할을 했다. 그들의 작업은 그들의 건축 철학에서 나타난 극적인 변화를 반영했다. 1920년대에 베스닌 형제는 소련 건축에서 르 코르뷔지에(Le Corbusier, 1887~1965)의 모더니즘 이상을 구체화하려 한 구성주의 운동의 전위였다. 그런 그들이 스탈린의 모스크바를 재건할 때 신고 전주의적, 기념비주의적 스타일을 적용한 것은 예술적, 도덕적 타협 을 드러내는 것이었다. 그러나 건축가로서 그들은 후원자에 의존했 고, 유일한 후원자는 국가였다. 형제는 1932년에 파괴된 구세주 그리 스도 대성당 자리에 웅장한 '소비에트 궁전'을 건설하는 계획 위원회 에 참여했다. 궁전은 꼭대기에 거대한 레닌 상이 있는, 세계에서 가 장 높은 건물이어야 했다.(계획대로라면 416미터가 되어 1931년 완공된 뉴욕의 엠파이어스테이트 빌딩보다 8미터 더 높을 것이었다.)[4] 궁전은 결 국 짓지 못했지만* 오랫동안 그 자리는 모스크바의 밝은 미래를 보 여주는 기념물이었다.

베스닌 형제는 공산주의 진보의 또 다른 상징인 모스크바 지하철 건설을 감독하는 일도 도왔다. 1932년에 터널 파기 공사가 시작되었 다. 1934년 봄에 이 사업에 투입된 75,000명의 노동자와 엔지니어 중 에는 농민 이주자와 굴라크 죄수들이 많았다. 땅을 파는 일은 매우 위험한 작업이었다. 토양이 물러 화재와 함몰 사고가 빈번히 일어났 다. 소콜니키에서 고리키 공원 사이의 12킬로미터에 달하는 첫 번째 노선을 건설하는 동안 100명 넘는 사람이 죽었다. 1930년대 모든 도 시의 주요 건설 프로젝트는 굴라크 노동력을 이용했다(수도 부근에

---

* 소비에트 궁전 터는 침수지였다. 토대를 놓으면서 침출수가 새어 나오는 것을 막기 위해 시 묘지에서 가져온 묘비석들을 깔았지만 물이 계속 샜다. 아이들은 토대에 고인 웅덩이에 서 수영을 하거나 잉어 낚시를 하려고 울타리를 뛰어넘었다. 건설은 1941년 전쟁이 일어나 면서 중단되었으나 재개되지 않았다. 그러나 궁전 그림은 계속 성냥갑에 인쇄되었고 지역 지하철 역(오늘날 크로포트킨 역)은 계속 소비에트 궁전 역으로 불렸다. 이 자리는 나중에 수영장으로 변했다.

노동수용소가 몇 군데 있었다). 25만 명의 죄수들이 늘어나는 수도 주민들에게 물을 공급하는 모스크바-볼가 운하 건설에 동원되었는데, 그들 중 많은 수가 극도의 피로로 사망했고 시신은 운하 밑바닥에 묻혔다. 많은 점에서 스탈린의 수도에 영감을 주었던 표트르 대제의 수도 상트페테르부르크와 마찬가지로, 스탈린의 모스크바는 노예들의 백골 위에 건설된 유토피아 문명이었다.

1935년 첫 지하철 노선이 개통되었을 때 모스크바 당 수장 라자리 카가노비치(Lazar Kaganovich, 1893~1991)는 지하철을 프롤레타리아의 궁전이라고 하며 환호했다. "우리의 노동자가 지하철을 타면 틀림없이 쾌활해지고 즐거울 것이다. 그는 자신이 오로지 승리뿐인, 전진하는 사회주의의 빛으로 밝게 빛나는 궁전에 있다고 생각할 것이다."[5] 지하철역은 샹들리에, 스테인드글라스 패널, 청동과 크롬 설비, 대리석 벽(20가지 다른 종류가 있었다), 반암(斑岩), 호마노(縞瑪瑙)와 공작석으로 치장한 궁전으로 건설되었다. 마야코프스카야 역(1938년)은 교회의 아름다움에 필적할 정도였다. 타원형 천장과 모자이크, 대리석 무늬 바닥, 스테인리스스틸 아치로 이루어진 중앙 홀은 밝고 웅장한 분위기를 자아냈다. 1930년대 말 스탈린 공장(Avtozavod) 지하철역 건설 계획을 세운 베스닌 형제는 자신들이 의도하는 효과를 대성당 내부 분위기에 비유했다. 1943년에 완성된 역은 거의 고딕 양식 같은 높은 대리석 기둥, 공간과 빛의 단순한 이용, 5개년 계획의 '업적'(마그니토고르스크, 스탈린 공장, 소비에트 궁전, 모스크바-볼가 운하)을 얕은 돋을새김으로 묘사한 하얀 대리석 등으로 그들의 이상을 완벽하게 실현했다.[6] 인민 대다수가 거주하는 비좁고 더러운 사적 공간과 너무나 확연히 대비되는 이 프롤레타리아 궁전들의 장엄함은 중요한 도덕적 역할(초기 국가들에서 교회가 수행한 역할과 다르지 않은)을 했다. 아름다운 지하철은 시민적 자부심과 위엄을 고취함으로써 소비에트 체제의 공적 목표와 가치에 대한 인민들의 믿음을 배양하는 데 기여했다.

베스닌 형제는 개인 집의 건축에도 참여했다. 그들은 미하일 보신스키와 파냐 라스키나가 결혼 후 살게 된 방 세 칸짜리 아파트를 설계하도록 의뢰받았다. "우리는 거기서 정말 행복했어요."라고 파냐는 회고한다. "우리 둘 다 이때 처음으로 욕실과 부엌이 있는 아파트에 살아보았습니다. 미샤(미하일)가 쓸 서재가 있었고, 방문객들이 머물 수 있는 방이 항상 있었습니다."[7]

사적 아파트 건설을 새롭게 강조하는 경향은 주택 정책의 근본적 변화를 보여주는 것이었다. 새로운 집단 형태를 건설하는 유토피아적 꿈이 정책을 결정짓던 1920년대에 볼셰비키는 '콤무나 집'에 우선순위를 두었다. 수천 명의 노동자 가족들을 위한 방들이 늘어선 이 거대한 공동 단지는 부엌과 세탁 시설을 공유했는데, 이러한 생활 방식은 여성들을 고된 집안일에서 해방하고 주민들에게 자신들의 삶을 집단적으로 조직하는 법을 가르칠 것이었다. '현대건축가연맹' 소속 구성주의자들은 사람들을 공동체 방식으로 살게 함으로써 사적 영역을 말소하려는 운동에 앞장섰다. 그러나 1931년에 모스크바의 주택 우선순위가 완전히 바뀌었다. 수도에는 숙소가 만성적으로 부족했는데도—이러한 사정은 백만 명 이상이 새로이 밀려들면서 더욱 악화되었다.—모스크바에 건설될 주요 주택 형태가 개별 가족 아파트들을 둔 고급 주택으로 결정된 것이다.

정책 변화는 스탈린 체제에 대한 충성이 물질적 보상에 의해 확보되는 새로운 정치, 산업 엘리트들의 출현과 명백히 관련이 있었다. 5개년 계획으로 모든 경제 부문에서 기술자, 관리, 경영자의 수요가 폭발적으로 늘어났다. 고스플란(국가계획위원회) 의장에 따르면, 1930년에 산업의 새로운 수요에 따라 435,000명의 엔지니어와 전문가들이 필요했다. 스탈린 지도부는 구('부르주아') 산업 엘리트들을 신뢰하지 않았다(1928년에 소련 엔지니어 중 고작 2퍼센트만이 당원이었다). 이 전문가들 가운데 많은 이들이 5개년 계획 중 산업 부문의 터무니없는 낙관적 목표에 반대했다. 그들은 1928~1932년의 산업 분야 숙청에서 대규모로 억압당했다('방해자'이자 '파괴자'로). 이 기간 동안 5개년 계획으로 큰 혼란이 발생하고 연료와 원료가 제대로 공급되지 않아 공장이 문을 닫고 봉급을 못 받게 되자, 많은 노동자들은 자신들의 상사를 고발했다. 산업 경영진의 고위 직책, 경제 관련 인민위원부들, 계획 기관, 학교와 교육 기관에서 '부르주아 전문가'들이 축출되면서 '프롤레타리아 지식인'들이 그 자리로 승진할 수 있는 기회가 생겼다. 제1차 5개년 계획은 확대되는 산업 전문직과 경제 부문 행정직을 메워줄 노동자들을 훈련하는 공장기능수련학교(FZU)의 전성기였다. 그 노동자 중 많은 사람들이 농촌에서 최근에 도착한 농민 출신이었다. 1928년부터 1932년까지 공장학교의 학생 수는 180만 명에서 330만 명으로 증가했다(거의 절반이 농민 출신이었다). 또 14만 명의 노동자들이 공장 작업장에서 경영진으로 승진했다(그들 중 많은 이들이 근무하면서 훈련받았다). 그리고 150만 노동자들이 공장을 떠나 행정직으로 진출하거나 고등교육기관에 입학했다. 한편으로, 100만 노동자들이 공산당에 입당했다. 당 지도부는 당의 정책을 뒷받침하고 시행할 프롤레타리아 출신의 사회적 기반을 창출하려 했고, 그리하여 당원 모집을 독려하는 차원에서 공산당 입당에 대한 통제가 중지되었다(많은 공장에서 노동자 전원이 무리를 지어 가입했다).[8]

스탈린은 의지할 만한 지지가 필요했다. 대급변은 스탈린의 지도력을 약화하는 사회적 혼란과 광범한 불만을 야기했다. 당과 소비에트의 문서고는 5개년 계획의 고통에 분노한 노동자와 농민들이 보낸 불만의 편지와 탄원으로 가득 차 있다. 사람들은 정부나, 최고소비에트 간부회 의장인 미하일 칼리닌(Mikhail Kalinin, 1875~1946)이나, 스탈린 앞으로 직접 편지를 보내 집단화의 부당함과 과도한 곡물 징발, 그들이 공장에서 맞닥뜨린 문제, 경영자와 관리들의 부패, 주택 부족과 상점의 식료품 부족에 대해 불만을 털어놓았다.[9] 이들은 자신의 운명을 체념한 사람들이 아니었다. 나라 전역에서 봉기와 파업이 일어났다.[10] 도시의 많은 거리에서 거의 소련 선전만큼이나 많은 반소비에트 낙서가 눈에 띄었다.[11] 농촌 지역에서는 소비에트 체제에 대한 저항이 광범하게 퍼지면서 러시아의 전통 속요인 차스투시카(chastushka)의 형태로 울려 퍼졌다.

> 5개년 계획, 5개년 계획
> 5개년 계획을 10년 안에.
> 나는 콜호스에 가지 않을 거야:
> 콜호스에는 빵이 없으니까![12]

당내에서는 스탈린 노선에 대한 공식적인 반대는 없었으나 1928~1932년의 엄청난 인명 피해를 두고 은밀한 반대 의견과 불만이 상당했다. 1932년에 두 개의 비공식 그룹을 중심으로 이의를 품은 사람들이 뭉치기 시작했다. 한 무리는 1920년대의 좌익반대파 출신인 트로츠키의 예전 추종자들이었는데(스미르노프Ivan Smirnov, V. N. 톨마초프, 예이스몬트Nikolai Eismont), 이들은 여러 차례 만나 스탈린을 지도부에서 제거하는 문제를 논의했다. 다른 한 무리는 좀 더 온

건한 우익반대파 잔당들이었는데, 리코프(Aleksei Rykov, 1881~1938)
와 부하린 같은 신경제정책 지지자들과, 특히 모스크바 당 조직에서
전직 지구 서기였던 류틴(Martemian Ryutin, 1890~1937)이 이끌었다.
류틴은 1932년 3월에 옛 동지들과 비밀 소모임을 열었고 그 결과로
'스탈린과 프롤레타리아 독재의 위기'라는 제목이 붙은 194쪽짜리
타자로 친 문서를 내놓았다. 문서는 스탈린의 정책과 통치 방식, 성
격을 상세히 비판하는 내용이었고 오게페우가 가로챌 때까지 당원
들 사이에 회람되었다. 이른바 '류틴 강령'에 연루된 모든 지도급 인
사들은 1932년 가을에 체포되어 당에서 추방되고 투옥되었다. 그들
중 대부분은 나중에, 1917년의 역전의 용사였던 많은 노장 볼셰비키
들이 이 무리와 관계가 있다는 혐의로 기소된 1937년의 대숙청에서
총살당했다.[13]

　류틴 그룹의 적발은 당내 반대파에 대한 스탈린의 편집증을 악화
시켰다. 이 일은 1932년 11월 스탈린의 부인인 나데즈다 알릴루예바
(Nadezhda Allilueva, 1901~1932)의 자살과 동시에 발생했는데, 이 사
건으로 지도자는 주위의 모든 사람들을 불신하면서 평정을 잃었다.
1933년 1월 정치국은 당원들의 철저한 숙청을 발표했다. 숙청 지시
는 반대 그룹으로 의심되는 당원들을 언급하지는 않았지만, "당을
기만함으로써 살아가고, 당에 자신들의 진짜 열망을 숨기며, 허위로
당에 '충성' 맹세를 함으로써 사실상 당의 정책을 훼손하고자 하는
표리부동한 자들"을 쫓아내라는 요구는 반대자들을 뿌리 뽑는 것이
지도부를 중심으로 결속을 강화해야 하는 당의 긴급한 과제라는 점
을 명확히 했다.[14]

　옛 당원들을 숙청하고 새 당원들을 모집하면서 1930년대에 당의
성격은 점차 변해 갔다. 노장 볼셰비키가 설 자리를 잃는 것과 동시

에 행정직으로 승진한 노동자들(비드비젠치vydvizhentsy*)이 주축이
된 새로운 당 관료층이 일반 산업 인력 사이에서 나타나고 있었다.
비드비제네츠는 제1차 5개년 계획 동안 공장학교와 다른 기술학교에
서 훈련받은 농민과 프롤레타리아의 아들들(매우 드물게 딸들)이었다.
이 관리 집단은 스탈린 체제를 뒷받침하는 기둥이 되었다. 스탈린 통
치 말기에 그들은 고위 당 지도부에서 높은 비율을 차지했다.(1952
년에 레오니트 브레즈네프Leonid Brezhnev, 안드레이 그로미코Andrei
Gromyko, 알렉세이 코시긴Aleksei Kosygin을 비롯하여 소련 정부의 최고
위 관리인 장관과 차관 115명 가운데 57명이 제1차 5개년 계획의 비드비제네
츠들이었다.)[15]

　　1930년대 초에 나타나기 시작한 엘리트들은 일반적으로 순응적이
었고 그들을 창출한 지도부에 복종했다. 평균적으로 고작 7년 동안
교육받은 새 관리들 중에서 독립적으로 정치적 사고를 할 만한 능력
이 있는 사람은 거의 없었다. 그들은 언론에 실린 당 지도자들의 언
명을 고스란히 받아들였고, 당 지도자들의 선전적 구호와 뜻을 알
수 없는 정치적 용어를 앵무새처럼 되풀이했다.* 새 엘리트들은 마르

비드비젠치 단수는 비드비제네츠(vydvizhenets). 비드비제네츠란 구소련에서 국가 기관이
나 경제 기관의 책임 있는 직책으로 발탁 등용된 노동자, 집단농장원, 근무원을 가리킨다.
교육 기관에 학문 연구를 위해 선발된 학생도 비드비제네츠라고 불렀다.(역주)
* 파벨 갈리츠키(Pavel Galitsky, 1911년생)는 1932년의 숙청 때 레닌그라드의 '붉은 무기
고 공장'의 당 상관들에게 질문받은 일을 기억한다. 성직자의 아들인 갈리츠키는 공장 벽
신문 편집인이었다. 그는 최근에 입당했으나 출신 배경 탓에 쉽게 공격당했다. 지역 당 위
원회 위원장인 숙청위원회 위원장과 공장장은 레닌의 저서 《반뒤링론》을 요약해보라고 요
구해 갈리츠키를 곤경에 빠뜨렸다.(레닌은 그런 저서를 쓴 적이 없다. 《반뒤링론》은 프리
드리히 엥겔스가 쓴 유명한 책으로, 철학, 자연과학, 정치경제학에 대한 마르크스주의 개
념을 백과사전식으로 상세하게 개괄한 것이다.) 갈리츠키는 이 책을 전혀 몰랐으나 그의
기억에 따르면, "나는 반(反)이라는 말이 반대를 의미하는 것을 알고 있었고 그래서 레닌
이 뒤링에 대한 반론을 썼다고 말했더니, 그들은 '맞았소! 잘했습니다, 똑똑한 친구!'라고
말했다."(MSP, f. 3, op. 53, d. 2, l. 6).

크스-레닌주의 이데올로기에 관해 실제 지식이 빈약했으며, 그들 모두가 암기했던 스탈린의 당사, 즉 《단기 강좌》*(1938)에 쉽게 함몰되었다. 그들은 스탈린 체제에 완전히 공감했으며, 자신들의 개인적 가치를 체제의 이해와 연결지었고, 모두 위에서 내려오는 명령을 실행함으로써 경력을 열심히 쌓아 나갔다.

레닌그라드의 '붉은 삼각(三角) 공장'의 회계원 아르카디 만코프는 새 엘리트들의 특성을 비판적으로 그렸다. 법률가의 아들인 만코프는 공장에서 일하면서 '프롤레타리아' 자격을 얻었고 '사서(司書)대학'에 입학할 수 있었다. 그는 1933년에 쓴 일기에서 상관—수천수만의 젊은이들과 마찬가지 방식으로 사회 경력을 쌓기 시작한 스물다섯 살의 젊은이—을 다음과 같이 묘사했다.

그는 어느 누구도 알지 못하는 곳에서 살다 레닌그라드에 나타났고 직업 소개소를 통해 공장에 일자리를 잡았다. 그는 몇 달 동안 열심히 일하면서 콤소몰에 가입했고 활동가가 되었으며—즉 하도록 요청받은 모든 일을 했다.—모임에서 발언하면서 스탈린과 몰로토프*의 논문들에 대한 지식을 보여주었다. 그 결과 갑자기 승진하여 노동경제학자로서 행정직에 근무하게 되었다. …… 그는 중요한 직함을 갖고 봉급(월 300루블)을 잘 받음으로써 사회적으로 성공했다. 그는 자기 자신과 자신의 지위에 만족하는 크게 성공한 사람의 인상을 풍긴

《단기 강좌》 완전한 제목은 《소련공산당(볼셰비키)의 역사 : 단기 강좌》다. 1938년에 러시아어판이, 그 이듬해인 1939년에 영어판이 출간되었다. 소련공산당의 역사를 다룬 이 책은 1938년부터 1956년까지 소련 시민들이 의무적으로 읽어야 했는데, 스탈린 통치를 합리화하는 설명으로 가득 차 있었다.(역주)

몰로토프(Viacheslav Molotov, 1890~1986) 소련 인민위원회의 의장(1930~1941), 외무장관(1939~1949, 1953~1956)을 지냈다. 제2차 세계대전 중 스탈린의 오른팔로서 외교 정책을 주도했다.(역주)

다. 상냥하게 미소 짓고 얼룩 한 점 없는 새하얀 영국 셔츠를 입으며 넥타이를 매고 검은 새 재킷을 입는다. 자신만만하고 심지어 교만하기까지 한 태도를 보인다. 그는 높은 직위에 있지만 특정한 일을 하지는 않는다. 그는 모든 자질구레한 일을 처리한다. 사람들을 감시하고 회계를 검사하고 작업량을 설정한다. 그는 모든 일에 개입해서—'공장의 관점을 표명해서'—주장하고 고함치고 위협하는 것이 자신의 일이라고 생각한다. 신중하게 정보를 수집해서 의미도 없는 서식과 카드를 작성하는데, 다른 사람들은 그것들을 절대 보지 못한다. 그는 작업장에서 이루어지는 모든 혁신이 합당한지를 조사하는 데 특히 관심이 있고 항상 규정집을 뒤적거린다.[16]

물질적, 정치적 보상을 바라고 경쟁하는 이런 유형의 관리는 소련 위계제에서 쉽게 경쟁자에게 등을 돌렸다. 1932년 거대한 산업 복합기업인 트란스마시테흐(Transmashtekh)의 한 경영자는 소련 최고소비에트 간부회 의장 미하일 칼리닌에게 다음과 같이 썼다.

소비에트 권력의 문제는 가장 야비한 유형의 관리—최고 기관의 일반적 계획을 꼼꼼하게 수행하는 자—를 낳는다는 사실입니다. …… 이런 관리는 지도부를 골치 아프게 하고 싶지 않기 때문에 절대 진실을 말하지 않습니다. 그는 경쟁자가 관리하는 지구나 구에서 일어난 기근과 역병을 고소하다는 듯이 바라봅니다. 그는 이웃을 도와주기 위해 손가락 하나 까딱하지 않습니다. …… 내 주위에서 보이는 것이라곤 혐오스러운 정치적 논란, 더러운 책략, 사람들이 말실수로 파멸하는 모습들입니다. 고발은 끝이 없습니다. 침을 뱉을 때마다 반드시 역겨운 고발자나 거짓말쟁이가 그 침에 맞습니다. 우리는 대체 어떻게 된 것인가요? 숨을 쉴 수가 없습니다. 재능이 없는 놈일수록 중상모략도 더 비열하게 씁니다. 물론 당신네 당의 숙청은 내가 알 바 아니나, 나는 아직 남아 있는 훌륭한 분자들도 숙청의 결과 곧 일소될 것이라고 생각합니다.[17]

트로츠키는 '소비에트 테르미도르*' 이론을 개괄한 《배반당한 혁명》(1936)에서 스탈린 권력을 뒷받침하는 5백만~6백만 명에 이르는 거대한 관료들의 '행정 피라미드'를 지적했다.[18] 새로 등장한 지배계급은, 당원들이 신경제정책의 부르주아적 영향으로 타락할까 노심초사한 노장 볼셰비키의 민주적 본능이나 검소하고 엄격한 스파르타식 생활방식을 공유하지 않았다. 반대로, 그들은 소련 부르주아가 되고 싶어 했다. 그들은 안락한 집과 물질적 부의 획득, '세련된' 취미와 태도에 관심을 쏟았다. 그들은 정치적으로는 공산주의 이상을 믿었지만 가부장적 가족의 관습에 집착하면서 사회적으로는 반동적이었고 문화적 취향은 보수적이었다. 그들의 주요 목표는 자신의 물질적 행복과 사회적 지위의 원천인 소비에트 체제를 지키는 것이었다.

체제는 그들의 만족을 보장했다. 제2차 5개년 계획(1933~1937) 시기에 정부는 새로운 공장과 도시를 짓는 열풍 속에 자본이 부족했던 소비재 산업에 대해 투자를 늘렸다. 1930년대 중반까지 식료품과 의복, 가정용품 공급이 뚜렷이 개선되었다(이 시절에 성장한 수많은 아이

소비에트 테르미도르 테르미도르는 프랑스혁명 당시 제정된 프랑스 공화력의 11번째 달 이름이다. 현재 쓰이는 그레고리력으로 7월 19일(혹은 20일)부터 8월 17일(18일)까지다. 프랑스혁명 당시 테르미도르 9일(1794년 7월 27일)에 혁명 지도자 막시밀리앙 드 로베스피에르가 단두대에서 목이 잘리고 이로써 급진적 혁명은 끝이 났는데, 이 사건을 역사적으로 '테르미도르 반동'이라고 부른다. 트로츠키는 저서 《배반당한 혁명》에서 소련에서 스탈린의 집권과 이에 수반된 혁명 이후 관료층이 대두한 것을 이 사건에 빗대어 '소비에트 테르미도르'라고 명명했다.(역주)

들은 1930년대 중반에 처음으로 신발을 받은 것으로 기억할 것이다). 1935년 가을부터 차츰 배급제가 해제되고, 가게 진열장이 물건으로 가득 차면서 소비자들 사이에 낙관적 분위기가 넘친다고 소련 선전은 전했다. 카메라, 축음기, 라디오가 야심만만한 도시 중간 계급을 위해 대량 생산되었다. 국경일이 되면 가격이 내려가기는 했지만 주로 새로운 엘리트들에게 제공되는 사치품(향수, 초콜릿, 코냑, 샴페인) 생산이 꾸준히 증가했다. 이전에는 부자만 감당할 수 있었던 사치품을 이제 열심히 일하기만 하면 대중도 살 수 있다는 인상을 주는 것은 '행복한 삶'이라는 소비에트 신화를 만드는 데 중요했다. 새로운 소비자 잡지는 물건을 사는 사람들에게 의상과 가구 디자인이 점점 다양해지고 있다는 것을 알려주었다. 1934년 10월에 '식품점 제1호'로 이름을 바꿔 모스크바 고리키 거리에서 재개장한 예전의 옐리세예프 상점처럼, 백화점과 사치품 상점이 개장하면 엄청나게 홍보를 했다. "새 상점은 1,200가지가 넘는 식료품을 팔 것이다."라고 신문 〈베체르냐야 모스크바〉는 알렸다.

식품 코너에는 이전에는 살 수 없던 20가지 새로운 종류의 소시지를 비롯해 38종류의 소시지가 있다. 이 코너에서는 상점에서 특별 주문한 치즈 세 종류—카망베르, 브리, 림버거 치즈—도 판매할 것이다. 과자 코너에는 200가지 사탕과 패스트리가 있다. …… 빵 코너에는 50종류에 이르는 빵이 있다.

이튿날 75,000명(대부분 구경하러 온 사람이었을 것이다)이 상점을 찾았다.[19]

소비 문화 장려는 혁명의 첫 10년과 공산주의자들이 당의 대의를 위해 개인의 행복을 희생할 것을 요구받은 제1차 5개년 계획 기간에 볼셰비키가 보여준 혁명적 금욕주의로부터 극적인 이데올로기적 후퇴를 뜻하는 것이었다. 지도부는 이제 소비주의와 공산주의가 양립할 수 있다는 모순된 메시지를 전하고 있었다. 1934년 스탈린은 사회주의는 "빈곤과 박탈이 아니라, 빈곤과 박탈의 제거와 모든 사회 구성원들을 위해 풍요롭고 세련된 생활을 조직하는 것을 의미한다."고 주장했다. 스탈린은 1935년에 열린 콜호스 노동자 협의회에서 이러한 발상을 개진했다. 스탈린은 집단농장이 모든 사적 가족 재산을 제거하려 한다고 질책하면서 콜호스 노동자에게 가금류와 암소를 기르게 해주고 좀 더 큰 텃밭을 줘서 그들이 집단농장에 관심을 기울이도록 북돋울 것을 요청했다. "사람은 사람이다. 그는 자신을 위해 뭔가 소유하기를 원한다."고 스탈린은 대의원들에게 말했다. "여기에 죄라고 할 만한 것은 아무것도 없다." 사적 소유를 원하는 것은 자연스러운 인간의 본능이고 "인간의 심리를 개조하고 사람들이 집단적으로 살도록 재교육하려면 앞으로 오랜 시간이 걸릴" 것이었다.[20]

혁명의 금욕적 문화로부터 후퇴를 보여주는 또 다른 징후는 당이 개인의 외모와 에티켓을 새롭게 중시하기 시작한 것이었다. 초기 볼셰비키는 그와 같은 사소한 일에 신경을 쓰는 것을 반(反)사회주의적이라고 여겼다. 그러나 1930년대부터 당은 세련된 매너와 몸단장은 젊은 공산주의자들에게 의무라고 선언했다. "우리는 아름다움, 말쑥한 옷, 맵시 있는 머리, 매니큐어를 승인한다."고 1934년에 〈프라우다〉는 선언했다. "여성들은 매력적이어야 한다. 향수와 화장품은 훌륭한 콤소몰 여성의 '필수품'에 속한다. 깨끗하게 면도하는 것은 콤소몰 남성에게 의무다." 향수와 화장품은 1930년대에 양과 종류가 점점 늘어나면서 판매가 증가했다. 패션과 개인 위생을 논의하

는 회의가 여러 차례 열렸다.[21]

또 재미있게 노는 것을 새로이 강조하기 시작했다. "동지들, 삶은 더 나아졌고 더 즐거워졌다."고 1935년에 스탈린은 선언했다. "생활이 즐거우면 작업이 더욱 잘 진행된다." 초기 볼셰비키들이 경박한 오락으로 비난하던 춤을 스탈린 체제는 공식적으로 장려했다. 춤은 곧 폭발적으로 인기를 얻기 시작했고 춤 교습소가 여기저기 문을 열었다. 모스크바의 공원들에서는 축제가 열렸고 국경일을 기념하는 대규모 퍼레이드가 조직되었다. 소련 영화계는 즐거운 뮤지컬과 낭만적 코미디들을 대량 생산했다. 사람들에게 빵은 많지 않았으나 서커스는 차고 넘쳤다.

스탈린 체제의 공고화는 물질적 보상에 의해 구조화된 사회적 위계제 창출과 밀접하게 연관되었다. 피라미드 꼭대기에 있는 사람들은 근면함과 충성을 보이면 즉각 보상을 받을 수 있었다. 그러나 밑바닥에 있는 사람들은 공산주의가 이루어질 미래에 보상을 약속받았다. 그리하여 체제는 출세 지향적인 사회의 확립과 연결되었고 이 사회의 핵심에는 당과 산업 엘리트, 기술 지식인과 전문직 종사자, 군과 경찰 관리, 열심히 일함으로써 가치를 입증한 충성스러운 산업 노동자(스타하노프 대원)*들로 이루어진 새로운 중간 계급이 있었다. 새로운 사회 위계제를 규정하는 원리는 국가에 대한 봉사였다. 모든 기관에서 제2차 5개년 계획의 구호('간부가 모든 것을 결정한다!')는 국가의 충성스러운 종복들을 떠받치는 역할을 했고, 그들의 충성은 더 높은 임금, 소비재에 대한 특별 접근권, 직함과 명예로 후한 보상을 받았다.

소련 중간 계급의 출현은 체제가 1930년대 중반부터 전통적인 ('부르주아') 가족 가치를 함양하는 것으로 더욱 탄탄히 뒷받침되었다. 이것은 1917년 이래 당이 추구한 반(反)가족 정책에 극적인 반전이 일어났음을 의미했다. 부분적으로는 대급변에 따른 인구학적 충격에 대응하기 위한 것이었다. 출생률이 급격하게 감소해 노동 공급과 군사력을 심각하게 위협했고, 이혼율이 증가했으며, 가족이 파편화되면서 아동 유기가 대중적 현상이 되어 고스란히 체제의 부담으로 되돌아왔다. 그러나 전통적인 가족 가치로 돌아간 것은 대다수가 최근에 농민층과 노동 계급으로부터 부상한 새로운 산업 엘리트와 정치 엘리트들의 보수주의를 반영하는 것이기도 했다. 트로츠키가 1936년에 지적했듯이, 정책 변화는 "구시대적 가족을 강타하고자하는"—사적 생활의 습관과 관습을 뿌리 뽑고 집단적 본능을 이식하고자 하는—소비에트 체제의 유토피아적 시도가 실패했음을 체제가 솔직하게 인정한 것이었다.[22]

1930년대 중반부터 당은 가족과 개인의 가정에 대한 좀 더 자유주의적인 접근을 채택했다. '사적 생활(chastnaia zhizn')'—국가의 통제와 감시 너머에 있는 폐쇄된 독립적 영역—개념은 이데올로기적으로 여전히 용납되지 않았다. 그러나 '개인적 생활(lichnaia zhizn')'—여전히 공공의 감시를 받는 개인 영역이나 가족 영역—개념은 국가에서 적극적으로 장려되었다. 사적-공적 구분의 이러한 배치에서 '사적'

---

* 1935년 8월 돈바스 광부 알렉세이 스타하노프는 기록적인 양의 석탄을 채굴했다. 스타하노프는 전국적으로 언론에서 널리 갈채를 받았고 이를 계기로 헌신적인 숙련 노동자들에게 보상을 주는 운동이 벌어졌으며, 능률은 제2차 5개년 계획에서 공언한 목표가 되었다. 스타하노프주의는 생산 할당량을 초과한 노동자들이 급료 보너스, 소비재, 더 나은 주택, 심지어 행정직 승진(특히 경찰에서) 등으로 보상받는 또 다른 형태의 '돌격 노동'으로 곧 발전했다. 스탈린 체제에서 운동은 노동자들을 더욱 성과급에 매달리게 함으로써 생산 기준을 올리고 기본 임금을 낮추는 수단이 되었다. 종종 연료나 원료 부족으로 스타하노프 대원들이 목표를 달성할 수 없을 때 그 잘못에 책임을 졌던(그리고 빈번하게 '방해자', '파괴자'로 고발당했던) 경영자와 관리자들은 엄청난 압력을 받았다.

인 것과 '개인적'인 것은 개별성 면에서 정의되었다. 그러나 공적 영역의 지배는 개별 사람들의 삶의 모든 측면을 투명하게 드러낼 것을 요구했다. 그리하여 실제 결과는 개별 사람, 특히 공산주의자의 사적 행동은 정치적으로 통제하면서도 집의 네 벽면 안에서 가정 생활(소비 취향, 생활방식, 가풍 등)을 자유로이 표현할 수 있는 공간은 해방하는 것으로 나타났다. "당은 공산주의자의 사소한 일상생활에 개입하거나 일상생활을 위한 기준을 만들지는 않는다."라고 여성들을 위한 당의 주요 신문인 〈라보트니차〉*는 1936년에 선언했다. "당은 생활의 모든 측면에서 모든 당원들이 지켜야 할 행동 규칙을 고집하지는 않는다. 그러나 당은 모든 당원이 사적 생활에서 당과 노동 계급의 이해에 봉사하는 식으로 행동할 것을 요구한다."[23]

　가정을 꾸리는 일이 새롭게 강조된 것은 이 같은 정책 변화를 보여주는 조짐 가운데 하나였다. 정부 각 부처는 모스크바에 자기 부처만의 아파트 단지를 두고 주요 관리들에게 할당했다. 1920년대에 상대적으로 검소하게 생활했던 볼셰비키 가족은 이제 새로운 주택과 식료품점을 이용할 특권, 운전사가 딸린 차, 다차, 특별 정부 휴양지와 요양소에서 보내는 휴가 등으로 보상받으면서 상대적으로 사치스러운 삶을 누리게 되었다. 이러한 가족들 중 많은 이들에게 1930년대는 처음으로 자신들만의 가정 공간과 자율을 얻은 때였다. 엘리트들에게 다차를 제공하는 것—1930년대부터 대규모로 시행되었다.—은 가족 생활을 장려하는 데 특히 중요했다. 정보를 노리는 귀와 감시의 눈길에서 안전한 다차에서 사람들은 공공 장소와는 다른 방식으로 편하게 말할 수 있었다. 게다가 단순한 전원 생활의 소

라보트니차(Rabotnitsa) 여성 노동자라는 뜻이다.(역주)

박한 일상—수영, 하이킹, 버섯 따기, 책 읽기, 마당에서 빈둥거리기—은 가족들에게 사회의 제약에서 벗어나 잠시 한숨 돌릴 여유를 주었다.

소비에트 체제는 가정에서 전통적인 가족 관계로 돌아가기를 장려했다. 결혼은 화려해졌고, 등록 사무소는 깔끔하게 단장되었다. 혼인 증서는 재생 포장지가 아닌 (비실라크에서 온) 고급 종이로 발행되었다. 1928년에 기독교 잔재라고 하여 금지된 결혼 반지가 1936년 이후 상점에 다시 등장했다. 가족을 강화하려는 목표로 일련의 법령들이 반포되었다. 이혼법이 엄격해졌고 이혼 수수료가 크게 올라 이혼율이 급락했다. 양육비가 늘었고 동성애와 낙태는 금지되었다. 엘리트들은 전통적이고 심지어 다소 얌전 빼는 성적 태도로 복귀했다. 스탈린 숭배 선전에 따르면, 훌륭한 스탈린주의자는 스탈린처럼 일부일처를 고수하며 가족에게 헌신할 것으로 기대되었다.* 볼셰비키가 친밀한 사적 관계에서 보이는 행동은 꼼꼼히 점검을 받았다. 나쁜 아버지나 남편으로 판명된 볼셰비키가 당에서 추방당하는 일은 흔했다. 당원 부인들에게는 집에서 아이들을 양육하는 전통적 역할로 돌아가는 것을 장려했다.

가족의 이데올로기적 부활은 가족이 국가의 기본 단위로 올라서는 것과 밀접한 관련이 있었다. 1935년에 한 교육학자는 썼다. "가족은 우리 사회의 기본 세포이며 아이를 양육하는 가족의 의무는 훌륭한 시민을 양성한다는 가족의 책무로부터 나온다." 1930년대부터 스탈린 체제는 가족—많은 사람들이 새롭고 이질적인 환경에 처했다

---

* 1935년 10월 스탈린은 트빌리시에 사는 어머니를 공개적으로 방문했다. 당 지도자가 가정적이라는 것을 언론에 홍보하려는 목적이었다. 스탈린은 크렘린 정원에서 자녀와 함께 사진을 찍었는데, 이는 예전에는 결코 허용하지 않았던 일이었다.(대부분의 인민들은 스탈린에게 아이들이 있다는 사실조차 알지 못했다.)

고 느끼던 당시, 주민들이 익숙하게 다가갈 수 있는 가치 체계—을 이용한 은유와 상징을 통해 체제를 묘사하는 일이 점차 늘어났다. 이 시기에 시작된 스탈린 숭배는 니콜라이 2세가 1917년 이전에 러시아 인민들의 '아버지-차르(tsar-batiushka)'였던 것처럼, 지도자를 '소련 인민의 아버지'로 그렸다. 적군, 당, 콤소몰 같은 사회적 기관들과, 심지어 '프롤레타리아'조차 동지애를 통해 더 높은 소속 형식을 제공하는 '대가족'으로 다시 표현되었다. 이 가부장적 당-국가에서 부모의 역할은 이제 가정에서 체제의 도덕적 원리를 증대시키는 권위 있는 인물로서 강화되었다. "젊은이들은 연장자, 특히 부모를 공경해야 한다."고 1935년에 〈콤소몰스카야 프라우다〉는 선언했다. "부모가 고리타분하고 콤소몰을 좋아하지 않더라도 그들을 존경하고 사랑해야 한다." 이것은 아이들에게 부모가 정부 정책에 반대하면 고발하도록 권장한, 파블리크 모로조프 숭배가 가르쳤던 도덕적 교훈에 극적인 변화가 일어났음을 보여주는 것이었다. 1935년에 이르러 체제는 파블리크의 고발 이야기를 더는 중요하게 여기지 않고 그가 학교에서 열심히 공부하고 복종한 것과 같은 새로운 모티프를 강조하면서 모로조프 숭배를 재해석했다.[24]

이 시절에 성장한 엘리트들의 자녀는 특히 "정상적 가족 생활 경험"을 향수에 젖어 떠올린다. 마리나 이바노바는 1928년에 고위 당 관리의 가정에서 태어났다. 아버지는 레닌그라드 동남쪽으로 50킬로미터 떨어진 므가 시의 당 서기였는데, 보통 때는 귀족 출신인 할아버지의 레닌그라드 아파트에서 살았지만, 므가에 널찍한 다차가 있었다. "아파트는 고급이었습니다."라고 마리나는 기억을 떠올렸다.

아파트에는 내가 어릴 때 뛰어놀 수 있는 큰 방이 여럿 있었지

요. 방들은 천장이 높았고 정원을 내다볼 수 있는 엄청나게 큰 창문
들이 있었습니다. …… 레핀(Il'ia Repin, 1844~1930)과 레비탄(Isaak
Levitan, 1860~1900)의 유화들(복제품)이 벽에 걸려 있었어요. 그리고
그랜드 피아노와 당구대가 두 개의 응접실에 놓여 있었습니다. ……
이 아파트는 어린 시절 가장 행복했던 장소입니다. 나는 가족의 친구
와 친척, 그들이 데려온 아이들이 새해에 우리 집에 모여 북적거리며
파티를 연 것을 기억해요. 아이들은 파티용 가장 의상을 입었고 아빠
는 '서리 아저씨'로 분장하고서는 모든 사람들을 위해 초콜릿과 선물
을 들고 나타나 새해 나무 주위에 놓아두곤 했습니다.[25]

인나 가이스테르의 가족은 아버지 아론이 1932년에 고스플란 농
업부 수장이 된 후 크렘린 맞은편에 고위 관리들을 위해 따로 마련된
고급 아파트 단지('강변 아파트'*)로 이사했다. 그들은 정부가 제공한
소련제 최신 가구와 책 수천 권이 있는 서재를 갖춘 큰 아파트가 있
었다. 가족은 공산주의 이상과 소련 엘리트의 특권을 결합한 세련된
러시아 생활 방식을 향유했다. 그들은 볼쇼이 극장의 황제석 출입증
을 갖고 있었다. 또 크림 반도와, 모스크바 인근 아스타페보의 특별
당 휴양지로 자주 휴가를 떠났다. 그러나 인나에게 가장 좋은 기억
은 니콜리나 고라에 있는 가족 다차에서 지냈던 여름이다.

마을은 모스크바 강의 만곡 위 높은 언덕의 아름다운 소나무 숲에
자리 잡고 있었다. 그곳은 기막히게 아름다웠고 모스크바 지역에서

강변 아파트(Dom na naberezhnoi) 보리스 이오판이 설계를 맡은 모스크바의 대단지 아파트.
한쪽으로 베르세네프스카야 둑을 마주하고 있고, 다른 한쪽으로는 세라피모비차 거리를
마주하고 있다. 1931년에 완공되었으며 소련 엘리트들의 주거지로 제공되었다.(역주)

가장 멋진 곳으로 꼽혔다. …… 우리 부지는 강 바로 위쪽 높은 둑 위에 있었다. 다차는 2층짜리 큰 주택이었다. 부러움을 거의 감추지 못한 외사촌 베니아민은 그곳을 어머니의 '빌라'라고 부르곤 했다. 큰 방이 아래층에 세 개, 위층에 세 개가 있었다. 엄청나게 큰 베란다도 있었다. 방들은 대개 사람들로 북적댔다. 부모님의 많은 친척 중 일부—주로 내 사촌들—가 언제나 그곳에 머물렀다. 주말마다 어머니와 아버지의 친구들이 모스크바에서 오곤 했고 …… 근처 다차들에서 온 내 친구들도 따로 있었다. 우리는 주로 강에서 시간을 보내곤 했다. 아빠는 할머니가 물가에 쉽게 내려가실 수 있도록 다차에서 강으로 바로 내려가는 계단을 만들었다. 적어도 층계가 100개는 되는 나선형 계단—경사가 매우 가팔랐다.—이었다. 우리가 떠난 지 오랜 시간이 지난 뒤에도 사람들은 그 계단을 여전히 '가이스테르의 계단'이라고 불렀다. 하부에는 수영을 할 수 있게 나무로 만든 작은 교대(橋臺)가 있었다. 교대 주위의 물이 매우 깊었기 때문에 나는 아버지가 함께 있을 때만 수영을 할 수 있었다. 친구들과 나는 물이 얕아서 수영하기에 좋은 케르젠체프 다차 아래에 있는 교대를 더 좋아했다.[26]

그러나 이 같은 행복한 기억을 모든 사람이 누릴 수 있는 것은 아니었다. 많은 가족들에게 1930년대는 불안이 커지는 시기였다. 전통적인 관계의 부활은 종종 남편과 아내 사이에서 긴장을 불러일으켰다. 소련 가족을 다룬 글을 많이 쓴 트로츠키에 따르면, 스탈린 체제는 여성들을 가정 내 노예 상태에서 해방하려 한 볼셰비키 혁명가들의 노력을 배반했다. 노동 계급의 가사 분담을 조사한 통계가 트로츠키의 주장을 뒷받침한다. 1923~1934년에 일하는 여성들은 자질구레한 집안일을 하는 데 남편보다 세 배나 더 많은 시간을 들였지만, 1936년경에는 다섯 배나 더 들이고 있었다. 1930년대에 여성들에게는 달라진 것이 아무것도 없었다. 여성들은 공장에서 더 오랜 시간 일했고 그런 다음에는 집에서 매일 밤 다섯 시간씩 요리하고 청소하고 아이들을 돌보면서 두 번째 근무를 했다. 반면에 남자들은 노동자들의 주택이 현대화되면서 수도와 가스, 전기 설비가 늘어나 전통적인 가사 의무(장작 패기, 물 긷기, 화덕 준비하기)에서 해방되었고, 문화 취미와 정치에 더 많은 시간을 쓸 수 있게 되었다.[27]

트로츠키는 가족을 둘러싼 성의 정치학에 관해서도 생각했다.

> 소련인들이 쓰는 위대한 책에서 극적인 장들 가운데 하나는 남편은 당원이나 노동조합원, 군 지휘관이나 행정가로서 성장하고 발전하며 생활에서 새로운 취향을 개발하지만, 부인은 가족에게 짓눌린 채 옛 수준 그대로 머물러 있는 소련 가족의 해체와 파괴 이야기일 것이다. 두 세대의 소련 관료층이 걸어간 길은 거부당하고 뒤처진 아내들의 비극으로 두껍게 덮여 있다. 이제 동일한 현상을 새로운 세대에게서 찾아볼 수 있다. 아마도 자기들은 모든 것을 누릴 수 있다고 생각하는 교양 없는 벼락부자인 최고위 관료들 사이에서 가장 조잡하고 잔인한 광경을 만날 수 있을 것이다. 지위 덕분에 고발당하지 않은 채 가족 윤리와 강제적인 '모성의 즐거움'을 전도하는 복음주의자들이 아내들을 비롯해 여성 일반을 상대로 저지른 노골적인 범죄가 언젠가는 문서고와 회고록들을 통해 드러날 것이다.[28]

블라디미르 마흐나치는 1903년에 벨라루스의 민스크 남쪽 60킬로미터에 있는 우즈다의 한 가난한 농가에서 태어났다. 어머니는 그를 낳다가 죽었고, 아버지는 1906년 블라디미르를 친척 아주머니에게 맡기고 미국으로 이주했다. 블라디미르는 열네 살 때 집에서 도망쳐 적위대에 들어갔고 1917년 10월 민스크에서 권력을 장악할 때 한 몫을 했다. 그 이후 4년을 적군(赤軍)에서 보냈고 내전 때 소비에트 러시아를 침공한 폴란드군에 맞서 싸웠다. 1921년 블라디미르는 볼셰비키에 합류했고 모길료프 농업학교에서 공부를 시작했으며, 그곳에서 마리야 차우소바를 만나 사랑에 빠졌다. 1904년에 태어난 마리야는 모길료프에서 동쪽으로 100킬로미터 떨어진 작은 도시 크리체프에 사는 농민 상인의 딸이었다. 여섯 자매 중 막내였지만 중등학교 과정 이상 공부한 첫 번째 아이였던 마리야는 1925년 농학과 경제학에서 우수한 성적을 거두고 농업학교를 졸업했다. 두 사람은 모길료프에서 사실상 남편과 아내로 함께 살았다.(1920년대의 많은 소련 젊은이들처럼, 그들은 부르주아 관습에 대한 항의 표시로 결혼 등록을 거부했다.) 농업학교를 졸업한 뒤 블라디미르는 연구 분야에서 경력을 쌓았다. 1928년에 그는 모스크바로 갔고 그곳에서 '이탄(泥炭)대학'에 들어가(당시 볼셰비키는 이탄을 중요한 에너지원으로 여겼다) 고참 볼셰비키이자 레닌의 친구였던 이반 라트첸코의 지도를 받으며 박사 논문을 준비했다. 블라디미르가 지닌 프롤레타리아 출신 배경이라는 나무랄 데 없는 보증서와 스탈린의 산업화 계획에 대한 열정은 곧 모스크바 당 조직의 눈길을 끌었고, 모스크바 당 조직은 1932년에 그에게 모스크바에 새로운 에너지를 공급하는 일과 관련된 업무를 이반 라트첸코와 함께 하게 했다. 블라디미르는 급속히 팽창하는 수도에 가스를 공급하는 임무를 위임받은, 새로 건설된 산업 복합체 '모스가스 트러스트(Mosgaz Trust)'의 초대 책임자가 되었다.[29]

마리야는 블라디미르를 따라 모스크바로 갔고, 아들 레오니트가 태어난 1933년까지 경제학자로서 농업인민위원부에서 근무했다. 블

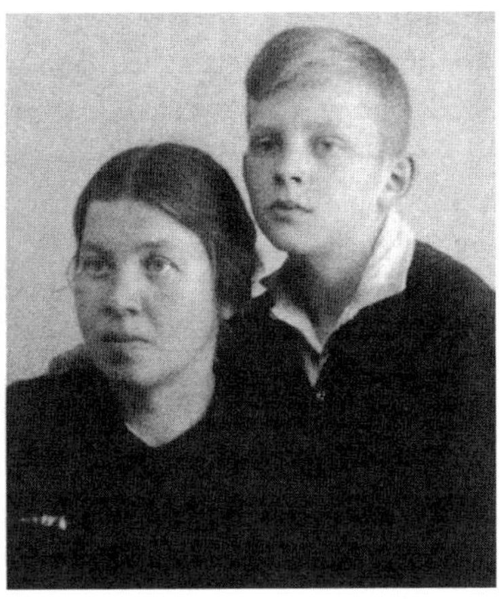

스탈린 시대에 특권을 누린 관료 블라디미르 마흐나치(왼쪽, 1934년 사진)와 아내 마리야, 아들 레오니트 (1940년대 사진). 블라디미르는 교육받은 엘리트였던 아내를 가정에 묶어놓았다. 스탈린 체제는 1930년 대에 부르주아적인 물질적 가치와 보수적인 가족 관계를 부활시켰다.

라디미르가 모스가스로 영전할 때 그들은 공동 아파트의 작은 방에서 '참새 언덕'(1935년에 '레닌 언덕'으로 이름이 바뀌었다)에 있는, 그들 가족만 사는 큰 아파트로 이사했다. 그들은 스탈린 아래서 일하던 새 엘리트들이 누리던 특권을 모두 누렸다. 운전사가 딸린 정부 리무진이 있었고, 멋진 세레브랴니 보르 마을에 전용 다차가 있었으며, 구하기 힘든 소비재를 언제라도 입수할 수 있는 당 활동가용 비밀 상점에 출입할 수 있었다. 아들 레오니트 마흐나치는 가장 오래된 기억을 다음과 같이 떠올렸다.

(그것은) 풍요로운 느낌과 마법적인 동화의 분위기로 가득 차 있는 단편적인 추억이다. 나는 아버지의 튼튼한 어깨 위에 앉아 빛과 화려한 대리석의 바다 주위를 둘러본다(그것은 새로 개통한 모스크바 지하철이었음이 틀림없다). …… 우리는 5월 1일에 붉은광장의 레닌 영묘 옆에 있다.[30]

마리야는 유모를 고용했고, 유모는 마흐나치 가 아파트의 식품 저장실에서 살았다. 마리야는 농업인민위원부의 일터로 되돌아가기를 바랐다. 그러나 블라디미르는 완강하게 반대했고(그는 마리야에게 "고위 당 지도자의 아내는 집에 있어야 한다."고 말했다), 아내가 설득하려 하자 냉정을 잃었다. 많은 당원들처럼 블라디미르는 가족의 삶이 당 의무에 종속되어야 한다고 믿었다. 그의 일이 아내의 일보다 당에 더 중요하기 때문에, '질서가 잘 확립된 공산주의 가정'을 조직함으로써 남편을 내조하는 것이 아내의 의무였다. 1935년 11월에 그는 레닌그라드로 출장 가는 길에 마리야에게 편지를 썼다.

여보! 몇 주 동안 집에 못 올 거요. 내 소식과 지시 사항을 편지에 써서 보내리다. 우선 내가 필요한 것은 책 몇 권이오.(그 뒤에 목록을 적었다.) …… 홀을 꾸미는 것은 좋은 생각일 거요. 홀이 약간 어두워요. 그게 전부요. 우리 아기를 반드시 안전하고 건강하게 돌보아야 합니다. 그리고 몸조심해요. 외출할 때는 따뜻하게 입어요. …… 일터로 되돌아간다는 망상은 잊어버리고. 지금 당신이 있을 곳은 집이니까.[31]

'부르주아적'인 물질적 가치로의 복귀는 때때로 가족 내 긴장을 일으키는 또 다른 원천이었다. 아나톨리 골로브냐는 소련 영화계의 지도적 인물이자 촬영기사였다. 그는, 〈어머니〉(1926), 〈아시아를 덮친 폭풍〉(1930), 〈탈주자〉(1933) 같은 고전적인 소련 영화를 몇 편 만들었고 스탈린 상을 다섯 번이나 수상한 프세볼로트 푸도프킨 감독의 긴밀한 협력자였다. 아나톨리는 1900년 크림반도의 심페로폴 시에서 태어났다. 하급 귀족이었던 아버지는 그가 두 살 때 죽었고 어머니는 적은 연금으로 아나톨리와 표트르, 두 아들을 키워야 했다.

가족은 헤르손으로 이사했는데, 그곳에서 아이들은 러시아 귀족들의 자치 기관인 '귀족 회의'로부터 장학금을 받아 일종의 중등학교(grammar school)인 제1김나지야에서 공부했다. 10월혁명 후 아나톨리는 체카에 들어간 반면 표트르는 백군에 가담했다. 1920년 아나톨리는 근처에 야영 중인 백군 부대를 매복 기습하라는 임무를 받은 소규모 체카 부대를 지휘하게 되었다. 백군 부대는 학교 다닐 때 가장 친했던 친구인 헤르손 귀족 회의 의장의 아들이 이끌고 있었다. 아나톨리는 기습 명령을 차마 실행할 수 없었고 그래서 부하들에게 억지로 보드카를 마시게 한 다음 백군 측으로 건너가 그들에게 도망치라고 경고했다. 이 일화 전체—일기에 기록되어 있다.—는 아나톨리의 이력에서 삭제되었다.

다음 3년 동안 아나톨리는 적군(赤軍)을 피해 도망 다니면서 지냈다. 처음에 그는 타시켄트에 정착해 농학자가 되려고 시도했으나 농업 학교에서 거부당했다. 그 뒤 모스크바로 도주한 아나톨리는 촬영 기법을 공부하기 위해 수도에 새로 문을 연 영화 학교인 국립영화학교(Goskinoshkola, 전연방국립영화촬영기술학교VGIK의 전신)에 1923년 9월 등록했다. 그는 여기에서 류바 이바노바를 만나 사랑에 빠졌다. 매우 아름다운 여배우인 류바 이바노바는 1905년에 우랄의 첼랴빈스크의 한 농가에서 14명의 아이 중 막내로 태어났는데, 아나톨리를 만났을 때는 첼랴빈스크를 떠나 모스크바에 막 도착한 상태였다. 둘은 곧 결혼했으나 영화 촬영을 하느라 많은 시간을 떨어진 채로 보냈다. 딸 옥사나는 종종 친척들과 함께 지내기 위해 기차로 헤르손으로 보내지거나, 또는 첼랴빈스크에서 외할머니와 함께 지내곤 했다.

1933년에 아나톨리와 류바는 처음으로 모스크바 중심부의 큰 주택 단지 안뜰에 딸린 공동 아파트에서 방 두 칸짜리 아파트를 받았

다. 당시 일곱 살이었던 딸 옥사나는 회고록(1981)에서 그 아파트를
이렇게 묘사했다.

> 마룻장은 붉게 칠해져 있었다(양탄자가 없었기 때문에). …… 물질
> 적 소유를 위해 사는 요즘 젊은이들이라면 자신이 지금 버려진 가구
> 를 파는 상점이나 심지어 쓰레기 더미를 방문한 것이라고 생각했을
> 것이다. 우리 아파트에서 가장 가치 있는 것은 '슬라브풍' 옷장이었
> 다. 부엌 용품은 모두 하얗게 칠한, 집에서 만든 찬장에 보관되어 있
> 었다. 스프링 매트리스 두 개, 아빠 책상, 전면이 유리로 된 핀란드제
> 책장 세 개—우리 책이 거기에 있었기 때문에 우리가 가장 좋아한 가
> 구였다.—가 있었다. …… 나는 거실 구석에 있는 식기장 뒤 접이식
> 캠프용 침대에서 잤다. 캠프용 침대는 내가 '소유한' 유일한 물건이었
> 다. 나는 밤에 침대에게 말을 걸곤 했다. 나는 침대가 나에게 꿈을 들
> 려준다고 생각하곤 했다.[32]

이것이 소련 영화계의 두 주요 인물이 사는 수수한 주거지의 모
습이었다. 이때쯤 류바는 메즈라프폼필름(Mezhrabpomfilm) 영화사
의 일급 여배우였고 몇몇 무성 영화에서 주연을 맡았다. 아나톨리
는 개인적 소유에 거의 의미를 두지 않았다. 그는 자신이 종종 말한
대로 "개인적 소유에 원칙적으로 반대했으며", 사치와 풍요를 강하
게 부정했다. "하얀 셔츠와 넥타이는 아버지가 양이 넘치게 갖고 있
는 유일한 물건이었다."라고 옥사나는 회상한다. 아나톨리의 검소함
은 그의 계급(러시아의 일류 작가, 예술가, 사상가, 혁명가들을 배출한 영
락한 귀족 계층)의 가치관과, 적은 연금으로 혼자 두 아들을 키우면서
아들들이 학교에 갈 수 있도록 희생을 마다하지 않은 어머니의 생활

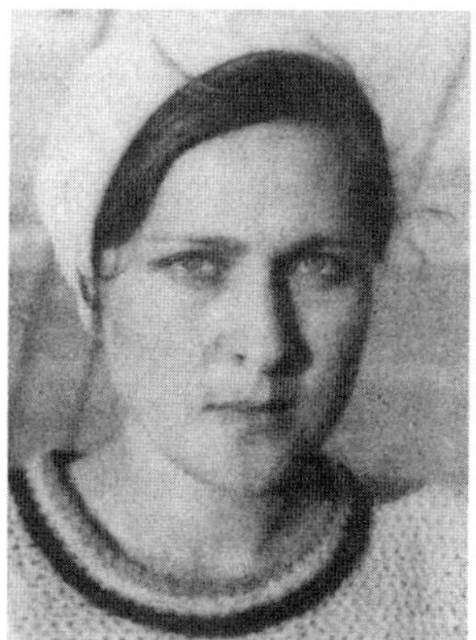

(왼쪽부터) 소련 영화계의 거물이던 아나톨리 골로브냐(1919년)와 영화배우인 아내 류바(1925년), 류바의 연인이 된 보리스 바비츠키(1932년).

습관에 뿌리를 두고 있었다. 1917년에 아나톨리를 볼셰비키로 끌어들인 것은 바로 열심히 일하고 규율을 따르는 기풍이었다. 아나톨리의 손녀에 따르면 "할아버지 성격에는 항상 뭔가 체키스트(Chekist, 체카 요원) 같은 면이 있었습니다. 할아버지는 무섭고 엄격했으며 나를 아이라고 해서 제멋대로 굴도록 내버려두지 않았습니다."[33]

류바는 달랐다. 따뜻하고 자애로우며 열정이 넘치는 그녀는 어린 시절 가족 중에서 가장 어리고 예뻐서 버릇이 나빠지기 일쑤였고, 모스크바의 상류 생활을 항상 즐겼다. 류바는 비싼 옷을 입고 많은 보석을 지녔다. 1934년에 류바는 메즈라프폼필름의 매력적인 미남 상사인 보리스 바비츠키와 사랑에 빠졌다. 류바는 아나톨리를 버리고 수도 바로 외곽 크라토보에 있는 바비츠키의 다차로 떠났다. 바비츠키는 다차에서 그전 결혼 생활에서 낳은 아들 볼리크와 살고 있었다. 가을에 류바와 보리스는 모스크바로 돌아왔다. 그들은 도심에 있는 코민테른 호텔(룩스 호텔)의 널찍한 아파트(메즈라프폼필름 사무실 바로 아래)로 이사했다. 아파트는 호사스러웠는데, 복도 바깥쪽으로 큰 방 네 개가 붙어 있었고 가정부와 유모가 잠자는 큰 부엌이 딸려 있었다. 1935년에 그곳으로 살러 갔던 옥사나는 이렇게 회고한다. "그곳은 궁전이고, 박물관이고, 동화였다." 실내 장식은 코민테른에서 온 프랑스 노동자가 디자인하고 마무리했다. 가구—귀중한 골동품, 청동 꽃병, 가죽 의자, 페르시아산 양탄자—는 레닌그라드의 엔카베데 창고에서 대폭 할인된 가격으로 구입한 것이었다. 그 가구들은 1934년 12월 공산당 레닌그라드 지역 제1서기인 세르게이 키로프*가 암살된 후 스탈린의 명령으로 체포되고 집에서 쫓겨난 옛 귀족과 부르주아 가족들에게서 몰수한 물건이었다. "엄마는 자신이 손에 넣은 것들을 매우 자랑스러워했으며 우리에게 가구 하나하나에 대한 이야기들을 들려주기를 좋아했다."고 옥사나는 회상한다.[34]

옛 귀족층의 가치관을 물려받았으며 고압적인 성격을 지닌 시어머니 리디야 이바노브나는 류바가 '부르주아적 허세'에 물들어 있다고 생각했다. 리디야는 의복과 가구에서 드러나는 류바의 '속류 취향'을 비웃었다. 그것들이 "새로운 소련 엘리트들의 물질적 욕심"을 반영한다고 생각했기 때문이다. 리디야는 아들이 자기보다 못한 여자와 결혼했다고 생각했고, 한번은 격하게 말싸움을 하다가 손녀인 옥사나가 잘못된 결혼으로 태어난 아이이기 때문에 "혁명의 가장 큰 실수"라고 말하기까지 했다. 리디야는 류바가 아들을 떠나 바비츠키에게 간 것은 바비츠키가 류바의 값비싼 취향을 더 잘 맞춰줄 수 있었기 때문이라고 확신했다. 그래서 좀 더 넓은 아파트로 이사하면 류바를 다시 돌아오게 할 수 있을 것이라며 아내가 떠나버려 의기소침

키로프(Sergei Kirov, 1886~1934) 소련의 공산당 지도자. 1934년에 암살되었으며, 이 사건을 구실로 스탈린이 대숙청을 개시했다고 흔히 말해진다. 레닌그라드 당 조직 책임자로서 스탈린의 경쟁자로 여겨졌다.(역주)

보리스 바비츠키의 크라토보 다차에서 류바와 딸 옥사나 골로브냐, 바비츠키의 아들 볼리크 바비츠키(1935년).

해진 아들을 달래려고 했다. 그러나 아나톨리는 원칙을 굽히려 하지 않았다. 옥사나는 회고록에서 이 사건들을 되돌아보면서 가족을 뒤흔든 소유를 둘러싼 세 가지 상충하는 관점을 차분히 생각했다. 그것은 귀족층의 견해, 혁명적 볼셰비키의 스파르타식 태도, 새로운 소련 엘리트들의 물질주의적 태도였다. 옥사나는 어머니 입장에 공감했다. 옥사나는 어머니가 시골집에 보인 집착이 소유에 대한 욕망이라기보다는 아이 때 경험했던 가족의 삶에 대한 그리움이었다고 느꼈다.

엄마는 항상 '**우리** 다차'에 갈 것이라고 말하곤 했다. 마치 그 집이 우리 것이라도 되는 양 말이다. 나는 아빠가 물건이 누구 소유라는 생각에 반대한다고 자주 말했기 때문에 이것을 기억한다. 그 나이에 나는 소유 관념이란 게 없었고 자기 자신만의 것을 갖고 싶어 하는 엄마의 갈망에 대해 생각해보지 않았다. 지금, 나는 엄마를 좀 더 잘 이해하려는 입장에서 엄마의 갈망이 단지 소유에 관한 것만은 아니었다고 생각한다. 엄마는 단순히 다차를 건설하려고 한 것이 아니라 가족을 건설하려고 했다. 엄마는 농민 선조들이 수백 년 동안 그래왔듯이 실제 사물들로 자신의 가족을 만들었다. 엄마는 보리스를 사랑했고, 나를 사랑했고, 볼리크를 사랑했으며, 바로 이 사랑이 엄마 집의 핵심이었다.[35]

아파트 공산주의

극히 소수의 사람들만이 류바 골로브냐와 같은 생활을 누렸다. 소련 주민 대부분에게 1930년대는 물질적으로 부족한 시기였으며, 심지어 특별 상점에 출입할 수 있는 신진 관료들에게도 재화 공급이 넉넉하지 않았다. 한 추산에 따르면, 1930년대 전반기 동안 특별 식량을 받은 가족 수(노멘클라투라*의 실제 수를 확인하는 데 유용한 추산)는 55,500 가족이었으며 그중 45,000 가족은 모스크바에 살았다. 덕분에 이 가족들은 대다수 주민보다 훨씬 더 안락하게 살았으나, 서구 기준에서 보면 여전히 매우 소박했다. 다음은 1932년 한 달 동안 모스크바 도심에 사는 정부 관리의 가족이 받은 물건 목록이다.

육류 4킬로그램

소시지 4킬로그램

버터 1.5킬로그램

노멘클라투라(nomenklatura) 소련 사회의 소수 특권층. 러시아어로 '전문 용어' 또는 '물품 목록'을 의미하는 말인데, 원래 당 간부나 고위 관리들의 명부를 가리키는 말로 사용되었다. 이들은 권력 유지와 입신 출세를 지향하는 보수 성향의 직업 관료층이었고, 높은 소득과 고급 아파트, 다차, 고급 자가용 등의 다양한 특권을 제공받았다.(역주)

기름 2리터

신선한 물고기 6킬로그램

청어 2킬로그램

설탕 3킬로그램

밀가루 3킬로그램

곡물 3킬로그램

식료품 깡통 8개

달걀 20개

치즈 2킬로그램

검은 캐비아 1킬로그램

차 50그램

담배 1,200개비

비누 2개

이 가족들은 정부가 준 쿠폰으로 특별 상점에서 옷과 신발도 살 수 있었고, 고급 식품이나 소비재가 있으면 제일 먼저 입수했다. 그러나 그들이 누린 특권적 지위는 비교적 예외적인 것이었으며, 스탈린 아래에서 일하는 평범한 관리 대부분은 보통 시민들보다 겨우 조금 더 많은 여벌 옷을 갖고 있거나 주거 면적이 약간 더 넓은 정도의 소박한 삶을 살았다. 만코프는 일기에서 비꼬듯이 이렇게 쓰기도 했다. "어떤 사람이나 소유하기를 꿈꿀 수 있는 최대한도는, 수입품이 한 벌쯤 섞인 두세 벌의 옷과 수입 자전거(혹은 오토바이), 그리고 킬로그램당 11루블로 (할인 판매할 때) 포도를 무한정 살 수 있는 기회였다."[36]

사회-정치적 위계에서는 물적 재화의 배당과 권력이나 지위 사이에 직접적 상관 관계가 있었다. 엘리트 아래 계층인 사람은 누구도 재산이 많지 않았고—대부분의 사람들은 옷 한 벌로 생활했다.—식량은 모든 사람에게 돌아갈 만큼 넉넉하지 않았다. 그러나 이 얼마 안 되는 재화를 배분할 때도 엄격한 등급 체계가 적용되었다. 작업장 내 지위, 기술 수준과 경험, 얼마간은 지리적 위치에 따라 피고용인들의 다양한 부류 사이에 한없이 차등이 있었다. 지리적 위치가 문제가 된 것은 임금률이 지방 도시와 농촌 지역보다 모스크바를 비롯한 대도시에서 더 높았기 때문이다. 평등주의 이미지와 이상과는 달리 당시 소련은 사실상 고도로 계층화된 사회였다. 경직된 빈곤의 위계제가 존재했던 것이다.

부족함을 자주 드러낸 계획경제의 빈틈은 사적 상거래로 부분적으로 채워졌다. 사람들은 벼룩시장에서 가정용품을 팔고 교환했다. 돈이 있으면 그들은 콜호스 농민들이 텃밭에서 기른 농산물을 살 수 있었고, 정부가 허용한 남아 있는 소수의 도시 시장들에서 물건을 팔았다. 사람들은 국영 위탁 상점에서 가구와 여타 귀중품들을 팔고, 경화(硬貨) 상점*에서 보석과 외화를 고급 식료품과 소비재로 교환하는 것이 허용되었다. 경화 상점은 주민들이 비축해놓은 것들을 끌어내 5개년 계획용 자본으로 사용하기 위해 1930년대 초에 체제가 발전시킨 상점이었다. 계획경제의 주변부에서는 암시장이 번성했다. 국영 상점에서 입수할 수 없는 재화는 더 높은 가격으로 몰래 판매되거나, 사적 상인들(뇌물을 상납하는, 국영 상점 경영자의 친구들)에게 흘러들어가 암시장에서 재판매되었다.

경화 상점(Torgsin) 1931~1936년에 소련에 존재한 국영 상점. '토르크신(Torgsin)'이라는 단어는 '외국인들과의 상거래'를 뜻하는 'torgovlia s inostrantsami'에서 나왔다. 그러나 상점은 경화나 금 혹은 보석을 갖고 있으면 소련 시민들에게도 개방되었다.(역주)

공급 문제에 대처하기 위해 '호의의 경제'가 후견인과 피후견인의 작은 비공식적 네트워크('블라트'*라고 알려진 체제)를 통해 작동하게 되었다. 많은 점에서 소련 경제는 사적 연결이 없었더라면 돌아갈 수 없었을 것이다. 뭔가(방 임대, 가정용품, 기차표, 여권이나 공식 서류)를 획득하려면 개인적 연줄—가족과 친척, 동료, 친구 혹은 친구의 친구—이 필요했다. 많은 재화와 서비스가 개인적 연줄과 호의를 기반으로 공급되거나 교환된 공장과 기관들에서도 이와 똑같은 암시장 원리가 작동하는 것으로 알려졌다. 소련의 선전은 블라트를 일종의 부패로 그렸고(후견-피후견 관계의 이 사적 네트워크를 뿌리 뽑는다는 목표가 숙청에서 중요한 역할을 했다), 이러한 견해는 특히 많은 노동자들이 공유했다. 그러나 대부분의 사람들이 블라트를 바라보는 태도는 이중적이었다. 블라트가 도덕적으로 올바르지 않고 확실히 적법하지도 않다는 것을 잘 알았지만, 사람들은 누구나 블라트에 의존했다. 사람들은 블라트를 이용해 욕구를 채우고 그들이 아는 체제의 불공정함을 극복했다. 블라트 없이는 소련에서 안락하게 살 수 없었다. 한 속담이 말하듯이, "사람은 100루블이 아니라 100명의 친구가 있어야 한다."[37]

인구 과밀 도시는 주택 부족이 너무 심각해서 사람들은 주거 면적을 늘리기 위해서라면 무슨 짓이든 할 판이었다. 농민들이 산업 현장으로 대규모 유입되면서 도시마다 주택 예비량이 턱없이 부족했다. 모스크바의 경우, 보통 사람은 1930년에 주거 면적이 고작 5.5제곱미터(약 1.7평)였는데, 이 수치는 1940년에 4제곱미터(1.2평)를 겨우 넘는 지경까지 떨어졌다. 주택 건설이 인구 성장에 한참 뒤진 새로운

블라트(blat) 아는 사람이나 연고, 연줄을 이용해 비공식적 방법으로 물건이나 서비스를 획득하는 일.(역주)

산업 도시들은 사정이 훨씬 나빴다.[38] 예를 들어 마그니토고르스크의 경우 노동 계급 가족의 평균 주거 면적은 1935년에 1인당 겨우 3.2제곱미터(0.97평)였다. 대부분의 노동자들은 가족들이 헤어져 생활하는 공장 바라크나, 판자 침대 주위에 둘러친 커튼이 유일하게 사생활을 보호해주는 기숙사에서 살았다. 마그니토고르스크의 한 여성 노동자는 바라크의 삶이 어떠했는지를 생생하게 묘사했다.

개별 방이 없고 네 구역으로 나뉜 기숙사, 돌아설 수 없을 만큼 아주 좁은 부엌, 냄비와 팬으로 완전히 뒤덮인 스토브, 기름투성이 작업복을 입은 사람(강철 공장에는 샤워 시설이 없었다), 복도의 아이들, 물을 받기 위한 줄 서기, 열악한 '가구'—금속 간이 침대, 침대 겸 테이블, 직접 손으로 만든 책상과 선반.

거주자들이 공공 식당, 공중목욕탕, 공공 세탁소를 이용하지 않을 수 없도록 하기 위해 일부러 부엌이나 세면실 없이 지은 바라크가 많았다. 그러나 마그니토고르스크의 노동자들은 대부분 이런 식으로 사적 생활을 집단화하는 데 반대하는 것으로 드러났으며, 원시적 환경이어도 조금이나마 사생활이 보장되는 토굴(zemlianki)을 파서 사는 쪽을 택했다. 1935년에 마그니토고르스크 인구의 약 4분의 1이 토굴에서 살았다. 노동자들은 이 사적 소유의 마지막 영역을 일소하려는 소련의 시도에 격렬하게 저항했다.[39]

스탈린의 러시아에서 인간관계는 주거 면적을 둘러싼 투쟁을 중심으로 돌아갔다. 나데즈다 만델시탐은 이렇게 썼다.

미래 세대는 '주거 면적'이 우리에게 무엇을 뜻하는지 절대 이해하지 못할 것이다. 주거 면적 때문에 무수한 범죄가 저질러졌다. 사람들은 이 문제에 완전히 발목이 잡혔고 결코 여기서 벗어나지 못할 것이다. 누가 이 멋지고 귀중한 12.5제곱미터(약 3.8평)의 주거 면적을 떠날 수 있겠는가? 어느 누구도 그토록 터무니없는 짓을 하지 않을 것이며, 그것은 마치 가족의 성, 빌라 또는 광대한 사유지처럼 후손들에게 전해진다. 서로를 보는 것이 싫은 남편과 아내, 장모와 사위, 장성한 아들과 딸, 부엌 옆의 작은 공간을 용케 놓치지 않고 꽉 붙들 수 있었던 이전의 집안 하인, 이 모든 사람들은 자신들의 주거 면적과 영원히 결합되어 있으며 절대 그것과 헤어지지 않을 것이다. 결혼과 이혼에서 제일 먼저 발생하는 문제가 주거 면적이다. 나는 남자들이 아내를 버렸지만 그녀에게 주거 면적을 남겨두었다는 이유로 완벽한 신사로 묘사되는 이야기들을 들어 왔다.[40]

살 곳을 획득하려고 위장 결혼을 하고, 이혼한 부부들이 주거 면적을 포기하기보다는 방을 함께 쓰며, 여분의 주거 면적을 얻으려는 희망으로 이웃들이 서로를 고발하는 이야기들은 끝이 없다.[41]

1932년 트베리 주에 사는 농민 과부의 딸이었던 열아홉 살 난 나데즈다 스카치코바는 레닌그라드의 철도대학에서 공부하고 있었다. 나데즈다는 학생 기숙사의 작은 방 한 곳에서 몇 명의 다른 소녀들과 함께 살았다. 나데즈다는 최근에 농촌에서 막 도착한 다른 사람들과 마찬가지로 레닌그라드에서 살기 위해 등록하지 않았다. 여권 제도가 도입되면서 나데즈다는 방에서 퇴거당할 신세에 놓였다. 지인을 통해 나데즈다는 공동 아파트에 방을 한 칸(8제곱미터) 갖고 있는 젊은 우크라이나 병사를 만났다. 병사는 막 돈바스의 부대에 합류하려 하고 있었다. 나데즈다는 자신과 결혼하는 대가로 병사에게 500

루블을 지불하고 그의 방으로 이사했고, 그녀의 어머니가 곧 합류했
다. 500루블은 어머니의 마지막 암소와 농가 재산을 팔아 마련한 돈
이었다. 나데즈다는 딱 한 번 남편을 만났다.

우리는 그가 부대로 떠나기 전날 저녁에 만나러 갔다. 우리는 지불
문제를 마무리했다. 그런 다음 결혼하러 등록 사무소로 갔고 그 후
우리(나데즈다와 어머니)를 거주자로 등록할 수 있도록 주택 관리소로
갔다. 그게 다였다. 주택 관리소 사람들은 빙그레 미소를 지었는데,
물론 그들은 우리가 법망을 빠져나가려 한다는 것을 알았다. 그들은
세부 사항이 전부 올바른지 살펴보았다. 남편은 다음 날 아침 떠났
다. 그리하여 엄마와 나는 8제곱미터를 우리 공간으로 갖게 되었다.
…… 물론 나는 절대 그와 함께 살 생각이 없었다. 그는 거의 일자무
식의 평범한 촌뜨기였다. 그는 우리에게 한두 통의 편지―"잘 있습니
까?" 따위의―를 보냈다. 그는 'Donbass'가 아니라 'Donbas'라고 썼
다. 맙소사! 그는 그런 것도 정확히 쓸 줄 몰랐던 것이다.[42]

소련 도시에서 가장 흔한 주거 유형은 공동 아파트(콤무날카
kommunalka)였다. 공동 아파트에서는 몇 가족이 부엌과 변기, 운이
좋으면 욕실(많은 도시민들은 공중목욕탕과 공공 세탁소를 이용했다)을
공유하면서 한 아파트에 함께 거주했다.[43] 모스크바와 레닌그라드
에서는 1930년대 중반에 주민의 4분의 3이 공동 아파트에 살았으며,
그런 거주 방식은 스탈린 시기 내내 그런 도시들에서 대다수 사람들
의 일상적 모습이었다.[44] 다른 모든 것과 마찬가지로 공동 아파트도
1930년대에 성격이 변했다. 1920년대에는 주택 위기에 대처하는 동
시에 사적 생활에 타격을 가하는 것이 목적이었던 반면에 이제는 주

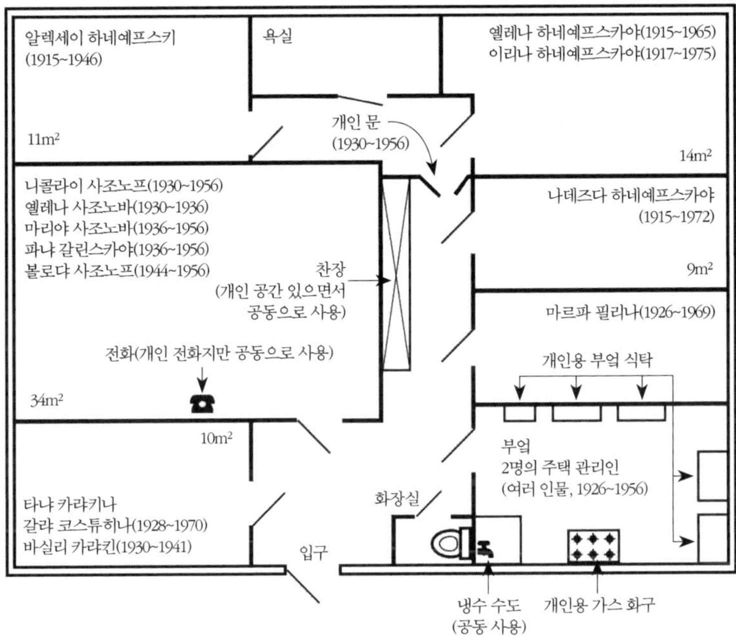

하네예프스키 공동 아파트, 프레치스텐카(크로포트킨) 거리, 33/19, 아파트 25호

로 국가의 감시 권력을 가정의 사적 공간으로 확장하는 수단이 되었다. 1928년 이후 소련 정부는 감시를 계속할 수 있도록 당 활동가와 충성스러운 노동자들을 이전 부르주아의 집으로 일부러 이사시킴으로써 '압축' 정책에 대한 통제를 점차 강화했다.[45]

하네예프스키 가족은 공동 아파트 거주의 모든 국면을 경험했다. 알렉세이 하네예프스키는 보로네시의 부유한 상인 집안 출신이었다. 그는 1901년에 의학을 공부하러 모스크바에 왔다. 알렉세이는 군의관이 되어 제1차 세계대전에서 뛰어난 활약을 보였으며, 육군 중령으로 승진해 귀족 신분을 획득했다. 1915년 알렉세이는 모스크바 도심 부근 프레치스텐카 거리에 있는 안락하고 널찍한 아파트를 임대했다. 그는 1926년에 모스크바 소비에트가 가족에게 '압축' 정책을 시

행할 때까지 그 집에서 아내 나데즈다, 어린 두 딸 옐레나(1915년생)와 이리나(1917년생), 유모와 함께 살았다. '압축 정책'이 실시되면서 공장 노동자 마르파 필리나가 아파트의 방 한 칸으로 이사해 들어왔고 그 뒤를 이어 재봉사 바실리 카랴킨이, 또 나중에 출세하여 공산주의 아카데미* 교수가 된 프롤레타리아 출신의 적군 퇴역 군인 니콜라이 사조노프 가족이 들어왔다. 1920년대에는 어른 세 명과 아이 두 명이 살던 아파트가, 니콜라이 사조노프의 두 번째 부인이 자기 어머니와 함께 이사해 온 1936년이 되자 14명이 북적거리는 곳이 되었다. 그들은 복도, 부엌(주택 관리인 두 명이 잠자는 곳), 변기, 물이 나오지 않는 욕실(창고로 사용되었다)을 공유했다. 씻을 수 있는 장소는 찬물이 나오는 부엌의 수도꼭지가 유일했다. 하네예프스키 가족은 그들이 사는 아파트 뒤쪽을 막는 문을 달아 자신들을 새로운 이웃들과 격리하고자 했다. 이웃들도 사생활이 보장되는 이 문을 좋아했다.

1931년 지구 소비에트는 욕실을 설치하라는 명령을 내렸고—당시 소비에트가 개인 위생을 위해 벌인 캠페인의 일부였다.—그래서 문을 떼어내게 되었다. 그러나 문이 사라지자 하네예프스키 가족과 사조노프 가족 사이에 끝없이 말다툼이 일어나면서 공동 생활을 유지하기가 너무 힘들다는 것이 드러났다. 그래서 알렉세이는 소비에트에 뇌물을 주고 욕조를 떼어냈다. 욕실은 다시 창고로 변신했고, 사생활을 보장해주는 문이 돌아왔다. 하지만 하네예프스키 가족과 사조노프 가족의 관계는 여전히 문제였다. 사조노프의 장모는 정신적

공산주의 아카데미(Kommunisticheskaya akademiya) 1918년 7월 모스크바에 '사회주의 아카데미'라는 이름으로 설립되었고 1924년에 '공산주의 아카데미'로 이름이 바뀌었다. 학술 기관으로서 아카데미의 목적은 주로 사회과학, 역사, 사회주의 이론과 실행에 관해 연구하는 것이었다. 특히 1920년대에 사회과학과 법학 분야에서 많은 영향력을 발휘했으며, 1929년에 레닌그라드 분원이 문을 열었다.(역주)

으로 불안정했고, 음식을 침대 밑에 숨겨 두고는 누가 음식을 훔쳐 갔다고 비난하면서 종종 복도에서 발작을 일으키곤 했다. 계급 차이가 이 갈등에서 한몫을 했다. 나데즈다는 사조노프 가족이 은그릇을 훔쳐 갈지도 모른다고 걱정했다. 또 나데즈다는 사조노프네가 복도에서 반쯤 벗은 몸으로 나타나면 화를 냈다. 그녀는 그들에게 냄새가 난다면서 더 자주 씻으라고 말했다.[46]

많은 옛 아파트 소유주들은 자신들이 새 거주자들에게 '부르주아'로 보이기 때문에 그들에게 괴롭힘을 당한다고 느꼈다. 1917년 전에는 백작 부인이었던 베라 오를로바는 한때 가족들이 살던 집의 일부였던 공동 아파트에서 살았다. 부부는 딸과 함께 방 한 칸으로 이사해 들어왔는데, 딸은 1930년대 아파트의 매우 불쾌했던 분위기를 다음과 같이 묘사한다.

공동 생활은 끔찍했다. 거주자들은 복도와 공동 공간 면적을 죄다 빈틈없이 정확히 측정하고 어머니가 약간의 귀중한 가구를 그곳에 두었다고 항의했다. 그들은 가구가 공간을 너무 많이 차지하므로 어머니 방에 간수해야 하고 복도는 어머니 것이 아니라고 주장했다. '이웃'들은 우리가 얼마나 오랫동안 욕실에 있는지 시간을 쟀다. 일부 공동 아파트의 경우 화장실에 (즉 화장실 전구에) 타이머를 부착해서 어느 누구도 평등하게 나눈 자기 몫 이상의 전기를 소비하지 못하게 했다.[47]

하네예프스키 가족의 아파트는 모스크바와 레닌그라드의 대다수 공동 아파트와 비교하면 그렇게 과밀한 상태가 아니었다. 예브게니 마믈린은 각 가족이 방을 한 칸씩 차지하고 모두가 부엌 한 개를 공유하면서 열여섯 가족이 함께 사는 공동 아파트에서 성장했다. 변기

두 개와 찬물이 나오는 세면대가 두 개 있었으나 욕실은 없었다.[48]
미노라 노비코바는 모스크바의 공동 아파트에서 성장했다. 주택의
세 면을 에워싼 복도에 36개의 방—각 방에 적어도 한 가족씩 거주
했다.—이 있었다. 겨우 12.5제곱미터(3.8평)의 면적인 미노라의 방에
서는 10명이 살았다. "우리가 어떻게 잤는지 말하기 힘듭니다."라고
미노라는 회고한다.

 방에 테이블이 있었고, 할머니가 그 위에서 주무셨어요. 여섯 살 남
 동생은 테이블 밑의 간이 침대에서 잤습니다. 부모님은 문 옆의 침대
 에서 주무셨지요. 또 다른 할머니는 소파에서 주무셨습니다. 숙모는
 숙모 사촌과 나란히 큰 깃털 매트리스 위에서 주무셨고, 언니(당시 16
 세), 사촌(10세), 나(11세)는 그들 사이에 어떻게든 끼어 잤는데, 어떻
 게 했는지는 기억하지 못하겠어요. 우리 어린아이들은 마루에서 자는
 것을 좋아했습니다. 부모님의 침대 밑으로 기어들어 매우 재미있게
 놀 수 있었지요. 그러나 그런 생활이 어른들에게도 재미있었다고 생
 각하지는 않아요.[49]

 니나 파라모노바도 레닌그라드에서 이와 유사한 '복도식' 아파트
에서 살았다. 아파트는 1925년에 상업대학이 독일인 남작에게서 몰
수한 주택의 한 층 전체를 차지했는데, 니나는 레닌그라드 철도 행정
쪽에 회계원으로 일자리를 얻은 1931년에 선박 설계사인 남편과 함
께 그곳으로 이사했다. 아파트는 방이 17개였고 각 방에 적어도 한
가족씩 살았다. 모두 합해 60명이 넘었으며, 이들 전부 부엌과 변기,
샤워실(찬물만 나왔다)을 함께 사용했다.[50]
 사회적 스펙트럼의 다른 끝인 모스크바 도심의 정부 관리들이 사

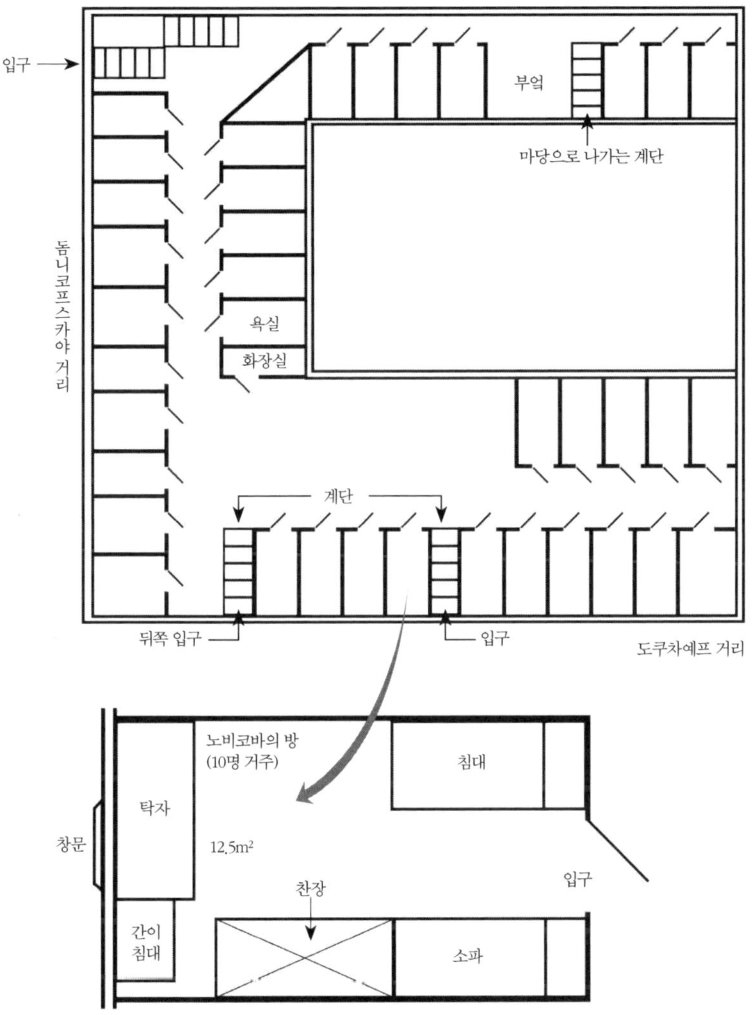

모스크바 도쿠차예프 거리에 있던 '복도식' 공동 아파트(1930~1964년).

는 공동 아파트 제3소비에트회관도 '복도식'이었다. 스탈린의 처남인 표도르 알릴루예프는 2층의 한 방에서 어머니와 함께 살았다. 고참 볼셰비키이자 정치적 문필가의 딸인 니넬 레이프시네이데르는 아래층에 있는 9개 방 가운데 하나에서 부모와 조부모, 형제, 자매와 함께 살았다. 6명을 위한 주거 면적은 38제곱미터(11.5평)였는데, 6명은 메트로폴 호텔에 방 하나가 있어서 보통 그곳에서 자는 아버지를 제외한 숫자였다. 복도에 있는 9개 방에 모두 37명이 살았다. 그들은 큰 부엌을 공유했고, 부엌 한쪽에는 칸막이 뒤에 샤워기와 욕조가 있었으며, 다른 쪽에 화장실이 있었다. 복도 끝에 화장실이 두 개 더 있었다. 마당에는 화덕과 난로를 데울 장작을 쌓아놓은 공동 헛간이 있었다. 회관은 집단 거주의 실험으로 구상되었으나 소비에트 엘리트들이 기대하는 서비스를 제공했다. 지하층에 어린이 놀이터와 클럽하우스, 영화관이 있었다. 각 복도에는 청소부, 가옥 관리인, 유모가 있었고, 이들은 거주자들이 집단으로 비용을 댔다.[51]

공동 아파트는 공산주의 사회의 축소판이었다. 사람들에게 주거 공간을 공유하게 함으로써 볼셰비키는 그들의 기본 사고와 행동을 좀 더 공산주의적으로 만들 수 있다고 믿었다. 사적 공간과 소유는 사라질 것이고, 가족 생활은 공산주의 형제애와 조직으로 대체될 것이며, 개인의 사적 생활은 공동체의 상호 감시와 통제 아래 놓일 것이었다. 모든 공동 아파트에는 거주자들끼리 나눠 져야 할 공동 책임이 있었다. 가스, 전기, 전화 같은 공동 서비스 비용은 사용량(예를 들어 전화 건 횟수나 각 방에서 사용하는 전구 수)이나 방 크기 또는 가족 수에 따라 똑같이 배분되었다. 개별 책임을 둘러싼 논쟁이 종종 벌어지곤 해서 보통 거주자 회의에서 갈등을 해결해야 했지만, 수리 비용도 집단으로 지불했다. 공동 공간(홀, 입구, 변기, 욕실, 부엌) 청소는 순번에 따라 하는 식으로 조직되었다(보통 홀에 게시되었다). 모든 사람에게는 각자 자기 옷을 세탁하는 '자신의 날'이 있었다. 아침마다 욕실을 사용하려고 길게 늘어섰는데, 이 줄 또한 명부에 따라 조직되었다. 이 작은 국가에서는 평등과 공정이 통치 원리가 될 것이었다. "우리는 가능한 한 모든 것을 평등하게 나누었다."고 마믈린은 회고한다. "우리 공동 아파트 전체의 관리 책임자였던 아버지가 동전 한 닢까지 모든 것을 계산했고, 모든 사람들은 자기가 얼마를 부담해야 하는지를 알았다."[52]

1929년에 공동 아파트를 위생 규제 시행, 세금 징수, 법률 집행, 거주자의 사적 생활을 경찰에 보고하는 일 같은 구체적 규칙과 국가에 책임을 지는 사회 기관이라고 법으로 규정하면서 관리 책임자(otvetstvennyi kvartoupolnomochennyi)직을 두게 되었다.[53] 관리 책임자는 거주자들이 뽑게 되어 있었으나 실제로는 인품이나 사회적 지위를 바탕으로 스스로 천거하고 거주자들이 받아들이는 경우가 더 흔했다. 니나 파라모노바는 관리 책임자가 "공동 아파트를 독재 체제처럼 운영했습니다."라고 회고한다. "우리는 모두 그녀가 너무 엄격했기 때문에 그녀를 존경했어요. 우리는 그녀가 무서웠습니다. 그녀만이 사람들이 자기 차례가 되었을 때 청소를 하게 하는 권한이 있었지요."[54] 1933년에 새로운 법에 따라 관리 책임자는 공동 아파트를 유일하게 책임지는 자리가 되었고, 경찰과 맺은 연계가 더욱 강화되었다. 또한 관리 책임자는 계단과 마당을 청소하고 아파트를 순찰하며 밤에 안마당 문을 잠그고 드나드는 사람들을 감시하는 악명 높은 정보원인 경비원들(dvorniki)을 지휘하는 권한을 부여받았다. 관리 책임자와 경비원들을 통한 아파트 관리는 경찰의 감시와 통제 체제를 위한 기본 작동 원리가 되었다.

1930년대 중반까지 엔카베데는 거대한 비밀 정보원 네트워크를 구축했다. 모든 공장, 사무실, 학교에는 경찰에 고발하는 사람들이 있었다.[55] 상호 감시라는 구상은 소비에트 체제에 필수적이었다. 너무 커서 치안을 유지할 수 없는 나라에서 볼셰비키 정권은 (그전의 차르 체제와 마찬가지로) 주민의 자체 치안을 활용했다. 역사적으로 러시아는 그러한 정책에 유용한 강력한 집단적 규범과 제도를 갖추고 있었다. 20세기에 전체주의 정권들이 경찰 업무에 주민을 동원하려 했고, 또 동독의 슈타지* 국가처럼 한두 체제가 일시적으로 사회의 거의 모든 수준에 용케 침투하기도 했지만, 소비에트 체제처럼 60년 동안 집단 감시를 통해 주민을 통제하는 데 성공한 경우는 없었다.

공동 아파트는 이 집단 통제 체제에서 핵심 역할을 수행했다. 공동 아파트의 주민들은 이웃들의 개인적 습관, 방문객과 친구, 구입한 물건, 먹은 음식, 전화로 말한 내용(전화는 보통 복도에 있었다), 심지어 벽이 매우 얇았기 때문에(그리고 많은 방에서 벽이 천장까지 닿지 않았다) 방에서 말한 내용까지 거의 모든 것을 속속들이 알고 있었다. 엿듣기, 몰래 조사하기, 밀고하기가 당국이 사람들에게 정신 바짝 차리고 경계하라고 독려했던 시기인 1930년대 공동 아파트에 완전히 만연했다. 이웃들은 복도의 방문객을 살펴보려고 또는 전화 통화를 엿들으려고 문을 열었다. 사람들은 부부 사이에 말다툼이 일어나면 '목격자로서 행동'하거나, 소음이 너무 심하거나 술에 취해 난폭한 행동을 하면 개입하기 위해 방으로 들어갔다. "어떤 사람이 한 일이 우리 모두에게 불행을 가져다줄 수 있다."는 말이 종종 오가는 공동 아파트에서는 어떤 것도 '사적'일 수 없다는 생각에 따른 것이었다. 미하

슈타지(Stasi) Staatssicherheitdienst(국가안전부)를 줄인 말. 동독의 비밀경찰을 일컫는다.(역주)

일 바이탈스키는 아스트라한의 공동 아파트에 사는 한 친척을 방문했을 때 그 옆방에 살던 몹시 경계심이 강한 이웃을 목격한 일을 기억한다. "문의 빗장이 열리는 소리를 들으면 그녀는 작고 뾰족한 코를 복도에 들이밀고 쏘아보는 듯한 눈길로 당신을 샅샅이 훑어볼 것이다. 친척은 그녀가 친척의 방문객 목록을 갖고 있다고 우리에게 확인해주었다."[56]

비좁은 공동 아파트에서는 개인 소유물—함께 쓰는 부엌에서 없어진 식품, 방에서 일어나는 절도, 소음이나 밤에 연주하는 음악—을 둘러싼 다툼이 자주 벌어졌다. "분위기가 매우 좋지 않았습니다."라고 한 거주자는 회상한다. "모든 사람이 다른 누군가가 물건을 훔치고 있다고 의심했지만, 증거는 전혀 없었고, 단지 등 뒤에서 수군대는 비난만 난무할 뿐이었죠."[57] 모두가 신경이 날카로운 긴장 상태에 있었던 까닭에 사소한 다툼이 엔카베데에 고발하는 사건으로 바뀌는 데는 많은 시간이 필요하지 않았다. 입씨름 중 많은 것들은 사소한 질투에서 비롯했다. 공동 아파트는 물질이 부족한 체제에서 자연스럽게 발생하는 시기심 문화의 가정적 중심이었다. 빈곤의 평등이라는 원리에 바탕을 둔 사회 체제에서는 한 사람이 다른 거주자들보다 어떤 품목을 더 많이 갖고 있으면 그것은 다른 모든 사람을 희생시킨 결과라고 추정되었다. 새로운 옷, 더 좋은 주방용품, 어떤 특별한 음식 등 뭔가 더 나은 게 조금이라도 있으면 블라트를 통해 손에 넣었다는 의심이 뒤따라 다른 거주자들에게 공격을 받을 수 있었다. 이웃들은 동맹을 결성해서 눈에 들어온 이 불평등을 근거로 다툼을 이어갔다. 지금도 1930년대에 자신이 자란 모스크바의 공동 아파트에서 사는 한 여성*은 빵 공장에서 일하던 어머니와 정보원으로 잘 알려진 경비원의 아내 사이에 벌어졌던 기나긴 다툼을 떠올린다. 부엌에 케이크나 롤빵이 등장할 때마다 경비원의 아내는 어머니가 남의 물건을 훔치거나 작업을 방해했다고 비난하면서 당국에 고발하겠다고 위협하곤 했다.[58] 미트로판 모이세옌코는 레닌그라드의 공동 아파트 단지에서 가구와 창문을 수리하거나 짬짬이 다른 일을 해서 소득을 보충하는 공장 노동자였다. 1935년 봄에 그는 수리비를 너무 많이 청구했다고 비난한 이웃과 말다툼을 벌였다. 이웃들은 미트로판이 트로츠키를 지하층에 있는 그의 작업장에 숨겨주었다는 말도 안 되는 주장을 펴면서 경찰에 고발했다. 미트로판은 체포되어 마가단 부근 노동수용소에 3년간 구금되는 형을 선고받았다.[59]

부엌은 다툼이 쉴새없이 벌어지는 현장이었다. 사람들이 북적거리는 저녁마다 부엌은 항상 과열되기 일쑤였다. 부엌은 공동 공간이었으나, 대부분의 공동 아파트에서 각 가족은 자신들만 쓰는 스토브의 화구(火口)와 식사를 하는 각자의 식탁이 있었다. 또 부엌 찬장이나 문이 없는 선반, 또는 겨울철에는 온도가 냉장고만큼이나 내려가는 안쪽 창문과 바깥쪽 창문 사이 공간에 음식을 두는 자신들만의 자리도 있었다. 사적 공간과 공동 공간 사이의 이와 같은 혼란은 끊임없는 마찰의 원천이었다. 다른 사람의 화구나 식기 또는 물품을 사용하면 분란을 일으키기에 충분했다. "그것들은 악의적 동기에서 비롯한 분란이 아니었어요."라고 미노라 노비코바는 회고한다. "우리는 모두 가난했고, 훔칠 만한 물건을 가진 사람은 아무도 없었습니다. 그러나 공간이 충분하지 않아서 모두가 부엌에서 신경이 곤두섰으며, 사소한 말다툼은 필연적이었습니다. 여자 30명이 동시에 요리하

---

* 이런 이유로 익명으로 남고 싶어 한다.

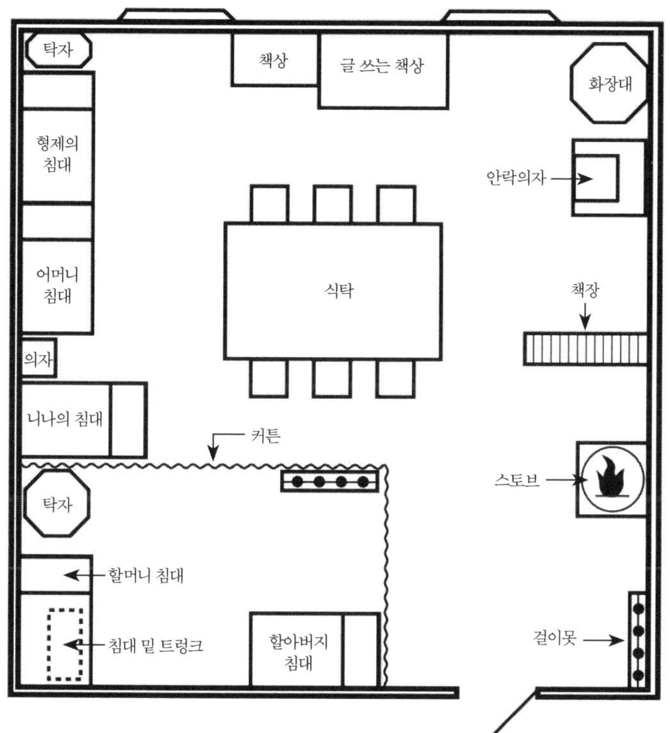

모스크바, 사도바야 카레트나야의 제3소비에트회관에 있던 레이프시네이데르 가족의 방(38제곱미터).

는 광경을 떠올려보세요."[60]

사생활이 보장되지 않는 것은 긴장을 일으키는 가장 큰 원천이었다. 가족의 방에서조차 자신만의 공간이 없었다. 방은 다용도실이었다. 방은 침실이자, 식당, 손님을 접대하는 장소, 아이들이 학교 숙제를 하는 공부방, 때로는 부엌 역할까지 했다. 니넬 레이프시네이데르는 이렇게 회고한다.

우리 방에는 소유물로서 어떤 사람에게 속하는 사적 물건이나 가구, 특별한 선반이나 의자, 탁자 같은 게 전혀 없었어요. 약간의 사생활을 보장하고자 커튼 뒤에 침대를 두고 쓰시던 할아버지, 할머니조차 정말로 자기 것이라고 부를 수 있는 물건은 하나도 없었습니다. 할머니는 침대 밑 트렁크 안에 약간의 특별한 물건들을 간수하셨지만 침대 옆 탁자는 우리 모두가 같이 썼어요.

많은 가족들의 방에서 어린아이들은 임시로 만든 칸막이나 책장, 옷장 뒤에서 잠을 잤는데, 이것은 아이들을 어른들과 저녁에 찾아오는 손님들로부터 떨어지게 해서 다소나마 조용한 환경을 만들어주었다.(또 어른들이 옷을 벗고 잠자리에 들 때 아이들이 쳐다보는 것도 막아주었다.) 부모는 한밤중에 조용히 부부 관계를 맺어야 했다.[61]

이와 같은 비좁은 주거지에서는 머리로 상상할 것이 거의 없었다. 이웃들은 복도에서 서로 반쯤 벗은 몸을 보는 일에 익숙해졌다. 그들은 사람들이 공공 장소에서 자기 자신을 보호하기 위해 쓰는 가면 없이 최악의 상태에 있을 때—술에 취하거나 무방비 순간에—서로를 보았다. 그들은 언제 이웃이 방문객을 맞는지 초인종 시스템(현관 초인종 소리의 횟수나 장단으로 어느 방을 찾아왔는지 구별했다)으로 알 수 있었다. 가장 사적인 기능을 위해 사용하는 공간(욕실, 부엌, 화장실)은 모든 사람들이 공유했다. 따라서 뒤에 남은 약간의 증거로 쉽게 이웃의 삶을 추론할 수 있었다. 부엌 빨랫줄에 걸린 옷, 욕실의 개인 물건, 밤 사이 화장실 출입, 이런 흔적들은 이웃에게 모든 것을 말해주었다. 이 '공적 사생활' 형태에서 사적 생활은 끊임없이 집단적 감시에 노출되었다.[62]

사람들은 많은 다른 방식으로 사생활의 부재를 느꼈다. 일부는 끊임없는 침입에 분노했다. 이웃들은 아무 때나 문을 열고 욕실 문을 두드리며 방문객을 염탐했다. 다른 일부는 끊임없는 소음이나 위생 상태 불량 또는 나이 많은 남자가 소녀에게 성적 관심을 보이는 데 반응했다. 화장실과 욕실은 늘 마찰과 근심의 진원지였다. 1930년대 레닌그라드에서 옐레나 바이굴로바가 살았던 공동 아파트에서는 48명이 변기 하나를 같이 썼다. 사람들은 비누와 화장지를 방에 보관했다. 1936년에 거주자 중 한 사람이 흑인 남자와 결혼했다. "그가 처음 나타났을 때 소란이 있었습니다."라고 옐레나는 회고한다. "사람들은 그 남자와 변기나 욕실을 함께 쓰지 않으려 했습니다. 그가 검기 때문에 더럽다고 생각했거든요."[63]

사적인 대화는 특히 문제가 되었다. 가까운 방들 사이에서는 말하는 것이 다 들렸고, 그래서 가족들은 자기들끼리 속삭임으로써 상황에 적응했다. 사람들은 이웃에게 정치 이야기를 하지 않도록 매우 신중하게 처신했다(일부 공동 아파트에서 남자들은 아무 말도 하지 않았다).[64] 부르주아나 귀족 출신 가족들은 배경을 숨기기 위해 조심했다. 차르 시대 관료의 손녀 알리나 도브랴코바는 모스크바의 공동 아파트에서 성장했는데, 공장 노동자 가족들, 즉 알리나가 "비우호적인 사람들의 집합체"라고 부르는 이들과 같이 살았다. 알리나는 방에 숨겨놓은 외할아버지 사진에 관해 어느 누구한테라도 한마디도 하면 안 된다는 말을 들었다. 어머니는 과거를 숨기기 위해 당에 가입해 관리로 일했다. "만일 우리 이웃들이 어머니의 아버지가 누구인지 알면, 불쾌한 일들이 많이 일어났을 것이고 …… 그래서 우리는 입을 꼭 다물고 살았다."라고 알리나는 회고한다.[65] 공동 아파트에서 말하는 것은 매우 위험할 수 있었다. 나데즈다 하네예프스카야는 귀가 매우 어두웠으나 반소비에트적 견해를 표명하는 데 거리낌이 없었다. 나데즈다는 차르 치하에서 생활이 얼마나 더 나았는지를 딸들에게 설명하면서 큰 소리로 말하곤 했다. 옆방에 사는 사조노프

가족이 겁났던 남편은 크게 말하지 말라고 일깨우곤 했다. "속삭여요, 아니면 우린 잡혀갈 거요."[66]

　사람들은 사생활을 조금이라도 확보하고자 분투했다. 그들은 수건과 세면 도구, 냄비와 팬, 접시, 포크와 나이프, 심지어 소금과 후추도 방에 간수했다. 그들은 자기 방에서 몰래 세탁하고 요리하고 먹고 빨래를 말렸다. 공동 공간도 부분적으로 사유화되었다. 가족들은 선반의 한 자리, 복도 한 부분, 부엌 식탁의 한 귀퉁이, 현관 옆의 걸이못이나 신발을 둘 공간에 대한 권리를 주장할 수 있었다. 이 모든 질서는 거주자들은 잘 알고 있지만 아파트에 들어오는 외부인은 알아차리지 못할 것이었다. 사람들은 이웃들에게서 벗어날 수 있는 사적 공간을 꿈꾸었다. 예브게니 마믈린은 "공동 부엌을 사용하지 않고 요리를 해서 가져가 식사할 수 있도록 방과 연결된 급식용 쪽문이 달린 부엌을 열망했지만, 그것은 꿈에 불과했습니다."라고 그의 딸은 회고한다. 시골집을 임대할 능력이 있는 사람들에게는 여름 몇 달 동안 다차로 도피하는 것이 공동 아파트의 압박감에서 벗어나는 방법이었다.[67]

　가장 좋을 때에 공동 아파트는 거주자들 사이에서 일종의 동지애와 집단 의식을 배양했다. 많은 사람들이 공동 아파트에서 보낸 세월을 이웃과 모든 것을 공유하던 시절로 향수에 젖어 회상한다. "전쟁 전에 우리는 사이좋게 살았다."고 한 거주자는 회상한다.

　모든 사람이 서로 도왔고, 아무런 분쟁도 없었다. 누구도 돈을 내는 데 인색하지 않았다. 그들은 임금을 받자마자 즉시 썼다. 그때는 사는 재미가 있었다. 사람들이 자신을 위해 돈을 비축하고 문을 닫아

건 전쟁 후와는 달랐다.

이 향수의 일부는 어린 시절의 행복, 즉 물질적으로 힘들었으나 아이들이 뛰어놀 만한 깨끗하고 안전한 마당이 있었으며, 공동 아파트가 확대 '가족' 분위기를 유지했던 시기에 대한 추억과 연결되어 있다. 공동 아파트에서 아이들은 부모보다 다른 가족과 훨씬 더 많이 어울렸다. 그들은 함께 놀았고 항상 서로의 방을 드나들었으며 그래서 다른 누구보다도 이 친목을 더 깊이 경험했다. "우리는 일종의 대가족이었습니다."라고 1930년대 동안 레닌그라드의 공동 아파트에서 성장한 갈리나 마르켈로바는 되돌아보았다.

그 시절에는 모든 사람이 자기 문을 열어놓고 살았고, 우리 같은 아이들은 집 전체를 자유롭게 썼습니다. 우리는 어른들이 카드놀이나 도미노를 하는 동안 복도에서 놀거나 방에서 방으로 뛰어다니곤 했지요. 어른들은 돈을 위해서가 아니라 순전히 재미로 카드놀이나 도미노를 했습니다. 언제나 웃음이 끊이지 않았어요. 다 같이 게임을 하기에는 어른들이 너무 많았고, 그래서 일부가 게임을 하는 동안 나머지 어른들은 지켜보면서 교대로 게임을 했습니다. 모든 사람들이 먹을 것이나 마실 것을 갖고 나와 마치 한 가족처럼 국경일을 축하하곤 했습니다. 생일에는 매우 즐거웠고 게임과 노래를 많이 했어요.[68]

그러나 친밀함이 숨통을 틀어막을 수도 있었다. 1930년대 공동 아파트에서 성장한 영화감독 롤란 비코프(Rolan Bykov, 1929~1998)는 공동 아파트의 생활방식을 억압적인 것으로, 개별성의 조짐을 아예 싹부터 짓밟아버리는 노력으로 회상한다. 비코프에 따르면, 아파트에는 '집단성의 법칙'이 지배적이었으며, 거기에 반항하려고 해봤자 아무 소용이 없었다. 바로 그것이 순응하지 않으려는 사람들에 맞서 "모든 이들을 단합시킬" 것이었다. 엘리자베타 체치크는 어린 시절 살았던 공동 아파트에 대해 이와 비슷하게 느꼈다.

어느 정도 우리는 복도의 모든 어른들 손에서 함께 자랐습니다. 내가 같이 놀았던 아이들 몇몇은 볼셰비키 같은 매우 엄격한 부모 밑에서 컸습니다. 나는 그들이 무서웠고 불편했어요. 지금 돌이켜보면 나는 내가 자유롭지 않다는 감정, 누군가 나를 관찰해서 나를 좋지 않게 생각하는 경우 내가 정상적인 모습일 수가 없다는 감정을 품고 성장했음을 깨닫습니다. 다른 사람들 없이 홀로 아파트에 있을 때에만 비로소 이러한 공포에서 벗어났다고 느꼈습니다.[69]

공동 아파트는 오랜 세월 그곳에 살았던 사람들에게 깊은 심리적 영향을 남겼다. 인터뷰를 하는 동안 많은 장기 거주자들은 독립하는 것에 큰 두려움을 느낀다고 고백했다.* 공동 아파트는 사실상 새로운 유형의 소비에트 인간을 낳았다. 특히 아이들은 집단적 가치와 습관의 영향을 받았다. 가족들은 공동 아파트에서 자녀 양육의 주도권을 잃어버렸다. 그들의 문화적 전통과 습관은 아파트 전체의 공동 원리에 압도당했다. 미노라 노비코바는 어린 시절을 되돌아보면서 공동 아파트가 자신에게 '나'라는 측면에서보다는 '우리'라는 측면에서 더 생각하게 했다고 믿는다.

---

* 정신과 의사들은 또 장기 거주자들이 편집증과 정신분열적 망상에 시달리는 비율이 높은 것도 발견했다.

모든 것을 공유했습니다. 비밀은 전혀 없었지요. 우리는 모두 동등했고 똑같았어요. 나는 그런 것에 익숙했으며, 만년에 다른 삶의 방식과 마주쳤을 때 이상하다고 느꼈습니다. 처음으로 여행을 갔을 때(지질학자로서) 사탕을 조금 사서 주위의 모든 사람들과 나눠먹은 것을 기억합니다. 그룹의 지도자가 말했습니다. "나중에 비용을 돌려받을 수 있도록 얼마나 많이 썼는지 적어 두어야 합니다." 이 말은 기괴한 발상으로 나를 강타했습니다. 왜냐하면 어릴 때부터 나는 내가 가진 것을 공유하는 데 익숙해 있었기 때문이지요.

공동 아파트에서 성장한 다른 사람들은 공동 생활이 그들에게 소비에트 체제의 공적 가치인 노동에 대한 사랑, 검소함, 복종, 순응을 가르쳤다고 생각한다. 그러나 경계 의식, 자의식은 결코 멀리 떨어져 있지 않았다. "공동 생활은 자기 자신을 통제하고 자기 자신을 끼워 맞추려는 끊임없는 노력이었습니다."라고 한 거주자는 회고한다.

그것은 내가 일찍이 경험한 체포, 투옥, 유형과는 또 다른 억압의 느낌이었으나, 몇 가지 점에서 더 안 좋았습니다. 유형을 당했을 때는 자의식을 보존했지만, 공동 아파트에서는 내적 자유와 개별성을 억압당한다고 느꼈습니다. 부엌에 갈 때마다 한 무리의 작은 군중에게 항상 감시를 받았기에 억압을 느꼈고 나 자신을 통제해야 한다고 생각했습니다. 자연스럽게 행동하기가 불가능했죠.[70]

유토피아를 향한 행진

소련 시민들은 물질적 부족과 불평등을 서둘러 항의했다. 그들은 정부에 자신들이 새 관료층의 특권과 연결 지은 부패와 비효율성에 대해 불만을 토로하는 편지를 수천 통씩 썼다. 한편 살아 생전에 공산주의 유토피아를 보게 될 것이라 기대하면서 참고 견딘 시민들도 많았다. 소비에트 체제는 1930년대에 이러한 관념으로 유지되었다. 수많은 사람들이 자신들이 일상생활에서 겪는 고통이 공산주의 사회를 건설하는 데 필수적인 희생이라고 믿도록 설득당했다. 오늘의 혹사는 소련의 '행복한 삶'을 만인이 향유하게 될 내일에 보상받을 것이었다.

독일 사회학자 카를 만하임(Karl Mannheim, 1893~1947)은《이데올로기와 유토피아》(1929)에서 혁명적 마르크스주의자들이 시간을, 현실적이고 실재한다고 여기는 미래의 낙원으로 가는 길을 따라 진행하는 "일련의 전략적 지점"으로 경험하고자 하는 경향을 논했다. 이 미래는 현재의 한 요인이고 역사의 경로를 규정하기 때문에 일상의 현실에 의미를 부여한다. 소련에서 이러한 시간 관념은 1917년 혁명의 유토피아적 기획에 그 기원을 두고 있다. 볼셰비키에게 1917년 10월은 새로운 인류 역사에서 원년(元年)의 시작이었다(마치 1789년이 자코뱅파가 창조한 새로운 세계의 개시를 나타내듯이). 현재를 미래에 투사하면서 소비에트 선전은 혁명을 공산주의 유토피아를 향해 나아가는 과정('역사의 행진')으로 묘사했다. 선전은 5개년 계획들의 성과가 이 유토피아가 막 수평선에 모습을 드러내는 증거라고 하며 환호했다.[71]

5개년 계획은 이 유토피아 기획에서 결정적 역할을 했다. 5개년 계획의 개념은 전체 경제의 속도를 올려 사회주의 미래의 도래를 앞당기는 것이었다(이 때문에 '5개년 계획을 4년 안에!'라는 구호가 나왔다). 실로 계획은 시간을 프롤레타리아의 의지에 종속시킴으로써 시간 자체를 정복하는 것이었다. 서구의 자본주의 경제에서 노동은 정확하게 합리적인 시간 분할에 따라 조직되었다. 그러나 소련에서 노동은 5개년 계획이 설정한 목표에 따라 조직되었다. 목표 달성이 항상 절박했기 때문에 생산에 '돌진'하는 것, 즉 쉴 수 있을 때조차 목표에 도달하기 위해 짧은 시간이라도 미친 듯이 일하는 것이 당연하게 여겨졌다. 스탈린주의 경제는, 마치 체제 전체가 현재의 고난을 공산주의 유토피아에서 보상받으리라는 발상에 기반을 두고 있는 것처럼, 5개년 계획을 달성하기 위해 이처럼 생산에 '돌진하는 것'에 바탕을 두었다. 나중에 당 고위직에 오르는, 제1차 5개년 계획의 비드비제네츠인 니콜라이 파톨리체프*는 "우리 소비에트 인민은 의식적으로 많은 것을 희생했다."고 기억한다.

우리는 자신에게 말했다. "오늘 우리는 정말 필요한 것들을 가지고 있지 않다. 자, 그래서 뭐가 어떻단 말인가? 우리는 내일 그것들을 갖게 될 것이다." 바로 이것이 당의 대의에 대한 우리의 믿음이 지닌 힘이었다. 내 세대의 젊은이들은 이러한 믿음을 지닌 것이 행복했다.[72]

1930년대를 되돌아보면서 많은 사람들은 현재를 위해서가 아니라 미래를 위해 산다는 의식을 가졌다고 회상했다. 이러한 느낌은 1917

파톨리체프(Nikolai Patolichev, 1908~1989) 벨라루스공산당 제1서기(1950~1956), 소련 대외무역 장관(1958~1985)을 역임했다. 유일하게 레닌 훈장 12개를 받은 사람으로 알려져 있다.(역주)

년 이후 성장한 세대—소비에트 체제의 가치와 이상에 완전히 몸을 담근 파톨리체프 같은 젊은이들—에게 특히 강했다. 이 세대에게 공산주의 유토피아는 멀리 있는 꿈이 아니라 임박한, 곧 도달할 실제 현실이었다. 1920년대와 1930년대 소련의 어린 학생들은 공산주의를 아득한 공상과학 소설이 아니라 바로 자신들이 당면한 현실의 변화(우유가 가득한 암소들, 바삐 돌아가는 공장들)로 상상했다.[73] 그렇게 그들은 소련의 미래를 소비에트 선전, 사회주의 리얼리즘 문학과 예술을 통해 바로 그런 식으로 인식하도록 길러졌다. 1934년에 열린 제1차 작가동맹대회에서 공식적으로 규정한 사회주의 리얼리즘은 "혁명적으로 발전하는 현실을 있는 그대로, 역사적으로 구체적으로 재현할 것"을 요구했다. 예술가의 역할은 세계를 현재의 모습이 아니라 공산주의 미래에 이루어질(그리고 이루어져 가고 있는) 모습으로 그리는 것이었다.

류드밀라 옐리야쇼바(1921년생)와 여동생 마르크세나(1923년생)에 따르면, 공산주의 유토피아에 관한 이러한 관념은 레닌그라드의 학교에서 친구들 사이에 널리 공유되던 것이었다.

우리 모두는 행복한 미래를 기대하도록 교육받았다. 나는 동생이 우리가 가장 좋아했던 자기 인형을 깨뜨렸을 때를 기억한다. 우리는 다른 인형을 살 돈이 없었지만 인형들이 진열된 백화점에 갔다. 마르크세나가 "공산주의가 되면 우리는 저 인형을 갖게 될 거야."라고 말했다. 우리는 공산주의를, 살아서 보게 될, 모든 것이 무료고 모든 사람이 상상할 수 있는 가장 행복한 삶을 누리게 될 때로 그렸다. 우리는 이 근사한 미래를 기쁘게 기다렸다.[74]

1930년대 모스크바에서 성장한 라이사 오를로바는 "미래를 향해 돌진하는" 느낌을 회고한다. 그 느낌은 현재를 비현실적인 것처럼 만들었다.

나는 이 낡은 벽들(그녀가 성장한 모스크바 트베르스카야 거리의 아파트) 사이에 있는 내 존재가 다가올 현실을 위한 준비에 불과하다는 흔들리지 않는 확신이 있었다. 그 삶은 반짝이는 하얀 새 집에서 시작될 것이다. 그곳에서 나는 아침에 운동을 할 것이다. 그곳은 이상적인 질서가 지배할 것이며, 그곳에서 나의 모든 영웅적 업적이 시작될 것이다. 나의 동시대인들 대부분은—텐트에서 살든, 토굴에서 살든, 공동 아파트에서 살든, 고급 개인 아파트에서 살든—삶에 대한 그 같은 종류의 잠정적이고 대략적이며 즉각적인 접근 방식을 공유했다. 위대한 목표를 향해, 새로운 삶을 향해 우리는 점점 더 빨리 나아갈 것이었다. 거리, 주택, 도시, 사회 질서, 인간의 영혼 등 모든 것이 바뀔 수 있고 바뀌어야 했다. 그리고 그것은 그리 어려운 일 같지 않았다. 먼저 열광자들이 계획의 개요를 문서로 정리할 것이다. 그런 다음 그들은 낡은 것들을 부술 것이다.("달걀을 깨뜨리지 않고서는 오믈렛을 만들 수 없다.") 그런 뒤 그들은 깨진 돌덩이들을 치울 것이고 깨끗해진 공간에 사회주의 꿈의 건축물을 세울 것이다. 바로 이것이 러시아가 재건되는 방식이었다. 우리는 사람을 대상으로도 같은 일을 할 수 있다고 생각했다.[75]

모스크바는 이러한 유토피아를 건설하는 현장이었다. '곧'과 '지금'을 완전히 혼동하는 공산주의자들의 상상 속에서 모스크바는 건설 중인 사회주의 유토피아의 상징으로서 전설적인 지위와 중요성을 부여받았다. 환상적인 꿈과 환영의 이 도시에서 건축 현장의 기초 부지는 미래의 주택 단지였고, 교회의 파괴는 문화궁전*의 등장을 알리는 것이었다. 1935년 부모와 함께 모스크바에 온 볼프강 레온하르트는 자신들이 가진 낡은 1924년 지도를 대신할 것을 찾으려 했을 때 겪은 혼란을 묘사한다. 새 지도는 종합 계획에 따라 1945년까지 완공하기로 되어 있는 모든 개선 사항을 미리 보여주었던 것이다. "우리는 걸을 때 두 종류의 시가지 지도를 들고 다니곤 했다."고 레온하르트는 썼다. "하나는 10년 전의 모스크바 모습을 보여주는 것이었고, 다른 하나는 10년 후의 모스크바 모습을 보여주는 것이었다."[76]

1930년대 초 소련에서 진행된 변화의 속도는 머리가 어지러울 정도였다. 새로운 세계가 창조되는 중이라는 환상은 많은 이들—서구의 많은 사회주의 지식인들을 포함하여—로 하여금 스탈린 체제를 착각하게 만들었다. 젊은 법학도 니나 카민스카야는 아버지가 은행에서 해고되고 현실에서 더욱 암울한 증거가 점점 분명하게 나타난 이후에도 계속 신세계를 믿었다. 니나는 회고록에서 자신과 친구들이 부르곤 했던 노래, 즉 그들 세대의 낙관론과 그들의 부모가 이미 겪고 있던 비극에 대한 무지를 상징하는, 다가올 행복에 즐거워하는 노래를 기억한다.

우리나라를 믿는 일은 너무나 쉽고,

우리나라에서 숨 쉬는 일은 너무나 자유로워라 :

사랑스런 영광의 우리 소비에트 나라 ……

우리의 소비에트 생활은 너무나 행복하고 빛나서

다가올 시대의 아이들은

우리 시대에 태어나지 못했다고

아마도 밤에 침대에서 울고 있을 거야.[77]

소련 지식인들은 낙관적인 분위기에 휩쓸려 진보의 이름으로 스탈린 체제가 조성한 공포에 눈을 감았다. 1935년 4월에 보리스 파스테르나크*는 올가 프레이덴베르크*에게 다음과 같이 편지를 썼다.

사실 나는 살면 살수록 지금 행해지는 일들을 더욱더 확고히 믿게 돼. 많은 부분이 야만적이라고 느껴지지만 (그러나) 사람들이 이전에는 결코 그러한 자존감과 멋진 동기를 지니고, 긴요하고 명석한 논리로 앞날을 그렇게 멀리 내다본 적이 없었거든.

나데즈다 만델시탐은 자신과 남편인 시인 오시프 만델시탐(Osip Mandelstam, 1891~1938)도 "눈앞에서 벌어지는 모든 위대한 일들을 눈치채지 못하"면 혁명이 자신들을 그냥 지나칠까 잠시나마 두려워했으며, 또 때때로 어떻게 이런 식으로 생각하게 되었는지를 회고한다. 오시프는 친구들에게 스탈린에 관한 선동적인 시(《살인자와 농민-학살자》)를 낭송한 후 1934년에 체포되었다. 나데즈다 만델시탐이 관찰했듯이, 남편처럼 현실에 맞서기를 고집하기보다는 공산주의 유토

파스테르나크(Boris Pasternak, 1890~1960) 러시아의 시인, 소설가, 번역가. 서방에서는 소설 《의사 지바고》(1957)로 잘 알려져 있다. 1958년 노벨문학상 수상자로 결정되었으나 소련 당국의 압력으로 수상을 거부했다.(역주)
프레이덴베르크(Olga Freidenberg, 1890~1955) 파스테르나크의 사촌으로 소련의 문헌학자, 고전학자, 민속학자.(역주)

피아를 위해 행해지고 있는 것을 믿는 편이 더 쉬웠다. "미래의 벽돌로 현재를 세울 수 없다는 것을 알았던 사람은 피할 수 없는 자신의 운명과 총살형의 가능성에 미리 몸을 맡기지 않으면 안 되었다."[78]

미래에 대한 이러한 전망을 받아들임으로써 사람들은 좀 더 순탄하게 체제와 결탁할 수 있었다. 그것은 당을 진리의 원천으로 인정하는 것을 의미했다. 많은 사람들에게 이 믿음은, 실재하는 현실의 눈에 보이는 진실과 더 높은 당의 혁명적 진실 사이에서 벌어지는 끊임없는 투쟁을 수반했다. 그들은 이 두 진실들 사이의 경계선상에서 살 수밖에 없었다. 그것은 소비에트 체제의 실패를 인정하면서도 다가올 더 나은 삶에 대한 약속을 여전히 굳게 믿는 것이었다. 그리고 이 믿음은 오로지 정치적 신념에 따른 의식적 행동을 통해서만 가능한 길이었다. 1932~1933년에 '쿨라크'들을 향한 최악의 난폭한 행위에 가담한 젊은 공산주의자 레프 코펠레프는 자신의 도덕적 판단(그의 말에 따르면 '주관적 진실')을 당의 좀 더 높은 도덕적 목표('객관적 진실')에 종속시키기 위해 어떻게 노력했는지를 회고한다. 코펠레프와 동지들은 자신들이 농민들에게 저지르는 일에 소름이 끼쳤으나 당을 따랐다. 그들에게 '양심, 명예, 인도주의'는 떨쳐버려야 할 부르주아의 이상이었다. 그렇게 가르침을 받고 자랐다. 양심이나 명예, 인도주의 때문에 당을 따르는 입장에서 스스로 물러서는 일은 그 가능성만으로도 그들을 공포에 질리게 했다. "우리가 가장 두려워한 것은 분별력을 잃고 의심이나 사론(邪論)에 빠져 우리의 무한한 믿음을 빼앗기는 것이었다."[79]

볼프강 레온하르트는 이와 비슷하게 이중적 현실을 자각하고 있었다. 그는 콤소몰에 가입했을 즈음 "오래전에 소련의 현실이 〈프라우다〉에 제시된 그림과 완전히 다르다는 것을 깨닫고 있었다." 그의 어머니는 1937년에 체포되었고, 친구와 선생님들도 모두 잡혀갔다. 레온하르트는 고아원에서 자랐다. 그러나 그는 콤소몰에 가입하며 기뻐했다. 자신이 쓴 책을 읽을 서방의 독자들이 이 점을 "이상하다고 느낄지 모른다"고 생각한 레온하르트는 그 독자들을 위해 이렇게 설명한다.

> 아무튼 나는 이런 것들을, 심지어 개인적 인상과 경험까지도 나의 근본적인 정치적 신념과 분리해 생각했다. 마치 두 가지 차원이 따로 있는 것 같았다. 한 가지는 일상적 사건과 경험의 차원으로 내가 비판적 태도를 취하는 것이고, 다른 한 가지는 위대한 당 노선의 차원으로, 당시 망설임이 있긴 했지만, 내가 여전히 일반 원칙의 관점에서 올바르다고 여기는 것이었다.[80]

1937~1938년 대숙청이 절정에 올랐을 때조차도 어떻게든 신념을 유지한 신봉자들이 많았다. 그들은 대규모 체포를 "레스 루뱌트, 셰프키 레탸트"(les rubiat - shchepki letiat. "나무를 벨 때는 부스러기가 튀게 마련이다." 또는 "달걀을 깨뜨리지 않고서는 오믈렛을 만들 수 없다.")라는 추상적이고 판에 박힌 문구에 맞춰 설명했다.

"공산주의를 향한 행진"을 믿으려면 인적 희생을 받아들이라는 요구에 따라야 했다. 당은 추종자들에게 그들이 국내와 국외의 '자본주의 분자'들에 맞선 사활이 걸린 투쟁에 참여하고 있으며, 이 투쟁은 공산주의 유토피아의 궁극적 승리로 귀결될 것이라고 말했다. 1933년 히틀러의 집권은 이 투쟁에서 결정적인 전환점이었다. 그것은 소련이 공산주의에 가까워질수록 적들의 저항이 더욱 거세질 것이라는 스탈린의 이론을 입증하는 증거로 받아들여졌다. 당은 의심을 품는 사람들에게 의심을 털어버리고 파시즘에 맞선 투쟁에 참여하라고 강요하면서(아니면 '파시스트 앞잡이'로 고발당할 위험을 무릅쓰게 될 것이었다) 입장을 확고히 했다. 1933년부터 수동적 당원과 '숨은 적'들을 뿌리 뽑기 위해 개인 행동을 좀 더 면밀히 조사하면서 당내 숙청이 강화되었다. 1934년 12월 레닌그라드 당 조직 책임자 세르게이 키로프 암살 사건을 계기로 레닌그라드에서 수천 명의 옛 귀족과 부르주아 잔존 세력이 체포되어 유형당했고, 이 사건을 필두로 하여 사회 전 부문이 '적'과 '이질적 분자'들을 색출하기 위한 표적이 되었다. '자본주의 과거의 잔재'(전 '쿨라크', 소상인, 집시, 매춘부, 범죄자, 부랑인, 거지 등)로 몰린 집단은 공산주의 사회 건설의 장애물로 숙청당할 것이었다. 1932년부터 1936년 사이에 수만 명에 이르는 이 '사회적 유해분자'들은 경찰에 검거되어 도시에서 추방되었다.[81] 그들 대부분은 굴라크로 끌려갔다.

인간 개조 프로젝트

1933년 8월, 120명으로 구성된 소련 주요 작가'단'이 백해-발트해 운하 노동수용소의 오게페우 지휘관인 세묜 피린(Semyon Firin, 1898~1937)이 조직한 백해 운하 선상 시찰에 나섰다. 이 여행은 1932년 10월 막심 고리키의 집에서 한 무리의 주요한 소련 작가들이 스탈린을 비롯한 몇몇 정치국원과 당 관리들과 함께 문학의 과제를 논의한 모임에서 구상되었다. '사회주의 리얼리즘' 교의에 관한 초기 진술에서 고리키는 5개년 계획의 '웅장한 성과'에 어울리는 영웅적 문학을 요청했고, 소련 작가들을 '인간 영혼의 엔지니어'에 비유한 스탈린은 그들을 격려하기 위해 운하 시찰을 제안했다. 오게페우가 모든 것을 조직했다. "우리가 체카의 손님이 된 순간부터 우리를 위해 완벽한 공산주의가 시작되었다."라고 작가 알렉산드르 아브데옌코(Aleksandr Avdeyenko, 1908~1996)는 나중에 역설적으로 언급했다. "우리가 요구만 하면 음식과 마실 것이 나왔다. 우리는 돈을 내지 않았다. 훈제 소시지, 치즈, 캐비아, 과일, 초콜릿, 와인, 코냑이 풍부하게 제공되었다. 이때는 기근이 든 해였다."[82]

레닌그라드의 고급 호텔인 아스토리야에서 묵은 뒤, 작가들은 기차로 백해 운하로 갔으며, 거기서 댐과 갑문을 살펴보고 문화센터를 방문하여 죄수들이 하는 연극 공연을 보았다. 그들은 배 위의 안전한 곳에서 죄수들이 작업하는 것을 보았으나 죄수들에게 말을 거는 것은 허용되지 않았다. 많은 작가들에게, 자신들이 본 수용소 생활은 세탁된 것임이 명백했다. "그들이 우리에게 '포툠킨 마을들'*을 보여주고 있는 것이 분명했다."라고 타마라 이바노바*는 1989년에 회고했다. 그러나 의심을 했더라도 당시 의심을 입 밖에 낼 만큼 용감한 작가는 거의 없었다.

시찰을 하는 동안 작가들은 안내자 역할을 한 피린에게 질문할 기회가 있었다. 아브데옌코에 따르면, 강제 노동 이용에 관해 질문한 작가는 드미트리 미르스키(Dmitry Sviatopolk-Mirsky, 1890~1939)가

포툠킨 마을들(Potemkin Villages) 1787년 제정 러시아 여제 예카테리나 2세가 크림 지역을 방문했을 때 여제를 속이기 위해 해당 지역의 지사였던 그리고리 표툠킨의 지시로 세운 가짜 마을들을 가리킨다. 전설에 따르면 크림 지역의 군사 작전을 이끈 표툠킨은 여제에게 새로운 정복지의 가치를 알게 해서 자신의 지위를 강화할 목적으로 드네프르 강의 황량한 둑을 따라 가짜 마을을 세웠다. 학자들은 이 전설의 진위 여부와 내용의 과장 정도를 둘러싸고 지금도 논쟁 중이다.(역주)
이바노바(Tamara Ivanova) 소련의 유명한 작가 프세볼로트 이바노프(Vsevolod Ivanov, 1895~1963)의 아내. 백해 운하 시찰 때 남편과 동행했다.(역주)

유일했다. 그는 내전에서 백군과 함께 싸운 뒤 영국으로 이주해 공산주의자들에게 합류했다가, 1932년 스탈린의 러시아가 "세계사에서 엄청난 역할을 하려" 한다고 믿고 거기에 참여하고 싶어 소련으로 귀국한 옛 귀족(드미트리 스뱌토폴크-미르스키 공)이었다. 미르스키의 질문에 다른 작가들은 언짢아했다. 그는 운하 건설의 전모를 비밀에 부치는 이유에 관해 분명히 의심을 품었다. "이곳엔 도처에 숨겨진 비밀이 있다. 모든 댐 밑에도. 모든 갑문 밑에도."라고 미르스키는 아마도 그곳에 묻힌 시신들을 언급하면서 아브데옌코에게 말했다. 그러나 의심을 한 미르스키조차 운하 완공을 축하하기 위해 오게페우가 의뢰한 책의 출간에 참여하는 것을 거부하지는 않았다.

피린과 고리키가 편집한 《백해 운하》는 36명의 주요한 소련 작가들(미하일 조센코Mikhail Zoshchenko, 빅토르 시클로프스키Victor Shklovsky, 알렉세이 톨스토이Aleksei Tolstoy, 발렌틴 카타예프Valentin Kataev 등)과 사진 촬영을 맡은 알렉산드르 로트첸코(Aleksandr Rodchenko)가 참여한 가운데 돌격 노동의 속도로 편찬되었다. 책은 1934년 1월에 열린 제17차 당 대회에 참석한 대의원들에게 "소련 작가들이 볼셰비즘의 대의에 기꺼이 봉사하고자 하는 징표"로 제시되었다. 책은 운하 건설의 역사를 다룬 것으로 제시되었지만 주요 주제와 선전 메시지는 육체노동에 담긴 속죄적, 해방적 성격이었다. 책은 범죄자와 '쿨라크'들이 운하를 건설하는 거대한 집단 작업에 참여함으로써 "자신이 사회에 유용한 사람이라고 느끼기 시작했다."고 주장했다. 형벌 노동을 통해 그들은 사회주의자로 개조되었다.[83]

작가들이 결탁해서 이런 식으로 굴라크를 정당화한 데는 나름대로 이유가 있었다. 의심할 여지 없이 일부는 스탈린주의적 페레코프카(perekovka)의 이상, 즉 형벌 노동을 통해 인간 영혼을 개조한다는 이상을 믿었다. 이를테면 조셴코는 《백해 운하》에, 인생에서 길을 잃어버린 후 운하에서 형벌 노동을 수행함으로써 올바른 길로 되돌아오는 로텐베르크라는 좀도둑 이야기를 실었다. 조셴코는 〈문학 레닌그라드〉에 실린 글에서 설명했듯이, 로텐베르크의 이야기에 사실적 근거가 있다고 믿었다.

> 나는 게으름, 기만, 절도, 살인이라는 바탕 위에 삶을 꾸린 사람들에게 관심이 있었고 그들의 재교육이라는 주제에 모든 주의를 기울였다. 사실 나는 잘 알려진 이 개조라는 것에 처음에는 매우 회의적이었고, 그것이 단지 자유나 수당을 얻고자 하는 죄수들의 욕망이 냉소적으로 표출된 것일 뿐이라고 가정했다. 그러나 그 점에서 내가 틀렸다고 말하지 않을 수 없다. 나는 (백해 운하를 시찰하면서) 진정한 개조를 보았다. 나는 건설 노동자들에게서 진정한 자부심을 보았고 이 동지들(이제 그들을 이렇게 부를 수 있다) 가운데 많은 이들의 심리에서 진정한 변화가 생겼음을 알아차렸다.[84]

고리키도 신봉자였다. 그는 백해 운하를 방문한 적이 없었다. 그러나 이 점은 오게페우가 의뢰한 책에서 운하를 격찬하는 데 아무런 문제가 되지 않았다.(마찬가지로 1935년에 운하를 "토목 공사의 위업이며 …… 인간 갱생의 승리"라고 찬양한 시드니 웨브*와 비어트리스 웨브* 같은 외국 사회주의자들에게도 무지가 아무런 문제가 되지 않았다.) 서구에

시드니 웨브(Sidney Webb, 1859~1947) 영국의 사회주의자, 경제학자, 사회개혁가. 부인인 비어트리스 웨브 등과 함께 페이비언 협회를 영국의 저명한 정치적, 지적 단체로 만드는 데 큰 역할을 했다.(역주)
비어트리스 웨브(Martha Beatrice Webb, 1858~1943) 영국의 사회학자, 경제학자, 사회주의자, 사회개혁가.(역주)

서 1920년대를 보낸 고리키는 1928년에 한 몇 차례 여름 여행 중 첫 번째 여행 때 소련으로 귀국했고, 1931년에 영원히 소련에 정착했다. '위대한 소련 작가'에게 온갖 영예가 주어졌다. 그는 모스크바의 유명한 랴부신스키 대저택을 받았다. 또 두 채의 큰 다차와 개인 하인들(오게페우 첩자로 밝혀졌다)을 제공받았고, 스탈린의 음식을 준비하는 경찰 부서에서 특별 음식을 공급받았다. 따라서 고리키가 5개년 계획의 '웅장한 성과' 이면에 놓인 엄청난 인간의 고통을 보지 못한 것은 놀랄 일이 아닐 것이다. 1929년 여름 고리키는 솔로베츠키 노동 수용소를 방문했다. 그는 오게페우 안내원이 보여준 것에 강렬한 인상을 받아 죄수 중 많은 이들이 수용소 노동으로 개조되었고 자신들이 하는 일을 너무 사랑한 나머지 형기를 채운 뒤에도 섬에 남기를 원한다고 주장하는 글을 썼다. "나에게 결론은 분명하다."라고 고리키는 썼다. "우리는 솔로베츠키 같은 수용소가 더 많이 필요하다."[85]

다른 작가들은 미르스키가 그랬듯이 호기심에서 여행했다. 아니면 미하일 불가코프(Mikhail Bulgakov, 1891~1940)가 거부했듯이 이 프로젝트와 관계 맺기를 거부할 경우에 생길 후환이 두려웠기 때문에 여행에 동참한 사람들도 있었다. 형이 노동수용소에 수감되어 있던 문학 이론가이자 소설가인 빅토르 시클로프스키는 작가단에 참가하지 않았지만 백해 운하를 따로 여행했고 오게페우의 책뿐만 아니라 다른 몇몇 저술에서도 페레코프카 사상을 고취했다. 그는 심지어 백해 운하를 다룬 선전 영화의 시나리오를 쓰기까지 했다. 시클로프스키가 신념에 따라 썼던 것 같지는 않다.(백해 운하를 여행하는 동안 그는 운하에서 무엇을 느꼈는지를 묻는 오게페우 관리의 질문에 재치있게 대답했다. "모피 상점에 있는 살아 있는 은빛 여우 같군요.") 시클로프스키의 딸의 말을 빌리면, 그것은 바로 "그가 형의 생명을 위해 지불해야 할 대가"였다. 시클로프스키의 형은 1933년에 석방되었다. 그러나 1937년 다시 체포되어 굴라크로 영원히 사라졌다.[86]

출세욕도 한 요인이었다. 아브데옌코에게는 확실히 그랬다. 그는 백해 운하 여행에 참가했을 때는 프롤레타리아 출신의 무명 작가에 불과했으나 고작 2년 뒤인 1935년에는 첫 소설로 소련 언론에서 비평가들의 격찬을 받았다. "여행은 내가 정상에 오른 방식이자 내 삶이 날아오른 방식이었다."라고 아브데옌코는 나중에 인정했다. "돌격 노동자가 문학에 뛰어들었다! 한 번의 행동으로 나는 소련 판테온에서 높은 예우를 받을 만한 작가들의 반열에 올랐다." 아브데옌코는 〈페레코프카〉—오게페우(1934년에 엔카베데로 흡수, 통합) 내부에서 발간하던 백해 운하 노동수용소 잡지—에 정기적으로 기고했고 잡지에서 형벌 노동을 일종의 인간 개조 방식으로 찬양하는 글을 썼다.[87]

콘스탄틴 시모노프는 백해 운하를 통해 이름을 떨친 또 한 명의 '프롤레타리아 작가'였다. 1933년 그는 메즈라프폼필름 영화사에서 기계공—보리스 바비츠키의 지휘를 받는 수백 명의 기술자 중 한 명—으로 일하고 있었다. 시모노프와 다른 기계공들은 〈탈주자〉의 영화 세트장에서 작업 중인 프세볼로트 푸도프킨과 아나톨리 골로브냐를 지켜보면서 점심 시간을 보내곤 했다(예술에 대한 관심을 일깨워준 경험이었다고 시모노프는 주장했다). "그 시절에 나는 적절한 교육을 받지 못했으나 많은 책, 특히 역사서를 읽었고, 내 생애 처음으로 글을 쓰려고 노력했다."라고 시모노프는 회고했다. 백해 운하의 선전에 고무된 시모노프는 형벌 노동자들의 개조에 관한 "형편없는 시들로 공책을 채웠고" 여하튼 이 시들이 고슬리티즈다트(Goslitizdat, 국립출판원)와 오게페우의 주목을 받았다. 이 작품들 가운데 하나인 〈백해 운하〉에서 발췌한 구절이 1933년 젊은 소련 작가들의 시 모음

집에 실렸다. 이 성취의 뒤를 이어, 1934년 4월 시모노프는 노동수용
소를 찬양하는 시 모음집을 위해 운하를 방문해서 죄수 노동자들의
개조에 관한 자료를 모으게 해 달라고 고슬리티즈다트에 신청했다.
고슬리티즈다트는 여행을 승인했고 시모노프가 백해 운하의 메드베
제고르스크 노동수용소에서 한 달을 지낼 비용을 댔다. 또 시모노프
는 그곳에서 〈페레코프카〉 기자로 채용되었다. 그는 열아홉 살의 시
인을 대수롭지 않게 여겼던 한 무리의 죄수들과 함께 바라크에서 살
았다.("내가 백해 운하에 관한 시를 쓰고 있다고 말하자 그들은 나를 비웃
었다.") 이런 이유로, 시모노프가 보기에 죄수들은 "비교적 나를 자연
스럽게 대했다."[88]

　　1934년 초여름까지 백해 운하 건설이 대체로 완수되었다. 시모노
프가 관찰한 노동자들은 도로와 시설들을 건설하는 일에 종사했다.
그 일은 수만 명이 죽어 나갔던, 1931~1933년에 주 운하를 힘들게
손으로 팔 때와 비교해서 상대적으로 쉬운 일이었다. 프로젝트가 마
무리되자 수용소 본부는 노동자들에게 수당 지급과 표창, 훈장으로
보상했다. 본부는 또 시모노프가 방문한 운하 부문에서 일했던 경범
죄자 일부에게 조기 석방 명령도 내렸다. 이러한 보상의 주 목적은
페레코프카 신화를 완성하는 것이었다. 그것은 죄수들이 자유를 얻
거나 물질적 이득을 얻기 위해 열심히 일하고 스스로를 개조하도록
(또는 개조되었다는 인상을 주도록) 유인하는 동기를 부여했다. 시모노
프는 속임수에 넘어갔다. 그는 젊고 순진했다. 그는 자신의 회고록에
서 회상하듯이 "노동을 통해 사람을 개조하는 것에 관해 새로운 시
를 쓸 준비가 되어" 백해 운하로부터 돌아왔다.

　　나는 그곳에 오래 있지 않았지만, 두 눈으로 개조가 어떻게 일어나

는지—내가 그렇게 될 것이라고 믿는 그대로—를 보았다고 확신했다. 우리 사회 같은 곳에서 노동 외에 다른 어떤 것으로 인간의 죄를 씻을 수 있겠는가?

시모노프는 임시정부의 측근("실제로 겨울궁전의 마지막 지휘관")이었던 한 엔지니어의 이야기에서 특히 깊은 인상을 받았다.

그는 58조의 적용을 받아 10년까지는 아니지만 8년형을 선고받았고, 백해 운하에서 엔지니어로서 아주 열심히 일해 고작 3년 뒤에 석방되었다. 그 후 그는 모스크바-볼가 운하에 연결된 건설 현장에서 최고 엔지니어로서 자발적으로 일했다. 이런 종류의 이야기는 여행에서 받은 인상 덕분에 더욱 설득력 있게 느껴졌다.*

사실 일부 전문가들이 석방된 뒤에도 굴라크 체제에서 기꺼이 일을 계속한 것은 대부분 개조의 결과가 아니었다. 그러나 시모노프는 자신이 백해 운하에서 본 것이 이전에 들었거나 소련 언론에서 읽은 이야기들과 들어맞는다고 믿었다. 시모노프는 회고록에서 다음과 같이 회상했다. "나의 인식에서 백해 운하는 단지 운하 건설뿐만이 아니라, 나쁜 사람을 좋은 사람으로, 상습범을 5개년 계획의 건설자로 개조하기 위한 인도주의적 학교에 관한 것이기도 했다."[89]

시모노프—자신의 정체성을 '프롤레타리아 작가'로 개조하는 데

* 시모노프가 여기서 염두에 둔 사람은 1917년 10월에 케렌스키가 겨울궁전 지휘를 맡긴 광산 엔지니어 표트르 팔친스키(Pyotr Palchinsky, 1875~1929)일 수도 있다. 볼셰비키에 의해 투옥된 팔친스키는 석방된 후 1920년대에 러시아기술대학에서 자신의 일을 다시 할 수 있도록 허락받았다. 그는 1928년에 체포되어 이듬해 처형되었다. 수용소에는 팔친스키 같은 유명한 죄수들에 관한 전설이 많았고, 시모노프는 그런 전설에 속아 넘어간 것 같다.

몰두한 귀족—에게 페레코프카 사상은 특별한 울림이 있었다. 회고록에서 시모노프는 어떻게 자신이 '쿨라크'들과 '부르주아 파괴자'들의 개조를 "사회에 매우 유익한 것으로서" 또 자신에게 영감을 주는 것으로서 이해했는지 이야기한다. 개조가 "과거를 묻고 새로운 길로 매진할 가능성"을 보여주었기 때문이었다. 1934년 제17차 당 대회('승리자들의 대회')에서 개조된 모습을 보인 전(前) 반대파들은 당이 매우 엄격하게 감독하는 예술 영역에서 출세하려고 애쓰던 젊은 작가에게 새로운 영감을 주었다. 스탈린의 극단적인 정책에 반대했던 몇몇 당 지도자들(부하린, 카메네프, 지노비예프, 리코프, 톰스키*, 퍄타코프* 등)이 이 대회에서 발언권을 얻었다. 그들은 기존 입장을 철회하고 당의 결속이라는 미명으로 스탈린을 격찬했으며, 당 지도부는 그들이 복권되었다고 암시하는 식으로 그들을 대우했다. 시모노프는 그들의 사례에서 위안을 얻었다. 그가 본 대로, 당이 참회하는 반대파를 수용한 것은 당이 자신과 같은 사람들이 과거 전력을 용서받을 수 있는 곳임을 증명하는 것이었다. 시모노프는 자신의 개조가 자신의 정치적 인격의 재건에 달려 있다는 것을 이해했다. 전(前) 반대파들과 마찬가지로 그는 자신의 과거를 부인함으로써 가치 있는 공산주의자임을 보여주어야 했다. 시모노프가 백해 운하에 관해 쓴 글들은 이 목적을 이루기 위한 수단이었다. 운하에서 돌아온 뒤 시모노프는 두 번째로 콤소몰 가입을 신청했다. 지난번에는 1931년에 계부가

톰스키(Mikhail Tomsky, 1880~1936) 볼셰비키 지도자. 혁명 후 모스크바 소비에트 의장, 전연방 노동조합 중앙회의 의장(1922~1929), 노동조합 적색 인터내셔널 총서기(1920~1929)를 지냈다. 1936년 지노비예프, 카메네프의 제1차 모스크바 재판에서 테러 행동에 관련되었다고 비난받고 체포를 우려해 그해 8월 권총 자살했다.(역주)
퍄타코프(Georgy Piatakov, 1890~1937) 경제학자, 볼셰비키 혁명가. 소련 초기 좌익반대파의 일원이었다. 1936년 반당, 반소비에트 활동 혐의로 재판을 받고 1937년 1월에 처형되었다.(역주)

체포된 뒤라 신청을 철회하라는 권고를 받았다. 그러나 이번에는 가입을 권고받았다. 콤소몰 가입 승인을 받고 시모노프는 '엄청난 안도감'을 느꼈다. 회고록에서 그는 1934년을 장래에 대한 희망이 최고조에 달했던 해로 기억한다.

> 내 시대의 다른 사람들을 대변할 수는 없으나, 적어도 나에게 1934년은 젊은 시절에서 가장 빛나는 희망의 해였다. 나라가 어려운 시기를 통과했고 아직 문제가 남아 있긴 했지만 삶이 정신적, 물질적인 면에서 더 쉬워졌다는 느낌이 있었다. 나는 이 새로운 삶을 건설하는 데 기쁘게 참여하고 있었다. …… 나라의 산업화를 이끌고 위대한 성공을 거두고 있는 스탈린의 올바름은 내겐 반박할 수 없는 사실 같았다. 내가 보았듯이, 그는 적들과 논쟁을 벌이고 그들이 틀렸다는 것을 올바르게 보여주었다.[90]

1934년 여름, 운하에서 돌아온 직후 시모노프는 노동수용소의 범죄자 개조를 다룬 시 〈수평선〉을 썼다. 오게페우 문화교육부는 이 시가 형편없지만('과장된', '어색한', '거슬리는', '기계적인', '감상적인'), 그럼에도 불구하고 선전 가치를 위해 출판할 만하다고 결론을 내리고 대폭 수정을 가했다. 작품은 곳곳이 검열되고 삭제되었다.[91] 시모노프는 〈수평선〉을 개작해 훗날 1938년에 〈파벨 초르니〉란 제목으로 발표했다. 만년에 시모노프는 '공포를 느끼며' 이 시를 되돌아보게 된다. 그는 그 시를 모든 작품 모음집들에서 제외하려고 고집했다.[92] 그러나 〈수평선〉은 시모노프를 출세의 길로 이끌었다. 시모노프는 그 시를 통해 자신이 스탈린 체제가 이용할 수 있는 작품을 생산할 수 있음을 보여주었다. 시모노프는 '고리키 문학대학'에 지원하라고 격려받았다. 그는 고슬리티즈다트와 오게페우 문화교육부에 있는 정치적 후원자들의 추천을 받기까지 했다.[93]

트베리 대로의 옛 게르첸* 집에 위치한 문학대학은 노동 계급 출신 작가들을 격려하기 위해 1933년에 문을 열었다(1936년까지는 노동자 야간 문학대학이었다). 수업이 저녁에 있었기에 시모노프는 메즈라프롬필름에서 일을 계속해 그가 받던 보조금 200루블에 더해 추가 수입을 벌 수 있었다. 문학대학 학생 대부분은 노동 계급 출신이 아니었다. 그들은 귀족 가문이나 부르주아 가문에서 태어났으며 시모노프처럼 공장학교를 마치거나 공장에서 일함으로써 대학 입학 자격을 얻었다. 학생 절반은 콤소몰 회원이나 당원이었다. 대학은 27개의 다른 민족 출신 작가들이 공부하는 국제적인 장소였다.[94] 많은 유대인 학생 중에 시모노프의 아내가 될 젊은 여성 두 명이 있었다. 유명한 버라이어티 쇼 연예인의 딸로서 1935년에 시모노프와 결혼하는 나탈리야 티포트와, 파산한 네프만 사무일 라스킨의 막내딸로서 1936년에 대학에 들어와 1939년에 시모노프와 결혼하는 제냐 라스키나가 그들이었다.

스스로 인정하는 것처럼 시모노프는 문학을 특별히 좋아하지는 않았다. 문학은 '망가진 이력' 때문에 추구하게 된 경력이었다. "귀족 출신이 아니었다면 나는 문학에 전혀 관심을 두지 않았을 것이고, 오로지 정치와 역사에만 관심을 가졌을 것"이라고 그는 나탈리야에게 말했다.[95] 또한 시모노프는 문학대학에서 가장 재능 있는 학생 축에 드는 것도 아니었다(1936년에 그는 시인 마르가리타 알리게르Margarita

---

게르첸(Aleksandr Gertsen(Herzen), 1812~1870) 러시아의 '서구주의' 작가, 사상가. 농민 인민주의라는 이론을 창안하여 러시아에 독특한 사회주의 경로를 제시했다. 자신의 활동을 연대순으로 기록한 회고록 《나의 과거와 사상》(1861~1867)이 유명하다.(역주)

Aliger가 맨 앞에 있는 우등생 명단에서 일곱 번째에 올랐다). 하지만 그는 조직적이고(그는 일하고 읽고 심지어 사교 활동을 하는 데 쓰는 시간도 신중하게 계획했다) 언제나 과제를 완수하는 데 정확히 시간을 지키는 성실한 학생으로 알려졌다. 동료 학생들은 시모노프가 너무 열심히 공부한다고 해서 그를 '철 궁둥이'라고 불렀다. "그는 그냥 앉아서 쓰고 또 썼다."라고 시인 예브게니 돌마토프스키(우등생 명단에서 두 번째에 올랐다)는 회고한다. 알리게르는 시모노프가 처음부터 지도자로서 두각을 드러냈다고 기억한다. 내전기의 볼셰비키처럼 보통 가죽 재킷을 입거나 재킷과 셔츠에 넥타이를 맨 시모노프는 여가 시간에 당구를 치기보다는 콤소몰 활동을 하거나 서평을 쓰면서 다른 학생들의 보헤미안 문화와 거리를 두었다. 물론 시모노프는 대학 본부로부터 높은 평가를 받았고, 그를 당의 열렬한 지지자로 본 본부는 그에게 많은 과업을 맡겼다(1937년에 그는 대학 내의 '반소비에트 분자'들을 고발하는 데 주도적인 역할을 했다). 시모노프는 진지하고 지나치게 까다로웠으며, 젊은 시인이라기보다는 문단의 관료 같았다. 그는 1945년에 이렇게 회고했다.

나는 내 책은 쓰지 않고 다른 사람이 쓴 책에 관해 많은 비평을 썼다. 나는 굉장히 엄격하고 참을성이 없었는데, 이것은 가장 미숙하게 부정적인 비평들은 그런 책을 직접 쓰지 못했거나 쓸 수 없었던 비평가들이 항상 쓴다는 것을 보여줄 따름이었다.[96]

대학에서 시인 시모노프는 정치계의 윗사람들을 위해 글을 쓰는 법을 배우고 있었다. 1930년대 사회주의 리얼리즘 전통에서 상투어가 된 '페레코프카'라는 테마는 백해 운하라는 주제로 돌아간 그의 몇몇 초기 시에 다시 등장했다. 그러나 그의 시는 점점 5개년 계획의 희망과, 에스파냐 내전*이 전형적으로 보여주는 영웅적인 투쟁의 테마를 담았다. 시모노프는 시 작법을 지도한 블라디미르 루고프스코이(Vladimir Lugovskoi, 1901~1957)의 영향을 깊이 받았다. 루고프스코이는 대학의 젊은 시인들에게 카리스마를 발휘하던 인물이었는데 그의 방에는 러시아 내전과 1931년 중앙아시아의 바스마치* 이슬람 반란자들에 맞선 최후 작전 때 쓰인 검과 총, 기념품이 가득 차 있었다. 시모노프는 에스파냐 내전에서 헝가리 공산주의자 마테 절커*(루카치Lukach 장군으로도 알려져 있다)의 죽음에 영감을 받은 〈장군〉 같은 시에서 남성성과 영웅적 용기라는 주제를 탐구했다. 계부의 군인 정신으로부터 근본 가치관을 물려받은 시모노프에게 절커 같은 전사들의 용맹과 자기 희생은 '뛰어난 인간성'일 뿐만 아니라 사회주의와 파시즘의 투쟁이 집어삼킨 세계에서 '첫 번째로 필요한 미덕'이기도 했다. 시모노프가 1960년에 한 외국인 기자에게 설명했듯이, "1930년 대에 우리 젊은 공산주의자들은, 미래에는 피를 흘리지 않고 손쉽게 승리를 거둘 것이라고 상상함으로써 안주하려는 조짐을 보이는 사람은 그 누구든 격렬하게 증오했다." 이들은 투쟁 관념에 몰두한 세대—전쟁을 준비하며 사는 세대—였다. 1973년에 학창 시절을 떠올

에스파냐 내전(1936~1939) 마누엘 아사냐가 이끄는 에스파냐의 좌파 인민전선 정부와 프란시스코 프랑코 장군을 중심으로 한 우파 반란군 사이에 발발했던 전쟁. 반파시즘 진영인 인민전선(공화파)을 소련이 지원하고, 프랑코파를 파시즘 진영인 나치 독일, 이탈리아가 지원해, 제2차 세계대전의 전초전 양상을 띠었다.(역주)

바스마치(Basmachi) 중앙아시아에서 10월 혁명 이후 소비에트 정권의 지배에 맞서 무장 저항 운동을 일으킨 이슬람 전통주의 세력. 이들이 일으킨 봉기(1917~1926)가 실패하면서 투르키스탄 지역이 소련에 완전히 합병되었다.(역주)

절커(Máté Zalka, 1896~1937) 헝가리의 작가이자 혁명가. 러시아 내전 동안 국제 적위대를 결성해 참전했고, 1936년에는 에스파냐 내전에 국제여단 지도자로 참전했다가 1937년에 전사했다.(역주)

1936년의 콘스탄틴 시모노프. 1930년대에 시모노프는 소비에트 권력에 헌신하는 '프롤레타리아 작가'로 자신을 개조했다.

리면서 시모노프가 쓴 글은 한 시대 전체를 대변하는 것이었다.

문학대학은 나치가 집권한 해와 같은 해에 문을 열었다. 우리의 학창 시절에는 온통 파시즘과 맞붙는 전쟁이 임박했다는 의식의 그늘이 드리워져 있었다. 이때는 서서히 모습을 드러내는 파시즘과 벌일 투쟁에서 조만간 우리가 어떤 역할을 하게 될 것인가—펜을 들지, 아니면 총을 들지는 아직 분명하지 않았다.—를 생각하지 않고서는 문학과 자신의 문학적 진로를 생각하는 것이 불가능하던 시절이었다.

1936년 1월 1일, 시모노프는 첫 시 작품인 〈새해를 위한 축배〉를 〈이즈베스티야〉에 발표했다. 그 일은 당시 겨우 스무 살에 불과한 젊은 시인이 앞으로 당 지도부로부터 받을 총애를 일찌감치 보여준 것이었다. 이 작품에서 시모노프는 빛과 어둠의 최후의 투쟁이라는 생각을 떠올렸다.

친구들이여, 오늘 우리는 철저히 경계 중이다!

늑대들이 우리 공화국을 포위하고 있다.

그래서 우리는 유리잔을 높이 들고,

말 없이 잔을 비운다.

기관총좌에서 대기하고 있는 사람들을 위해,

소총이 유일한 친구인 사람들을 위해,

우리가 알아야 하는 동사인

'싸우다'라는 슬픈 동사를 아는 모든 사람들을 위해,

조용한 방을 떠나

미지의 포화 속으로 걸어갈 수 있는 사람들을 위해……[97]

시모노프가 출세의 길을 걷는 동안, 오볼렌스키 가의 세 이모들은 키로프 암살에 뒤이은 억압으로 레닌그라드에서 추방된 뒤 모스크바에서 동남쪽으로 1,500킬로미터에 위치한 동부 볼가 초원 지대의 도시인 오렌부르크의 유형지에서 시들어 가고 있었다. 시모노프는 세 이모를 좋아해서 아이 때부터 정기적으로 이모들에게 편지를 썼다. 어머니의 세 자매 중 제일 나이가 많은 류드밀라는 러시아에 동화한 독일인 가문 출신의 포병 대위 막시밀리안 티데만과 결혼했다. 제1차 세계대전에서 막시밀리안이 전사하자 류드밀라와 세 자녀는 연대가 주둔해 있던 랴잔에서 오도 가도 못하는 신세가 되었다. 1922년 페트로그라드로 돌아온 뒤 류드밀라는 장애아 학교에서 교사로 일했다. 1935년에 류드밀라가 체포될 즈음 세 자녀는 모두 장성한 상태였다. 두 명은 어머니와 함께 오렌부르크로 갔으나 장남은 레닌그라드에 남았는데, '붉은 삼각 공장'에서 경영자로서 높은 평가를 받은 덕분에 체포를 피할 수 있었다.

둘째 이모인 다리야, 즉 '돌리'는 몸 왼쪽이 뒤틀리고 마비되는 등 장애가 심해서 이사하기 힘들었다. 불운했던 돌리는 심술궂은 늙은 하녀가 되었다. 교조적으로 종교적인 돌리는 소비에트 체제에 대한 증오를 숨기지 않았고 귀족 전통을 고수했다. 1927년 돌리는 랴잔으로 알렉산드라(시모노프의 어머니)를 만나러 갔다. 시모노프의 주장에 따르면 당시 그를 무신론자가 되도록 이끈, 종교를 둘러싼 끊임없는 논쟁이 벌어졌다(그러나 나중에 이모들에게 보낸 편지에서 시모노프는 계속 종교적 감정을 표출하기는 했다). 시모노프는 몇 차례 레닌그라드로 돌리를 방문했으나 단지 의무로 하는 방문이라고 생각했다. 그는 막내 이모인 소피야, 즉 '소냐'를 훨씬 좋아했는데, 레닌그라드에서는 종종 막내 이모 집에 머물렀다.

소냐는 시모노프가 회상하는 대로 "소박하고 선한 성품과 너그러움"이 풍기는 "둥근 얼굴에 친절한 미소"가 감도는 통통한 여성이었다. 소냐는 태도와 가치관, 믿음 면에서 여전히 19세기 귀족 문화의 흔적을 지니고 있었지만, 돌리와 달리 소비에트 체제에 적응했다. 교사로 훈련받은 소냐는 사서로 일하면서 공동 아파트의 큰 방에서 혼자 살았다. 그러나 소냐는 자신의 운명에 괴로워하거나 불행해하지 않았다. 한편 시모노프는 막내 이모가 가장 활달하고 재미있었다고 회고한다. 자녀가 없었던 소냐는 조카들과 함께 지내는 것을 좋아했다. 소냐는 막내 조카인 시모노프를 귀여워했고, 그가 책에 관심을 갖도록 도와주었다. 소냐는 시모노프에게 썼다. "사랑하는 키류숀치크, 나는 네가 훌륭한 사람으로 자라기를, 너를 끔찍이 사랑하는 우리 모두에게 쓸모 있고 위안이 되는 사람으로 자라기를 바란단다. 우리가 옛날에 그랬듯이 네가 항상 배불리 먹기를 바란단다."[98]

시모노프가 마지막으로 소냐 이모를 본 것은 그가 레닌그라드의 그녀 집에 머물던 1933년 가을이었다. 그는 막내 이모 방에서 처음으로 시를 썼다. 1935년 2월 소냐는 류드밀라, 돌리와 함께 오렌부르크로 유형당했다. 시모노프는 어머니가 모스크바에서 "세 자매가 상트페테르부르크에서 어린 시절부터 알고 지내던 많은 사람들과 함께 유형당했다."는 사실을 알았을 때 어떠했는지를 회고한다.

어머니는 편지(막 오렌부르크에서 도착했다)를 들고 눈물을 흘리면서 그곳에 앉았고, 갑자기 말했다. "그때 률리야(류드밀라)와 함께 랴잔에서 페트로그라드로 돌아왔다면, 나는 지금 당연히 그들과 함께 있을 텐데." 나는 어머니가 이 말을 했던 방식에 충격을 받았던 것을 기억한다. 어머니는 이모들과 함께 있지 못했고, 자신은 자매들을 괴롭힌 시련에서 어떻게든 용케 벗어날 수 있었다는 데 죄책감을 느끼며 말했던 것이다. 그때 어머니가 계부에게 물었다. "어쩌면 우리도 여기서 쫓겨날까요?" 어머니가 말한 '우리'는 가족을 가리킨 것이 아니었다. 그것은 자기 자신과 자신의 출신 배경, 즉 오볼렌스키 일가를 의미했다.[99]

시모노프는 왜 충격을 받았는지 설명하지 않는다. 아마도 그는 어머니가 죄의식을 표출했다는 사실에 놀랐을 것이다. 그러나 그밖에도 다른 뭔가가 있었다. 시모노프는 자기 자신을 '소비에트 인간'으로 생각하도록 길러졌다. 계부가 체포되었을 때조차 이러한 관점을 버리지 않았다. 계부의 체포는 오히려 프롤레타리아 정체성을 만들고자 하는 노력에 박차를 가하는 계기가 되었다. 자신을 처음에는 엔지니어로, 다음에는 '프롤레타리아' 작가로 빚어내려고 기울인 노력은 소비에트 체제에 더욱 동조하게 만들었을 따름이다. 그러나 이모들이 체포되었을 때 어머니가 보인 반응—시모노프가 어머니가 자기 자신을 소비에트 용어로 '사회적 이질분자'라고 인정한 것을 처음으로 들었던 때인 듯하다.—은 그를 어쩔 수 없이 현실에 직면하게 했다.

시모노프의 어머니와 계부는 달마다 먹을거리와 옷 꾸러미를 오렌부르크로 보냈고, 시모노프 자신도 소포를 보내는 데 도움을 주기 위해 소득의 일부를 떼어놓았다. 1936년에 어머니는 세 자매를 방문했다. 시모노프가 회고하듯이 어머니는 돌아오지 못할 수도 있다고 우려했다(많은 사람들이 유형당한 친척들을 방문하면 체포당할까 봐 두려워했다). 언제나 현실적이었던 계부는 그녀가 체포되면 세 자매를 돕는 것이 훨씬 더 어려워질 것이기 때문에 가지 않는 편이 더 좋을 것이라고 아내를 말렸다. 그러나 알렉산드라는 그녀의 말마따나 "가지 않으면 마음이 편치 않을 것이기" 때문에 가겠다고 고집했다. 오렌부르크에서 돌아왔을 때 알렉산드라는 "긴 여정과 그곳의 끔찍한 상황 때문에 지치고 슬프고 수척했지만, 이제 그들에게 이보다 더 나쁜 일은 일어날 수가 없다고 생각했기 때문에 …… 미래에 대한 희망이 없는 것은 아니었다."라고 시모노프는 회고한다.[100]

그러나 더 나쁜 일이 닥쳐오고 말았다. 1937년 소냐와 돌리는 오렌부르크에서 체포되어 투옥되었다. 소냐는 총살당했고 돌리는 나중에 노동수용소에서 사망했다. 류드밀라만이 살아남았다. 시모노프는 생애 마지막 해에 이 사건들을 되돌아보면서 제일 좋아한 이모가 죽었을 때를 회고했다.

나는 소냐 이모가 투옥되었음을 알았다. 그 후 우리는 더는 소식을 들을 수 없었다. 그들이 우리에게 이모가 죽었다고 말했을 때—어디서, 어떻게 죽었는지는 말하지 않았지만—나는 전적으로 이모, 아니 다른 무엇보다도 이모와 관련된 강렬하고 고통스러운 불의의 감정에 휩싸였던 것이 기억난다. 이 감정은 내 영혼을 떠나지 않을 것이었고—나는 이렇게 말하는 것이 두렵지 않다.—영원히 국가가, 소비에트 권력이 나 자신에게 개인적으로 저지른 큰 불의로 기억에 남았다. 이 감정이 특히 괴로운 이유는 소냐 이모가 살아 있었다면 내가 그런 상황에 처한 사람을 도와줄 만한 위치에 있을 때 도와주었을 첫 번째 사람이었으리라는 것을 알기 때문이다.

시모노프의 회한은 만년에 그가 얻은 깨달음—이모들을 파괴한 억압 체제에 그도 결탁했다는—에서 비롯된 것이었다. 하지만 그가 회고록에서 인정하듯이 이모들이 체포되었을 당시에 그는 다른 반응을 보였다. 그는 이모들의 처지를 안타깝게 여겼으나 그들의 운명을 합리화하고 심지어 정당화하는 길을 발견했다.

나는 당시(1937년) 그 일을 어떻게 생각했는지, 그 일을 어떻게 판단하고 또 나 자신에게 설명했는지 기억할 수 없다. …… 이모를 많이 사랑했다는 이유만으로도 내 마음이 차분할 수 없었다는 것을 안다. …… 그러나 아마도 나는 이렇게 생각했을 것이다. "달걀을 깨뜨리지 않고서는 오믈렛을 만들 수 없다." 그때 내가 이렇게 받아들인 것은 혁명, 즉 낡은 사회의 해체가 인민의 기억에서 여전히 그렇게 멀지 않았던 때, 그런 문구를 쓰지 않고 대화를 하는 것이 드물었던 때인 그때 내가 느꼈던 것보다 오늘날 훨씬 더 냉소적으로 느껴진다.[101]

시모노프는 백해 운하를 직접 둘러본 것으로 체제에 더욱 가까워졌지만, 같은 경험이 다른 사람들에게는 정반대 결과를 낳았다. 1929년, 전 시오니스트이자 모스크바의 소련법률대학의 일류 법학자였던 일리야 슬라빈은 '공산주의 아카데미'의 법학부를 지원(支援)하기 위해 레닌그라드로 전출되었다. 그해에 숙청이 벌어져 레닌그라드대학 법학부는 폐쇄되었고, 그곳의 '부르주아' 학자들은 쫓겨났다. 그곳을 대신한 공산주의 아카데미 법학부는 레닌그라드에서 여전히 존재감이 느껴지는 소련 법조계의 '부르주아 우파'들에 맞서는 단호한 결의를 더욱 굳건히 하기 위해 슬라빈 같은 신뢰받는 볼셰비키가 필요하다고 보았다.[102] 슬라빈은 소련 법조계에서 주요 인물이 되었다. 사법인민위원부 자문관으로서 그는 1917년 이래 처음으로 형법을 크게 손질한 1926년의 소련 형법을 만든 위원회 위원이기도 했다. 레닌그라드에서 슬라빈 가족은 다른 한 가족과 큰 아파트를 공유했고 방 두 개를 썼다(모스크바에서 그들은 15가족이 공유하는 공동 아파트에서 살았다). 나중에 그들은 많은 정부 관리들과 과학자, 예술가들이 살던 레닌그라드 소비에트회관의 방 세 칸짜리 아파트로 이사했다. "우리는 비교적 특권을 누린 사람들이었습니다."라고 일리야의 딸 이다 슬라비나는 회고한다.

오빠 부부는 자기 방이 있었고, 부모님도 따로 방이 있었습니다. 아버지는 방에서 일도 하셨습니다. 나는 식당에서 잤어요. 손님이 오면 부모님 방으로 자러 갔고 그런 다음 부모님이 주무시러 오면 식당 소파로 옮겨졌습니다. …… 그러나 고급스러운 느낌은 전혀 없었어요. 전적으로 아버지의 사회주의 이상에 헌정된 거의 청교도적인 스파르타식 생활방식으로 살았지요. …… 우리는 여분의 배급―아버지는 그것을 부끄러워하셨어요.―을 더 가난한 친구나 친척들과 나누

1931년 레닌그라드 '공산주의 아카데미' 법학부의 교사와 학생들. 앞에서 둘째 줄 맨 왼쪽에 머리가 하얀 일리야 슬라빈의 모습이 보인다. 당시 슬라빈은 스탈린 체제의 요구에 따라 법조계 숙청 작업에 참여했다.

었습니다. …… 책이 유일한 사치품이었습니다.[103]

슬라빈은 공산주의 아카데미가 그에게 의뢰한 책에서 몇몇 주요한 소련 법학자들의 '부르주아 경향'을 맹렬히 공격함으로써 자신의 정치적 후원자들에게 봉사했다. 그 책은 1931년에 체제가 단행한 법조계 숙청의 일환으로 기획된 것이었다. 간략하나 악의에 찬 텍스트인 《소련 형법 전선에서의 파괴 활동》에서 슬라빈은 자신의 주장에 따르면 몇몇 선도적인 법학자들이 숨기고 있는 진짜 '부르주아' 견해를 드러내기 위해, 그들이 1920년대에 쓴 저술을 1917년 이전에 쓴 저술과 비교했다. 낡은 법률적 사고를 뿌리 뽑을 필요가 있다는 믿음으로 정치적 신념에 기반을 두고 쓴 글에서, 슬라빈은 소련 법 체계의 근본적인 이념적 교의를 전복하려 한다고 이 법학자들을 고발했다. 그는 비판을 위해 이전의 레닌그라드대학 법학부를 지목했는데,

그의 주장에 따르면 이 법학부는 "어제의 성직자와 백군들"을 훈련시켜 "오늘의 마르크스주의자와 내일의 공산주의자들"인 체하게 했다. 슬라빈이 공격한 법학자 몇 명은 그 후 레닌그라드대학과 모스크바대학에서 해직되었고 부득이하게 지방에서 일자리를 찾아야 했다.[104]

슬라빈 가족 문서고에는 일리야 슬라빈이 1931년에 공산주의 아카데미에서 동료 교사들, 몇몇 학생들과 함께 찍은 사진이 있다. 사진 뒤에는 다음과 같이 적혀 있다. "슬라빈 동지에게! 볼셰비키 호위대의 굳건한 공산주의자, 이데올로기 전선의 변함없는 투사, 학문의 고지에서 해충을 쓸어내는 강철 빗자루로서 당신을 다정하게 기억하며." 이다 슬라비나는 이 묘사를 자신이 기억하는 부드럽고 온화한 아버지의 모습과 조화시키기가 힘들다. 아마도 슬라빈은 당의 요구에 저항하기엔 너무 심약한 사람이었기 때문에 억압 체제에 흡수되었을 것이다. 그는 예전에 시오니즘 운동에 연루되었기 때문에 자신이 공격받기 쉽다고 느꼈던 것 같고 '볼셰비키 호위대'의 일원으로서 자신의 가치를 입증하기 위해 책을 썼다. 또는 어쩌면 이다가 생각하는 것처럼, 그는 자신의 믿음에 오도되어 "길을 잃었을" 수도 있다.

슬라빈은 페레코프카를 믿었다. 1917년 이전에 그는 모길료프의 한 지역 형무소 죄수들을 위한 작업장과 문화센터를 세워 개조 실험을 수행한 적이 있었다. 당시 그는 법률 보조원으로 일하면서 형무소장과 잘 알고 지내는 사이였다. 개조 사상은 1920년대와 1930년대에 슬라빈이 쓴 많은 법률 저술들, 특히 작업장의 법정인 동지 법정* 구상에 관한 글들에서 표면으로 떠올랐다. 그 글들에서 슬라빈은 죄수들을 개혁하기 위해 공동체 봉사의 한 형태로 형벌 노동을 이용할 것을 주장했다.[105]

1933년 공산주의 아카데미는 슬라빈에게 새 과업을 주었다. '백해 운하의 예로 본 형벌 노동자의 개조'라는 가제로 책을 쓰라는 과제였다.[106] 본질적으로 그는 굴라크 노동수용소를 정당화하는 법률적, 철학적 논거를 제시하라는 요구를 받은 것이었다. 아마도 슬라빈이 이전에 쓴 개조 관련 저술들이 이런 끔찍한 의뢰가 들어오는 데 어느 정도 역할을 한 것 같다. 그러나 그가 선택받은 주된 이유는《소련 형법 전선에서의 파괴 활동》을 통해 체제의 억압 시스템을 정당화하는 법률적 논거를 마련할 준비가 되어 있음을 보여주었기 때문이었다.

페레코프카를 믿는 것과 그것이 실행되는 현실을 보는 것은 전혀 다른 일이었다. 1932~1933년에 슬라빈은 백해 운하, 모스크바-볼가 운하와 동북부 시베리아의 콜리마 노동수용소를 비롯한 다른 형벌 노동 현장을 몇 차례 방문했다. 그곳에서 목격한 것 때문에 소련의 개조 이상에 대한 그의 믿음은 무너졌다. 이다는 아버지가 이 여행에서 얼마나 "지치고 낙담한 상태로" 돌아왔는지―"마치 충격에서 헤어나지 못한 상태로 살고 있는 것처럼 며칠 동안 어느 누구에게도 말하지 않으면서"―를 기억한다. 슬라빈은 특히 아동 노동 집단 거주지를 방문한 뒤 크게 흔들렸는데, 그곳에서 그는 경비병들이 "소비에트 정신으로 아이들을 개조하기 위해" 이용하는 야만적인 규율에 깜짝 놀랐다. 슬라빈은 백해 운하에 관한 책을 쓸 수 없었다. 몇 년 동안 그는 책의 완성을 미뤘다. 수용소에는 페레코프카가 없음을 깨달았기 때문에 그는 많은 장들의 초고를 파기했다(그중 한 장의 제목은

'개조 정책의 파시즘적 왜곡'이었다).

슬라빈은 자신이 덫에 걸렸음을 알았다. 키로프 암살의 여파로 공산주의 아카데미에서 직원 절반이 숙청당했던 일 이후 슬라빈은 자신도 체포될까 봐 두려워했다. 이다는 부모가 방에서 꼼짝도 하지 않았음을 회상한다. "부모님은 밤새 대화하고 소곤거리면서 앉아 있었다." 당 문서고에서는 1934년 12월에 슬라빈의 이름이 과거에 다른 당을 떠나 볼셰비키에 합류했던 정치적 의심분자("장차 체포해야 할") 명단에 추가되었음을 확인할 수 있다.[107]

공산주의 아카데미의 지도자들이 점점 더 압박을 가해 오자 슬라빈은 백해 운하에 관한 책에 들어갈 일부 장의 초고를 제출했다. 이 글들에서 슬라빈은 굴라크 체제의 일상적인 작동에 관해 많은 비판을 가했으나, 지지할 만한 증거를 찾지 못한 개조 정책은 전혀 언급하지 않았다. 그가 한때 '파시즘적 왜곡'이라고 제목을 붙였던 장은 이제 '개조 정책의 왜곡'이란 제목으로 실렸다. 그것은 용감한 행동이었고, 슬라빈은 그 때문에 1935년 5월 공산주의 아카데미 편집위원회에서 신랄한 비판을 받았다. 이 사건은 도덕적 전환점이 되었다. 더는 볼셰비키 신념을 고수할 수 없다고 느낀 그는 오래 전에 관계가 끊긴 시오니스트들과 접촉을 재개했는데, 이다의 말을 빌리면 그 일은 "시계를 거꾸로 돌리고 정치적 오류를 바로잡으려는" 필사적인 시도였다. 그러나 슬라빈은 너무 늦었다는 것을 알았음이 틀림없다. 그는 절망적인 상황에 놓였다. 페레코프카에 관한 책을 완성하면 구제받을 수도 있었으나 도덕적으로 도저히 그렇게 할 수 없었다. 그는 책을 미루면 미룰수록 체포를 당할 날이 더욱 가까워진다는 것을 확실히 깨닫고서도 완성을 계속 미뤘다. "나는 끝났습니다."라고 슬라빈은 1937년 3월에 공산주의 아카데미에서 열린 당 동료들의 모임에서 말했다. "나는 정치적 파산자입니다."[108]

노동수용소란 이름의 산업

1930년대 중반에 집단화와 기근의 희생자들이 검거되어 노동수용소로 보내짐에 따라 굴라크 인구는 엄청난 속도로 팽창했다. 이제 노동수용소는 소련 산업 경제의 필수 요소로 여겨졌다. 1932년부터 1936년 사이에 노동수용소, 노동 집단 거주지, '특별 정착촌'의 인구는 240만 명에 도달했다(여기에 감옥 인구 50만 명이 추가된다).[109] 이 노예 노동력은 자유 노동자라면 가지 않을 극북의 오지에 있는 목재업, 건설업, 광산업 현장에서 특히 긴요한 역할을 했다. 따라서 굴라크에서조차 사람들은 경력을 쌓을 수 있었다. 굴라크 복무로 종종 엔카베데에서 승진할 수 있었던 감옥의 경비병과 행정 직원들뿐만 아니라, 굴라크 체제에 필요한 기술과 당 노선에 대한 헌신—또는 당 노선에 적응하려는 의지—이 있을 경우 일부 선택된 죄수들에게도 기회가 있었다.

북극 지대의 광산 지역을 탐사할 때 주도적 역할을 했던 지질학자 파벨 비텐부르크는 1930년 4월에 체포되었다. 그는 학술원*을 숙청할 때 추방된 수백 명의 과학자 중 한 명이었다. 레닌그라드에서 투옥된 그는 심문과 가족을 볼모로 한 위협에 점점 무너졌고, 결국에는 1927

학술원(Rossiiskaya akademiya nauk) 오늘날 러시아의 최고 학술 기관. 1724년 표트르 1세에 의해 창립되었다. 1917년 10월혁명 전에는 '상트페테르부르크학술원'이라고 불리다가 1925년부터 '소련학술원'으로 바뀌었으며 1934년에 모스크바로 이전되었다. 소련 해체 후 '러시아학술원'으로 개칭했고, 현재 러시아의 인문학, 사회과학, 기술과학을 총체적으로 관리(산하 총 443개 연구소)하며 원장은 부총리급이 맡는다.(역주)

켐 노동수용소(백해 운하)에서 지내던 시절의 지나와 파벨 비텐부르크 부부 (1931년). 1920년대에 특권을 누린 지질학자 파벨은 1930년에 체포되어 수용소에 보내졌다.

년(그가 시베리아 동북부의 콜리마 금광지 탐사에 참가하고 있던 때) 야쿠츠크 반란을 조직하는 데 도움을 준 군주주의 조직에 소속되어 있다고 자백했다. 심문관이 그의 앞에서 벌떡 일어나 그의 아내 지나를 체포하라고 명령하는 전화를 거는 순간 한계점에 다다랐던 것이다.

파벨이 감옥에 있는 동안 지나는 항상 체포를 예상하면서 살았다. 가족은 올기노에 자신들이 소유하고 있던 널찍한 시골집의 방 한 칸으로 옮길 수밖에 없었다. 오게페우 정보원이 다른 방들을 차지하고 가족 재산의 몰수를 조직했다. 딸 예브게니야는 매주 레닌그라드로 가서 고로호바야 거리에 있는 오게페우 사무실에 들러 아버지 소식을 묻던 어머니를 따라다닌 일을 기억한다.

어머니는 여덟 살이던 나를 아드미랄티 정원의 분수(당시에는 작동하지 않았다) 옆에 두고서는 엄마가 돌아올 때까지 기다려야 한다고 말하곤 했습니다. 만일 돌아오지 않으면 어머니가 체포되었다는 의미였고 나는 어머니가 종이에 써준 주소로 찾아가야 했습니다. 호주머니에 그 종이를 넣고 있었어요. 타티야나 리보브나의 주소였는데, 그녀가 나를 받아주기로 되어 있었던 거죠.

1931년 2월에 파벨은 총살형을 선고받았다. 그러나 마지막 순간에 집행유예를 받고 10년 노동수용소형이 선고되었다. 올기노에 있던 집은 몰수되었다(그 집은 오게페우 관리의 다차가 되었다). 파벨은 마이구바 벌목 수용소로 끌려가 백해 운하를 건설하는 데 쓸 목재를 벴으며 그 후 오수 처리 엔지니어로서 바다로 이어진 운하의 북쪽 부문에 위치한 켐 근처 노동수용소로 이송되었다. 한편 지나는 두 딸 예브게니야와 발렌티나를 데리고 레닌그라드에 있는 공동 아파트의 방 하나로 이사했다(장녀 베로니카는 다게스탄으로 옮겨갔다). 공동 아파트에는, 앞방을 차지한 원 소유주인 노인 부부와 복도의 커튼 뒤에 살던 그들의 예전 하녀를 비롯해 총 16명이 거주했다. 그 예전 하녀는 '계급적 증오심'으로 가득 차 있었다. 여름에 지나는 두 딸을 친척들과 지내도록 키예프로 보내놓고 자기는 남편과 가까이 있기 위해 켐의 노동수용소에 가서 자원 봉사 의사로 일했다.[110]

1931년 8월 지나가 레닌그라드로 돌아온 직후, 파벨은 귀금속 채굴 가능성을 탐사하기 위한 특별 오게페우 탐사대에 소속되어 바이가치 섬에 지질학자로 파견되었다. 파벨은 운이 좋았다. 그는 지질학자로서 지닌 전문 지식 덕분에 구원받았다. 여전히 죄수 신분이긴 했지만 그는 전문 분야에서 일하도록 허가받았으며 굴라크에서 복역하면서 재능을 과시했다. 바이가치 탐사를 이끈 사람은 오게페우의 굴라크 수장이었던 표도르 예이흐만스*였는데, 그는 1930년 6월 카

바이가치 노동수용소의 자기 사무실에서 일하는 파벨 비텐부르크(1934년). 죄수였던 파벨은 지질학자로서 굴라크 광산 단지 개발에 공을 세우고 수용소 내에서 새로운 특권을 누렸다.

라해의 먼 북극 섬에 처음으로 수용소를 세우기 위해 모스크바의 근무지를 떠났다. 죄수 1,500명 중 거의 절반이 지질학자, 지형학자, 엔지니어였으며, 이들은 섬에 풍부하게 매장된 아연과 납을 조사했으나 예이흐만스가 프로젝트에 참여한 진짜 목적이었던 금과 백금을 찾는 데는 실패했다. 섬에 살면서 탐사대에게 교통편을 제공했던 네네츠족(사모예드족)은 예로부터 전설로 내려오는 단단한 금으로 된 토템상인 '황금 여자'에 대해 말했다. 수용소의 형편은 바라크를 세우기 전에 모두가 텐트 생활을 해야 했던 처음 몇 달 동안 특히 매우 열악했다. 아연과 납 광산은 전부 손으로 팠으며, 규율은 가혹했고—조금만 어겨도 총살되었다.—겨울에는 기온이 정기적으로 영하 40도까

예이흐만스(Fyodor Eikhmans, 1897~1938) 비밀경찰 출신의 솔로베츠키 수용소 초대 지휘관. 1930년 굴라크 초대 소장, 1930~1932년 바이가치 탐사대 대장을 역임했다. 1937년 7월 '엔카베데 내 음모'에 가담한 혐의로 체포되어 1938년 9월에 처형되었다.(역주)

지 곤두박질치는 극한의 추위 때문에 많은 사람들이 죽었다.[111]

파벨 비텐부르크가 도착할 즈음 금 수색은 절망적인 상황이었는데, 여기서 그가 왜 이미 그곳에 지질학자들이 있는데도 그 수를 증원하기 위해 호출되었는지를 짐작할 수 있다. 파벨은 곧 지질학자들의 수장이 되었다. 그는 바이가치 조사를 마무리했고, 그 결과 1934년에 북극권 내 최초의 광산인 굴라크 광산 단지가 개설되었다. 그는 오게페우 정기 간행물에 탐사 관련 글을 몇 편 실었고 심지어 섬의 자연사를 다룬 스크랩북을 만들기도 했다. 죄수였던 파벨은 특권 생활을 누렸다. 그는 특별 배급을 받았고 전문가용 별도 주택에 거주했으며, 자신의 사무실까지 배정받았다. 1932년 3월에 파벨은 온 가족의 방문을 허락받았다. 여름에 바이가치 주변을 조사하는 대규모 탐사에 그와 동행하기 위한 것이었다. 1933년 여름에 지나는 둘째 딸 발렌티나를 레닌그라드의 친구에게 돌봐주길 부탁하고, 막내 예브게니야만 데리고 남편과 함께 살기 위해 바이가치로 왔다. 1932년 10월부터 예이흐만스 대신 수용소를 맡은 알렉세이 디츠클란이 전문가들에게 가족과 함께 사는 것을 허용해준 때였다. 지나가 집으로 보낸 편지에는 이때 상황이 생생하게 담겨 있다.

바이가치 섬

1933년 8월 26일

사랑하는 내 어린 딸들, 베로니치카(베로니카)와 류센카(발렌티나). 24일 밤 늦게 우리는 마침내 아빠 집에 도착했단다. 여기 오는 데 엿새가 걸렸고, 그중 사흘은 풍력 5의 추운 바람이 불었단다. 우리 주위의 승객 대부분이 내내 멀미에 시달린 것을 생각하면 굴렌카(예브게니야)는 아주 용감했어. …… 아빠가 배에서 우리를 맞아주었고 모든 짐을 모터보트에 부려서 11시쯤 집에 도착했단다. 아빠는 꽤 좋아 보이셔. 몸도 붇고 혈색도 좋고 얼굴에 주름도 없단다. 기분도 좋아 보이고 활력이 넘치며, 늘 그렇듯 일을 즐겁게 하고 계시단다. …… 우리는 전문가 숙소에서 아주 잘 지내고 있다. 여기가 위도 70도선이라는 사실을 생각해보면 정말 잘 지내고 있단다. 우리에겐 창문이 세 개씩 달린 멋진 방 두 개가 있는데, 방들이 각각 동북쪽과 서북쪽을 향하고 있는데도 창문 때문에 방들이 매우 밝아. 오븐과 엄청나게 큰 스토브도 있고, 그래서 내가 완전히 잃어버린 가사 기술을 향상시켜야 할 판이구나. 다음 배편에 아빠 사진을 보내주마. 여기가 얼마나 좋은지, 아빠가 살이 얼마나 붇었는지 직접 볼 수 있을 거야. …… 어제 저녁에 우리는 본토로 돌아가는 사람들(죄수들)에게 작별 인사를 하고 새로 도착하는 사람들을 환영하는 리셉션에 갔단다. 연설도 상당히 마음에 들었고, 노동 영웅들이 대단한 환대를 받았단다. 바이가치 탐사대가 전연방 사회주의 경쟁*에서 1등을 차지한 것 같더구나. 여기서는 사람들의 멋진 개조(페레코프카)가 일어난단다. 모든 죄수들이 능력 있고 글을 아는 의식 있는 노동자가 되어 본토로 돌아가지. 우리도 그렇게 좀 더 개조될 수 있다면 좋을 텐데. …… 어제 저녁은 '살아 있는 신문'(일종의 아기트프로프agitprop, 즉 선동과 선전)과 근사한 콘서트로 마무리되었단다. 이것이 내가 첫 하루 반나절을 겪고 보내는 소식 전부란다. …… [112]

노동수용소 내에서 비텐부르크 가족은 점차 일상으로 돌아왔다.

사회주의 경쟁 노동 생산성을 올리기 위해 소련에서 실시된 기업이나 기관, 개인들 사이의 경쟁을 말한다. 1920년대 말 산업화 프로그램이 실시되면서 소련 전역에 동시에 본격적으로 도입되었다.(역주)

지나는 수용소 병원에서 의사로 일했고, 예브게니야는 전문가와 행정 직원의 자녀를 위한 학교에 다녔다. "우리 삶은 엄마와 아빠의 일을 중심으로 돌아갔습니다."라고 예브게니야는 회고한다.

매일 아침 기온이 몇 도든 아빠는 팬에다 찬물을 붓고 우리 방에서 세수를 했습니다. 그러고는 아침을 간단하게 들고 지질 분과로 일하러 가셨죠. 아빠가 돌아오시면 저녁을 먹었고, 그런 다음 아빠는 책상에 앉으셨어요. 엄마는 항상 일에 지쳐 돌아왔습니다. 저녁에 엄마는 뭔가를 읽을 힘도 거의 없었어요. 나는 제일 시간이 많았기 때문에 학교에서 오면 숙제부터 전부 해치웠습니다. 그리고 식당에서 우리 식사(자원 노동자용 2인분과 죄수용 1인분)를 가져왔습니다. 요리사는 모두 중국인이었어요. 그들은 뛰어난 요리사였고 내게 빵 굽는 법을 가르쳐주었습니다. 전반적으로 음식은 레닌그라드에서 먹었던 것에 비하면 호화로웠던 것 같습니다.[113]

굴라크에 대한 이 장밋빛 시각 이면에는 무엇이 있는가? 예브게니야에 따르면, 그녀의 어머니는 낙관주의, 심지어 페레코프카에 대한 믿음마저 검열관들을 의식해 편지에 그냥 쓴 것이 아니라 진실로 마음속에 굳게 지녔던 것이다.[114] 물론 가족이 재결합했다는 행복감이 어느 정도 작용했음이 틀림없다. 그러나 이와 똑같이 중요한 것은 비텐부르크 가족 같은 전문가들이 상대적으로 특권을 누린 상황이었고, 이런 상황이 수용소에서 겪을 수 있는 최악의 생활에 직면하지 않도록 보호막이 되어주었다는 사실이다. 또 어쩌면 그들은 자신들의 일에 너무나 열중한 나머지 일을 계속하게 해주고 밤에 쉽게 잠들게 해주는 관점이라면 무엇이든 기꺼이 받아들였을 수도 있다.

1934년에 바이가치 섬에서 폭동이 일어났다. 섬의 한쪽 끝에서 일하던 죄수들이 반란을 일으켜 경비병들을 살해했다. 반란자들은 도피할 곳이 없었으므로 결국 총에 맞아 죽거나 잡혀서 수용소로 복귀했다. 수용소 의사인 지나는 그들의 상처를 검사하고 다시 작업장으로 돌아가는 데 적합한 죄수를 결정해야 했다. 지나는 끔찍한 구타의 증거를 보았으나, 페레코프카에 대한 신념과, 또 고용 계약서를 쓸 때 동의했듯이 기꺼이 죄수들의 병가 시간을 줄임으로써 수용소의 노동 규율을 강행하고자 하는 뜻은 조금도 흔들리지 않았다. 봉기의 여파 속에서 성실히 근무한 덕분에 지나는 명예로운 보상으로 '돌격 노동자' 칭호를 받고 수용소의 '붉은 책'에 이름을 올렸다. 지나는 죄수들에게 읽기와 기술을 가르치는 것을 도왔다. 그렇게 하면 죄수들의 인격을 개조해서 그들이 사회에 복귀하는 데 도움을 줄 것이라고 믿었기 때문이다. 지나는 심지어 당 학교에 입학해서 딸들에게 자신이 그곳에서 공부하는 것을 정말 좋아한다고 말하는 편지를 보내기도 했다.[115]

예브게니야에 따르면, 아버지 파벨도 똑같이 굴라크의 공식 관점을 따를 태세가 되어 있었다. 예브게니야가 보기에 아버지는 "오로지 자신의 학문을 위해 살았고" "정치에 거의 관심이 없었다." 그는 "전문 분야에서 계속 일할 수 있는 기회를 준 소비에트 체제에 감사했고 가족이 바이가치에 있는 자신과 함께 살 수 있도록 허용해준 것에도 감사"했다. 만일 파벨이 페레코프카에 대한 선전을 믿었다면, 그것은 딸에 따르면 "그가 성실하고 아마도 순진하며 낭만적인 성격이었기" 때문이었다. 이 말은 대부분 아마도 진실일 것이다. 그러나 이것은 아버지에 관한 기억을 소중히 여기는 다정한 딸의 관점이다. 다른 시각에서 보면 파벨의 행동은 깊은 도덕적 타협으로 묘사할 수도 있다. 파벨의 연구는 그가 필요로 하는 모든 것을 제공해주는 노동수용소에서 확실히 큰 성취를 이루었다. "바이가치에서 지휘관 일을 하는 것이 얼마나 즐거운지."라고 파벨은 일기장에 적었다. "여기 노동자들에게는 반(半)군사적 규율과 철저한 복종이 있다." 1935년 7월 파벨은 작업에서 거둔 성과의 가치를 인정받아 형기보다 6년 일찍 석방되었다. 그러나 그는 바이가치에서 지질 연구를 마치기를 원했고, 그래서 본부와 자발적으로 일을 계속한다는 계약서에 서명했다. 이것은 결정적 전환점, 강제로 굴라크를 위해 일하는 죄수가 아니라 연구를 진척시키기 위해 굴라크 체제의 협력자가 된 순간이었다.

바이가치에서 일을 마치고 난 후 파벨은 드미트로프 노동수용소로 가서 모스크바-볼가 운하 건설에 지질학자로 채용되었다. 한편 레닌그라드로 돌아온 지나와 예브게니야는 "삶이 좀 더 쾌적해졌다"는 것을 깨달았다. 그들은 이전에 살던 공동 아파트로 되돌아갔고 발렌티나와 베로니카가 합류했다. 아파트의 전 소유주들이 키로프 암살 이후 불어닥친 레닌그라드 숙청 과정에서 체포된 후, 그들은 곧 방을 하나 더 배정받았다. 비텐부르크 가족은 엔카베데가 계속 다차로 사용하던 올기노의 옛 집에서 자신들이 쓰던 가구를 돌려받을 수 없었기 때문에, 엔카베데 물품 창고를 찾아가 레닌그라드 체포의 희생자에게서 몰수한 가구를 알아서 가져왔다. 발렌티나와 베로니카는 한 쌍의 고풍스러운 안락의자, 소파, 거울, 책장, 그랜드 피아노를 선택했다.[116]

파벨은 1936년에 레닌그라드로 돌아왔다. 다음 2년 동안 그는 북극해의 굴라크 본부에 고용되어 일하면서 세베르나야제믈랴로 가는 탐사대를 몇 차례 이끌었다. "우리가—긴밀하게 결합한 가족으로서—함께 편안히 살 수 있게 더 넓은 주거 면적을 확보하는 일은 내가 해결할 수 없을 것 같은 과제란다."라고 파벨은 1936년에 막내딸 예브게니야에게 썼다. 그는 굴라크에서 업적을 쌓은 덕분에 특권적 지위를 용케 확보할 수 있었지만 여전히 정치적으로 불안을 느꼈고 가족을 걱정했다.

너희들이 나와 함께 겪어야 했던 고통스런 시간이 끝난 뒤에도, 너희 모두가 마땅히 누려야 할 안락한 생활을 마련하기에 내가 너무 무력하다는 사실을 인정하기가 쉽지 않구나. 나는 작은 집을 지을 수는 있으나 엄마가 받아들이려 하지 않을 거야. 나를 도와줄 수 있었던 힘 있는 사람들은 이미 등을 돌려버렸다. 언제쯤이면 내가 1930년 이전에 지녔던 영향력의 10분의 1이라도 도로 찾을 수 있을까?

파벨은 스스로 소비에트화(化)하기 위해 의식적으로 노력했다. 그는 당의 역사에서 교훈을 얻었고 당의 역사가 가르쳐준 '진리'를 껴안았다. 1936년 말쯤 그는 '트로츠키주의자'들과 소비에트 체제의 다른 '적'들에 대한 당사(黨史)의 가르침을 받아들일 준비가 되어 있었다. "내가 이것에 대해 아무것도 몰랐다니 얼마나 부끄러운지."라고 파벨은 일기장에 적었다. "역사를 읽는 것이 시야를 넓혀주고 당의 일반 노선을 적절하게 이해할 수 있게 해준다는 점을 알기만 했더라도. 그랬다면 아마도 내 삶은 유형과 투옥의 가시밭길을 걷지 않아도 되었을 텐데. 내 삶은 무엇 때문에 파괴되었나? 저 짐승 같은 트로츠키 놈은 수천 명의 목숨을 날아가게 했으니 비난받아 마땅하다!"[117)

파벨 비텐부르크의 이야기는 굴라크가 감옥을 훨씬 뛰어넘는 것이었음을 일깨워준다. 소련 산업 경제의 추동력으로서 굴라크는 어마어마한 무리의 전문가와 기술자들—엔지니어, 지질학자, 건축가, 연구 과학자, 심지어 항공기 설계사까지—을 고용했고, 그들에게 경력을 쌓을 특별한 기회를 주었다.

파벨 드로즈도프는 1906년 우크라이나 북부 체르니고프의 농민 가정에서 태어났다. 아버지는 1917년 이전에 마르크스주의 운동에 적극적으로 관여했다. 부모가 모두 내전에서 살해당한 뒤 드로즈도프는 모스크바로 가서 모스크바대학 경제학부에 입학했고 그 후 전기기사로 훈련받았다.(그는 나중에 수도의 많은 지역에 전력을 공급하던 발전소인 '모스크바 에너지'에서 근무했다.) 1925년 드로즈도프는 모스크바대학의 학생 조직에 참여했다는 이유로 체포되었다. 그는 크라스노비셰르스크 지역으로 3년 동안 유형당했고, 그곳에서 당시 아직 초창기였던 비실라크에 부속된 벌목 수용소에서 일했다. 형기를 마치기 1년 전인 1927년에 석방되었을 때 드로즈도프는 그가 회계원으로 고용된 수용소에 남기로 했다. 그는 수용소 인근 마을에서 온 젊은 여성 농민 알렉산드라와 결혼해 두 자녀를 두었고, 그들과 함께 수용소 단지 내 행정 직원들을 위한 호스텔에서 살았다.

1929년 '계몽된' 굴라크 수장인 예두아르트 베르진이 비실라크에 왔을 때 드로즈도프의 운명은 극적으로 바뀌었다. 베르진은 죄수들의 개조를 옹호했고, 드로즈도프에게서 이상에 들어맞는 살아 있는 사례를 발견했다고 믿었다. 베르진은 드로즈도프의 재능, 특히 머릿속에 사진을 찍어 두는 듯한 정확한 기억력을 인정했다(베르진은 드로즈도프의 '머릿속에 자동 계산기'가 들어 있다고 말하기를 좋아했다). 그는 수용소 행정직에서 드로즈도프를 초고속으로 승진시켰고, 비실라크의 고위 관리들과 이야기하면서 개조의 사례로 죄수 출신인 드로즈도프를 종종 언급했다. 1929년 드로즈도프는 벌목 수용소 회

계원 책임자로 임명되었고, 1930년에는 비실라크 단지 전체의 회계
원 책임자가 되었다. 베르진의 측근이 된 드로즈도프는 베르진이 시
베리아 동북부의 달스트로이 노동수용소 네트워크를 조직하기 위해
비실라크를 떠날 때 그를 따라갔다. 굴라크 제국의 수도인 마가단에
서 드로즈도프는 '달스트로이 트러스트 계획 분과'의 회계원 책임자
이자 달스트로이 노동수용소의 감독관이 되었다. 엔카베데의 중장
계급으로 승진한 그는 가족뿐만 아니라 누이동생의 가족도 함께 살
만큼 큰, 방 4칸짜리 아파트를 보상으로 받았다. 그는 또 모스크바
에도 아파트를 받아 알렉산드라와 자녀들이 그곳에서 겨울을 보내
곤 했다. 가족은 스탈린의 엘리트들만이 이용하는 특별 상점과 요양
소를 출입할 수 있었고 국경일에는 달스트로이 공장에서 제조한 선
물을 받는, 특권적 삶을 살았다.[118] 겨우 몇 년 전까지만 해도 굴라
크의 평범한 죄수에 불과했던 사람에게는 나쁘지 않은 삶이었다.

　미하일 스트로이코프는 1901년에 모스크바 동북쪽으로 300킬로미
터 떨어진 이바노프 근처의 고의식파 가정에서 태어났다. 1925년에
그는 모스크바건축대학의 학생으로 등록했고 노동자 학부*(대학에서
공부할 수 있도록 노동 계급 출신 학생들을 준비시키는 곳)의 젊은 화가
옐레나와 결혼했다. 1927년에 딸 율리야가 태어났는데, 딸이 태어나
기 직전 미하일은 체포되어 시베리아로 유형당했다. 볼셰비키의 농
업 정책에 반대하는 학생 집단에 참여한 것이 화근이었다. 옐레나는
노동자 학부에서 추방되어 섬유 공장에서 일했다. 1930년에 미하일
은 모스크바로 돌아왔고 건축대학에 다시 들어갔으나 2년 후 또 체

노동자 학부 '노동자 학부(rabochii fakultet)'라는 뜻의 러시아어를 줄여 'rabfak'라고 부르
기도 한다. 1920년부터 1930년대까지 존속한 이 학교는 노동자들이 고등교육기관에 입학
할 수 있도록 준비시키는 공식 교육 기관이었다.(역주)

포되어 2년 동안 부티르카 형무소에 투옥되었다.

미하일은 우수한 학생이었다. 그는 체포 전에 박사 학위 논문을 완성하지 못했으나 교수가 중재하여 부티르카에서 논문을 완성하고 심지어 대학에서 발표까지 할 수 있었다. 미하일이 정치경찰의 지원 없이 이런 일을 할 수 있었다고는 생각할 수 없다. 그는 오게페우에 친척 아저씨가 두 명 있었고, 그의 가장 오랜 친구 중에는 옐레나의 첫 남편이자 오게페우의 고위 관리인 필리프 바자노프가 있었다. 바자노프는 미하일이 감옥에 있는 동안 옐레나를 도와주었다(그리고 자기에게 돌아오라고 설득하고자 했다). 1934년 미하일은 아르한겔스크로 유형당했다. 미하일은 아르한겔스크에 친척들이 있었고 그중에는 전직 무르만스크의 부지사 가족도 있었지만, 그들을 위험에 빠뜨리고 싶지 않았기 때문에 찾아가지는 않았다.

미하일은 건축에 관한 전문 지식 덕분에 구원받았다. 그는 인근 수용소의 굴라크 노동을 이용하는 몇몇 큰 건축 프로젝트—공장과 교량—에서 계획가이자 건축가로 엔카베데에 고용되었다. 심지어 유형 중인 죄수일 때도 미하일은 모스크바의 옐레나와 율리야보다 생활 여건이 더 나았다. 미하일은 돈을 많이 벌었다. 그는 매일 고기가 제공되는 엔지니어와 기술자들을 위한 엔카베데 식당에서 밥을 먹은 반면, 모스크바의 율리야와 옐레나는 죽과 빵으로 연명하였다. 미하일은 가족에게 고기를 살 돈을 보냈다. 율리야는 종종 몸이 아팠고 질 좋은 음식이 절실히 필요했다. 1934년 말에 옐레나는 상대적으로 안락하게 살고 있는 남편의 덕을 보려는 희망으로 딸을 아르한겔스크로 보냈다. 율리야가 마지막으로 아버지를 본 것(아버지에 대한 유일한 기억)은 2년 전 부티르카 형무소에서였는데, 형무소를 방문한 뒤에 고작 여섯 살이던 율리야는 자살 시도를 할 정도로 충격을 받았다.

미하일은 옐레나 페트로브나라는 노파에게서 방의 한쪽 구석을 임대했고, 그녀는 식사를 준비해주었다. 율리야는 이 식사—마카로니를 곁들인 포크커틀릿과 간 고기가 든 팬케이크, 닭다리, 아이스크림—를 향수에 젖어 떠올린다.

아빠는 일터에서 돌아오는 저녁마다 내게 묻곤 했다. "옐레나 페트로브나에게 무엇을 주문할까? 뭐가 먹고 싶니?" 나는 그녀가 만들어주는 맛있는 음식을 너무나 좋아했고 항상 (그녀가 우리를 위해 요리하던 첫 번째 음식인) 다음과 같은 메뉴를 말하곤 했다. "마카로니와 커틀릿! 마카로니와 커틀릿!" 하루는 아빠가 질색을 하셨다. 아빠는 나에게 간청했다. "류센카, 다른 것도 생각해보렴, 나는 더는 먹을 수가 없구나." 그러나 나는 다른 음식은 생각할 수가 없었다.

율리야에게 1934년부터 1937년까지 아르한겔스크에서 보낸 시간은 생애에서 가장 행복한 시절이었다. 율리야는 무럭무럭 자랐고, 발레를 좋아했다. 아버지는 딸을 극장에 데려갔고 딸이 두 사람의 작은 주거 공간에서 발레 음악에 맞춰 춤을 출 수 있도록 축음기를 샀다. 옐레나가 '아빠의 구석'이라고 부르는 주거 공간은 미하일이 옐레나 페트로브나가 사는 방의 나머지 부분과 분리하기 위해 합판 칸막이와 문을 달아 만든, 고작 7제곱미터(2평)에 불과한 작은 공간이었다. 미하일은 별도의 방이라는 환상을 만들어준 자신의 건축물을 매우 자랑스러워했다. '아빠의 구석'은 일인용 침대, 테이블, 의자, 벽에 붙은 책장을 놓을 정도의 크기였다. 그래도 그것은 집이었고 율리야는 그곳에서 아버지와 함께 사는 것이 기뻤다.

1937년 1월 옐레나가 아르한겔스크로 왔다. 미하일의 형기가 끝나

미하일 스트로이코프와 딸 율리야가 아르한겔스크에서 함께 살았던 작은 공간, 일명 '아빠의 구석'(1935년, 미하일의 스케치). 미하일은 자신의 건축학 지식 덕분에 유형지에서 비교적 안락한 생활을 누릴 수 있었다.

가고 있었고 그녀는 가족들이 다 같이 모스크바로 돌아가기를 원했다. 그러나 당국은 미하일의 유형이 끝날 때까지 옐레나가 아르한겔스크에 머무는 것을 허락하지 않았고, 그래서 옐레나는 율리야와 함께 모스크바로 돌아갔다. 몇 주 뒤인 3월에 미하일은 체포되었고 '반혁명 선동' 죄로 노동수용소 5년형을 선고받았다(그는 1938년에 총살당했다). 옐레나는 남편의 체포에 관해 아무것도 몰랐다. 남편에게서더는 편지가 오지 않았다. 옐레나는 이듬해 여름에 아르한겔스크로 돌아갔을 때에야 옐레나 페트로브나에게서 무슨 일이 일어났는지를 들을 수 있었다.[119]

물론 비텐부르크 가족, 드로즈도프 가족, 스트로이코프 가족은 예외적인 경우다. 굴라크 주민 대다수는 노예 노동으로 이용되거나, 안락하고 정상적인 생활을 거의 하지 못하거나 집행 유예 가능성마

저 없이 정치범 수용소와 오지 정착촌에서 쇠약해져 갔다. 인명 희생은 엄청났다. 엔카베데 통계는 1932년과 1936년 사이에 15만 명이 노동수용소에서 사망했음을 보여준다.[120] 이 수치는 종종 1937~1938년의 폭풍이 불기 전 고요한 시기라고 보는 시기(안나 아흐마토바*는 1930년대 중반을 '채식주의 시절'이라고 불렀다)인 1930년대 중반을 달리 조명하게 한다. 대숙청으로 생활이 황폐화된 사람들에게는 1930년대 중반을 고요했던 시기로 바라보는 견해가 진실일 수 있다. 그러나 굴라크의 노동수용소와 특별 정착촌에 가족들이 흩어져 있던 많은 사람들에게는 이 시기 역시 다른 때만큼이나 나쁜 시기였다.

죄수들이 친척에게 보낸 편지(검열을 염두에 두고 쓴 편지)를 읽으면, 굴라크가 어떻게 그토록 많은 죄수들—특히 이상을 위해 너무나 많은 것을 희생한 '정치범'들—의 가치관과 우선순위를 변화시켰는지 놀라울 따름이다. 이전에는 자신들의 사회적 성취나 공산주의 유토피아의 약속에서 행복을 기대했을지 모르지만, 수용소와 유형지에서 사는 동안 그들은 생각을 바꾸어 가족에게 더 큰 가치를 두게 되었다.

타티야나 폴로스(결혼 전 성은 먀코바)는 1898년 탐보프 주 보리소글레프스크 지역의 법률가 가정에서 태어났다. 성직자의 딸인 어머니 페옥티스타느 1903년 볼셰비키가 멘셰비키와 갈라설 때 볼셰비키 측에 선 사회민주노동당 당원이었다. 어머니는 타티야나가 정치에 입문하도록 격려했다. 1919년 타티야나는 볼셰비키 당에 들어갔고 내전에서 남부 전선에 주둔한 데니킨(Anton Denikin, 1872~1947)의 백군 후방에서 선전 작업에 참여했다. 이곳에서 남편 미하일 폴로스를 만났다. 미하일 폴로스는 대다수 농민들에게 지지받던 유일한 우크라이나 정당인 보로디바 당*(사회주의자혁명가당)의 주도적 당원으로서 당시 우크라이나 독립 정부의 '군사 평의회'에서 일하고 있었다. 내전 말기에 보로디바 당원들은 볼셰비키와 합쳤고 우크라이나는 소비에트의 통치를 받게 되었다. 폴로스는 모스크바에서 우크라이나 전권 대표(polpred)가 되었다. 타티야나는 고급 당(黨) 학교에 입학해 트로츠키의 강연을 들으러 다녔다. 1923년 미하일은 소비에트 우크라이나 정부의 재무인민위원으로 임명되었다. 그와 타티야나는 하리코프(1934년까지 소비에트 우크라이나의 수도였다)에 정착했고, 그곳에서 딸 라다가 태어났다.

3년 뒤 타티야나는 아스트라한으로, 그 후 1929년에는 카자흐스탄의 첼카르로 유형당했다. 타티야나는 스미르노프 그룹과 연계한 적극적인 반대파로 기소되었다. 트로츠키가 이끌던 좌익반대파에서 주요 정파였던 스미르노프 그룹은 스탈린의 공산당 지배에 반대했고, 그 결과 1927년 12월에 열린 15차 당 대회에서 그 지도자인 이반 스미르노프와 티모페이 사프로노프 등이 당에서 축출되었다. 1929년 가을 미하일은 카자흐스탄으로 타티야나를 찾아갔다. 그는 당시 할머니와 사는 딸을 위해 반대 정치를 단념하라고 아내에게 간청했

보로디바 당(Borotbists) 농민에 기반을 둔 우크라이나의 좌익 민족주의 정당이었다. 우크라이나의 소비에트 권력을 지지하는 문제를 둘러싸고 우크라이나 사회주의자혁명가당이 분열된 후 1918년 5월에 생겨났다. 당 중앙 기관지인 〈보로디바〉(Borotba, '투쟁'이라는 뜻)에서 명칭이 유래했다. 1920년 3월 해산을 결의한 뒤 상당수 당원들은 우크라이나공산당(UKP)에 가입했다.(역주)

다. 첼카르에서 유형을 살고 있던 동료 반대파에 따르면, 어느 순간 미하일이 아내의 귀에 뭐라고 속삭였다. "그것은 그녀를 완전히 실의에 빠뜨리고 좌절시키는 일종의 비밀 정보였다." 아마도 미하일은 스미르노프와 그의 그룹이 복당을 바라면서 스탈린 당국과 항복을 협상하고 있다고 말했던 것 같다. 1929년 11월 3일 스미르노프의 글이 〈프라우다〉에 게재되었다. 거기서 그는 5개년 계획과 '당의 일반 노선'을 전력 지지한다고 선언하고, 트로츠키주의 입장을 부인하면서 모든 추종자들에게 "망설이지 말고 당으로 돌아올" 것을 요청했다. 스미르노프 그룹에 속한 400명은 그 후 당의 일반 노선에 복종한다는 선언문에 서명했다. 타티야나도 서명했으며, 그런 뒤 유형에서 풀려나 가족에게 돌아올 수 있었다.[121]

1930년 폴로스 가족은 하리코프에서 모스크바로 이사했다. 모스크바에서 미하일은 전연방 소비에트 예산위원회 부의장이 되었으며, 타티야나는 자동차 산업 분야에서 경제학자로 일했다. 그들은 크렘린 맞은편 정부 관리들을 위한 고급 아파트 단지인 '강변 아파트' 내 큰 아파트에서 타티야나의 어머니 페옥티스타와 가정부와 함께 살았다. 언제나 자신들의 신념을 위해 살았던 낭만적 혁명가들로서 이들 가족이 특권적인 생활을 크게 중시하지는 않았지만 말이다. 스탈린에 대한 반대가 소용없는 일이라고 주장하는 남편과 확신에 찬 스탈린주의자인 어머니 두 사람의 바람과는 달리, 타티야나는 계속 트로츠키주의 입장을 고수했다. 1933년에 타티야나는 스미르노프 그룹의 나머지 회원들과 함께 다시 체포되었고 우랄의 베르흐네우랄스크에 있는 특별 격리 수용소 3년형을 선고받았다. 미하일은 몇 달 뒤인 1934년에 우크라이나 부르주아 정부 설립을 기도했다는 혐의로 기소되어 솔로베츠크 노동수용소 10년형을 선고받았다. '강변 아파

폴로스 가족(1934년). 우크라이나 출신의 혁명가였던 부모가 체포된 뒤 라다(사진 중앙의 소녀)는 외할머니 페옥티스타(사진 오른쪽)와 함께 살았다. 사진 속 젊은 여성은 친척 아주머니인 올가이고, 소년은 올가의 아들 볼로댜이다.

트'에서 쫓겨난 라다와 외할머니는 모스크바 근교의 가구 딸린 아파트로 이사했고, 남편이 3년 전에 체포된 라다의 친척 아주머니 올가와 그 아들 볼로댜가 그들에게 합류했다. 외할머니는 "나에게 부모를 존경하고 사랑하라고 가르치려고 했다."고 라다는 회고한다.

그러나 동시에 할머니는 내가 소비에트 권력도 사랑하고 존중할 것을 기대했다. 그것은 쉬운 과제가 아니었으나 어떻게든 할머니는 용케 그렇게 했다. 할머니는 스탈린이 체포의 규모를 모른다고 진심으로 믿었다. …… 할머니는 소비에트 권력의 적들이 너무나 많아서 당국이 어느 누가 유죄인지 판별하기가 어렵다고 생각했다. 우리 집에서는 종종 "달걀을 깨뜨리지 않고서는 오믈렛을 만들 수 없다."라는 표현을 들었다.[122]

1933년부터 1936년 6월까지 타티야나는 자기 어머니와 딸 라다에게 편지를 매주 평균 한 통씩 보내 모두 136통을 썼다. 이것은 굴라크 수용자들이 외부로 보낸 편지들 가운데 현재 남아 있는 가장 많은 양의 사적인 편지 모음이다.[123] 초기의 편지들은 타티야나의 정치적 편향을 반영한다. 타티야나는 마르크스의 저술들을 보내 달라고 부탁한다. 또 최근의 정치적 사건들을 상세하게 논평한다. 예를 들어 1934년 6월에 쓴 편지들은 레닌그라드에서 베링 해협으로 북극해를 가로지르는 선구적인 과업을 완수한 첼류스킨호의 승무원들을 격찬한다. 이들의 여행은 1934년 2월 증기선이 빙산에 부딪쳐 축치 해 밑으로 가라앉음으로써 비극으로 끝났다. 그러나 빙산에서 야영하던 승무원들은 항공기에 구조되어 모스크바로 이송되었으며, 선전은 그들의 이야기를 영웅적 생존 사건으로 변모시켰다. 첼류스킨호 승무원들은 "세계에 볼셰비키가 어떤 사람들인지를 보여주었습니다!"고 타티야나는 6월 24일에 썼으며 며칠 후 이 주제에 관해 다음과 같이 덧붙였다.

소비에트 시민이라는 자부심이 오늘처럼 포괄적이고 강렬했던 적은 아마도 없었을 것입니다. 소련인들의 '훌륭한 자질'과 근사한 소련 항공기, 소련 과학자, 소련 선원 등등에 대한 자부심, 저 빙산 위에서 최고로 멋진 생각과 조직의 힘을 보여준 볼셰비즘에 대한 자부심. 그리고 이러한 자부심은 틀림없이 아이들의 교육에 큰 힘을 발휘할 것입니다!

타티야나의 편지를 보면 딸 라다의 정치 교육이 끊임없는 관심사로 등장한다. "엄마는 항상 공산주의를 어떻게 건설해야 하는지 쓰고 있었다."고 라다는 회고한다.

엄마는 내가 엔지니어이자 작가가 되기를 원했다. …… 그리고 엄마의 편지들은 내게 영향을 끼쳤다. 할머니가 나를 키워주셨지만, 나는 엄마도 이 편지들을 통해 나를 키우고 있다고 곧잘 생각했다.[124]

타티야나는 딸이 공산주의자로 성장하기를 원했다. 타티야나는 집에서 라다가 하는 행동에 관해 논평하는 데 잉크를 쏟아부었다.(타티야나는 라다에 관한 이야기의 출처가 할머니라는 것을 감추려고 '신문에서' 이야기를 읽었다고 말했다.)

1935년 6월 12일

내 귀여운 장난꾸러기, 우리 집안일은 어떻게 되어 가고 있니? 신문을 보니까 네가 집안의 허드렛일을 그다지 즐겁지 않은 기분으로 하고 있고 종종 무엇을 해야 하는지 잊어버린다고 쓰여 있구나. 그러나 신문에는 또 다른 것도 나와 있단다. 이 전보를 〈이즈베스티야〉에서 읽었단다. "모스크바(TASS)—돌격 노동자이자 모범생인 열한 살의 라다는 오늘 접시를 닦고 부엌을 깨끗이 할 것을 요청받았다. 접시는 깨끗해졌고 모든 것이 말끔하게 정돈되었다. 라다는 매우 만족해하면서 자신이 한 일의 결과를 살펴보고 우리 통신원에게 지금부터 이와 같은 아주 우수한 기준에 맞춰 모든 허드렛일을 완수할 것이라고 말했다." 물론 통신원은 만족했고, 나도 만족한단다. 귀여운 장난꾸러기야, 네가 요청받는 대로 공부하고 요리하고 씻고 말끔히 치우거라. 중요한 것은 네가 요청받는 대로 하는 것이란다.

타티야나가 수용소에 오래 있을수록 편지 내용은 더욱더 가족 관계에 집중되었다. 미하일은 모스크바로 편지를 쓰는 것을 허가받지 수용소에 있을 때 타티야나 폴로스가 딸 라다에게 보낸 편지(1935년 6월 12일). 타티야나는 편지를 통해 딸의 교육에 힘을 쏟았다.

못했으나 타티야나와 연락하는 것은 허용되었다. 그러므로 타티야나의 편지들은 라다에게 아버지에 관해 알려주는 유일한 수단이자, 미하일에게는 딸의 이야기를 전해 들을 수 있는 유일한 정보원이었다. 어머니의 편지들을 되돌아보면서, 라다는 편지를 통해 어머니가 가족의 유대를 유지할 수 있었다고 믿는다. 가족의 유대는 타티야나기 살아남기 위해 필요한 것이었다. 그 편지들은 "낙관론으로 가득 차" 있었다고 라다는 회고록에서 썼다. "엄마는 항상 우리에게 시간이 흘러가고 있다고 일깨웠으며 가족이 다시 합칠 행복한 시간을 언제나 고대했다." 타티야나는 많은 편지에 수용소에서 라다를 위해 만든 작은 선물들—헝겊으로 만든 인형, 장난감 동물, 심지어 옷까지—을 동봉했다.[125]

1936년 베르흐네우랄스크 수용소에서 풀려난 타티야나는 우랄스크로, 그 후에는 알마아타로 유형당했다. 페옥티스타는 1936년 3월에 우랄스크에서 딸 타티야나와 2주일을 보냈다. 이 시간은 타티야나에게 귀중한 2주일이었고, 그녀는 나중에 어머니와 같이 앉아 "내 머리를 당신 어깨에 기대고" 지난날을 이야기했을 때 어머니에게서 느꼈던 새로운 친밀감에 대해 썼다.[126] 페옥티스타가 모스크바로 돌아간 직후 타티야나는 썼다. "마무센카! 저는 집으로 왔지만 이건 더는 집이 아니에요. 엄마는 여기 안 계시고, 집(home, 영어로 씌어 있다)도 없습니다. 아늑한 온기가 없어요." 4월에 알마아타로 옮겼을 때, 타티야나는 딸 라다가 자신이 있는 곳에 와서 함께 지낼 가능성에 희망을 걸기 시작했다. 타티야나는 딸의 여행을 준비하는 데 자신의 에너지를 모두 쏟아 부었다. 이 시기에 딸에게 보낸 편지는, 훗날 라다가 말하듯이, 희망과 흥분으로 가득 차 있었다. "엄마가 지닌 불굴의 힘과 끈기는 오로지 딸과 함께 살 수 있는 작은 방과 일자리를 찾는 과제에 집중되어 있었다." 그러나 여행은 실현되지 못했다. 1936년 6월에 라다가 알마아타의 어머니와 합류하기 위해 막 모스크바를 떠나려고 했을 때 타티야나는 다시 체포되어 미지의 노동수용소로 보내졌다. "우리는 알마아타로 가는 열차표를 샀다."고 라다는 회고한다.

우리는 여행 중에 나를 돌봐줄 사람을 찾았고 내 물건들을 모조리 꾸렸으며 나의 도착에 관해 상세하게 적은 전보를 보냈다. 답변이 왔다. "수신인은 이곳에 살지 않습니다." 우리는 표를 환불했다. 나는 모스크바에 머물렀고 다시는 엄마를 보지 못했다.

타티야나는 최악의 스탈린 굴라크 수용소 중 한 곳인 콜리마로 이송되었다. 1937년 11월에 그녀는 총살당했다. 미하일은 같은 달에 카렐리야에서 처형되었다. 그가 아내('트로츠키주의자')와 주고받은 편지는 사형 선고를 내리기에 충분한 유죄 증거로서 엔카베데 파일에 기록되었다.[127]

라다는 부모의 죽음을 몰랐다. 라다는 그들이 살았는지 죽었는지 몰랐기 때문에 부모 생각을 하지 않으려 했다. 그러나 한번은 꿈에서 어머니를 보았다.

나는 바다 한가운데에 떠 있는 배의 갑판에 있었다. 나는 손에 풀로 붙인 갈색 종이로 싼 교과서를 두 권 들고 있었다. 그중 한 권을 폈는데 거기서 엄마의 손글씨를 알아보았다. 첫 번째 문장이 너무 이상했다. "네가 이 줄을 읽을 때면, 나는 이미 바다 밑바닥에 있을 것이다……" 몇 줄 더 읽었는데, 기억이 나지 않는다. 나는 두려움에 휩싸였다. 엄청나게 큰 파이프들에서 물이 뿜어 나오고 있었다. 두려움이 점점 커져서 잠에서 깰 때까지 나를 사로잡았다.[128]

라다는 꿈—어머니가 익사한 꿈—이 전한 '메시지'를 믿었고 어머니를 줄곧 생각하기 시작했다. 그리고 나중에 콜리마 생존자들에게서 죄수들을 태운 배가 침몰했다는 이야기를 들었을 때 어머니의 운명을 더욱 확신하게 되었다. 라다는 오랫동안 자신의 꿈을 계속 믿었고 심지어 당국으로부터 어머니가 총살당했다는 사망 증명서를 받은 뒤에도 어머니가 익사했다고 여전히 믿었다.

투옥된 뒤에도 가족의 끈을 느낀 열렬한 사회주의자는 타티야나 폴로스 말고도 더 있었다. 니콜라이 콘드라티예프*는 1892년에 모스크바에서 동북쪽으로 400킬로미터 떨어진 코스트로마 주의 농민 가

저명한 경제학자 니콜라이 콘드라티예프와 딸 옐레나(1926년).

정에서 태어났다. 그는 상트페테르부르크대학에서 경제학을 공부했고 사회주의자혁명가당에 들어갔으며 1917년의 농업 개혁을 마련하는 데 주도적 역할을 했다. 1920년대에 콘드라티예프는 소련 정부의 자문에 응하는 저명한 경제학자였다. 그는 중공업 발전보다 농업과 소비재 제조업이 우위에 있어야 한다고 주장한 신경제정책의 확고한 지지자였다. 그는 이 즈음 자본주의 경제의 장기 순환('콘드라티예프 파동') 이론을 내놓아 전 세계에 이름을 알렸다. 그러나 그는 신경제정책이 전복됨과 동시에 모든 직위에서 해직되었다. 1930년 7월에

콘드라티예프(Nikolai Kondratiev, 1892~1938) 소련의 경제학자. 신경제정책을 옹호했다. 1938년 숙청당했으나 50년 뒤 복권되었다. 경기 변동 주기인 '콘드라티예프 파동'을 주장한 것으로 잘 알려져 있다.(역주)

그는 불법적인(아마도 존재하지도 않았을) '근로농민당'에 소속된 혐의로 체포되었다. 스탈린은 몰로토프에게 썼다. "콘드라티예프와 몇몇 악당들은 무조건 총살해야 한다."[129] 그러나 실제로 콘드라티예프는 14세기에 지어진 수즈달의 스파소예피메예프 수도원에 마련된 특별 격리 수용소 8년형을 선고받았고, 1932년 2월에 투옥되었다.

콘드라티예프는 건강이 급속히 악화되었다. 그는 심각한 두통, 현기증, 간헐적 청각 장애, 다리의 만성적 류머티즘, 설사, 구토, 불면증, 우울증을 호소하면서 수용소 병원을 들락날락했다. 1936년에는 눈이 거의 먼 것이나 다름없는 상태가 되었다. 하지만 콘드라티예프는 연구를 계속했고 다섯 권의 새 책을 준비했다. 그는 아내 예브게니아에게 100통이 넘는 편지를 보냈는데,[130] 거의 모든 편지에는 1925년에 태어난 딸 옐레나('알료나')에게 보내는 작은 메모를 덧붙였다. 편지들마다 콘드라티예프가 느낀 이산의 고통이 생생하게 묻어난다. 그가 가장 그리워한 사람은 딸이었다. 그가 자상한 아버지였기 때문에 상황은 더욱 가슴에 사무쳤다. 그는 딸의 양육에서 적극적 역할을 하기를 필사적으로 원했으나 감옥에서 겪은 최악의 상태가 이를 허락하지 않았다. "그애가 나 없이 자라는 것이 얼마나 끔찍한지."라고 그는 1932년 3월에 예브게니아에게 썼다. "이런 사실이 다른 무엇보다도 나를 고통스럽게 만든다오."[131]

콘드라티예프는 딸에게 보내는 편지에 아버지의 무한한 애정을 쏟아 부었다. 옐레나가 그에게 편지를 보내지 않았을 때는 딸이 아버지를 충분히 사랑하지 않는다고 나무랐다. 콘드라티예프는 딸에게 자신이 체포되기 전에 함께 지내면서 겪은 작은 사건들을 끊임없이 상기시키곤 했다. 그는 편지에 그림을 그렸고 수도원 주위의 야생 동물—그를 보러 온 새, 그가 본 여우—이야기를 딸에게 들려주었다.

콘드라티예프는 많은 편지에 말린 꽃잎이나 수도원 근처 초원에서 가져온 풀을 넣었다. 특히 그는 딸의 지적 발달에 관심을 기울였다. 그는 딸에게 수수께끼를 냈다. 딸에게 읽을 책을 추천했고 책을 읽은 소감을 쓰도록 요청했다. 일기를 쓰라고 격려했고 딸이 편지에서 잘못 쓴 부분을 바로잡았으며 "단정하게 글을 쓰고 항상 일을 잘하려고 노력하라."고 잔소리를 했다.[132] 그의 편지들 중 많은 것들에서 맨 아래쪽에 어린아이가 써놓은 '아빠'라는 단어를 볼 수 있다. 그 편지들은 엘레나가 아버지와 관련해 갖고 있는 모든 것이었다. 엘레나는 자라서 식물학자로서 모스크바대학 교수가 되었다. 아마도 아버지의 편지들이 식물학에 관심을 기울이도록 영향을 주었을 것이다.

1935년에 콘드라티예프는 딸의 영명축일*을 기념하기 위해 직접 쓰고 그림을 그린 동화를 보냈다.[133] 동화 〈샴미의 이상한 모험〉은 "사람, 동물, 식물이 행복과 조화 속에 함께 사는" 이상적인 땅을 찾아가는 새끼 고양이 이야기를 전한다. 샴미는, 겁이 아주 많고 길 떠나기를 주저하는 친구 수고양이 바샤와 모험을 떠난다. 도중에 그들은 이상향을 찾는 것을 포기한다면 행복해질 수 있다고 약속하면서 가지 말라고 붙잡는 동물들을 여럿 만나지만, 샴미는 "모두 열심히 일하고 더 나은 생활을 원하는" 여러 동물들—염소, 당나귀, 말, 암탉—을 끌어들이면서 계속 길을 간다. 그러나 곧 여행자들은 길을 잃어버린다. 그들은 서로 싸우기 시작한다. 몇몇은 악어에게 잡아먹히고, 다른 친구들은 숲에서 사냥꾼의 총에 맞는다.

1938년 8월 31일 콘드라티예프는 딸에게 다음과 같이 썼다.

영명축일(name day) 자기 세례명과 이름이 같은 성인의 축일.(역주)

1935년에 니콜라이 콘드라티예프가 직접 쓰고 삽화까지 그려서 딸에게 보내준 동화 〈삼미의 이상한 모험〉.

사랑하는 귀여운 알료누시카에게.

아마 방학이 끝나고 학교로 돌아갔겠지. 여름을 어떻게 보냈니? 더 튼튼해지고 몸집도 붇고 검게 그을렸니? 정말 궁금하구나. 정말 정말 너를 보고 싶고 백 번, 천 번 너에게 키스를 보낸다. 나는 여전히 몸이 좋지 않고 아프다. 귀여운 알료누시카, 나는 네가 이번 겨울에는 아프지 않았으면 좋겠다. 또 전처럼 열심히 공부하기를 바란다. 좋은 책을 읽으려무나. 영리하고 착한 귀여운 소녀가 되렴. 어머니 말씀 잘 듣고 절대 실망시키지 마라. 또 나는 네가 나를, 네 아빠를 완전히 잊어버리지 않으면, 행복할 거야. 그럼 건강하길! 행복하길! 너에게 끝없이 키스를 보낸다. 아빠.[134]

이것은 그의 마지막 편지였다. 그 직후인 1938년 9월 17일에 니콜라이 콘드라티예프는 총살당했다.

4장

숙청과 공포

1937~1938

어둠이 내리면 저녁마다 집은 텅 비고 침묵에 빠져들었어요. 마치 주민들이 대재앙을 예상하고 어디론가 숨어버리는 것 같았습니다. 별안간 차 몇 대가 마당에 들어서고 제복과 무늬 없는 옷을 입은 남자들이 뛰어내려 계단 입구를 향해 걸어가죠. 각자 '자신이 맡은' 주소지로 가는 길을 알고 있었습니다. 그런 후 아파트 몇 곳에서 불이 켜지는 것이 보였습니다. 나는 모든 사람이 어디에 사는지 알고 있었기 때문에 누가 체포되는지 짐작할 수 있었어요. 아파트의 모든 불이 켜지면 수색이 있다는 뜻이었습니다. 그 시절에 많은 사람들은 자신이 체포될 것을 예상했으나 언제 자신의 차례가 닥칠지는 알 수 없었습니다.

숙청의 해일

율리야 퍄트니츠카야는 1937년 7월 7일 밤에 남편이 체포되었을 때 상황을 어떻게 받아들여야 할지 몰랐다. 남편 오시프 퍄트니츠키(Osip Piatnitsky, 1882~1938)는 러시아사회민주노동당 창당 때부터 당원이었으며 레닌이 가장 신뢰하는 동지인 고참 볼셰비키였다. 1932년 1월 〈프라우다〉에 실린, 퍄트니츠키의 50번째 생일을 기념하는 글에서 레닌의 미망인 크루프스카야는 퍄트니츠키를 "당에 철저히 헌신하고 당을 위해서만 사는 전형적인 직업 혁명가"로 묘사했다. 율리야는 어떻게 남편이 '인민의 적'일 수 있는지 이해할 수 없었다. 율리야는 헌신적인 볼셰비키였으나, 거의 20년 동안이나 사랑해 온 남편을 '반역자'이자 '첩자'로 거명한 소련 언론을 믿어야 할지 말아야 할지 판단이 서지 않았다. 그녀는 퍄트니츠키와 살며 두 자녀를 두었으나 남편이 체포된 지금 자신이 함께 아이를 낳고 키우며 산 남자를 진정으로 알고 있었는지 더는 확신할 수 없었다. "퍄트니츠키는 누구인가?"라고 율리야는 일기에 적었다. "진정한 혁명가인가, 아니면 악당인가? …… 어느 쪽도 사실일 수 있다. 모르겠다. 모르겠다는 것이 나를 가장 괴롭힌다."[1]

율리야는 1920년 스물한 살 때 서른아홉 살의 오시프를 만났다.

그녀는 블라디미르의 러시아계 폴란드인 가정에서 태어났다. 율리야의 어머니는 부모의 동의 없이 러시아 정교 성직자와 결혼함으로써 신분과 종교의 모든 관습을 깬 폴란드 귀족이었다. 율리야는 어머니의 낭만적이고 반항적인 기질을 물려받았는데, 여섯 살 때 어머니를 여의었다. 열정적이고 아름다웠던 율리야는 겨우 열여섯 살 때 아버지 집을 나와 제1차 세계대전 때 러시아 군대에서 간호사로 복무했다. 1917년에 그녀는 젊은 장군과 결혼했는데 남편은 교전 중에 실종되었다. 내전 때 율리야는 볼셰비키에 가담했다. 그녀는 적군(赤軍)의 첩자로서 동부 전선의 백군 지도자 콜차크 제독의 군 본부에 침투하여 일하다 그만 정체가 발각되었다. 가까스로 목숨을 부지한 율리야는 모스크바로 도주했다. 이때 신경쇠약에 걸려 병원에서 치료를 받았는데, 그때 친구를 방문한 오시프를 만났다.

율리야는 신경이 극도로 예민하고 다혈질이며 감정적이고 낭만적이었다. 또 어린 시절 받은 엄격한 종교적 훈육에 뿌리를 둔 강한 정의감을 지니고 있었는데, 이 정의감은 그녀의 정치적 성향에 깊은 영향을 끼쳤다. 율리야는 친절하고 따뜻했으며, 오시프와 친한 동지의 딸에 따르면 율리야를 만난 모든 사람들이 그녀를 찬미했다. "우리 아이들은 율리야가 있으면 항상 조용했다. 율리야가 있을 때 우리는 걱정을 잊었다. …… 그녀는 항상 활력이 넘쳤다."2)

율리야와 반대로 오시프는 엄격하고 말이 없었다. 키가 땅딸막하고 용모가 부드럽고 매력적이었던 그는 직업 혁명가의 전형이었다. 무욕이라고 해도 좋을 만큼 수수했으며 사생활 이야기는 거의 하지 않았다(가장 오래된 당 동지 중 많은 이들이 그에게 가족이 있는 줄 몰랐다). 오시프는 1917년 이전의 마르크스주의 지하 세계에서 가장 중요한 활동가였다. 그는 러시아와 유럽을 오가며 불법 책자를 몰래 들

오시프 퍄트니츠키와 아내 율리야가 두 아들과 이웃집 아이들과 함께 모스크바 인근의 다차에서 찍은 사진(1920년대 말). 오시프 바로 옆에 아들 이고리가 앉아 있고, 율리야의 무릎에 블라디미르가 앉아 있다.

여오는 책무를 맡았다. 그는 외국, 특히 독일에서 많은 시간을 보냈는데, 독일에서 '프라이타크(Freitag, 금요일)', 즉 러시아어로 '퍄트니차(Piatnitsa)'라는 가명으로 알려졌다. 여기에서 퍄트니츠키라는 이름이 나왔다(유대계였던 오시프의 진짜 성은 타르시스였다). 율리야와 결혼할 때 오시프는 모스크바 당 중앙위원회 서기였다. 그러나 그는 곧 공산당 국제 조직인 코민테른으로 전출되었고, 중차대한 '조직부'를 운영하며 사실상 코민테른 전체의 지도자가 되었다. 오시프는 세계 전역으로 혁명을 확산시키려는 목표에 따라 비대해진 코민테른의 활동을 감독했다. 그가 쓴 당의 조직적, 윤리적 원리의 안내서인 《어느 볼셰비키의 회고록》은 20개 이상의 언어로 번역되었다. 오시프는 일에 지쳐 갔다. "나는 아침부터 밤까지 코민테른에 있었다."고 그는 회고했다.[3] 1920년대 중반, 아직 40대 초반이었을 때 그의 머리칼은 백발이 되었고 그런 다음 빠져버렸다.

오시프의 격무는 가정 생활에도 큰 짐을 지웠다. '강변 아파트'에 있던 퍄트니츠키 가족의 아파트는 외국인 손님들로 항상 붐볐다. 오시프는 어린 두 아들인 이고리(1921년생)와 블라디미르(1925년생)의 어린 시절에서 존재하지 않는 사람이었다. 그가 늘 집에 부재하는 상황은 율리야와 벌인 많은 말다툼의 근원이 되었다. 율리야는 또한 1930년대에 진행된 당의 부르주아화와 스탈린 독재에 점차 환멸을 느끼게 되었다. 아들 이고리는 율리야가 화가 나서 큰 목소리로 19세기 초의 시인 드미트리 베네비티노프(Dmitry Venevitinov, 1805~1827)의 선동적 시를 암송하기 시작했을 때, 부모가 말다툼한 기억(1934년의 일이 틀림없다)을 회고한다.

쓰레기, 악취, 바퀴벌레, 벼룩

그리고 도처에 군주의 손길

그리고 끊임없이 재잘거리는 저 모든 러시아아인들

이 모든 것들을 우리는 신성한 조국이라 불러야 한다.

이웃 사람이 엿들을까 봐 걱정한 오시프는 아내에게 간청했다. "목소리를 낮춰요, 율리야!"[4]

1935년까지 오시프 퍄트니츠키가 코민테른에서 차지하던 위상은 전 세계 공산주의자들에게 알려졌다(영국의 공산당 서기장 해리 폴릿 Harry Pollitt은 퍄트니츠키가 곧 **코민테른이라고** 말했다). 당시 스탈린의 대외 정책은 서구 민주주의 국가들과 맺은 관계를 강화함으로써('집단 안보') 나치 독일을 봉쇄하는 것이었다. 1934년에 소련은 국제연맹에 가입하기까지 했다. 소련은 두 해 전만 하더라도 국제연맹을 '제국주의 음모'로 비난한 터였다. 코민테른은 이러한 대외 정책의 변화에 발빠르게 적응했다. 불가리아 공산주의자 게오르기 디미트로프(Georgi Dimitrov, 1882~1949)가 새로운 서기장이 되어 이끌던 코민테른의 과제는, 파시즘의 위협에 반격하기 위해 유럽 사회주의자들과 동맹을 맺고 중도 정당과 연립정부('인민전선')를 만들도록 그들을 이끄는 것이었다. 이 정책은 1936년에 인민전선 정부가 들어선 프랑스와 에스파냐에서 얼마간 성공을 거두었다. 그러나 이 전략에 비판적인 코민테른 내부 인사들이 있었는데 퍄트니츠키도 그중 한 명이었다. 1920년대에 트로츠키가 이끌던 좌익반대파의 전(前) 구성원들을 비롯해 많은 공산주의자들은 이 전략을 국제적 혁명의 대의를 배신하는 것으로 보았다. 그들은 부르주아 중도 정당을 배제하고 공산주의자와 사회주의자들이 '연합전선'을 구성해야만 국제적 혁명의 대의를 촉진할 수 있다고 주장했다. 그들은 스탈린의 권력 남용에 점차 반대하면서 리코프와 부하린이 이끌던, 좀 더 온건한 우익반대파의 과거 구성원들과 대의를 공유하게 되었다. 이 두 그룹은 스탈린을 '반혁명분자'로 간주했다. 1936년까지 코민테른은 스탈린의 대외 정책을 두고 쑥덕거리는 불평 소리로 가득 찼다. 좌파는 스탈린이 추구한 서구 열강과의 친선 정책을 소련 엘리트들의 부르주아화와 결부했다. 세계혁명의 이상을 추구하는 데 전념하던 그들은 소련이 서구 프롤레타리아를 고무하는 역할을 하지 못하고 스탈린 독재 치하에서 질서와 안전의 수호자가 되어 가고 있다고 우려했다. 그들은 1936년 가을 에스파냐 내전에서 프랑코(Francisco Franco, 1892~1975) 장군의 국민당이 (파시즘 이탈리아와 나치 독일의 대규모 지원을 받아) 마드리드 근교로 진격했을 때, 공화국을 지지하는 다양한 좌익 세력을 스탈린이 적절하게 지원하지 못한 데 특히 환멸을 느꼈다. 스탈린의 일부 충성스러운 지지자들조차 혁명적 국제주의에 대한 이데올로기적 헌신의 배신처럼 보이는 정책을 수용하는 데 때때로 어려움을 느꼈다. 1935년에 한 노장 볼셰비키는 소련 주재 미국 대사 윌리엄 불릿(William Bullitt, Jr., 1891~1967)에게 이렇게 설명했다. "세계혁명이 우리의 종교이며, 스탈린이 세계혁명의 대의를 버렸다고 느낀다면 아무리 스탈린이라고 해도 결국 반대하지 않을 사람은 우리 중에 아무도 없다는 점을 당신은 이해해야 합니다."[5]

스탈린은 점차 코민테른을 불신하게 되었고 코민테른이 자신의 통제를 벗어날까 봐 우려했다. 1935년 8월 코민테른 제7차 대회에서 스탈린은 지도부를 근본적으로 개편했다. 퍄트니츠키는 집행부에서 해직되었고 중앙위원회 내에서 당 관료의 업무를 감독하는 새 부서를 책임지게 되었다. 1936년 8월에는 과거 반대파였던 카메네프와 지노비예프의 전시재판(展示裁判)이 진행되었는데, 이 재판은 스탈린이 비판자들에게 모든 정책은 최상부에서 결정한다는 것을 보여준 분명한 경고였다. 이 경고는 스탈린이 반대는 곧 '외국 첩자'의 공작과 같다고 규정한 코민테른에서 가장 극명하게 현실화했다. "코민테른의 당신들 모두는 바로 적에게 이익이 되도록 행동하고 있다."고 스탈린은 1937년 2월에 디미트로프에게 보낸 편지에 썼다. 수천 명의 코민테른 관리들과 외국인 공산주의자들이 1937~1938년에 체포되었다. 독일, 폴란드, 유고슬라비아, 발트 공산당들은 거의 파괴된 것이나 다름없었다. 코민테른 관리들이 다수 거주하던 코민테른 본부와 룩스 호텔은 너무나 심한 공포에 사로잡힌 나머지, 한 관리의 말을 빌리면 "많은 사람들이 끊임없는 두려움으로 반쯤 정신이 나가 일을 할 수 없을 정도였다."[6]

1935년 8월 모스크바에서 열린 코민테른 제7차 대회에 참석한 오시프 퍄트니츠키. 이 대회에서 스탈린은 지도부를 대대적으로 개편했고, 퍄트니츠키는 집행부에서 해직되었다.

퍄트니츠키는 스탈린에게 트로츠키주의자라고 비난받았다. 그는 나중에 "코민테른 내 트로츠키주의자와 우파의 파시스트 첩자 조직"에 연루되었다는 혐의를 받았다. 그러나 퍄트니츠키의 아들들의 말에 따르면, 그가 체포된 진짜 원인은 1937년 6월에 중앙위원회 총회에서 했다고 하는 용감한 연설 때문이었다.* 아들들의 주장으로는 퍄트니츠키는 중앙위원회에서 업무를 처리하다가 발견한 사실에 충격을 받았던 게 틀림없다. 그는 특히 스탈린의 개인적 권력이 엄청나다는 것과 스탈린이 적들을 제거하는 데 엔카베데를 마음대로 이용했다는 사실을 알고 괴로워했다. 6월 총회에서 퍄트니츠키는 엔카베데가 '인민의 적'들에게 불리한 증거를 날조했다고 비난하고 엔카베데의 업무를 감독할 특별 당 위원회 설치를 요청했다고 한다. 퍄트니츠키도 깨달았겠지만 그것은 자살 행위였다. 그가 연설을 마쳤을 때 홀에는 침묵이 흘렀다. 손에 만져질 듯 팽팽한 긴장감이 감돌았다. 휴회가 선언되었다. 스탈린의 지시에 따라 카가노비치, 몰로토프, 보로실로프를 비롯한 몇몇 당 지도자들이 발언을 취소해 목숨을 보전하라고 퍄트니츠키를 설득하고자 했다. 몰로토프는 부인과 자녀들을 생각하라고 간청했다. 그러나 퍄트니츠키는 물러서지 않았다. 그는 자신의 운명이 어떻게 될지 알고 있으나 '공산주의자로서 지닌 양심'에 따라 발언을 취소할 수 없다고 주장했다. 카가노비치에 따르면, 퍄트니츠키는 자신의 저항이 의식적이며 미리 결심하고 한 행동이라고 말했다. "그는 당의 단결과 도덕적 순결을 위해 목숨을 바치고, 필요하다면 자녀와 부인의 시신도 밟고 설 태세가 되어 있다고 말했다." 그의 이러한 태도는 스탈린에게 보고되었고 지도부는 총회 연기를 결의했다. 이튿날 아침 총회는 퍄트니츠키를 코민테른에 침투하기 위해 자본주의 열강이 보낸 차르의 첩자라고 비난하는, 엔카베데 수장 니콜라이 예조프*의 연설로 막을 열었다. 예조프는 퍄트니츠

* 퍄트니츠키가 한 연설 기록도 없고 6월 총회의 속기록도 남아 있지 않다. 단 속기록을 수정하면서(문서 수정은 중앙위원회에서 통상적인 관례였다) 퍄트니츠키가 한 말 중 다른 반체제 인사들을 고무할지도 모르는 내용이 삭제되었음을 암시하는 증거가 존재하기는 한다. 6월 29일 마지막 총회 회기를 폐회한 후 스탈린은 다음과 같이 발표했다. "퍄트니츠키를 조사 중이다. 며칠 내로 조사를 완결해야 한다." 이 페이지 끝부분에 스탈린의 비서가 손으로 쓴 메모가 있다. "이 발표는 속기록에 남아서는 안 되므로 스탈린 동지가 삭제했다."(RGASPI, f. 17, op. 2, d. 622, l. 220) 크렘린 내 대통령 문서고 같은 공개되지 않은 문서고에, 추정할 수 있을 뿐인 이 사건에 대한 다른 기록이 있을지도 모른다. 그 자료를 이용할 수 있을 때까지 퍄트니츠키가 노장 볼셰비키의 대규모 체포에 반대했다는 유일한 기록은 아들 블라디미르의 증언뿐이다. 블라디미르는 연방보안국(FSB) 문서고에 있는 아버지의 개인 파일, 다른 문서고들에서 찾은 단편적 증거, 카가노비치의 수석비서인 사무일 구베르만에게 들은 카가노비치의 회상이라고 주장되는 진술을 토대로 6월 총회 사건을 재구성했다고 주장한다.(*Zagovor*, pp. 59~70; 블라디미르 퍄트니츠키와 한 인터뷰, 상트페테르부르크, 2005년 9월. 사건을 퍄트니츠키 입장에서 해석하는 것을 지지하는, B. Starkov, "Ar'ergardnye boi staroi partiinoi gvadii", in *Oni ne molchali* (Moscow, 1991), pp. 215~225도 볼 것.)
예조프(Nikolai Yezhov, 1895~1940) 1937~1938년 스탈린 대숙청 기간 동안 엔카베데의 수장이었다. 그의 시대는 보통 '예조프시나(Yezhovshchina)'라고 불린다. 스탈린의 명령을 받고 대숙청을 실질적으로 주도했으나, 1938년 11월 엔카베데에서 물러난 후 자신이 숙청 대상이 되어 1940년에 처형되었다.(역주)

키를 불신임하는 투표를 제안했다. 투표는 세 명이 기권한 채 통과되었는데, 퍄트니츠키가 체포될 때까지 그에 대한 엔카베데의 고발을 믿지 않으려 한 크루프스카야가 기권자 중 한 사람이었다. ("그는 가장 정직한 사람이다. 레닌은 그를 매우 사랑하고 존경했다.")[7] 퍄트니츠키가 "지치고 우울해하면서" 총회에서 돌아왔다고 율리야는 일기에 적었다. 율리야가 무슨 일이 있느냐고 묻자 퍄트니츠키는 "항상 정신적 스트레스를 받으며 살아가지 않으면 안 되는 모든 아이들, 모든 무고한 사람들 이야기를 했다."[8]

다음 2주 동안 퍄트니츠키는 사무실에 자물쇠를 채우고 집에 있었다. 그는 거의 먹지 않았고 예조프와 접촉하려고 종일 전화통에 매달렸다. 율리야는 긴장을 견디지 못하고 다차로 가서 며칠을 보냈는데, 나중에 이 결정을 후회했다. "나는 남편 곁을 지켰어야 했다."고 율리야는 1938년 3월 일기에 썼다. "나는 그가 무슨 일을 겪고 있는지 이해하지 못했다. 나는 충분히 현명하거나 강하지 못했다. 그와 같은 사람의 아내가 된다는 것은 그를 섬기면서 항상 제자리에 있어야 한다는 것을 의미한다."[9] 2주 동안 퍄트니츠키는 체포에 대비했다. 그는 책 모양의 저금통과 귀중품을 아내에게 주고 개인 공책과 편지를 없앴다. 이전에 여러 번 체포된 적이 있는 노련한 혁명가인 그는 어떻게 대비해야 하는지 알고 있었다. 7월 5일 그는 당에서 축출되었다. 퍄트니츠키는 너무나 낙담했고, 율리야는 다차에서 돌아왔을 때 남편이 자살을 생각하고 있음을 알아차렸다. 그는 당이 없는 삶을 상상할 수가 없었다. 그러나 다음 날 오랜 친구들을 방문한 자리에서 오시프는 친구들에게 마음을 고쳐먹었다고 말했다. 그는 당의 단결을 위해 처벌을 받아들이겠다고 했다. "당을 위해 희생이 필요하다면, 아무리 괴롭다 하더라도 나는 즐거이 감내할 것이네." 오시프는 두 아들에게 아버지가 체포될 것이라고 알렸는데, 당 지도부 동지들과 언쟁을 벌이다 고발당했다고 설명했다. 그리고 자신은 죄를 부인했고, 결백을 입증하기 위해 최선을 다해 싸우겠지만 만일 체포되면 다시는 아버지를 볼 수 없을 것이라고 말했다. "아버지는 나에게 스탈린과 싸우지 말라고 경고했다. 그것이 아버지가 나에게 말한 핵심이었다."고 아들 이고리는 회고한다.[10]

엔카베데는 7월 7일 밤 11시 직후 오시프를 데리러 왔다. 예조프가 직접 오시프를 체포했다. 아파트에 들이닥친 엔카베데 요원들은 율리야에게 실내복을 던지며 입으라고 말했다. 율리야가 고함을 치고 욕을 하자 예조프는 "소련 시민은 당국을 대표하는 사람들에게 그런 식으로 말하지 않습니다."라고 말했다. 오시프는 아내의 행동을 사과했다. 그는 실내복과 칫솔이 든 작은 여행 가방을 들고 엔카베데 요원들과 함께 떠났다. 율리야는 그들이 떠나는 순간 정신을 잃었는데 정신을 차리고 보니 모두 떠난 뒤였다. 율리야는 일기장에 이렇게 썼다. "내 머릿속은 단 한 가지 생각, 남편을 다시는 볼 수 없으리라는 압도적 생각으로 가득했다. 그러자 끔찍한 무력감이 엄습했다." 다음 날 율리야가 일터에 있는 동안 엔카베데가 아파트에 침입했다. 그들은 오시프가 쓴 글을 샅샅이 살펴보고 가족의 귀중품을 가져갔다. 현금과 책 모양의 저금통, 라디오, 자전거, 외투, 침대 시트, 담요, 심지어 찻잔 같은 사소한 물건도 사라졌다. 그런 후 엔카데베는 오시프의 사무실 문을 밀랍으로 봉인했다. 어느 누구도 감히 봉인을 뜯어내지 못했다. 봉인을 뜯어냈다면 퍄트니츠키 가족이 모든 '인민의 적' 가족들처럼 갑자기 빈곤 상태로 떨어졌을 때, 팔면 수개월을 견딜 만한 장서가 나왔을 것이다.[11]

오시프 퍄트니츠키의 운명은 아마 그가 6월 총회에서 저항하기 오래 전에 결정되었을 것이다. 적어도 130만 명의 사람들이 반(反)국가 범죄로 체포된 1937~1938년의 대숙청에서 코민테른은 스탈린의 주요 표적이었다. 이 점은 숙청의 기원과 관련된 수수께끼를 푸는 열쇠이므로 살펴볼 만하다.

스탈린 체제의 기준으로 보더라도 기이한 대숙청은, 스탈린의 통치 기간 내내 나라 전역을 휩쓴 통상적인 대규모 체포의 물결이 아니라 계산된 대량 학살 정책이었다. 진짜 '정적'들, 혹은 상상 속의 '정적'들을 투옥하는 데 더는 만족하지 못한 스탈린은 이제 사람들을 감옥과 노동수용소에서 끄집어내 죽이라고 경찰에 명령했다. 불완전한 통계에 따르면, 1937년과 1938년 두 해 동안 적어도 681,692명이나 되는 깜짝 놀랄 만큼 많은 사람들이(아마도 실제로는 이보다 훨씬 더 많았을 것이다) '반(反)국가 범죄'로 총살당했다(엔카베데가 제시한 수치를 믿을 수 있다면, 1921년부터 1940년 사이에 정치적 범죄로 내려진 모든 사형선고의 91퍼센트에 달한다). 굴라크 노동수용소와 특별 정착촌의 인구는 같은 기간 동안 1,196,369명에서 1,881,570명으로 증가했다(수용소에서 사망한 최소한 14만 명과 수용소 이송 도중 사망한 미지의 인원을 제외한 수치다). 소련 역사의 다른 시기에도 '적'을 대규모로 체포하는 사태가 벌어졌으나 그렇게 많은 희생자들이 죽임을 당한 적은 없었다. 대숙청 시기에 체포된 사람들의 절반 이상이 총살당했는데, 이는 스탈린 통치 시기에 처형 건수가 두 번째로 많았던 해인 1930년에 피체포자의 10퍼센트 미만인 20,201건의 사형이 집행된 것과 비교해봐도 엄청난 숫자다. 1929~1932년의 '반쿨라크 작전' 때에도 체포 건수는 매우 많았으나(586,904건), 이들 중 고작 6퍼센트(35,689명)만이 총살되었다.[12]

대숙청의 기원은 설명하기가 쉽지 않다. 왜 1937~1938년 두 해에 그토록 집중되었는지도 분명하지 않다. 그것을 이해하기 위해서는, 우선 대숙청을 통제받지 않았거나 우연히 일어난 사건, 거의 언제든 발생할 수 있었던 스탈린 체제의 대혼란의 산물—이따금 제시되는 관점이다.[13]—이 아니라, 1937년에 스탈린이 자신이 이해한 특정 상황에 대응하여 조종하고 통제한 작전으로 바라보아야 한다.

일부 역사가들은 대숙청의 기원을 1934년 12월에 발생한 레닌그라드 당수 세르게이 키로프 암살—이 사건은 체제가 숨겨진 적들을 잡아내고자 살기등등한 사냥에 나선 계기로 여겨진다.—까지 거슬러 올라가 찾는다. 그러나 이런 주장은 왜 1934~1935년에 대규모 체포와 학살이 시작되지 않았느냐는 문제를 제기한다. 1937~1938년의 폭풍에 앞서 왜 2년간 고요한 소강 상태가 이어졌던 것일까? 키로프 암살 이후 레닌그라드에서 대규모 체포가 있었으나 1935년과 1936년에 나머지 지역에서는 정치 계급 숙청이 상대적으로 적게 일어났다. 사실 1928~1934년의 대혼란 이후, 검찰총장 안드레이 비신스키*의 감독 아래서 체제는 좀 더 안정적이고 전통적인 법질서로 돌아가고자 의식적 노력을 기울였다.[14]

다른 역사가들은 대숙청을 내부 위협에 대한 스탈린의 두려움과 연결한다. 그들의 주장에 따르면 내부 위협은 1936년의 '스탈린 헌법'이 약속한 대로 선거가 진행된다면 대중적 불만이 정치화되었을 수도 있는 농촌 지역에서 특히 심각했다.[15] 그러나 국내 불만에 대한 엔카베데의 보고는 신뢰할 수 없었고('반소비에트 감정'과 '소요 위협'은 엔카베데에서 예산 증액과 직원 증원을 정당화하느라 종종 날조되었

비신스키(Andrei Vyshinsky, 1883~1954) 러시아와 소련의 법률가이자 외교관. 러시아소비에트연방사회주의공화국(RSFSR) 검찰총장(1931~1934), 소련 검찰총장(1935~1939), 소련 외무장관(1949~1953)을 역임했다.(역주)

다), 스탈린이나 통치 집단의 누군가가 내부 위협을 과연 진지하게 받아들였는지는 분명하지 않다. 여하튼 엔카베데의 보고는 내부 위협이 다른 시기보다 1937년에 훨씬 더 심각했음을 시사하지는 않는다. 1928~1932년에도 불만과 저항에 대한 보고가 비슷하게 많았다. 그러나 그 시절의 어떤 정책도 1937~1938년에 자행된 국가 학살의 강렬함을 따라오지 못했다.

하지만 또 다른 역사가들은 대숙청을 "연관되어 있지만 별개의 현상"이라고 봐야 가장 잘 이해할 수 있으며, 각각의 현상은 단일한 사건의 한 부분이 아니라 그 자체 독자적인 것으로서 설명할 수 있다고 주장해 왔다.[16] 실제로 대숙청은 노장 볼셰비키를 대상으로 한 대(大) '전시재판', 정치 엘리트 숙청, 도시에서 이루어진 대규모 체포, '쿨라크 작전', 소수민족을 대상으로 한 '민족 작전' 같은 상이한 요소들의 복잡한 혼합물이었다. 그러나 이런 관점은 숙청의 다양한 구성 요소들을 개별적으로 분석하는 데 도움을 줄지 모르지만, 이 모든 일이 동시에 시작하고 동시에 끝났다는 사실은 해명하지 못한다. 이 사실은 그 요소들이 통틀어 설명할 필요가 있는 하나의 통일된 작전의 일부라는 것을 암시한다.

대숙청 전체를 이해하는 열쇠는 아마도 다가올 전쟁에 대한 스탈린의 두려움과 소련을 위협하는 국제 정세에 대한 그의 인식에 있을 것이다.[17] 1936년 라인란트 점령을 신호탄으로 해서 히틀러의 독일이 추진한 군사적 침략과 일본군의 만주 점령을 보면서, 스탈린은 소련이 추축국들의 위협에 둘러싸였다고 확신했다. 스탈린의 두려움은 1936년 11월 베를린과 도쿄가 반코민테른 협정으로 합심했을 때(나중에 파시즘 이탈리아가 동참했다) 더욱 심해졌다. '집단 안보'에 계속 지지를 보내면서도 스탈린은 추축국의 위협을 봉쇄하기 위해 소련이 서구 열강들과 동맹을 맺을 가능성을 크게 기대하지 않았다. 서구 국가들은 에스파냐에 개입하는 데 실패했다. 그들은 나치 독일을 달래는 데 전념하는 듯 보였다. 그리고 보고에 따르면 그들은 서유럽에서 독일군과 대적하기보다는 히틀러의 군대를 동유럽으로 돌려 소련과 전쟁을 벌이도록 하는 것이 숨은 목표라는 인상을 스탈린에게 주었다. 1937년까지 스탈린은 소련이 유럽에서는 파시즘 국가들과, 아시아에서는 일본과 전쟁을 벌이기 직전 상황에 놓였다고 확신했다. 언론은 소련이 사방에서 파시스트 침입자들―'첩자'와 '숨은 적'―에게 모든 면에서 위협당하고 훼손되고 있다고 일반적으로 묘사했다.

"자본가 집단에서 온 우리의 적들은 지칠 줄 모릅니다. 그들은 모든 곳에 침투합니다."라고 스탈린은 1935년에 작가 로맹 롤랑(Romain Rolland, 1866~1944)에게 말했다. 스탈린의 정치적 견해는―많은 볼셰비키와 마찬가지로―후방에서 차르 체제가 혁명으로 붕괴된 제1차 세계대전의 교훈에 깊은 영향을 받아 형성되었다. 스탈린은 나치 독일과 전쟁을 벌일 경우 소비에트 체제에 맞서 유사한 반응이 일어날까 봐 우려했다. 에스파냐 내전은 이 때문에 그의 두려움을 더욱 부추겼다. 스탈린은 에스파냐의 갈등을 (대다수 자문관들처럼) 공산주의와 파시즘 간에 벌어질 "미래의 유럽 전쟁을 예상하게끔 해주는 타당한 시나리오"로 보고 깊은 관심을 기울였다.[18] 스탈린은 1936년 공화파의 군사적 패배를 에스파냐 공산주의자, 트로츠키주의자, 아나키스트와 다른 좌익 그룹들 사이의 당파 싸움 탓으로 돌렸다. 그리하여 스탈린은, 파시스트들과 전쟁을 벌이기 전에 '파시스트 첩자와 적'의 '제5열'만이 아니라 모든 잠재적 반대자들을 분쇄하기 위한 정치적 억압이 소련에서 절박하게 필요하다는 결론에 이르렀다.

'적'에 대한 편집증적 두려움은 스탈린 특유의 성격인 것 같다. 그 두려움은 1932년 부인 나데즈다의 자살과, 스탈린이 형제처럼 사랑한다고 주장한 키로프 암살로 더욱 심해졌다. "아마도 스탈린은 원래 사람들을 그리 신뢰한 적이 없었을 것이나, 그들이 사망한 후에는 사람들을 전혀 신뢰하지 않게 되었다."라고 스탈린의 딸 스베틀라나는 썼다.* 스탈린은 키로프 암살을 '지노비예프주의자들'('레닌그라드 반대파') 탓으로 돌렸고, 과거에 레닌그라드 당 조직을 이끌었던 지노비예프 지지자들이 암살자와 관련이 있다는 증거가 없는데도 그들을 체포하라는 명령을 내렸다. 지노비예프 지지자들 중 많은 이들이 소련 지도자들의 암살을 부추기는 반대 분위기를 조성했기 때문에 궁극적으로 키로프 암살에 '도덕적 공모'를 했다는 혐의로 기소되었다. 키로프 암살 이후, 스탈린이 레닌그라드에서 조사를 지휘한 두 달 반 동안 거의 1천 명에 가까운 '지노비예프주의자'들이 체포당했다. 그들 대부분이 오지 마을로 유형을 갔다. 1920년대에 스탈린에 맞선 통합반대파에서 트로츠키와 동맹을 맺었던 지노비예프와 카메네프가 체포되었다. 지노비예프는 10년 징역형을 선고받았고 카메네프는 5년 징역형을 살게 되었다. 엔카베데 관리들이 수많은 충직한 당원들을 체포하기를 주저하자 스탈린은 엔카베데 책임자인 야고다를 소환해 방심하지 말라고, 그러지 않으면 "우리가 당신을 내동댕이칠 것"이라고 경고했다. 당 숙청을 책임진 예조프가 엔카베데가 추적하지 못한, 트로츠키와 지노비예프가 조직한 '외국 첩자'와 '테러

---

* 스탈린이 키로프 암살에 관여했을 가능성이 있다. 레닌그라드 당 책임자였던 키로프는 인기가 많았고 스탈린보다 온건한 지도자여서, 스탈린이 키로프가 자신의 지도권을 위협할 경쟁자로 부상할 것을 두려워할 만한 이유는 충분했다. 키로프 암살에서 스탈린이 한 역할을 밝혀주는 확고한 증거는 없다. 그러나 스탈린이 내부 위협에 계속 집착하면서 '적'을 박해하는 구실로 키로프 암살을 이용한 것은 사실이다.

리스트'의 거대한 네트워크를 크렘린 심장부에서 적발했다고 주장한 1935년에 야고다의 위상은 더욱 훼손되었다. 스탈린은 마침내 야고다를 내치고 엔카베데 책임자를 예조프로 대체했다. 예조프는 도처에서 '반혁명 음모'와 '간첩단'을 날조함으로써 스탈린의 편집증적 환상을 만족시킬 태세가 되어 있는, 도덕적 양심이라곤 전혀 없는 야만적인 처형 집행자였다. 몇 년 동안 예조프는 카메네프와 지노비예프가 외국에서 온 트로츠키의 지령을 받고 키로프와 스탈린, 여타 당 지도자들을 살해하려는 모의를 하고 있었다는 음모를 꾸며냈다. 예조프의 주장을 근거로 해서 스탈린은 키로프 암살 사건의 조사를 재개했다. 1936년 8월 지노비예프, 카메네프와 그밖에 14명의 당 지도자들이 반역죄로 재판에 회부되었다. 그들 모두는 사형 선고를 받았고, 이와 함께 160명이 재판과 관련하여 체포되었다.[19]

이 재판이 모스크바에서 있었던 몇 차례의 '전시재판' 중 첫 번째였다. 재판의 목적은 과거 반대파들이 조직한 '첩자'와 '테러리스트'의 연합 조직을 적발하여 뿌리 뽑는 것이었다. 1937년 1월에 열린 두 번째 전시재판에서는 중공업 부인민위원인 게오르기 퍄타코프와 카를 라데크(Karl Radek, 1885~1939), 그밖에 15명의 전 트로츠키 지지자들이 산업 파괴와 간첩 행위 혐의로 기소되었다. 1937년 4~5월에는 투하체프스키(Mikhail Tukhachevsky, 1893~1937) 원수(국방 부인민위원), 우보레비치(Ieronim Uborevich, 1896~1937) 장군(벨라루스 군관구 사령관), 야키르(Iona Iakir, 1896~1937) 장군(키예프 군관구 사령관)을 비롯한 고위 군 지휘관 8명이 반역과 간첩 행위 혐의로 체포되어 야만적인 고문을 당하고 비공개로 재판받았다. 그들이 독일군과 일본군으로부터 자금을 받았다는 주장이 제기되었고 결국 같은 날 총살당했다. 1938년 3월에 열린 마지막이자 가장 큰 전시재판에서는 부하린, 야고다, 리코프가 13명의 다른 고위 관리들과 함께 파시스트 열강의 명령으로 소련 지도자들을 암살하고 경제를 파괴하며 간첩 행위를 하기 위해 지노비예프주의자와 트로츠키주의자들과 공모했다고 하여 총살형에 처해졌다. 야고다가 연루되었다는 것은 그들의 음모를 적발하는 데 왜 그렇게 오래 걸렸는지를 설명해주는 근거가 되었다.

당 지도자가 체포되면 그가 사회적 관계를 맺은 모든 사람들이 의심받았다. 전형적으로 고위 관리들—지구 당 책임자, 경찰 총수, 지역 공장과 집단농장과 감옥의 책임자들, 지역 소비에트 지도자—로 이루어진 파벌이 지방 도시를 지배했는데, 이들은 도시의 기관들에서 각자 자신만의 후견-피후견 네트워크를 형성했다. 이 관리 무리는 권력 집단이 유지되는 한 서로가 서로를 보호해주었다. 그러나 일단 한 사람이 체포되면 엔카베데가 그와 그의 집단에 속한 다른 구성원들 간의 관계를 밝히는 과정에서 그의 부하는 물론이고 모든 집단 구성원이 필연적으로 체포되곤 했다. 예를 들어 1937년에 엔카베데는 우크라이나 동부에서 니코폴의 당 서기를 체포했다. 뒤이어 다음 사람들이 속속 체포되었다.

그의 부좌관, 친구, 그가 니코폴에서 일자리를 얻게 해준 남자와 여자들도 체포되었다. 니코폴 수비대의 사령관이 사냥꾼의 망태기에 들어갔고, 그 후 지역 검사와 모든 법률 기관 직원들, 끝으로 니코폴 소비에트 의장 …… 지역 은행, 신문, 모든 상업 기관들이 '일소'되었다. …… 자치체 행정부 운영자, 소방대 대장, 저축 기관 수장 ……[20]

그리하여 지도부 숙청은 일반 당원, 소비에트 기관과 사회 전체로 확산되었다. 한 추산에 따르면, 1937~1938년에 116,885명의 당원이 처형되거나 투옥되었다. 고위 당원일수록 체포될 가능성이 더 높은 것 같았다. 왜냐하면 상급자의 직책을 차지하기를 원하던 하급 당원들이 항상 고위 당원을 고발할 태세가 되어 있었기 때문이다. 1934년 제17차 당 대회에서 선출된 중앙위원회 위원 139명 중에서 102명이 1937~1938년에 체포되어 총살당했고, 5명은 스스로 목숨을 끊었다. 이에 더해 대회 대의원의 56퍼센트가 이 시기에 투옥되었다. 적군(赤軍)의 학살은 훨씬 철저했다. 최고사령부 구성원(여단 사령관 이상) 767명 중에서 412명이 처형되고 29명이 감옥에서 사망했으며, 3명은 자살했고 59명은 계속 감옥에 수감되어 있었다.[21]

스탈린은 희생자 대부분이 완전히 결백하다는 것을 알았던 게 틀림없다. 그러나 나라가 전쟁을 하는 동안 혁명을 일으키는 데는 소수의 '숨은 적'만으로도 충분하기 때문에, 이들을 뿌리 뽑기 위해 훨씬 많은 사람들을 체포하는 것은 그가 보기에 전적으로 정당한 일이었다. 스탈린이 1937년 6월에 말한 대로, 체포된 사람의 단 5퍼센트만이라도 실제 적으로 판명된다면 "그것은 좋은 결과일 것이다." 증거는 그리 중요하지 않았다. 당시 모스크바 당 위원회 위원장이었던 니키타 흐루쇼프(Nikita Khrushchëv, 1894~1971)에 따르면, 스탈린은 "보고(고발)가 10퍼센트 진실이라면 우리는 보고 전체가 사실이라고 봐야 한다고 말하곤 했다." 엔카베데의 모든 사람들은 스탈린이 단 한 명의 첩자를 잡기 위해 수천 명을 체포할 태세가 되어 있음을 알고 있었다. 그들은 피체포자 할당량을 채우지 못하면 경계심 부족으로 벌을 받으리라는 것을 알았다. "충분하지 못한 것보다 지나친 것이 더 낫다."고 예조프는 엔카베데 요원들에게 경고했다. "(어떤 작전에서) 1천 명이 더 총살당하더라도 그건 그렇게 큰 문제가 아니다."[22]

스탈린과 그의 지지자들에게 대숙청은 다가올 전쟁에 대비하는 일이었다. 몰로토프와 카가노비치는 죽을 때까지 숙청에 대한 이 해석을 계속 변호했다. "스탈린은 위험을 피하고자 했다."라고 몰로토프는 1986년에 설명했다. '대숙청'은 '보험 정책', 즉 지도부가 전쟁 시기에 골치 아픈 존재로 판명될 수도 있을 당 내부의 '동요자', '출세주의자', '숨은 적'을 찾아내는 필수적 수단이었다. 숙청 과정에 오류가 있었고 많은 사람들이 불공정하게 체포되었다고 몰로토프는 인정했지만, 그에 따르면 "지도부가 꽁무니를 빼서 내부 충돌을 허용했더라면 전쟁에서 더 많은 인명 피해가 났을 것이고, 아마도 패배했을 것"이다.

우리는 전시에 제5열이 없도록 확실히 보장해야 했습니다. 이 사람들 모두가 첩자인지는 의심스럽지만, 그러나 …… 중요한 것은 결정적 순간에 그들을 믿을 수가 없었다는 사실이었습니다. …… 만약 투하체프스키와 야키르, 리코프와 지노비예프가 전쟁 중에 반대파에 가담했다면 잔인한 투쟁과 막대한 손실이 있었을 것입니다. …… 모든 사람이 파멸했을 겁니다!

1980년대에 카가노비치도 이와 비슷하게 대숙청을 정당화했다. 지도부는 전쟁이 다가오고 있으며, 나라가 "습지(boloto)를 마르게 함으로써", 즉 "신뢰할 수 없는 자와 동요자들을 파멸시킴으로써" 스스로를 보호해야 한다는 것을 깨달았다. 이 논리는 카가노비치가 만들어낸 사후 합리화만은 아니었다. 1938년 6월에 그는 돈바스의 당 조직에 전쟁의 위협 때문에 대규모 억압이 필요하며, '내부의 적과 첩자'들이 '대숙청'에서 파멸하지 않았다면 나라는 "벌써 전쟁에 돌

입했을 것이다."라고 말했다.[23]

크렘린에서 조정하고 지역의 엔카베데가 수행한 대숙청은 전쟁 발발에 대비하여 '반사회적', 잠재적으로 '반소비에트적'인 분자들을 숙청하기 위한 일련의 대규모 작전으로서 사회 전역으로 확산되었다. 그중에서 단연 가장 큰 작전은 악명 높은 지령 00447호에 따라 실행에 옮겨진 '쿨라크 작전'이었다. '쿨라크 작전'은 1937~1938년에 있었던 모든 체포(669,929건)의 절반과 처형(376,202건)의 절반 이상을 차지했다. 거의 모든 희생자들이 1929~1930년의 집단화 운동 시기에 부과된, '반혁명 선동과 선전'에 대한 표준 처벌인 8년형을 마친 후 '특별 정착촌'과 굴라크 노동수용소에서 막 돌아온 전(前) '쿨라크'들과 그들의 가족이었다. 스탈린은 불만을 품고 비참한 상황에 놓인 '쿨라크'들이 전시에 들고일어나 나라를 위험에 빠뜨리지는 않을까 두려워했다. 그는 일본의 시베리아 침략에 맞춰 백군 군주주의 조직인 '러시아 총군사동맹(ROVS)'이 '쿨라크의 봉기'를 준비하고 있다는 엔카베데의 보고를 특히 우려했다. 수만 명에 이르는 이른바 러시아 총군사동맹 조직원들이 공식 통계에서는 거의 집계되지 않았지만 '쿨라크 작전'에서 총살되었다.(예를 들어, 알타이 엔카베데는 1937년에 자신들이 22,108명의 러시아 총군사동맹 조직원을 총살했다고 별도로 보고했다.) '쿨라크 작전'은 지역 소비에트의 전면 숙청과 연계되었는데, 특히 서부 주들 같은 국경 지역에서, 그리고 체제가 지역 주민을 가장 두려워한 돈바스, 서부 시베리아 같은 지역에서 잔혹하게 실행되었다.[24]

전쟁이 일어날 경우 잠재적 '첩자'가 되리라고 여겨진 소수민족들을 대대적으로 추방하고 처형한 대규모 '민족 작전'도 있었다. 독일인, 폴란드인, 핀란드인, 라트비아인, 아르메니아인, 그리스인, 고려인, 중국인뿐 아니라 하얼빈에 살다가 1932년 일본군이 만주에 세운 괴뢰 국가인 만주국에 1935년 동청(東淸) 철도를 넘긴 후 소련으로 귀국한 러시아인들까지 대상이 되었다. 스탈린은 소련 서부 지역에 사는 폴란드인들을 유독 불신했다. 불신의 뿌리는 폴란드가 우크라이나에 침입하고 이에 바르샤바를 맞공격한 적군(赤軍)을 패퇴시켰던—이 군사적 패배에서 스탈린은 최전방 정치위원으로서 전술적 실수를 저질러 개인적으로 수치를 당했다.—러시아 내전으로 거슬러 올라간다. 스탈린은 폴란드계 소련인(그리고 그가 진정 '폴란드인'이라고 보았던 많은 벨라루스인과 우크라이나인)을 유제프 피우수트스키(Józef Piłsudski, 1867~1935) 원수가 통치하는 '반(半)파시즘' 국가의 제5열이라고 보았다. 스탈린은 이 '반(半)파시즘' 국가가 나치 독일과 연합해 소련을 다시 공격할까 봐 두려워했다. 1937년 8월 지령 00485호에 따라 개시된 폴란드인을 대상으로 한 '민족 작전'의 결과 거의 14만 명이 1938년 11월까지 총살당하거나 노동수용소로 보내졌다.[25]

특히 1937~1938년 사이에 대도시의 당과 지식인 집단에서 너무나 많은 사람들이 사라졌다. 체포는 마구잡이로 이루어졌다. 마치 밤에 거리를 돌아다니는 죄수 호송차들이 아무나 붙잡아 태우는 것 같았다. 감옥은 온갖 종류의 수감자들로 넘쳐났다. 수감자 대부분이 자신이 무슨 죄로 감옥에 있는지 영문을 몰랐다. 1938년 가을까지 사실상 모든 가족이 친척을 잃었거나 친척이 투옥된 사람을 알았다. 사람들은 한밤중에 누군가 문을 두드릴지 모른다는 두려움에 떨면서 살았다. 뒤척이면서 잠을 잤고 바깥에 차가 서는 소리를 들으면 깼다. 발자국 소리가 계단이나 복도를 지나치기를 기다리며 누워 있었고 방문객이 그들을 찾아온 것이 아니라는 데 안도하며 다시 잠이

들곤 했다. 레닌그라드 인형극장의 설립자인 류보피 샤포리나(Liubov Shaporina, 1879~1967)는 1937년 11월 22일 일기에 다음과 같이 썼다.

일상생활의 즐거움. 나는 아침에 일어나면 자동적으로 생각한다. 지난밤에 체포되지 않은 것을 하느님께 감사한다. 그들은 낮 동안에는 사람을 체포하지 않으나 오늘밤에는 무슨 일이 벌어질지 아무도 모른다. 마치 라 퐁텐의 새끼양* 같다. 모든 사람에게는 체포되어 미지의 곳으로 유형을 갈 충분한 이유가 있다. 나는 운이 좋으며 마음이 완전히 차분하다. 그냥 신경 쓰지 않는다. 그러나 대다수 사람들은 완전히 공포 속에 살고 있다.[26]

오시프 퍄트니츠키의 아들 블라디미르 퍄트니츠키는 아버지가 체포되기 전의 '강변 아파트' 분위기를 회고한다.

그 침울한 건물에는 엘리트 당 관리들이 사는 아파트가 500채 이상 있었는데, 그곳에서 체포는 정기적인 일이었어요. 나는 언제나 마당과 복도에서 놀았기 때문에 몇 차례 체포 광경을 보았습니다. 어둠이 내리면 저녁마다 집은 텅 비고 침묵에 빠져들었어요. 마치 주민들이 대재앙을 예상하고 어디론가 숨어버리는 것 같았습니다. 별안간 차 몇 대가 마당에 들어서고 제복과 무늬 없는 옷을 입은 남자들이 뛰어내려 계단 입구를 향해 걸어가죠. 각자 '자신이 맡은' 주소지로 가는 길을 알고 있었습니다. 그런 후 아파트 몇 곳에서 불이 켜지는 것

라 퐁텐의 새끼양 이 문장에서 언급되는 새끼양은 프랑스 시인 라 퐁텐(Jean de La Fontaine, 1621~1695)의 시 〈늑대와 새끼양〉에 나오는 새끼양을 가리킨다. 시에서 늑대는 온갖 이유를 들이대서 결국 새끼양을 잡아먹고 만다.(역주)

이 보였습니다. 나는 모든 사람이 어디에 사는지 알고 있었기 때문에 누가 체포되는지 짐작할 수 있었어요. 아파트의 모든 불이 켜지면 수색이 있다는 뜻이었습니다. 그 시절에 많은 사람들은 자신이 체포될 것을 예상했으나 언제 자신의 차례가 닥칠지는 알 수 없었습니다.[27]

사람들은 자신의 차례를 기다렸다. 많은 이들이 엔카베데가 문을 두드릴 때를 대비해 가방을 꾸려 침대 곁에 두었다. 이 소극적 태도는 대숙청에서 가장 두드러진 모습이다. 체포를 피할 수 있는 방법은 많았다. 가장 간단하고 효과적인 방법은 도시에서 이사를 나가 암시장에서 서류를 사서 새 신원을 획득하는 길이었다. 왜냐하면 엔카베데는 이동 중인 사람들을 추적하는 데는 능숙하지 않았기 때문이다.[28] 고의식파부터 농노제에서 도망한 농민에 이르기까지 러시아 사람들은 국가의 박해를 피하는 오랜 전통이 있었고, 이 술책은 집단농장과 '특별 정착촌'에서 도주한 수많은 농민들이 쓴 방식이었다. 그러나 도시민들은 대체로 아무런 저항의 기색 없이 원래 살던 장소에 그대로 머무르며 숙청이 덮쳐 오기를 기다렸다.

1943년에 체포된 영화 시나리오 작가 발레리 프리트(Valerii Frid, 1922~1998)는 지난 생애를 돌아보면서 대부분의 사람들이 공포로 마비 상태에 있었다고 회고했다. 그들은 엔카베데의 힘이 어디든 존재한다고 믿었고, 그 힘 앞에서 꼼짝할 수 없을 정도로 무력해져 저항하거나 도주할 생각조차 할 수 없었다.

인류 역사에서 유사한 사례를 떠올릴 수가 없다. 그러므로 동물의 사례로 대신할 수밖에 없다. 즉 제 몸을 졸라 죽이는 보아 뱀에게 잡혀 꼼짝할 수 없는 토끼 말이다. …… 우리 모두는 우리를 집어삼킬

보아 뱀의 권리를 인정한 토끼 같다. 그놈의 눈빛이 내뿜는 힘에 눌린 나머지, 누구든 마침내 최후가 닥쳤다는 절망 속에 그놈의 아가리로 아주 조용히 걸어 들어갈 것이었다.[29]

뱌체슬라프 콜로프코프는 밤에 차가 집 앞에 멈추었을 때, 레닌그라드의 공장 노동자였던 아버지가 느낀 공포를 회고한다.

매일 밤 아버지는 차 엔진 소리를 기다리면서 깨어 있곤 했어요. 엔진 소리가 들리면 아버지는 침대에서 일어나 꼼짝 않고 앉아 있었습니다. 아버지는 공포에 질렸습니다. 어두워서 제대로 볼 수는 없었지만, 아버지의 두려움, 초조해서 흘리는 땀 냄새, 아버지 몸이 떨리는 것을 느낄 수 있었지요. 차 소리를 들을 때마다 아버지는 항상 "그놈들이 날 잡으러 왔어!"라고 말하곤 했어요. 아버지는 자신이 한 말—때때로 집에서 볼셰비키를 욕하곤 했어요.—때문에 체포될 것이라고 확신했습니다. 엔진이 멈추고 차 문이 쾅 하고 닫히는 소리가 들리면, 아버지는 일어나서 공포에 질려 가장 필요할 거라고 생각하는 물건을 찾기 시작했습니다. 아버지는 '그들'이 자신을 잡으러 올 때를 대비해 침대 근처에 이 물건들을 항상 놔두었지요. 빵 껍질이 있었던 것을 기억해요. 아버지가 가장 두려워한 것은 빵 없이 지내는 것이었습니다. 아버지는 결국 오지 않은 차를 기다리면서 많은 밤을 거의 뜬 눈으로 지새웠지요.[30]

체포에 직면했을 때 볼셰비키 엘리트들은 유달리 소극적이었다. 대부분의 볼셰비키는 당의 이데올로기를 주입받았기에 당 앞에서 결백을 입증해야 한다는 절실함이 저항하려는 생각을 압도할 정도였다. 예브게니야 긴즈부르크는 카잔의 고위 당 지도자의 부인이자 그녀 자신도 당 활동가였다. 남편이 잡혀간 뒤 그녀는 일자리를 잃었고 자신의 체포도 임박했다고 예감하고 두려워했다. 긴즈부르크는 자신의 시어머니가 "농노제 시절에 태어난 문맹의 소박한 농민"이었다고 회고한다. 시어머니는 "깊은 철학적 성품의 소유자였고, 삶의 문제를 이야기할 때 핵심을 찌르는 놀라운 지혜가 있었다." 이 노파는 며느리에게 도망가라고 권고했다.

"'눈에서 멀어지면 마음도 멀어진다'고 하지 않니. 멀리 도망가면 갈수록 좋아. 우리가 예전에 살았던 포크로프스코예로 가지 않겠니?"
……

"제가 어떻게 그럴 수가 있겠어요, 어머니? 어떻게 모든 것을, 아이들과 제 일을 버릴 수가 있겠어요?" (긴즈부르크는 대답했다.)

"글쎄다, 어쨌든 그들은 네 일자리를 빼앗아가지 않았니. 그리고 아이들이 우리와 함께 있는다고 다치는 일은 없을 거야."

"하지만 저는 당에 결백을 입증해야 해요. 공산주의자인 제가 어떻게 당에서 도망쳐 숨을 수가 있겠어요?"[31]

자신이 결백하다는 믿음은 많은 볼셰비키를 무력하게 만들었다. 그들은 죄를 지은 사람만이 체포되었고 자신은 결백하므로 괜찮을 것이라고 스스로를 간신히 달랬다. 옐레나 본네르는 일생 동안 충직한 당원이었던 부모가 그들의 친한 친구가 체포된 뒤 밤늦게까지 나누던 대화를 엿들었던 일을 기억한다. 옐레나는 부모님 친구의 체포 소식을 듣고 "우리 차례가 냉혹하게 다가오고 있다"는 것을 실감했기에 걱정된 나머지 한밤중에 잠에서 깼다.

식당은 어두웠지만 부모님 방에서 두런두런 말소리가 들렸다. 나는 방문으로 다가갔다. 엄마가 코를 푸는 소리가 들렸다. 그런 뒤 엄마는 울면서 말했다. 나는 엄마가 우는 것을 본 적이 없었다. "내 일생 동안"이라고 연거푸 말하면서 엄마는 흐느꼈다. …… 아빠가 부드럽게 대답했으나 나는 무슨 말인지 알아들을 수가 없었다. 갑자기 엄마가 소리쳤다. "나는 스툐파를 평생 동안 알았어요. 그게 무슨 의미인지 알아요? 나는 당신보다 세 배나 더 오랫동안 그를 알고 지냈단 말예요. 알겠어요? 알겠냔 말예요?" 그런 다음 흐느낌만 계속되었다. 그러곤 삐꺽거리는 소리와 마루에서 슬리퍼를 질질 끄는 소리가 났다. 아빠가 침대에서 나왔던 것이다. 나는 아빠가 방 밖으로 나올까 봐 걱정되어 얼른 문에서 떨어졌다. 그러나 아빠는 방 안을 서성거리기 시작했다. 진자처럼 창문으로 다섯 걸음, 침대로 다섯 걸음씩 왔다 갔다 했다. 아빠가 성냥을 켰다. 엄마가 다시 말하기 시작했다. "당신 정말 믿는지 말해봐요. 이 악몽을 믿어요?" 엄마는 울음을 그쳤다. "아가시가…… 파벨이…… 슈르카가…… 그 모든 사람들이…… 믿어져요?" 엄마는 말을 끝내지 못했지만, 무슨 뜻인지는 분명했다. 그런 후 엄마는 조용히 부드럽게 말했다. "나는 당신이 못 믿는다는 걸 알아요." 아빠가 이상한, 애원하는 듯한 목소리로 대꾸했다. "하지만 루파-댠(아버지가 엘레나의 어머니 루스를 부르는 이름), 어떻게 믿지 않을 수가 있겠소?" 잠시 뜸을 들인 뒤 아빠는 말을 이었다. "어쨌든, 그들은 당신과 나를 체포하진 않을 거요."[32]

공산주의 신념에 충실한 나머지 자신들을 겨냥한 혐의를 자백할 태세가 되어 있는, 퍄트니츠키를 비롯한 다른 볼셰비키도 있었다. 당이 요구한다면, 비록 자신이 결백하다는 것을 알면서도 말이다.* 공산주의 윤리에 따르면, 반당(反黨) 범죄로 기소된 볼셰비키는 참회하는 가운데 당 앞에 무릎을 꿇고 자신에 대한 심판을 받아들여야 한다고 여겨졌다. 바로 이것이 퍄트니츠키가 체포되기 직전에 당을 위해 희생이 필요하다면 "그것을 즐겁게 감내할 것"이라고 말했을 때 분명히 의미했던 바였다.

많은 볼셰비키는 자신의 체포에 가족들이 대비하도록 하고 가능한 한 가족을 보호하려고 했다. 카마 강 수송 관리였던 표트르 포타포프는 1937년 8월 체포되기 며칠 전에 가족을 니즈니노브고로드의 친척집으로 보냈다. "우리는 5년 이상 휴가를 가본 적이 없었다."고 그의 딸은 회고한다. "아버지는 무슨 일이 닥칠지 예감했고 우리를 염려했다. 아버지는 엔카베데가 왔을 때 우리가 그들의 손길이 미치지 않는 곳에 있기를 원했다." 무르만스크 철도의 고위 관리였던 레프 일린은 자기가 체포될 경우 가족이 다른 가족과 주거 면적을 공유하지 않게 하기 위해 널찍한 아파트에서 작은 협동조합 아파트로 가족을 이사시켰다. 또 딸을 먹여 살릴 수 있도록, 일해본 적이 없는 아내에게 섬유 공장에 확실한 일자리를 마련해주었다. 그는 아내가 체포를 면하도록 이혼을 간청했으나 아내는 '부끄러운 배신 행위'라는 이유로 거부했다. 부부는 레프가 체포되던 날까지 이 문제를 두고 격렬하게 말다툼을 벌였다.[33]

둘 다 1937년에 체포된 스타니슬라프와 바르바라 부트케비치 부부는 열네 살인 딸 마리야가 혼자 힘으로 살아갈 수 있게 준비시켰다. 그들은 딸이 혼자 장을 볼 수 있게 훈련했고, 자신들이 체포될

---

* 아서 쾨슬러(Arthur Koestler)의 소설 《한낮의 어둠》(1940)에 나오는 노장 혁명가인 루바쇼프는 이런 볼셰비키의 전형이다. 그는 국가에 봉사하기를 원하기 때문에 재판에서 자신이 뒤집어쓴 반역 혐의를 자백한다. 자신이 결백하다는 것을 알고 있는데도 말이다.

경우 부모에 대해 한마디도 하지 말라고 가르쳤으며, 부모를 둘 다 빼앗아갈지도 모르는 위협의 성격을 이해할 수 있도록 신문에 난 전시재판 기사를 딸에게 읽혔다. "나는 모든 것을 이해했다."고 마리야는 회고한다. "아버지는 투하체프스키와 가까웠고 참모본부에서 그와 함께 일했으며, 우리 집은 군 관계자들로 가득 차 있었다. 그래서 나는 사람들이 한 사람 한 사람 체포되었을 때 무슨 일이 벌어지고 있는지를 이해했다." 마리야의 아버지는 7월 8일에, 어머니는 7월 14일에 체포되었다.

엄마는 그날 밤 그들이 자신을 잡으러 올 것이라고 느꼈다. 그날 저녁 우리는 안드레이(마리야의 남동생)만 빼놓고 오랫동안 같이 앉아 있었다. 엄마는 내가 내일 아침 시험을 치른다는 것을 알면서도 아무 말도 하지 않았다. 마침내 자정이 되었을 때 엄마는 "너무 늦었구나, 잠자리에 들렴."이라고 말했다.

이튿날 아침 마리야가 깨어보니 어머니는 없었고—밤 사이 체포되었다.—엔카베데 요원들이 어머니 방을 뒤지고 있었다. 어머니는 침대 곁에 돈 약간과 함께 작별의 메모를 마리야에게 남겨놓았다.[34]

법학자 일리야 슬라빈은 1937년 11월 5일 밤에 체포되었다. 그는 백해 운하에서 굴라크 노동자들을 개조하는 문제에 대해 엔카베데가 집필을 의뢰한 책을 쓰지 않았다. 체포된 날, 일리야는 레닌그라드의 당 사무소로 호출되어 '법률대학' 학장직을 제안받았다. 전임 학장이 막 체포된 직후였다. 슬라빈은 안도했다. 그는 최악의 사태를 예상했으나 이제 목숨을 부지할 수 있을 것 같았다. 그는 가벼운 마음으로 집으로 돌아왔다. 그날 저녁 슬라빈 가족은 딸 이다의 열여섯 번째

이다 슬라비나(사진 왼쪽)와 그녀의 부모(1937년). 소비에트 체제에 헌신했던 법학자 일리야 슬라빈은 1932~1933년에 굴라크 노동수용소의 현실을 직접 목격한 뒤 체제의 요구를 따를 수 없었다. 결국 그는 1937년 11월에 엔카베데에 체포된다.

생일을 축하했다. 이다는 다음과 같이 회상한다.

> 엄마는 맛있는 음식을 식탁에 차렸다. 오빠는 우리 집 벽신문 '알렐루야(슬라빈 가족이 집에 놓았던 선동 게시판)'의 '생일 특별판'을 만들었고 저녁 시간에 피아니스트가 되었다. 나는 학교 친구들을 맞이하기 위해 멋진 새 드레스를 입었다. …… 아빠는 가장 멋진 모습으로 계셨다. 아빠는 우리와 함께 놀았으며, 아이처럼 빈둥거리며 지냈고, 모든 여자아이들과 춤을 췄다. 술도 많이 마셨고 심지어 아빠가 제일 좋아하는 노래인 〈나이팅게일〉을 부르기까지 했다.

손님들이 돌아간 후 일리야는 다음 여름 휴가 계획을 이야기하기 시작했다. "아빠는 가족이 모두 함께 휴가를 보내기를 원했으며 카프카스와 흑해에 가면 어떻겠느냐고 말했다."

엔카베데는 새벽 1시에 들이닥쳤다. 이다는 그날을 다음과 같이 기억한다.

불이 환하게 켜졌고 빨리 옷을 입으라고 하는 낯선 목소리에 나는 놀라서 잠이 깼다. 엔카베데 관리가 문가에 서 있었다. 그는 내가 옷을 입으려고 애를 쓰자 시선을 다른 데로 돌리는 척했고 그런 다음 나를 아빠의 사무실로 들여보냈다. 갑자기 훨씬 늙어 보이는 아빠가 사무실 중앙에 있는 의자에 앉아 있었다. 엄마와 오빠, 임신한 새언니는 나와 함께 소파에 앉았다. 엔카베데 관리가 마치 자기 집에 있는 것처럼 행동하는 동안 경비원이 대문간에 서 있었다. ……

나는 그날 밤 일 가운데 단지 일부 순간들만을 기억할 뿐이다.

아빠의 사무실을 돌아보면서 엔카베데 관리(나는 언제까지나 그의 이름 '베이겔'을 기억할 것이다)는 때때로 한숨을 짓곤 했다. "무슨 책이 이렇게 많소. 난 학생인데, 이렇게 책이 많지 않단 말이오." 책을 급히 훑어보면서 그는 아버지에게 바치는 헌사가 적힌 책을 찾을 때마다 멈추고는 주먹으로 테이블을 치면서 큰 소리로 묻곤 했다. "이 저자가 누구요?"

그런 다음 거의 희비극적 장면을 연출하면서 베이겔은 나에게 내 독일어 교과서를 가져오라고 말했다. 그는 연극을 하듯(그는 많은 집에서 내 또래 아이들과 이런 장면을 연출한 것이 분명했다) 교과서 말미에 있는 카를 라데크의 글이 실린 페이지를 펼쳤다. 당시 카를 라데크는 체포는 되었지만 아직 형벌을 선고받거나 언론에서 '인민의 적'으로 이름이 오르내리지 않던 상태였다. 큰 몸짓으로 베이겔은 교과서에서 해당 페이지를 찢어 성냥으로 불을 붙이고는 마치 자신이 고귀한 영웅이라도 되는 것처럼 말했다. "이것을 태워버리는 대신 너를 네 아빠와 함께 데리고 가지 않아도 되는 것에 감사해라." 나는 너무 무서워서 아무 말도 할 수 없었다. 그러나 그때 아빠가 침묵을 깨뜨리고는 말했다. "감사합니다." ……

이 거만한 베이겔과 더불어 내 기억에 뚜렷이 각인된 것은 꼼짝 않고 있던 아빠의 모습이다. 나는 전에는 아빠의 그런 모습을 본 적이 없었다. 완전히 낙담하여 얼이 빠진 아빠는 자신이 겪고 있는 수치스러운 상황에 거의 무관심해 보였다. 다른 사람 같았다. …… 아빠를 보았을 때 아빠의 얼굴에는 표정이 없었고, 아빠는 내 시선을 보거나 느끼지도 못했다. 아빠는 가만히 아무런 말도 하지 않고 방 한가운데 그냥 앉아 있었다. 그 사람은 아빠였으나 그럼에도 아빠가 아니었다.

가택 수색은 밤새 진행되었다. 그들은 사무실을 나와 식당으로, 그 다음에는 오빠 방으로 갔다. 마루는 찬장과 앞면이 유리로 된 진열장에서 끄집어낸 책과 원고에서 찢겨나간 페이지들과 특별 트렁크에 조심스럽게 보관해 둔 가족 앨범에서 나온 사진들로 뒤덮였다. 그들은 그중 많은 것을 가져가버렸다. 그들은 또 카메라와 쌍안경('간첩 행위'의 증거), 타이프라이터—아버지가 글을 쓸 때 항상 애용하던 우리의 낡은 언더우드 타이프라이터……—도 가져갔다.

그들이 아빠 삶의 페이지를 급하게 넘기던 그 긴 밤에 아빠는 무슨 생각을 하셨을까? 그 일은 아빠의 신념을 무너뜨렸을까? 베이겔(별 볼 일 없던 벌레 같은 놈!)이 범죄 증거로 세세한 당원 신분 관련 내용을 기록했을 때 아빠는 어떤 공포를 느꼈을까?

수색이 끝났을 때는 아침이었다. 모든 것이 몰수를 위해 등록되었다. 아빠는 복도로 끌려 나갔다. 우리는 아빠를 뒤따라갔다. 부모님 방의 문이 봉인되었다. 그들은 아빠에게 옷을 입으라고 말했다. 엄마는 조그만 상자에 아빠 물건을 전부 준비해놓았다(그 안에는 안경, 세면 도구, 손수건, 현금 100루블이 들어 있었다).

그런 뒤, 아빠는 침묵을 깨고 말했다. "잘 있어요." 엄마는 아빠에게 매달려 울었지만, 아빠는 엄마 머리를 쓰다듬으면서 몇 번이고 말했다. "걱정 말아요. 문제가 해결될 거요."

그날 밤 내 안의 무언가가 파괴되었다. 그 사건은 세계의 조화와 의미에 대한 내 믿음을 뒤흔들었다. 우리 가족은 아빠를 숭배했다. 아빠는 우리에게 너무나 큰 숭배 대상이었기에 아빠가 쓰러지자 세상 전부가 끝나는 것 같았다. 나는 아빠가 내 두려움을 눈치챌까 봐 겁이 나서 아빠를 똑바로 쳐다볼 수가 없었다. 엔카베데 요원들이 아빠를 문 쪽으로 끌고 갔다. 나는 아빠를 뒤따라갔다. 아빠가 갑자기 뒤돌아서 나를 다시 한 번 쳐다보았다. 아빠는 내 안에서 소용돌이치는 감정의 대혼란을 볼 수 있었을 것이다. 눈물에 목이 메어 나는 아빠에게 몸을 던졌다. 아빠는 내 귀에 대고 속삭였다. "애야, 사랑하는 딸아, 역사에는 오류가 있지만, 우리가 위대한 일을 시작했다는 것을 기억해라. 훌륭한 청년 공산주의자가 되어라."

"조용히 해!"라고 베이겔이 고함을 쳤다. 그런 뒤 누군가가 나를 아빠로부터 떼어냈다.

"안녕, 사랑하는 여보, 애들아. 정의를 믿어라……." 아빠는 무언가 더 말하고 싶어 했으나 그들은 아빠를 데리고 계단을 내려갔다.[35]

이다를 체포할 수도 있다는 것은 엔카베데 관리가 괜히 한 위협이 아니었다. 열여섯 살이었던 이다는 어른과 똑같은 죄목으로 체포되고 투옥되고 심지어 처형될 수도 있었다. 1935년에 소련 정부는 형사상 자신이 한 일로 처벌받을 수 있는 최저 나이를 12세로 낮췄는데, 이 조치는 부분적으로는 자백을 거부하면 자녀를 체포하겠다고 감옥에 있는 사람들을 위협할 목적으로 만들어졌다.(그해에 공포된 두 번째 법령은 반국가 범죄로 감옥에 구금된 사람의 친척을 체포하고 투옥하는 것을 허용했다.) 사실상 인질 제도가 선언된 것이다. 많은 볼셰비키가 전시재판에 앞서 진행된 심문 과정에서 친척을 체포하겠다는 위협을 받았다. 예를 들어 카메네프는 아들을 처형하겠다는 위협을 받았다. 그는 가족을 건드리지 않겠다는 스탈린의 개인적 보장을 받고 자백에 서명하는 데 동의했다. 지노비예프도 똑같이 했다. 이반 스미르노프는 심문을 받다가 경비병들이 딸을 거칠게 다루는 것을 보자 굴복했다. 스타니슬라프 코시오르*는 야만적인 고문을 견뎌냈으나 열여섯 살인 딸이 방으로 끌려와 자신이 보는 앞에서 강간당했을 때 무너져버렸다.[36]

스탈린은 이들 볼셰비키에게 재판 전에 무엇을 약속했든, 일단 그들을 총살한 뒤 그들의 친척 다수를 체포하라는 명령을 내렸다. 카메네프의 아들은 1939년에 총살되었다(더 어린 아들은 고아원에 보내졌고 이름이 글레보프로 바뀌었다). 1935년에 유형 선고를 받은 카메네프의 부인은 1938년에 다시 재판을 받고 1941년에 총살되었다. 지노비예프의 아들은 1937년에 총살되었다. 그의 누이는 보르쿠타 수용소로 보내졌고, 그 뒤 총살되었다. 다른 누이 세 명, 조카 두 명, 조카딸 한 명, 사촌 한 명, 제부 한 명이 수용소로 보내졌다. 지노비예프의 형제 세 명과 조카 한 명도 총살당했다. 스미르노프의 딸은 투옥되었다. 그의 부인은 1938년에 코틀라스 노동수용소 한 곳에서 총살되었다. 사실상 모든 트로츠키 일족이 1936년과 1938년 사이에 엔카베데에 의해 살해당했다. 트로츠키의 형제 알렉산드르, 누이 올가, 첫 번째 부인 알렉산드라 소콜로프스카야, 아들 레프와 세르게이, 딸 지나이다(1933년에 자살)의 두 남편이 바로 그들이다.[37]

적의 친족을 처벌하고자 하는 스탈린의 집착은 아마도 그루지야

코시오르(Stanislav Kosior, 1889~1939) 폴란드계 소련 정치인. 우크라이나공산당 서기장을 지냈다. 1938년에 체포되어 이듬해 총살당했다.(역주)

(2010년부터 '조지아'로 국명이 변경되었다)에서 배운 것이지 싶다. 일족들 간에 벌어지는 피의 복수는 카프카스 정치의 일부였다. 볼셰비키 엘리트들에게 가족과 일족은 정치적 충성과 서로 교차하는 것이었다. 결혼을 통해 동맹이 이루어졌고, 혈연이 반대자나 적과 연계되면 그동안 쌓아올린 명성은 무너졌다. 스탈린이 보았던 대로 가족은 개별 구성원의 행동에 집단 책임이 있었다. 어떤 남자가 '인민의 적'으로 지목되어 체포되면, 아내는 남편을 고발하지 않았을 경우 남편과 견해가 같았거나 보호하려 했다고 추정되었기 때문에 자동적으로 유죄였다. 최소한 아내는 경계심 부족의 죄를 저지른 것이었다. 스탈린은 친족 억압이 불만을 품은 사람들을 사회에서 제거하는 필수 조치라고 보았다. 왜 스탈린의 '적'들의 가족을 억압했느냐는 질문을 받고 몰로토프는 1986년에 다음과 같이 설명했다. "그들은 격리되어야 했습니다. 그러지 않으면 그들은 온갖 종류의 불평을 퍼뜨렸을 것이고 사회는 일정 정도 퇴폐 풍조에 감염되었을 것입니다."[38]

율리야 퍄트니츠카야는 자신이 체포될 거라고 예상하며 살았다. 율리야는 7월 7일 오시프의 체포로 귀결된 그 시절에 쓴 일기에 이런 근심을 고백했다. 율리야의 두려움은 일상적 문제와 걱정의 바다에 둥둥 떠 있었다. 그녀는 6월 초부터 피오네르단의 아르테크 캠프에 머물던 작은아들 블라디미르를 크림반도에서 데려와야 했다. 블라디미르를 받아줄 친지를 찾기 전에 자신이 체포된다면 엔카베데가 아들을 고아원으로 보낼지 모른다고 걱정했던 것이다. 큰아들 이고리는 막 열여섯 살이 되었다. 아버지가 체포되기 전에 이고리는 콤소몰에서 이름을 떨치고 싶어 했으나, 이제 모든 것이 달라졌고 이고리 역시 체포될 위험이 있었다. 율리야는 그 못지않게 혼란스러운 자신의 감정을 추스르려고 사투를 벌이면서, 동시에 이고리의 뒤엉킨 감정—아버지에 대한 분노, 아버지를 잃은 슬픔, 의기소침한 마음과 수치심—을 달래려고 애를 썼다. "이고리는 종일 침대에서 책을 읽는다."고 율리야는 7월 11일자 일기에 적었다.

그애는 아빠에 대해, 아빠의 전 '동지'들의 행동에 대해 아무 말도 하지 않았다. 때때로 나는 불결하고 유독한 사상을 표출하지만, 그애는 청년 공산주의자답게 내가 그런 말을 하지 못하도록 막는다. 때때로 그애는 말한다. "엄마, 엄마가 이러시면 저는 못 참겠어요. 엄마를 죽일 것 같아요."[39]

율리야의 당장의 관심사는 수입 내에서 어떻게든 생활을 꾸려 나가는 것이었다. 대숙청 시기에 남편을 빼앗긴 많은 아내들처럼, 율리야는 생존하기 위한 일상적 투쟁에 몰두하고 신분의 급작스러운 하락에 상처를 받은 나머지 자신이 처한 위험은 거의 생각할 겨를이 없었다.[40] 가택수색에서 율리야는 책 모양의 저금통과 팔 수 있었을 귀중품을 모조리 잃어버렸다. 율리야가 가진 것은 사무실에서 일하면서 받는 약간의 봉급뿐이었고, 그 돈으로는 아파트에 사는 다섯 명의 피부양 가족(두 아들, 나이 든 친정 아버지와 계모, 직업이 없는 이복 여동생 류드밀라)을 먹여 살리기가 힘들었다. 그들은 복서 개도 키우고 있었다. 가족은 수프와 카샤*를 먹고 살았다. 고위 볼셰비키의 아내로서 특권적 삶에 익숙했던 율리야는 빈곤한 생활에 적응하는 데 어려움을 느꼈다. 율리야는 괴로웠고 자기 자신이 가엾게 느껴졌다. 그녀는 당 사무실까지 가서 관리에게 어려움을 하소연했는데, 관리

카샤(kasha) 메밀(밀)가루로 만든 죽 같은 요리.(역주)

는 그녀에게 마음을 단단히 먹고 프롤레타리아 계급의 생활양식에 익숙해지라고 말했다. 율리야는 여가 시간의 대부분을 좀 더 나은 일자리를 찾아 도시를 돌아다니며 보냈으나 성과가 없었다. '철골 구조 트러스트(TsKMash)'에는 '전문가'를 고용할 여지가 없었다("우리는 파시즘 독일이 아니오."라고 관리는 율리야에게 말했다). 부티르카 형무소의 공장조차 '그녀 같은'(즉 '적'의 아내인) 노동자는 필요로 하지 않았다. "공장 관리는 내 서류를 보려고 하지도 않았고, 나에게 아무것도 묻고 싶어 하지 않았으며, 단지 나를 쳐다보고는 '안 돼요'라고 말할 뿐이었다."라고 율리야는 일기에 썼다. 직장 동료들은 그녀를 도와주려 하지 않았다. "모두가 나를 피한다."라고 율리야는 썼다. "그러나 나는 아주 작은 관심이나 충고라도 좋으니 도움이 절실하게 필요하다." 한편 집에서는 상황이 꾸준히 악화되면서 긴장이 높아져 갔다. 율리야의 이복 자매와 계모는 식품이 부족하다고 자주 불평했고 고생스러운 삶을 오시프 탓으로 돌렸다. 그들은 율리야를 아파트에서 쫓아내려고까지 했다. 몇 주 뒤 류드밀라는 일자리를 얻었고, 퍄트니츠키 가족과 함께 '쓰러지지' 않으려고 율리야의 부모와 더불어 다른 아파트로 이사를 나갔다. "우리 모두가 목숨을 부지할 수 없다면, 그럴 수 있는 사람이라도 살아야지."라고 류드밀라는 말했다. 율리야는 류드밀라와 부모가 자신들의 행동에 부끄러움을 느끼는지 궁금했다. 그녀는 그럴 가능성에 회의적이었다.

부끄러운 게 있다면 7년 동안 퍄트니츠키가 그들을 부양했고, 류바(류드밀라)가 좋은 학교에 다닐 수 있었으며, 그들이 좋은 아파트에서 살았다는 사실뿐이다. 우리가 곤경에 빠지자마자, 그들은 어떻게 하면 나와 내 아이들—불운한 사람들—에게서 가능한 한 빨리 도망칠

수 있을지만 생각한다.[41]

율리야의 부모와 이복 자매가 이사를 간 후 오래지 않아, 율리야와 두 아들은 집에서 퇴거당해 '강변 아파트' 아래층의 더 작은 아파트로 쫓겨났다. 그들은 봄에 체포된 어느 아르메니아인 볼셰비키 가족과 아파트를 같이 사용했다. 율리야는 절망에 빠졌고, 자신의 삶이 무너지고 있다고 느꼈으며, 자살을 생각했다. 자포자기한 심정이 된 율리야는 '강변 아파트'에서 유일하게 그녀에게 말을 거는 것을 두려워하지 않은 이웃 노파를 보러 가서 자신의 비참한 신세를 한탄했다. 노파는 그녀에게 자기 자신을 너무 가엽게 여기지 말라고 말했다. 더 작은 집에 사는 관리들도 많다는 것이었다. 게다가 노파는 율리야가 퍄트니츠키 없이 더 잘 지내고 있다고 말했다. 노파의 설명에 따르면, "당신네들은 그렇게 사이가 좋은 것이 아니었기" 때문이었다. 이제 율리야는 남편이 아니라 자신과 두 아들만 생각해야 했다. 노파와 나눈 대화를 조용히 생각하면서 율리야는 그날 밤 일기에 적었다. "남편이 우리와 함께 많은 시간을 보내지 않은 것은 사실이다. 그는 항상 일하고 있었다. 그리고 우리를 등치러 온 모든 사람들—즉, 거의 모든 사람들—이 보기에 우리 사이가 좋지 않았다는 사실은 분명했을 것이다."[42] 율리야가 이듬해에 남편에게 품게 될 의심은 이뿐이 아니었다.

살고 싶으면 침묵하라

다음은 작가 미하일 프리시빈의 1937년 11월 29일자 일기다.

우리 러시아 사람들은 눈 덮인 나무처럼 생존 문제에 짓눌려 있고, 또 그 문제에 대해 너무 이야기를 하고 싶은 나머지 더는 버틸 힘이 없다. 그러나 누군가 그런 마음을 표현이라도 할라치면 당장 다른 사람이 그것을 엿듣고, 그리고 그는 사라져버린다! 사람들은 단한 번의 대화 때문에 곤경에 빠질 수 있다는 것을 알고 있으며, 그래서 그들은 친구들과 함께 침묵의 음모에 가담한다. 내 소중한 친구 N은 …… 붐비는 (열차) 칸에서 나를 발견하고는 매우 기뻐했고, 빈자리가 나자 내 옆에 앉았다. 그는 뭔가를 말하고 싶어 했으나 붐비는 인파 속에서는 말을 할 수가 없었다. 그는 너무나 긴장해서 말을 하려고 할 때마다 이쪽 편의 사람들을, 그런 다음 다른 쪽 편의 사람들을 둘러보았으며, 그가 고작 할 수 있었던 말은 "예……."뿐이었다. 그리고 그에 대한 응답으로 나도 똑같이 말했고, 이런 식으로 우리는 2시간 동안 모스크바에서 자고르스크까지 함께 갔다.

"예, 미하일 미하일로비치."

"예, 게오르기 예두아르도비치."[43]

말하기는 가장 좋은 시절에도 위험할 수 있었으나, 대숙청 시기에는 누군가가 영원히 사라지는 데 분별 없는 말 몇 마디면 충분했다. 정보원은 어디에나 존재했다. "오늘날 사람들은 자기 아내하고만 자유롭게 말을 한다. 그것도 밤에 담요를 머리끝까지 뒤집어쓴 채 말이다."라고 작가 이사크 바벨*은 한때 언급했다. 프리시빈은 자기 친구 중에서, 악의적 소문이나 고발의 대상이 될까 봐 두려워하지 않고 자

바벨(Isaak Babel, 1894~1940) 소련 언론인, 극작가, 소설가. 작품으로 《붉은 기병대》(1926), 《내 비둘기장 이야기》(1925), 《오데사 이야기》(1926) 등이 있다. 1939년 체포되어 1940년 총살당했다. 1954년에 복권되었다.(역주)

유롭게 대화할 수 있는 사람은 "두세 명의 나이 든 사람들뿐"이라고 일기에 썼다.[44]

대숙청은 소련 인민들의 입을 효과적으로 틀어막았다. "우리는 입을 다물도록 가르침을 받았다."고 1936년에 아버지가 체포된 레제다 타이시나는 회고한다.

"너는 네 혀 때문에 곤욕을 치를 거야." 사람들은 우리 같은 아이들에게 항상 이렇게 말했다. 우리는 말하기를 두려워하면서 삶을 견뎌 나갔다. 엄마는 두 명 중 한 명은 정보원이라고 말하곤 했다. 우리는 이웃과, 특히 경찰이 무서웠다. 나는 지금도 말하는 것이 두렵다. 나는 내 의견을 주장하거나 사람들 앞에서 발언할 수가 없으며, 항상 한마디도 하지 않고 물러선다. 이것은 내 성격으로 자리 잡았다. 왜냐하면 내가 아이일 때 그런 식으로 길러졌기 때문이다. 지금도 나는 경찰을 보면 두려움으로 떨기 시작한다.[45]

마리야 드로즈도바는 트베리 주의 종교적으로 엄격한 농가에서 성장했다. 1930년에 드로즈도프 가족은 마을의 집단화를 피하고자 농촌을 떠났다. 위조 서류를 갖고 그들은 레닌그라드 근처의 크라스노예셀로로 이사했고 마리야의 아버지는 가구 공장에서, 어머니 안나는 병원에서 일자리를 구했다. 안나는 문맹이었다. 안나는 볼셰비키가 적그리스도이고 그의 앞잡이들이 자신의 일거수일투족을 듣고 본다고 확신했으며, 가족이 살던 공동 아파트의 방 바깥에서 사람들 앞에 나서거나 말하는 것이 무서웠다. 교회 관리인이던 안나의 아버지가 1937년에 체포되었을 때 안나는 두려움으로 옴쭉달싹도 할 수 없었다. 안나는 집을 나서려 하지 않았고, 이웃이 엿들을까 봐 방 안

에서 말하는 것도 두려워했다. 밤마다 안나는 경찰의 주의를 끌까
봐 불을 켜는 것이 겁이 났다. 스탈린 이름이 언급된 기사가 실린 신
문 조각으로 무심코 뒤처리를 할까 봐 화장실에 가는 것조차 두려웠
다.[46)]

지인들 사이에서는 정치적 사건은 입에 올리지 않는다는 암묵적
합의가 이루어졌다. 누구나 경찰에 체포되어 '반혁명' 활동의 증거로
정치적 대화를 보고함으로써 친구를 고발하라고 강요받을 수 있었
다. 이런 분위기에서 가장 친한 친구가 아닌 사람과 정치 토론을 벌
이는 사람은 정보원이나 도발자라는 의심을 샀다.

베라 투르키나는 페름의 주 법원장이던 아버지가 체포되었을 때
친구와 이웃들이 보인 침묵을 회고한다.

우리 집 맞은편 집에 우리와 마찬가지로 아버지가 체포된 딸 셋이
있었다. …… 우리 모두 이 주제를 피하려고 했다. "아버지는 여기 없
어요, 아버지는 어디 가셨어요."가 우리가 하는 말 전부였다. …… 아
버지는 '입이 가벼워서' 일을 당한 희생자였다. 바로 이것이 우리 가
족이 이해한 바다. 아버지는 너무 직설적이고 솔직했으며, 어느 순간
해야 하는 말보다 더 많이 말했다. 아버지가 말 때문에 체포되었다는
믿음은 우리의 침묵을 더욱더 강화했다.[47)]

사람들은 친구와 친척을 잃었을 때 조용히 감정을 억눌러서 대응
했다. 옘마 게르시테인은 1937년에 시인 만델시탐에 대해 다음과 같
이 썼다. "그는 지금은 죽고 없는 사람 이야기는 하지 않았다. 그때
는 어느 누구도 죽은 사람 이야기를 하지 않았다. …… 눈물도 결코
흘리지 않았다! 이것이 바로 그 시절의 특징이었다."[48)]

많은 가정을 침묵이 지배했다. 사람들은 체포된 친척을 입에 올리지 않았다. 친척에게 받은 편지를 없애거나 아이들이 보지 못하도록 숨겼다. 그렇게 하면 자신들이 안전해지리라고 바라면서 말이다. 집 안에서조차 그런 친척들 이야기를 하는 것은 위험했다. 왜냐하면 흔히 말하듯 "벽에도 귀가 달려 있기" 때문이었다. 1937년 남편 세르게이 크루글로프가 체포된 후, 세르게이의 아내 아나스타시야와 두 자녀는 공동 아파트로 강제로 이사했다. 얇은 칸막이로 막힌 옆방에는 엔카베데 요원 가족이 살고 있었다. "그들은 모든 것을 다 들을 수 있었다. 그들은 우리가 재채기하는 소리도 들을 수 있었고 심지어 우리가 가장 조용한 목소리로 속삭이는 것도 들을 수 있었다. 엄마는 항상 우리에게 조용히 하라고 말했다."고 딸 타티야나 크루글로바는 회고한다. 크루글로프 가족은 엔카베데 이웃이 자신들이 말한 내용을 보고한다고 확신했고, 그래서 30년 동안 말하는 것을 두려워하며 살았다.(사실 엔카데베 요원은 조용하고 고분고분한 이웃을 원했기 때문에 그들을 이러한 공포 상태에 계속 내버려 두었다.)[49]

아버지가 체포된 후 나탈리야 다닐로바는 어머니 손에 이끌려 외가에 가서 살았는데, 외가에서는 아버지 이야기를 하는 것이 완전히 금지되었다. 외가 오소르긴 가족은 귀족 집안이었고 그들 중 몇 명은 볼셰비키에게 체포된 바 있었다. 강인한 개성으로 집안을 지배한 나탈리야의 이모 마냐의 남편도 체포된 사람 중 한 명이었다. "마냐 이모는 아마도 아버지가 농민이면서 사회주의자였기 때문에 아버지에게 적대적이었을 것이다."라고 나탈리야는 회고한다. "이모는 아버지가 유죄이고 체포를 당할 만하며 행동을 잘못해서 가족에게 고통을 안겨주었다고 생각하는 것 같았다. 이모는 우리에게도 그렇게 생각하라고 강요했다. 이모 혼자만이 그런 일들에 대해 말할 수 있는 권리가 있었고, 나머지 우리는 불만에 차 뒤에서 쑥덕거릴 뿐이다."[50]

가족들은 특별한 대화 규칙을 개발했다. 그들은 낯선 이와 이웃, 하인들 몰래 생각과 의견을 밝히고자 에둘러 말하는 법을 익혔다. 엠마 게르시테인은 한동안 모스크바에서 같이 살았던 마르가리타 게르시테인을 회상한다. 그녀는 고참 반대파였으며 엠마 사촌의 부인이었다. 하루는 마르가리타가 스탈린에 반대해봤자 효과가 없다는 이야기를 하고 있었는데, 말을 하는 도중에("물론 스탈린을 제거할 수도 있겠지만, 그러나……") 가정부가 나타났다.

문이 열렸고 우리 가정부인 폴랴가 식당으로 들어왔다. 나는 오싹하고 겁이 났지만, 마르가리타는 늘어진 자세를 바꾸지도 않고 정확히 똑같은 억양으로, 똑같이 분명한 목소리로 하던 말을 마무리했다. "그러니까, 엠모치카, 어서 비단옷을 사세요. 주저하지 말아요. 당신은 할 일을 다했으니 새 드레스를 받을 만해요." 폴랴가 떠난 뒤, 마르가리타는 무심코 있다가 허를 찔렸다는 인상을 주지 말아야 한다고 설명했다. "그리고 슬금슬금 움직이거나 불안하게 주위를 둘러보지 마세요."[51]

선천적으로 수다스러운 아이들은 특히 위험했다. 많은 부모들은 아이들이 적게 알면 알수록 모든 사람이 더욱 안전할 것이라고 생각했다. 안토니나 모이세예바는 1927년 사라토프 주의 농민 가정에서 태어났다. 모이세예프 가족은 '쿨라크'로 분류되어 1927년 우랄 지역의 '특별 정착촌'으로 유형당했다. 1936년 그들이 페름 근처 도시인 추소보예로 돌아온 뒤, 안토니나의 어머니는 자식들에게 다음과 같이 힘주어 말했다.

"너희는 어떤 것도 판단해서는 안 돼. 엄마 말대로 안 하면 체포될 거야."라고 엄마는 항상 말씀하셨다. 우리는 빵을 받기 위해 밤새 줄을 서곤 했는데, 그때 엄마는 우리에게 이야기하시곤 했다. "너희는 판단해서는 안 돼. 정부가 빵을 갖고 있는지 아닌지는 너희들이 상관할 바가 아니야." 엄마는 자기 의견을 말하는 것은 죄악이라고 말씀하셨다. "입 다물거라."라고 엄마는 우리가 집을 떠날 때마다 항상 당부하시곤 했다.[52]

빌겔름 텔은 모스크바의 헝가리인 가정에서 성장했다. 아버지는 빌겔름이 아홉 살이었던 1938년에 '민족 작전' 과정에서 체포당했다. 빌겔름은 자신이 어떻게 행동해야 하는지 어머니나 조부모로부터 구체적인 경고나 지시를 받지는 않았다고 기억하지만, 공포 어린 분위기를 느꼈다.

나는 반쯤 무의식적으로 조용히 해야 한다는 것을, 즉 내 생각을 입 밖에 꺼내 말할 수가 없다는 것을 알았다. 예를 들어 혼잡한 전차로 이동할 때 조용히 해야 된다는 것, 어떤 것도, 심지어 창문 밖에 뭐가 보이는지도 말할 수 없다는 것을 알았다. …… 나는 또 모든 사람이 똑같이 느끼고 있다는 것을 알아차렸다. 전차 같은 공공장소는 항상 조용했다. 사람들이 이야기를 한다고 해도 어디서 물건을 샀는지 같은 사소한 대화뿐이었다. 그들은 자신이 하는 일이나 심각한 주제에 대해서는 절대 이야기하지 않았다.[53]

옥사나 골로브냐는 영화감독인 아버지 아나톨리와 함께 혼잡한 모스크바 버스를 타고 이동하면서 그녀의 '로댜 아저씨'(영화감독 프세볼로트 푸도프킨)를 언급한 것을 기억한다.

아빠는 내 귀에 대고 속삭였다. "공공장소에 있을 때는 어느 누구의 이름도 말하지 마라." 내가 의아해하고 겁먹은 표정을 짓자 아빠는 큰 소리로 말했다. "저 작은 만두들이 작은 귀처럼 보이지 않니!" 나는 아빠가 말하려는 바—옆에 앉은 누군가가 듣고 있다는 것—를 알았다. 아빠가 가르쳐주신 교훈은 내 인생에 큰 도움이 되었다.[54]

1937년에 쓴 일기에서 프리시빈은 사람들이 말하면서 의미를 숨기는 데 너무 익숙해져 진실을 말할 능력을 완전히 잃어버릴 위험에 처해 있다고 썼다.

7월 10일

모스크바에서의 행동 : 아무것도 말할 수 없으며 누구와도 말할 수 없다. 모든 행동의 비결은 오로지 어떤 것도 말하지 않고 어떤 것이 무엇을 의미하는지, 누가 그것을 의미하는지 감지하는 것뿐이다. 우리는 우리 자신에게서 '진정으로 말할' 필요의 잔재를 완전히 제거해야만 한다.[55]

아르카디 만코프도 일기에 유사한 현상에 관해 적었다.

사회 분위기를 이야기하는 것은 의미가 없다. 마치 아무 일도 없는 양 침묵만이 흐른다. 사람들은 몰래, 장막 뒤에서 사적으로 이야기할 뿐이다. 여러 사람 앞에서 자신의 견해를 밝히는 사람은 오직 주정뱅이뿐이다.[56]

사람들이 자기 자신 안으로 침잠함에 따라, 필연적으로 사회적 영역이 축소되었다. "사람들은 서로 속마음을 털어놓는 일을 완전히 그만두었다."고 프리시빈은 10월 9일자 일기에 썼다. 속삭이는 사람들의 사회가 되어 가고 있었다.

엄청난 수의 하층 계급 대중들이 그저 열심히 일하고 조용히 속삭이고 있을 뿐이다. 일부 사람들에게는 속삭일 것도 없다. 그들에게 "만사는 마땅히 있어야 하는 대로 있다." 다른 일부는 혼자서 중얼거리고는 재빨리 일에 다시 열중한다. 많은 사람들이 완전히 침묵하는 법을 배웠다. …… 마치 묘지에 누워 있는 것처럼 말이다.[57]

진정한 소통이 종말을 고하면서 불신이 사회 전역으로 퍼져 나갔다. 사람들은 공적 가면 뒤에 진짜 자아를 숨겼다. 외적으로 사람들은 올바른 소비에트 행동의 공적 양식에 순응했지만, 내적으로는 공적 관점으로는 이해할 수 없는 사적 사고의 영역에서 생활했다. 이러한 분위기에서 공포와 숙청이 자라났다. 어느 누구도 가면 뒤에 무엇이 숨겨져 있는지 알 수 없었으므로, 평범한 소련 시민으로 보이는 사람들도 실제로는 첩자나 적일 수 있다고 추정되었다. 이러한 가정이 근거가 되어 '숨은 적'에 대한 고발과 고자질은 일반 대중뿐만 아니라 동료, 이웃, 친구들이 대상일 경우에도 신뢰할 수 있는 것이 되었다.

사람들은 사적 진실의 세계에서 피난처를 구했다. 일부 사람들은 대숙청 시기에 일기 쓰기에 몰두했다. 온갖 위험이 따르기는 했지만 일기 쓰기는 말하는 것이 위험한 상황에서 의심과 공포를 표명하기 위해, 숨길 필요가 없는 사적 영역을 스스로 만드는 길이었다.[58] 작가 프리시빈은 일기에 자신이 경험한 가장 큰 공포를 고백했다. 1936년에 그는 자신이 새해 파티에서 했던 신랄한 논평, 지금은 그 때문에 자신의 자유를 빼앗길 것 같아 두려운 논평 때문에 작가동맹의 문학 관료들에게 공격당했다. "내가 했던 말이 작가 프리시빈의 특징을 보고하는 정보원의 파일로 들어갈까 봐 매우 두렵다."라고 그는 썼다. 프리시빈은 공적 영역에서 철수하여 일기장에 은둔했다. 그는 체포되어 일기를 압수당할 경우 경찰이 읽지 못하도록 돋보기로 겨우 읽을 수 있는, 아주 작게 갈겨 쓴 글씨로 일기장을 채웠다. 프리시빈에게 일기는 '개체로 존재함을 확인하는' 것이었다. 즉 자기 자신의 진정한 목소리로 내적 자유를 만끽하는 장소였다. "사람은 자신을 위해, 즉 내적 자아로 파고들어 가서 자신과 대화하려고 일기를 쓰거나, 사회에 관여해 사회에 대한 자신의 견해를 비밀리에 표명하려고 일기를 쓴다."[59] 프리시빈의 생각이다. 프리시빈에게 일기를 쓰는 목적은 둘 다였다. 그는 스탈린, 소비에트 대중문화의 파괴적 영향력, 개별 인간 정신의 불멸성에 관한, 일반인들의 견해와 다른 성찰로 일기장을 채웠다.

극작가 알렉산드르 아피노게노프(Aleksandr Afinogenov, 1904~1941)는 1926년에 일기를 쓰기 시작했다. 그는 자기비판, 그리고 어떻게 하면 공산주의자로서 자신을 향상시킬 수 있을지에 관한 생각으로 일기를 채웠다. 그 후 1930년대 중반에 아피노게노프는 소비에트 정권과 충돌했다. 그의 프롤레타리아 연극에 드러난 심리학적 관점이 사회주의 리얼리즘 교리에 헌신하는 문학계 당국의 마음에 들지 않았던 것이다. 그의 희곡 〈거짓말〉(1933)은 스탈린의 공격을 받았는데, 스탈린은 작품에 노동자의 대의에 헌신하는 능동적 공산주의 영웅이 보이지 않는다고 지적했다. 그가 속한 문학 단체—RAPP(러시아프롤레타리아작가동맹)의 전 수장이었던 레오폴트 아베르바흐(Leopold Averbakh, 1903~1937)가 이끌던 단체다.—는 소비에트 체제의 몰락을 꾀하는 '문단의 트로츠키 하수인들'이라고 비난받았다. 1937년 봄에 아피노게노프는 당에서 쫓겨났고 엔카베데에 의해 모스크바 아파트에서 퇴거당했다. 그는 페레델키노에 있는 자신의 다차로 이사했고, 그곳에서 아무와도 이야기하지 않으면서 거의 완전히 은둔한 채 아내와 딸과 함께 살았다. 오랜 친구들은 그에게 등을 돌렸다. 어느 날 아피노게노프는 열차를 타고 가다 두 장교가 나누는 대화를 엿들었는데, 장교들은 '일본 첩자 아베르바흐'가 마침내 잡혔고 그의 '하수인 아피노게노프'가 감옥에서 재판을 기다리고 있다는 데 만족감을 표명했다. 아피노게노프가 내면 세계로 후퇴함에 따라 일기는 성격이 변했다. 그가 스스로를 비판하고 자신을 향한 비난을 수용하면서 공산주의자로서 자기 자신을 정화하려고 한 순간도 여전히 존재했으나, 좀 더 많은 자기 성찰과 좀 더 큰 심리적 긴박함이 나타났고, 이전에 그 자신을 언급하는 데 사용하곤 했던 대명사 '그' 대신에 '나'를 더 많이 쓰게 되었다. 일기는 사적인 생각과 성찰을 하는 비밀 피난처가 되었다.

1937년 11월 2일

집으로 돌아온 나는 일기장을 펼치고 앉아, 정치가 아직 건드리지 못한 내 사적인 세상의 한구석만을 생각하면서 그것에 대해 쓴다. 나는 일반적 삶의 흐름에서 배제된 지금, 일어나는 모든 일에 대해 사람들과 이야기할 필요를 갑자기 느낀다. …… 그러나 어느 누구도 나와 이야기하려 하지 않으므로, 소통에 대한 열망은 이 일기장의 페이지들에서만 이루어질 수 있다.[60]

예브게니야(제냐) 예반굴로바는 부모가 모두 체포된 해인 1937년 12월에 일기를 쓰기 시작했다. 일기는 자신의 감정을 토로하고, 굴라크로 사라져버린 부모와 이른바 '내적 대화'를 나누는 공간이 되었다. "어느 날인가 사랑하는 사람들이 이 일기를 읽을 것이라는 불타는 희망은 내게서 떠나지 않을 것이다. 그래서 나는 일기를 정직하게 써야 한다."고 그녀는 일기의 맨 앞장에 적었다. '레닌그라드기술대학' 학생이던 예반굴로바에게 일기는 대학의 집단적 생활 방식으로 가라앉는 것 같아 걱정하던 개인적 자아와 이어지는 통로로서 점점 더 중요해졌다. 그녀는 1938년 3월 8일에 다음과 같이 썼다. "다음 생각을 올바르게 표현하지 못했던 것 같다. 나의 내적 자아는 없어지지 않았다. 인격의 내부에 존재하는 것은 무엇이든 절대 사라질 수 없다. 하지만 나의 내적 자아는 깊숙이 숨겨져 있고 나는 내 안에서 더는 그것의 존재를 느끼지 못한다." 예반굴로바는 타인과 맺는 진정한 유대를 통해서만 자신의 인격이 표현될 수 있다고 느꼈지만, 그럴 수 있는 사람은 아무도 없었다. 동료 학생들은 그녀를 '인민의 적'의 딸로 보고 신뢰하지 않았다. 그녀가 가진 것은 일기장뿐이었다. 그녀는 1939년 12월에 이렇게 썼다. "때때로 나는 진정한 친구, 나를 이해할 수 있는 사람, 이 침묵의 일기와는 별도로 나의 번민 모두를 공유할 수 있는 사람을 찾고자 하는 필사적인 열망을 느꼈다."[61]

아르카디 만코프도 예반굴로바와 마찬가지로 인간적 유대를 열망했다. 그는 레닌그라드 공공 도서관에 강좌를 들으러 다닐 때 만난 동료 학생에게 일기를 보여주기로 결심했다. 만코프의 일기는 소련에 반대하는 생각으로 가득 차 있었다. 따라서 거의 알지도 못하는 사람에게 일기를 보여주는 것은 엄청난 신뢰를 전제로 한 행동이었으며 심지어 어리석은 행위이기까지 했다. 하지만 그는 일기에서 고

백했듯이, "외로움, 목적 없는 삶 속에서 부유하는 매일매일의 끝없
는 외로움"[62] 때문에 그렇게 하기에 이르렀다.

작가 프리시빈도 인간적 유대의 유혹에 굴복했다. 1938년 12월에
그는 일기를 편집할 때 자신을 거들어줄 수 있는 비서를 찾는 일을
도와 달라고 친구에게 부탁했다. 그는 "낯선 사람이 내 연구실에 들
어와서 나에 대해 모든 것을 알게" 하는 것은 매우 위험할 수 있다는
것을 깨달았다. 그날 밤 프리시빈은 악몽을 꾸었다. 그는 광활한 광
장을 가로지르는 중이었고 모자를 잃어버렸다. 그는 정체가 폭로당
했다고 느꼈다. 꿈속에서 모자가 어디로 없어졌는지 경찰관에게 물
었을 때, 그는 일기에서 분석했듯이 자신이 낯선 사람에게 "내 삶의
가장 사적인 부분에 관여해 달라고 요청했음"을 돌연 깨달았다. "은
밀한 내 모자를 잃어버림으로써 내 모습이 드러났던 것이다." 며칠
후 면접을 보러 프리시빈의 집에 온 여성 역시 모르는 남자의 일기를
가지고 일한다는 발상을 걱정했다. 그녀는 작업에 착수하기 전에 두
사람이 서로를 알아야 한다고 주장했다. 그들은 8시간 동안 쉬지 않
고 이야기했다. 그들은 사랑에 빠졌고 1년이 지나지 않아 결혼했다.[63]

의무가 된 밀고

정보원들은 어디에나—공장과 학교, 사무실, 공공장소와 공동 아
파트에—있었다. 자료가 여기저기 흩어져 있고 증거도 단편적인 이
야기일 뿐이어서 정확성을 기하기는 힘들지만, 대숙청이 절정에 올
랐을 때 수백만 명이 동료와 친구, 이웃들에 대해 보고했다고 확실히
추산할 수 있다. 한 고참 경찰관에 따르면, 소비에트 사무원 다섯 명

중 한 명이 엔카베데 정보원이었다. 또 다른 경찰관은 대도시 지역의 경우 정규 정보원이 성인 인구의 5퍼센트에 달한다고 주장했다(사람들이 믿기로는 이보다 훨씬 많았다). 감시 수준은 도시들마다 편차가 컸다. 치안이 엄중하게 유지되던 모스크바의 경우, 전직 엔카베데 관리에 따르면 예닐곱 가족당 적어도 한 명의 정보원이 붙어 있었다. 이와는 달리 하리코프에서는, 모든 도시의 정보원들을 통제했다고 주장하는 전직 엔카베데 요원에 따르면 84만 명이 살던 도시에 정보원은 50명뿐이었다(즉 16,800명당 정보원 한 명). 두 극단 사이에 있는 쿠이비셰프 시가 소련 전체를 좀 더 잘 대표할 수 있을 것이다. 1938년에 경찰은 인구 40만 명을 담당하는 정보원이 약 1천 명 있다고 주장했다.[64] 이 수치들은 경찰이 정규적으로 사용하고 보통 특정한 형태로(돈, 직업, 주택, 특별 배급의 혜택이나 불체포 보장) 보상받는 등록된 정보원만을 헤아린 것이다. 사회 구석구석에서 경찰의 눈과 귀 역할을 하고 보수를 받는 '믿을 수 있는 사람들'(공장과 사무실 노동자, 학생 활동가, 경비원, 문지기 등)은 포함되어 있지 않다.[65] 또한 경찰국가를 그토록 강하게 만든—엔카베데가 요청하지 않은—일상적 보고와 고발도 계산에 넣지 않은 수치다. 모든 사람들은 '충성스러운 소비에트 시민'이라면 자신이 엿들은 의심스러운 대화를 보고해야 한다는 것을 알았다. 많은 사람들이 '경계심 부족'으로 처벌받을 수 있다는 두려움 탓에 정부에 협조했다.

대체로 두 부류가 있었다. 물질적 보상이나 정치적 신념, 희생자에 대한 적의에서 동기가 비롯된 자발적 정보원과, 경찰의 위협이나 체포된 친척을 도와주겠다는 약속의 덫에 걸린 비자발적 정보원이다. 두 번째 부류의 정보원들을 비난하기는 힘들다. 많은 이들이 거의 어쩔 수 없는 상황에 놓여 있었고, 이런 상황에서는 누구든 엔카베데의 압력에 굴복했을 것이다.

1943년에 작가 시모노프에게 문학대학의 옛 급우 'X'가 찾아왔다. 아버지가 체포된 후 'X'는 동료 학생들의 대화를 엿듣고 보고서를 쓰는 데 동의하지 않으면 대학에서 쫓아내겠다는 위협을 당했다. 1937년부터 'X'는 엔카베데 정보원으로 활동했다. 죄의식과 양심의 가책에 시달린 그는 시모노프에게 자신이 그들의 대화를 보고했다고 알려주었다. 'X'는 "수치심에 짓눌려 있었다."고 시모노프는 말한다. 'X'는 약간 겁도 먹었을 것이다. 왜냐하면 시모노프는 1943년에 이미 크렘린과 좋은 관계를 맺은 유명한 작가였기 때문이다. 시모노프가 옛 친구의 보고를 벌써 알고 있었을 수도 있었다. 'X'는 시모노프에게 자기가 한 보고의 결과 누구라도 고통을 겪었다는 것을 알게 되면 자살할 것이라고 했다. 'X'는 자기 보고서가 유죄 선고를 내릴 증거가 되지 않도록 노력했다고 설명했으나, 자신의 행동 탓에 "자신의 삶이 참을 수 없이 괴로워졌다"고 느끼는 데는 변함이 없었다.[66]

볼프강 레온하르트는 1939년 자신이 항상 마음을 터놓고 말할 수 있다고 느꼈던 한 동료 여학생과의 만남을 회고한다. 그들은 모스크바의 공원으로 산책을 나가 당시의 주요 정치 문제를 토론하곤 했다. 하루는 그녀가 동료 학생들이 무슨 이야기를 하는지 듣고 보고서를 쓰라는 엔카베데의 압력에 굴복했다고 레온하르트에게 고백했다. 슬픔과 양심의 가책을 느낀 그녀는, 아직 레온하르트에 관해 보고하라는 요구를 받지는 않았지만 이제는 자신과 그가 만나서 대화를 나누어서는 안 된다고 경고하려고 했다.[67]

발레리 프리트는 1941년에 자신이 어떻게 정보원으로 고용되었는지를 회상한다. 그는 콤소몰에 가입해 있었고 모스크바에서 카자흐스탄의 수도 알마아타로 소개된 '전연방국립영화촬영기술학교

(VGIK)'에서 공부하던 중이었다. 먹을 것을 구하기가 절망적으로 어려운 상황이었다. 프리트는 위조 배급 카드와 관련된 사소한 사기 사건에 연루되었다. 어느날 그는 엔카베데 사무실로 불려갔다. 심문관은 배급 카드에 대해 모든 것을 알고 있었으며, 엔카베데의 요구를 받아들여 동료 학생들에 대해 보고함으로써 스스로 '소비에트 인간'임을 입증하지 못한다면 프리트를 콤소몰과 학교에서 쫓아낼 것이라고 경고했다. 밤새 심문을 받은 그는 폭력으로 위협당하면서 재판에 회부될 것이라는 말을 들었다. 프리트는 굴복했고 보고서를 작성하겠다는 동의서에 서명했다. 서명을 하자마자 심문관들은 악수를 청하면서 친절하고 우호적인 태도로 돌변했다. 그들은 프리트가 배급 카드 문제로 곤경에 처하지 않을 것이라고 말했으며—실제로 그는 자유롭게 계속 거래를 했다.—경찰과 문제가 생길 경우 연락할 특별 전화번호도 주었다. 기숙사로 돌아오는 길에 프리트는 울음을 터뜨렸다. 사흘 동안 그는 잠을 자지 못했고 먹을 수도 없었다. 결국 프리트는 단 세 명의 학생들에 대해서만 보고서를 썼다. 그는 매우 일반적인 내용만 썼으며 유죄 증거가 될 만한 어떤 사실도 기록하지 않았다. 금니를 하고 체구가 작은 엔카베데 관리는 프리트에게서 이 보고서들을 전달받고 기뻐하지 않았다. 그러나 프리트는 1943년 전연방 국립영화촬영기술학교가 모스크바로 돌아간 덕에 처벌받지 않을 수 있었다.[68]

소피야 오젬블로프스카야는 고작 열일곱 살 때 정보원이 되었다. 그녀는 벨라루스의 민스크 주 인근에 있는 오시포비치의 한 폴란드 귀족 가문에서 태어났다. 1917년 혁명 후 부모는 농부가 되었으나 농업 집단화 기간에 '쿨라크'로 지목되어 북부 코미 지역으로 추방되었다. 1937년에 이들 가족은 오시포비치 시로 돌아왔으나, 그 후 폴란드인들을 겨냥한 '민족 작전'으로 다시 체포되어 페름 근처의 '특별 정착촌'으로 이송되었다. 소피야는 탈출하기로 마음먹었다. "나는 나 자신의 인생에 기회를 주기 위해 도망가야 했다."라고 그녀는 설명한다. 소피야는 공장학교(FZU)에 등록했고—'프롤레타리아 출신'을 획득하는 가장 빠른 방법이었다.—그 뒤 우랄의 페름 근처에 있는 도시인 쿠딤카르의 의과대학에 입학했다. 어느 누구도 그녀에게 '쿨라크' 출신이 아니냐고 질문하지 않았다. 그녀가 갖고 있지 않은 여권 또한 아무도 요구하지 않았다.

6개월 후 소피야는 엔카베데 사무실로 불려갔다. "나는 도주했기 때문에 감옥에 갈 줄 알았다."고 소피야는 회고한다. 실제로 소피야는 사회적 출신을 숨겼다는 이유로 대학에서 쫓겨나기 싫다면 엔카베데를 위해 일해야 할 것이라는 말을 들었다. 그녀에게 주어진 임무는 정치적 사건에 대해 동료 학생들과 대화하고 그들이 하는 말을 보고서로 작성하는 것이었다. 소피야는 여권을 받았다. 엔카베데의 보호를 받으며 소피야는 의과대학을 졸업하고 페름에서 구급대원으로 성공적인 경력을 쌓았다. 소피야는 많은 학생들이 자기가 작성한 보고서 때문에 체포되었다는 것을 알지만, 지난날을 돌아보면서 양심의 가책을 전혀 느끼지 않는다. 그녀는 자신이 한 일이 스탈린 시절 '쿨라크'의 딸이 살아남는 데 치러야 했던 대가라고 믿는다. 소피야는 고위 엔카베데 관리의 아들과 결혼했다. 아이들이 성장하는 동안 그녀는 자신이 했던 경찰 기관 활동 이야기를 그들에게 한마디도 하지 않았다. 그러나 "자유가 있고 아무것도 두려워할 것이 남아 있지 않은" 1990년대에 소피야는 입을 열기로 결심했다.

나는 자식들과 손자, 손녀들에게 모든 것을 말하기로 결심했다. 그들은 매우 기뻐했다. 손자는 말했다. "오, 할머니, 그 모든 것을 기억하시다니 정말 명석하세요. 우리는 평생 할머니 이야기를 기억할 겁니다. 할머니께서 어떻게 억압받았는지, 부모님들이 어떻게 억압받았는지 말예요."[69]

올가 아다모바–슬류즈베르크는 회고록에서 대숙청에서 처형된 볼셰비키의 아들인 젊은 정보원 이야기를 전한다. 그의 임무는 부모가 체포된 다른 사람들과 친해지는 것이었다. 그는 사람들이 말하는 모든 불만, 그들이 제기하는 의심과 의문을 하나도 빠뜨리지 않고 상세하게 보고했다. 그 결과 많은 친구들이 체포되었다. 올가는 1949년 자신이 체포된 후 부티르카 형무소에서 체포된 친구 몇몇을 만났다. 올가는 그들에게 그 청년에 대해 어떻게 생각하는지 물었다. 그들은 기이하게도 이해심을 보였다. 일반적인 의견은 그가 "좋은 청년이었지만, 자신이 들은 구호와 신문에서 읽은 글을 모조리 믿은 순진한 젊은이"였다는 것이었다. '멋지고 정직한 여자'였던 젊은 정보원의 어머니는, 올가와 이야기하면서 아들이 악의가 있어서가 아니라 아주 고상한 신념 때문에 그렇게 행동했다고 주장했다. "그녀는 아들의 각별한 친절함, 명석함과 솔직함에 대해 많은 이야기를 했다." 아마도 젊은이는 소비에트 권력의 대의를 위해 친구들을 고발함으로써 애국적으로 행동하고 있다고 느꼈을 것이다. 마치 소년 영웅 파블리크 모로조프가 아버지를 고발할 때 그랬듯이 말이다.[70]

의심할 여지 없이 대숙청 시기에 많은 사람들이 소련 시민으로서 애국적 의무를 수행하고 있다고 진심으로 확신하는 가운데 고발장을 작성했다. 그들은 '첩자'와 '적'에 대한 선전을 믿었고, 친구들 중에서도 '첩자'와 '적'의 존재를 찾아서 폭로하고자 했다. 그러나 다른 무엇보다도 사람들은 아는 사람이 체포되었을 때 그 사람을 고발하지 못했다는 이유로 곤경에 빠질까 봐 두려워했다. 그것은 적과의 접촉을 숨기는 범죄였으며, '경계심 부족'은 수천 건의 체포를 부른 빌미이기도 했다. 공포가 만연한 분위기에서 사람들은 다른 사람들을 다른 누군가가 고발하기 전에 서둘러 고발했다. 고발을 둘러싼 이 광란의 싸움은 대숙청 때 있었던 엄청난 건수의 체포를 다 설명해주지는 못하겠지만—대부분의 엔카베데 희생자들은 고발이 아니라 사전에 준비한 명부를 토대로 한 '민족 작전'과 '쿨라크 작전'에서 대규모로 체포되었다.—너무나 많은 사람들이 정보원이 되어 경찰 체제로 흡수된 이유를 설명한다. 이성을 잃은 시민들은 '인민의 적'일 것 같은 친척과 친구들 이름을 대려고 엔카베데와 당 사무실에 나타나곤 했다. 그들은 동료와 지인들에 대해 상세하게 쓰면서, 이 '적'과 연결된 사람들과 단 한 차례 만난 일까지 열거하곤 했다. 한 나이 든 여성은 자신의 자매가 크렘린에서 한때 임시 청소원으로 일했고 나중에 체포된 남자의 사무실을 청소한 적이 있다고 알리는 글을 써서 자신이 일하는 공장의 당 사무실에 보냈다.[71]

공포는 사람들로 하여금 잠재적 '적'과 접촉한 데서 생긴 오점을 제거함으로써 스스로를 숙청하도록, 즉 스스로를 순결한 쪽에 두도록 몰아댔다. 가장 광적인 정보원 중에서 많은 이들이 체포를 두려워할 이유가 제일 많은 '망가진 이력'의 소유자('쿨라크'와 '계급의 적'의 자녀나 전 반대파)였다. 친구들을 고자질하는 것은 '소련 시민'으로서 자신이 지닌 가치를 입증하는 한 방법이었다. 엔카베데는 일부러 공격받기 쉬운 집단에서 정보원을 충원하는 정책을 썼다. 그들은 종종 자신이 체포될까 봐 두려움을 느끼는, 체포된 사람의 친척을 선택했다. 1938년에 체포된 전직 엔카베데 요원 알렉산드르 카르페트닌은 정보원 충원을 위해 받았던 훈련 내용을 회고한다.

출신 배경이 의심스러운 사람들을 찾습니다. 남편이 체포된 여자가 있다고 해보죠. 대화는 이렇게 진행될 것입니다.

"당신은 진정한 소비에트 시민인가요?"

"예, 그렇습니다."

"그것을 입증할 준비가 되어 있나요? 사람들은 하나같이 전부 자신은 좋은 시민이라고 말하지요."

"예, 물론 준비되어 있습니다."

"그러면 우리를 도와주세요. 소련에 반대하는 행동이나 대화를 인지하면 무슨 내용이든 우리한테 알려주세요. 우리는 일 주일에 한 번 당신을 만날 수 있습니다. 당신은 그 전에 당신이 알게 된 것, 누가 무슨 말을 했고, 그들이 이야기할 때 누가 같이 있었는지를 적어야 합니다. 그게 다입니다. 그러면 우리는 당신이 정말 좋은 소비에트 시민이라는 것을 알게 될 겁니다. 당신이 일터에서 문제가 생겼을 때 우리는 당신을 도와줄 것입니다. 이를테면 해고되거나 강등될 경우 당신은 우리의 도움을 받게 될 겁니다."

이것이 전부였지요. 대화가 끝난 후 그 사람은 제안에 동의할 것이었습니다.[72]

올가 아다모바-슬류즈베르크는 루뱐카 감옥에서 만난 적이 있는 지나라는 젊은 여성 이야기를 들려준다. 고리키 출신의 수학 교사였던 지나는 일 주일에 한 번 모스크바에서 고리키로 오던, 변증법적 유물론을 강의하는 교사를 고발하지 못했다는 이유로 체포되었다. 지나와 대화하면서 그 교사는 스탈린 체제를 노골적으로 비판했다. 그는 고리키에서 기숙사에 머물렀기 때문에 친구들을 접대할 때 지나의 아파트를 썼고, 아파트에 트렁크 한 개 분량의 책도 보관했다. 엔카베데가 수색한 결과 그 책들은 트로츠키주의 서적으로 밝혀졌다. 지나는 유죄를 인정했다. 그녀는 자신의 죄를 갚기 위해 다른 '적'을 엔카베데에 밀고함으로써 "양심에서 모든 오점을 깨끗이 씻어내기"로 결심했다. 지나는 심문관들에게 자신이 가르치던 대학에서 강의하는 어떤 교수를 고발했다. 어느 날 그 교수가 실험을 하는데 전기가 끊어졌다.

(양초가 없었기에 지나는) 자를 쪼개, 농민들이 하는 대로 불을 밝히려고 그 부스러기로 불을 지폈다. 교수는 부스러기 불로 실험을 마무리한 끝에 (스탈린의 유명한 말을 바꿔 조롱하는 어조로) 다음과 같이 언급했다. "삶은 더욱 나아졌고, 삶은 더욱 즐거워졌다. 신을 찬양할지어다. 우리는 부스러기의 시대에 도달했도다!"

교수는 체포되었다. 지나는 그를 고발하면서 잘못했다고 느끼지 않았다. 단지 교수가 심문받는 동안 그를 마주보아야 했을 때 약간 어색했을 뿐이었다. 그런 사소한 일 때문에 '한 사람의 삶을 망친' 것을 어떻게 생각했느냐고 묻자 지나는 이렇게 말했다. "정치에 사소한 일은 없어요. 나도 처음에는 당신처럼 그가 한 말에 담긴 범죄적 중요성을 이해하지 못했지만, 나중에 깨달았지요."[73]

많은 고발이 악의에서 나왔다. 경쟁자를 제거하는 가장 빠른 길은 그를 '적'으로 고발하는 것이었다. 볼셰비키 엘리트를 향한 하층 계급의 분노가 대숙청에 기름을 부었다. 윗사람들의 요구가 지나치게 엄격할 경우 노동자들은 상사를, 농민들은 콜호스 의장을 고발했다.

엔카베데는 하인들을 자주 이용해 그들의 고용자를 밀고하게 했다. 미국인 기자의 러시아인 아내 마르코샤 피셔는 '적'의 존재를 믿는 유모를 고용했다. 유모는 "보통 사람들의 사고방식을 정확하게 대표했다."고 마르코샤는 썼다. "유모는 정치적 의심을 느끼며 괴로워하지 않았고 정부의 모든 공식 발언을 복음으로 받아들였다."[74] 고용한 하인들을 끊임없이 두려워하면서 산 가족들이 그 시절에는 있었다.

1935년에 엔카베데는 키로프 암살 이후 감시를 강화하고자 한 운동의 일환으로 레닌그라드의 많은 당 관리들 집에 새 하인을 두었다. 레닌그라드의 고위 당 관리였던 안나 카르피츠카야와 표트르 니조프체프는 독실한 고의식파로서 약초 요법으로 병을 치료하던 나이 든 가정부 마샤를 해고하지 않으면 안 되었다. 새 가정부 그루샤는 '엄격하고 심술궂은 여자'였다고 당시 열두 살이던 안나의 딸 마르크세나는 회고한다. "그녀는 우리를 감시하도록 경찰이 보낸 사람이었다." 마르크세나와 이복 남동생은 그루샤가 있으면 말을 해서는 안 된다는 것을 본능적으로 깨달았다. "우리는 그녀에게 거의 한마디도 하지 않았다."고 마르크세나는 회고한다. 그루샤는 가족이 쓰는 방과 떨어져 부엌에서 잤고, 가족이 쓰는 방에는 오랜 세월 가족과 함께 지낸 유모 밀랴가 거주했다. 그루샤는 가족의 일원으로 여겨지던 밀랴나 해고된 나이 든 가정부와는 달리 하인으로 대우받았다. 안나와 표트르는 스탈린에게 적대적이었다. 마르크세나는 부모가 스탈린이 키로프의 죽음에 책임이 있다는 의혹을 나누면서 소곤대던 대화를 기억한다. 그들은 마샤가 있는 자리에서는 공개적으로 이야기할 수도 있었으나—고의식파라는 종교적 배경이 마샤가 침묵을 지킬 것을 보장했다.—그루샤가 주변에 있을 때 스탈린에 반대하는 감정을 표명하는 일은 위험했다. 1937년 7월에 마르크세나의 부모는 체포되었다(그들은 그해 가을 둘 다 총살되었다). 남동생은 고아원으로 끌려갔다. 마르크세나는 유모 밀랴와 함께 공동 아파트로 이사했다. 그루샤는 사라졌다.[75]

이 같은 불신과 증오, 악의가 만연한 분위기에서 사소한 다툼과 시샘이 고발로 바뀌는 데는 많은 것이 필요하지 않았다. 1937년에 고리키 지역의 농촌 의사였던 보리스 몰로트코프에게 가족의 오랜 친구였던 지구 엔카베데 관리가 접근해서 자기 정부(情婦)의 뱃속 아이를 낙태시켜 달라고 부탁했다. 몰로트코프가 거절하자(당시 낙태는 불법이었다), 엔카베데 관리는 몇몇 정보원들에게 그를 '반혁명분자'로 고발하도록 시켰다. 보리스는 체포되어 지구 감옥에 갇혔다. 아내도 지역 병원에서 한 노동자를 살해했다는 날조된 혐의를 받고 체포되었다.[76]

성과 연애에 얽힌 이해관계가 이 치명적 주장에서 종종 일정 역할을 하곤 했다. 바람직하지 못한 연인, 아내, 남편들이 모두 대숙청 때 대규모로 고발당했다. 니콜라이 사하로프는 엔지니어였다. 그의 아버지는 1937년에 처형된 성직자였으나, 니콜라이는 산업에 대한 전문 지식으로 높은 평가를 받았기에 자신이 체포될 일은 없을 것이라고 생각했다. 그러나 그 후 어떤 사람이 니콜라이의 아내한테 관심을 가졌고 그를 '인민의 적'으로 고발했다. 리파 카플란은 공장 상사의 성적 요구를 거절하고서 문제를 겪었다. 상사는 정보원을 시켜 리파가 3년 전 키로프 암살 사건 후 했던 말 몇 마디를 근거로 삼아 그녀를 고발하게 했다. 당시 리파는 체포되지 않았으나(고발은 얼토당토않은 것으로 간주되었다), 그 고발은 1937년에 그녀를 10년 동안 콜리마로 보내는 데 충분한 근거가 되었다.[77]

출세욕과 물질적 보상도 종종 정치적 신념이나 공포와 복잡하게 뒤섞이며 거의 모든 정보원들에게 유인 동기를 제공했다. 수천 명의 하급 관리들이 (체제가 그렇게 하라고 고무함에 따라) 상사에 대해 보고함으로써 소련 위계 제도에서 위로 올라갔다. 이반 먀친은 1937년 2월부터 11월 사이에 아제르바이잔의 당과 소비에트 지도자를 14명이나 고발함으로써 출세 가도를 달렸다. 먀친은 자신의 행동을 정당화하면서 나중에 다음과 같이 말했다. "우리는 이것이 우리가 해야 할 바라고 생각했다. …… 모든 사람이 보고서를 작성하고 있었다." 아마도 먀친은 자신이 경계심을 발휘하고 있다고 생각했을 것이다. 아마도 그는 상관의 삶을 망치는 데서 악의적 쾌락을, 또는 경찰을 도와준 데서 자부심을 얻었을 것이다. 그와 같은 유형의 정보원들이 있었다. 그처럼 참견하기 좋아하고 고발을 위한 편지를 쓰는 것이 일과인 사람들은 보고서에 신중하게 번호를 매기면서 자신의 충성심을 보여주고자 '같은 편(svoi)' 또는 '동지'라고 서명했다. 그러나 개인적 진급, 더 나은 보수와 배급, 또는 좀 더 넓은 주거 면적이라는 약속은 정보원들을 움직이게 하는 데 확실히 일정 역할을 했다. 거주민이 체포되어 아파트가 비게 되면 그 아파트는 종종 엔카베데 관리들이 넘겨받거나 사무원과 자가용 운전사 같은 스탈린 체제의 다른 종복들이 나누어 가졌는데, 이들 종복 가운데 일부는 의심할 여지 없이 이전 거주자들에 관한 정보를 제공하고 보상을 받은 것이었다.[78]

이반 말리긴은 레닌그라드 북쪽 세스트로레츠크의 엔지니어였다. 말리긴은 고도로 숙련된 기술자였으며 공장 노동자들에게 존경을 받았다. 노동자들은 그를 '차르 엔지니어'라고 불렀고 심지어 말리긴이 엔카베데에 체포되자 그의 가족을 도와주기까지 했다. 말리긴은 지역 명사 비슷한 사람이었다. 그는 교과서와 대중적 팸플릿, 언론 기사를 썼다. 말리긴은 도시 근교에 나무로 된 큰 집을 직접 지어

레닌그라드 북쪽 세스트로레츠크의 말리긴 가족의 집(1930년대). 말리긴이 날조된 범죄로 체포된 뒤, 그의 집은 음모를 꾸민 엔카베데 관리들의 손에 넘어갔다.

아내와 두 자녀와 함께 살았다. 그러나 종종 그러듯이 그의 부와 명성은 시샘을 불러일으켰다. 말리긴은 그의 성공을 부러워한 공장 동료의 고발 때문에 체포되었다. 동료는 말리긴이 자기 집을 핀란드인과 비밀리에 접촉하는 데 이용했다고 주장했다. 고발은 말리긴에게 7천 루블(최근 기준으로 50만 루블에 상당하는 금액이었다)에 집을 팔라고 윽박지른 엔카베데 관리 몇 명이 꾸민 것으로 드러났다. 관리들은 집을 팔지 않으면 부인을 체포하겠다고 말리긴을 위협했다. 말리긴은 총살당했다. 부인과 아이들은 집에서 퇴거당하고, 집은 엔카베데 관리들과 그 가족들이 넘겨받았다.[79] 그들의 후손이 지금도 그 집에 산다.

대숙청 시절에 출세하려면 노골적 밀고는 아니더라도 스탈린 체제와 침묵의 공모를 하는 도덕적 타협이 필요했다. 이 시절에 출세의 길로 들어선 시모노프는 대숙청 시기에 소련인 다수가 침묵을 지키며 협력한 문제에 대해, 비상한 솔직함과 회한이 담긴 글을 썼다. 1979년 죽음을 앞두고 구술한 회고록에서 시모노프는 다음과 같이 자책했다.

그 시절에 대해 정직하게 말하자면, 당신이 용서할 수 없는 사람은 스탈린만이 아니다. 당신은 당신 자신도 용서할 수 없다. 당신이 무슨 나쁜 짓을 했다는 말이 아니다. 아마 적어도 표면적으로는 아무 잘못도 하지 않았을 것이다. 그러나 당신은 악에 익숙해졌다. 1937~1938년에 발생한 사건들은 지금 보면 괴상하고 극악무도한 것처럼 보이지만, 당시 스물둘이나 스물네 살 젊은이였던 당신에게 그 사건들은 거의 정상적인 일상에 불과했다. 당신은 이들 사건의 한가운데서 모든 것에 눈 감고 귀 막은 채 살았고, 주위 사람들 모두가 총살당하고 살해당할 때, 주위 사람들 모두가 사라질 때 아무것도 보지 않고 듣지 않았다.

이러한 무관심을 설명하려고 하면서 시모노프는 1939년에 미하일 콜초프*가 체포되었을 때 자신이 보인 반응을 회고했다. 미하일 콜초프는 매우 영향력 있는 작가였으며, 에스파냐 내전을 보도해서 시모노프가 참여한 젊은 문학 단체에 영감을 주기도 한 인물이었다. 시모노프는 마음속으로 콜초프가 첩자라는 것을 결코 믿지 않았지만 (그가 1949년에 작가 알렉산드르 파데예프*에게 고백했듯이), 그 당시에

콜초프(Mikhail Koltsov, 1898~1940?) 소련의 언론인. 유명한 잡지인 〈크로코딜〉과 〈오고뇨크〉를 창간했으며, 〈프라우다〉의 편집인이었다. 1838년에 체포되어 1940년(혹은 1942년)에 총살되었다.(역주)

는 자신의 의심을 그럭저럭 억누를 수 있었다. 두렵고 무서워서였는지, 국가를 믿고 싶어서였는지, 아니면 그저 불온한 생각을 본능적으로 피하고 싶어서였는지, 그는 스탈린 체제의 필요에 부응하기 위해 내면에서 사소한 타협을 했다. 시모노프는 자신의 사회적 지위와 믿음을 무사히 놔둔 채 대숙청의 도덕적 곤경을 헤쳐 나가기 위해 자기 안의 도덕적 나침반을 재조정했다.[80)]

시모노프는 정보원은 아니었으나 그가 정보원이 되기를 원했을 당국의 압력을 받았다. 1937년 봄에 시모노프는 작가동맹 서기인 블라디미르 스타프스키*로부터 카프카스로 특별 근무를 하러 떠나는 문학대학의 젊은 산문 작가 세 명과 합류해 달라는 부탁을 받았다. 그들은 전직 중공업인민위원으로서 유명한 그루지야인이자 내전에서 스탈린의 동지였으며, 얼마 전 자살한 세르고 오르조니키제*에 관해 글을 쓸 예정이었다. 떠나기 직전 시모노프는 스타프스키의 사무실로 소환되었다. 스타프스키는 시모노프에게 "대학에서 있었던 (그가 참가한) 반소비에트적 대화에 관해 모든 것"을 말하라고 요구했다. 스타프스키는 시모노프가 고백하고 참회하기를 원했으며, 당국의 요구를 거절하기 힘든 처지로 그를 몰아넣고 싶어 했다. 시모노프가 그런 대화를 한 적이 없다고 부인하자 스타프스키는 "정보가 있

파데예프(Aleksandr Fadeyev, 1901~1956) 소련의 소설가, 문예 이론가, 행정가. 소련작가동맹의 공동 창립자 중 한 사람이었다. 1946년부터 1954년까지 작가동맹 수장을 지냈다. 1946년에 스탈린 상을 수상했다. 작품으로 소설 《젊은 근위대》(1945) 등이 있다.(역주)
스타프스키(Vladimir Stavsky, 1900~1943) 소련의 작가, 행정가. 1936~1941년에 소련작가동맹의 수장이었다. 1937~1943년까지 〈노비 미르〉의 수석 편집인을 지냈다.(역주)
오르조니키제(Sergo Ordzhonikidze, 1886~1937) 그루지야 출신의 볼셰비키였으며, 본명은 그리고리 오르조니키제(Grigory Ordzhonikidze)였다. 스탈린의 가까운 친구였다. 1926년에 정치국원으로 임명되었고 1932년에 중공업인민위원이 되었다. 1937년에 자살한 것으로 알려져 있지만, 스탈린의 명령으로 살해되었다는 주장도 있다.(역주)

다"고 주장했다. 스타프스키는 시모노프에게 "진실을 말하는 것이 최선"이라고 말했다. 스타프스키는 "솔직하지 못하고 진실을 말할 수 없는 나의 명백한 무능력에 대놓고 분통을 터뜨렸다."고 시모노프는 회고했다. 스타프스키가 비난하고 시모노프가 부인하면서 협조를 거부하는 상황이 몇 차례 반복되며 교착 상태에 빠졌다. 스타프스키는 시모노프가 '반혁명적 시'를 유포하고 있다며 책망했고 그가 여행을 떠나는 것을 금지했다. 시모노프는 스타프스키가 '정보'를 어디서 얻었는지 차츰 깨달았다. 대학에서 키플링(Joseph Kipling, 1865~1936)의 시가 유행한 적이 있었다. 어느 날 시모노프는 한 젊은 교사와 키플링에 관한 대화를 나누었다. 그 교사는 시모노프에게 니콜라이 구밀료프*(1921년에 '반혁명분자'로 총살당한 시인)의 시를 어떻게 생각하는지 물었다. 시모노프는 키플링의 시만큼은 아니지만 구밀료프의 시 몇 편을 좋아한다고 대답했다. 교사는 구밀료프의 시를 들려 달라고 청했고, 시모노프는 시 일부를 암송했다. 그 장면을 돌이켜보며 시모노프는 생애 처음으로 공포를 느꼈다. 그는 자신이 구밀료프에 대한 견해뿐만 아니라 귀족이라는 출신 성분 때문에도 체포될 위험에 빠졌음을 알았다. 시모노프를 고발한 교사가 스타프스키에게 보낸 보고서에서, 시모노프가 귀족이라는 사실을 그가 구밀료프에 탐닉한다는 것과 연결지은 것 같았다. 나머지 학기 동안 시모노프는 젊은 교사를 피했고, 교사는 그해 뒤늦게 체포되었다.(그는 제 목숨을 구하려고 필사적으로 노력하는 과정에서 결국 정보원이 되어 시모노프를 함정에 빠뜨리려고 했던 것이다.)[81]

구밀료프(Nikolay Gumilyov, 1886~1921) 러시아의 시인. 1910년대에 러시아에서 시문학의 모더니즘 경향인 아크메이즘 운동을 창설했다. 1921년 군주주의 음모에 가담한 혐의로 체포되어 처형당했다.(역주)

1937년 봄쯤에 문학대학은 불안이 극한에 이른 상태였다. 다른 기관과 마찬가지로 대학은 대숙청의 급작스러운 물결에 뜻하지 않게 휘말렸다. 대학 내부에서는 이 급습이 '경계심 부족'을 뜻한다는 공포 분위기가 존재했다. 연이은 숙청 모임에서 학생과 교사들은 모든 '형식주의자'와 '아베르바흐주의자(트로츠키주의자)'를 대학에서 제거하기 위해 좀 더 많은 '볼셰비키 경계심과 진정한 자기비판'을 광적으로 요구했다. 일부 학생들은 그들이 쓴 시에서 자유주의적 모티프나 종교적 모티프가 드러난다 해서, 다른 일부는 보리스 파스테르나크(그는 소련 언론에서 개인주의적 스타일 때문에 비판받았다)를 변호했다 해서 체포되었다. 콤소몰은 십여 명의 학생들을 '두들겨 팼다.' (즉 이들이 가혹하게 비판당한 학생 모임에서 스스로 자신의 작품을 철회하도록 강요했다.) 이 학생들 중 한 명은 당국의 눈 밖에 난 시인이었던 아버지와 관계를 끊기를 거부하면서, "아버지는 소련에서 가장 훌륭한 사람이다."라고 한 무리의 비판자들에게 용감히 말한 후 대학에서 쫓겨나 엔카베데에게 넘겨졌다. 그녀는 콜리마에서 10년을 보내야 했다.[82]

시모노프와 친했던 대학 친구 두 명도 대숙청 때 박해를 받았다. 시인 발렌틴 포르투갈로프(Valentin Portugalov, 1913~1969)는 동료 학생이 그가 한 발언을 경찰에 보고한 1937년 2월에 체포되었다. 그해 4월에는 카리스마 강한 교사인 블라디미르 루고프스코이가 작가 동맹 간부회로부터 고발당했다. 당대에 "정치적으로 유해"하다고 간주된 1920년대 시 몇 편(러시아 자연을 노래한 낭만적 작품)의 재발표를 1935년에 허용했다는 것이 이유였다. 루고프스코이는 자신이 쓴 시를 철회하라는 강요를 받고 10페이지짜리 자기 비하적 습작인 〈나의 오류에 관해〉를 썼다. 이 글에서 그는 자신이 "역사의 행진을 따라잡는 것"을 방해한 "모든 낡은 사고"를 자기 자신으로부터 일소하겠다고 맹세했다.[83] 루고프스코이는 겁을 먹었다. 다음 몇 년 동안 그는 1939년에 쓴 노랫말 〈스탈린 노래〉를 제외하고는 시를 발표하지 않았다.[84] 말투가 상냥하고 태도가 온화했던 루고프스코이는 적들의 피를 요구하는 과격한 정치 연설도 여러 번 했다. 그는 10월에 한 무리의 모스크바 작가들에게 말했다. "우리나라에서 저 모든 적, 트로츠키주의자 놈들을 일소하고, 철 빗자루로 우리 모국을 배신한 모든 사람들을 쓸어버리며, 우리 내부의 저 악성분자들을 제거할 때가 왔습니다."[85]

시모노프도 공포 때문에 움직였다. 스타프스키의 사무실에서 그 일이 있기 전까지 그는 모범 학생이자 충직한 소련 시민으로 평가받았으나 이제 그의 평판은 의심을 받고 있었다. 스타프스키 사건을 되돌아보면서 시모노프는 자신이 "갑작스러운 위험이 닥쳐와서가 아니라 …… 사람들이 더는 나를 믿거나 신뢰하지 않는다는 깨달음 탓에 망연자실하고 충격을 받았다."고 회고했다. 그는 대학의 숙청 모임에서 '형식주의자'와 다른 '적'들을 여러 차례 공격함으로써 자신의 가치를 입증하고자 했다.[86] 그가 5월 16일에 대학의 공개 모임에서 한 연설은 그중에서도 가장 괴이했는데, 거기서 그는 친구 예브게니 돌마토프스키를 통렬하게 비난했다.

종종 (대학에서) 사람들이 자기 이야기만 할 때가 있습니다. 특히 저는 제4반 모임에서 돌마토프스키 동지의 메스꺼운 연설을 들어야만 했던 일을 기억합니다. 그는 '대학'과 '우리'가 아니라 '나와 내가 다니는 대학'이라고 말했습니다. 돌마토프스키의 입장은 이렇죠. "대학은 나 같은 개인에게 소홀하다. 대학은 나 돌마토프스키 같은 두세 명의 인재를 교육하기 위해 설립되었고, 이 목적만이 대학의 존재를 정당화한다. 나 돌마토프스키 같은 인재를 위해 대학은 나머지 학생들을 희생하고서라도 가장 좋은 서비스를 제공해야 한다."[87]

아마도 시모노프는 언제나 콤소몰의 기풍이었던 (가장 친한 친구의 비판을 포함한) 자기비판 정신으로 발언했을 것이다. 당시 학생들은 충직하며 경계심을 풀지 않고 있다는 것을 보여주어야 했다. 그는 대학 학장(그는 시모노프를 "교육이나 저널리즘, 편집 작업 정도나 하는 데 적당할 뿐인" 하급 부류로 취급했다)이 돌마토프스키의 재능을 자주 높이 평가하는 것을 확실히 부러워하긴 했지만, 친구에게 해를 끼칠 의도는 없었을 것이다.[88] 결국 시모노프의 고발은 돌마토프스키에게 비교적 적은 영향을 끼쳤다. 1938년에 대학을 졸업한 뒤 돌마토프스키는 극동에 가서 기자로 일해야 했다. 그 자리는 그가 지닌 문학적 역량에 크게 밑도는 자리였고 돌마토프스키는 이후 그때를 일생에서 가장 힘들었던 시기로 묘사했다. 사태가 훨씬 더 악화되었을 수도 있었다. 돌마토프스키와 시모노프는 여전히 관계가 좋았고 서로를 칭찬하는 글을 쓰곤 했으나, 시모노프의 친구들 사이에서는 돌마토프스키가 시모노프에게 원한을 품고 있다는 의심이 끊이지 않았다.[89]

시모노프는 많은 친구들이 대재앙을 맞은 대숙청 시절에 오히려 스탈린 체제가 총애하는 시인으로 출세 가도를 달렸다. 1937년에 그는 스탈린 숭배에 기여하는 시를 여러 편 발표했다. 그중 하나가 오케스트라와 합창단을 위해 쓴 〈행진〉이다.

　　이것은 그분에 대한,
　　그의 진정한 친구에 대한,

그의 진정한 친구와 동지에 대한

노래다.

전 인민이

그분의 친구다.

그들은 숫자를 셀 수 없으며,

마치 바다의 물방울과 같다.[90]

시 〈빙상(氷上) 전투〉(1938)에서 시모노프는 13세기 러시아 대공 알렉산드르 네프스키*가 튜튼 기사단을 격퇴한 민족주의적 이야기와 나라 안팎의 적과 싸우는 소비에트 투쟁을 대비했다(〈빙상 전투〉의 주제는 같은 해에 영화감독 세르게이 예이젠시테인Sergei Eizenshtein이 서사 영화 〈알렉산드르 네프스키〉에서도 다루었다). 이 시는 독일을 상대로 전쟁을 벌일 가능성에 대비하자는 뜻이 담긴 시도였다. 시모노프는 이 시 덕택에 처음으로 진정한 문학적 성공을 거두었다. 이 시를 인용하며 1938년 9월 시모노프를 작가동맹 회원으로 추천한 루고프스코이의 말을 빌리면, 시는 시모노프에게 '명성과 인기'를 가져다주었다.[91] 정보원이 되는 것을 거부함으로써 시모노프가 사회적 입지에 입은 손상은 그 후에 쓴 애국적 시들 덕분에 회복된 듯했다. 시모노프는 스타프스키의 전폭적 승인을 거쳐 작가동맹의 가장 젊은 회원이 되었다.

시모노프가 돌마토프스키를 팔아먹은 일은 광란적인 대숙청의 분위기에서는 이상한 일이 아니었다. 한 정보원은 엔카베데가 접근해

네프스키(Aleksandr Nevsky, 1220~1263) 몽골 지배 시대의 러시아 대공. 북서 러시아를 외적의 침입으로부터 보호한 러시아의 국민적 영웅이다. 1242년에 튜튼 기사단장이 거느린 대군에 맞서 얼어붙은 페이푸스 호수 위에서 벌인 '빙상 전투'에서 큰 승리를 거둠으로써 러시아를 가톨릭화하려는 로마 교황의 야망을 봉쇄했다.(역주)

서 (아버지가 체포된 후 그에게 등을 돌린) 친구들에 관해 보고하라고 했을 때 양심과 어떻게 싸웠는지를 회고했다. 그는 자기 자신에게 물었다. "내 친구들은 누구인가? 나는 친구가 없다. 나는 나에게서 충성을 얻어낼 수 있는 사람들, 그리고 나 자신 외에는 어느 누구에게도 충성을 바칠 의무가 없다."[92] 공포는 우정과 사랑과 신뢰의 유대를 찢어놓았다. 사람들이 생존 투쟁의 혼란 속에서 서로 등을 돌림에 따라 공포는 사회를 결속하던 도덕적 끈을 끊어버렸다.

예브게니야 긴즈부르크는 1937년에 체포된 뒤 많은 친구들에게 배신당했다. 그들은 긴즈부르크가 카잔 감옥에서 심문받는 동안 눈앞에서 그녀를 고발하지 않으면 안 되었다(엔카베데는 그와 같은 '대면' 자리를 자주 마련했다). 긴즈부르크를 고발한 친구들 중 한 명은 그녀가 일했던 신문사의 편집진인 작가 볼로댜 댜코노프였다. "우리는 친구였다."고 긴즈부르크는 회고한다.

우리 아버지들은 학교 동창이었고, 나는 그가 일자리 얻는 것을 도와주었으며, 기꺼이, 거의 헌신적으로 그에게 언론인이라는 직업이 어떤 것인지를 가르쳐주었다. 그는 나보다 다섯 살 후배였다. 그는 종종 누나처럼 나를 따른다고 말하곤 했다.

그들이 대면하는 동안 심문관(러시아어를 잘하지 못하는 사람이었다)은 긴즈부르크가 신문사 내 '반혁명 테러리스트 그룹'의 일원이라고 고발하는 댜코노프의 발언을 소리 내 읽었다. 댜코노프는 자신은 긴즈부르크가 편집진 중에서 중요한 직책을 맡았다고 말했을 뿐이라고 주장하면서 그 말을 부인하고자 했지만, 심문관은 그에게 '반혁명 테러리스트 그룹'의 존재를 확인하는 진술서에 서명하라고 강요했다.

나는 부드럽게 말했다. "볼로댜, 속임수라는 걸 알잖아. 너는 그런 말을 결코 하지 않았어. 거기에 서명하면 너는 네 동지들, 네게 항상 친절했던 수백 명을 죽음으로 몰아넣는 거야."

(심문관의) 두 눈이 거의 튀어나올 뻔했다.

"당신, 어떻게 감히 목격자에게 압력을 가할 수 있는가! 당신을 가장 형편없는 징벌방에 바로 보내버리겠어. 그리고 당신, 댜코노프, 당신은 어제 여기 혼자 있었을 때는 이 모든 것에 서명했지. 이제 와서 그것을 부인하다니! 허위 증거를 제공한 혐의로 당장 당신을 체포하겠어."

그는 손을 뻗어 벨을 누르려는 과장된 몸짓을 했고, 보아 뱀 앞의 토끼 같아진 볼로댜는 마치 풍이라도 맞은 것처럼 떨리는 손으로, 그리고 새 시대의 도덕률에 관한 글들에 서명할 때의 과감한 펜 놀림과는 딴판인 동작으로 천천히 자기 이름을 썼다. 그러고는 거의 들리지 않는 목소리로 속삭였다.

"제냐, 나를 용서해주세요. 우리는 막 딸이 생겼습니다. 나는 살아야 해요."[93]

그래도 당을 신봉하는 사람들

대숙청이 벌어지는 동안 동료와 친구, 이웃이 홀연 사라지는 것을 사람들은 어떻게 받아들였는가? 사람들은 언론이 주장하는 대로 그들이 정말 '첩자'와 '적'이라고 믿었는가? 오랜 시절 알고 지내 왔던 사람들이 설마 그렇다고 생각했을까?

진정한 공산주의자에게 당 지도부가 하는 말을 의심하는 것은 있을 수 없는 일이었다. 그것은 투하체프스키나 부하린이 첩자라는 것을 믿을지가 아니라 신뢰하는 당의 판단을 수용할지 여부의 문제였다. 믿음직한 친구이자 동지가 갑자기 적이 되었을 때 생기는 문제를 해결하는 방법은 다양했다. 키예프의 적군(赤軍) 장교였던 아나톨리 고르바토프는 투하체프스키를 비롯한 다른 고위 군 지도자들이 첩자로 고발되었을 때, 자신이 군대 내의 많은 이들과 마찬가지로 적응해야 했던 고충을 회고한다.

외국 간섭 세력과 국내 반동분자를 몰아내는 데 중요한 역할을 했던 사람들이 …… 갑자기 어떻게 인민의 적이 될 수 있단 말인가? …… 가능한 설명 여러 가지를 심사숙고한 끝에, 마침내 나는 당시 가장 흔했던 답변을 받아들이기로 했다. …… 많은 사람들은 그때 이렇게 말했다. …… "그들은 외국에 있는 동안 외국 첩보 조직의 그물에 걸려든 게 분명하다. ……"

야키르 장군이 체포된 일은 '끔찍한 타격'이었다.

나는 야키르를 잘 알고 그를 존경했다. 마음속으로 나는 그의 체포가 실수에 불과할 뿐이라는 희망을 품었다. "문제가 해결될 것이고 야키르는 풀려날 거야." 그러나 이것은 가장 친한 친구들만이 자기들끼리 있을 때 위험을 무릅쓰고 하는 말일 뿐이었다.[94]

총살대 앞에서 한 마지막 말로 판단해보건대, 야키르는 당의 결정

을 받아들일 준비가 되어 있는 듯했다. "당이여, 영원하라! 스탈린이
여, 영원하라!"[95]

　스탈린의 감옥은 당을 모든 정의의 원천이라고 끝까지 신봉한 볼
세비키로 가득 찼다. 일부는 순전히 당에 대한 신념을 지키기 위해
자신의 혐의를 자백했다. 볼세비키에게서 자백을 받아내려는 고문이
횡행했으나, 볼세비키를 굴복하게 한 '결정적 요인'은 (공산주의자가
아닌) 어느 옛 죄수에 따르면 폭력이 아니라 다음과 같은 사실이었다.

　확신에 찬 공산주의자들은 무슨 일이 있더라도 소련에 대한 자신
의 신념을 지켜야 했다. 그 신념을 부인하는 것은 그들이 지닌 능력
밖의 일이었을 것이다. 오랫동안 지켜 온 깊이 뿌리박힌 확신을 부인
하려면, 그 확신을 더는 유지할 수 없음이 명백해졌을 때조차 때로 엄
청난 도덕적 강인함이 요구된다.[96]

　나데즈다 그란키나는 1938년에 카잔 감옥에서 당원들을 여러 명
마주쳤다. 그들은 모두 당 노선을 변함없이 믿고 있었다. 그란키나가
1932년의 기근을 입에 올리자 당원들은 "그것은 거짓말이다. 당신은
우리의 소비에트 생활방식을 비방하려고 사태를 과장하고 있다."고
말했다. 그란키나가 자신이 어떻게 아무 이유도 없이 집에서 쫓겨났
는지, 여권 제도가 가족들을 어떻게 파괴했는지를 이야기하면 당원
들은 "그래도 그것이 당신 같은 사람들을 다루는 최선의 방법이다."
라고 말하곤 했다.

　그들은 내가 정부의 지나친 행위를 비판했기 때문에 받을 만한 벌
을 받았다고 생각했다. 하지만 같은 일이 자신들에게 일어나자 그 일

이 바로잡아야 할 실수라고 생각했다. 왜냐하면 그들은 어떤 의심도 품어본 적이 없고 위에서 어떤 지시가 내려오든 항상 환영하면서 그 대로 수행했기 때문이다. …… 그리고 당에서 쫓겨날 판이 되었을 때 그들 중 어느 누구도 서로 변호해주지 않았다. 모든 사람들이 조용히 있거나 추방을 지지한다는 뜻으로 손을 들었다. 일종의 보편적인 정 신병이었다.[97]

주민 다수에게는 항상 두 가지 현실이 존재했다. 당의 진실, 그리 고 경험에 따른 진실이었다. 그러나 소련 언론이 전시재판, '첩자'와 '적'의 극악무도한 행동으로 들끓던 대숙청 시기에, 선전으로 조작 된 세계의 실상을 간파할 수 있는 사람은 거의 없었다. 언론 보도를 안중에 두지 않고 숙청의 기본 전제를 의문시하려면, 보통 다른 가 치 체계와 연결된 비상한 의지력이 있어야 했다. 일부 사람들은 종교 나 민족이 달라서, 또 다른 사람들은 다른 당의 신조나 이데올로기 때문에 비판적 관점으로 볼 수 있었다. 일부 사람들의 경우 아마도 나이가 영향을 끼쳤을 것이다(그들은 결백하면 체포되지 않는다는 사실 을 믿기에는 러시아에서 반대 사례를 너무 많이 보았다). 그러나 소비에트 세계밖에 모르거나 가족에게서 다른 가치관을 물려받지 못한 서른 살 이하의 사람이, 선전 체계 밖으로 나가 정치적 원리를 의문시하기 란 거의 불가능했다.

젊은이들은 특히 소비에트 학교에서 주입받은 선전을 곧이곧대로 받아들였다. 리아프 빈델은 다음과 같이 회고한다.

학교에서는 이렇게 말했습니다. "저들이 어떻게 우리가 공산주의 체제에서 살지 못하게 방해하는지 보라. 저들이 어떻게 공장을 폭파하고 전차를 탈선시키며 사람들을 죽이는지 보라. 이 모든 것을 인민의 적들이 자행한다." 학교에서 이런 생각을 우리 머릿속에 너무나 자주 집어넣은 탓에 우리는 더는 독자적으로 생각할 수가 없었어요. 우리는 가는 곳마다 '적'을 보았습니다. 거리에서 수상쩍은 사람을 보면 따라가서 보고해야 한다고 배웠습니다. 혹시 첩자일지도 모르니까요. 당국과 당, 교사, 모든 사람들이 똑같이 말했죠. 우리가 어떻게 달리 생각할 수 있었겠습니까?

1937년에 학교를 나온 빈델은 공장에서 일자리를 얻었는데, 공장 노동자들은 정기적으로 '인민의 적'을 저주했다.

공장 기계가 고장 나서 잘 돌아가지 않으면 그들은 말할 것입니다. "동지들, 파괴 활동과 반역 행위가 있습니다!" 그들은 기록에 오점이 있는 사람을 찾아내 그를 적이라고 부를 것입니다. 그들은 그를 감옥에 집어넣어 자기 잘못이라고 자백할 때까지 두들겨 팰 것입니다. 그가 재판을 받을 때 그들은 말할 거예요. "우리 사이에서 몰래 수작을 부리던 저놈 좀 봐!"[98]

많은 노동자들이 '인민의 적'이 존재한다고 믿었고 그들을 체포하라고 요구했다. '인민의 적'을 노동자 자신들이 겪는 경제적 어려움을 불러왔다고 여기던 '책임자'(당 지도자, 경영자, 전문가)들과 연관지어 생각했기 때문이다. 엘리트들을 믿지 못하는 이 불신의 감정은 실제로 대숙청을 자신들에게 영향을 끼치지 않는 '주인들 간의 다툼'으로 인식한 일부 사람들 사이에서 숙청이 널리 호소력을 지닌 이유를 설명하는 데 도움이 된다. 이러한 인식은 대숙청 시절에 광범하게 유행한 농담에도 잘 드러난다. 엔카베데가 한밤중에 아파트 문을 쾅쾅 두드린다. "누구세요?" 아파트 안에서 남자가 묻는다. "엔카베데요, 문 여시오!" 남자는 안도한다. "아뇨, 아뇨." 남자가 말한다. "아파트를 잘못 찾아오셨소. 공산당원들은 위층에 삽니다!"[99]

가까운 친척이 체포되어도 대부분의 사람들은 '적'의 존재에 대한 믿음이 흔들리지 않았다. 오히려 많은 경우 믿음이 더욱 굳어졌을 뿐이다. 아버지가 1937년에 체포된 이다 슬라비나는 1953년까지 콤소몰 회원으로서의 신념을 확고히 견지했다.

나는 아버지가 인민의 적이라는 것을 믿지 않았어요. 아버지가 물론 결백하다고 생각했습니다. 그러나 동시에 나는 의심할 여지 없이 인민의 적들이 있다고 믿었죠. 나는 아버지 같은 선량한 사람들이 부당하게 감옥에 갇히는 것은 인민의 적들이 저지르는 파괴 활동 때문이라고 철저하게 확신했습니다. 이 적들의 존재는 내 눈에 명약관화했어요. …… 나는 언론에서 적들에 대해 읽었고 다른 사람만큼이나 적들을 증오했지요. 콤소몰과 함께 나는 인민의 적들을 규탄하는 시위에 참가했습니다. 우리는 외쳤죠. "인민의 적들에게 죽음을!" 신문이 우리에게 이 구호를 가르쳐주었습니다. 신문은 우리 머릿속을 전시재판으로 가득 채웠습니다. 우리는 부하린과 다른 당 지도자들의 끔찍한 자백을 보도한 기사를 읽었습니다. 겁이 더럭 났어요. 그런 사람들이 첩자라면 적은 어디에나 있다는 것이니까요.[100]

부모가 1937년에 체포된 로자 노보셀체바는 부모님들이 정말 '적'이라고는 꿈에도 생각하지 않았으나, 부하린 같은 고위 당 지도자들은 적일 수도 있다고 믿을 준비가 되어 있었다. 당시 로자가 표현한 대로, "누군가가 우리 가족의 비극적 상황에 책임을 져야 하기" 때문이었다. 소련 외교관 가정에서 자라난 블라디미르 야닌은 아버지, 누나, 친척 아저씨 여섯 명, 친척 아주머니 한 명이 대숙청 때 모두 체포되었는데도 '인민의 적'들에 대한 고발을 전부 믿었다. 그는 예조프를 '위대한 인간'이라고 생각했다. 1944년 어머니가 체포된 후에야 비로소 야닌은 자신의 믿음에 의문을 품기 시작했다. 그는 스탈린 앞으로 편지를 써서 어머니가 결백하다고 말해 달라고 청하면서, 어머니의 체포는 엔카베데가 '인민의 적'에게 접수되었음을 입증하는 것이라고 스탈린에게 경고했다.[101]

스탈린의 희생자들조차 '인민의 적'의 존재를 계속 믿었다. 그들은 자신이 체포된 것을 '인민의 적' 때문이라고 생각하거나(자신의 체포를 '반혁명적 파괴 활동' 탓으로 돌렸다), 자신이 '인민의 적'으로 오해받았다고 추정했다. 드미트리 스트렐레츠키는 '인민의 적'으로 지목받아 유형당한 '쿨라크' 가족의 아들이었다. 그는 변함없이 스탈린 체제의 선전을 철저하게 믿었고, 1953년까지 열렬한 스탈린주의자였다. 자신의 생애를 되돌아보면서 스트렐레츠키는 다음과 같은 믿음을 피력한다. "우리(억압당한 사람들)가 스탈린을 계속 믿는다면, 스탈린에 대한 희망을 포기하기보다 스탈린이 인민의 적들에게 기만당하고 있다고 계속 생각한다면, 징벌을 받으면서도 이겨내기가 더 쉬웠다."

우리는 우리가 받는 고통이 스탈린 탓이라고는 절대 생각하지 않았다. 그가 자신이 속고 있다는 사실을 어째서 모르는지만 궁금해했을 뿐이다. …… 아버지는 이렇게 말씀하셨다. "스탈린은 아무것도 몰라. 그러니 조만간 우리는 (유형에서) 풀려날 거야."…… 아마도 그것은 일종의 자기기만이었겠지만, 스탈린의 정의를 믿으면 심리적으로 삶을 견뎌내기가 훨씬 쉬웠다. 자기기만은 공포를 가라앉혀주었다.[102]

노동수용소에서 오랜 세월을 보낸 지질학자 파벨 비텐부르크는 '인민의 적'을 겨냥한 대숙청을 지지했다. 1937년 2월에 세베르나야 제믈랴로 가는 탐사대에서 아내에게 보낸 편지에 그는 이렇게 썼다.

당신은 내가 라디오로 퍄타코프의 재판을 들었는지 물었지요. 방송을 전부 들었어요. 지금 나는 내가 몰락한 까닭이 순전히 저 트로츠키주의자 악당들—그들은 우리 (소비에트) 연방을 파괴하려 하고 있어요.—때문이라는 것을 알아요. 너무나 많은 결백한 비당원들이 저들의 검은 음모의 결과로 유형당했어요.[103]

이 모든 '인민의 적'의 존재를 덜 확신하는 사람들에게 의심을 불러일으키는 것은 전시재판보다도(기소의 진실성을 의문시하는 사람은 거의 없었다) 죄를 짓지 않았을 것 같은 동료와 친구, 이웃들이 홀연히 사라지는 일이었다.

이와 같은 골치 아픈 생각을 다루는 흔한 방법은 생각하지 않는 것, 즉 정치를 완전히 회피하고 철저히 사적 생활로 침잠하는 것이었다. 많은 사람들, 심지어 정치 엘리트들마저 정치적 사건을 외면하면서 대숙청 시기를 살아냈다. 정치 엘리트들도 그들 집단 내 사람들의 실종에 확실히 눈을 감았던 것 같다. 미하일 이사예프는 일류 법학자이자 소련 대법원 대법관이었다. 그는 아내와 네 자녀와 함께 모스크바에서 얼마간 품위 있게 생활했다. 아내 마리야의 회고로 미루어보건대, 대숙청 시기 내내 대규모 체포가 가족의 친구들에게 영향을 끼쳤는데도 이사예프 집안에서는 정치 이야기가 전혀 오가지 않았다. 놀랍게도 이사예프는 자기 집에서 어떤 일이 벌어지고 있는지조차 깨닫지 못했던 것 같다. 1937년 12월에 딸에게 쓴 편지에서 그는 혼자 사는 늙은 가정부가 며칠 동안 출근을 안 하는데 어디 간 거냐고 불평했다. 집은 엉망이 되었고 이사예프는 가정부가 "아무 예고도 없이 사라져버린" 사실에 분명히 짜증이 났다. 그는 가정부가 왜 없어졌는지 "전혀 몰랐고", 가정부를 해고해야 할지 궁금해했다. 가정부가 체포되었고—실제로 가정부는 체포되었다.—고용주에게 대신 소식을 전해줄 사람이 가정부 주위에 전혀 없다는 것은 생각조차 하지 못했다.[104]

　엘리트 가족의 많은 자녀들은 정치적 사건을 피했다. 법률가이자 전(前) 카데트* 활동가의 딸인 니나 카민스카야는 정치에 관해 전혀 생각하지 않았다. 정치는 니나가 자란 집에서 기피되는 주제였다. 아버지가 은행에서 일자리를 잃었을 때에도 니나는 1937년에 입학한 법률 학교에서 "걱정 없는 학창 생활"을 보냈다. 나중에 니나는 친구와 이 일을 두고 토론했다. 둘은 두려움도 없고 심지어 무슨 일이 벌어지고 있는지 잘 모르는 채 매우 즐겁게 대숙청 시대를 살았다는 데 동의했다. "우리는 부모 세대를 붙잡아 옥죄었던 공포와 절망을 그저 인식하지 못했을 뿐이었다." 니나의 친구는 1937년에 벌어진 한 사건을 회고했다. 어느 날 그녀는 파티에서 밤늦게 돌아왔는데 집 열쇠가 없었다.

카데트(Kadet) 러시아 입헌민주당 당원. 입헌민주당은 제정 러시아 말기인 1905년에 창당된 자유주의 정당이다.(역주)

초인종을 눌러 부모님을 깨우는 길 외에는 방법이 없었다. 오랜 시간 응답이 없었고 그래서 친구는 초인종을 다시 눌렀다. 곧 발자국 소리가 들리더니 문이 열렸다. 친구의 아버지가 서 있었는데, 잠자리에 들었던 것이 아니라 방금 집으로 돌아왔거나 다시 외출하려는 듯한 옷차림이었다. 검은 정장 차림에 깨끗한 셔츠를 입고 단정하게 넥타이를 매고 있었다. 그는 딸을 말없이 응시하더니 아무 말도 하지 않고 딸의 뺨을 때렸다.

니나는 친구의 아버지를 잘 알았다. 그는 교양 있는 사람이었고 폭력 성향이 전혀 없었다. 밤늦게 문을 두드리는 소리를 듣고 그는 틀림없이 '그들'이 자신을 잡으러 왔다는 두려움을 느꼈을 것이고, 그래서 딸에게 그런 반응을 보였을 것이다. 처음에 친구는 뺨을 맞고 큰 충격을 받았다.

뺨을 맞은 것이 억울해서 친구는 울음을 터뜨렸고 아버지를 비난했으나 곧 그 일을 완전히 잊어버렸다. 세월이 흐른 후 그녀는 아버지의 창백한 얼굴과 침묵, 그 구타—그분은 의심할 바 없이 그때가 유일하게 일생에서 누군가를 때려본 때였을 것이다.—를 떠올렸다. 친구는 자신과 우리 세대 전체의 몰이해에 대한 죄책감으로 괴로워하면서 고통스럽게 이 이야기를 들려주었다.[105]

사람들은 공산주의 신념의 기본 구조를 지키기 위해 의심을 억누르거나 정당화하는 방법을 찾고자 했다. 의식적으로 그렇게 한 것이 아니라 단지 세월이 흐른 뒤에 그랬음을 깨달았다. 마이야 로다크의 아버지는 소련 당국에 보낸 편지에서 한때 트로츠키가 쓴 어구를 무심코 언급했다가 1937년 '인민의 적'으로 고발당했다. 아버지가 체포된 후 마이야는, 숙청에 대한 의심과 공산주의 신념을 조화시키고자 했다. 물론 마이야 자신이 그러려고 했다는 것은 세월이 흐른 지금에야 그녀가 인식한 사실이다.

> 나는 너무나 많은 질문에 시달렸다. 그에 대한 반작용으로 나는 스스로 순응주의자가 되었다. 지금에야 '순응주의자'라는 단어를 사용하고 있지만, 바로 이것이 그때 나에게 일어난 일이었다. …… 그것은 게임이 아니라 생존 전략이었다. 예를 들어 내 친구 알라와 나는 스탈린 숭배가 마음에 들지 않았지만, 스탈린 숭배가 잘못된 것일 수도 있다는 생각은 심지어 나 자신에게도 절대 용인할 수 없는 것이었다. 나는 끊임없이 나 자신을 교정할 필요, 내 안에서 의심을 몰아낼 필요가 있음을 깨달았다.[106)]

회고록에서 시모노프는 1937년 투하체프스키와 다른 고위 군 사령관들의 재판과 관련해 고위 군 장교인 친척(어머니의 친척 아주머니의 형제)이 체포되었을 때 자신이 보인 반응을 곰곰이 생각한다. 시모노프는 피고의 유죄를 의심했다고 회고한다. 소년이었던 그는 투하체프스키를 숭배했다(그는 친척 아저씨의 모스크바 아파트에서 투하체프스키를 종종 보곤 했다). 시모노프의 어머니는 친척이 체포된 데 화를 냈고 그의 결백을 확신했다. 따라서 시모노프는 특별히 주의를 기울여 유죄의 증거를 살펴보았으나 결국 언론에서 읽었던 내용을 받아들이기로 했다. 당시 대다수 사람들과 마찬가지로, 시모노프는 반역의 확증이 없다면 그와 같은 고위 사령관들을 감히 처형하지 못할 것이라고 추정했다.

무서운 음모의 존재를 의심하는 것은 불가능했다. 이 점에 의심을 품는 일은 상상할 수도 없었다. 대안이 없었다. 나는 그 시대의 정신을 이야기하고 있다. 그들이 유죄가 아니라면 이해하기가 불가능했다.

똑같은 추론을 통해 시모노프는 친척이 유죄임을 받아들일 준비가 되어 있었다. 친척이 예전에(1931년) 한 번 체포되었다가 증거 부족으로 풀려난 적이 있기 때문에, 그가 다시 체포된 것은 좀 더 확고한 유죄 증거가 백일하에 드러났음을 틀림없이 보여주는 것 같았다(이 결론은 또한 1931년에 체포되었던 계부가 지금은 경찰에게 시달리지 않는다는 사실에 힘입어 더욱 확고해졌다).[107] 달리 말해 시모노프는 믿지 않는 것은 '생각할 수도 없었기' 때문에, 공산주의 신념 체계를 굳건히 하는 방식으로 모든 다양한 징후를 해석했다.

사람들이 친구와 친척들의 돌연한 실종을 소비에트의 정의에 대한 믿음과 조화시키는 또 다른 방식은, 일부 선량한 사람들이 '실수로' 체포된 것이라고 스스로 위안하는 것이었다. 이 이론적 설명에 따르면 너무나 많은 '적'이 존재하고 그들이 매우 잘 숨어 있기 때문에 진짜 '인민의 적'의 신분을 확인하는 데 오류가 생길 수밖에 없었다. 이런 사고방식에서 진짜 적은 항상 다른 누군가—감옥 문 앞에 보따리를 손에 들고 줄지어 선 다른 여성들의 아들과 남편—이며 결코 내 친구와 친척은 아니었다.

1936년에 남편이 체포된 일을 회고하면서 올가 아다모바-슬류즈베르크는 당시의 심정을 다음과 같이 요약했다.

아니, 그럴 수가 없었다. 그런 일은 나와 그이에게 일어날 수가 없었다! 물론 무언가가 진행되고 있고 체포가 있었다는 소문이 나돌았다(그냥 소문에 불과했다―아직 1936년 초였다). 그러나 확실히 이 모든 것은 다른 사람들 일이었고, 아무러면 우리한테는 일어날 리가 없었다.[108]

올가의 남편은 엔카베데에 체포될 때 어떤 '오해'가 있었을 거라고 생각했다. 수많은 사람들처럼 그는 문제가 곧 다 해결될 것이라고 아내에게 말하고 떠났다.("실수가 틀림없어.") 곧 돌아올 줄 알았던 그는 하룻밤을 지낼 짐만 들고 갔다. 슬라빈과 퍄트니츠키도 마찬가지였다.

오류가 있었으리라 확신한 많은 사람들은 스탈린에게 친척들의 석방을 호소하는 편지를 썼다. 공산주의자로 길러진 안나 세묘노바는 1937년 6월에 아버지가 체포된 후 스탈린에게 편지를 쓴 일을 회고한다. "나는 며칠 뒤에 스탈린이 내 편지를 읽고서는 '무슨 일이야? 왜 정직한 사람이 체포되었지? 당장 석방하고 그에게 사과하시오.'라고 말할 것이라고 상상했다." 석 달 뒤 어머니가 끌려갔을 때도 안나는 "이것은 실수가 틀림없어."라고 다시 혼잣말을 했다.[109]

대숙청의 배후에 있던 엔카베데의 수장 예조프의 몰락은 이러한 신념 체계를 강화했다. 예조프는 1938년 가을에 사생활을 둘러싼 수많은 추문(추문 모두가 완전히 허위는 아니었다)에 휩쓸려 파멸했다. 동성애 정사, 양성애 파티, 몇 차례의 폭음과 아내가 '영국 첩자'라는 허황된 이야기가 떠돌았다. 그러나 예조프가 몰락한 진짜 이유는 스탈린이 대규모 체포가 더는 실행 가능한 전략이 아니라고 생각하게 되었기 때문이다. 체포가 진행되는 속도로 볼 때 머잖아 소련 시민 전체가 감옥에 갇힐 판이었다. 스탈린은 엔카베데가 순전히 고발만을 근거로, 고발의 진실성을 확인하지 않은 채 사람들을 구금할 수 없음을 분명히 했다. 그는 출세하기 위해 고발하는 출세주의자들에게 경고했다. 1938년 12월 예조프가 면직되고 나서 엔카베데 수장이 된 라브렌티 베리야*는 예조프 시절에 자행된 체포를 철저히 재조사하겠다고 즉각 선언했다. 1940년까지 150만 건이 재조사되어 45만 건이 무효가 되었으며 12만 8천 건이 종결되었다. 또 3만 명이 감옥에서 석방되고 32만 7천 명이 굴라크의 노동수용소와 노동 집단거주지에서 풀려났다. 이를 지켜본 많은 사람들이 소비에트 정의가 살아 있다는 믿음을 회복했다. 숙청에 의구심을 품었던 사람들은 '예조프의 숙청(Yezovshchina)'을 체계적 횡포가 아닌 일시적 탈선의 탓으로 돌릴 수 있게 되었다. 대규모 체포는 모두 예조프의 소행 탓으로 돌려졌으며, 스탈린은 예조프의 잘못을 바로잡고, 예조프가 정부 관료를 체포하고 불만을 확산시킴으로써 정부를 훼손하려 한 '인민의 적'이라는 것을 폭로했다. 1940년 2월 2일, 예조프는 '군사법원'의 재판에서 숙청 음모를 꾸미고 폴란드, 독일, 영국, 일본의 앞잡이로서 간첩 행위를 한 혐의로 유죄 선고를 받았다. 그는 '적'을 총살하고자 자신이 직접 지은, 루뱐카에서 그리 멀지 않은 특별 건물에서 총살당했다.[110]

베리야는 환영받았고 사람들은 안도했다. "우리는 베리야가 순수하고 이상적인 사람이라고 보았으며, 이러한 인물의 등장을 매우 기뻐했다."고 마르크 라스킨은 회고한다. 그는 다른 많은 사람들과 마찬가지로 "진짜 첩자와 적들만 감옥에 남겨 두고 죄 없는 모든 사람

베리야(Lavrenty Beria, 1899~1953) 그루지야 출신의 소련 정치인. 그루지야공산당 제1서기 (1931~1932, 1934~1938), 소련 내무장관(1938~1945, 1953), 소련 각료회의 제1부의장 (1953)을 역임했다. 스탈린의 심복으로서 1938년 예조프를 대신해 엔카베데의 수장이 되었다. 스탈린 사후 유력한 후계자로 떠올랐으나, 베리야에게 숙청당할 것을 두려워한 경쟁자 흐루쇼프, 몰로토프 등에게 체포되어 처형되었다.(역주)

들이 바로 풀려나기를" 바랐다.[111] 시모노프는 베리야가 시행한 재조사가 소비에트 정의에 대한 믿음을 회복시키고 친척들의 체포와 관련한 의심을 깨끗이 떨쳐버리는 데 충분했다고 회고한다. 실제로 시모노프는 석방되지 않았거나 그 후 체포된 사람은 모두 죄를 저질렀음이 틀림없다는 신념을 더욱 굳혔다. 작가 이사크 바벨과 연극 연출가 프세볼로트 메이예르홀트(Vsevolod Meyerhold, 1874~1940)가 1939년에 체포되었을 때 심정을 회고하면서 시모노프는 다음과 같이 고백했다.

문학과 연극에서 이 사람들은 매우 중요한 인물이었으며 그들의 갑작스러운 실종은 벌써 엄청난 충격파를 불러 일으키고 있었다. 그러나 체포가 너무나 갑작스럽고, 그들이 속한 집단에서는 너무나 이례적이었으며, 예조프의 실수를 바로잡고 있던 베리야 감독하에서 일어났기 때문에 나는 자연스럽게 그들이 실제로 뭔가 죄를 저질렀을 것이라고 생각할 수밖에 없었다. 예조프 시대에 체포된 많은 이들은 아마도 결백했을 테지만 이 사람들은 예조프 때는 무사했으며 옛 실수들을 바로잡고 있을 때 갑자기 체포되었다. 그러므로 체포당할 만한 이유가 확실히 있는 것 같았다.[112]

메이예르홀트와 바벨의 혐의에 진지하게 의심을 품은 사람 중에는, 시모노프를 정보원으로 고용하려고 했던 작가동맹 총서기 블라디미르 스타프스키가 있었다. 지방 도시 펜자의 노동 계급 가정에서 태어난 스타프스키는 도덕적 원칙을 타협하는 법을 배웠기에 기성 문단의 정상에 오를 수 있었다. 스탈린의 '소비에트 문학의 사형 집행인'이었던 그는 수많은 작가들의 체포를 승인했고 1938년 가을에

만델시탐이 체포당하는 계기가 된 고발장을 직접 쓰기도 했다.[113] 그러나 이 시절 내내 스타프스키는 의심과 두려움에 시달렸다. 그는 프리시빈과 마찬가지로 다른 사람은 거의 읽을 수 없는 아주 작은 글씨로 휘갈긴 일기에 절망감을 토로했다. 스타프스키는 운전사가 딸린 자가용을 매춘굴로 이용한 당 관리 이야기를 듣고 특히 괴로워했다. 운전사는 "어떻게 이런 일이 벌어졌는지 이해하지 못하겠다."고 말했다. "그 관리는 그냥 우리 같은 평범한 사람에 불과했는데, 어떤 선을 넘은 뒤에 주둥이가 온통 오물로 뒤덮인 돼지로 변해버렸다. 보통 노동자라면 일생 동안 그렇게 더러워지는 일은 없다."[114] 신념을 상실한 데 따른 부작용이었는지 스타프스키는 폭음하기 시작했고 몸무게가 늘었으며 건강이 나빠졌다. 술판의 후유증에서 빠져나올 때까지 며칠이고 연달아 일터에 나오지 않곤 했다. 그는 작가들이 고발당하는 모임을 피했고 작가들을 비판하더라도 가장 온건한 말만 사용했다. 이 때문에 그는 1937년 11월 작가동맹 당 위원회에서 마침내 고발당했다.

작가동맹 지도자로서 스타프스키 동지는 문학에서 경계를 강화할 필요성이 있다고 매번 큰 소리를 치며 적들을 적발하기 위한 운동을 하자고 촉구한다. 그러나 실제로 그는 아베르바흐주의자들을 은닉하는 데 협력했고 인민의 적과 당의 이질적 분자들을 무력하게 만들기 위해 진정으로 명확하게 발언하지 않으며 적과의 연계를 숨기면서 저지른 자신의 실수에 대해서는 여전히 침묵한다.[115]

스타프스키는 정치적 지배자들에게서 점점 더 큰 압력을 받았고 1938년 봄에 결국 작가동맹 지도자 지위에서 해임되었다.

스타프스키처럼 대규모 체포에 의심을 품은 사람들은 많았으나 체포에 반대해 목소리를 높인 사람은 거의 없었다. 당 중앙위원회 총회에서 저항한 퍄트니츠키의 사례가 분명히 보여주듯 여하튼 효과적으로 저항할 수 있는 가능성은 모든 경우에 매우 제한되어 있었다. 집단과 개인이 당 지도자들에게 편지를 써 대규모 체포에 분노를 표출했으나 편지는 거의 언제나 익명이었다. "수십만 명의 죄 없는 사람들이 감옥에서 시들어 가고 있으며 어느 누구도 그 이유를 모릅니다. …… 모든 것이 거짓말에 근거를 두고 있습니다."라고 1938년 6월 이름을 밝히지 않은 한 집단이 썼다.("우리가 이름을 밝히지 않은 것을 용서하십시오. 불평하는 것이 금지되어 있습니다.")[116] 지역 당원들, 특히 스탈린이 권력을 장악하기 전에 정치적 윤리를 형성한 나이 든 볼셰비키들이 얼마간 저항을 보였다.

올가 아다모바-슬류즈베르크는 1939년에 콜리마에서 만났던 알투닌이라는 노장 볼셰비키에 대해 이야기한다. 그는 보로네시 주 어딘가에서 왔고 입당하기 전에 무두장이로 일했다. 붉은 턱수염을 기른 중년의 잘생긴 남자였는데, 한때 매우 건장했으나 광산에서 일하면서 몸이 쇠약해졌다. 올가가 그를 만났을 때쯤 그는 마가단의 한 여성 건설 작업반으로 배속되어 공구 제작공으로 일하고 있었다. 그는 올가에게 자신의 이야기를 들려주었다.

1937년 그 모든 일이 일어났을 때 처음에는 이 동지가, 다음에는 저 동지가 적이었습니다. 우리는 그들을 당에서 쫓아냈고, 다 함께 공격을 했습니다. 그런 후 우리는 그들 모두를, 우리의 동지들을 죽였습니다.

처음에 나는 아픈 척했습니다. 아픈 척하면 당 회의에 나가지 않고 공격을 하지 않아도 되었어요. 그러나 나는 곧 뭔가 조치를 취할 필요가 있다는 것을 느꼈습니다. 계속 이럴 수는 없다고 생각했습니다. 우리는 선량하고 정직한 사람들을 죽이면서 당을 파괴하고 있었습니다. 나는 그들이 전부 반역자라는 것을 믿지 않았습니다. 나는 그 사람들을 잘 알았습니다.

어느 날 밤 나는 앉아서 편지를 썼습니다. 한 통은 지역 당 조직에, 한 통은 스탈린에게, 또 한 통은 (당) 중앙통제위원회에 보냈습니다. 나는 우리가 혁명을 죽이고 있다고 썼으며 …… 내 온 진심을 편지에 쏟아 부었습니다. 편지를 보여주니 아내가 말리더군요. "이건 자살 행위예요. 편지를 보낸 다음 날 당신은 감옥에 갈 거예요." 그러나 나는 이렇게 말했습니다. "감옥에 집어넣으려면 넣으라지. 동지를 공격해서 죽일 바에야 감옥에 있는 게 나을 거야."

그래요, 아내 말이 맞았습니다. 편지를 보내고 사흘 뒤 나는 감옥에 있었습니다. 나는 사정없이 험한 취급을 당했고 콜리마 10년형을 선고받았습니다.

후회했느냐는 질문에 알투닌은 한 번 후회한 적이 있었다고 대답했다. 매우 심한 된서리가 내린 날, 숲의 나무뿌리를 치우지 못한 탓에 독방에 갇혔을 때였다.

갑자기 나 자신이 정말 안됐다는 생각이 들더군요. 다른 사람들은 이유 없이 형을 받았으나 나는 스스로 이유를 만들어 감옥에 들어갔습니다. 내가 글을 쓴 게 무슨 소용이 있었겠습니까? 아무것도 변하지 않을 것이었습니다. 아마도 솔츠(중앙통제위원회 의장)는 약간 부끄러움을 느꼈을지 모르지만, 저 늙은 콧수염(스탈린)이 신경이나 썼겠습니까? 그와 소통할 여지는 전혀 없었습니다. 그리고 바로 이 순간, 나는 아내와 아이들과 함께 집에서 사모바르를 둘러싸고 따뜻한 방 안에 앉아 있을 수도 있었을 것입니다. 이런 생각이 들자마자 나는 머릿속에서 그런 생각을 몰아내려고 벽에다 머리를 박기 시작했습니다. 밤새 나는 후회하는 나 자신을 욕하면서 독방을 뛰어다녔습니다.[117]

진정한 영향력을 행사할 수 있는 유일한 저항의 원천은 억압 체제 내부에 있었다. 지역 법원 판사들은 종종 형량을 낮추는 데 능력을 발휘했고, 때때로 증거 부족을 이유로 들어 사건을 기각하기까지 했다. 비록 1937년 여름 이후에는 대규모 체포에서 붙잡힌 거의 모든 사람들이 법원을 피하기 위해 설립된 특별 3인 법정(트로이카. 보통 엔카베데, 검찰, 당의 대표들로 구성되었다)에서 약식재판을 거쳐 형을 선고받았지만 말이다.[118] 엔카베데 내부에도 용감한 관리들이 소수 존재했다. 그들은 특히 많은 지역 엔카베데 요원들에게 1928~1933년의 유혈 대혼란을 상기시켜준 '쿨라크 작전' 동안의 대규모 체포에 기꺼이 반대했다. 옴스크 주의 엔카베데 수장 예두아르트 살린은 1937년 7월 '쿨라크 작전'을 논의하고자 스탈린과 예조프가 소집한 한 협의회에서 다음과 같이 큰 소리로 발언했다.

옴스크 주에는 '인민의 적'과 트로츠키주의자들이 억압 작전을 정당화할 만큼 많지 않습니다. 전반적으로 저는 얼마나 많은 사람들을 체포하고 총살해야 할지 미리 결정하는 것이 절대 옳지 않다고 생각합니다.

협의회가 끝난 직후 살린은 체포되어 재판을 받고 총살당했다.[119]

미하일 시레이데르는 대규모 숙청에 반대 목소리를 낸 또 한 명의 엔카베데 관리였다. 1970년대에 집필한 회고록에서 그는 자기 자신을 1917년에 체카를 창설한 펠릭스 제르진스키(Feliks Dzerzhinsky, 1877~1926)의 레닌주의 이상에 고무된 '순수한 체키스트'로 묘사한다. 시레이데르가 회고록을 쓴 목적은 체카에서 자신이 한 일을 정당화하고 자신을 대숙청의 희생자로 그리기 위해서였다. 시레이데르의 해석에 따르면, 그는 1930년대에 동료 엔카베데 관리들의 타락을 지켜보면서 스탈린 체제에 환멸을 느끼게 되었다. 점잖고 정직한 사람인 줄 알았던 동지들이 이제 출세를 위해서라면 '인민의 적'에게 어떤 고문도 서슴지 않을 태세였다. 시레이데르는 체포의 엄청난 규모에도 괴로워했다. 그는 '인민의 적'이 그렇게 많이 존재한다는 사실을 믿을 수 없었다. 그러나 고발당하는 것이 두려워 자신이 품은 의심을 밝힐 엄두가 나지 않았다. 그는 곧 동료 가운데 많은 이들이 자신과 똑같은 공포를 느끼고 있음을 깨달았으나, 어느 누구도 침묵의 음모를 깨지 않을 것이었다. 심지어 믿을 만한 동료가 사라졌을 때에도 동지들이 감히 할 수 있는 말은 그가 '정직한 사람'이었으리라는 것뿐이었다. 어느 누구도 사라진 동지가 결백하다고 주장하지 않았다. 숙청을 의심한다고 하여 그들 자신도 고발당할 위험이 있었기 때문이다. "어느 누구도 그 모든 사람들이 왜 체포되었는지 이해하지 못했다."라고 시레이데르는 회고했다. "그러나 사람들은 발언하기를 두려워했다. '인민의 적'을 도와주거나 '인민의 적'과 연락하고 있다고 의심을 살 것이 분명했기 때문이다."[120]

몇 달 동안 시레이데르는 오랜 친구와 동료들이 체포되어 사형 선고를 받는 것을 말없이 지켜보았다. 숙청에 항의할 수 없었던 그는 루뱐카 마당에서 벌어진 엔카베데 동료들의 처형식에 참석하지 않음으로써 일종의 양심적 거부자가 되었다. 그 후 1938년 봄에 시레이데르는 알마아타로 전출되었고, 그곳에서 그는 카자흐스탄의 엔카베데 수장(이자 스탈린의 동서)인 스타니슬라프 레덴스(Stanislav Redens, 1892~1940)의 부사령관이 되었다. 시레이데르와 레덴스는 가까운 친구가 되었다. 그들은 이웃에 살았고 가족들은 서로의 집을 허물없이 드나들었다. 시레이데르는 레덴스가 그의 부하들이 사용하는 고문 방식에 갈수록 혐오감을 느끼고 있다는 것을 알게 되었다. 그는 레덴스가 인정이 있는 사람이라고 생각했다. 레덴스는 시레이데르를 대숙청에서 사용된 방식에 자신과 마찬가지로 의심을 품은 사람으로 여겼다. 어느 늦은 밤 레덴스는 시레이데르를 차에 태우고 도시 밖으로 나갔다. 두 사람은 차에서 내려 걷기 시작했다. 운전사에게 소리가 들리지 않는 곳에 이르자 레덴스는 시레이데르에게 말했다. "펠릭스 예드문도비치(제르진스키)가 살아 있다면, 그는 우리가 지금 일하는 방식을 문제 삼아 우리 중 많은 사람들을 총살했을 거요." 시레이데르는 이해하지 못하는 척했다. 그러한 생각에 동조한다는 것만으로도 즉각 체포될 수 있었고, 그는 상관이 일부러 도발하는 것이 아니라고 확신할 수 없었다. 레덴스는 계속 말했다. 시레이데르는 레덴스가 진심으로 말하고 있다는 확신이 섰다. 시레이데르는 번민하는 자신의 영혼도 드러내 보여주었다. 일단 신뢰가 형성되자 두 사람은 서로 속마음을 털어놓았다. 레덴스는 훌륭한 공산당원들이 파멸하고 예조프 같은 사람들만 그대로 남아 있다고 한탄했다. 그러나 말하기에는 너무 위험한 주제들이 여전히 남아 있었다. 이 나지막하게 속삭인 대화를 되돌아보면서 시레이데르는 레덴스가 숙청에 대해 입 밖에 낸 것보다 훨씬 많이 알고 있었을 거라고 생각했다.

"그의 사정과 당시 상황 때문에, 그도 우리 모두와 마찬가지로 속내를 분명히 짚어서 터놓고 말할 수가 없었다. 심지어 친구들과도 말이다."[121]

시레이데르는 레덴스와 대화를 나눈 뒤 용기를 얻었다. 그는 양심의 가책과 분노를 느꼈다. 그는 엔카베데의 오랜 동료가 체포된 일과 모스크바에서 학생인 아내의 사촌이 체포된 데 항의하면서 두 남자의 결백을 밝히는 편지를 예조프에게 썼다. 며칠 뒤인 1938년 6월에 레덴스는 시레이데르의 체포를 명령하는 예조프의 전보를 받았다. 레덴스의 사무실에서 이 소식을 들은 시레이데르는 레덴스에게 스탈린에게 청원해줄 것을 간청했다. "스타니슬라프 프란체비치, 당신은 나를 잘 알고, 어쨌든 당신은 스탈린의 동서입니다. 이건 실수임에 틀림없어요." 레덴스는 대답했다. "미하일 파블로비치, 당신을 위해 한마디 거들겠지만 소용없을 것 같소. 오늘은 당신 차례고, 의심할 바 없이 내일은 내 차례요." 시레이데르는 모스크바의 부티르카 형무소에 감금되었다. 1940년 7월에 그는 노동수용소 10년형을 선고받았고, 3년간의 유형이 뒤를 이었다. 레덴스는 1938년 11월에 체포되어 1940년 1월에 총살당했다.[122]

피를 나눈 배신자와 이웃의 구원자

1937년 5월 옐레나 본네르의 아버지가 체포된 날 밤, 어머니는 옐레나를 친척 아냐 아주머니와 료바 아저씨의 집으로 보냈다. 엔카베데가 아파트를 수색하는 동안 방해되지 않도록 하기 위해서였다. 열네 살의 옐레나는 레닌그라드 거리를 걸어가 친척집 문을 두드렸다.

"문은 마치 나를 기다리고 있었다는 듯이 바로 열렸다."고 옐레나는 회고한다. 옐레나는 아주머니와 아저씨에게 무슨 일이 벌어졌는지를 설명했다. 아저씨는 깜짝 놀라면서 분노했다. 그는 아버지가 한 일에 대해 질문하기 시작했다.

나는 료바 아저씨가 무슨 말을 하는지 이해하지 못한 채 아파트로 들어가려고 했다. 아냐 아주머니가 뭐라고 말했다. 아저씨는 아주머니에게 고함치듯 말했다. "아냐, 제기랄, 당신은 항상……" 그러고는 아저씨는 오른팔로 문간을 막아 나를 못 들어가게 막았다. 그런 다음 귓전에 대고 큰 소리로 말했다. "우리는 너를 들일 수 없어, 들일 수 없다고. 응? 무슨 말인지 알겠어?" 아저씨는 침을 튀기면서 몇 번이고 되풀이했다. 아주머니가 또 뭐라고 말했다. 나는 그녀의 입이 움직이는 것을 볼 수 있었으나 고함치듯 크게 말하는 아저씨 목소리 외에는 아무것도 듣지 못했다. 나는 등이 난간에 눌릴 때까지 문에서 물러섰다. 문이 쾅 하고 닫혔다. 나는 무슨 일이 일어났는지 이해하지 못한 채 그곳에 서 있었다. 그런 뒤 손으로 얼굴을 닦고는 계단을 내려가기 시작했다. 계단을 다 내려가기 전에 문이 열리는 소리를 들었다. 내가 돌아섰을 때 아저씨가 문간에 있었다. 아저씨가 나를 다시 부를 것 같았다. 그러나 아저씨는 아무 말도 하지 않고 문을 천천히 닫기 시작했다. 나는 "이 악당 놈아!"라고 고함쳤고, 아저씨의 안색이 하얗게 변하는 것을 보았다.[123]

가까운 친척이 체포된 후 친구와 이웃, 심지어 친족에게 버림받았다는 이야기는 셀 수 없이 많다. 사람들은 '인민의 적'의 가족과 접촉하기를 두려워했다. 사람들은 그들을 피하기 위해 거리를 가로질러 갔고, 공동 시설 지역의 통로에서 그들을 만나도 말을 걸지 않았으며, 자기 아이들이 그 집 아이들과 안마당에서 함께 놀지 못하게 했다. 사람들은 사라진 친구와 친척들의 사진을 없앴다. 가족 사진에서 얼굴을 찢어내거나 얼굴에 낙서를 하기도 했다.

솔제니친*은 이렇게 썼다.

가장 온건하면서도 동시에 가장 널리 퍼진 배신의 형태는, 직접 나쁜 짓을 하는 것이 아니라 그냥 불운한 이웃을 아는 체하지 않고, 도와주지 않으며, 외면하고 피하는 것이었다. 이웃이나 일터의 동지, 심지어 친한 친구도 체포되었다. 당신은 침묵을 지켰고 마치 그 사실을 알아차리지 못한 것처럼 행동했다.[124]

올가 아다모바-슬류즈베르크는 남편이 체포되었을 때 주변 사람들이 그랬던 것을 회고한다.

사람들은 내게 평소와 다른 어조로 말했다. 그들은 나를 두려워했다. 어떤 사람들은 내가 다가오는 것을 보면 길을 가로질러 피해 가곤 했다. 또 어떤 사람들은 나에게 특별한 주의를 기울였는데, 그것은 그들 입장에서는 영웅적 행동이었으며, 나나 그들이나 양쪽 다 그 점을 알고 있었다.[125]

1937년 6월 부모가 체포된 후 인나 가이스테르 자매는 니콜리나

솔제니친(Aleksandr Solzhenitsyn, 1918~2008) 러시아의 작가. 소련 시절에 반체제 문필가이자 사상가로 이름을 떨쳤다. 스탈린과 소비에트 정권의 인권 탄압을 비판하는 글을 써서 강제 노동수용소에 수감되기도 했고 국외 추방을 당하기도 했다. 1970년에 노벨문학상을 수상했다. 대표작으로 《이반 데니소비치의 하루》, 《암병동》, 《수용소 군도》 등이 있다.(역주)

고라에 있는 가족 다차에서 쫓겨났다. 부모의 지시에 따라 자매는 유모 손에 이끌려 아버지의 오랜 친구인 시인 알렉산드르 베지멘스키*의 집으로 갔다. 자매는 베지멘스키가 자신들을 받아주기를 바랐다. 베지멘스키는 그들을 차에 태워 가장 가까운 역으로 데리고 가서는 모스크바로 가는 첫 열차에 태웠다. "그는 연루되는 것을 너무나 두려워했다."고 인나는 회고한다. "그는 종종 우리 할머니 집에서 지내곤 했으나, 그와 아내는 갓 태어난 아기가 있었고 공포가 그의 품위를 압도한 것이 틀림없다."[126]

스타니슬라프와 바르바라 부트케비치가 체포된 1937년 7월에 그들의 딸 마리야와 어린 아들은 레닌그라드 공동 아파트의 방 두 칸짜리 집에서 쫓겨났다. 그들이 나간 집을 차지한 사람은 어린아이 세 명을 둔 이웃의 한 부부였다. 이들은 부인이 엔카베데에 반혁명분자이자 첩자(스타니슬라프는 폴란드계였다)로 부트케비치 가족을 고발했던 1937년까지 부트케비치 가족과 좋은 관계를 맺고 있었다. 여자는 역사 연구원이던 바르바라가 아파트로 손님을 끌어들인 매춘부였다고 주장하기까지 했다. 남동생은 고아원으로 갔으나 마리야는 완전히 혼자가 되었다. 당시 마리야는 고작 열네 살이었다. 처음 며칠 동안 마리야는 학교 친구와 같이 지냈다. 그 후 마리야는 혼자 살 방을 찾았다. 가족의 오랜 친구인 한 볼셰비키 관리의 부인이 마리야에게 부모의 행방에 대해 아는 것이 있는지 이전 이웃들을 만나 물어보라고 조언했다. 공동 아파트로 돌아갔을 때 마리야는 이웃들에게 적대적인 응대를 받았다.

베지멘스키(Aleksandr Bezymensky, 1898~1973) 소련의 시인. 1922년 문학 그룹 '젊은 근위대'와 '10월'의 창립에 참여했다. 1923~1926년까지 러시아프롤레타리아작가동맹(RAPP) 회원이었다. 작품으로 시 〈도시〉(1921), 〈블라디미르 일리치 울리야노프〉(1926), 〈비극의 밤〉(1930~1963) 등이 있다.(역주)

맙소사, 그들은 나를 너무나 두려워한 나머지 집 안으로 들이려고 하지도 않았다. 상상이나 할 수 있겠는가? 우리 집을 차지한 여자는 나를 보더니 괴로워하면서 화부터 냈다. 그녀의 남편이 이미 체포되었는지, 아니면 남편이 잡혀갈까 봐 두려웠던 건지 기억이 안 난다. 아마 그들 가족은 곤경에 빠져 있었을 것이다. 여하튼 그들은 도와주지 않으려 했다. 여자는 그냥 이렇게 말했을 뿐이다. "아무것도 몰라. 아무것도. 알겠니? 다시는 여기 오지 마!"[127]

이웃들은 하룻밤 새 낯선 사람이 되었다. 투르킨 가족은 거의 30년 동안 니키틴 가족의 옆집에 살았다. 그들은 페름의 소비에트 거리와 스베르들로프 거리의 모퉁이에 있는 나무로 된 3층짜리 집의 1층을 같이 사용했다. 투르킨 가족 일곱 명(알렉산드르와 베라 부부, 두 딸, 베라의 어머니와 그녀의 형제 자매)은 집의 오른편에 있는 방 세 개를 썼고, 네 식구인 니키틴 가족은 왼편에 있는 방 세 개를 썼다. 알렉산드르 투르킨은 고참 볼셰비키였으며 페름에서 혁명적 지하 활동을 하던 스베르들로프의 동지였다. 알렉산드르와 그의 가족은 모두 모토빌리하 제강소에서 일했다. 알렉산드르는 또 지역 신문 기자이자 지역 법원 판사이기도 했다. 1936년에 알렉산드르는 트로츠키주의자로 체포되었다. 그의 유죄는 정치에 전혀 관심 없는 공장 노동자였던 아내 베라에 의해 '입증된 사실'로 인정되었다. 투르킨 집안을 꾸려나갔던 오만한 베라의 어머니도 알렉산드르가 유죄라고 생각했다. 그녀는 거실에 있던 가족 사진에서 사위 얼굴을 오려냈다. "우리 사이에 적이 있다면, 적을 제거해야 할 거야."라고 그녀는 말했다. 베라는 사고로 부상을 입은 뒤 모토빌리하 공장에서 해직되었다('인민의 적'의 아내인 베라는 질병 수당을 탈 자격이 없었다). 베라가 할 수 있었던

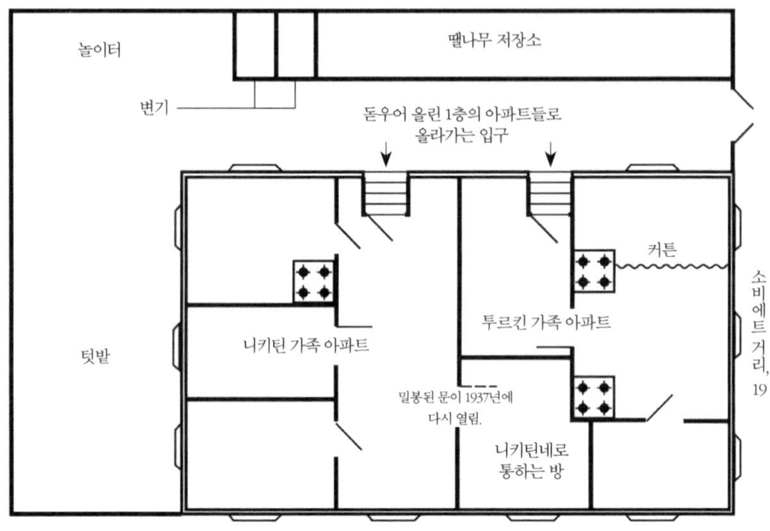

니키틴 가족과 투르킨 가족의 아파트, 페름.

유일한 일은 거리 매점에서 신문을 파는 것이었다. 베라의 형제와 자매 발랴도 공장에서 해고되었다. 발랴의 남편은 정치적 이유로 이혼하는 것을 허가받았고 임신 중이었던 발랴는 즉각 버림받았다. 가족은 어떻게든 살아가려고 아등바등했다. 먹을 것이 많지 않았다. 그러나 베라의 딸에 따르면, 가장 참기 힘든 것은 친구와 이웃들의 배척이었다.

모든 사람들이 우리를 두려워했다. 그들은 우리에게 말하는 것을 두려워했고, 마치 우리가 역병에 걸려 닿으면 전염되기라도 할 것처럼 우리 가까이 오는 것조차 두려워했다. …… 이웃들은 우리를 피했고 자기 아이들이 우리와 함께 노는 것도 금지했다. …… 1936년에 (알렉산드르가 체포되었을 때) 어느 누구도 '인민의 적'에 대해 말하지 않았다. 그들은 그냥 아무 말 없이 잠자코 있었다. 그러나 1937년에는 모든 사람들이 우리를 '인민의 적'이라고 불렀다.

니키틴 가족도 이웃에게 등을 돌렸다. 아나톨리 니키틴은 모토빌리하 공장의 선임 회계원이었다. 그가 투르킨 가족과 모든 관계를 끊은 것은 아마도 해고의 두려움 때문이었을 것이다. 두 가족은 공동부엌에서 같이 식사를 하곤 했다. 두 집 아이들은 마당에서 같이 뛰어놀곤 했다. 그러나 이제 그들은 소원해졌고 서로 말을 하지 않았다. 니키틴 가족은 심지어 오랜 이웃과 인연을 끊겠다고 소비에트에 편지를 쓰기까지 했고 그 보상으로 투르킨 가족 방 하나를 더 얻었다. 발랴와 어린 아기는 방에서 쫓겨났다. 그들은 옆방에 거주하는 발랴의 형제와 어머니와 합쳤다. 그 후 아나톨리의 여자 형제가 발랴가 쓰던 방을 넘겨받았고, 방과 방을 잇는 문을 다시 열어 니키틴 가족이 사는 쪽과 이어 붙였다.[128]

퍄트니츠키 가족도 1937년 7월에 오시프가 체포된 후 비슷하게 배척당했다. 두 아들을 키울 돈이 수중에 거의 없는 처지로 아파트에서 퇴거당한 율리야는 당내의 오랜 친구들에게 도움을 청했다. 처음에 율리야는 거의 30년 동안 오시프의 가까운 친구였던 아론 솔츠를 찾아갔다 율리야가 솔츠의 집 문을 두드렸을 때 가정부가 나와 이렇게 말했다. "솔츠 씨는 무서워하고 있습니다. 만일 당신이 여기에 있는 것을 보면 그는 나를 던져버릴 거예요." 다음에 율리야는 1917년부터 알고 지내던 노장 볼셰비키인 체칠리야 보브로프스카야(Tsetsiliia Bobrovskaia, 1876~1960)에게 갔다. 그녀도 처음에는 율리야를 보지 않으려 했으나 그 뒤 일하러 가기 전에 '몇 분 동안만' 율리야를 집 안으로 들어오게 했다. 보브로프스카야는 율리야의 이야기를 들으려 하지 않았고 눈물을 글썽이며 말했다. "직접 당국에, 예조프에게 가세요. 동지들에게 아무 부탁도 하지 마세요. 어느 누구도 도와주지 않을 것이고, 또 도와줄 수도 없습니다." 며칠 후 율리야는 지하철에서 볼셰비키 지도자 빅토르 노긴(Viktor Nogin, 1874~1924)의 미망인을 만났다. "그녀는 나를 보았으나 아무 말도 하지 않았다. …… 그런 후 라페프—퍄트니츠키를 잘 알던 철도원—가 열차칸으로 왔다. 그는 나를 보았고, 그런 다음 내가 내릴 때까지 내내 다른 쪽으로 얼굴을 돌리고 있었다." 율리야의 아들 이고리와 블라디미르도 이와 비슷하게 친구들에게 버림받았다. 스탈린의 비서 아들이었으며 블라디미르의 가장 친한 친구였던 예브게니 로기노프는 그들 집에 놀러 오는 것을 그만두었다. 어느 누구도 그들을 찾아오지 않았다. 블라디미르는 학교에서 놀림의 표적이었다. "아이들은 나를 인민의 적이라고 부르면서 욕했습니다."라고 그는 회고한다. "아이들은 내가 스스로를 방어할 수 없다는 것을 알고 있었기 때문에 내 물건들, 책과 옷들을 훔쳤습니다." 모든 친구들에게 따돌림받고 배신당한 율리야는 인간관계의 빈약한 본질을 곰곰이 생각했다. 그녀는 7월 20일자 일기에 다음과 같이 썼다.

요즈음 사람들은 서로를 얼마나 모질게 대하는지! 나는 누군가가 내게 친절하다면, 아니 친절해 보이거나 '동지다운' 행동 하나라도 한다면, 그것은 인간적 관심이나 선의의 감정에서 나온 것이 아니라 그저 일종의 물적 이해나 다른 종류의 이득 때문이라고 확신한다. 모든 사람들이 우리가 모든 것을 잃었고, 의지할 곳이 없으며, 먹을 것이 없다는 것을 알고 있으나 어느 누구도 도와주려고 손가락 하나도 까딱하지 않는다. 우리는 죽어 가고 있고 어느 누구도 우리에게 관심이

없다.[129]

옐레나 본네르가 경험했듯이 친척들조차 '인민의 적'의 가족에게 등을 돌렸다. 알렉세이 예프세예프와 아내 나탈리야는 열성적인 공산당원이었다. 의사였던 알렉세이는 적군(赤軍)에 성병에 관해 자문하던 고위급 인사였고 나탈리야는 '극동 목재 트러스트'에서 일하는 경제학자였다. 그들은 극동의 하바로프스크에서 딸 안겔리나와 함께 살았다. 1937년에 알렉세이와 나탈리야는 둘 다 당에서 쫓겨났다.(알렉세이는 극동군을 이끌던 바실리 블류헤르Vasily Bliukher 원수와 관계가 있다고 지목되었다. 극동군은 숙청의 주요 표적이었다.) 당시 열다섯 살이던 안겔리나는 아버지가 당에서 출당된 후 집으로 돌아왔을 때 모습을 회고한다.

아버지는 공포에 짓눌려 있었다. 아버지는 집으로 와서 무서워하며 말했다. "그들이 나를 체포할 거야!" 열다섯 살의 어수룩한 여자아이에 불과했던 나는 이렇게 말했다. "아버지가 체포된다면, 그건 그렇게 하는 것이 꼭 필요한 일이라는 뜻이에요." 아버지는 항상 나에게 말했었다. "그들이 체포된다면, 그것은 그렇게 하는 것이 꼭 필요한 일이라는 뜻인 거야." 일생 동안 나는 내 말의 메아리와 함께 살았다. "그건 그렇게 하는 것이 꼭 필요한 일이라는 것을 뜻해요." 나는 그 말이 대체 무슨 뜻인지 이해하지 못했다.

알렉세이는 6월 1일에 체포되었다. 그는 '소련 정부에 맞선 파시스트 음모'에 가담한 죄로 유죄 선고를 받았다(그는 1938년 3월 하바로프스크에서 총살당했다). 알렉세이가 체포된 후 나탈리야와 안겔리나는 아파트에서 쫓겨났다. 자신도 체포될까 우려한 나탈리야는 안겔리나를 데리고 친척들이 사는 모스크바로 도피했다. 자신이 체포되면 친척들이 딸을 돌봐주기를 바랐던 것이다. 열다섯 살의 안겔리나는 나탈리야가 체포될 경우 고아원으로 보내질 위험이 있었다. 모두 열렬한 공산당원이었던 나탈리야의 친척들은 아무도 도움을 주지 않으려 했다. 콤소몰 활동가인 여동생은 안겔리나를 받아 달라는 부탁에 다음과 같이 대답했다. "소비에트 정부에 맡기세요. 우리는 그애가 필요 없어요." 나탈리야의 어머니는 더 적대적이었다. 그녀는 손녀의 면전에다 대고 말했다. "난 네 아비가 정말 싫단다. 그 사람은 인민의 적이야. 나는 너도 싫어." 며칠 동안 나탈리야 모녀는 공원 벤치에서 잤다. 알렉세이가 모스크바대학 의학부에 다닐 때부터 알고 지낸 그의 오랜 친구 안드레이 그리고리예프 부부가 겨우 모녀를 받아주었다. 그리고리예프 가족은 엄청난 위험을 무릅쓰고 크렘린에서 엎어지면 코 닿을 데 있는 공동 아파트에 안겔리나를 숨겼다. 안겔리나는 수도 거주를 허가하는 법적인 서류가 없었으나, 공동 아파트 내 그리고리예프 가족의 이웃들(그들 중에는 몰로토프의 여자 친척도 있었다)은 안겔리나의 존재를 모른 체해주었다. 집안에 의사가 사는 것은 이웃들에게도 좋은 일이었다. 딸을 모스크바에 남겨 두고 나탈리야는 하바로프스크로 돌아갔고, 그곳에서 몇 주 후 체포되었다.[130]

삼수발리 타기로프와 굴치라 타기로바는 페름에서 서남쪽으로 140킬로미터 떨어진 바르다의 타타르 지역에 살던 교사였다. 삼수발리는 혁명적 활동가로서 그들이 사는 아크바시 마을에 콜호스를 설립하는 데 주도적 역할을 했다. 1936년 삼수발리는 바르다 지역의 다른 타타르 교사와 종교 지도자 34명과 함께 '이슬람 민족주의자'란 혐의로 체포되었다(그는 1938년에 총살당했다). 남편을 잃은 굴치라는

굴치라 타기로바와 여섯 명의 자녀들(1937년). 딸 레제다가 사진 중앙에 앉아 있다. 굴치라는 사라풀에서 찍은 이 사진을 1936년에 체포되어 감옥에 수감된 남편 샴수발리에게 보냈다.

여섯 명의 자녀와 함께 남았는데, 첫째가 열한 살, 막내는 태어난 지 고작 몇 주밖에 되지 않았다. 글(타타르어와 러시아어)을 읽을 수 있는 굴치라를 존경하던 마을 사람들은 그녀에게 가족을 먹여 살릴 만큼 넉넉한 식량을 제공해주었다. 심지어 체포를 맡았던 관리조차 타기로프 같은 훌륭한 사람을 체포했다는 데 양심의 가책을 크게 느끼고 굴치라와 가족을 도와주었다. 관리는 그들에게 우유를 가져다주거나 자신의 집에 불러 식사 대접을 했다. 일 주일에 한 번씩 굴치라와 바르다의 감옥에 갇힌 샴수발리 사이에 오고 가는 편지들을 전해주기도 했다. 관리는 직접 쓴 편지에서 샴수발리에게 말했다. "나를 용서해주시오. 달리 방도가 없었소. 나는 당신이 결백하다는 것을 알고 있었지만, 그들이 당신을 억지로 체포하게 했소. 이제 나는 내 죄를 갚고 당신 가족을 도와줄 것이오." 엔카베데 요원들이 굴치라가 가르치는 수업에 이슬람 민족주의 낌새가 있는지 종종 감시하곤 했지만, 굴치라는 아크바시 마을 학교 교사로 계속 재직했다.

1937년에 굴치라와 여섯 아이들은 마을 소비에트 의장의 고발로 집에서 쫓겨났다. 그들은 말과 수레에 세간을 싣고 20킬로미터를 걸어 샴수발리의 어머니와 큰형이 사는 옉슈르로 갔다. 두 사람은 2층짜리 큰 집에서 살고 있었는데 마침 방 한 개가 비어 있었다. 샴수발리의 어머니는 교육 수준이 높고 신앙심 깊은 여성이었다. 그녀의 집은 책으로 가득 차 있었다. 그러나 그녀는 며느리와 손주들을 받아들이기를 거부했다. 그녀는 아들의 체포를 굴치라 탓으로 돌렸다. 며느리가 체포를 맡은 관리와 점점 깊은 관계를 맺고 있다는 소문을 듣고 굴치라가 샴수발리의 체포에 적극적인 역할을 했다고 의심하는 듯했다. 굴치라의 딸 레제다는 친가 쪽 친척들이 굴치라가 남편을 체포하게 했고 그들도 위험에 빠뜨릴 수 있는 '인민의 적'이라고 생각해서 꺼려했다고 믿는다. 샴수발리의 어머니는 며느리에게 집에 여유가 없다고 말했다. 시어머니는 며느리를 집에 들이지도 않았고 장시간을 걸어온 손주들에게 음식도 주지 않으려 했다. 그날 밤 샴수발리의 남동생 가족이 2층의 남는 방들로 이사를 왔다(상인인 그는 이사를 하기 위해 아크바시에 있던 집을 팔았다).

시집에서 외면당한 굴치라와 아이들은 마을 끄트머리에 사는 콜호스 노동자에게서 방을 한 칸 빌렸다. 시어머니는 그들 가족을 한번 찾아왔지만, 아이들이 너무 시끄럽다고 불평을 하고서는 다시는 오지 않았다. 굴치라와 아이들은 옉슈르에서 15년 동안 살았으나 타기로프 가족을 보는 일은 거의 없었으며, 설령 마주치더라도 타기로프 가족은 그들을 모른 체했다. "가장 고통스러운 일은 거리에서 우리를 지나치는 그들을 보는 것이었다. 거리에 사람이 없을 때도 그들은 우리에게 말을 걸지 않았으며, 심지어 인사조차 건네지 않았다."고 굴치라는 회상한다. 아이들은 사촌들과 같은 마을에서 자랐으나 그들과 거의 어울리지 않았다. "우리는 사촌들과 함께 학교에 갔지만 같이 놀거나 집에 놀러가지 않았다. 그들은 항상 우리를 차갑게 대했고, 우리도 마찬가지였다."[131]

　공포는 사람들에게 최악의 사태를 불러왔다. 하지만 엄청난 위험을 무릅쓰고 '인민의 적'의 가족을 도와준 동료, 친구, 이웃도 있었고, 때로는 낯선 사람이 이례적으로 친절을 베푸는 경우도 있었다. 그들은 '인민의 적'의 가족들이 집에서 쫓겨났을 때 아이들을 맡아주거나 음식이나 돈을 주었으며, 또 잠자리를 제공했다. 희생자 가족을 동정하여 위험을 경고하거나 체포된 친척들을 찾아주는 등 최선을 다해 도움을 주려 한 볼셰비키 관리와 엔카베데 요원들도 있었다.[132]

　1937년 3월 건축가 미하일 스트로이코프는 아르한겔스크에서 유형 생활을 하던 중에 다시 체포되었다. 부인 옐레나와 열 살 난 딸 율리야는 가족의 오랜 친구인 콘스탄틴 아르체울로프가 돌봐주었다. 콘스탄틴도 모스크바 서남쪽 100킬로미터 지점의 모자이스크 시에서 유형 중이었는데, 그는 그곳에서 부인 타티야나와 율리야 또래인 아들 올레크와 함께 살았다. 콘스탄틴은 직업이 없었다. 예술가로 교육받은 그는 소련 공군에서 조종사로 일했으나 체포 직전 파면되었고 모자이스크에 온 뒤에는 유형당한 신분이라 일거리를 찾을 수가 없었다. 두 가족을 부양하는 무거운 짐은 모자이스크에서 교사로 일하던 타티야나 몫이 되었다. "그들은 우리를 먹여 살리기 위해 팔 수 있는 것은 모조리 팔았다."고 율리야는 회상한다. "그들은 우리를 보살피느라 목숨을 거는 위험을 무릅썼다." 율리야는 어머니가 일자리를 찾는 동안 아르체울로프 가족과 함께 지냈다. 1937년 11월에 콘스탄틴은 '인민의 적'의 딸을 숨기고 있다고 이웃에게 고발당했다.

그는 다시 체포되었고 투옥 후 총살되었다. 그러나 타티야나는 악의를 품은 이웃들의 눈길로부터 율리야를 조심스럽게 숨기면서 끝까지 보호해주었다. 1938년에 모스크바에 있는 콘스탄틴의 친구들이 어머니가 일자리를 찾을 때까지 율리야를 맡아주기로 했고, 타티야나는 율리야를 몰래 모스크바로 보냈다. 옐레나는 그해 여름 딸을 찾아서 모스크바 북쪽에 있는 조그만 도시 푸시키노로 데리고 갔다. 푸시키노에서 옐레나는 콘스탄틴의 지인의 도움을 받아 소련 지도자들의 초상화를 제작하던 '모스크바 예술가위원회'에서 일자리를 얻었다. 옐레나는 소련 지도부의 일급 초상화가가 되었다. '인민의 적'의 아내로서는 역설적인 결말이었다.[133]

우크라이나인 올레크 류프첸코는 언론인이었던 아버지를 숙청으로 잃었다. 아버지는 1934년 체포되어 1937년에 총살당했다. 원래 살던 키예프에서 쫓겨나 유형당한 올레크와 그의 어머니 베라는 마침내 모스크바 서남쪽의 조그만 도시 말로야로슬라베츠에 도착했다. 그들은 모스크바에 머물 수 있는 여권이 없었으나 종종 모스크바에 가서 지냈는데, 한때 랴잔의 유명한 지주였던 베라 가족이 1920년대 몇 년간 거주하던 아르바트의 공동 아파트에서 머물렀다. 베라의 자매가 여전히 그 아파트에 살고 있었다. 1936년부터 1941년까지 올레크와 베라는 불법으로 아파트에 머물렀다. 아파트의 모든 거주자들은 불법 이주자를 숨겨준 죄로 집에서 쫓겨나고 나아가 체포될 위험을 무릅쓰면서까지 이들을 아주 따뜻하게 맞아주었다. 아파트 관리 책임자이자 나이 든 체키스트인 클라브디야 콜치나가 특히 이들을 힘껏 도와주었다. 내전 말기에 처음으로 아파트에 살 수 있도록 그들 가족을 초청해준 사람이 바로 클라브디야였다(그때 랴잔에서 모스크바로 온 참이었던 클라브디야는 베라 가족을 거리에서 마주쳤다). 클라브디야는 랴잔에 있을 때부터 올레크의 아버지를 알았으며 그가 총살당할 때 그에게 죄가 없다는 것을 확신했다. 체카의 일원이었고 체카가 어떻게 일하는지를 아는 클라브디야는 종종 이렇게 말하곤 했다. "우리는 법이 있지만 법을 지키지는 않지요." 주택위원회 위원장도 열성적인 공산당원이었지만 마음씨가 좋았다. 위원장은 아파트에 불법 이주자가 살고 있다는 것을 잘 알았으나, 올레크의 회상에 따르면 어쩌다 올레크나 어머니가 과감히 안마당으로 나가거나 위원장이 옆문으로 그들이 들어가는 것을 보는 경우, 그녀는 "마치 우리를 보지 않으려 하는 것처럼 험악한 표정으로 앞만 똑바로 바라보며 지나쳐 가곤" 했다.[134] 대숙청으로 심각한 타격을 입은 수도의 부촌 아르바트의 주택 단지에는 불법 이주자들이 많이 살았다.

일리야 슬라빈은 1937년 11월에 체포되었다. 아내 예스피르와 딸 이다는 레닌그라드 소비에트회관의 방 세 칸짜리 아파트에서 쫓겨났다. 그들은 멀리 떨어진 레닌그라드 변두리에 있는, 수도도 전기도 없는 공동 아파트의 8제곱미터(3평)도 안 되는 아주 작은 방으로 이사하지 않으면 안 되었다. 다섯 달 뒤 예스피르도 체포되었다. 그녀는 크레스티 감옥*에 구금되었고 그 후 카자흐스탄의 '아크몰린스크 모국 반역자 부인 노동수용소(ALZhIR)' 8년형을 선고받았다. 교수의 딸로 자라 안락한 삶을 누리던 열여섯 살의 이다는 갑자기 홀로 남겨졌다. "나는 일상의 자질구레한 일들을 어떻게 처리해야 하는지 전혀 몰랐습니다."라고 이다는 회고한다. "빵값이 얼마인지, 옷을 어떻게 세탁하는지도 몰랐습니다." 레닌그라드에 친척들이 전혀 없는 이다는 자기 한 몸도 돌볼 수 없었다. 심지어 집세도 낼 수 없었다.

크레스티 감옥 1730년대에 건립된 상트페테르부르크 소재의 구치소. 스탈린 공포정치 시기에 수많은 정치범들이 수감된 곳으로 악명 높다.(역주)

그러나 이다는 반 친구와 부모들 덕분에 목숨을 부지했다. 그들은 돌아가면서 며칠씩 이다에게 잠자리를 마련해주었다(오랫동안 이다를 데리고 있으면 '인민의 적'의 딸을 숨기고 있다고 이웃들에게 고발당할 위험이 있었다). 많은 가족에게 아이를 한 명 더 재우고 먹이는 일은 정말 큰 부담이었다. 이다에게 그들의 도움은 헤아릴 수 없을 만큼 중요한 것이었다. "그들은 나를 먹여주고 재워주었을 뿐만 아니라 내가 살아남는 데 필요한 정신적 지원도 아끼지 않았습니다."

이다는 고등교육기관에 지원할 수 있는 자격이 주어지는 10학년과 최종 학년의 진급 시험을 통과하기 위해 열심히 공부했다. 친구들의 도움으로 청소 일을 구했고 집세를 낼 수 있게 되었다. 이다는 집과 학교 사이 세 시간씩 걸리는 길을 매일 오갔고, 하교 후 청소 일을 하러 가는 데 또 한 시간을 썼다. 일 주일에 이틀은 밤에 부모가 어디로 잡혀 갔는지, 아직 살아 있는지 알아내려고 감옥 앞에서 줄을 섰다.

이다를 도와준 또 다른 사람은 학교 교장인 클라브디야 알렉세예바였다. 존경받는 노장 당원이었던 알렉세예바는 학교에서 나타나는 당의 숙청 문화에 항상 반대했고 부모가 '인민의 적'으로 고발당한 아이들을 말없이 보호함으로써 최선을 다해 숙청 문화에 저항했다. 예를 들어 알렉세예바는 이다뿐만 아니라 고아가 된 학교의 다른 많은 아이들도 구제해준 숙박 제도를 조직했다. 알렉세예바는 콤소몰이 '인민의 적'으로 체포된 어머니를 '고발하지 못했다' 하여 열다섯 살 소녀를 추방하려 하자 콤소몰의 결정을 용감하게 무효화하기도 했다. 이다는 클라브디야가 비교적 간단한 방책을 선택했다고 회고한다. 알렉세예바는 "아들은 아버지에 대해 책임을 지지 않는다."는 스탈린의 유명한 '지시'*를 일부러 '고지식하게' '글자 그대로' 수행했다.

우리 학교에는 부모가 체포된 아이들이 많았어요. 클라브디야 교장 선생님 덕분에 그 아이들은 한 명도 쫓겨나지 않았습니다. 아이들이 부모를 부인해야 하는 무서운 모임—다른 학교에서는 열렸어요.—도 전혀 없었습니다. …… 어머니가 체포된 다음 날 내가 학교에 나오자 클라브디야 교장 선생님은 나를 교장실로 불러 학년이 끝날 때까지 학부모위원회가 급식비를 내줄 것이라고 말했어요. 또 건강상의 이유로 저의 학교 시험을 면제해 달라고(그래서 자동으로 10학년으로 진급할 수 있도록) 요청하는 편지를 쓰면 어떻겠냐고 제안했습니다. "그러나 클라브디야 알렉산드로브나 교장 선생님, 저는 완벽하게 건강한데요."라고 나는 대답했지요. 그녀는 어깨를 으쓱하고는 빙그레 웃더니 나에게 윙크를 했습니다.

이다는 시험을 면제받았다. 그러나 삶은 여전히 매우 힘들었고 여러 번 공부를 그만둘 지경까지 갔다.

내가 일자리를 찾아 학교를 그만두겠다고 말하자 교장 선생님은 나를 교장실에 데리고 가서 말했습니다. "부모님은 돌아오실 거야. 그럴 거라고 믿어야 해. 부모님은 네가 공부를 마치고 성공하지 못한다면 너를 용서하지 않으실 거야." 이 말에 힘을 얻어 나는 계속 학교를 다닐 수 있었어요.[135]

---

* 1935년 12월 당 활동가와 콤바인 기사들의 모임에서 한 젊은 콤바인 기사가 자신은 '쿨라크'의 아들인데도 사회주의의 승리를 위해 싸우고 있다고 말하자 스탈린은 이렇게 답했다. "아들은 아버지에 대해 책임을 지지 않습니다." 언론은 이 거짓 구호를 포착하여 스탈린의 '지시'로 만들었다.

이다는 교사가 되었다.

이다 슬라비나는 교장 선생님의 지원을 받은 유일한 아이가 아니었다. 이다의 반 친구 옐레나 본네르도 클라브디야 알렉세예바의 도움을 받았다. 1937년 여름 부모가 체포된 후 옐레나는 저녁마다 청소부로 일했지만, 청소부 급료로는 학교 수업료를 감당할 수 없었다(수업료는 1938년부터 중등학교에 도입되었다). 옐레나는 학교를 그만두고 전일제 직업을 구해 일하면서 수업료를 내지 않아도 되는 야간학교에서 공부를 계속하기로 결심했다. 옐레나는 승인을 받기 위해 교장 선생님에게 신청서를 가져갔다.

교장 선생님은 내가 가져간 서류를 받고는, 책상에서 일어서더니 교장실 문을 닫고 조용히 말했다. "너는 정말 내가 너를 교육하는 데 돈을 받을 거라고 생각하니? 나가거라!"

수업료를 면제받기 위해 옐레나는 콤소르크(Komsorg), 즉 콤소몰 조직가라는 당 관리직에 지원해야 했다. 콤소르크는 "학생과 교사들의 정치적, 도덕적 상태를 주시했고", "엔카베데의 노골적 대표로서 학교의 모든 사람들을 공포에 떨게 했다." 본네르는 너무 무서워 콤소르크에 지원할 수가 없었다. 결국 누군가 익명으로 본네르의 수업료를 내주었다. 그녀는 교장 선생님이 수업료를 냈다고 믿는다. 이 사건들을 되돌아보면서 옐레나는 학생이 총 24명인 반에 부모가 체포된 아이가 11명이나 있었다고 회상한다.

우리는 모두 우리가 누구인지 알고 있었으나 말하지 않았으며, 주목받지 않기를 바랐고, 그냥 평범한 아이처럼 행동했다. …… 나는 11

명 전부가 나와 동시에 10학년을 마쳤다고 거의 확신한다. 그들은 전부 우리 학교 교장 선생님에게 구원받았던 것이다.[136]

전문직 가운데 교사는 이다 슬라비나 같은 아이들의 보호자이자 심지어 구원자로 가장 빈번하게 등장한다. 많은 교사들이 특히 이다 슬라비나가 다닌 것 같은 엘리트 학교에서 교육받으면서 옛 인텔리겐치아의 인도주의적 가치를 습득했다. "우리 교사들 대부분은 고등교육을 받은 인정 있고 자유로운 사람이었습니다."라고 이다는 회고한다.

우리 체육 선생님은 차르 군대의 장교였으며, 내전에서 '붉은 기병대'로 싸웠어요. 선생님은 3개 유럽 언어에 능통했습니다. …… 우리 학교에는 연극 모임과 시 동아리가 있었는데, 이제 와서 생각해보면 선생님들은 '소비에트 교실'에서 설 자리가 없는 19세기 문학을 우리가 접할 수 있게 해주는 방법으로서 이런 과외 활동을 권장했던 것 같아요. 역사 선생님인 마누스 누델만은 뛰어난 이야기꾼이자 역사를 대중화하는 데 재주가 있는 분이었습니다. 선생님은 생각도 옷차림도 자유로운 괴짜로 일반적 관습을 따르지 않는 분이었습니다. 수업 시간에 선생님은 당시 모든 역사 수업에서 의무였던 스탈린 숭배를 조심스럽게 회피했어요. 선생님은 1939년에 체포되었습니다.[137]

스베틀라나 체르케소바는 1937년 부모가 체포되었을 때 고작 여덟 살이었다. 스베틀라나는 친척 아저씨와 함께 살았으며, 레닌그라드에 있는 학교를 다녔다. 담임인 베라 옐리세예바 선생님은 아이들에게 스베틀라나가 '불행한 사람(19세기 자선 용어집에 나오는 단어)'이니 친절하게 대하라고 가르쳤다. 스베틀라나는 그 시절을 다음과 같이 기억한다.

우리 반에는 인민의 적이 없었다. 우리 선생님이 그렇게 말씀하셨다. 선생님은 사라진 사람의 자식들을 반드시 받아들였다. 그런 아이들이 많았다. 예를 들어 거리에서 사는 남자아이가 있었는데, 돌봐주는 사람이 없었기 때문에 신도 옷도 없이 항상 더러웠다. 선생님은 자기 돈으로 그애에게 코트를 사주고 집으로 데려와 씻겨주었다.[138]

베라 옐리세예바는 1938년에 체포되었다.

드미트리 스트렐레츠키도 가족이 1933년부터 유형 생활을 하던 체르모스의 학교 교사들에게 친절한 대우를 받았다. 물리 교사는 가족이 챙겨주지 못했던 점심을 사 먹으라고 그에게 돈을 주었다. 드미트리는 고맙다고 말하고 싶었지만 선생님은 손에 돈을 쥐어주고는 말해서는 안 된다는 표시로 자신의 입에 손가락을 갖다 대곤 했다. '인민의 적'의 아들을 도와주고 있다는 것이 알려지면 곤경에 처할까 봐 두려웠던 것이다. 드미트리는 다음과 같이 회고한다.

아무런 말도 없었다. 감사하다고 인사할 기회도 없었다. 선생님은 식당 밖에서 나를 기다리다 내가 지나가면 손에 3루블을 슬그머니 쥐어주곤 했다. 아마도 선생님은 내가 지나갈 때 나를 격려하는 말을 뭐라고 속삭였을 테지만, 그게 다였다. 나는 선생님에게 결코 말을 하지 않았고, 선생님도 나에게 정말 아무 말도 하지 않았지만, 나는 엄청난 고마움을 느꼈고 선생님도 그것을 알고 있었다.[139]

인나 가이스테르가 다니던 학교(제19호 학교)는 모스크바 도심의, 많은 소련 지도자들이 거주하는 '강변 아파트' 가까이에 있었다. 그 학교에는 대숙청 때 부모를 잃어버린 아이들이 많았다. 많은 볼셰비키 엘리트들이 선호한 인근 '모스크바 실험학교(MOPSh)'에서는 그와 같은 아이들이 부모가 체포된 후 추방되거나 부모를 부인하지 않으면 안 되었을 것이다. 그러나 인나가 다닌 학교는 분위기가 달랐다. 교사들은 엄격하지 않았고 학생들을 보호하는 태도를 취했다. 1937년 6월에 부모가 모두 체포된 뒤 인나는 학년이 시작될 때 학교로 돌아갔다. 오랫동안 인나는 교사들에게 무슨 일이 벌어졌는지 말하기가 겁났다. "우리는 파블리크 모로조프 이야기를 배웠다." 인나는 선생님들이 이 소년 영웅처럼 부모를 부인하라고 할까 봐 두려웠던 것이다. 그러나 마침내 용기를 내 모든 일을 말했을 때 교사는 단지 이렇게 말했을 뿐이었다. "그래, 그래서 어쩌겠니. 자, 수업하러 가자." 인나 아버지는 세간의 이목을 끈 부하린 재판에 출두한 피고였지만 어느 교사도 이 사실에 주목하지 않았다. 학교 수업료 제도가 도입되자 선생님은 자기 봉급에서 수업료를 대신 내주었다(같은 학교에 다니던 오시프의 막내아들 블라디미르 퍄트니츠키도 교사의 지원을 받았다). 용감한 교사들 덕에 제19호 학교는 '인민의 적'의 자녀들에게 피난처가 되었다. 다른 아이들도 그들을 보호해야 할 대상으로 생각하라고 배웠다. 인나는 반에서 가장 거친 남학생 하나가 연루된 사건을 회상한다(그는 고아원에서 입양된 아이였는데 품행 문제가 심각했다). 그 남학생은 반에 25명의 '트로츠키주의자'(즉 '인민의 적'의 자녀들)가 있다고 하면서 명단을 작성해 교실 벽에 붙였다. 그는 반의 다른 아이들 모두에게 공격받았다. 인나는 또 교과서에서 '인민의 적'의 사진을 삭제하라는 지시가 학교에 내려왔을 때 투하체프스키 재판과 관련되어 일어난 사건도 기억한다. 인나가 다닌 학교는 다른 학교와 정책이 달랐다.

일부 남학생은 콧수염이나 뿔을 낙서로 덧붙이는 등 교과서에 실린 투하체프스키 사진을 훼손하고 있었다. 라힐 그리고리예브나 선생님이 그들에게 말했다. "이미 여학생들에게도 말했는데, 이제 너희에게 말하겠다. 너희 각자에게 종잇조각을 줄 테니 책에다 깨끗이 붙여 투하체프스키의 얼굴을 가리기를 바란다. 그러나 조심스럽게 붙여라. 왜냐하면 오늘 그는 나쁜 사람이고 인민의 적일지 모르지만, 내일 그와 다른 사람들이 돌아올 수도 있으며, 우리가 그들 모두를 다시 한 번 좋은 사람으로 생각할 수도 있기 때문이다. 종잇조각을 조심스럽게 붙여야 그때 그의 얼굴을 훼손하지 않고 뗄 수 있을 것이다."[140]

남편을 믿느냐, 스탈린을 믿느냐

소피야 안토노프-오프세옌코는 1937년 10월 14일 수후미 흑해 휴양지에서 체포되었을 때 남편인 블라디미르가 사흘 전 모스크바에서 이미 체포된 줄 몰랐다. 블라디미르는 소피야의 두 번째 남편이었고, 소피야는 그의 두 번째 아내였다. 부부는 1917년 10월 겨울궁전 습격을 이끌었던 고참 볼셰비키인 블라디미르가 체코슬로바키아 주재 소련 대사로 있던 1927년에 프라하에서 만났다. 그들은 블라디미르가 사법인민위원직을 맡기 위해 모스크바로 소환된 1937년에도 여전히 서로를 깊이 사랑하고 있었으나, 소피야가 체포된 뒤에 이 모든 것을 의심하게 되었다. 소피야는 체포된 후 모스크바로 이송되었다.

블라디미르 안토노프-오프세옌코와 아내 소피야(사진 오른쪽), 딸 발렌티나(1936년). 블라디미르 부부는 대숙청 시기에 체포되어 각각 다른 감옥에 수감되었다.

감옥에서 그녀는 블라디미르에게 편지를 써 자신이 결백하다는 것을 믿어 달라고 간청했다. 소피야는 그가 모스크바의 다른 감옥에서 그 편지를 읽으리라는 것을 몰랐다.

M(모스크바). 10월 16일. 감옥

사랑하는 당신에게. 당신이 이 편지를 받을 수 있을지 모르겠지만, 왠지 마지막으로 당신에게 편지를 쓰고 있다는 느낌이 들어요. 당신, 우리나라에서 누군가가 체포된다면 그는 그럴 만한 죄를 저질렀을 거라고, 마땅한 이유가 있을 것이라고, 우리가 항상 말했던 것을 기억해요? 의심할 바 없이 나의 경우에도 무슨 이유가 있을 텐데 그게 뭔지 모르겠어요. 내가 아는 모든 것을 당신도 알지요. 우리 삶은 분리될 수가 없고 조화로웠으니까요. 지금 나에게 닥친 일과 상관없이 나는 항상 우리가 만난 날에 감사할 겁니다. 나는 당신의 영광을 생각하며 살았고, 그것이 자랑스러웠습니다. 지난 사흘 동안 죽음에 대비하면서 내 평생을 생각했어요. 나는 다른 인간과 관련해서든 아니면 우리 국가나 정부와 관련해서든, 내 삶에서 범죄적이라고 할 만한 일은 어떤 것도 떠올릴 수가 없어요(인간을 '천사'와 구별 짓는 보통의 결점은 제쳐두고). …… 나는 당신이 생각하는 바로 그대로 생각했습니다. 당신보다 우리 당과 나라에 더 헌신적인 사람이 있나요? 당신은 내 가슴속에 무엇이 있는지 알고 있고, 내 행동, 내 생각과 말의 진실을 알지요. 그러나 내가 여기 있다는 사실은 뭔가 나쁜 짓을 저질렀다는 뜻이 틀림없는데, 도무지 뭔지 모르겠어요. …… 나는 당신이 나를 믿지 않을 수도 있다는 생각을 참을 수가 없어요. …… 그 생각이 사흘 내내 나를 짓누르고 있습니다. 그 생각이 내 머릿속에서 불타고 있어요. 나는 당신이 정직하지 못한 모든 것에 엄격하다는 사실을 알지만, 당신도 실수할 수 있겠죠. 레닌도 실수한 것 같거든요. 그러니 내가 어떤 나쁜 짓도 하지 않았다고 말하면 제발 나를 믿어주기 바라요. 사랑하는 당신, 나를 믿어줘요. …… 한 가지 더 있어요. 발리치카(소피야가 첫 결혼 생활에서 얻은 딸 발렌티나)가 콤소몰에 가입할 때가 됐어요. 이 일은 의심할 여지 없이 그애 앞길에 방해가 될 거예요. 내 가슴은 발리치카가 엄마를 악당이라고 여길 것이라는 생각에 슬픔으로 가득 차 있습니다. 너무나 끔찍한 것은 사람들이 나를 믿지 않는다는 거예요. 나는 그렇게 살 수가 없어요. …… 내가 사랑하는 모든 사람들에게 그런 불행을 가져다주었다는 데 용서를 구합니다. …… 용서해주세요, 여보. 당신이 나를 믿고 용서한다는 것을 알기만 한다면 얼마나 좋을까요! 당신의 소피야.[141]

대숙청은 가족을 하나로 묶는 신뢰의 끈을 훼손했다. 아내는 남편을 의심하고 남편은 아내를 의심했다. 부모와 자식의 유대는 가족의 끈 중에서 가장 먼저 풀려버렸다. 파블리크 모로조프 숭배를 보고 들으면서 자란 1930년대 아이들은 스탈린과 정부를 신뢰했고, 소련 언론이 부모를 '인민의 적'으로 고발할 때조차도 언론에서 읽은 글을 토씨 하나까지 믿으라고 배웠다. 학교, 피오네르단, 콤소몰에서 아이들은 체포된 친척들과 관계를 끊든지, 아니면 자신들의 교육 배경과 사회 경력에 먹칠하는 것을 감수하라는 압력을 받았다.

레프 첼메로프스키는 1938년에 돌격노동자이자 군사 엔지니어였던 아버지가 레닌그라드에서 체포되었을 때 열여덟 살이었다. 레프는 콤소몰 회원으로 적군(赤軍) 입대를 꿈꾼 훈련생 조종사였다. 그러나 아버지가 체포된 후 그는 '사회적 이질분자'로서 재판도 받지 않고 카자흐스탄 침켄트로 유형당해 공장에서 일했다. 어머니와 두 누이는 500킬로미터 떨어진 카잘린스크에서 살았다. 1938년 9월 레프는 소련 최고소비에트 간부회 의장인 칼리닌에게 편지를 써서 아버지를 부인하면서 아버지의 범죄 때문에 자식이 벌을 받는 규정에 항의했다.

제 아버지에 대해 몇 마디 하겠습니다. 어머니는 저에게 아버지가 불평분자라는 죄로 북부 수용소로 추방되었다고 말했습니다. 저는 개인적으로 그 말을 믿지 않습니다. 저는 아버지가 북부에서 백군에 맞서 싸우며 세운 공훈을 고모에게 직접 이야기하는 것을 들었습니다. 키로프가 암살되었을 때, 아버지는 울었습니다. …… 그러나 어쩌면 이것은 완전히 교활한 위장술이었을지도 모르겠습니다. 아버지는 저에게 바르샤바에 가본 적이 있다고 몇 번 말했습니다. …… 저는 아버지가 자신의 죄에 책임을 질 수 있어야 한다고 생각합니다만, 제가 아버지가 야기한 불명예를 감수하는 것은 원치 않습니다. 저는 적군에 복무하기를 원합니다. 저는 동등한 권리를 지닌 소련 시민이기를 원합니다. 왜냐하면 제가 그런 권리를 가질 만하다고 느끼기 때문입니다. 저는 소비에트 학교에서 소비에트 정신으로 교육을 받았고, 그래서 제 관점은 아버지의 관점과 분명하게 완전히 다릅니다. 이질적 인간이라는 증서를 지니고 있다는 현실 탓에 저는 가슴이 찢어질 듯합니다.[142]

안나 크리프코는, 둘 다 하리코프의 공장 노동자였던 아버지와 삼촌이 체포된 1937년에 열여덟 살이었다. 안나는 '이질분자'로 지목받아 하리코프대학에서 쫓겨났고 콤소몰에서도 추방되었다. 안나는 어머니와 할머니, 어린 아기인 여동생을 부양하기 위해 일자리를 찾았다. 그녀는 돼지 농장에서 잠시 일했으나 아버지가 체포된 사실을 들켜 해고되었다. 안나는 다른 일자리를 찾을 수 없었다. 1938년 1월 안나는 소비에트 대의원인 정치국원 블라스 추바르*에게 편지를 썼다. 안나는 아버지를 부인하며 추바르에게 가족을 도와 달라고 간청했다. 안나는 아기인 여동생이 소련에서 성장해 제대로 된 삶을 살지 못한다면 아기를 죽이고 자신도 자살하겠다고 위협했다. 아버지를 부인하는 안나의 글은 극단적이었다. 안나는 자신이 충직한 스탈린주의자로서 구원받을 만하다는 것을 입증하는 데 필사적이었다. 그녀는 가족에게 재앙을 안긴 아버지를 정말 증오했을 수도 있다.

추바르(Vlas Chubar, 1891~1939) 우크라이나의 볼셰비키 혁명가이자 소련의 정치인. 우크라이나소비에트사회주의공화국 인민위원회의 의장(1923~1934), 소련 인민위원회의 부의장(1923~1925, 1934~1938), 소련 재무인민위원(1937~1938)을 역임했다. 1938년 6월에 체포되어 1939년 2월에 처형되었다.(역주)

저는 아버지와 삼촌이 무엇 때문에 기소되었는지, 어떤 형을 받았
는지 모릅니다. 저는 프롤레타리아 법정이 공정하다고 마음 깊이 믿
으며, 두 사람이 유죄 선고를 받았다면 그럴 만했다고 봅니다. 저는
아버지에게 딸로서 별다른 감정이 없으며, 조국과 저를 교육한 콤소
몰, 공산당에 소련 시민으로서 더욱 높은 수준의 의무감만을 느낄 뿐
입니다. 저는 진심으로 법정의 결정, 1억 7천만 프롤레타리아의 목소
리를 지지하며 그 판단이 기쁩니다. 아버지는 자발적으로 데니킨 군
대에 동원되었으며, 1919년에 석 달 동안 백군으로 복무했고, 이 때
문에 1929년에 2년 반의 (노동수용소) 구금형을 살았습니다. 이것이
아버지가 한 활동에 대해 제가 알고 있는 전부입니다. …… 만일 아
버지가 소련에 반대하는 견해를 품었음을 조금이라도 알아차렸더라
면─비록 제 아버지라도─저는 엔카베데에 그를 지체 없이 고발했을
것입니다. 추바르 동지! 저를 믿어주세요. 저는 그 사람을 아버지라고
부르는 것이 부끄럽습니다. 인민의 적은 제게 아버지일 수가 없습니
다. 저에게 모든 악당, 모든 적들을 예외 없이, 가차 없이 미워하라고
가르친 사람만이 아버지 역할을 할 수 있습니다. 저는 프롤레타리아
계급, 레닌의 콤소몰, 레닌과 스탈린의 당이 아버지 자리를 대신해줄
것이고, 저를 진정한 딸로 보살필 것이며, 인생 행로에서 저를 도와줄
것이라는 희망을 여전히 붙잡고 있습니다.[143]

일부 부모는 체포된 후 자식들의 앞길을 보호하기 위해 자신들을
부인하라고 부추겼다. 올가 아다모바-슬류즈베르크는 1937년에 카
잔 감옥에서 리자라는 여성을 만났다. 리자는 혁명 전에 상트페테르
부르크에서 성장했다. 리자의 어머니는 걸인이었고 그녀는 길거리에
서 어린 시절을 보냈다. 1917년 이후 리자는 공장에서 일했다. 그녀

는 공산당에 입당했고 공장 경영위원회의 볼셰비키 관리와 결혼했
다. 그들은 잘 살았고 큰딸 조야와 작은딸 랼랴를 모범 피오네르로
길러냈다. "때때로 우리는 공장에서 아이들의 아침 시간을 갖곤 했어
요."라고 리자는 올가에게 말했다.

우리 아이 조야가 실크 드레스를 입고 피오네르 스카프를 맨 차림
으로 일어서서 노래를 부르면 남편은 나에게 이렇게 말하곤 했지요.
"우리 조야가 세상에서 최고야. 조야는 크면 인민예술가가 될 거야."
나는 어린 시절 이 집에서 저 집으로 터벅터벅 돌아다니던 내 모습을
떠올리곤 했습니다. …… 나는 우리 소비에트 정부를 너무나 사랑한
나머지 정부를 위해 목숨을 내놓으라면 내놓을 정도였습니다.

리자의 남편은 지노비예프 지지자로 체포되었다.("그가 레닌을 배신
한 것을 알았더라면 내 손으로 목 졸라 죽였을 것입니다."라고 리자는 말했
다.) 그 뒤 리자도 체포되었다. 어느 날 리자는 조야에게서 편지를 받
았다. 딸의 편지는 죄수들이 편지를 쓰도록 정해진 날인 토요일에 리
자가 조야에게 편지를 쓰고 있을 때 뒤늦게 도착했다.

엄마, 나는 이제 열다섯 살이고 콤소몰에 가입할 계획이에요. 엄마
가 죄가 있는지 없는지 알아야 해요. 어떻게 엄마가 우리 소비에트 정
부를 배신할 수 있었는지 계속 생각 중이에요. 어쨌든 우리는 잘 지내
고 있었고, 엄마와 아빠는 두 분 다 노동자였지요. 나는 우리가 얼마
나 잘 살았는지 기억해요. 엄마는 우리에게 실크 드레스를 만들어주
고 사탕도 사다주시곤 했지요. 엄마는 정말 '그들'('인민의 적')한테 돈
을 받았나요? 엄마가 우리에게 무명 드레스를 입히는 편이 더 좋았을

거예요. 하지만 어쩌면 엄마는 사실 죄가 없을지도 모르죠. 엄마한테
죄가 없다면 나는 콤소몰에 가입하지 않을 것이고 엄마를 체포한 사
람들을 용서하지 않을 거예요. 하지만 엄마가 죄가 있다면, 나는 엄마
에게 더는 편지를 쓰지 않을 거예요. 왜냐하면 나는 우리 소비에트 정
부를 사랑하고 그 적을 증오하며, 엄마가 적이라면 엄마도 미워할 것
이기 때문이에요. 엄마, 진실을 말해주세요. 난 엄마가 죄가 없으면 좋
겠어요. 그러면 나는 콤소몰에 가입하지 않을 거예요.

불행한 엄마의 딸, 조야.

리자는 조야에게 보내는 편지의 규정된 분량 네 장 중 세 장을 이
미 써버린 상태였다. 리자는 잠시 생각한 다음 마지막 페이지에 대문
자로 또박또박 썼다.

조야, 네 말이 맞다. 엄마는 죄가 있단다. 콤소몰에 가입하렴. 이게
너에게 쓰는 마지막 편지란다. 너와 랼랴가 행복하길.

엄마.

리자는 편지를 올가에게 보여준 다음 테이블에 머리를 쾅 하고 박
았다. 눈물에 목이 멘 리자는 말했다. "딸이 나를 미워하는 게 나아
요. 콤소몰 없이 그애가 어떻게 살겠어요? 이질분자로 말이죠. 그애
는 소비에트 정부를 증오할 겁니다. 나를 미워하는 게 나아요." 그날
부터 리자는 "딸들 이야기는 한마디도 하지 않았고 딸들의 편지도
받지 못했다."고 올가는 회고한다.[144]
많은 아이들에게 가까운 친척의 체포는 온갖 의심을 불러일으켰
다. 아이들이 '소비에트 어린이'로서 믿고 있던 모든 원칙이 사랑하

는 사람들에 대해 알고 있던 사실과 갑자기 충돌했다.

베라 투르키나는 아버지 알렉산드르가 '트로츠키주의자'로 체포되었을 때 무엇을 믿어야 할지 몰랐다. 어머니와 할머니는 둘 다 아버지가 유죄라는 것을 받아들였다. 소련 언론에는 페름의 유명한 볼셰비키였던 아버지가 범죄 활동을 했다는 기사가 실렸다. 베라는 가는 곳마다 등 뒤에서 사람들이 '인민의 적'의 딸이라고 수군거리는 소리를 들었다. "아버지는 수치심의 원천이 되었다."고 베라는 회고한다.

사람들은 아버지가 체포되었다면 뭔가 죄를 저지른 게 틀림없다고 나에게 말했다. "아니 땐 굴뚝에 연기가 나겠느냐?"라고 모든 사람이 말했다. 어머니가 엔카베데 사무실에 아버지 소식을 물으러 갔을 때 그들이 말했다. "두고 봅시다. 그는 모든 걸 자백할 거요." 나도 아버지가 틀림없이 죄가 있다고 생각했다. 내가 달리 무엇을 믿겠는가?[145]

옐가 토르친스카야는 모범적인 소비에트 여학생이었다. 옐가는 스탈린을 사랑했고, 파블리크 모로조프를 존경했으며, '첩자'와 '적'에 대한 선전을 믿었다. 그녀는 1937년 10월 아버지가 체포되었을 때에도 여전히 그 믿음을 고수했다. 고참 볼셰비키인 옐가의 아버지는 점차 스탈린의 정책에 반대하게 되었으나 자신의 정치적 견해에 대해서는 딸에게 결코 말하지 않았다. 레닌그라드의 토르친스키 가정에서는 많은 가정과 마찬가지로 정치는 아이들 앞에서 논의할 만한 주제가 아니었다. 그래서 옐가는 학교에서 배운 것을 넘어 대규모 체포를 바라볼 통찰력이 없었다. 옐가는 아버지가 체포당한 이유를 학교에서 배운 방식으로밖에 이해할 수 없었고 아버지의 체포에 의문을 제기할 수도 없었다. 1938년에는 옐가의 친척 아저씨 두 명이 체포되었다. 그중 한 명은 1939년에 노동수용소에서 돌아왔는데, 옐가에게 엔카베데에게 받은 무시무시한 고문 이야기를 들려주었다. 그래도 옐가는 누군가 체포된다면 '그가 한 짓 때문임에 틀림없다'는 믿음을 떨치지 못했다. 1939년 열여섯 살이 되었을 때 옐가는 콤소몰 가입을 신청했다. 지원서에서 옐가는 아버지가 '인민의 적'이라고 선언하고 어머니와 이혼했다고 거짓 주장을 했다. 옐가의 선언은 아버지에 대한 평범한 부인이었다. 하지만 지금 옐가가 스스로 인정하듯이, 당시 그녀는 혼란스러웠고 어떤 것도 질문하기를 두려워했으며 아버지를 거부한 것은 무지했기 때문이었다. "우리는 모두 좀비였다. 그렇다, 좀비였다고 생각한다. 맙소사, 우리는 어린 여자아이일 뿐이었다. 우리는 콤소몰의 교육을 받았다. 우리는 거기서 들은 이야기를 모두 믿었다."[146)

침묵, 그리고 새로운 소식이나 정보를 얻기 힘든 상황은 가족의 불안을 가중시켰다. 체포된 사람에게서 아무 소식도 없고 결백을 증명할 증거도 전혀 없는 상태에서, 피체포자의 가족들은 의지할 만한 것, 즉 공식적인 유죄 혐의를 반박할 논리가 전혀 없었다.

니나 코스테리나는 노장 볼셰비키의 딸이었다. 니나는 모범적인 소비에트 어린이였는데, 숙청이 처음 가져다준 전율이 그녀의 정치 의식에 영향을 끼치기 시작한 1936년 말 콤소몰에 가입했다. 니나의 친척 아저씨가 체포되자 니나는 사건을 이해하려고 애썼다. 니나는 1937년 3월 25일자 일기에 다음과 같이 적었다.

뭔가 무섭고 이해할 수 없는 일이 일어났다. 사람들은 미샤 아저씨가 반혁명 조직에 연루되었다고 한다. 무슨 일이 벌어지고 있는 거

지? 혁명 바로 첫날부터 당원이었던 미샤 아저씨가 갑자기 인민의 적
이 되었다니!

니나네 집 주인이 체포되자 니나는 엔카베데가 가족을 체포하러
오면 어떻게 해야 할지 고민했다.

뭔가 이상한 일이 일어나고 있다. 나는 생각하고 생각한 끝에 이렇
게 결론을 내렸다. 우리 아버지도 트로츠키주의자이고 나라의 적이라
고 밝혀진다면, 나는 아버지를 불쌍하게 생각하지 않을 것이다! 이렇게
쓰면서도 의심의 벌레는 쉴 새 없이 나를 갉아먹고 있다(고 고백한다).

1937년 12월 니나의 아버지는 당에서 출당 처분을 받고 공직에서
해직되었다. 체포를 예상한 아버지는 딸에게 미리 당부하는 편지를
썼다. "너는 아버지가 절대 악당이 아니며 …… 결코 추잡하고 비열
한 짓으로 이름을 더럽히지 않았음을 믿어야 한다." 편지는 결정적
역할을 했다. 1938년 9월 마침내 아버지가 체포되었을 때 니나는 혼
란과 절망 속에서도 아버지가 결백하다는 믿음을 고수할 수 있었다.
니나는 일기에 다음과 같이 기록했다.

9월 7일
불길한 어둠이 내 인생 전체에 드리웠다. 아버지의 체포는 그와 같
은 재앙이다. …… 지금까지 나는 항상 머리를 꼿꼿이 자랑스럽게 들
었으나, 이제는 …… 이제는 아흐메테프(반 친구)가 나에게 이렇게 말
할 수 있다. "우린 불행의 동지야!" 내가 얼마나 그애와 트로츠키주의
자인 그애 아버지를 경멸했는지 그저 생각할 뿐이다. 악몽 같은 생각

이 밤낮으로 나를 짓누른다. 아버지도 적일까? 아냐, 그럴 리가 없어, 나는 믿지 않아! 그건 모두 끔찍한 실수야!

니나의 아버지는 특별 3인 법정(트로이카)의 '재판'을 기다리면서 감옥에서 2년을 보냈고, 3인 법정은 '사회적 위험분자'로서 그에게 노동수용소 5년형을 선고했다. 1940년 11월 니나의 아버지는 처음으로 집에 편지를 썼다. 니나는 편지의 아름다움에 감동했다. 니나는 편지에서 수용소의 역경에 굴하지 않는 아버지의 영혼, 아버지의 '힘과 생생함'을 느꼈다. 그러나 어머니는 괴로워하면서 물었을 뿐이었다. "네 아버지가 죄가 있는 거니, 없는 거니? 결백하다면 왜 항소하지 않는 거야?" 아버지가 보낸 다음 편지가 그 질문에 실질적으로 답변을 주었다. "내 건에 대해 더 왈가왈부할 게 없다."고 아버지는 썼다. "사건은 애초에 없으며 단지 코끼리 모양 비누 거품만이 있을 뿐이야. 나는 아닌 것, 아니었던 것, 그럴 리가 없었던 것에 반박할 수가 없구나."[147]

아버지의 부재, 또 남편의 부재는 가족에게 엄청난 긴장을 몰고 왔다. 아내들은 체포된 남편을 부인했다. 반드시 배우자가 '인민의 적'이라고 생각했기 때문만은 아니었다. 실제로 그렇게 생각했을 수도 있지만, 남편을 부인하면 살아남기가 더 수월하고 가족을 보호할 수 있어서 그렇게 하기도 했다(이런 이유로 많은 남편들이 아내에게 자기를 부인하라고 충고했다). 국가는 공개적으로 '적'의 아내들에게 남편을 부인하라고 압력을 가했다. 남편을 부인하지 못하면 심각한 상황이 벌어질 수도 있었다. 일부 여성은 '적의 아내'로 체포되어 아이와 함께 또는 아이 없이 수용소로 보내졌다. 다른 일부는 집에서 쫓겨나고 직장에서 잘리고 배급이 끊기고 시민권을 박탈당했다. 경제적 압박도 심했다. 봉급이 삭감되고 저축에 동결 조치가 내려졌으며 집세가 올랐다. 여성들이 남편을 부인하도록 부추기기 위해 일반적인 경우 500루블이나 드는 이혼 비용을 죄수와 이혼할 경우에는 고작 3루블(구내식당 한 끼 식사 값)로 내리는 조치가 취해졌다.[148]

여성이 이러한 압력을 물리치고 남편 곁을 지키려면 비상한 의지와 적지 않은 용기가 필요했다. 이리나 두다레바와 바실리 두다레프는 1937년 바실리가 체포되었을 때 거의 15년 동안 결혼 생활을 이어 오고 있었다. 두 사람은 교사 양성 훈련을 받던 1920년대 초 스몰렌스크에서 만났다. 바실리는 내전에서 돌아온 볼셰비키로서 오룔에서 고위 당원이 되었다. 1933년 그는 돈 강 하구 로스토프 근처의 도시 아조프로 파견되어 당 지도자가 되었다. 이리나는 양말 공장에서 일했다. 이리나는 정치에 관심이 없었으나 남편을 사랑하는 마음에 입당하여 '당원 부인'이 되었다. 남편이 체포되자 이리나는 그를 찾아 나섰다. 이리나는 감옥뿐만 아니라 로스토프와 바타이스크의 기차역들도 살펴보았다. 기차역에서는 일요일 저녁마다 죄수들을 실은 열차가 노동수용소로 떠날 채비를 하고 있었다.

남편을 찾아 먼 길을 가는 데 필요한 물건들을 챙겨주려는 소망을 품고 열차 옆 철로를 따라 걸었다. 호송 열차들을 여러 대 보았다. 얼음으로 뒤덮인 화차들은 문을 열지 못하게 못질을 해놓았다. 심지어 꼭대기에 붙은 창문들도 작은 틈만 남겨 두고는 금속 조각으로 막혀 있었다. 화차에서 웅웅거리는 낮은 목소리를 들을 수 있었다. 나는 열차 옆을 지나치면서 외치곤 했다. "두다레프, 거기 있어요?" 웅웅거리는 소리가 잦아들었고, 때로는 "아뇨."라는 대답이 들리기도 했다. 그러던 어느 날 한 목소리가 대답했다. "두다레프요? 있어요." 열차 경비병의 목소리였다. 나는 준비한 깨끗한 옷가지를 꺼내 작은 가방에 담아 경비병에게 전해주었다. 경비병은 나에게 '사무적인 문제에 관한' 메모를 쓰게 해주었다. 나는 내가 그를 찾고 있고 그를 생각하고 있다는 것을 바실리가 알게 되리라는 게 정말 기뻤다. 바실리가 내 소식을 듣지 못하고 내가 자기를 부인했다고 생각할까 봐 줄곧 너무 두려웠던 것이다. …… 나는 메모에 경비병에게 전달한 물건 목록을 쓰고 서명했다. "모두 잘 있어요. 키스를 보냅니다." 몇 분 뒤 경비병은 메모와 함께 가방을 돌려주었다. 뒷면에는 바실리가 손으로 쓴 글씨가 있었다. "전부 잘 받았음. 고마워요."

이리나는 남편의 결백을 결코 의심하지 않았다. 이리나는 엔카베데에 여러 번 불려가 눈앞에 남편의 범죄 활동 '증거'를 제시받고 남편을 고발하지 않으면 체포될 것이라고 위협받았지만, 매번 거부했다. 이리나는 공장의 당 회의에서 남편의 반국가 범죄를 고발하라고 요청받은 일을 회고한다. 비슷한 상황에서 대부분의 부인들은 남편의 범죄를 까맣게 몰랐다고 주장했으나, 이리나는 남편이 죄를 짓지 않았다고 용감하게 부인했다.

나는 테이블 끝에 혼자 앉았고, 다른 사람들은 모두 다른 쪽 끝에 위원회 지도자들과 가까이 붙어 앉아 있었다. 아무도 나에게 말을 걸지 않았다. 당 서기들 중 한 명이 두다레프가 인민의 적으로 체포되었고 이제 나의 처분을 결정해야 한다고 사람들에게 알렸다. 당원들이 차례로 발언했다. 그들은 구호 외에는 별로 할 말이 없었다. 나에 대해서는 내가 당을 기만했다는 것 외에는 아무 말도 하지 않았다. 그들은 내게 남편의 범죄 사실을 인정하라고, 그리고 왜 은폐했는지 설명하라고 요구했다. 어느 누구도 나를 쳐다보지 않았다. 침착하려 애쓰면서 나는 단어 하나하나를 몹시 신중하게 선택해 간략하게 대답했다. 나는 남편과 15년 동안 함께 살았으며, 그가 훌륭한 공산주의자라는 것을 알았고, 그의 영향으로 입당했으며, 그가 나쁜 일에 연루되었다는 것을 한순간도 믿은 적이 없다고 말했다. 여기저기서 사람들이 웅성거리기 시작했다. 누군가 외쳤다. "하지만 그는 체포되었잖아요!" 마치 체포가 유죄 증거라도 되는 것처럼 말이다. 사람들은 차례로 두다레프의 범죄를 고발하는 것이 내가 당을 위해 해야 하는 의무라고 설득하려 했다. 그러나 아무도 감히 두다레프를 비난하지는 못했다. …… 사람들은 계속 두다레프를 인민의 적으로 고발하라고 요청했다. 그때마다 나는 거부했다.

이리나는 당에서 쫓겨났다. 공장 경영위원회 직책도 잃었고 회계부서의 보수가 낮은 보직으로 좌천되었다. 며칠 후 시 소비에트는 부부가 몇 년 동안 점유한 '잉여 주거 면적'을 사용한 대가로 돈을 내야 한다면서, 아파트에 높은 체납세를 부과했다. 1938년 7월 이리나는 "남편의 적성(敵性) 활동을 고발하지 못한 혐의로" 체포되었다. 이리나는 12월에 풀려났고 스몰렌스크로 돌아갔다.[149] 두다레프는 1937년에 총살당했다.*

율리야 퍄트니츠카야는 남편 오시프가 체포된 후 남편에 관해 무엇을 믿어야 할지 몰랐다. 율리야는 남편의 가장 좋은 점을 기억하고 싶었으나 남편이 남기고 간 절망적이고 끔찍한 상황은 (아들들처럼)

---

* 이리나는 남편의 죽음을 전혀 알지 못했다. 이리나는 1974년에 죽을 때까지 소련 당국에 수백 통의 편지를 쓰면서 남편을 계속 찾았다. 1956년 이후 이리나는 재입당을 요청받았으나 거절했다.

그에게 원망을 품지 않을 수 없게 만들었다. 열여섯 살의 이고리는 아버지가 체포된 뒤 콤소몰에서 친구들에게 따돌림을 당하면서 아버지 때문에 버림받았다고 느꼈다. 열두 살의 블라디미르는 적군에 들어가 성공하고 싶은 꿈을 망쳤다고 아버지를 비난했다. "보바(블라디미르)는 아버지를 몹시 미워하고 이고리를 가엾어한다."고 율리야는 일기에 적었다. 옛 친구들에게 괴롭힘을 당하고 학교에서 자주 갈등을 겪던 블라디미르는 피오네르단에서 일어난 사건으로 기가 꺾였다. 지도자는 블라디미르에게 아버지에 대해 물었고, 블라디미르가 대답하지 않으려 하자 모든 사람이 들을 수 있도록 선언했다. "네 아버지는 인민의 적이다. 아버지에게 어떤 입장을 취할지 결정하는 것이 지금 네가 할 일이다."

율리야와 블라디미르는 끊임없이 싸웠다. 블라디미르는 어머니에게 가택수색에서 엔카베데가 몰수한 장난감 총과 군사 서적 몇 권을 돌려 달라고 예조프에게 부탁하는 편지를 써 달라고 했다가, 안 된다는 말을 듣고 잔뜩 화가 나서는 말했다. "아빠를 총살하지 않은 게 유감이야. 아빤 인민의 적이잖아." 또 한번은 블라디미르가 형편없는 성적을 받아왔는데, 율리야는 냉정을 잃고 욕을 했다. 율리야는 일기장에도 적었듯이, "너의 나쁜 행실을 보니 넌 역시 인민의 적의 아들이구나."라고 말했다. 울음을 터뜨리면서 블라디미르가 대꾸했다. "내가 적의 아들로 태어난 것이 내 잘못이야? 나는 이제 엄마가 필요없어. 난 고아원으로 갈 거야." 율리야는 빵 껍질만 들려 침대로 쫓아버리겠다고 아들을 위협했다. 블라디미르는 "엄마 목을 잘라버릴 거야."라고 말했다. 율리야는 아들의 뺨을 두 차례 때렸다.[150]

율리야는 궁지에 몰렸다. 아파트에서 쫓겨나고 적당한 일자리를 찾고자 애쓰면서, 남편을 향한 의심이 점점 더 강렬하게 고개를 들었

다. "내 머릿속에는 단 한 가지 생각밖에 없다. 퍄트니츠키는 누구인
가?"

　　1937년 7월 20일
　　…… 어제 저녁에 남편에 대해 생각하다 비통함으로 가득 찼다. 어
떻게 그가 우리를 이렇게 추잡한 혼란 속으로 밀어넣을 수 있었단 말
인가? 그런 사람들과 함께 일하고 그들의 방식을 알면서도, 그들이
우리를 고통과 굶주림에 빠뜨리리라는 것을 어떻게 예상하지 못했단
말인가? …… 남편에게 사무치는 원한을 품게 되는 것도 무리가 아니
다. 그는 아이들을 파멸시켰다. 그는 애초에 많지도 않았던 우리 돈을
모조리 없앴다. 그러나 우리의 모든 것을 훔쳐간 사람들은 정확히 누
구인가? 당국은 이제 단지 자의적 숙청을 자행할 뿐이고, 모든 사람
들이 겁에 질려 있다. 나는 미쳐 가고 있다. 나는 무엇을 생각하고 있
는가? 나는 무엇을 생각하고 있는가?[151]

　　6개월 동안 율리야는 일기에서 이렇게 스스로 질문하면서 남편이
정말 누구인지 알려고 애썼다. 1938년 2월 7일 남편이 간첩 행위와
반혁명 활동 혐의로 기소되었다는 통보를 받은 율리야는 일기에 다
음과 같이 썼다.

　　그는 누구인가? 내가 17년 동안 알던 사람인 그가 스스로 주장하
듯이, 만일 직업 혁명가라면, 그는 불행했다. 그는 자신과 다른 많은
사람들의 일을 방해한 첩자와 적들에게 둘러싸여 있었고, 단지 그들
의 존재를 보지 못했을 뿐이었다. …… 하지만 명백히 남편은 직업 혁
명가가 아니라 직업 악당이자 첩자였고, 이 사실은 왜 그가 그렇게 폐

쇄적이고 엄격한 남자였는지를 설명해준다. 명백히 그는 우리가 생각했던 그런 남자가 아니었다. …… 그리고 우리 모두는, 아내인 나와 아이들은 그에게 진정 아무 의미도 없는 존재였다.[152]

큰아들 이고리가 1938년 2월 9일에 체포되었다. 군인 두 명이 교실로 들이닥쳤고, 이고리는 부티르카 형무소에 수감되었다. 아들 걱정에 애가 탄 율리야는 완전히 절망에 빠졌다. 블라디미르에 따르면 어머니는 신경쇠약에 걸렸고 하루 종일 침대에 누워 종종 자살을 생각했다.[153] 율리야는 아들들을 위해 살겠다는 말을 일기에 주문처럼 되풀이해 쓰며 그 일념 하나로 겨우 목숨을 지탱했다. "죽는 게 제일 나을 것 같다."고 율리야는 3월 9일에 썼다. "그러나 내가 죽으면 보프카와 이고리는 아는 사람 하나 없이 세상에 남겨질 것이다. 나는 그애들에게 남은 전부다. 그러므로 계속 살기 위해 싸워야 한다." 하지만 낙담한 나머지 모든 인간관계, 심지어 아들들과의 관계도 끊어버리는 것이 유일한 구원의 길이라고 생각한 순간도 있었다.

1938년 2월 17일

지난밤 나는 해결책을 발견했다. 죽음은 아니다. 나의 약한 의지와 깊은 절망을 감안하면 죽음이야말로 가장 손쉽고 매력적인 해결책이긴 하지만 …… 이런 생각이 들었다. 아이들이 꼭 있어야 하는 것은 아니다. 보프카를 국가에 줘버리고 일을 위해서만 살자. 쉬지 않고 일하고 독서에만 시간을 들이고 자연 가까이에서 살고 …… 인간에게 어떤 감정도 품지 말자. 아주 좋은 해결책 같았다. 일에만 전념하고, 가까운 사람들과 맺은 관계도 모두 끊어서 그들이 끌고 갈 사람이 아예 없게 말이다. 나는 왜 보프카를 데리고 있나? 내가 있어서 그애한테 뭐가 좋은가? 정상적인 인간의 삶을 누리기에는, 보프카를 위해 살기에는 너무나 큰 산이 나를 짓누르고 있다. 보프카는 그냥 살고 싶을 뿐이다. 그애는 친구를 사귀고, 따뜻한 햇살과 아늑한 집, 의미 있는 삶을 꿈꿀 뿐이지만, 나는, 나는 반혁명분자의 아내다.[154]

율리야는 남편과 아들이 체포된 이유를 이해하려고 애썼다. 블라디미르와는 달리 율리야는 남편을 '인민의 적'으로 증오할 마음이 생기지 않았다. 그녀는 일기에 적었다. "아버지를 왜 미워하지 못하느냐며 보프카는 나를 괴롭힌다. 처음에 나는 나 역시 남편을 증오하게 될 것이라고 확신했지만, 내 마음에는 결국 너무나 많은 의심이 생긴다." 율리야는 아버지가 "결백할 수도 있으며, 사람들이 실수했거나 아버지가 적들에게 기만당한 것 같다."고 블라디미르를 설득하려 했다.[155] 율리야는 '인민의 적'이 존재한다고 믿었다. 그녀는 종종 일기에 '의심스러운' 사람들을 언급하곤 했고 소련 법정의 정의를 한 치도 의심하지 않았다. 부하린 재판 때 율리야는 '악인'들이 총살형을 선고받은 것은 지당한 일이라고 확신했다. 율리야는 정치적으로 순진했고 자신을 집어삼킨 현실을 이해하는 데 오랜 시간이 걸렸다. 율리야는 가족을 파괴한 재앙을 부하린 탓으로 돌렸다. 1938년 3월 부하린과 공동 피고들이 처형된 것을 언급하면서 율리야는 "그들이 흘린 사악한 피는 당이 겪은 고통에 대해 치러야 할 대가치곤 너무 적다."고 생각했다.

오늘 그들은 지상에서 없어지겠지만, 그렇다고 내 마음속 증오가 그리 줄어들 것 같지는 않다. 나라면 그들에게 처참한 죽음을 선사하겠다. 반혁명분자 박물관에 특별 우리를 짓고 그들을 가두어 사람들이 가서 멀거니 구경하게 하겠다. …… 그것은 그들에게 참을 수 없는 일일 것이다. 시민들이 그들을 짐승처럼 구경거리로 삼을 것이다. 그들을 향한 우리의 증오는 결코 누그러들지 않을 것이다. 그들에게 우리가 더 나은 삶을 건설하기 위해 계속 일하는 모습을, 우리 모두가 단결하는 모습을, 우리가 우리 지도자들, 반역자가 아닌 지도자들을 사랑하는 모습을 보여주자. 그들이 사람이라고 불릴 가치가 없기 때문에 동물처럼 먹고 사는 것 외에는 아무 일도 하지 않는 동안, 우리가 파시즘에 맞서 투쟁하는 모습을 그들에게 보여주자.

"오직 정직한 사람들만이 생활하고 일하도록 허용받을" 미래의 "더 나은 삶"을 상상하면서 율리야는 자신의 가족에게도 서광이 비치리라는 희망을 품었다.

이고리는 돌아올 것이고, 남편도 돌아올 것이다. 물론 남편이 정직하다면, 너무나 많은 적들이 저지른 범죄에 대해 결백하다면, 또는 이 모든 비열한 놈들을 간파하지 못한 데 대해 결백하다면 말이다. 악의가 없었고 정직했다면, 물론 그는 돌아올 것이다. 난 절실히 알고 싶다! 여보, 당신은 죄가 있나요? 당신은 당 노선에 동의하지 않았나요? 우리 지도자들 중 어느 누구에게라도 반대했나요? 내가 진실을 안다면, 살아가기가 훨씬 더 수월하련만. 이고리가 걱정될 때마다 나는 F의 말을 곰곰이 생각한다. "잘 만들어진 것은 무엇이든 불길을 견딜 것이다. 그리고 불길을 견디지 못하는 것, 우리는 그것이 필요 없다."[156)

율리야는 불길을 믿어보기로 했다. 남편이 결백하다면 시련을 견더넬 것이다.

퍄트니츠키는 아들이 갇혀 있던 부티르카 형무소에 수감되었다.
작가 레프 라즈곤(Lev Razgon, 1908~1999)은 1938년 4월 초에 비좁은
감방(원래 25명이 쓰는 방에 67명이 수감되었다)에서 퍄트니츠키와 마
주쳤다. 라즈곤은 얼굴에 전투의 흔적이 있는 "호리호리하고 허리가
굽은 노인(퍄트니츠키는 당시 56세였다)"을 보았다.

(퍄트니츠키는) 내가 그의 얼굴을 쳐다보자 이 상처들은 심문관 허
리띠의 금속 버클이 남긴 흔적이라고 설명했다. 나는 1937년 초 몇 달
동안 퍄트니츠키를 본 적이 있었다. …… 내 앞에 서 있는 남자는 내
가 전에 봤던 사람이라고 할 수 없을 만큼 변해 있었다. 오직 두 눈만
이, 이제는 훨씬 슬픈 빛을 띠고 있긴 했지만, 똑같이 반짝이며 살아
있었다. 그의 눈동자에는 엄청난 정신적 고통이 드러났다.

퍄트니츠키는 라즈곤에게 어쩌다 유죄가 되었는지 물었고, 그런
다음 라즈곤이 퍄트니츠키에게 같은 질문을 했다.

그는 말이 없었다. 침묵 끝에 자신의 운명에 아무런 환상도 품고
있지 않으며, 자신의 사건은 종결을 향해 가고 있고, 자신은 준비가
되어 있다고 말했다. 그는 쉬지 않고 심문받은 이야기, 심문관이 정확
히 원하는 것을 털어내고 때려죽이겠다고 위협하면서 어떻게 자신을
고문했는지를 말했다. 심문관들이 다시 그를 찾아왔을 때, 그는 이야
기를 끝내지 못한 상태였다.[157]

4월 10일 퍄트니츠키는 레포르토보 감옥*으로 이송되었고, 4월 12

일부터 7월 말 재판이 시작될 때까지 밤마다 조직적 고문과 심문을 받았다. 물리적 강압 수단을 사용하지 않았다고 주장한 주 심문관에 따르면, 퍄트니츠키는 "조용하고 절제력 있게" 처신했으나, "한번은 흥분 상태가 되어 물을 한 잔 마시게 해 달라고 요청했는데, 유리 물병이 있는 쪽으로 다가가서는 물병으로 자기 머리를 쳤다."[158] 퍄트니츠키는 7월 27일 다른 죄수들 137명과 함께 '최고소비에트 군사법정'에서 재판을 받았다. 그는 코민테른 내 트로츠키주의자이자 우파의 파시스트 첩자 도당 지도자라는 혐의로 기소되었다. 예조프는 유죄를 선고받은 사람들 명단을 스탈린에게 보냈다. 지금 크렘린의 '대통령 문서고'에 보존되어 있는 이 명부의 상단에는 손으로 쓴 간략한 지시가 있다. "138명 전부 총살할 것. I. St(스탈린). V. 몰로토프."[159]

율리야는 이런 사정을 전혀 몰랐다. 심지어 율리야는 아들 이고리에게 전달할 꾸러미를 들고 부티르카 형무소 문 앞에 줄을 섰을 때도 남편이 그곳에 있다는 것을 알지 못했다. 남편의 소식을 듣지 못하는 날이 길어질수록 남편이 결백하다는 희망을 지키기가 점점 어려워졌다. 사람들은 한결같이 남편을 잊고 자신과 두 아들만 생각하라고 말했다. 4월 12일, 퍄트니츠키의 고문이 레포르토보 감옥에서 재개되던 날 밤에 율리야는 악몽을 꾸었다. 고양이에게 괴롭힘을 당하는 꿈이었다. 율리야는 꿈에 무언가 의미가 있다고 생각했고 아들 이고리가 부티르카에서 고문받고 있다는 뜻이 아닌가 생각했다(율리야는 형무소 앞에 줄 선 여자들에게서 고문에 대한 이야기를 들었다). 이고리의 고통을 생각하면서 율리야는 남편을 달리 바라보게 되었다. 일기에도 그런 변화가 드러나 있다.

레포르토보 감옥 1881년에 지어진 모스크바 소재의 감옥. 대숙청 시기에 엔카데베의 심문 장소로 쓰였다.(역주)

내 삶은 끝없이 밑으로 향하는 나선이 되었다. 나는 속삭이면서 나 자신과 대화하고, 퍄트니차(퍄트니츠키)와 이고리, 특히 불쌍한 내 아이가 놓인 처지에 완전한 절망을 느낀다. 그애는 비참하고 어둡고 더러운 감옥에서, 낯선 사람들과 함께 열일곱 살의 봄을 보내고 있다. 중요한 것은 그애가 결백하다는 사실이다. 남편은 자신의 삶을 살았다. 그는 자신을 둘러싼 적들을 눈치채지 못했거나 아니면 타락했다. 이는 그리 놀라운 일이 아니다. 그는 정치에 전념했기 때문이다. 하지만 이고리는…….[160]

율리야는 남편을 위해 뭔가를 하기에는 너무 늦었다는 것을 알고는, 아직 앞날이 창창한 이고리를 돕기 위해 필요한 일은 무엇이든 하겠다는 결심을 더욱 굳혔다. 율리야는 남편이 유죄일 가능성을 받아들였다. 그러나 열여섯 살 아들이 범죄에 연루되었을 가능성을 받아들일 마음의 준비는 되어 있지 않았다. 율리야는 아들을 구하는 데 도움이 될지 모른다는 생각에 남편을 부인하기로 결심했다.

율리야는 모스크바의 검찰 사무실을 찾아갔다. 퍄트니츠키가 심각한 반국가 범죄를 저질렀다는 통보에 율리야는 대답했다. "그게 사실이라면 이제 그는 나에게 아무것도 아닙니다." 검사는 율리야에게 새 삶을 시작할 것을 권했다. 율리야는 엔카베데를 위해 일하고 싶다고 말했고, 검사는 그녀를 공식적으로 지원하겠다고 격려하면서 지지를 약속했다. 율리야는 검사가 인정 있는 사람이라고 생각했다.

나는 그의 손을 잡고 따뜻하게 악수를 했다. 어쩌면 이 행동은 넘치는 감정, 내가 결코 제어할 수 없었던 무언가를 드러내는 것이었을지도 모른다. 그러나 나는 힘들지만 꼭 필요한 임무를 맡고 있는 이 사람에게 친근감을 느꼈고, 동지로서 존경심을 표현하고 싶었으며, 우리 당에서 비열한 놈들을 뿌리 뽑고 있는 그와 같은 동지들에게 도덕적 지지를 보여주고 싶었다. 다시 한 번 나는 강조한다. 나 자신이 고통을 느끼더라도, 결백한 사람들이 희생될 가능성이 있다 하더라도 (그중 한 사람이 우리 이고리는 아니길!) 나는 원칙에 충실해야 하며 절제하고 인내해야 한다. 그리고 나는 적극적으로 기여할 수 있는 방법을 찾아야, 기필코 찾아야 한다. 그러지 않으면 사람들 사이에 내가 있을 자리는 없을 것이다.

남편을 포기하자 율리야는 남편의 가장 나쁜 점을 생각할 자세가 되었다. 율리야는 4월 16일 일기에 다음과 같이 썼다.

오, 나는 도대체 이해할 수가 없다. 하지만 그것이 사실이라면, 나는 그를 너무나 경멸하며 도저히 이해할 수 없는 그의 비열하고 비겁한 영혼을 너무나 증오한다! …… 오, 그는 얼마나 연기를 잘했는지! 지금 나는 그가 왜 저 모든 첩자와 선동자, 관료들의 '따뜻한 동료 관계'로 자신을 둘러쌌는지를 이해한다. 그러나 확실히 그는 진정한 친구가 없었다. 그는 나에게 절대 마음을 열지 않은, 본질적으로 음침한 사람이었다 …… 그는 당을 전혀 사랑하지 않았던 것일까? 당의 이해를 전혀 염두에 두지 않았던 것일까? 우리, 나와 아이들에 대한 감정은 어땠을까? 그는 무엇을 생각하고 있었는가?[161]

3주 후 이고리는 3인 법정으로 끌려나와 반혁명 학생 그룹을 조직한 혐의로 기소되었다. 이 혐의는 말도 안 되는 것이라 법정조차 기각할 정도였다. 비록 법정은 이고리에게 반소비에트 선동이라는 좀 더 가볍고 훨씬 더 모호한 혐의로 노동수용소 5년형을 선고했지만 말이다.* 율리야는 5월 27일에 아들이 유죄 판결을 받았다는 소식을 들었다. 그녀는 이성을 잃었고 검사에게 자기도 체포하라고 요구했다. "그애가 유죄면, 나도 유죄예요." 그날 밤 사건을 곰곰 생각하면서 율리야는 숙청을 이해하는 쪽으로 더듬더듬 나아갔다.

혹시 남편이 정말로 나쁜 사람이라면 우리는 모두 그 때문에 죽어야 한다. 그러나 퍄트니츠키가 정말로 누구인지, 이고리가 어떤 범죄를 저질렀는지를 모르는 채 죽을 수는 없다. 이고리는 아무런 나쁜 짓도 하지 않았을 수도 있다. 그러면 그애는 왜 체포되었는가? 이고리가 적의 아들이기 때문에 범죄자가 될지도 모르는 사람이라서? …… 어쩌면 체포는 국가가 신뢰하지 않지만 노동력을 이용할 수 있는 인구의 일부를 강제로 동원하는 방법일 수도 있다. 정말 그런 것일지는 알 수 없지만 그럴듯한 얘기다. 물론 그게 실상이라면, 이고리를 비롯한 그와 같은 다른 모든 사람들은 절대 돌아오지 못할 것이다. 그들은 국가의 이익을 위해 봉사하지만 죽어서 세상을 떠날 것이다. 여하튼 뒤에 남아서 아무것도 모른 채 기다려야 하는 것은 끔찍한 일이다.[162]

율리야 자신은 1938년 10월 27일 체포되었다. 서른아홉 살 때였다. 그녀의 일기는 체포될 때 압수되어 남편과 함께 반정부 음모를 꾸몄다는 혐의로 유죄 판결을 내리는 증거로 이용되었다. 율리야

---

* 1941년 이고리는 이번에는 '인민의 적'의 자녀가 연루된 '반혁명 음모'를 조직한 혐의로 다시 기소되었으며, 추가로 5년형을 선고받았다. 그는 1948년에 레닌그라드로 돌아왔으나 곧 '반혁명 선동' 혐의로 다시 체포되었고 5년간의 노릴스크 노동수용소형에 처해졌다(실제로는 8년을 복역했다).

는 무르만스크 극북 지역의 칸달락샤 노동수용소로 보내졌다. 블라디미르는 바로 직전에 수술을 받고 회복 중이라 몸이 너무 좋지 않아 침대에서 바로 연행되었지만, 어머니와 동행했다. 칸달락샤에서 블라디미르는 바라크에 감금되어 하루에 두 번 엔카베데에게 급식을 배급받았고, 율리야는 수용소 인근 니바 강의 수력 발전소인 니바-GES(Niva-GES) 건설 현장에서 일했다. 얼마 지나지 않아 블라디미르는 탈출하여 모스크바로 되돌아갔다. 모스크바에서 그는 스탈린의 개인 비서실에서 근무하는 아버지를 둔 예브게니 로기노프의 집을 비롯해 여러 학교 친구들 집에서 지냈다. 이전에 로기노프 가족은 퍄트니츠키 가족에게 등을 돌렸으나, 웬일인지 이때는 마음을 바꾸었다. 아마도 상식적 예의를 지켜야겠다고 생각한 것이 아니었나 싶다. 블라디미르는 로기노프 집에 3개월을 머물렀다. 그러던 어느 날 밤 그는 로기노프 가족들 사이의 대화를 엿들었다. 예브게니의 아버지는 퍄트니츠키의 아들을 집에 들인 바람에 곤경에 빠져 있었다. 그들에게 더는 폐를 끼치지 않으려고 블라디미르는 모스크바 소비에트에 자진 출두했다. 그가 자수한 관리는 1917년 10월부터 퍄트니츠키의 오랜 동지였던 사람이었다. 그는 블라디미르에게 샌드위치를 주문해준 다음 경찰을 불렀다. 블라디미르는 '인민의 적' 자녀들이 소련 전역의 고아원으로 보내지기 전에 잠시 머무는 옛 다닐로프 수도원의 엔카베데 구치소로 끌려갔다.[163)]

1939년 3월 율리야는 니바-GES의 동료 세 명에게 고발당했다. 그들은 그녀가 남편의 체포는 부당하고 남편에게는 죄가 없으며 또 스탈린이 프롤레타리아 계급의 지도자로서 자격이 없다고 말했다고 주장했다. 반소비에트 선동죄로 유죄 판결을 받은 율리야는 카자흐스탄 카라간다 노동수용소에 5년 동안 구금당하는 형에 처해졌다. 마침 이고리는 이 수용소 산업부에 복역하는 죄수였다. 율리야는 어찌어찌 아들과 만나는 자리를 마련했다. "우리는 기막히고 매우 슬픈 날을 함께 보냈고, 그런 다음 어머니는 (수용소의 여성부로) 되돌아갔다."고 이고리는 회고한다. 육체적으로 허약해지고 정신적으로 불안했던 율리야는 수용소 생활의 고역을 견딜 수 있는 상태가 아니었다. 그녀는 여전히 아름다웠고 수용소 사령관의 눈길을 끌었다(이 사실로 왜 율리야가 이고리를 방문하는 것이 허용되었는지를 설명할 수 있을 것이다). 그러나 율리야는 사령관의 성적 요구를 거절했고, 사령관은 율리야를 댐을 건설하는 육체노동 현장으로 보내버렸다. 율리야는 매일 열여섯 시간 동안 허리까지 차오르는 얼음장 같은 물속에 서서 땅을 팠다. 그녀는 병이 났고 1940년 겨울 어느 날 사망했다.

이고리는 노동수용소에서 석방된 후인 1958년에 가족의 오랜 지인인 지나라는 여성을 만났다. 지나는 그녀 자신도 죄수로 있었던 카라간다 수용소에서 이고리의 어머니를 본 적이 있었다. 지나는 이고리에게 율리야가 수용소 병원에서 죽었고 공동묘지에 묻혔다고 말해주었다. 1986년에 이제 80세가 된 지나가 다시 한 번 이고리를 방문했다. 지나는 전에 이고리를 방문했을 때 어머니의 죽음에 대해 거짓말을 했다고 말했다. 율리야가 죽기 전에 자신의 끔찍한 죽음을 이고리에게 자세하게 알리지 말라고 부탁했기 때문이었다(그리고 지나는, 이제 그녀 스스로 인정하듯이, 진실을 말하는 것이 두려웠다). 그러나 최근 지나는 꿈에서 율리야를 만났고—꿈속에서 율리야는 아들에 대해 물었다.—그녀는 이 꿈을 이고리에게 어머니의 최후를 말해야 한다는 신호로 여겼다. 율리야는 병원에서 죽지 않았다. 1940년 12월에 지나는 카라간다 수용소로 율리야를 찾으러 갔다. 아무도 율리야가 어디에 있는지 말하고 싶어 하지 않았는데, 그때 한 여자가 초원의 양 우리를 가리키면서 저기 있을 것이라고 말했다. 지나는 우리 안으로 들어갔다. 율리야가 양 떼 틈에서 얼음장 같은 땅에 누워 있었다.

율리야는 죽어 가고 있었습니다. 온몸이 열로 부풀어 올랐어요. 불덩어리같이 뜨거운 몸이 덜덜 떨리고 있었어요. 양들이 율리야 주위를 지키고 섰지만 언덕을 휘감은 바람과 눈이 그대로 들이쳤어요. 내가 그녀 곁에 몸을 구부리자 그녀는 일어나려 했지만 그럴 힘이 없었어요. 나는 그녀의 손을 잡고 입김으로 따뜻하게 하려 했어요.

“당신 누구예요?”라고 율리야가 물었어요. 나는 이름을 말했고 단지 당신(이고리)이 보낸 사람일 뿐이며, 당신이 나에게 그녀를 찾아 달라고 요청했다고 말했습니다……

율리야는 너무나 흥분했어요. “이고리, 내 새끼.”라고 얼어붙은 입술을 움직여 속삭였어요. “내 어린 새끼. 그애를 도와주세요. 제발 부탁이에요. 그애가 살아남을 수 있도록 도와주세요.” 나는 그녀를 진정시켰고 당신을 돌보겠다고 약속했습니다. 마치 그렇게 하는 것이 내 의무이기라도 한 것처럼 말이에요. “약속해주세요.”라고 율리야는 속삭였어요. “그애에게 엄마가 어떻게 죽었는지 말하지 마세요. 약속해주세요……”

그녀는 반쯤 의식이 혼미한 상태였습니다. 나는 옆에 쪼그려 앉아서 그녀에게 그렇게 하겠다고 약속했어요.

그때 내 뒤에서 경비병이 고함을 쳤습니다. “당신 어디서 온 거요? 여긴 어떻게 왔소?” 경비병은 나를 양 우리에서 끌고 나왔어요. “당신 누구야?”

나는 공구 작업장의 부서 지도자로서 왔고 이 여자를 우연히 발견했다고 설명했어요. 하지만 나는 구금당했습니다. 그들은 내가 본 것을 한마디도 발설해서는 안 된다고 말했어요. "입을 꼭 다물고 아무 말도 하지 마시오!"

율리야는 양 우리에서 죽었다. 그녀는 병이 들자 우리에 버려졌고 어느 누구도 그녀를 방문하는 것을 허락받지 못했다. 그녀는 죽은 자리에 그대로 묻혔다.[164]

문서고 약어 설명

공공 문서고

AFSBTO   탐보프 주(州) 연방 보안국 문서고, 탐보프(Archive of the Federal Security Sevice of Tambov Oblast, Tambov)

AFSBVO   볼로그다 주 연방 보안국 문서고, 볼로그다(Archive of Federal Security Service of Vologda Oblast, Vologda)

AMILO   모스크바 역사–문학협회 문서고〔Archive of the Moscow Historical–Literary Society ('Vozvrashchenie')〕

ARAN   러시아 학술원 문서고, 모스크바(Archive of the Russian Academy of Sciences, Moscow)

GAOO   국립 오룔 주 문서고, 오룔(State Archive of Orel Oblast, Orel)

GAPO   국립 페름 주 문서고, 페름(State Archive of Perm Oblast, Perm)

GARF   국립 러시아연방 문서고, 모스크바(State Archive of the Russian Federation, Moscow)

GARK   국립 코미공화국 문서고, 시크티프카르(State Archive of the Komi Republic, Syktyvkar)

GASO   국립 스베르들로프스크 주 문서고, 예카테린부르크(State Archive of Sverdlovsk Oblast, Yekaterinburg)

GAVO   국립 볼로그다 주 문서고, 볼로그다(State Archive of Vologda Oblast, Vologda)

GMPIR   국립 러시아 정치사 박물관, 상트페테르부르크(State Museum of Political History of Russia, St Petersburg)

GOPAPO   국립 페름 주 사회–정치 문서고, 페름(State Socio–Political Archive of Perm Oblast, Perm)

HP   하버드 프로젝트('소비에트 사회 체제 프로젝트'), 하버드 대학, 미국〔Harvard Project ('Project on the Soviet Social System'), Harvard University, USA〕

IISH   국제 사회사 연구소, 암스테르담(International Institute of Social History, Amsterdam)

IRL RAN   러시아 문학대학, 러시아 학술원('푸시킨의 집'), 상트페테르부르크〔Institute of Russian Literature, Russian Academy of Sciences ('Pushkin House'), St Petersburg]

MM*	메모리알 협회 문서고, 모스크바(Archive of the Memorial Society, Moscow)
MP*	메모리알 협회 문서고, 페름(Archive of the Memorial Society, Perm)
MSP*	메모리알 협회 문서고, 상트페테르부르크(Archive of the Memorial Society, St Petersburg)
OR RNB	러시아 국립 도서관 수고(手稿)부, 상트페테르부르크(Manuscripts Department, Russian National Library, St Petersburg)
RGAE	러시아 국립 경제 문서고, 모스크바(Russian State Archive of the Economy, Moscow)
RGAKFD	러시아 국립 다큐멘터리 필름·사진 기록 보관소, 크라스노고르스크(Russian State Archive of Documentary Films and Photographs, Krasnogorsk)
RGASPI	러시아 국립 문학·예술 문서고, 모스크바(Russia State Archive of Literature and Art, Moscow)
RGALI	러시아 국립 사회-정치사 문서고, 모스크바(Russian State Archive of Socio-Political History, Moscow)
SPbF ARAN	러시아 학술원 문서고 상트페테르부르크 분원(St Petersburg Filial of the Archive of the Russian Academy of the Sciences)
SSEES	슬라브·동유럽학 대학, 런던대학(School of Slavonic and East European Studies, University of London)
TsAFSB	연방 보안국 중앙 문서고, 모스크바(Central Archive of the Federal Security Service, Moscow)
TsAODM	모스크바 사회 운동 중앙 문서고(Central Archive of Social Movements of Moscow)
TsDNA	'인민 문서고' 문서 센터, 모스크바(Center of Documents, 'the People's Archive', Moscow)
TsGAIPD	국립 역사-정치 문서 중앙 문서고, 모스크바(Central State Archive of Historical Political Documents, Moscow)
TsGASP	상트페테르부르크 국립 중앙 문서고(Central State Archive of St Petersburg)
TsIAM	모스크바 중앙 역사 문서고(Central Historical Archive of Moscow)
TsKhDMO	청년 조직 문서 보존 센터, 모스크바(Centre for the Preservation of Documents of Youth Organizations, Moscow)
TsMAMLS	중앙 모스크바 개인 소장 문서고-박물관(Central Moscow Archive-Museum of Personal Collections)

---

* 메모리알 문서고에서 인용한 모든 자료는 이 책과 관련된 연구 프로젝트에 의해 수집되고 정리된 것들이다. 자료들은 대부분 http://www.orlandofiges.com에서 온라인으로 이용 가능하며, 이 사이트에서 프로젝트의 세부 내용을 찾을 수 있을 것이다.

개인 문서고

| AFA | 알렉세예바 가족 문서고, 모스크바(Alekseyeva Family Archive, Moscow) |

AFA 알렉세예바 가족 문서고, 모스크바(Alekseyeva Family Archive, Moscow)

GFA 골로브냐 가족 문서고, 모스크바(Golovnia Family Archive, Moscow)

IFA 유시펜코 가족 문서고, 아크몰린스크, 카자흐스탄(Iusipenko Family Archive, Akmolinsk, Kazakhstan)

LFA 레비티나 가족 문서고, 상트페테르부르크(Levitina Family Archive, St Petersburg)

MFA 마흐나치 가족 문서고, 모스크바(Makhnach Family Archive, Moscow)

MIFA 미헬라제 가족 문서고, 트빌리시, 그루지야(Mikheladze Family Archive, Tbilisi, Georgia)

MUFA 무라토프 가족 문서고, 모스크바(Muratov Family Archive, Moscow)

PFA 파블루히나 가족 문서고, 상트페테르부르크(Pavlukhina Family Archive, St Petersburg)

RFA 라멘스키 가족 문서고, 스트루기 크라스니예(Ramensky Family Archive, Strugi Krasnye)

SFA 슬라빈 가족 문서고, 쾰른, 독일(Slavin Family Archive, Cologne, Germany)

SLFA 시모노프-라스킨 가족 문서고, 모스크바(Simonov-Laskin Family Archive, Moscow)

VFA 비텐부르크 가족 문서고, 상트페테르부르크(Vittenburg Family Archive, St Petersburg)

VOFA 보이틴스키 가족 문서고, 상트페테르부르크(Voitinsky Family Archive, St Petersburg)

머리말

1) MSP, f. 3, op. 14, d. 2, l. 31; d. 3, ll. 18~19.

2) M. Ellman, "Soviet Repression Statistics: Some Comments", *Europe-Asia Studies*, vol. 54, no. 7 (November 2002). pp. 1151~1172. Ellman은 1934년과 1953년 사이에 굴라크 형(刑)을 받은 경우가 1875만 건이라고 제시하지만 많은 굴라크 죄수들이 이 기간 동안 두 차례 이상 형기를 복역했다. 또 그는 이 기간 동안 적어도 처형 100만 명, 노동군과 여타 굴라크 소속 강제 노동 시설에 구금당한 인원 200만 명, 추방된 소수민족 500만 명이라는 수치도 제시한다. 가장 신뢰할 만한 추산에 따르면, 1928년 이후 약 1천만 명의 사람들이 '쿨라크'로 억압당했다. 이것으로 총계는 3675만 명이다. 굴라크 형의 중복을 감안해 총합을 2500만 명이라고 추산하면 큰 무리가 없는데, 그것도 과소평가했을 가능성이 크다.

3) 2003년 1월 모스크바에서 옐레나 돔브로프스카야(Elena Dombrovskaia)와 한 인터뷰.

4) MP. f. 4, op. 25, d. 2, ll. 9~10.

5) M. Gefter, "V predchuvstvii proshlogo", *Vek XX i mir*, 1990, no. 9, p. 29.

6) 예를 들어, V. Kaverin, *Epilog: Memuary* (Moscow, 1989); K. Simonov, *Glazami cheloveka moego pokoleniia* (Moscow, 1990)를 보라.

7) 문헌은 엄청나게 많지만, 예를 들어 다음을 보라. A. Barmine, *One Who Survived* (New York, 1945); V. Kravchenko, *I Chose Freedom: The Personal and Political Life as a Soviet Official* (London, 1947); A. Gorbatov, *Years off My Life* (London, 1964); N. Kaminskaya, *Final Judgement: My Life as a Soviet Defence Attorney* (New York, 1982); N. Mandelstam, *Hope against Hope* (London, 1989); 같은 저자, *Hope Abandoned* (London, 1990); E. Ginzburg, *Journey into the Whirlwind* (New York, 1969); 같은 저자, *Within the Whirlwind* (New York, 1981); L. Bogoraz, "Iz vospominanii", *Minushee*, vol. 2 (Paris, 1986); L. Kopelev, *No Jail for Thought* (London, 1979); 같은 저자, *The Education of a True Believer* (London, 1980); T. Aksakova-Sivers, *Semeinaia khronika*, 2 vols. (Paris, 1988); Mikhail Baitalsky, *Notebooks for the Grandchildren: Recollections of a Trotskyist Who Survived the Stalin Terror* (New Jersey, 1995).

8) A. Krylova, "The Tenacious Liberal Subject in Soviet Studies", *Kritika: Explorations in Russian and Eurasian History*, vol. 1, no. 1 (Winter 2000), pp. 119~146.

9) 역시 방대한 분량의 문헌 자료가 있지만 그중에서 다음 자료가 특히 흥미롭다. O. Adamova-Sliuzberg, *Put'* (Moscow, 1939); A. Raikin, *Vospominaniia* (St Petersburg, 1993); I. Diakonov, *Kniga Vospominanii* (St Petersburg, 1995); I. Shikheeva-Gaister, *Semeinaia khronika vremen kul'ta lichnosti (1925~1953 gg.)* (Moscow, 1998); I. Dudareva, *Proshloe vsegda s nami: vospominaniia* (St Petersburg, 1998); E. Evangulova, *Krestnyi put'* (St Petersburg, 2000); K. Atarova, *Vcherashnyi den': vokrug sem'i Atarovykh-Dal'tsevykh: vospominaiia* (Moscow, 2001); L. El'iashova, *My ukhodim, my ostaemsia. Kniga 1: Dedy, ottsy* (St Petersburg, 2001); N. Iukovskii, *Rekviem dvum semeistvam: vospominaniia* (Moscow, 2002); E. Vlasova, *Domashnyi al'bom: vospominaniia* (Moscow, 2002); P. Kodzaev, *Vospominaniia reabilitirovannogo spetspereselentsa* (Vladikavkaz, 2002); E. Liusin, *Pis'mo-vospominaniia o prozhitykh godakh* (Kaluga, 2002); A. Bovin, *XX vek kak zhizn': vospominaniia* (Moscow, 2003). 또 다음도 보라. I. Paperno, "Personal Accounts of the Soviet Experience", *Kritika: Explorations in Russian and Eurasian History*, vol. 3, no. 4 (Autumn 2002), pp. 577~610.

10) 예를 들어, S. Fitzpatrick, *Stalin's Peasants: Resistance and Survival in the Russian Village After Collectivization* (New York, 1994); S. Davies, *Popular Opinion in Stalin's Russia: Terror, Propaganda and Dissent, 1934~1941* (Cambridge, 1997); S. Kotkin, *Magnetic Mountains: Stalinism as a Civilization* (Berkeley, 1997)을 보라.

11) 예를 들어, N. Kosterina, *Dvenik* (Moscow, 1964); O. Berggol'ts, "Bezumstvo predannosti: is dnevnikov Ol'gi Berggol'ts", *Vremia i my*, 1980, no. 57, pp. 270~285;

A. Mar'ian, *Gody moi, kak soldaty: dnevnik sel'skogo aktivista, 1925~1953 gg.* (Kishinev, 1987); M. Prishvin, *Dnevniki* (Moscow, 1990); E. Bulgakova, *Dnevnik Eleny Bulgakovoi* (Moscow, 1990); N. Vishniakova, *Dnevnik Niny Vishniakovoi* (Sverdlovsk, 1990)를 보라.

12) 예를 들어, 다음을 보라. V. Vernadskii, "Dnevnik 1938 goda", *Druzhba narodov*, 1992, no. 2, pp. 219~239; no. 3, pp. 241~269; 같은 저자, "Dnevnik 1939 goda", *Druzhba narodov*, 1993, nos. 11/ 12, pp. 3~41; A. Solov'ev, *Tetradi krasnogo professora (1912~1941 gg.). Neizvestnaia Rossiia, XX vek*, vol. 4 (Moscow, 1993), pp. 140~228; "'Ischez chelovek i net ego, kuda devalsia – nikto ne znaet': iz konfiskovannogo dnevnika", *Istochnik*, 1993, no. 4, pp. 46~62; Golgofa. *Po materialam arkhivno-sledstvennogo dela no. 603 na Sokolovu-Piatnitskuiu Iu. I.*, ed. V. I. Paitnitskii (St Petersburg, 1993); A. Afinogenov, "Dnevnik 1937 goda", *Sovremennaia dramaturgiia*, 1993, no. 1, pp. 219~233; no. 2, pp. 223~241; no. 3, pp. 217~239; K. Chukovskii, *Dnevnik 1930~1969* (Moscow, 1994); M. Prishvin, "'Zhizn'stala veselei…': iz dnevnika 1936 goda", *Oktiabr'*, 1993, no. 10, pp. 3~21; 같은 저자, "Dnevnik 1937 goda", *Oktiabr'*, 1994, no. 11, pp. 144~171; 1995, no. 9, pp. 155~171; M. Prishvin and V. Prishvin, *My s toboi: dnevnik liubvi* (Moscow, 1996); A. Kopenin, "Zapiski nesumashedshego: iz dnevnika sel'skogo uchitelia", *Rodina*, 1996, no. 2, pp. 17~29; *Dnevnye zapiski ust'-kulomskogo krest'ianina I. S. Rassukhaeva (1902-1953)* (Moscow, 1997); M. Krotova, *Bavykinskii dnevnik: vospominaniia shkol'nogo pedagoga* (Moscow, 1998); A. Tsember, *Dnevnik* (Moscow, 1997); V. Sitnikov, *Perezhitoe: dnevnik saratovskogo obyvatelia 1918~1931 gg.* (Moscow, 1999); E. Filipovich, *Ot sovetskoi pionerki do cheloveka-pensionerki: moi dnevniki*(Podol'sk, 2000); A. Man'kov, *Dnevniki tridtsatykh godov* (St Petersburg, 2001); Iu. Nagibin, *Dnevnik* (Moscow, 2001); N. Lugovskaya, *I Want to Live: The Diary of a Soviet Schoolgirl 1932~1937* (Moscow, 2003); M. Shirshova, *Zabytyi dnevnik poliarnogo biologa* (Moscow, 2003). 그리고 10권의 일기에서 발췌한 글을 번역해 모은 다음 책도 있다. V. Garros, N. Korenevskaya and T. Lahusen (eds.), *Intimacy and Terror: Soviet Diaries of the 1930s* (New York, 1995).

13) 역사가 요헨 헬베크(Jochen Hellbeck)는 1930년대 소련에서 쓰여진 일기를, 특히 J. Hellbeck (ed.), *Tagebuch aus Moskau, 1931~1939* (Munich, 1996)에 전재된, 스테판 포들루브니(Stepan Podlubny)의 일기를 선구적으로 연구했다. 또 *Revolution on My Mind: Writing a Diary Under Stalin* (Cambridge, Mass., 2006)에 있는 1930년대 일기 네 권에 관한 헬베크의 논의도 참고하라. 헬베크의 논쟁적 견해에 따르면, 1930년대 소비에트 시민들은 개념적 대안이 없었기 때문에 소비에트 국가가 공식적으로 설정한 범주 속에서 사고를 했고, 자신들의 일기에서 자기 자신으로부터 모든 비소비에트적 요소(그들은 그것을 '자아의 위기'로 경험했다)를 일소함으로써 자신을 새로운 소비에트 인간(New Soviet Person)으로 만들려 했다는 것이었다. 다음도 보라. J. Hellbeck, "Self-

Realization in the Stalinist System: Two Soviet Diaries of the 1930s", in M. Hildermeier (ed.), *Stalinismus vor dem Zweiten Weltkrieg: neue Wege der Forschung* (Munich, 1998), pp. 275~290. 헬베크의 견해는 특히 A. Etkind, "Soviet Subjectivity: Torture for the Sake of Salvation?", *Kritika: Explorations in Russian and Eurasian History*, vol. 6, no. 1 (Winter 2005), pp. 171~186; S. Boym in "Analiz praktiki sub'ektivizatsii v rannestalinskom ibshchestve", *Ab Imperio*, 2002, no. 3, pp. 209~418에서 신랄한 비판을 받았다.

14) 예를 들어, 다음을 보라. J. Hellbeck, "Fashioning the Stalinist Soul: The Diary of Stepan Podlubnyi (1931~1939)", *Jahrbücher für Geschichte Osteuropas*, 44 (1996), pp. 344~373; I. Halfin and J. Helleck, "Rethinking the Stalinist Subject: Stephen Kotkin's 'Magnetic Mountain' and the State of Soviet Historical Studies", *Jahrbücher für Geschichte Osteuropas*, 44 (1996), pp. 456~463; I. Halfin, *Terror in My Soul: Communist Autobiographies on Trial* (Cambridge, Mass., 2003); C. Kaier and E. Naiman (eds.), *Everyday Life in Early Soviet Russia: Taking the Revolution Inside* (Bloomington, 2006).

15) 이는 헬베크의 주된 주장이다(위에 언급한 그의 작업과 관련된 참고문헌을 보라.).

16) MP. f. 4, op. 18, d. 2. ll. 49~50.

17) 특히 캐서린 메리데일(Catherine Maerridale)의 두 책, *Night of Stone: Death and Memory in Russia* (London, 2000)와 *Ivan's War: The Red Army 1939~1945* (London, 2005)를 보라. 두 책 모두 부분적으로 인터뷰에 기반을 두고 있다.

18) 예를 들어, 다음을 보라. *Golos krest'ian: Sel'skaia Rossia XX veka v krest'ianskikh memuarakh* (Moscow, 1996); *Sud'ba liudei: Rossiia XX vek. Biografii semei kak ob'ekt sotsiologicheskogo issledovaniia* (Moscow, 1996); D. Bertaux, P. Thompson and A. Rotkirch (eds.), *On Living through Soviet Russia* (London, 2004); V. Skultans, *The Testimony of Lives: Narrative and Memory in Post-Soviet Latvia* (London, 1988); A. Shternshis, *Soviet and Kosher: Jewish Popular Culture in the Soviet Union, 1929~1939* (Bloomington, 2006). 많은 책들이 인터뷰를 기반으로 쓰여졌다. 그 중 주목할 만한 책으로는 다음이 있다. N. Adler, *The Gulag Survivor: Beyond the Soviet System* (New Brunswick, 2002); A. Applebaum, *Gulag: A History of the Soviet Camps* (London, 2003).

19) 최초의 주요 구술사 작업은 '소비에트 사회 체제에 관한 하버드 프로젝트'였다. (1950~1951년에 유럽과 미국에 거주하는 소련 망명자들을 대상으로 329건의 인터뷰가 진행되었다.) 인터뷰 대상자들은 대부분 1943년에서 1946년 사이에 소련을 떠났고, 이후 서방에서 경험한 것들에 영향을 받아 의식적으로 반소비에트 시각을 지니게 되었다. 하지만 이들의 시각이 소비에트 주민 전체를 대표하는 것은 아니었다. 그럼에도 불구하고 이 프로젝트를 바탕으로 몇몇 사회학 서적이 출간될 수 있었고, 그 책들은 냉전 시기 소련의 일상생활에 대한 서방의 견해에 영향을 끼쳤다: R. Bauer, A. Inkeles and C. Klukhohn, *How the Soviet System Works: Cultural, Psychological and Social Themes* (Cambridge,

Mass., 1957); J. Berliner, *Factory and Manager in the USSR* (Cambridge, Mass., 1958); M. Field, *Doctor and Patient in Soviet Russia* (Cambridge, Mass., 1958); A. Inkeles and R. Bauer, *The Soviet Citizen: Daily Life in a Totalitarian Society* (Cambridge, Mass., 1959). 마지막 Inkeles와 Bauer의 책은 "소비에트 사회가 어떻게 개인에 영향을 주는지, 그리고 개인은 소비에트 생활의 패턴에 어떻게 적응하게 되는지"(p. 3)를 연구하는 데 특히 집중했다. 1990년대 초에는 사회학적 접근 방식을 채택한 좀 더 규모가 작은 구술사 프로젝트들이 Daniel Bertaux, Paul Thompson(*Sud'ba liudei*와 *On Living Through Soviet Russia*에 게재)과, 모스크바 사회과학·경제과학대학(Moscow School of Social and Economic Sciences)에 의해(*Golos krest'ian*에 게재) 수행되었다. 굴라크 경험을 다룬 구술사는, 물론 노동수용소 생존자들과의 인터뷰를 바탕으로 쓰여진 Aleksandr Solzhenistyn의 소설 *Gulag Archipelago*, 3 vols. (London, 1974~1978)가 이 주제에 관한 최초의 중요한 구술사이기는 하지만, 메모리알 협회(Memorial Society. http://www.memo.ru)가 개척했다.

1장 1917년 혁명의 아이들(1917~1928)

1) RGALI, f. 3084, op. 1, d. 1389, l. 17; f. 2804, op. 1, d. 45.

2) E. Drabkina, *Chernye sukhari* (Moscow, 1975), pp. 82~83.

3) S. Sebag Montefiore, *Stalin: The Court of the Red Tsar* (London, 2003), p. 61.

4) RGALI, f. 2804, op. 1, d. 22, l. 4; f. 3084, op. 1, d. 1389, l. 3; Drabkina, *Chernye sukhari*, pp. 23~29; N. Burenin, *Pamiatnye gody: vospominaniia* (Leningrad, 1961), pp. 150~151.

5) *Partinaia etika: dokumenty i materialy diskussii dvadtsatykh godov* (Moscow, 1989), p. 16; M. Gorky, *Untimely Thoughts: Essays on Revolution, Culture and the Bolsheviks, 1917~1918* (London, 1970), p. 7.

6) E. Naiman, *Sex in Public: The Incarnation of Early Soviet Ideology* (Princeton, 1997), pp. 91~92에서 인용.

7) RGALI, f. 2804, op. 1, dd. 22, 40, 1389; V. Erashov, *Kak molniia v nochi* (Moscow, 1988), p. 344.

8) O. Figes, *A People's Tragedy: The Russian Revolution, 1891~1924* (London, 1996), pp. 752~768.

9) I. Stalin, *Sochineniia*, 13 vols. (Moscow, 1946~1955). vol. 6, p. 248.

10) K. Geiger, *The Family in Soviet Russia* (Cambridge, Mass., 1968), p. 61.

11) L. Kirschenbaum, *Small Comrades: Revolutionizing Childhood in Soviet Russia, 1917~1932* (New York, 2001), p. 48.

12) O. Maitich, "Utopia in Daily Life", in J. Bowlt and O. Maitich (eds.), *Laboratory of Dreams: The Russian Avant-garde and Cultural Experiment* (Stanford, 1996), pp. 65~66; V. Buchli, *An Archaeology of Socialism* (Oxford, 1999), pp. 65~68.

13) W. Goldman, *Women, the State and Revolution: Soviet Family Policy and Social Life, 1917~1936* (Cambridge, 1993), p. 107; N. Lebina, *Povsednevnaia zhizn' sovetskogo goroda: normy i anomalii, 1920~1930 gody* (St Petersburg, 1999), p. 272.

14) I. Halfin, "Intimacy in an Ideological Key: The Communist Case of the 1920s and 1930s", in 같은 저자 (ed.), *Language and Revolution: Making Modern Political Identities* (London, 2002), pp. 187~188.

15) L. Trotsky, *Problems of Everyday Life: Creating the Foundations of a New Society in Revolutionary Russia* (London, 1973), p. 72; A. Inkeles and R. Bauer, *The Soviet Citizen: Daily Life in a Totalitarian Society* (Cambridge, Mass., 1959), p. 205.

16) Trotsky, *Problems of Everyday Life*, p. 48.

17) MSP, f. 3, op. 16, d. 2, ll. 2, 7, 46~62.

18) O. Figes, *Natasha's Dance: A Cultural History of Russia* (London, 2002), pp. 119~130.

19) MSP, f. 3, op. 18, d. 2, ll. 24, 26.

20) MSP, f. 3, op. 12, d. 2, l. 15.

21) E. Bonner, *Mothers and Daughters* (London, 1992), pp. 40, 46, 61~62, 101.

22) Buchli, *An Archeology of Socialism*, p. 131.

23) V. Maiakovskii, *Polnoe sobranie sochinenii*, 13 vols. (Moscow, 1955~1961), vol. 2, pp. 74~75.

24) V. Dunham, *In Stalin's Times: Middle-Class Values in Soviet Fiction* (Durham, 1990), p. 64 (뜻을 분명하게 하려고 번역을 약간 고쳤다).

25) W. Rosenberg (ed.), *Bolshevik Visions: First Phase of the Cultural Revolution in Soviet Russia*, 2 vols. (Ann Arbor, 1990), vol. 1, p. 37 (뜻을 분명하게 하려고 번역을 약간 고쳤다.)

26) MM, f. 1, op. 1, dd., 167, 169; f. 12, op. 27, d. 2, ll. 47~54.

27) MSP, f. 3, op. 47, d. 2, ll. 32~33, 59~64; d. 3, ll. 1~6; L. El'iashova, *My ukhodim, my ostaemsia. Kniga 1; Dedy, ottsy* (St Petersburg, 2001), pp. 191~194.

28) OR RNB, f. 1156, d. 597, ll. 3, 14; IISH, Vojtinskij, No. 11 (Box 3, file 5/b); VOFA, A. Levidova, "Vospominaniia", ms., p. 11; 2004년 5월에 상트페테르부르크에서 아다 레비도바(Ada Levidova)와 한 인터뷰.

29) OR RNB, f. 1156, d. 576, ll. 4, 12~19; d. 577, l. 1; d. 597, l. 51; VOFA, A. Levidova, "Vospominaniia", ms., p. 12.

30) V. Zenzinov, *Deserted: The Story of the Children Abandoned in Soviet Russia* (London, 1931), p. 27.

31) A. Lunacharskii, *O narodnom obrazovanii* (Moscow, 1948), p. 445.

32) E. M. Balashov, *Shkola v rossiiskom obshchestve 1917~1927 gg. Stanovlenie 'novogo cheloveka'* (St Petersburg, 2003), p. 33; J. Ceton, *School en kind in Sowjet-Rusland* (Amsterdam, 1921), p. 3. 유치원에서 이루어진 노동과 놀이에 관해서는 L. Kirschenbaum,

Small Comrades: Revolutionizing Childhood in Soviet Russia, 1917~1932 (New York, 2001), pp. 120~123을 보라.

33) MP, f. 4, op. 18, d. 2, ll. 1~2; RGAE, f. 9455, op. 2, d. 154; L. Holmes, "Part of History: The Oral Record and Moscow's Model School No. 25, 1931~1937", *Slavic Review*, 56 (Summer 1997), pp. 281~283; S. Fitzpatrick, *Education and Social Mobility in the Soviet Union, 1921~1934* (Cambridge, 1979), p. 27; SFA, I. Slavina, "Tonen'kii nerv istorii", ms., p. 16.

34) RGAE. f. 9455, op. 2, d. 30, ll. 241~256; d. 51, ll. 113~114; d. 154, ll. 47~48.

35) RGAE, f. 9455, op. 2, d. 154, l. 397; d. 155, ll. 5, 8, 9, 15; d. 156, ll. 11~12, 171; d. 157, ll. 98~103.

36) R. Berg, *Sukhovei: vospominaniia genetika* (Moscow, 2003), p. 29.

37) A. Mar'ian, *Gody moi, kak soldaty: dnevnik sel'skogo aktivista, 1925~1953 gg.* (Kishinev, 1987), p. 17; E. Liusin, *Pis'mo-vospominaniia o prozhitykh godakh* (Kaluga, 2002), pp. 18~19. C. Kelly, "Byt, Identity and Everyday Life", in S. Franklin and E. Widdis (eds.), *National Identity in Russian Culture: An Introduction* (Cambridge, 2004), pp. 157~167.

38) Balashov, *Shkola v rossiiskom obshchestve*, p. 137.

39) MSP, f. 3, op. 37, d. 2, ll. 8~9; op. 14, d. 3, ll. 24~26; MP, f. 4, op. 24, d. 2, ll. 41~42; op. 3, d. 2, l. 24; V. Frid, *58½: zapiski lagernogo pridurka* (Moscow, 1996), p. 89.

40) MSP. f. 3, op. 8, d. 2, ll. 1, 7; MP, f. 4, op. 9, d. 2, ll. 11~12.

41) C. Kelly, "Shaping the 'Future Race': Regulating the Daily Life of Children in Early Soviet Russia", in C. Kaier and E. Naiman (eds.), *Everyday Life in Early Soviet Russia: Taking the Revolution Inside* (Bloomington, 2006), p. 262; Rosenberg, *Bolshevik Visions*, vol. 2, p. 86; MP, f. 4, op. 24, d. 2, l. 43.

42) 2004년 7월에 노릴스크에서 바실리 로마시킨(Vasily Romashkin)과 한 인터뷰.

43) 2003년 6월에 독일 쾰른에서 이다 슬라비나(Ida Slavina)와 한 인터뷰.

44) MSP, f. 3, op. 17, d. 2, l. 8.

45) P. Kenez, *The Birth of the Propaganda State: Soviet Methods of Mass Mobilization, 1917~1929* (Cambridge, 1985), pp. 168~169.

46) N. Vishniakova, *Dnevnik Niny Vishniakovy* (Sverdlovsk, 1990), pp. 28~29.

47) E. Dolmatovskii, *Bylo: zapiski poeta* (Moscow, 1982), pp. 22~23.

48) V. Pirozhkova, *Poteriannoe pokolenie* (St Petersburg, 1998), pp. 46~47.

49) 2004년 7월 노릴스크에서 바실리 로마시킨과 한 인터뷰; D. Hoffman, *Stalinist Values: The Cultural Norms of Stalinist Modernity* (Cornell, 2003), pp. 121~122.

50) M. Baitalsky, *Notebooks for the Grandchildren: Recollections of a Trotskyist Who Survived the Stalin Terror* (New Jersey, 1995), pp. 56, 68, 71. (뜻을 명확하게 하려고 번역을 약간 고쳤다.)

51) Lebina, *Povsednevnaia zhizn'*, p. 274.

52) Baitalsky, *Notebooks for the Grandchildren*, pp. 94~96, 161~162.

53) Stalin, *Sochineniia*, vol. 6, p. 46; *Partiinaia etika*, p. 287.

54) M. Rubinshtein, *Sotsial'no-pravovye predstavleniia i samoupravleniia u detei* (Moscow, 1925), pp. 69~70.

55) *Partiinaia etika*, p. 329.

56) O. Kharkhodin, *The Collective and the Individual in Russia: A Study of Practices* (Berkeley, 1999), pp. 35~74, 212~228. 이와 비슷하게 '프롤레타리아 의식'은 의식의 증거(당의 대의에 대한 이념적 헌신)를 요구했다. 노동 계급 출신이면서 '프티부르주아'적 사고방식을 지닌 사람들이 많았기 때문에 프롤레타리아로 태어났다는 것만으로는 충분하지 않았다.

57) L. Shapiro, *The Communist Party of the Soviet Union* (London, 1970), p. 385.

58) I. Halfin, "From Darkness to Light: Student Communist Autobiography During NEP", *Jahrbücher für Geschichte Osteuropas*, 45 (1997), pp. 210~236; 같은 저자, *Terror in My Soul: Communist Autobiographies on Trial* (Cambridge, Mass., 2003)도 보라.

59) Kharkhodin, *The Collective and the Individual in Russia*, pp. 123~125.

60) V. Kozlov, "Denunciation and Its Functions in Soviet Governance: A Study of Denunciations and Their Bureaucratic Handling from Soviet Police Archives, 1944~1953", *Journal of Modern History*, 68 (December 1996), p. 867; C. Hooper, "Terror from Within: Participation and Coercion in Soviet Power, 1924~1964" (Ph.D. dissertation, Princeton University, 2003), p. 13.

61) *XIV s"ezd VKP(b): stenograficheskii otchet* (Moscow, 1926), p. 600.

62) Ibid., p. 615.

63) Bonner, *Mothers and Daughters*, p. 148.

64) *Partiinaia etika*, p. 329.

65) 2003년 1월에 모스크바에서 옐레나 돔브로프스카야와 한 인터뷰.

66) MSP, f. 3, op. 48, d. 2, ll. 1, 23, 32~34.

67) MSP, f. 3, op. 42, d. 2, ll. 5~6.

68) MP, f. 4, op. 9, d. 1, ll. 4~8, d. 2, l. 13.

69) MP, f. 4, op. 12, d. 2, l. 7.

70) Bonner, *Mothers and Daughters*, p. 17.

71) V. Semenova, "Babushki: semeinye i sotsial'nye funktsii praroditel'skogo pokoleniia", in *Sud'ba liudei: Rossiia XX vek. Biografii semei kak ob'ekt sotsiologicheskogo issledovaniia* (Moscow, 1996), pp. 326~354.

72) Bonner, *Mothers and Daughters*, pp. 14, 15, 16, 27, 40, 78, 145; 2006년 11월 보스턴에서 옐레나 본네르(Elena Bonner)와 한 인터뷰.

73) GFA, O. Golovnia, "Predislovie k pis'mam", ms., p. 20; 2004년 11월에 모스크바에서 있었던 예브게니야 골로브냐(Yevgeniia Golovnia)와 한 인터뷰.

74) 2003년 9월에 상트페테르부르크에서 블라디미르 포민(Vladimir Fomin)과 한 인터뷰.

75) 2004년 3월에 상트페테르부르크에서 예브게니야 예반굴로바(Yevgeniia Yevangulova)와 한 인터뷰; E. P. Evangulova, *Krestnyi put'* (St Petersburg, 2000), pp. 7~9, 36; RGAE, f. 5208, op. 1, d. 28.

76) 2003년 6월에 상트페테르부르크에서 보리스 가브릴로프(Boris Gavrilov)와 한 인터뷰.

77) "Obydennyi NEP (Sochineniia i pis'ma shkol'nikov 20-x godov)", in *Neizvestnaia Rossiia XX vek*, vol. 3 (Moscow, 1993), pp. 285~287; HP, 59 A, vol. 5, p. 25; Inkeles and Bauer, *The Soviet Citizen*, p. 216. 이와 마찬가지로 S. Tchouikina, "The 'Old' and 'New' Intelligentsia and the Soviet State", in T. Vihavainen (ed.), *The Soviet Union - A Popular State?* (St Petersburg, 2003), pp. 99~100도 보라.

78) Inkeles and Bauer, *The Soviet Citizen*, p. 223; MSP, f. 3, op. 52, d. 2, l. 19.

79) E. Olitskaia, *Moi vospominaniia*, 2 vols. (Frankfurt, 1971), vol. 2, p. 56; MP, f. 4, op. 8, d. 2, l. 6. 또 MM, f. 12, op. 31, d. 2, ll. 1~2; MSP, f. 3, op. 53, d. 2, ll. 11~12; f. 3, op. 8, d. 2, ll. 1~7도 보라.

80) *Partiinaia etika*, p. 437; Liusin, *Pis'mo*, p. 11; MP, f. 4, op. 32, d. 4, l. 7.

81) Bonner, *Mothers and Daughters*, pp. 41, 138~139, 200~202.

82) MSP, f. 3, op. 16, d. 2, ll. 3~4, 7.

83) MSP, f. 3, op. 37, d. 2, ll. 13~15; I. Shikheeva-Gaister, *Semeinaia khronika vremen kul'ta lichnosti: 1925~1953* (Moscow, 1998), pp. 5~6.

84) V. Danilov, *Sovetskaia dokolkhoznaia derevnia: naselenie, zemlepol'zovanie, khoziaistvo* (Moscow, 1977), p. 31.

85) MSP, f. 3, op. 14, d. 3, ll. 34~35.

86) 농민 혁명에 관해서는 O. Figes, *Peasant Russia, Civil War: The Volga Countryside in Revolution, 1917~1921* (Oxford, 1989)을 보라.

87) MSP, f. 3, op. 14, d. 3, ll. 8, 104; G. Dobronozhenko, *Kollektivizatsiia na Severe, 1929~1932* (Syktyvkar, 1994), pp. 27~28.

88) MSP, f. 3, op. 14, d. 3, ll. 7~8.

89) MSP, f. 3, op. 14, d. 2, ll. 18, 69.

90) MSP, f. 3, op. 2, d. 2, ll. 20, 43~45.

91) VFA, F. Vittenburg, "Pamiati P. V. Vittenburga", ms., p. 4; 2003년 8월과 2004년 9월에 상트페테르부르크에서 예브게니야 비텐부르크(Yevgeniia Vittenburg)와 한 인터뷰; E. Vittenburg, *Vremia poliarnykh stran* (St Petersburg, 2002), pp. 44~74.

92) RGALI, f. 1814, op. 9, d. 351, l. 3; 2003년 11월에 모스크바에서 알렉세이 시모노프(Aleksei Simonov)와 한 인터뷰.

93) RGALI, f. 1814, op. 9, d. 2613, ll. 7, 13; K. Simonov, *Segodnia i davno* (Moscow, 1978), p. 65. 가족들 사이에 전해지는 이야기로는 알렉산드라가 딸을 유산한 것을 미하일 탓으로 돌렸고 그를 떠나기로 결심했다고 한다.(2003년 6월에 모스크바에서 알렉세이 시모노프와 한 인터뷰.)

94) RGALI, f. 1814, op. 10, d. 360; op. 9, d. 2613, ll. 3, 13.

95) RGALI, f. 1814, op. 9, d. 2698, l. 1.

96) RGALI, f. 1814, op. 10, d. 360, l. 31.

97) RGALI, f. 1814, op. 9, d. 353, l. 38; d. 337, l. 7.

98) RGALI, f. 1814, op. 10, d. 339, l. 11; op. 9, d. 1534, l. 31.

99) RGALI, f. 1814, op. 6, d. 70, l. 103; d. 170, l. 17; op. 9, d. 2613, l. 13; dd. 23, 24.

100) RGALI, f. 1814, op. 9, d. 1533, l. 18; d. 24, l. 16; d. 25, ll. 6, 17, 26; d. 1010, ll. 9~10; Simonov, *Segodnia i davno*, p. 66.

101) K. Simonov, *Glazami cheloveka moego pokoleniia* (Moscow, 1990), pp. 25~26.

102) RGALI, f. 1814, op. 9, d. 25, l. 12; d. 1010, ll. 16~19; op. 10, d. 339, l. 11.

103) SLFA, M. Laskin, "Vospominaniia", ms., p. 2.

104) SLFA, "Lichnyi listok po uchety kadrov" (Samuil Laskin); 2003년 11월과 2005년 3월에 모스크바에서 파냐 라스키나(Fania Laskina)와 한 인터뷰.

105) A. Ball, *Russia's Last Capitalists: The NEPmen 1921~1929* (Berkeley, 1987), p. 39.

106) 2003년 6월과 11월, 2004년 2월과 7월에 모스크바에서 파냐 라스키나와 한 인터뷰; 2003년 11월에 모스크바에서 알렉세이 시모노프와 한 인터뷰; SLFA, M. Laskin, "Vospominaniia", ms., pp. 20, 21, 29.

107) Y. Slezkin, *The Jewish Century* (Berkeley, 2005), p. 217; *Vsesoiuznaia perepis' naseleniia 1937 g. Kratkie itogi* (Moscow, 1991), p. 90.

108) A. Shternshis, *Soviet and Kosher: Jewish Popular Culture in the Soviet Union, 1923~1939* (Bloomington, 2006), pp. 35~43; J. Veidlinger, *The Moscow State Yiddish Theatre: Jewish Culture on the Soviet Stage* (Bloomington, 2000).

109) 2003년 6월과 11월에 모스크바에서 파냐 라스키나와 한 인터뷰; 2003년 11월에 모스크바에서 알렉세이 시모노프와 한 인터뷰; SLFA, M. Laskin, "Vospominaniia", p. 19.

110) 2003년 5월에 상트페테르부르크에서 레베카 (리타) 코간(Rebekka 'Rita' Kogan)과 한 인터뷰.

111) I. Slavin, *Protsess v Novikakh* (Vitebsk, 1920).

112) SFA, I. Slavina, "Tonen'kii nerv istorii", ms., p. 11; 2003년 11월에 쾰른에서 이다 슬라비나와 한 인터뷰.

113) 2005년 3월에 모스크바에서 파냐 라스키나와 한 인터뷰.

114) A. Barmine, *One Who Survived: The Life Story of a Russian Under the Soviets* (New York, 1945), pp. 124~125; H. Kuromiya, *Stalin's Industrial Revolution; Politics and Workers, 1928~1932* (Cambridge, 1988), p. 110; RGAE, f. 9455, op. 2, d. 157, l. 183.

115) V. Danilov, "Vvedenie: sovetskaia derevnia v gody 'Bol'shogo terror'", in *Tragediia sovetskoi derevni: kollektivizatsiia i raskulachivanie. Dokumenty i materialy v 5 tomakh 1927~1939*, 5 vols. (Moscow, 1999~2004), vol. 5; 1937~1939, Part 1, 1937, p. 9; A. Meyer, "The War Scare of 1927", *Soviet Union/ Union Soviétique*, vol. 5, no. 1 (1978), pp. 1~25; S. Fitzpatrick, "The Foreign Threat During the First Five Year Plan", *Soviet Union/ Union Soviétique*, vol. 5, no. 1 (1978), pp. 26~35; Stalin, *Sochineniia*, vol. 11,

pp. 170~172.

116) R. Davies, *The Industrialization of Soviet Russia 3: The Soviet Economy in Turmoil, 1929~1930* (London, 1989), p. 76; Ball, *Russia's Last Capitalists*, pp. 76~77.

117) SLFA, "Lichnyi listok po uchety kadrov" (Samuil Laskin); 2003년 11월과 2005년 3월에 모스크바에서 파냐 라스키나와 한 인터뷰.

118) N. Mandelstam, *Hope Abandoned* (London, 1989), p. 551.

2장 농촌 공동체의 전복(1928~1932)

1) MSP, f. 3, op. 14, d. 2, l. 38; d. 3, l. 10.

2) AFSBVO, Arkhivno-sledstvennoe delo N. A. Golovina.

3) MSP, f. 3, op. 14, d. 2, ll. 102~104.

4) MSP, f. 3, op. 14, d. 2, l. 93.

5) AFSBVO, Arkhivno-sledstvennoe delo N. A. Golovina; MSP, f. 3, op. 14, d. 2, l. 69; d. 3, ll. 7~8.

6) GAVO, f. 407, op. 1, d. 98, l. 7.

7) AFSBVO, Arkhivno-sledstvennoe delo N. A. Golovina; MSP, f. 3, op. 14, d. 3, l. 9.

8) AFSBVO, Arkhivno-sledstvennoe delo N. A. Golovina

9) MSP, f. 3, op. 14, d. 3, l. 11.

10) *Tragediia sovetskoi derevni: kollektivizatsiia i raskulachivanie. Dokumenty i materialy*, 5 vols. (Moscow, 1999~2004), vol. 1, pp. 36, 148~150, 228~230, 742; *Izvestiia TsK KPSS*, 1991, no. 5, pp. 196~202.

11) M. Lewin, *Russian Peasants and Soviet Power: A Study of Collectivization* (London, 1968), p. 257에서 인용.

12) R. Davies, *The Soviet Economy in Turmoil, 1929~1930* (London, 1989), pp. 198~199; *Pravda*, 1929년 9월 1일, 11월 10일.

13) *Pravda*, 1929년 11월 7일; I. Stalin, *Sochineniia*, 13 vols. (Moscow, 1946~1955), vol. 12, p. 174.

14) R. Davies, *The Socialist Offensive: The Collectivization of Soviet Agriculture, 1929~1930* (London, 1980), p. 111; *Tragediia sovetskoi derevni*, vol. 1, pp. 702~710, 716~727; M. Hindus, *Red Bread: Collectivization in a Russian Village* (Bloomington, 1988), p. 246.

15) Davies, *The Socialist Offensive*, p. 218; V. Kravcheko, *I Chose Freedom* (New York, 1946), p. 91.

16) M. Vareikis, "O partiinom rukovodstve kolkhozam", *Na agrarnom fronte*, 1929, no. 8, p. 65; *Izvestiia*, 1930년 4월 19일; GARK, f. 3, op. 1, d. 2309, l. 6.

17) Davies, *The Socialist Offensive*, p. 198.

18) M. Fainsod, *Smolensk Under Soviet Rule* (Cambridge, Mass., 1958), p. 250.

19) R. Conquest, *The Harvest of Sorrow: Soviet Collectivization and the Terror-Famine* (London, 1986), pp. 120~121; S. Fitzpatrick, *Stalin's Peasants: Resistance and Survival in the Russian Village After Collectivization* (New York, 1994), pp. 54~55.

20) GAVO, f. 22, op. 1, d. 37, l. 41; GARK, f. 136, op. 1, d. 121, l. 153; MSP, f. 3, op. 14, d. 3, l. 75; *Tragediia sovetskoi derevni*, vol. 3, pp. 66~68.

21) MP, f. 4, op. 18, d. 2, l. 44.

22) Conquest, *The Harvest of Sorrow*, p. 137; *Tragediia sovetskoi derevni*, vol. 3, p. 15; Lewin, *Russian Peasants and Soviet Power*, p. 508.

23) MP, f. 4, op. 18, d. 5, l. 15.

24) MP, f. 4, op. 7, d. 2, l. 39.

25) MP, f. 4, op. 5, d. 2, l. 30.

26) VFA, "Vospominaniia", ms., p. 8; *Komsomol'skaia pravda*, 1989년 9월 8일, p. 2.

27) LFA, "Roditeli", p. 24.

28) A. Zverev, *Zapiski ministra* (Moscow, 1973), p. 54.

29) L. Kopelev, *The Education of a True Believer* (London, 1981), p. 235.

30) *Tragediia sovetskoi derevni*, vol. 1, pp. 8~9; R. Davies and S. Wheatcroft, *The Years of Hunger: Soviet Agriculture, 1931~1933* (London, 2004), p. 451.

31) Davies, *The Socialist Offensive*, pp. 442~443; *Tragediia sovetskoi derevni*, vol. 3, pp. 8~9; Davies and Wheatcroft, *The Years of Hunger*, pp. 31, 37; *Politbiuro i krest'ianstvo: vysylka, spetsposelenie 1930~1940*, 2 vols.(Moscow, 2006), vol. 2, p. 43.

32) AFSBVO, Arkhivno-sledstvennoe delo N. A. Golovina; MSP. f. 3, op. 14, d. 2, ll. 82~101, 122~123,; d. 3, ll. 11, 56~58.

33) Hindus, *Red Bread*, p. 142.

34) E. Foteeva, "Coping with Revolution: The Experience of Well-to-do Russian Families", in D. Bertaux, P. Thompson and S. Rotkirch (eds.), *On Living through Soviet Russia* (London, 2004), p. 75.

35) 2003년 8월에 스트루기 크라스니예(프스코프 주)에서 올가 라멘스카야(Olga Ramenskaia, 결혼 전 성은 자프레가예바Zapregaeva), 갈리나 페트로바(Galina Petrova)와 한 인터뷰.

36) RGAE, f. 7486, op. 37, d. 101, ll. 61~62; M. Tauger, "The 1932 Harvest and the Soviet Famine of 1932~1933", *Slavic Review*, vol. 50, no. 1 (Spring 1991); Davies and Wheatcroft, *The Years of Hunger*, pp. 181~224, 411, 415; Conquest, *Harvest of Sorrow*, pp. 3, 196, 272~273, 441. 1932~1933년의 기근이 제노사이드였다는 주장은 다음과 같은 글에서도 제기되었다. J. Mace, "The Man-Made Famine of 1933 in the Soviet Ukraine: What Happened and Why?", in I. Charny (ed.), *Toward the Understanding and Prevention of Genocide: Proceedings of International Conference on the Holocaust and Genocide* (Boulder, 1984), p. 67; "Famine and Nationalism in Soviet Ukraine", *Problems of Communism*, vol. 33, no. 3 (May-June 1984), p. 39.

37) 기근과, 1932년 12월에 단행된 여권 제도 도입의 관련성에 대해서는 RGASPI, f. 81, op. 3, d.

93, ll. 24~25; f. 558, op. 11, d. 45, l. 109를 보라.

38) Fitzpatrick, *Stalin's Peasants*, p. 80; Conquest, *Harvest of Sorrow*, p. 237.

39) G. Kessler, "The Passport System and State Control over Population Flows in the Soviet Union, 1932~1940", *Cahiers du Monde Russe*, vol. 42, nos. 2~4 (2001), pp. 477~504; D. Shearer, "Social Disorder, Mass Repression and the NKVD during the 1930s", *Cahiers du Monde Russe*, vol. 42, nos. 2~4 (2001), pp. 505, 519~520. 또 D. Shearer, "Elements Near and Alien: Passportization, Policing, and Identity in the Stalinist State, 1932~1953", *Journal of Modern History*, vol. 76 (December 2004), pp. 835~881도 보라.

40) *Tragediia sovetskoi derevni*, vol. 3, p. 63; A. Applebaum, *Gulag: A History of the Soviet Camps* (London, 2003), p. 333; GARF, f. 5207, op. 3, d. 49, l. 190; f. 8131, op. 37, d. 137, l. 4.

41) L. Viola, "Tear the Evil From the Root: The Children of Spetspereselentsy of the North", in N. Baschmakoff and P. Fryer (eds.), *Modernization of the Russian Provinces*, special issue of *Studia Slavica Finlandensia*, 17 (April 2000), p. 4, 44, 48~49(뜻을 명확히 하려고 인용문을 약간 고쳤다), 51; *Politbiuro i krest'ianstvo*, p. 47. '특별 정착촌'에 관한 더 많은 정보는 L. Viola, *The Unknown Gulag: The Lost World of Stalin's Special Settlements* (Oxford, 2007); N. Werth, *Cannibal Island: Death in a Siberian Gulag* (Princeton, 2007)을 보라.

42) MSP, f. 3, op. 14, d. 2, ll. 25~26; d. 3, ll. 12~18, 125.

43) MP, f. 4, op. 18, d. 2; d. 5, ll. 16~17.

44) MP, f. 4, op. 5, d. 2, ll. 37, 38.

45) *Politbiuro i krest'ianstvo*, pp. 467~553; Viola, *The Unknown Gulag*, p. 232.

46) MP, f. 4, op. 9, d. 5, ll. 2~7.

47) AMILO, M. A. Solomonik, "Zapiski raskulachennoi", ts., p. 7~34.

48) *Pravda*, 1929년 11월 7일.

49) AFA, A. M. Alekseyev, "Vospominaniia", p. 18.

50) 예를 들어, GARF, f. 9414, op. 1, d. 368, l. 115를 보라. 또 1954년부터 1957년까지 노릴스크 굴라크 광산 단지 소장이었던 알렉세이 로기노프(Aleksei Loginov)가 오늘날의 관점에서 제시하는 의미심장한 설명이 담긴 A. Macqueen, "Survivors", *Granta*, 64 (Winter 1998), p. 45도 보라.

51) 굴라크 체제에 대한 고전적인 정치적 해석은 R. Conquest, *The Great Terror: A Reassessment* (London, 1992)와 같은 저자가 쓴 *Kolyma: The Arctic Death Camps* (New York, 1978)를 보라. M. Jakobson, *Origins of the Gulag: The Soviet Prison Camps System, 1917~1934* (Lexington, 1993); G. Ivanova, *Gulag v sisteme totalitarnogo gosudarstva* (Moscow, 1997); P. Gregory and V. Lazarev (eds.), *The Economics of Forced Labor: The Soviet Gulag* (Stanford, 2003)의 몇몇 학자들은 경제적 차원을 강조했다. 정치적 해석과 경제적 해석 이 두 견해를 결합하는, 굴라크 초기 시절에 관한 학문적

해석을 위해서는 O. Khlevniuk, *The History of the Gulag: From Collectivization to the Great Terror* (New Haven, 2004)를 보라.

52) *Sistema ispravitel'no-trudovykh lagerei v SSSR, 1923~1960. Spravochnik* (Moscow, 1998), p. 395; Applebaum, *Gulag*, pp. 31~40.

53) GARF, f. 5446, op. 11a, d. 555, l. 32,; RGASPI, f. 17, op. 3, d. 746, l. 11; *Sistema ispravitel'no-trudovykh lagerei v SSSR*, p. 38.

54) GARF, f. 9414, op. 1, d. 2920, l. 178; Applebaum, *Gulag*, pp. 62~65; C. Joyce, "The Gulag in Karelia, 1929~1941", in Gregory and Razarev (eds.), *The Economics of Forced Labor*, p. 166; N. Baron, "Conflict and Complicity: The Expansion of the Karelian Gulag, 1923~1933", *Cahiers du Monde Russe*, vol. 42, nos. 2~4 (2001), p. 643; A. Solzhenitsyn, *The Gulag Archipelago 1918~1956: An Experiment in Literary Investigation*, 3 vols. (London, 1974~1978), vol. 2, p. 99.

55) MSP, f. 3, op. 19, d. 2, ll. 1~4.

56) GARF, f. 5515, op. 33, d. 11, ll. 39~40; GASO, f. 148, op. 5, d. 26, l. 75.

57) GARF, f. 9414, op. 1, d. 3048, ll. 25~36; V. Shalamov, *Vishera: antiroman* (Moscow, 1989), p. 23.

58) D. Nordlander, "Magadan and the Economic History of the Dalstroi in the 1930s", in Gregory and Razarev (eds.), *The Economics of Forced Labor*, p. 110.

59) V. Shalamov, *Kolyma Tales* (London, 1994), pp. 368~369. 샬라모프는 1937년에 콜리마에 도착했다. 따라서 그가 베르진이 콜리마 책임자로 있던 시기에 관해 쓴 글들은 상당 부분 수용소에서 전해져 내려오는 이야기에 바탕을 둔 것이었다.

60) MP, f. 4, op. 10, d. 1, ll. 1~4, 14~17.

61) A. Barmine, *One Who Survived: The Life Story of a Russian Under the Soviets* (New York, 1945), p. 196.

62) C. Ward, *Stalin's Russia* (London, 1999), p. 56; A. Smith, *I Was a Soviet Worker* (London, 1937), p. 43.

63) 2004년 5월과 10월에 상트페테르부르크에서 리디야 푸호바(Lydia Pukhova)와 한 인터뷰.

64) MSP, f. 3, op. 14, d. 2, ll. 23~24, 26, 29; d. 3, ll. 20, 63~70.

65) Y. Druzhnikov, *Informer 001: The Myth of Pavlik Morozov* (London, 1997), pp. 45~46, 155~156; C. Kelly, *Comrade Pavlik: The Rise and Fall of a Soviet Boy Hero* (London, 2005), p. 66.

66) Druzhnikov, *Informer*, pp. 19~20, 30~31, 42, 114, 152; Kelly, *Comrade*, pp. 13, 94. 비밀경찰 파일을 확인한 C. Kelly는 모로조프 재판이 실제 있었던 일인지를 의심한다. 그녀는 파블리크가 아버지를 고발한 사건이 경찰과 언론이 날조한 것이라고 생각한다(pp. 251~258).

67) Kelly, *Comrade*, pp. 26~72.

68) Druzhnikov, *Informer*, pp. 9~11; Kelly, *Comrade*, p. 14.

69) Kelly, *Comrade*, p. 156. (뜻을 명확하게 하려고 번역을 약간 고쳤다.)

70) Ibid., pp. 22, 26~29, 169~171을 보라.

71) M. Niloaev, *Detdom* (New York, 1985), p. 89.

72) V. Danilov, *Sovetskaia dokolkhoznaia derevnia: naselenie, zemlepol'zovanie, khoziaistvo* (Moscow, 1977), p. 25; P. Kenez, *The Birth of the Propaganda State: Soviet Methods of Mass Mobilization, 1917~1929* (Cambridge, 1985), p. 186; *Ocherki byta derevenskoi molodezhi* (Moscow, 1924), pp. 10~12.

73) 2004년 3월, 6월, 10월에 상트페테르부르크에서 니나 그리벨나야(Nina Gribelnaia)와 한 인터뷰; AFSBTO, Arkhivno-sledstvennoe delo F. Z. Medvedeva.

74) Conquest, *Harvest of Sorrow*, p. 295; Fitzpatrick, *Stalin's Peasants*, p. 256.

75) *Vskhody kommuny*, 1932년 12월 19일; K. Geiger, *The Family in Soviet Russia* (Cambridge, Mass., 1968), p. 308. (뜻을 분명하게 하려고 번역을 약간 고쳤다.)

76) A. Mar'ian, *Gody moi, kak soldaty: dnevnik sel'skogo aktivista, 1925~1953* (Kishinev, 1987), pp. 55, 71, 78~79.

77) Geiger, *The Family in Soviet Russia*, p. 140에서 인용.

78) A. Shternshis, *Soviet and Kosher, Jewish Popular Culture, 1923~1939* (Bloomington, 2006), p. 61; Sofia G.와의 인터뷰 기록을 이용할 수 있게 해준 데 대해 Anna Shternshis에게 깊은 감사를 표한다.

79) A. Baevskii, "Syn kulaka i vrag naroda: A. T. Tvardovskii v Smolenske v 1937 g.", in *Stalinizm v rossiiskoi provinstii: smolenskie arkhivnye dokumenty v pochtenii zarubezhnykh i rossiiskikh istorikov* (Smolensk, 1999), p. 256.

80) *Istoriia sovetskoi politicheskoi tsenzury* (Moscow, 1997), p. 109; Baevskii, "Syn kulaka", pp. 255~258.

81) I. Tvardovskii, "Stranitsy perezhitogo", *Iunost'*, 1988, no. 3, pp. 14, 18.

82) Ibid., p. 23.

83) Ibid., p. 26.

84) Ibid., p. 27.

85) E. Iaroslavskii (ed.), *Kak provodit' chistku partii* (Moscow, 1929), p. 10.

86) Fitzpatrick, "The Problem of Class Identity in NEP Society", in S. Fitzpatrick, A. Rabinowitch and R. Stites (eds.), *Russia in the Era of NEP: Explorations in Soviet Society and Culture* (Bloomington, 1991), pp. 21~33을 보라.

87) G. Alexopoulos, "Portrait of a Con Artist as a Soviet Man", *Slavic Review*, vol. 57, no. 4 (Winter 1998), pp. 774~790. 또한 S. Fitzpatrick, "Making a Self for the Times: Impersonation and Imposture in 20th Century Russia", *Kritika: Explorations in Russian and Eurasian History*, vol. 2, no. 3 (Summer 2001), pp. 469~487; 같은 저자, *Tear off the Masks! Identity and Imposture in Twentieth-Century Russia* (Princeton, 2005)도 보라.

88) E. Bonner, *Mothers and Daughters* (London, 1992), p. 317.

89) S. Fitzpatrick, *Everyday Stalinism: Ordinary Life in Extraordinary Times: Soviet*

Russia in the 1930s (Oxford, 1999), pp. 118~138.

90) Geiger, *The Family in Soviet Russia*, pp. 141~142. 또 Fitzpatrick, *Everyday Stalinism*, p. 133도 보라.

91) B. Engel and A. Posadskaya-Vanderbeck, *A Revolution of their Own: Voices of Women in Soviet History* (Boulder, 1997), pp. 29~32. (뜻을 명확하게 하려고 번역을 약간 고쳤다.)

92) Geiger, *The Family in Soviet Russia*, p. 143; N. Novak-Decker (ed.), *Soviet Youth: Twelve Komsomol Histories* (Munich, 1959), p. 99.

93) RGALI, f. 1814, op. 10, d. 339, l. 6.

94) RGALI, f. 1814, op. 10, d. 339, l. 3.

95) K. Simonov, *Glazami cheloveka moego pokoleniia* (Moscow, 1990), pp. 29~30.

96) RGALI, f. 1814, op. 10, d. 339, l. 5.

97) Simonov, *Glazami cheloveka*, p. 32.

98) Ibid., p. 33

99) Ibid., pp. 35~36.

100) W. Leonhard, *Child of the Revolution* (London, 1957), p. 143.

101) J. Hellbeck, "Fashioning the Stalinist Soul: The Diary of Stepan Podlubnyi (1931~1939)", *Jahrbücher für Geschichte Osteuropas*, 44 (1996), pp. 350, 353~355. (뜻을 명확하게 하려고 번역을 약간 고쳤다.)

102) MSP, f. 3, op. 14, d. 3, l. 22.

103) MSP, f. 3, op. 14, d. 2, l. 31; d. 3, ll. 18~19.

104) MSP, f. 3, op. 14, d. 2, l. 38.

105) MSP, f. 3, op. 14, d. 2, l. 84.

106) MSP, f. 3, op. 14, d. 2, ll. 119~120.

3장 사회주의 유토피아의 뒷면(1932~1936)

1) SLFA, 파냐와 소냐 라스키나가 가브릴 포포프(Gavril Popov)에게 보내는 편지, 1990년 5월 18일; M. Laskin, 'Vospominaniia', ms., p. 31; 2004년 7월과 2005년 3월에 모스크바에서 파냐 라스키나와 알렉세이 시모노프와 한 인터뷰.

2) T. Colton, *Moscow: Governing the Socialist Metropolis* (Cambridge, Mass., 1995), pp. 214, 270ff.

3) RGALI, f. 2772, op. 1, d. 93, l. 2; Colton, *Moscow*, pp. 280, 327.

4) RGALI, f. 2772, op. 1, d. 6, l. 24; d. 87, l. 5.

5) RGALI, f. 2772, op. 1, d. 94, l. 55; D. Neutatz, *Die Moskauer Metro: Von den ersten Planen bis zur Grossbaustelle des Stalinismus (1897~1935), Beitrage zur Geschichte Osteuropas* 33 (Vienna, 2001), pp. 173, 181~182; Colton, *Moscow*, p. 257; *Pravda*, 1935년 5월 20일, p. 3.

6) RGALI, f. 2772, op. 1, d. 97, ll. 17~18.

7) RGALI, f. 2772, op. 1, d. 87, l. 87; d. 90, ll. 20~21; 2003년 11월에 모스크바에서 파냐 라스키나와 한 인터뷰.

8) E. Zaleski, *Planning for Economic Growth in the Soviet Union, 1918~1932* (Chapel Hill, 1971), p. 120; N. Lampert, *The Technical Intelligentsia and the Soviet State: A Study of Soviet Managers and Technicians 1928~1935* (London, 1979), p. 71; S. Fitzpatrick, *Education and Social Mobility in the Soviet Union 1921~1934* (Cambridge, 1979), pp. 199~200; R. Davies, *The Soviet Economy in Turmoil 1929~1930* (London, 1989), pp. 134~135.

9) 이 편지들의 좋은 샘플은 *Obshchestvo i vlast' 1930-e gody: povestvovanie v dokumentakh* (Moscow, 1998)와 *Stalinism as a Way of Life: A Narrative in Documents*, edited by L. Siegelbaum and S. Sokolov (New Haven, 2000)에서 볼 수 있다.

10) L. Viola, *Peasant Rebels Under Stalin: Collectivization and the Culture of Peasant Resistance* (Oxford, 1996); 같은 저자, "Popular Resistance in the Stalinist 1930s: Soliloquy of a Devil's Advocate", *Kritika: Explorations in Russian and Eurasian History*, vol. 1, no. 1 (Winter 2000), pp. 45~69; J. Rossman, "The Teikovo Cotton Workers' Strike of April 1932: Class, Gender and Identity Politics in Stalin's Russia", *Russian Review*, vol 56, no. 1 (January 1997), pp. 44~69를 보라.

11) 2003년 5월에 상트페테르부르크에서 레프 몰로트코프(Lev Molotkov)와 한 인터뷰; 2003년 10월에 상트페테르부르크에서 지나이다 벨리코바(Zinaida Belikova)와 한 인터뷰; MUFA, A. Golovanov, "Tetradki", ms., p. 16.

12) TsKhDMO, f. 1, op. 23, d. 1265, l. 43.

13) J. Arch Getty and O. Naumov, *The Road to Terror: Stalin and the Self-Destruction of the Bolsheviks, 1929~1939* (New Haven, 1999), pp. 52~54.

14) Ibid., p. 126.

15) S. Fitzpatrick, *The Cultural Front: Power and Culture in Revolutionary Russia* (Ithaca, 1992), pp. 160~161; 같은 저자, *Education and Social Mobility*, pp. 178, 246.

16) A Man'kov, *Dnevniki tridtsatykh godov* (St Petersburg, 2001), pp. 82~83.

17) *Stalinism as a Way of Life*, pp. 124~125. (뜻을 명확하게 하려고 번역을 약간 고쳤다.)

18) L. Trotsky, *The Revolution Betrayed* (New York, 1972), pp. 136, 138.

19) J. Gronow, *Caviar with Champagne: Common Luxury and the Ideals of the Good Life in Stalin's Russia* (Oxford, 2003), p. 36; Fitzpatrick, *The Cultural Front*, p. 224.

20) RGASPI, f. 17, op. 120, d. 138, ll. 78~79.

21) D. Hoffman, *Stalinist Values: The Cultural Norms of Stalinist Modernity* (Ithaca, 2003), pp. 126, 131; N. Timasheff, *The Great Retreat: The Growth and Decline of Communism in Russia* (New York, 1946), pp. 317~318. 1930년대의 *kul'turnost'*(쿨투르노스티, '문화 생활')의 이데올로기적 역할에 관해서는 V. Volkov, "The Concept of *Kul'turnost'*: Notes on the Stalinist Civilizing Process", in S. Fitzpatrick (ed.), *Stalinism:*

New Directions (London, 2000), pp. 210~230을 보라.

22) L. Trotsky, *Problems of Everyday Life: Creating the Foundations of a New Society in Revolutionary Russia* (London, 1973), p. 98.

23) K. Gerasimova, "Public Privacy in the Soviet Communal Apartment", in D. Crowley and S. Reid (eds.), *Socialist Spaces: Sites of Everyday Life in the Eastern Bloc* (Oxford, 2002), p. 210; V. Buchli, *An Archaeology of Socialism* (Oxford, 1999), p. 78.

24) S. Fitzpatrick, *Everyday Stalinism: Ordinary Life in Extraordinary Times: Soviet Russia in the 1930s* (Oxford, 1999), pp. 150~155; K. Clark, *The Soviet Novel: History as Ritual* (Chicago, 1981), p. 115; J. Brooks, "Revolutionary Lives: Public Identities in Pravda during the 1920s", in S. White (ed.), *New Directions in Soviet History* (Cambridge, 1992), p. 34; Timasheff, *The Great Retreat*, pp. 199~200, 202; C. Kelly, *Comrade Pavlik: The Rise and Fall of a Soviet Boy Hero* (London, 2005), p. 158.

25) 2004년 3월에 상트페테르부르크에서 마리나 이바노바(Marina Ivanova)와 한 인터뷰.

26) I. Shikheeva-Gaister, *Semeinaia khronika vremen kul'ta lichnosti: 1925~1953* (Moscow, 1998), pp. 15~17.

27) J. Barber, "The Worker's Day: Time Distribution in Soviet Working-Class Families, 1923~1936", 1978년 버밍엄대학의 러시아·동유럽 연구소(Centre for Russian and East European Studies)에서 발표한 논문.

28) Trotsky, *The Revolution Betrayed*, p. 156.

29) MFA, L. Makhnach, "Oskolki bylogo s vysoty nastoiashchego", ms., pp. 2~5; 2004년 3월과 7월에 모스크바에서 레오니트 마흐나치(Leonid Makhnach)와 한 인터뷰.

30) MFA, L. Makhnach, "Otets", ms., pp. 2~4.

31) MFA, 블라디미르 마흐나치(Vladimir Makhnach)가 아내 마리야 마흐나치(Maria Makhnach)에게, 1935년 11월 29일.

32) GFA, O. Golovnia, "Predisloviia k pis'mam…", ms., pp. 3~4, 6, 12, 14, 47.

33) GFA, O. Golovnia, "Mezhdu kratovym i otdykhom", ms., p. 1; "Predsloviia k pis'mam….", ms., p. 31; A. Golovnia, "Dnevnik"; 2004년 3월, 7월, 10월에 모스크바에서 예브게니야 골로브냐(Yevgeniia Golovnia)와 한 인터뷰.

34) GFA, "Predisloviia k pis'mam…", ms., pp. 40~43, 58~61.

35) Ibid., p. 51.

36) E. Osokina, *Za fasadon 'stalinskogo izbiliia'. Raspredelenie i rynok v snabzhenii naseleniia v gody industrializatsii, 1927~1941* (Moscow, 1998), pp. 128, 134; Man'-kov, *Dnevniki tridtsatykh godov*, p. 272. 또한 Gronow, *Caviar with Champagne*, pp. 126~127도 보라.

37) A. Ledeneva, *Russia's Economy of Favours: Blat, Networking and Informal Exchange* (Cambridge, 1998); Fitzpatrick, *Everyday Stalinism*, p. 63.

38) Fitzpatrick, *Everyday Stalinism*, p. 46.

39) S. Kotkin, *Magnetic Mountain: Stalinism as a Civilization* (Berkeley, 1997), pp. 161,

171, 175~176, 477.

40) N. Mandelstam, *Hope Against Hope* (London, 1989), p. 135.

41) 예를 들어, MSP, f. 3, op. 36, d. 2, ll. 3~9를 보라.

42) MM, f. 3, op. 44, d. 2, l. 57.

43) 다음 절은 1930년대에 공동 아파트에 거주한 주민 37명과 진행한 인터뷰에 기반을 두고 있다. 이 책 2권 말미의 인터뷰 명단을 보라.

44) K. Gerasimova, "Public Privacy in the Soviet Communal Apartment", p. 208; V. Semenova, "Ravenstvo v nishchete: simvolicheskoe znachenie 'kommunalok'", in *Sud'ba liudi: Rossiia XX vek. Biografii semei kak ob'ekt sotsiologicheskogo issledovaniia* (Moscow, 1996), p. 374.

45) K. Gerasimova, "Public Spheres in the Communal Apartment", in G. Rittersporn, M. Rolfe and J. Behrends (eds.), *Public Spaces in Soviet-Type Societies* (Sonderdruck, 2003), p. 167; I. Utekhin, *Ocherki kommunal'nogo byta* (Moscow, 2001), pp. 148~149.

46) 2005년 3월과 6월에 모스크바에서 알렉세이 유라소프스키(Aleksei Iurasovsky)와 한 인터뷰.

47) P. Messana, *Kommunalka, Une histoire de L'Union soviétique à travers l'appartement communautaire* (Paris, 1995), pp. 16~17. 또한 R. Berg, *Sukhovei. Vospominaniia genetika* (Moscow, 2003), p. 140도 보라.

48) SSEES, Pahl-Thompson Collection, E. V. Mamlin, pp. 1~7.

49) 2005년 5월에 모스크바에서 미노라 노비코바(Minora Novikova)와 한 인터뷰.

50) 2005년 6월에 상트페테르부르크에서 니나 파라모노바(Nina Paramonova)와 한 인터뷰.

51) 2005년 4월에 모스크바에서 니넬 레이프시네이데르(Ninel Reifshneider)와 한 인터뷰.

52) MSP, f. 1, op. 16, d. 2, ll. 65~66; op. 23, d. 2, l. 93; Berg, *Sukhovei*, p. 141; 2005년 5월에 상트페테르부르크에서 옐레나 바이굴로바(Elena Baigulova)와 한 인터뷰; SSEES, Pahl-Thompson Collection, E. V. Mamlin, p. 4.

53) Gerasimova, "Public Spaces", pp. 185~186.

54) 2005년 6월에 상트페테르부르크에서 니나 파라모노바와 한 인터뷰.

55) V. Semystiaha, "The Role and Place of Secret Collaborators in the Informational Activity pf the GPU-NKVD in the 1920s and 1930s (on the Basis of Materials of the Donbass Region)", *Cahiers du Monde Russe*, vol. 42, nos. 2~4 (2001), pp. 231~244. 또한 P. Holquist, "'Information is the Alpha and Omega of Our Work': Bolshevik Surveillance in its Pan-European Context", *Journal of Modern History*, 69 (September 1997), pp. 415~450.

56) 2005년 6월에 상트페테르부르크에서 니나 파라모노바와 한 인터뷰. M. Baitalsky, *Notebooks for the Grandchildren: Recollections of a Trotskyist Who Survived the Stalin Terror* (New Jersey, 1995), p. 144.

57) 2005년 5월에 상트페테르부르크에서 나탈리야 그리고레바(Natalia Grigoreva)와 한 인터뷰.

58) 2003년 3월에 모스크바에서 익명의 인물과 진행한 인터뷰.

59) 2005년 9월에 상트페테르부르크에서 예브게니야 모이세옌코(Yevgeniia Moiseyenko)와 한 인터뷰.

60) 2005년 5월에 모스크바에서 미노라 노비코바와 한 인터뷰; SSEES, Pahl-Thompson Collection, G. E. Mamlina, p. 6.

61) 2005년 6월에 상트페테르부르크에서 니나 파라모노바와 한 인터뷰; 2005년 9월에 상트페테르부르크에서 예브게니야 모이세옌코와 한 인터뷰; MSP, f. 3, op. 16, d. 2, ll. 71~72.

62) Gerasimova, "Public Privacy", p. 224.

63) 2005년 5월에 모스크바에서 인나 시혜예바 (가이스테르)(Inna Shikheyeva 'Gaister')와 한 인터뷰; 2005년 4월에 모스크바에서 옐리자베타 체치크(Elizaveta Chechik)와 한 인터뷰; 2005년 5월에 모스크바에서 미노라 노비코바와 한 인터뷰; 2004년 10월에 모스크바에서 마이야 로다크(Maia Rodak)와 한 인터뷰; 2005년 5월에 상트페테르부르크에서 타티야나 바실리예바(Tatiana Vasileva)와 한 인터뷰; 2005년 5월에 상트페테르부르크에서 옐레나 바이굴로바와 한 인터뷰.

64) 2005년 4월에 모스크바에서 옐리자베타 체치크와 한 인터뷰; 2005년 5월에 모스크바에서 인나 시혜예바 (가이스테르)와 한 인터뷰; 2005년 5월에 모스크바에서 미노라 노비코바와 한 인터뷰; SSEES, Pahl-Thompson Collection, E. V. Gavrilova, pp. 6~7; G. E. Mamlina, p. 12; MSP, f. 3, op. 16, d. 2, ll. 64~65.

65) SSEES, Pahl-Thompson Collection, A. A. Dobriakova, pp. 5~8.

66) 2005년 3월에 모스크바에서 알렉세이 유라소프스키와 한 인터뷰. 또한 E. A. Skriabina, *Stranitsy zhizni* (Moscow, 1994), p. 84도 보라.

67) 2005년 5월에 모스크바에서 인나 시혜예바 (가이스테르)와 한 인터뷰; 2005년 4월에 모스크바에서 옐리자베타 체치크와 한 인터뷰; 2005년 5월에 모스크바에서 미노라 노비코바와 한 인터뷰; 2004년 10월에 모스크바에서 마이야 로다크와 한 인터뷰; 2005년 5월에 상트페테르부르크에서 타티야나 바실리예바와 한 인터뷰; SSEES, Pahl-Thompson Collection, E. V. Gavrilova, p. 7; E. V. Mamlin, p. 12.

68) Utekhin, *Ocherki*, pp. 94~95, 151, 153, 166; 2004년 6월에 상트페테르부르크에서 갈리나 마르켈로바(Galina Markelova)와 한 인터뷰; 또한 MM, f. 12, op. 7, d. 2, ll. 12~15; TsGASP, f. 7384, op. 42, d. 343, ll. 421~424도 보라.

69) N. Lebina, *Povsednevnaia zhizn' sovetskogo goroda: normy i anomalii, 1920~1930 gody* (St Petersburg, 1999), p. 195; 2005년 4월에 모스크바에서 옐리자베타 체치크와 한 인터뷰.

70) 2005년 5월에 모스크바에서 미노라 노비코바와 한 인터뷰; 2005년 5월에 모스크바에서 인나 시혜예바 (가이스테르)와 한 인터뷰.

71) K. Mannheim, *Ideology and Utopia: An Introduction to the Sociology of Knowledge* (London, 1991), pp. 184, 219. 또 내가 이 부분을 쓰는 데 도움을 받은 A. Kelly, "In the Promised Land", *New York Review of Books*, vol. 48, no. 19 (2001년 11월 29일)도 보라.

72) N. Patolichev, *Ispytaniia na zrelost'* (Moscow, 1977), p. 170.

73) V. Petrov, *Byt derevni v sochineniiakh shkol'nikov* (Moscow, 1927); T. Egorov, *Kem khotiat byt' nashi deti? Sbornik detskikh pisem dlia ottsov* (Moscow and Leningrad, 1929); G. Petelin, *Dadim slovo shkol'niku* (Moscow, 1931).

74) MSP, f. 3, op. 47, d. 2, l. 7.

75) R. Orlova, *Vospominaniia o neproshedshem vremeni* (Ann Arbor, 1983), p. 30.

76) *Izvestiia*, 1935년 7월 14일; A. Tertz, *On Socialist Realism* (New York, 1960), p. 78; *Soviet Writers' Congress, 1934: The Debate of Socialist Realism and Modernism* (London, 1977), p. 157; S. Fitzpatrick, *The Cultural Front: Power and Culture in Revolutionary Russia* (Ithaca, 1992), p. 217; W. Leonhard, *Child of the Revolution* (London, 1957), p. 22.

77) N. Kaminskaya, *Find Judgement: My Life as a Soviet Defence Attorney* (New York, 1982), pp. 18~21.

78) *The Correspondence of Boris Pasternak and Olga Freidenberg, 1910~1954* (New York, 1982), p. 154; N. Mandelstam, *Hope Against Hope: A Memoir* (London, 1989), p. 115.

79) L. Kopelev, *No Jail for Thought* (London, 1979), pp. 11~13.

80) Leonhard, *Child of the Revolution*, p. 81.

81) D. Shearer, "Social Disorder, Mass Repression and the NKVD During the 1930s", *Cahiers du Monde Russe*, vol. 42, nos. 2~4 (2001), pp. 505~534; P. Hagenloh, "'Socially Harmful Elements' and the Great Terror", in S. Fitzpatrick (ed.), *Stalinism: New Directions* (London, 2000), pp. 286~308.

82) RGALI, f. 1604, op. 1, d. 21, l. 32; A. Avdeenko, "Otluchenie", *Znamia*, no. 3 (1989), p. 11.

83) C. Ruder, *Making History for Stalin; The Story of the Belomor Canal* (Gainesville, Fl., 1998), p. 50; G. Smith, *D. S. Mirsky: A Russian-English Life, 1890~1939* (Oxford, 2000), p. 209; Avdeenko, "Otluchenie", p. 18; *Belomorsko-baltiiskii kanal imeni Stalina: istoriia stroitel'stva 1931~1934 gg.* (Moscow, 1934).

84) A. Starkov, *Mikhail Zoshchenko: sud'ba khudozhnika* (Moscow, 1990), p. 139.

85) S. and B. Webb, *Soviet Communism: A New Civilization?*, 2 vols. (London, 1935), vol. 2, p. 591; Ivan Chukhin, *Kanalo-armeitsy: istoriia stroitel'stva Belomorkanala v dokumentakh, tsifrakh, faktakh, fotografiiakh, svidetel'stvakh uchastnikov i ochevidtsev* (Petrozavodsk, 1990), p. 37.

86) Ruder, *Making History for Stalin*, pp. 56~59.

87) Avdeenko, "Otluchenie", p. 8; RGALI, f. 1814, op. 1, d. 944, ll. 6, 14.

88) RGALI, f. 1814, op. 10, d. 339; d. 360, ll. 33, 35~36. 시모노프와 푸도프킨에 관해서는 K. Simonov, "O Vsevolode Illarionoviche Pudovkine", in *Pudovkin v vospominaaiiakh sovremennikov* (Moscow, 1989), pp. 274~281을 보라.

89) K. Simonov, *Glazami cheloveka moego pokoleniia* (Moscow, 1990), pp. 39~41.

90) RGALI, f. 1814, op. 10, d. 360, l. 34; Simonov, *Glazami*, pp. 39, 41, 45.

91) RGALI, f. 1814, op. 1, d. 1, ll. 13~14, 60; d. 848, l. 5; op. 10, d. 360, ll. 34~35.

92) RGALI, f. 1814, op. 10, d. 339, l. 4.

93) RGALI, f. 1814, op. 10, d. 360, l. 36.

94) RGALI, f. 632, op. 1, d. 1; d. 16, ll. 5, 12.

95) N. Tipot (Sokolva), "Dnevnik", 개인 문서고.

96) RGALI, f. 632, op. 1, d. 15, ll. 23~27; d. 16, ll. 7~8; f. 1814, op. 9, d. 2606, l. 6; op. 10, d. 339, l. 11; 2003년 11월에 모스크바에서 라자리 라자레프(Lazar Lazarev)와 한 인터뷰.

97) L. Lazarev, *Konstantin Simonov. Ocherk zhizni i tvorchestva* (Moscow, 1985), pp. 18, 35; A. Karaganov, *Konstantin Simonov vblizi i na rasstoianii* (Moscow, 1987), pp. 9, 10; RGALI, f. 1814, op. 1, d. 71.

98) Simonov, *Glazami*, pp. 42~45; RGALI, f. 1814, op. 9, d. 25, l. 13; d. 1010, ll. 16~19, 25.

99) Simonov, *Glazami*, pp. 46~47.

100) Ibid., pp. 48~49.

101) Ibid,. p. 47.

102) TsGAIPD, f. 1278, op. 1, d. 439869, l. 4.

103) SFA, I. Slavina, "Tonen'kii nerv istorii", ms., pp. 16~17, 30; 2003년 9월에 쾰른에서 이다 슬라비나와 한 인터뷰.

104) I. Slavin, *Vreditel'stvo na fronte sovetskogo ugolovnogo prava* (Moscow, 1931), p. 76; SFA, I. Slavina, "Put' na plakhu", ms., p. 29.

105) I. Slavin, "K Voprosu o prinuditel'nykh rabotakh bez soderzhaniia pod strazhei", *Ezhenedel'nik sovetskoi iustitsii*, 1922, no. 36; "Proizvodstvennye tovarishcheskie sudi i revoliutsiia", *Sovetskoe gosudarstvo i pravo*, 1931, no. 7; "Nekotorye voprosy praktiki proizvodstvenno-tovarishcheskikh sudov", *Sovetskoe gosudarstvo i pravo*, 1932, nos. 5~6.

106) SPbF ARAN, f. 229, op. 1, d. 100, ll. 44~45.

107) TsGAIPD, f. 1816, op. 2, d. 5095, l. 66.

108) SPbF ARAN, f. 229, op. 1, d. 93, ll. 4, 6; d. 100, l. 67,; d. 120, ll. 7~12; d. 122, ll. 6~10; SFA, "Put' na plakhu", pp. 79~81; 2003년 6월과 10월에 쾰른에서 이다 슬라비나와 한 인터뷰; TsGAIPD, f. 563, op. 1, d. 1467, l. 117.

109) S. Wheatcroft, "The Scale and Nature of German and Soviet Repression and Mass Killings, 1930~1945", *Europe-Asia Studies*, vol. 48, no. 8 (1996), pp. 1338~1340.

110) 2003년 8월에 상트페테르부르크에서 예브게니야 비텐부르크와 한 인터뷰; E. Vittenburg, *Vremia poliarnykh stran* (St Petersburg, 2002), pp. 106~112.

111) I. Flige, "Osoblag Vaigach", *Vestnik Memoriala*, no. 6 (St Petersburg, 2001), pp. 12~19.

112) VFA, 지나이다가 베로니카와 발렌티나 비텐부르크에게 보내는 편지, 1933년 8월 26일.

113) 2003년 8월에 상트페테르부르크에서 예브게니야 비텐부르크와 한 인터뷰.

114) 2004년 9월에 상트페테르부르크에서 예브게니야 비텐부르크와 한 인터뷰.

115) VFA, "Sotsdogovor ambulatornogo vracha sanotdela vaigachskoi ekspeditsii NKVD
Vittenburg Z. I. ot 2 marta 1933"; 지나이다가 베로니카와 발렌티나 비텐부르크에게 보내
는 편지, 날짜 미상(1935); 2004년 9월에 상트페테르부르크에서 예브게니야 비텐부르크와
한 인터뷰.

116) 2003년 8월과 2004년 9월에 상트페테르부르크에서 예브게니야 비텐부르크와 한 인터
뷰; VFA, 지나이다가 베로니카와 발렌티나 비텐부르크에게 보내는 편지, 1935년 11월 3
일; "Dnevnik v pis'makh P. A. Vittenburg docheri Evgenii", p. 54; Vittenburg, *Vremia
poliarnykh stran*, p. 134.

117) VFA, 파벨이 예브게니야 비텐부르크에게 보내는 편지, 1936년 9월 13일;
"Dnevnik v pis'makh P. V. Vittenburga docheri Evgenii", ms., p. 7.

118) MM, f. 1, op. 4, Trudovaia kniga; f. 12, op. 9, d. 2.

119) MM, f. 12, op. 2, d. 2, l. 13; d. 3, l. 43.

120) S. Rosefield, "Stalinism in Post-Communist Perspective: New Evidence on Killings,
Forced Labour and Economic Growth in the 1930s", *Europe-Asia Studies*, vol. 48, no.
6 (1996), p. 969.

121) MSP, f. 3, op. 1, d. 2, ll. 1~14; d. 5, ll. 1~5, 12~15; *Pravda*, 1929년 11월 3일, p. 5; P.
Broué, *Trotsky* (Paris, 1988), p. 638.

122) MSP, f. 3, op. 1, d. 5, ll. 10, 19.

123) MSP, f. 3, op. 1, d. 4. (편지의 인용문은 편지 날짜로 찾을 수 있다.)

124) MSP, f. 3, op. 1, d. 2, ll. 21, 59.

125) MSP, f. 3, op. 1, d. 2, l. 58.

126) MSP, f. 3, op. 1, d. 2, l. 50.

127) MSP, f. 3, op. 1, d. 2, l. 52.

128) MSP, f. 3, op. 1, d. 5, ll. 7, 8, 21, 25~26.

129) *Stalin's Letters to Molotov*, edited by L. Lih, O. Naumov and O. Khlevniuk, translated
by C. Fitzpatrick (New Haven, 1995), p. 200.

130) RGAE, f. 769, op. 1, d. 23~35.

131) RGAE, f. 769, op. 1, d. 25, l. 10.

132) RGAE, f. 769, op. 1, d. 31, l. 9.

133) RGAE, f. 769, op. 1, d. 13.

134) RGAE, f. 769, op. 1, d. 29, l. 44.

4장 숙청과 공포(1937~1938)

1) *Pravda*, 1932년 1월 31일; *Golgofa. Po materialam arkhivno-sledstvennogo dela,
no. 603 na Sokolovu-Piatnitskuiu Iu. I.* ed. by V. I. Piatnitskii (St Petersburg, 1993), p.
42.

2) Ibid., pp. 8~9.

3) V. Piatnitskii, *Zagovor protiv Stalina* (Moscow, 1998), p. 198.

4) *Golgofa*, p. 9.

5) J. Haslam, "Political Opposition to Stalin and the Origins of the Terror, 1932~1936", *Historical Journal*, vol. 29, no. 2 (June 1986), p. 412. 또 같은 저자, "The Soviet Union, the Comintern and the Demise of the Popular Front, 1936~1939", in H. Graham and O. Preston (eds.), *The Popular Front in Europe* (London, 1987), pp. 152~160; K. McDermott, "Stalinist Terror in the Comintern: New Perspectives", *Journal of Contemporary History*, vol. 30, no. 1 (January 1995), pp. 111~130도 보라.

6) *The Diary of Georgi Dimitrov, 1933~1949* (New Haven, 2003), p. 110; McDermott, "Stalinist Terror", p. 118.

7) B. Starkov, 'The Trial That Was Not Held', *Europe-Asia Studies*, vol. 46, no. 8 (1994), p. 1303.

8) *Golgofa*, pp. 20, 21, 24; 2005년 9월에 상트페테르부르크에서 블라디미르 퍄트니츠키 (Vladimir Piatnitsky)와 한 인터뷰.

9) *Golgofa*, pp. 62~63.

10) Ibid., pp. 25, 39~40.

11) Ibid., pp. 26, 34; 2005년 9월에 상트페테르부르크에서 블라디미르 퍄트니츠키와 한 인터뷰.

12) M. Ellman, "Soviet Repression Statistics: Some Comments", *Europe-Asia Studies*, vol. 54, no. 7 (November 2002); H. Kuromiya, "Accounting for the Great Terror", *Jahrbücher für Geschichte Osteuropas*, 53 (2005), p. 88; A. Applebaum, *Gulag: A History of the Soviet Camps* (London, 2003), pp. 516, 519. 1929~1932년의 수치들은 V. Popov, "Gosudarstvennyi terror sovetskoi Rossii. 1923~1953 gg.", *Otechestvennyi arkhiv*, 1992, no. 2, p. 28에서 가져왔다.

13) J. Getty, *Origins of the Great Purges: The Soviet Communist Party Reconsidered, 1933~1938* (Cambridge, 1985).

14) P. Solomon, *Soviet Criminal Justice Under Stalin* (Cambridge, Mass., 1996), chap. 5; O. Khlevniuk, "The Politbiuro, Penal Policy and 'Legal Reforms' in the 1930s", in P. Solomon (ed.), *Reforming Justice in Russia, 1864~1996: Power, Culture, and the Limits of Legal Order* (Armonk, 1997), pp. 190~206.

15) J. Getty, "'Excesses Are Not Permitted': Mass Terror and Stalinist Governance in the Late 1930s', *Russian Review*, 61 (2002), no. 1, pp. 113~138.

16) S. Fitzpatrick, "Varieties of Terror", in 같은 저자 (ed.), *Stalinism: New Directions* (London, 2000), p. 258. 비슷한 견해를 B. McLoughlin and K. McDermott, "Rethinking Stalinist Terror", in 같은 저자들 (eds.), *Stalin's Terror: High Politics and Mass Repression in the Soviet Union* (New York, 2003), pp. 1~18에서 볼 수 있다.

17) O. Khlevniuk, "The Reasons for the 'Great Terror': The Foreign Political Aspect",

Annali della Fondazione Giangiacomo Feltrinelli, vol. 34 (1998), pp. 163ff.; 같은 저자, "The Objectives of the Great Terror, 1937~1938", in J. Cooper, M. Perrie and E. Rees (eds.), *Soviet History, 1917~1953: Essays in Honor of R. W. Davies* (London, 1995), pp. 158~176. 또 다음 단락들을 위해 내가 의존한 H. Kuromiya, "Accounting for the Great Terror"도 보라.

18) Kuromiya, "Accounting for the Great Terror", p. 94; S. Payne, *The Spanish Civil War, the Soviet Union, and Communism* (New Haven, 2004), p. 309.

19) S. Allilueva, *Twenty Letters to a Friend* (London, 1967), pp. 88~89; J. Getty and O. Naumov, *The Road to Terror: Stalin and the Self-Destruction of the Bolsheviks, 1932~1939* (New Haven, 1999), pp. 157, 256~257.

20) V. Kravchenko, *I Chose Freedom* (London, 1947), p. 213.

21) V. Rogovin, *Partiia rasstreliannykh* (Moscow, 1997), pp. 487~489; *Reabilitatsiia. Kak eto bylo*, 3 vols. (Moscow, 2000~2004), vol. 1, p. 30; O. Suvenirov, *Tragediia RKKA, 1937~1938* (Moscow, 1998), p. 315.

22) *Istochnik*, 1994, no. 3, p. 80; N. Khrushchev, *Khrushchev Remembers* (London, 1971), p. 283; M. Jansen and N. Petrov, *Stalin's Loyal Executioner: People's Commissar Nikolai Ezhov, 1895~1940* (Stanford, 2002), pp. 89, 201.

23) F. Chuev, *Sto sorok besed s Molotovym* (Moscow, 1991), pp. 390, 413; Piatnitskii, *Zagovor protiv Stalina*, p. 65; Kuromiya, "Accounting for the Great Terror", p. 96.

24) *Tragediia sovetskoi derevni: kollektivizatsiia i raskulachivanie. Dokumenty i materialy*, 5 vols. (Moscow, 1999~2004), vol. 5: 1937~1939, Part 1, 1937, pp. 32, 33, 46, 54, 387; Kuromiya, "Accounting for the Great Terror", pp. 92~93.

25) N. Petrov and A. Roginskii, "'Pol'skaia operatsiia' NKVD 1937~1938 gg." in L. Eremina (ed.) *Repressii protiv poliakov i pol'skikh grazhdan* (Moscow, 1996), pp. 40~43; '인종 청소'의 한 형태로서 '민족 작전'에 관해서는 T. Martin, *The Affirmative Action Empire: Nations and Nationalism in the Soviet Union, 1923~1939* (Ithaca, 2001), pp. 328~343.

26) V. Garros, N. Korenevskaya and T. Lahusen (eds.), *Intimacy and Terror* (New York, 1995), p. 357.

27) 2005년 9월에 상트페테르부르크에서 블라디미르 퍄트니츠키와 한 인터뷰.

28) R. Thurston, *Life and Terror in Stalins' Russia* (New Haven, 1996), pp. 72~77.

29) V. Frid, *58½: zapiski lagernogo pridurka* (Moscow, 1996), p. 91.

30) 2004년 5월에 상트페테르부르크에서 뱌체슬라프 콜로프코프(Viacheslav Kolobkov)와 한 인터뷰.

31) E. Ginzburg, *Journey into the Whirlwind* (New York, 1967), pp. 21~22.

32) E. Bonner, *Mothers and Daughters* (London, 1992), p. 263.

33) MP, f. 4, op. 4, d. 2, ll. 2, 25; op. 5, ll. 3~4; L. Il'ina, *Moi otets protiv NKVD* (St Petersburg, 1998), pp. 16~21.

34) MSP, f. 3, op. 12, d. 2, ll. 35~40, 116~117.

35) SFA, I. Slavina, "Tonen'kii nerv istorii", ms., pp. 9~13.

36) R. Conquest, *The Great Terror: A Reassessment* (London, 1992), pp. 75, 87, 89, 127.

37) V. Bronshtein, "Stalin and Trotsky's Relatives in Russia", in T. Brotherstone and P. Dukes (eds.), *The Trotsky Reappraisal* (Edinburgh, 1992), pp. 8~15.

38) Getty and Naumov, *The Road to Terror*, pp. 486~487; Chuev, *Sto sorok besed*, p. 415.

39) *Golgofa*, p. 29.

40) 또 MSP, f. 3, op. 34, d. 2; MP, f. 4, op. 16, dd. 2, 3도 보라.

41) *Golgofa*, pp. 31, 34, 35~36, 43, 45; 2005년 8월에 상트페테르부르크에서 블라디미르 파트니츠키와 한 인터뷰.

42) *Golgofa*, p. 37.

43) M. Prishvin, "Dnevnik 1937 goda", *Oktiabr'*, 1995, no. 9, p. 168.

44) Conquest, *The Great Terror*, p. 256; M. Prishvin and V. Prishvin, *My s toboi. Dnevnik liubvi* (Moscow, 1996), p. 13.

45) MP, f. 4, op. 25, d. 2, ll. 9~10.

46) MSP, f. 3, op. 8, d. 2, l. 9.

47) MP, f. 4, op. 6, d. 2, ll. 18, 37.

48) E. Gerstein, *Moscow Memoirs* (London, 2004), p. 79.

49) MM. f. 12, op. 14, d. 2, ll. 15~16.

50) MM. f. 12, op. 7, d. 2, l. 23.

51) Gerstein, *Moscow Memoirs*, p. 214.

52) MP, f. 4, op. 8, d. 2, l. 22.

53) MM, f. 12, op. 28, d. 2, ll. 12, 35~36.

54) GFA, O. Golovnia, "Dom na Vasil'evskoi", ms., pp. 2~3.

55) Prishvin, "Dnevnik 1937 goda", *Oktiabr'*, 1995, no. 9, p. 158.

56) A. Man'kov, *Dnevniki tridtsatykh godov* (St Petersburg, 2001), p. 144,

57) Prishvin, "Dnevnik 1937 goda", *Oktiabr'*, 1995, no. 9, p. 165.

58) 일기 쓰기의 역할에 대해 이와 다른 관점을 보려면 서문에서 인용한 요헨 헬베크의 저술들을 확인하라.

59) "'Zhizn' stala veselei···' Iz dnevnika 1936 goda", *Oktiabr'*, 1993, no. 10, p. 4; M. Prishvin, "Dnevnik 1937 goda", *Oktiabr'*, 1995, no. 11, p. 144; 같은 저자, *Sobranie sochinenii*, 8 vols. (Moscow, 1986), vol. 8, p. 473.

60) J. Hellbeck, *Revolution on My Mind: Writing a Diary Under Stalin* (Cambridge, Mass., 2006), pp. 304~305, 306, 308~309, 311~322; RGALI, f. 2172, op. 3, d. 5, l. 249.

61) E. Evangulova, *Krestnyi put'* (St Petersburg, 2000), pp. 68, 81, 83.

62) Man'kov, *Dnevniki*, p. 59.

63) Prishvin and Prishvin, *My s toboi*, pp. 22~23, 35, 37.

64) MM, f. 12, op. 25, d. 2, l. 136; Kravchenko, *I Chose Freedom*, p. 448; Thurston, *Life*

and Terror in Stalin's Russia, p. 71. G. Agabekov, *GPU: zapiski chekista* (Moscow, 1931)에서 인용한 한 오게페우(OGPU) 관리의 말에 따르면 1930년에 모스크바에서 활동한 정보원의 수가 이보다 적은 1만 명이었다고 한다. 또 V. Semystiaha, "The Role and Place of Secret Collaborators in the Informational Activity of the GPU-NKVD in the 1920s and 1930s (on the Basis of Materials of the Donbass Region)", *Cahiers du Monde Russe*, vol. 42, nos. 2~4 (2001), pp. 231~244도 보라.

65) 이 하위 정보원 네트워크에 관해서는 C. Hooper, "Terror from Within: Participation and Coercion in Soviet Power, 1924~1964" (Ph.D. dissertation, Princeton University, 2003), pp. 154~164를 보라.

66) K. Simonov, *Glazami cheloveka moego pokoleniia* (Moscow, 1990), p. 50.

67) W. Leonhard, *Child of the Revolution* (London, 1957), pp. 100~102.

68) Frid, *58½*, pp. 160~161.

69) MP, f. 4, op. 9, d. 2, ll. 25~27; d. 5, ll. 8~9.

70) O. Adamova-Sliuzberg, *Put'* (Moscow, 2002), p. 172.

71) TsAODM, f. 369, op. 1, d. 161, ll. 1~2.

72) *The Hand of Stalin* (Part 2), October Films, 1990에 나오는 인터뷰 내용이다.

73) Adamova-Sliuzberg, *Put'*, pp. 19-20.

74) Thurston, *Life and Terror in Stalin's Russia*, p. 154에서 인용.

75) MSP, f. 3, op. 16, d. 2, ll. 3~4, 63~65.

76) 2003년 5월에 상트페테르부르크에서 레프 몰로트코프와 한 인터뷰.

77) N. Adler, *The Gulag Survivor: Beyond the Soviet System* (New Brunswick, 2002), p. 216; I. Shikheeva-Gaister, *Semeinaia khronika vremen kul'ta lichnosti: 1925~1953* (Moscow, 1998), p. 32.

78) Conquest, *The Great Terror*, p. 222; V. Kozlov, "Denunciation and Its Fuctions in Soviet Governance: A Study of Denunciations and Their Bureaucratic Handling from Soviet Police Archives, 1944~1953", *Journal of Modern History*, vol. 68, no. 4 (December 1996), p. 875. 아파트에 관해서는 V. Buchli, *An Archeology of Socialism* (Oxford, 1999), pp. 113~117을 보라.

79) MSP, f. 3, op. 36, d. 2, ll. 3, 13~14; d. 3, ll. 4~6.

80) Simonov, *Glazami*, pp. 55, 62.

81) RGALI, f. 1814, op. 9, d. 5, ll. 65~67; 2003년 11월에 모스크바에서 라자리 라자레프와 한 인터뷰.

82) RGALI, f. 632, op. 1, d. 12, ll. 28~29; d. 13, l. 10; 2005년 6월에 모스크바에서 세묜 보로프스키(Semyon Vorovsky)와 한 인터뷰.

83) RGALI, f. 631, op. 15, d. 242, ll. 6~8; f. 618, op. 3, d. 27, ll. 5~14.

84) RGALI, f. 653, op. 1, d. 1087, l. 4.

85) RGALI, f. 631, op. 15, d. 226, l. 72.

86) RGALI, f. 1814, op. 1, d. 437, ll. 1~7.

87) RGALI, f. 632, op. 1, d. 15, l. 23.

88) RGALI, f. 632, op. 1, d. 12, l. 13.

89) E. Dolmatovskii, *Bylo: zapiski poeta* (Moscow, 1982); 2003년 11월에 모스크바에서 라자리 라자레프와 한 인터뷰.

90) RGALI, f. 1812, op. 1, d. 96, l. 7.

91) RGALI, f. 631, op. 15, d. 265, l. 34.

92) A. Granovsky, *All Pity Choked: The Memoirs of a Socialist Secret Agent* (London, 1952), p. 101.

93) Ginzburg, *Journey into the Whirlwind*, pp. 90~92.

94) A. Gorbatov, *Years off My Life* (London, 1964), pp. 103~104.

95) Conquest, *The Great Terror*, pp. 203~204. 야키르 장군의 동기 중 하나는 자신의 가족(나중에 모두 총살당하거나 수용소로 보내졌다)을 구하려는 것이었을 수도 있다.

96) F. Beck and W. Gordin, *Russian Purge and the Extraction of Confession* (London, 1951), p. 86.

97) S. Vilenskii (ed.), *Till My Tale Is Told* (London, 1999), pp. 124~126.

98) *The Hand of Stalin* (Part 2), October Films, 1990에 나오는 인터뷰.

99) Kravchenko, *I Chose Freedom*, p. 206. 추가로 S. Davies, *Popular Opinion in Stalin's Russia: Terror, Propaganda and Dissent, 1934~1941*(Cambridge, 1997), pp. 131~135; Thurston, *Life and Terror in Stalin's Russia*, pp. 143~146도 보라.

100) 2003년 6월에 쾰른에서 이다 슬라비나와 한 인터뷰.

101) MM, f. 12, op. 21, d. 2, ll. 28~29; op. 32, d. 2, l. 17.

102) MP, f. 4, op. 18, d. 2, ll. 32~35, 49~50.

103) VFA, 파벨이 예브게니야 비텐부르크에게 보내는 편지, 1937년 (2월).

104) TsMAMLS, f. 68, op. 1, d. 76, l. 77; d. 124, l. 19; d. 141, l. 88.

105) N. Kaminskaya, *Final Judgement: My Life as a Soviet Defence Attorney* (New York, 1982), p. 19.

106) MM, f. 12, op. 23, d. 2, ll. 37~38.

107) Simonov, *Glazami*, pp. 54~55.

108) Adamova-Sliuzberg, *Put'*, p. 11.

109) *Deti GULAGa 1918~1956, Rossiia XX vek. Dokumenty* (Moscow, 2000), pp. 272~273.

110) O. Khlevniuk, "The Objectives of the Great Terror, 1937~1938", in D. Hoffman (ed.), *Stalinism* (London, 2003), p. 98; Jansen and Petrov, *Stalin's Loyal Executioner*, pp. 187~188, 192.

111) SLFA, Mark Laskin, "Vospominaniia", ms., p. 41.

112) Simonov, *Glazami*, p. 59.

113) V. Shentalinsky, *The KGB's Literary Archive* (London, 1993), pp. 186~187.

114) RGALI, f. 1712, op. 1, d. 21, l. 4, op. 4, d. 8, l. 37.

115) RGALI, f. 1712, op. 3, d. 13, l. 1.

116) GARF, f. 5446, op. 82, d. 66, ll. 287~288. 또 L. Siegelbaum and A. Sokolov (eds.), *Stalinism as a Way of Life: A Narrative in Documents* (Yale, 2000), pp. 237~241도 보라.

117) Adamova-Sliuzberg, *Put'*, pp. 77~78.

118) P. Solomon, *Soviet Criminal Justice under Stalin* (Cambridge, 1996), p. 234.

119) M. Shreider, *NKVD iznutri: zapiski chekista* (Moscow, 1995), p. 42.

120) Ibid., p. 91.

121) Ibid., pp. 104~105.

122) Ibid., p. 120.

123) Bonner, *Mothers and Daughters*, p. 304.

124) A. Solzhenitsyn, *The Gulag Archipelago 1918~1956: An Experiment in Literary Investigation*, 3 vols. (London, 1974~1978), vol. 2, p. 637.

125) Adamova-Sliuzberg, *Put'*, pp. 11~12.

126) MSP, f. 3, op. 37, d. 2, l. 93.

127) MSP, f. 3, op. 12, d. 2, ll. 42~43.

128) MP, f. 4, op. 6, d. 2, ll. 6~10, 39~41, 45~49; d. 3, ll. 1~6.

129) *Golgofa*, pp. 30, 32, 35; 2005년 8월에 상트페테르부르크에서 블라디미르 퍄트니츠키와 한 인터뷰.

130) MSP, f. 3, op. 18, d. 1, l. 1; d. 2, ll. 2~3, 7~10.

131) MP, f. 4, op. 25, d. 2, ll. 7~8, 13~16, 18, 19, 21~22, 26~30.

132) 예를 들어, MSP, f. 3, op. 4, d. 2; MP, f. 4, op. 4, d. 2; V. Shapovalov (ed.), *Remembering the Darkness: Women in Soviet Prisons* (Lanham, 2001), pp. 228~229; N. Ulanovskaia and M. Ulanovskaia, *Istoriia odnoi sem'i* (New York, 1982), p. 135를 보라.

133) MM, f. 12, op. 2, d. 2, ll. 16~20.

134) O. Liubchenko, "Arbat 30, kvartira 58", *Istochnik*, 1993, nos. 5~6, pp. 26~29.

135) SFA, I. Slavina, "Tonen'kii nerv istorii", ms., p. 31; 2003년 6월에 쾰른에서 이다 슬라비나와 한 인터뷰.

136) Bonner, *Mothers and Daughters*, pp. 254~255. (본네르는 교장의 이름을 클라브디야 바실리예브나Klavdia Vasilyevna라고 잘못 말한다.); 2006년 11월에 보스턴에서 옐레나 본네르와 한 인터뷰.

137) 2004년 9월에 쾰른에서 이다 슬라비나와 한 인터뷰.

138) MSP, f. 3, op. 46, d. 2, ll. 17~18, 42~43.

139) MP, f. 4, op. 18, d. 2, l. 53.

140) MSP, f. 3, op. 37, d. 2, ll. 23~25, 37.

141) MM, f. 1, op. 1, d. 169(소피야가 블라디미르 안토노프-오프세옌코에게, 1937년 10월 16일).

142) GARF, f. 7523, op. 123, d. 202, ll. 16~19.

143) GARF, f. 5446, op. 26, d. 105, ll. 35~36.

144) Adamova-Sliuzberg, *Put'*, pp. 60~63.

145) MP, f. 4, op. 6, d. 2, ll. 37~38.

146) MSP, f. 3, op. 4, d. 2, l. 24.

147) *The Diary of Nina Kosterina* (London, 1972), pp. 35, 44, 53, 85, 163, 165.

148) M. Baitalsky, *Notebooks for the Grandchildren: Recollections of a Trotskyist Who Survived the Stalin Terror* (New Jersey, 1995), pp. 334~335.

149) MSP, f. 3, op. 10, d. 1, l. 1; d. 3, ll. 7, 10~11.

150) *Golgofa*, pp. 41, 46, 53~54; 2005년 9월에 상트페테르부르크에서 블라디미르 퍄트니츠키와 한 인터뷰.

151) *Golgofa*, pp. 33, 42.

152) Ibid., pp. 41~42.

153) 2005년 9월에 상트페테르부르크에서 블라디미르 퍄트니츠키와 한 인터뷰. 율리야는 1938년 5월부터 정신과 치료를 받고 있었다.(*Golgofa*, p. 88을 보라.)

154) *Golgofa*, pp. 42~43, 58.

155) Ibid., pp. 57, 100.

156) Ibid., pp. 52, 61; 2005년 9월에 상트페테르부르크에서 블라디미르 퍄트니츠키와 한 인터뷰.

157) L. Razgon, *True Stories* (London, 1997), p. 131.

158) Starkov, "The Trial", p. 1307.

159) *Lubianka. Stalin i glavnoe upravlenie gosbezopasnosti NKVD, 1937~1938* (Moscow, 2004), p. 544.

160) *Golgofa*, p. 80.

161) Ibid., pp. 83~84.

162) Ibid., p. 99.

163) 2005년 9월에 상트페테르부르크에서 블라디미르 퍄트니츠키와 한 인터뷰.

164) *Golgofa*, pp. 114~116.

카르피츠카야, 마르크세나 57~59, 438
카르피츠카야, 안나 56, 112, 438
카메네프, 레프 147, 334, 386, 395, 396, 413
카민스카야, 니나 322, 458
칼리닌, 미하일 270, 274, 495
코펠레프, 레프 178, 324
콘드라티예프, 니콜라이 373~378
쿠지민, 콜랴 159~162, 180~182, 184
크로포티나, 발렌티나 174, 175
크루프스카야, 나데즈다 45, 73, 80, 381, 389
키로프, 세르게이 292, 326, 340, 349, 358, 392,
395, 396, 439, 495

ㅌ · ㅍ · ㅎ

테튜예프 가족 99
토르친스카야, 옐가 500, 501
투르킨 가족 475~477
투하체프스키, 미하일 396, 408, 451, 460, 491,
492
트로츠키, 레프 46, 56, 127, 142, 146, 147, 270,

275, 366, 385, 395, 396, 413, 359
트바르도프스키, 알렉산드르 236~241
티데만, 류드밀라 126, 131, 340~343
파데예프, 알렉산드르 442
파스테르나크, 보리스 323, 445
퍄트니츠카야, 율리야 381~390, 414~417, 477,
478, 506~520
퍄트니츠키, 블라디미르 402, 414, 478, 491, 507,
509, 510, 517
퍄트니츠키, 오시프 381~390, 406, 407, 414,
416, 462, 466, 506, 512, 513
퍄트니츠키, 이고리 384, 390, 414, 415, 478, 507,
509, 511, 513~519
폴릿, 해리 384
푸도프킨, 프세볼로트 104, 288, 331, 424
프렌켈, 나프탈리 207, 208, 210
프리트, 발레리 403, 431, 432
하네예프스키 가족 301~303, 313
흐루쇼프, 니키타 398
히틀러, 아돌프 325, 393, 394

|용어|

5개년 계획 46, 48, 113, 134, 140, 147, 149, 150,
162, 165, 166, 177, 178, 205, 206, 209, 217, 235,
244, 247, 253, 254, 267~270, 272, 275, 277, 278,
279, 296, 318, 319, 326, 330, 333, 338, 367

ㄱ

'강변 아파트' 283, 367, 384, 402, 417, 491
경계심 170, 231, 233, 309, 398, 414, 430, 435,
440, 445, 447
경화 상점(토르크신) 296
고스플란(국가계획위원회) 113, 269, 283
고슬리티즈다트(국립출판원) 331, 332, 336
고아원 176, 188, 189, 195, 225, 226, 247, 325,
413, 414, 474, 480, 491, 507, 517
고의식파(Old Believers) 112, 361, 403, 438
공동 아파트(kommunalka) 53, 113, 150, 287,

289, 299, 300, 301, 303~310, 313~317, 321, 341,
345, 352, 358, 419, 429, 439, 474, 480, 484, 485
(공산당) 중앙위원회 38, 92, 229, 383, 386, 387,
388, 398, 466
《공산주의 ABC》 52, 53
국가보안위원회(KGB) 32
굴라크 21, 22, 25, 27, 29, 30, 35, 36, 122, 151,
162, 164, 173, 178, 181, 189, 190, 192, 193,
205~207, 209, 213, 214, 235, 241, 266, 326, 328,
331, 333, 348~350, 352~365, 372, 391, 400,
408, 409, 463
극동군 479
글라스노스트 24, 30

ㄴ · ㄷ

나치 36, 339, 384, 385, 394, 401

김남섭

서울과학기술대학 기초교육학부 교수로 재직하고 있다. 러시아 역사를 전공했으며, 주요 관심사는 스탈린 시대의 소련 역사이다. 최근에는 스탈린 테러와 강제수용소의 실상에 관한 연구에 특히 힘을 쏟고 있다. 주요 저서로 《러시아의 민족 정책과 역사학》(공저) 《세계의 과거사 청산》(공저) 등이 있다. 《코뮤니스트》, 《20세기 러시아 현대사》, 《소련 경제사》, 《러시아사 강의》 등을 옮겼으며, 〈흐루쇼프의 주택 정책과 소련 사회의 일상〉, 〈스탈린 대테러와 '인민의 적'의 자녀들〉, 〈고르바초프의 '신사고'와 냉전 체제의 종식〉 등 소련 역사에 관한 논문을 몇 편 썼다. namsubkim@seoultech.ac.kr

속삭이는 사회1

2013년 9월 10일 초판 1쇄 발행

- ■ 지은이 ——— 올랜도 파이지스
- ■ 옮긴이 ——— 김남섭
- ■ 펴낸이 ——— 한예원
- ■ 편집 ——— 이승희, 임정은, 조은영
- ■ 본문 조판 ——— 성인기획
- ■ 펴낸곳　교양인
  우 121-888 서울 마포구 합정동 438-23 신성빌딩 202호
  전화 : 02)2266-2776 팩스 : 02)2266-2771
  e-mail : gyoyangin@naver.com
  출판등록 : 2003년 10월 13일 제2003-0060

ⓒ 교양인, 2013
ISBN 978-89-91799-89-9 93920
ISBN 978-89-91799-88-2 (세트)

* 잘못 만들어진 책은 바꾸어드립니다.
* 값은 뒤표지에 있습니다.